U0480549

宿州木牌坊运河遗址考古发掘报告

安徽省文物考古研究所
宿州市博物馆 编著
宿州市文物管理所

科学出版社
北京

内 容 简 介

隋唐大运河遗址穿宿州城而过。2007年3~8月，为配合宿州埇上嘉苑小区建设，安徽省文物考古研究所和宿州市文物部门对木牌坊运河遗址进行了考古勘探和发掘工作。本次发掘是大运河宿州段的第二次正式考古发掘，共发掘清理面积约500平方米，揭露出较完整的运河河堤、河坡、河道等遗迹，发现了石构码头1座，并清理出灶、灰坑等遗迹，出土宋代沉船等各类遗物2000余件，取得了重要收获。本书对此次发掘资料进行了系统梳理和总结，对于运河考古研究具有重要的参考价值。

本书可供文物考古研究机构及高等院校考古、历史专业的师生阅读、参考。

图书在版编目（CIP）数据

宿州木牌坊运河遗址考古发掘报告 / 安徽省文物考古研究所，宿州市博物馆，宿州市文物管理所编著. —北京：科学出版社，2023.6
ISBN 978-7-03-075622-0

Ⅰ.①宿… Ⅱ.①安… ②宿… ③宿… Ⅲ.①运河–文化遗址–发掘报告–宿州 Ⅳ.①K878.45

中国国家版本馆CIP数据核字（2023）第094147号

责任编辑：雷 英 / 责任校对：邹慧卿
责任印制：肖 兴 / 封面设计：金舵手世纪

科学出版社 出版
北京东黄城根北街16号
邮政编码：100717
http://www.sciencep.com

北京中科印刷有限公司 印刷
科学出版社发行 各地新华书店经销
*
2023年6月第 一 版　开本：889×1194 1/16
2023年6月第一次印刷　印张：28 3/4　插页：43
字数：950 000
定价：580.00元
（如有印装质量问题，我社负责调换）

目　　录

第一章　概述 ··· （1）

　　一、宿州市地理环境 ··· （1）
　　二、宿州市历史沿革 ··· （2）
　　三、通济渠历史及宿州段情况 ··· （5）
　　四、大运河安徽段以往的考古工作与研究 ······························ （8）
　　五、发掘经过 ··· （11）
　　六、资料整理与报告编写 ·· （12）

第二章　地层堆积 ··· （14）

　　一、探方分布 ··· （14）
　　二、地层堆积情况 ·· （14）

第三章　遗迹 ·· （18）

　　一、码头 ··· （18）
　　二、木岸狭河遗迹 ·· （20）
　　三、灶 ·· （21）
　　四、灰坑 ··· （21）
　　五、沉船 ··· （23）
　　六、河堤 ··· （24）
　　七、河道 ··· （24）

第四章　出土器物 ··· （26）

　　一、第11层 ··· （26）
　　二、第10层 ··· （37）
　　三、第9层 ··· （43）

四、第8层 …………………………………………………………………………（51）
　　五、第7层 …………………………………………………………………………（83）
　　六、第5层 …………………………………………………………………………（90）
　　七、第4层 …………………………………………………………………………（256）
　　八、第3层 …………………………………………………………………………（296）
　　九、灰坑 ……………………………………………………………………………（306）

第五章　出土器物研究 ……………………………………………………………（311）
　　一、分型 ……………………………………………………………………………（311）
　　二、分期 ……………………………………………………………………………（428）
　　三、年代 ……………………………………………………………………………（431）

第六章　结语 ………………………………………………………………………（435）
　　一、河道内地层堆积成因及年代 …………………………………………………（435）
　　二、河道遗迹形制、堆积性质与年代 ……………………………………………（435）
　　三、出土大量南北方的瓷器 ………………………………………………………（437）
　　四、遗址本体价值研讨 ……………………………………………………………（440）

后记 …………………………………………………………………………………（442）

插图目录

图一　宿州市地图 …………………………………………………………（插页）
图二　隋唐时期通济渠流向示意图 …………………………………………（6）
图三　遗址位置示意图 ………………………………………………………（11）
图四　发掘总平面图 …………………………………………………………（12）
图五　T1西壁剖面图 …………………………………………………………（16）
图六　发掘遗迹平面图 ………………………………………………………（19）
图七　南码头平、剖面图 ……………………………………………………（20）
图八　北码头平、剖面图 ……………………………………………………（20）
图九　Z1平、剖面图 …………………………………………………………（21）
图一○　H1平、剖面图 ………………………………………………………（21）
图一一　H2平、剖面图 ………………………………………………………（22）
图一二　H3平、剖面图 ………………………………………………………（22）
图一三　H6平、剖面图 ………………………………………………………（23）
图一四　木船平面图 …………………………………………………………（23）
图一五　第11层白釉碗 ………………………………………………………（27）
图一六　第11层白釉、白釉划花瓷器 ………………………………………（28）
图一七　第11层青釉碗 ………………………………………………………（30）
图一八　第11层青釉瓷器 ……………………………………………………（31）
图一九　第11层青釉钵 ………………………………………………………（32）
图二○　第11层黄釉碗、盏 …………………………………………………（33）
图二一　第11层酱釉瓷器 ……………………………………………………（34）
图二二　第11层青白釉、素胎器及陶、石器 ………………………………（36）
图二三　第10层白釉碗 ………………………………………………………（38）
图二四　第10层白釉盏、盒盖 ………………………………………………（39）
图二五　第10层青釉瓷器 ……………………………………………………（40）
图二六　第10层其他器物 ……………………………………………………（42）
图二七　第9层白釉瓷器 ……………………………………………………（44）
图二八　第9层青釉碗 ………………………………………………………（46）

图二九	第9层青釉盏	（48）
图三〇	第9层青釉、青釉印花、青白釉、黑釉及绿釉瓷器	（49）
图三一	第8层白釉碗	（53）
图三二	第8层白釉碗	（53）
图三三	第8层白釉盏	（55）
图三四	第8层白釉、白釉划花、白釉褐彩瓷器	（56）
图三五	第8层青釉碗	（58）
图三六	第8层青釉盏	（60）
图三七	第8层青釉盏	（62）
图三八	第8层青釉盏、碟	（66）
图三九	第8层青釉、青釉划花、青釉印花瓷器	（67）
图四〇	第8层青白釉碗	（70）
图四一	第8层青白釉瓷器	（72）
图四二	第8层青白釉划花、印花及刻划花瓷器	（73）
图四三	第8层黑釉碗	（75）
图四四	第8层黑釉盏	（77）
图四五	第8层黑釉、酱釉瓷器	（78）
图四六	第8层黄釉、绿釉、黄绿釉印花及内白外黑釉瓷器	（81）
图四七	第8层素胎器、陶器、铜器及石器	（82）
图四八	第7层白釉碗、盘	（84）
图四九	第7层白釉、白釉划花瓷器	（85）
图五〇	第7层青釉、青釉印花瓷器	（86）
图五一	第7层黑釉盏、黄釉碗	（87）
图五二	第7层陶器	（88）
图五三	第7层石器及杂项	（89）
图五四	第5层白釉碗	（91）
图五五	第5层白釉碗	（95）
图五六	第5层白釉碗	（97）
图五七	第5层白釉碗	（99）
图五八	第5层白釉碗	（102）
图五九	第5层白釉碗	（105）
图六〇	第5层白釉碗	（107）
图六一	第5层白釉碗	（109）
图六二	第5层白釉盏	（112）
图六三	第5层白釉盏	（115）

图六四	第5层白釉盏	（117）
图六五	第5层白釉盏	（121）
图六六	第5层白釉盏	（123）
图六七	第5层白釉盏	（125）
图六八	第5层白釉盘	（127）
图六九	第5层白釉盘	（129）
图七〇	第5层白釉盘	（133）
图七一	第5层白釉盘	（135）
图七二	第5层白釉碟	（138）
图七三	第5层白釉瓷器	（141）
图七四	第5层白釉划花碗	（143）
图七五	第5层白釉划花碗	（146）
图七六	第5层白釉划花碗	（148）
图七七	第5层白釉划花盘	（150）
图七八	第5层白釉划花盏	（152）
图七九	第5层白釉划花、白地黑花瓷器	（154）
图八〇	第5层白地黑花瓷器	（156）
图八一	第5层白釉印花、刻花、刻划花瓷器	（159）
图八二	第5层白釉褐彩碗	（162）
图八三	第5层白釉褐彩瓷器	（165）
图八四	第5层青釉碗	（168）
图八五	第5层青釉碗	（170）
图八六	第5层青釉盏	（172）
图八七	第5层青釉盏	（174）
图八八	第5层青釉盏	（176）
图八九	第5层青釉盏	（178）
图九〇	第5层青釉盏	（180）
图九一	第5层青釉盏	（182）
图九二	第5层青釉盏	（185）
图九三	第5层青釉盏	（187）
图九四	第5层青釉盏	（189）
图九五	第5层青釉盏	（191）
图九六	第5层青釉盏	（193）
图九七	第5层青釉盏	（196）
图九八	第5层青釉瓷器	（198）

图九九　第5层青釉印花瓷器 ………………………………………………………………（200）
图一〇〇　第5层青釉划花、黑花瓷器 ……………………………………………………（202）
图一〇一　第5层青白釉碗、碟 ……………………………………………………………（204）
图一〇二　第5层青白釉瓷器 ………………………………………………………………（206）
图一〇三　第5层青白釉划花、印花及刻划花瓷器 ………………………………………（209）
图一〇四　第5层黑釉碗 ……………………………………………………………………（212）
图一〇五　第5层黑釉盏 ……………………………………………………………………（214）
图一〇六　第5层黑釉盏 ……………………………………………………………………（216）
图一〇七　第5层黑釉盏 ……………………………………………………………………（219）
图一〇八　第5层黑釉盏 ……………………………………………………………………（221）
图一〇九　第5层黑釉盘 ……………………………………………………………………（223）
图一一〇　第5层黑釉瓷器 …………………………………………………………………（224）
图一一一　第5层酱釉碗 ……………………………………………………………………（225）
图一一二　第5层酱釉盏 ……………………………………………………………………（227）
图一一三　第5层酱釉盏 ……………………………………………………………………（230）
图一一四　第5层酱釉盏 ……………………………………………………………………（232）
图一一五　第5层酱釉盏 ……………………………………………………………………（234）
图一一六　第5层酱釉盏 ……………………………………………………………………（236）
图一一七　第5层酱釉盏 ……………………………………………………………………（238）
图一一八　第5层酱釉瓷器 …………………………………………………………………（240）
图一一九　第5层钧釉瓷器 …………………………………………………………………（242）
图一二〇　第5层内白外黑釉瓷器 …………………………………………………………（244）
图一二一　第5层红绿彩器 …………………………………………………………………（246）
图一二二　第5层素胎器 ……………………………………………………………………（247）
图一二三　第5层柿釉、黄釉、绿釉、茶叶末釉瓷器及杂件 ……………………………（250）
图一二四　第5层陶器 ………………………………………………………………………（253）
图一二五　第5层玉器、石器、骨器及琉璃器 ……………………………………………（255）
图一二六　第4层白釉碗 ……………………………………………………………………（257）
图一二七　第4层白釉盏 ……………………………………………………………………（258）
图一二八　第4层白釉盘、碟 ………………………………………………………………（259）
图一二九　第4层白釉盒、罐及钵 …………………………………………………………（260）
图一三〇　第4层白釉器盖、水盂 …………………………………………………………（261）
图一三一　第4层白釉印花、划花瓷器 ……………………………………………………（263）
图一三二　第4层白釉褐彩、黑花瓷器 ……………………………………………………（265）
图一三三　第4层青釉碗 ……………………………………………………………………（268）

图一三四	第4层青釉碗、盏	（269）
图一三五	第4层青釉碟	（271）
图一三六	第4层青釉盘	（273）
图一三七	第4层青釉盘	（274）
图一三八	第4层青釉杯、盆	（275）
图一三九	第4层青釉印花、划花瓷器	（277）
图一四〇	第4层青白釉瓷器	（278）
图一四一	第4层酱釉瓷器	（280）
图一四二	第4层黑釉碗	（281）
图一四三	第4层黑釉盏	（283）
图一四四	第4层黑釉瓷器	（284）
图一四五	第4层钧釉碗	（286）
图一四六	第4层钧釉盏	（287）
图一四七	第4层钧釉盏	（288）
图一四八	第4层钧釉碟	（289）
图一四九	第4层钧釉盘	（291）
图一五〇	第4层钧釉、绿釉、茶叶末釉、柿红釉及红绿彩瓷器	（292）
图一五一	第4层二色釉瓷器	（294）
图一五二	第4层陶器	（295）
图一五三	第3层白釉瓷器	（297）
图一五四	第3层白釉彩绘瓷器	（299）
图一五五	第3层青釉、青釉印花瓷器	（301）
图一五六	第3层内黑外白釉、酱釉、酱黑釉及绿釉瓷器	（302）
图一五七	第3层石器、陶器、铜器及骨器	（305）
图一五八	灰坑出土瓷器	（307）
图一五九	灰坑出土瓷器	（309）
图一六〇	青釉碗	（312）
图一六一	青釉碗	（314）
图一六二	青釉碗	（315）
图一六三	青釉碗	（317）
图一六四	青釉盏	（319）
图一六五	青釉盏	（321）
图一六六	青釉盏	（324）
图一六七	青釉钵	（326）
图一六八	青釉碟	（327）

图一六九	青釉罐	（328）
图一七〇	青釉盘	（329）
图一七一	其他青釉瓷器	（331）
图一七二	青釉黑花、划花瓷器	（332）
图一七三	青釉划花盏、盘	（333）
图一七四	青釉印花碗	（335）
图一七五	青釉印花瓷器	（336）
图一七六	青白釉碗	（338）
图一七七	青白釉碗	（339）
图一七八	青白釉盏、杯	（341）
图一七九	青白釉碟	（342）
图一八〇	青白釉盒	（343）
图一八一	其他青白釉瓷器	（344）
图一八二	青白釉划花碗、盏	（345）
图一八三	青白釉划花、刻划花及印花瓷器	（347）
图一八四	白釉碗	（348）
图一八五	白釉碗	（350）
图一八六	白釉碗	（352）
图一八七	白釉碗	（353）
图一八八	白釉碗	（356）
图一八九	白釉碗	（357）
图一九〇	白釉盏	（358）
图一九一	白釉盏	（359）
图一九二	白釉盏	（361）
图一九三	白釉盏	（363）
图一九四	白釉钵、碟	（365）
图一九五	白釉罐、盒及壶	（367）
图一九六	白釉盘	（369）
图一九七	白釉盘	（370）
图一九八	白釉盘	（372）
图一九九	白釉盆、器盖	（374）
图二〇〇	白釉水盂	（375）
图二〇一	白地黑花瓷器	（377）
图二〇二	白釉褐彩碗	（379）
图二〇三	白釉褐彩瓷器	（381）

图二〇四	白釉红绿彩、划花碗及盏	（384）
图二〇五	白釉划花碗、盏	（385）
图二〇六	白釉划花、刻花瓷器	（388）
图二〇七	白釉刻划花、印花瓷器	（389）
图二〇八	黑釉碗	（392）
图二〇九	黑釉盏	（394）
图二一〇	黑釉盏	（396）
图二一一	黑釉盏	（397）
图二一二	其他黑釉瓷器	（399）
图二一三	黑白釉瓷器	（401）
图二一四	黄釉碗	（402）
图二一五	其他黄釉瓷器	（403）
图二一六	酱釉碗	（405）
图二一七	酱釉盏	（406）
图二一八	酱釉盏	（408）
图二一九	其他酱釉瓷器	（410）
图二二〇	酱釉盘	（412）
图二二一	酱黑、酱白釉瓷器	（413）
图二二二	天蓝（青）釉碗	（414）
图二二三	天蓝（青）釉盏	（415）
图二二四	天蓝（青）釉盘	（416）
图二二五	天蓝（青）釉瓷器	（417）
图二二六	绿釉瓷器	（419）
图二二七	红绿彩、茶叶末釉瓷器	（420）
图二二八	柿釉、柿红釉瓷器	（421）
图二二九	陶器	（423）
图二三〇	陶器	（425）
图二三一	铜器、玉器及骨器	（427）

图版目录

图版一　　发掘现场
图版二　　发掘现场
图版三　　发掘现场
图版四　　发掘现场
图版五　　发掘现场
图版六　　领导参观考古成果展
图版七　　领导参观考古成果展
图版八　　领导参观考古发掘现场
图版九　　后期整理核对
图版一〇　白釉碗
图版一一　白釉碗
图版一二　白釉碗
图版一三　白釉碗、盏
图版一四　白釉盏
图版一五　白釉盘
图版一六　白釉盘
图版一七　白釉碟
图版一八　白釉器盖
图版一九　白釉器盖
图版二〇　白釉盒、盒盖
图版二一　白釉罐
图版二二　白釉罐、水盂及瓷杯
图版二三　白釉印花碗、碟
图版二四　白釉印花盘
图版二五　白釉划花盏、碗
图版二六　白釉划花碗、盏
图版二七　白釉划花碗
图版二八　白釉划花盏

图版二九　白釉划花盏
图版三〇　白釉划花盘
图版三一　白釉划花碟
图版三二　白釉褐彩碗
图版三三　白釉褐彩碗
图版三四　白釉褐彩盏
图版三五　白釉褐彩盘
图版三六　白釉褐彩盘
图版三七　白釉褐彩小碟、罐
图版三八　白釉褐彩罐
图版三九　白釉褐彩杯、水盂
图版四〇　红绿彩盏
图版四一　白地黑花盘
图版四二　白地黑花碗
图版四三　白地黑花碗
图版四四　白地黑花盏
图版四五　白地黑花盘
图版四六　青釉碗
图版四七　青釉碗
图版四八　青釉、青花碗
图版四九　青釉盏
图版五〇　青釉盘
图版五一　青釉钵、罐
图版五二　青釉瓶
图版五三　青釉杯及青白釉印花杯
图版五四　青釉印花碗
图版五五　青釉印花盏、印花碟
图版五六　青釉划花碗、盏及盘
图版五七　青白釉碗
图版五八　青白釉碗
图版五九　青白釉划花、青白釉盏
图版六〇　青白釉盏托、器盖及碟
图版六一　青白釉盒
图版六二　青白釉兽首及观音坐像
图版六三　青白釉印花盘、划花碗

图版六四　青白釉划花碟、刻划花碗
图版六五　红绿彩瓷器
图版六六　黄釉碗、盏及钵
图版六七　钧釉瓷器
图版六八　绿釉瓷器
图版六九　酱釉瓷器
图版七〇　酱釉碗、罐及炉
图版七一　黑釉瓷器
图版七二　酱黑釉壶、器盖
图版七三　二色釉瓷器
图版七四　柿红釉、绞胎器及杂件
图版七五　素胎器
图版七六　其他瓷器及琉璃簪
图版七七　墨书瓷器碎片
图版七八　墨书瓷器碎片
图版七九　墨书瓷器碎片
图版八〇　陶器
图版八一　陶瓶、钵及罐
图版八二　骨梳、簪
图版八三　琉璃珠、饰玉、玉棋子及铜环
图版八四　陶、石器

第一章 概　述

一、宿州市地理环境

宿州市位于安徽省东北部，东、北、西三面分别与江苏淮安及徐州、山东菏泽、河南商丘等市接壤，是苏鲁豫皖四省交界之地；南连安徽省蚌埠市的怀远、固镇、五河三县；西接淮北市及濉溪县。在北纬33°18′~34°38′与东经116°09′~118°10′之间。辖砀山县、萧县、灵璧县、泗县、埇桥区四县一区，总面积9787平方千米（图一）。

宿州市属于古老的华北地区南部淮北盆地一穹隆分区，地质基础比较稳定。在北部丘陵地区，可见到一些褶皱构造，轴线总体方向为北东向，形成于2亿年前的印支运动期间。由于受多次地壳运动的影响，主要地质断裂呈北东、北北东、东西向展布，形成于距今约1亿年的燕山运动第二期。郯城—庐江断裂带斜贯泗县东侧，断裂带西侧，以东西向断裂为主，东向断裂以宿北断裂规模最大，大体沿北纬33°45′的纬线展布，西自临涣以西，向东延伸至泗县与郯庐断裂交会。该断裂以北有震旦纪以下石灰岩分布，并含有部分页岩、砂岩、石英岩，构成低山缓丘；以南基本上为新生代第四纪的松散沉积物覆盖，形成地势低缓的平原。

宿州市位于黄淮平原的东南端，属淮北平原中部，地势由西北向东南略微倾斜，其中西北黄河故道两岸滩地53米，东南泗县河间洼地只有14米。地貌要素的差异较大，大体可分为丘陵、台地、平原三大类型。丘陵主要集中分布在濉河以北，面积597平方千米，集中在萧县东南部，埇桥、灵璧、泗县的北部。最高处为萧县的大官山，海拔为395米。丘陵基岩的岩性除少数为酸性和基性岩浆岩外，大多由石灰岩及少量砂页岩构成。台地主要分布在丘陵周围，面积293平方千米，可分为剥蚀堆积台地和沉积台地两类。地面先被夷平而后抬升经剥蚀堆积形成的残留阶地是剥蚀堆积台地，基本与丘陵连成一片；沉积台地主要分布于泗县墩集一带，主要由河流冲积物构成。平原是本市地貌中心的主体，8897.06平方千米。以五千分之一至万分之一的比降由北向南、由西向东呈缓状倾斜。各地的中、小地貌形态及沉积物的性质又各自迥异。大致分三种类型：一是洪积扇和洪积平原；二是黄泛平原；三是河间砂姜黑土平原。洪积平原集中分布于濉河以北丘陵之间和丘陵岗地的边缘，面积约260平方千米，基本上是第四纪以来的现代沉积，黄土覆盖于砂姜黑土之上，土质肥沃，是丘陵与岗地边缘的重要耕作地带。黄泛平原是因黄河多次溃堤决口，改道南泛长期淤积形成，面积为5657平方千米，主要分布于萧县、砀山和埇桥、灵璧、泗县的北部，是主要农业区。河间平原，面积为2980平方千米，分布于濉河以南的广阔地带，主要集中在埇桥、灵璧、泗县的南部，其形成原因是河流作用，有多条淮河支流平行穿过，将地面自然分割成条块状。平原位于两河之间，并且广泛发育着砂姜黑土。

宿州介于淮河流域与黄河流域之间，属淮河流域，全市有主要河道70多条，分别属于黄河、淮河水系。较大的河流有浍水、沱河、濉河、滩河、奎河、新汴河、石梁河等。本市河流主要由降水补给，故汛期和雨季基本一致，每年6～9月为丰水期，当年10月～次年5月为枯水期，有些河道在冬春季节干枯断流。黄河故道是金代明昌五年（1194年）至清代咸丰五年（1855年）的一段黄河遗迹。萧砀境内的黄河故道，至今仍高出地面6～8米，一般称之为黄河高滩地，经砀山中北部沿萧县北界向东逶迤而去，成为该区南北水流的自然分界线，北面之水流入微山湖和京杭大运河，南面之水通过淮河水系的各条支流注入洪泽湖。

宿州属于水资源严重缺乏的地区，全市天然水资源总量为34.78亿立方米，占全省水资源总量的5.71%。全市多年平均地表水径流量为16.39亿立方米，径流深181.8毫米，每亩耕地占有222.02立方米。地下水资源量为19.47亿立方米，表水与地下水重复量为1.06亿立方米。

宿州地属暖温带半湿润季风气候区，主要特点是气候温和，四季分明，雨热同季，光照充足，降雨适中，但降水的年际变化较大，并且空间分布不均，而往往因为降水集中，易造成洪涝灾害。从总体上看，本市气候条件较为优越、气候资源丰富，适于多种作物和树木生长。多年平均气温为14～14.5℃，1月份平均气温最低为-0.6～0.1℃，7月份气温为27.2～27.6℃，极端最低气温小于或等于-20℃，极端最高气温大于或等于40℃。全市日平均气温≥0℃的持续期为310～313天，≥10℃的持续期为210～220天。每年无霜期平均为201～210天。光能资源丰富，本市的太阳辐射年平均值为124～130千卡/平方厘米，居全省之冠。从热量条件看，本市可以满足一年两熟或两年三熟的耕作制度的要求。本区年平均降水量在774～895.6毫米之间，一般在827毫米左右，是全省降水量最少的地区。其地理分布南多、西北少。各季降水分布极不均匀，夏季降水高度集中，容易出现暴雨，造成水土流失或洪涝灾害。年际变化较大，相对变化率保持在35%～45%。

二、宿州市历史沿革

宿州历史悠久，早在8000年前，先民就在这里渔猎耕牧、繁衍生息，燃起了人类文明的篝火。宿州的原始社会大概可分为三个时期：新石器时代偏早阶段，相当于大汶口文化时期，龙山文化时期。新石器时代偏早阶段以宿州埇桥区小山口遗址和古台寺遗址为代表，中国社会科学院考古研究所安徽队《安徽宿县小山口和古台寺遗址试掘简报》资料说明小山口遗址和古台寺遗址的早期遗存应属同一文化类型。经^{14}C测定和树轮校正，小山口早期文化分别为公元前6077～前5700年和公元前5958～前5650年，距今约8000年，是已确定的安徽省最早的新石器时代文化，具有明显的地域文化特点，目前暂定为"小山口一期文化"，处在史前"淮河文化大系"中的源头地位。宿州大汶口文化的遗址分布较多，经过发掘的主要有萧县花家寺遗址和金寨遗址、灵璧玉石山遗址、小山口中层和古台寺中层、芦城孜遗址下层、埇桥区杨堡遗址等，还有埇桥区桃山遗址和夏疃遗址、灵璧双龙埂遗址等。龙山文化时期遗存在宿州更为密集，具有代表性的有芦城孜遗址中层、小山口上层、花家寺遗址中层、玉石山遗址上层，还有埇桥区禅堂遗址和安阳遗址、灵璧三山蒋庙遗址、泗县佘家台遗址、扬台遗址等。

夏、商和西周时期，宿州属夷的势力范围，淮夷、徐夷等部落在这里繁衍生息。岳石文化遗址，经过发掘的主要有芦城孜遗址中上层、杨堡遗址上层、萧县前白遗址下层等。商周遗址亦分布较多，埇桥区五柳遗址、西上航遗址、离山铺遗址等都是证明。帝乙、帝辛卜辞"十祀征人方"，征人方往返历程所及地名考释，有十余处地名与宿州附近相关，表明商代宿州地面上已有众多城邑。

西周至春秋时期，宿州多为宋国属地。春秋时期，有两个附属于宋国的附庸小国，即宿国与萧国。宿国是西周初期的封国，风姓，伏羲氏之后，原在山东东平县境。周庄王十四年（公元前683年），宋国将位于山东东平境内的宿国迁入域内作为附庸。这是作为地名的"宿"字第一次进入宿州的历史。《春秋》记载"（鲁庄公十年）三月，宋人迁宿"。《明嘉靖宿州志》在宿州建置的沿革中说："庄公十年宋人迁宿，移入封内，以为附庸，始国于此。"萧国，故城在今萧县西北5千米。

宿州市在战国后期属于楚，楚本为江淮间大国，经过与秦国的长期战争，其政治中心逐渐被迫自西向东转移，楚风东渐，宋国衰微，楚国疆域扩至今苏鲁豫皖交界一带，两淮之间成为其最重要的根据地。这一地区在战国时受楚文化的影响颇深。战国时期楚国铸行的异形布币有一种是殊布当圻背十货钱，俗称"楚大布"。"楚大布"在宿州屡有出土。

秦统一中国，于此广置郡县。在今淮河以北苏皖交界一带置泗水郡，今宿州市各县区大部分属于该郡，只有西北一隅的砀山属于砀郡。砀郡治所在今砀山北部，泗水郡治在宿州北部。秦代置县有：符离县（治所在今埇桥区东北），蕲县（治所在今埇桥区蕲县镇），取虑县（治所在今灵璧县高楼乡潼郡村），僮县（治所在今泗县骆庙乡潼城村），萧县（治所在今萧县西北5千米），下邑县（治所在今砀山县城东）。秦末，这里发生了大泽乡起义和楚汉战争。

宿州属于汉室发祥地。西汉，在秦郡县制的基础上实行郡国并行制。据《汉书·地理志》记载，今宿州市各县区分别隶属于徐州刺史部的临淮郡、楚国，兖州刺史部的梁国，豫州刺史部的沛郡。宿地有沛郡治及符离县（治所同秦）、竹县（治所在今埇桥区老符离集）、蕲县（治所同秦）、萧县（治所同秦）、夏丘县（治所在今泗县城东）、扶阳县和萧县（今萧县境），梁国所辖杼秋县（萧县西北老黄口）、下邑县（砀山境），楚国所辖甾丘县（治所在埇桥区北支河乡）、梧县（宿州境），临淮郡的僮县（治所同秦）、取虑县（治所同秦）。西汉末年，王莽篡夺政权，为宣扬自己受命于天而滥设行政区划，乱改地名。例如改符离为符合，蕲县为蕲城，竹县为笃亭，夏丘为归思，杼秋为予秋，甾丘为善丘，下邑为下洽等。东汉，郡国名称也有所调整，例如沛郡改为沛国，楚国改为彭城国，临淮郡改为下邳国，梁国名称依旧不变，属豫州沛国、梁国，徐州彭城国、下邳国。县基本不变，唯夏丘县由原属沛郡改属下邳国，柕秋县由原属梁国改属沛国。

三国时，宿州属魏。沛国改为新设的谯郡（曹操原籍），下邳国改为下邳郡。西晋属沛国、梁国、谯郡、彭城国、下邳国。原属谯郡的符离、竹邑、萧县划归沛国管辖。西晋末年，本地先后沦为后赵、前燕、前秦占领地区。东晋侨置郡县，行政区划混乱。南北朝，刘宋与北魏、萧梁与东魏等在本地战争连年，形成拉锯战态势，初属南朝宋地，后属北周。此时的州郡范围缩小，如东魏时在今埇桥区北部置有睢南郡，领斛城、新丰二县。及至北齐武平三年（572年），本地置有潼州、夏丘郡、潼郡、蕲城郡。

隋朝统一全国，将全国州县加以省并，同时改州为郡，推行郡县两级制。本地建置有彭城郡所领符离县（治所在埇桥区东北）、蕲县、萧县（治所均同两汉）；下邳郡所领夏丘县（治所在今泗县城）；梁郡所领砀山县（治所在今砀山县城。此县为北魏时所置安阳县）。唐代前期，本地属于河南道的徐州、宋州、泗州管辖，其中符离县（治所在今埇桥区老符离集）、蕲县、萧县属徐州，砀山县属宋州，虹县（唐初析夏丘地分置虹县，后废夏丘，移虹县于夏丘故城）属泗州。随着大运河的兴起，宿州也迎来了历史上的发展高峰。宿州的诞生和发展及其建置演变，与大运河的兴衰息息相关。唐宪宗元和四年（809年），为了保护汴河的漕运，将徐州所属的符离县、蕲县和泗州所属的虹县割出，始建宿州。宿州建置初期，"初治虹，后徙治符离（埇桥）"。埇桥在交通位置上北通徐州，南达濠州（今安徽凤阳县东），是陆上南北交通的中心，又是汴水东西水上运输的咽喉。从此，宿州迎来了"地当要冲、舟车交会、帆樯如林、商旅云集"的繁华时期，迅速成为这一方的政治、经济、军事、文化中心。

五代十国期间，再度陷入南北分裂割据局面。宿州除虹县在吴、南唐的控制下（五代末并入后周），其余各县及徐州的萧县，宋州的砀山县都在后梁、后唐、后晋、后汉政权统治之下。唐末藩镇节度使朱温（后梁建立者）曾上表请求将其家乡砀山建置辉州，因此砀山一度属辉州，又改属单州（治今山东省单县）。

北宋地方行政区划为路、州（府、军、监）、县（军、监）三级制。宿州分属于京东西路与淮南东路。宋哲宗元祐元年（1086年），把虹县所属零壁镇析出建置为县，至宋徽宗政和七年（1117年），将零壁县更名为灵璧县。此时，宿州属淮南东路，下辖符离、蕲县、灵璧、临涣四县，其余萧县、砀山分别属于京东西路的徐州与单州。宋高宗绍兴十一年（1141年），宋金议和，双方以东起淮水西至大散关为界，淮北之地尽入于金，宿州成为金国南部疆土。金代基本沿用宋代三级行政区划制度，本地分属南京路及山东西路，其中宿州及所领符离、蕲县、临涣、灵璧，泗州虹县，单州砀山（金宣宗兴定元年即1217年，县城被黄水淹没，县治迁至虞山保安镇，今属河南永城），属于南京路；萧县属山东西路的徐州；以后砀山县因与单州往来有黄河隔阻，改属南京路归德府。

元朝统一中国，实行行省、路府、州县三级行政区划制度。宿州当时分属河南江北行省的归德府、淮安路及中书省济宁路，其中宿州（元世祖至元二年即1265年，废符离、蕲县、临涣三县并入宿州）、灵璧、萧县属归德府，虹县属淮安路的泗州，砀山（蒙哥汗七年即1257年，迁回旧治）属济宁路。明朝设置南北两直隶区及十三布政使司，行政区划为布政使司、府（直隶州）、县（散州及辖县）三级制。宿州，属于南京直隶区的统辖范围，其中宿州、灵璧（时为宿州属县）、虹县均属凤阳府，砀山、萧县均属徐州。清初仍沿袭明朝布政使司制度，仅改南京直隶区为江南省。康熙六年（1667年），撤销江南省分为江苏、安徽两省。宿州成为不辖县的散州，与灵璧同属安徽省凤阳府。康熙十九年（1680年），泗州州城陷没于洪泽湖，寄治盱眙。乾隆四十二年（1777年），移州治于虹县，后又撤销虹县建置并入泗州，此时的泗州已升格为直隶州。砀山、萧县属江苏省徐州府管辖。

辛亥革命后，中华民国成立。民国元年（1912年）4月，宿州易名宿县，泗州易名泗县，与灵璧县同属安徽省，砀山、萧县仍属江苏省。民国二十四年（1935年），宿县、灵璧、泗县属安徽省第六行政督察区，专员公署驻泗县；砀山、萧县属江苏省铜山行政督察区，专员公署驻徐州。抗日战争胜利后，宿县、灵璧、泗县均属安徽省第四行政督察专员区，专员公署驻宿县；砀山、萧县则属江苏省徐州专区。

中华人民共和国成立以来，最初本地属于皖北行政公署的宿县专区，下辖宿县、灵璧、泗洪、泗县、五河、怀远、砀山、萧县、永城九县，专员公署驻宿县。1952年，撤销皖南、皖北行政公署，恢复安徽省建置。宿县专区所辖砀山、萧县划归江苏省，永城划归河南省。1955年宿县专区的泗洪县被划归江苏省，江苏省的砀山、萧县划属宿县专区。1964年，以宿县、灵璧、五河各一部分置固镇县，属宿县专区。1971年，宿县专区更名为宿县地区。1977年，濉溪县划归淮北市。1979年，析宿县城关镇及郊区为县级宿州市。1983年，怀远、五河、固镇三县被划归蚌埠市。1993年，宿州市与宿县合并，仍为县级市。1999年5月，宿县地区撤销，改为省辖宿州市，辖埇桥区、灵璧县、泗县、萧县、砀山县一区四县。

三、通济渠历史及宿州段情况

通济渠又称"汴河"或"汴水"，是隋炀帝于大业元年（605年）利用旧有运河鸿沟或蒗荡渠开凿的。鸿沟是中国古代最早沟通黄河和淮河的人工运河。战国魏惠王十年（公元前361年）开始兴建，至汉代仍然存在，并能通航使用。《史记》卷二九《河渠书》载："荥阳下引河东南为鸿沟（楚汉中分之界，文颖云即今官渡水也。盖为二渠：一南经阳武，为官渡水；一东经大梁城，即鸿沟，今之汴河是也），以通宋、郑、陈、蔡、曹、卫，与济、汝、淮、泗会。于楚，西方则通渠汉水、云梦之野，东方则通沟江淮之间。"可知一二。

蒗荡渠，实为"狼荡渠"，亦作"茛荡渠"。始见于《汉书》卷二八上《地理志》载"有狼汤渠，首受沨，东南至陈入颍，过郡四，行七百八十里。……县十七：陈留，鲁渠水首受狼汤渠，东至阳夏，入涡渠"。《汉书》卷二八下《地理志》载"宁平，扶沟，涡水首受狼汤渠，东至向入淮，过郡三，行千里"。这里说明狼荡渠和颍河、涡水之间是有交汇的，并在流入涡水后，东南行千里之后注入淮水。《水经注》中也有关于蒗荡渠的记载，"阴沟水出河南阳武县蒗荡渠。……阴沟首受大河于卷县……东南至大梁，合蒗荡渠"。注文中说蒗荡渠故渎实兼阴沟、浚仪之称，且和涡水时分时合，关联密切①。

汴水，可能源于汳水，关于汳水的记载，最早在《春秋》里提到，《宋史》卷九三《河渠志》载"渠外东合济水，济与河、渠浑涛东注，至敖山北，渠水至此又兼邲之水，即《春秋》晋、楚战于邲。邲又音汳，即'汴'字，古人避'反'字，改从'汴'字。渠水又东经荥阳北，旃然水自县东流入汴水"。史念海先生认为汳水的开凿利用是在梁惠王时期②。《汉书》卷二八下《地理志》作卞水，指今河南荥阳市西南索河。《后汉书》始作汴渠。

魏晋之际，汴渠自开封东循"汳水、获水至今江苏徐州市转入泗水一道，渐次代替了古代自狼汤渠南下颖水、涡水一道，成为当时从中原通向东南的水运干道；自晋以后，遂将这一运道全流各段统称为'汴水'。隋开通济渠后，开封以东一段汴水渐不为运道所经；唐宋人称通济渠为汴河。金元后全流皆为黄河所夺，汴水一名即废弃不用"③。

西晋末年，汴渠淤塞，"（胡三省注）兵乱之余，汴水填淤，未尝有人浚治"④。东晋时期，《晋书》卷六十七《郗超传》载："（郗）超谏以道远，汴水又浅，运道不通。"

隋初，隋炀帝在大业元年（605年）开凿通济渠（图二）。《隋书》卷三《炀帝上》载："（大业元年三月）徙天下富商大贾数万家于东京。辛亥，发河南诸郡男女百余万，开通济渠，自西苑引谷、洛水达于河，自板渚引河通于淮。"《隋书》卷二四《食货》载："开渠，

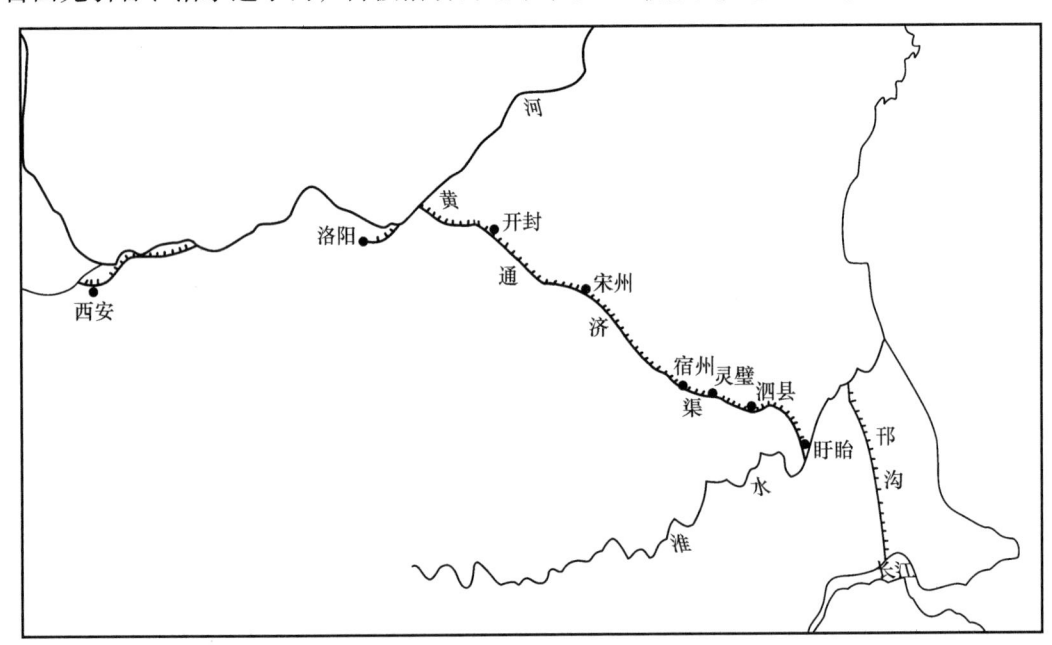

图二　隋唐时期通济渠流向示意图
（采自《中国史稿地图集》，经简化）

---

① 安徽省文物考古研究所、濉溪县文物事业管理局、淮北市博物馆：《柳孜运河遗址第二次考古发掘报告》，科学出版社，2017年。
② 史念海：《河山集（三集）》，人民出版社，1988年。
③ 辞海编纂委员会：《辞海》（1999年版），上海辞书出版社，1999年。
④ （北宋）司马光著，胡三省注：《资治通鉴》卷一百二《晋纪二十四·海西公太和四年》。

引谷、洛水，自苑西入，而东注于洛。又自板渚引河，达于淮海，谓之御河。河畔筑御道，树以柳。"

到了唐代，通济渠更名为广济渠，成为输送江淮物资的重要水道。《宋史》卷九三《河渠志》载："唐初，改通济渠为广济渠。开元中，黄门侍郎、平章事裴耀卿言：江、淮租船，自长淮西北溯鸿沟，转相输纳于河阴、含嘉、太原等仓。凡三年，运米七百万石，实利涉于此。开元末，河南采访使、汴州刺史齐浣，以江、淮漕运经淮水波涛有沉损，遂浚广济渠下流，自泗州虹县至楚州淮阴县北八十里合于淮，逾时毕功。既而水流迅急，行旅艰险，寻乃废停，却由旧河。"虹县即今泗县。

由于唐末战乱，唐末五代时期，运河疏于疏浚，致使河道淤塞严重，到后周时，也曾进行过疏浚。《资治通鉴》卷二九二《后周纪》载："（后周显德二年十一月乙未）汴水自唐末溃决，自埇桥东南悉为污泽。上谋击唐，先命武宁节度使武行德发民夫，因故堤疏导之。东至泗上；议者皆以为难成，上曰：'数年之后，必获其利。'（故注：谓淮南既平，藉以通漕。将获其利也。）"《资治通鉴》卷二九四《后周纪》载："（后周显德五年三月）浚汴口，导河流达于淮，于是江、淮舟楫始通（胡注：此即唐时运路也。自江、淮割据，运漕不通，水路湮塞，今复浚之）。"《宋史》卷四八四《韩通传》载："（周显德）六年春，诏通河北按行河堤，因发徐、宿、宋、单等州民浚汴渠数百里。"唐末汴水溃决，宿州东南皆为"污泽"，后周显德五年（958年）、显德六年（959年）均发民众，"导河流达于淮"，使"江淮舟楫始通"。

两宋时期，运河对于大宋王朝十分重要。正如宋人张洎所说"汴水横亘中国，首承大河，漕引江湖，利尽南海，半天下之财赋，并山泽之百货，悉由此路而进"。《宋史》卷九三《河渠志·汴河上》载："每岁自春及冬，常于河口均调水势，止深六尺，以通行重载为准。岁漕江、淮、湖、浙米数百万，及至东南之产，百物众宝，不可胜计。又下西山之薪炭，以输京师之粟，以振河北之急，内外仰给焉。故于诸水，莫此为重。其浅深有度，置官以司之，都水监总察之。"由于自然条件、朝廷疏于疏浚等原因，"汴渠有二十年不浚，岁岁堙淀"致使水患亦重，史书多有记载。《宋史》卷九三《河渠志·汴河上》载"然大河向背不常，故河口岁易；易则度地形，相水势，为口以逆之。遇春首辄调数州之民，劳费不赀，役者多溺死。吏又并缘侵渔，而京师常有决溢之虞""淳化二年六月，汴水决浚仪县""是月，汴又决于宋城县"。《宋史》卷六一《五行志》载："（宋太祖乾德四年）八月，宿州汴水溢，坏堤。"因此，两宋时期，大宋王朝多次兴修汴河。《宋史》卷九三《河渠志·汴河上》载："泗州西至开封府界，岸阔底平，水势薄，不假开浚。请止自泗州夹冈，用功八十六万五千四百三十八，以宿、亳丁夫充，计减功七百三十一万，仍请于沿河作头踏道擗岸，其浅处为锯牙，以束水势，使其浚成河道，止用河清、下卸卒，就未放春水前，令逐州长吏、令佐督役。自今汴河淤淀，可三五年一浚。又于中牟、荥泽县各置开减水河。"《宋史》卷十二《仁宗本纪》载："（宋仁宗嘉祐元年九月癸卯），自京至泗州置汴河木岸。"《宋史》卷九四《河渠志·汴河下》载："胡师文昨为发运使，创开泗州直河，及筑签堤阻遏汴水，寻复淤淀，遂行废拆。然后并役数郡兵夫，其间疾苦窨殁，无虑数千，费钱谷累百万计。"可见运河淤塞之严重，治理之难。

元以后，汴河更是疏于管理，不能通航，宿州段运河基本淤平。《元史》卷六五《河渠志》载："运河在扬州之北，宋时常设军疏涤，世祖取宋之后，河渐壅塞。至元末年，江淮行省尝以为言，虽有旨浚治，有司奉行，未见实效。"《明史》卷八三《河渠志》载："弘治二年五月……引中牟决河出荥泽阳桥以达淮，浚宿州古汴河以入泗，又浚睢河自归德饮马池，经符离桥至宿迁以会漕河，上筑长堤，下修减水闸。由疏月河十余以泄水，塞决口三十六，使河流入汴，汴入睢，睢入泗，泗入淮，以达海。水患稍宁。"清·康熙《灵璧县志》卷三载："汴渠之在灵璧者，西至宿州界，东至虹县界，横亘南北之中，唐宋时江淮漕运由此以达京师，南渡后废而不用，河底随与堤平。今河身之内田庐官民并处，永无复开之理。"清·光绪《泗虹合志》卷三《汴河考》载："汴水由虞姬墓经阴陵、鹿鸣二山入州境（按：指泗州），穿城东注。土人谓西关外为西汴河，东关外为东汴河。西汴与长直沟合东流三十里，绕城南与南潼河合。越二十里至石梁子，中有巨石，如徐州洪，然夏秋水发通舟楫，冬则否。又南三十里，至天井湖入淮。此其在虹乡者也。东汴至马公店，四十里与谢家沟合；又东三十里，至青阳镇，水阔而深，两岸夹东大桥，似长虹跨其上，俯视汴流，帆樯杂沓，往来如织，古运河形势，犹可循览。又东四十里至城儿头，会临淮归洪泽湖。此其在泗境者也。泗南为淮，虹北为濉，汴由中流，贯注泗虹境内，伺淮、濉以涨溢，地势然也。今濉、汴上游全淤，无复从前便利矣。"

综上所述，隋炀帝在利用原来的鸿沟、蒗荡渠、汴渠等基础上，开凿了通济渠，沟通了中原与东南地区的水路要道。唐宋时期，通济渠成为关系朝廷经济的大动脉，所以当时政府注重对通济渠的管理。南宋后，由于洪水、战争等原因，运河疏于治理，河道淤塞严重，并最终废弃。南宋孝宗乾道五年（1169年），灵璧汴水断流，宿州河溢湮塞，几与岸平，河床已成为陆行大道，并开辟农田、盖有房屋[①]。元明清时期，宿州段运河部分河道可能存在，但原有的功能已经失去。

四、大运河安徽段以往的考古工作与研究

1979～1981年，宿县文物工作组在社会调查中于宿县东二铺、三铺、四铺、大店镇等窑厂、集镇和村庄征集了一批唐宋时期珍贵的陶瓷器[②]。

1983年，宿县文物工作组又一次对运河进行了考察，认为运河故道基本是沿着今泗永公路

---

① 马正林：《论唐宋汴河》，《陕西师范大学学报（哲学社会科学版）》1986年第3期。
② 安徽省文物考古研究所、濉溪县文物事业管理局、淮北市博物馆：《柳孜运河遗址第二次考古发掘报告》，科学出版社，2017年。

北侧向东西延伸①。

1984年，中国唐史学会组织了一个由历史、文物、地里、水利等多学科专家组成的"隋唐大运河综合科研考察团"开展隋唐大运河学术考察，重点是宿州地区。考察成果汇集出版了《唐宋运河考察记》和《运河访古》。这两本书中对安徽段运河做了初步研究，详细介绍了当时通济渠安徽段的保存状况和沿线的风土人情②。

1987年，中国工商银行宿州支行在宿州市城内大隅口淮海路西侧建办公大楼，发现在大河南街北侧与中山街南侧相对两处距地表2米多深处发现大量凿制规整、错缝叠砌的长方形条石构筑遗存，两边相距约40米。限于当时的保护条件，就地于地下保护。结合文献记载，该处很可能是埇桥遗址所在③。

1999年，安徽省文物考古研究所对濉溪县百善镇柳孜遗址进行了抢救性考古发掘，拉开了运河考古的序幕。此次发掘发现了河道、石构建筑等遗迹，出土沉船，并发现瓷器等一大批珍贵文物④。

2003年，泗县在挖掘虹都大厦地基时，于运河遗址中出土了唐三彩、邢窑、定窑、钧窑、建窑、景德镇窑、磁州窑等数十个窑口的残瓷器⑤。

2006年，安徽省文物考古研究所和宿州市文物管理所在宿州市区西关步行街发掘运河遗址600平方米，出土遗物1500余件⑥。

2007年，在宿州市城区内"埇上嘉苑"⑦建设工程中发掘运河遗址约500平方米（图版一~图版五）。

两处均揭露出较完整的运河河床剖面，弄清了运河宽度、河床基本结构以及运河开凿技术、疏浚、使用等信息，发现宋代石筑码头1座、宋代木船1艘，还在南堤上发现唐代建筑基址和道路遗迹。出土唐宋瓷器、陶器、铜器、铁器、骨器、石器、琉璃器、玉器等各类文物标本近5000件⑧。

2009年，因编制运河总体保护规划需要，中国文化遗产研究院、安徽省文物考古研究所联合淮北、宿州文物部门，对安徽段全线进行了一次较全面的调查。通过分析史料记载、现场踏

---

① 政协淮北市委员会：《永远的中国大运河——沿河城市征文集》，安徽人民出版社，2009年。

② 中国唐史学会唐宋运河考察队：《唐宋运河考察记》，陕西社会科学院，1985年；唐宋运河考察队：《运河访古》，上海人民出版社，1986年。

③ 全国政协文史和学习委员会、政协安徽省宿州市委员会：《运河名城——宿州》，中国文史出版社，2012年；宫希成：《运河重现——运河安徽段考古发掘与研究》，《宿州文博》2017年第一辑；王晶：《隋唐大运河线性文化遗产特点及保护方式初探——以安徽段大运河为例》，《东南文化》2010年第1期。

④ 安徽省文物考古研究所、安徽省淮北市博物馆：《淮北柳孜运河遗址发掘报告》，科学出版社，2002年。

⑤ 宫希成：《运河重现——运河安徽段考古发掘与研究》，《宿州文博》2017年第一辑。

⑥ 高雷、贾庆元：《安徽宿州隋唐大运河遗址首次考古发掘取得重要成果》，《中国文物报》2006年12月8日第5版。

⑦ "埇上嘉苑"与"木牌坊"同指一处。

⑧ 宫希成：《运河重现——运河安徽段考古发掘与研究》，《宿州文博》2017年第一辑。

勘调研、布点考古钻探、走访等方法，基本确定了隋唐运河遗址在安徽境内的边界，将坐标点及基本情况进行了详细记录[①]。

2011~2013年，因申报世界文化遗产和编制大运河保护规划需要，安徽省文物考古研究所分别在泗县曹苗、邓庄、刘圩、马铺、朱桥、宗庄6处地点对运河河道与河堤进行了解剖发掘，目的是了解该段河道、河堤的结构与建造技术[②]。

2012年7月，安徽省文物考古研究所组织人员对境内隋唐运河又做了一次田野调查，分为濉溪段、宿州段及泗县段，进一步确认了运河的走向和沿途相关遗迹[③]。

2013年初，安徽省文物考古研究所对通济渠沿线进行了钻探工作，对濉溪、宿州埇桥区、灵璧及泗县各段通济渠河道的走势、河道的堆积情况及宽度、河堤的高度及宽度有了进一步的了解[④]。

2012~2013年，因运河保护和大运河申报世界文化遗产的需要，又对柳孜遗址进行了第二次发掘。两次发掘总面积约3000平方米，揭露出34米长的一段河道，发现两岸河堤、石筑桥墩、道路等重要遗迹，发现唐代沉船8艘、宋代沉船1艘。河道中出土唐宋时期瓷器、陶器、石器、骨器、铜器、铁器等，可复原遗物达7000多件。通过发掘，对认识运河的形成、使用、变迁、淤塞、废弃的整个历史变化过程具有重要意义[⑤]。

2015年，因宿州市城市规划和运河保护的需要，又对宿州市城区运河进行了勘探。勘探范围西起京台高速，东至港口路，全长6044米，此次勘探基本确定了宿州城区运河的具体边界位置[⑥]。

2010~2016年，安徽省文物考古研究所配合当地城乡建设，分别在濉溪县大隅口、百善老街，灵璧县小田庄、二墩子，泗县陆李、朝阳路等地点对运河进行了局部发掘，出土了丰富的遗物。对运河不同河段的结构、河道演变以及文化遗存埋藏情况等信息有了比较全面的认识[⑦]。

[①] 王晶：《隋唐大运河线性文化遗产特点及保护方式初探——以安徽段大运河为例》，《东南文化》2010年第1期。

[②] 安徽省文物考古研究所、泗县文物保护管理所：《安徽泗县刘圩汴河故道遗址发掘简报》，《东南文化》2011年第5期；安徽省文物考古研究所：《隋唐大运河安徽泗县段邓庄遗址发掘简报》，《南方文物》2013年第3期；安徽省文物考古研究所、泗县文物局：《安徽泗县刘圩汴河故道遗址的第二次发掘》，《中国国家博物馆馆刊》2014年第12期；宫希成：《运河重现——运河安徽段考古发掘与研究》，《宿州文博》2017年第一辑。

[③] 安徽省文物考古研究所、濉溪县文物事业管理局、淮北市博物馆：《柳孜运河遗址第二次考古发掘报告》，科学出版社，2017年。

[④] 安徽省文物考古研究所、濉溪县文物事业管理局、淮北市博物馆：《柳孜运河遗址第二次考古发掘报告》，科学出版社，2017年；宫希成：《运河重现——运河安徽段考古发掘与研究》，《宿州文博》2017年第一辑。

[⑤] 安徽省文物考古研究所、濉溪县文物事业管理局、淮北市博物馆：《柳孜运河遗址第二次考古发掘报告》，科学出版社，2017年。

[⑥] 宫希成：《运河重现——运河安徽段考古发掘与研究》，《宿州文博》2017年第一辑。

[⑦] 宫希成：《运河重现——运河安徽段考古发掘与研究》，《宿州文博》2017年第一辑；安徽省文物考古研究所：《安徽灵璧小田庄大运河遗址》，《大众考古》2015年第6期；安徽省文物考古研究所：《宿州陆李运河遗址发掘简报》，《宿州文博》2017年第一辑。

五、发 掘 经 过

木牌坊运河遗址位于安徽省宿州市西关大街东端北侧，北邻中山街，西侧紧靠八一小区，南部为大河南街，恰在隋唐大运河通济渠遗址上（图三）。2007年初，宿州市文物管理所专业人员发现宿州西关大街东头的旧城改造项目清表施工暴露河沙堆积，经现场调查认定该项目处于大运河遗址范围，随即报告安徽省文物局，省文物局知悉后，多次发文要求做好抢救性文物保护工作。为配合基本建设，做好文物保护工作，安徽省文物考古研究所会同宿州市文物管理所多次与建设单位和有关职能部门协商，在宿州市政府领导的关心支持下，最终落实了保护经费，考古工作得以顺利进行（图版六~图版八）。随后，安徽省文物考古研究所联合宿州市文物部门组成宿州木牌坊运河遗址考古队，考古发掘领队为贾庆元，参加发掘的业务人员有任一龙、任鹏、高雷、文立中、高勇等，后勤保障人员为吴知建、胡万华。

考古工作自2007年3月起至7月基本完成预期考古工作目标。3月对该建设范围内的遗址区域进行了考古勘探，累计勘探面积20000平方米，钻探结果标注了运河河道、河堤位置，确定了运河走向、运河河道宽度、深度及文化层的堆积情况，为下一步的发掘工作提供了参考。

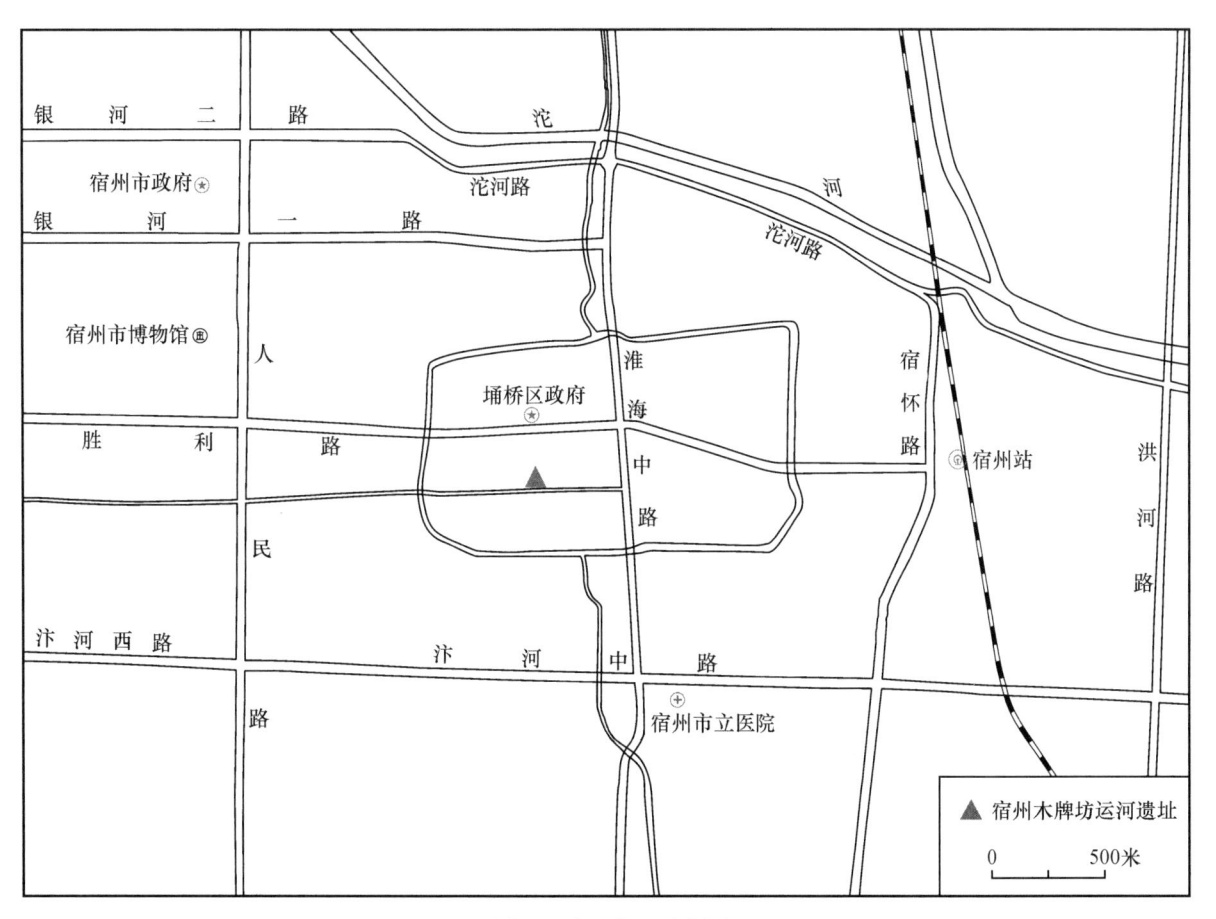

图三 遗址位置示意图

3月4日开始正式发掘，至8月中旬结束，共发掘遗址面积502.4平方米，共布方5个，依次编号为T1~T5，其中T5南北横跨河道。清理发掘出码头，灶1座，灰坑6个，出土各类遗物2000余件，取得了重要收获（图四）。

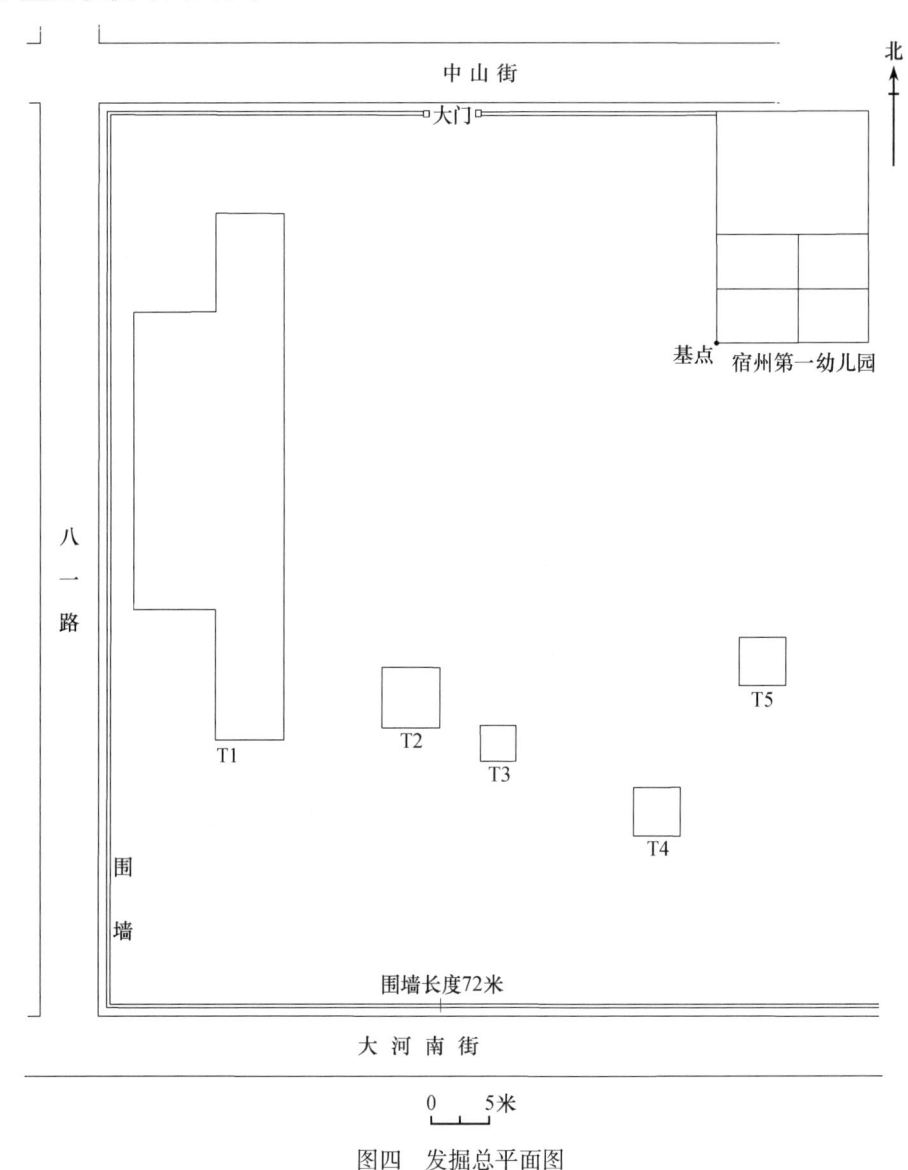

图四　发掘总平面图

六、资料整理与报告编写

资料整理于2018年初在宿州市博物馆内正式启动，工作大致分为两个阶段（图版九）。
第一阶段：原始资料的整理核对、重新梳理及其他基础工作。
（1）对发掘日记、照片进行了整理，制定了整理时间表。
（2）对发掘总平面图、探方四壁图、遗迹图等资料进行整理与核对，并制作电子版。

（3）对探方尤其是T5的层位关系、堆积情况进行梳理，并制作电子版。

（4）对出土遗物进行详细的核对、登记工作。

（5）对遗物重新编号，并根据整理需要，重新制作了出土器物登记表。发掘过程中，根据发掘日记、标签日期、地层合并记录等资料，进行了统一编号，对于一些标签不清甚至无标签的器物，一律按采集处理。

（6）对器物进行绘图、描述、拍摄，并对铜钱做了拓片。

第一阶段，由于资料繁杂、器物多、任务重，参与人员也比较多。主要有安徽省文物考古研究所任一龙、任鹏、杜康，宿州市博物馆高雷、邱少贝、孙肖肖，淮南市博物馆文立中，安徽大学黄婷、解明明，宿州学院吴蕙瑶、周红娟、薛辉，天水师范学院魏春婴、魏娜、刘白绒，陕西文物保护专修学院杨妍英、李月莉、冯妮、杨妍丽等。

在此阶段，我们还邀请了一些陶瓷专家对出土陶瓷器进行了鉴别，对瓷器的分类研究提供了宝贵的指导意见，同时邀请了安徽省文物考古研究所程京安对器物进行了拍摄，邀请了辽宁师范大学戴玲玲老师对出土的动物骨骼进行了鉴别和研究。

第二阶段：报告编写。

报告首先是概述部分，然后是主体，分遗迹和遗物两大部分。遗迹部分又细分码头、灶、灰坑、沉船、河堤、河道等。遗物部分先按照地层早晚来区分，再对材质进行分类，接着按照釉色、器类逐件进行描述。最后是器物研究和其他相关研究。具体情况如下。

第一章概述，首先描述宿州市地理位置和周围环境，介绍皖北地区的河流，以便让大家更清楚这些河流与通济渠之间的关系。其次介绍宿州市历史沿革以及大运河宿州段历史、近年来的考古工作情况。最后介绍发掘的过程及资料的整理、报告的编写。

第二章主要是介绍地层的堆积和年代。包括本次发掘的布方和发掘目的、运河的结构等，并对地层堆积年代做出判断。

第三章主要是码头、灶、灰坑、沉船、河堤、河道遗迹等的叙述。

第四章是按照层位关系介绍出土器物。

第五章是出土器物研究。

第六章是结语。

发掘报告编写由宫希成主持，主要编写人员有任一龙、邱少贝、高雷、魏春婴等。分工负责，个人按统一规定的标准分别撰写相关章节。具体分配详见后记。

第二章　地层堆积

一、探方分布

2007年初，首先对建设范围内的遗址内区域进行考古勘探，了解了地层堆积情况，确定了遗迹的类型及位置。根据勘探结果，在相应位置分别布置了探方T2～T5，分别为5米×5米、3米×3米、4米×4米、4米×4米。为解剖河道，布设南北向的探方T1，为13米×24.8米，后根据发掘需要，T1河道部分向南北分别扩方了两次，两次扩方共114平方米。

二、地层堆积情况

木牌坊运河遗址地层堆积一共17层，其中1、2、3、4层为河道废弃后的近现代堆积。5、6、7、8、9、10、11、12层为河道内堆积。13、14、15、16、17层为河堤护坡夯土堆积。从地表至河底深度约11.6米，各层分布范围和堆积厚度差别较大。出土器物主要集中在5、7、8、9、10、11层。现以遗址西壁为例分别描述（图五）：

第1层：现代扰层。厚40～80厘米。土质较硬。土质、土色杂乱。内存大量的砖瓦残片和现代瓷片，以及明清时期陶瓷片。有较多的近代房基、垃圾坑等。该层堆积较厚。主要为房屋拆迁所致。

第2层：灰褐色土层。距地表40～80、厚60～85厘米。土质较硬。土色呈灰色，微泛褐色，局部土色杂乱。内存较多的砖块、瓦片石块以及唐宋时期的陶瓷片、明清时期的青花瓷片，该层分布于整个探方。堆积平缓。

第3层：灰黑色黏土层。距地表120～135、厚50～90厘米。土质较硬带黏性。土色灰黑色。包含较多的砖石块及宋金时期和近代的瓷片，瓷片多为黑釉、白釉及少量的青釉。器形多为碗。该层分布于整个探方，堆积平缓。该层下遗迹有H1、H2、H3、H4、H5、H6。

第4层：灰褐色土层。距地表约200、厚0～240厘米。土质较硬，略带黏性。土色灰褐色。包含大量的砖石以及诸多窑口的瓷片，时代包括唐宋元明清各时期。釉色有青釉、白釉、黑釉、黄釉等。器形以碗、盘、罐为主，代表性的窑口有龙泉窑、磁州窑等。该层中间堆积较厚，南北两端渐薄，呈凹形，南北两端被H1、H2、H3、H4、H5、H6打破。

第5层：灰黄褐色土层。距地表200～525、厚约250厘米。土质较硬，土色灰黄色泛褐色。含细沙、砂石颗粒、草木灰、砖瓦片等。包含物以大量的北宋晚期、南宋初期及金代的瓷器残片为主。釉色以黑、青、白釉为主，另有少量黄釉。可辨器形有碗、盘、盏、杯、碟等。另外出土有象棋子、围棋子、骰子、瓷塑人物、动物、磲石、陶器、钱币以及铁刀、动物骨骼等。涉及窑口有磁州窑、龙泉窑、吉州窑、耀州窑、钧窑、定窑等窑系。该层堆积较厚，呈凹形堆积在河道内。被H1、H2、H3、H4、H5、H6打破。

第6层：浅黄色沙土层。距地表490～680、厚0～55厘米。该层土质板结、较硬。土色浅黄色。包含有较多的砂石颗粒和料姜石、蚌壳、螺蛳壳等。出土少量的瓷片。釉色多青釉、白釉。器形以碗为主。堆积较薄，呈凹形分布在河道中间。

第7层：灰黄色沙积层。距地表225～710、厚0～205厘米。土质松软，土色灰黄色。含细沙、砂石颗粒以及蚌壳、螺蛳壳。出土较多瓷片及少量动物骨骼和头骨。瓷片以青、白、黑、黄釉为主。器形有盘、碗、罐、壶、棋子、盏等。于探方中南部东壁出土宋代沉船。船体已腐蚀不见，仅存底部。船侧出土宋代"崇宁重宝"钱币若干。该层两端堆积较厚、中间略薄，呈凹形堆积在河道内。两端分别被石构建筑码头打破。

第8层：黄色沙积层。距地表235～760、厚0～170厘米。土质松软，色黄亮。包含粉状细沙和砂石颗粒，偶见料姜石。出土有白釉、青釉、黄釉、黑釉及三彩瓷片，器形有碗、盏、枕、粉盒、钵等。该层两端堆积较厚，呈凹状分布在河道内，为水流含沙较多堆积。被H2、H5打破。

第9层：灰黄色沙积层。距地表285～820、厚0～115厘米。土质松软，灰黄色沙土，含细沙，松散。出土青瓷、白瓷、黄瓷、黑瓷等瓷片。器形有碗、盏、罐、注子、执壶、瓶等。地层堆积呈凹形，为河水含泥沙较多沉积所致。被H2、H5打破。

第10层：灰黄色沙积层。距地表640～890、厚0～130厘米。土质松软，灰黄色沙土，含料姜石、蚌壳、螺蛳壳等。出土较多的瓷片及动物骨骼等。釉色有白釉、黄釉、青釉、黑釉及三彩等。可辨器形有碗、壶、罐、钵、盆等。动物骨骼有头骨、肢骨及牙齿。该层呈凹状堆积在河道内，为水流自然沉积。

第11层：黄褐色沙土层。距地表720～900、厚0～140厘米。土质疏松，含有较多粗砂姜颗粒，呈灰黑色。该层出土陶器、瓷器、石器、铁器、钱币、兽骨、贝壳、碎石块、木头。瓷器主要是碗，多粗胎、厚腹，内施满釉，外施釉不及底。内有支钉痕迹，多酱釉和黄釉。陶器以灰陶为主，有盆、罐等器物残片。铁器锈蚀严重，器形不明。该层堆积微呈凹状分布在河道内。堆积较厚。

第12层：灰黄色沙土板结层。距地表930～1060、厚0～120厘米。土质板结成各种形状，较硬。沙土呈灰色。包含料姜石颗粒。堆积较厚，无出土器物。

第13层：黄褐色夯土层。距地表225～275、厚20～120厘米。土质较硬。土色黄褐色夹带有料姜石颗粒，有零星瓷片。呈坡状向堤外堆积。南堤探方东部被H3打破。

第14层：红褐色夯土层。距地表285～400、厚25～90厘米。土质较硬，土色红褐色，夹有

图五 T1西壁剖面图

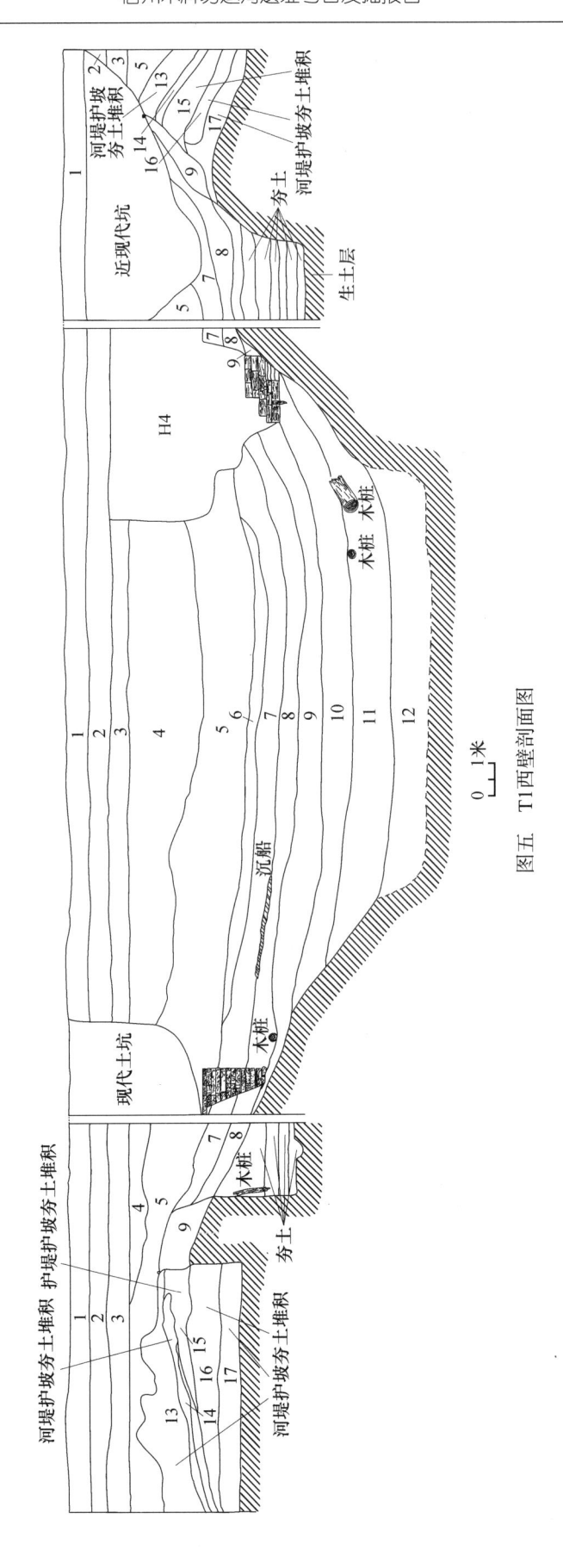

灰色胶泥块。含砂石颗粒。地层厚薄不一。呈坡状向堤外堆积。未见器物出土。

第15层：铁红色胶泥层。距地表300～450、厚0～90厘米。土色呈铁红色。土质较黏硬，夹杂砂石颗粒和黄色胶泥块。坡状堆积，厚薄不均。未出土器物。

第16层：黄褐色花土层。距地表400～500、厚20～110厘米。土质较硬。黄褐色花土。见有夯窝。包含物较少。未出土器物。

第17层：灰褐色花土层。距地表380～550、厚25～90厘米。灰褐色花土。土质较硬，夹有少量黄色土。北堤探方西部呈坡状堆积。其他堆积平缓。未出土器物。

第三章 遗 迹

遗迹有码头、木岸狭河、灶、灰坑、沉船、河堤、河道（图六）。具体如下：

一、码 头

1. 南码头

位于T1的西南角，开口5层下，打破7、8层，上部被现代灰坑打破。其系石板平铺砌筑而成，暴露在探方内的发掘范围为东西长2、南北宽1.4、高2.1米，由石板错缝平铺并向西延伸至探方外。码头现存13层，石板长约140、宽约65、厚约15厘米，纵剖面呈直角梯形，沿河面陡直，斜直贴于驳岸处，做工规整。石板有人为加工痕迹，磨损程度较大。从码头保存现状来看，其方向为东西向。

根据该码头的开口层位和北壁相对应的码头及周边遗迹推断，其使用的时间较长且频繁。应为宋代建成使用（图七）。

2. 北码头

位于T1的西北角，开口5层下，打破7、8、9、10、11层，上部被晚期坑H4打破。

该码头暴露在探方内的发掘范围为东西长2、宽2.06、高1.1米。由十余块厚重的石板错缝平铺砌筑。石板用白灰浆粘缝，呈台阶状延伸至探方外，现仅存上下四层，规格不一，上层石板较薄，厚约30厘米，下层石板较厚，厚约40厘米。由于残毁严重，故北壁码头形制不清，推测与南码头形制相似，为沿河陡直，斜直贴于驳岸。在北壁码头东侧存在严重残损的砖石结构，部分呈倾斜状，保存完好的部分系用厚薄不均的石板上下叠压顺砌，石板之间用素面青砖充垫。暴露在外遗迹范围东西长5、宽3.5、高2.1米，并向探方外东侧延伸，应为北壁码头东侧的一部分（图八）。

根据该码头及南壁码头及周边遗迹的开口层位和打破关系，推测北壁码头遗迹始建时代为宋代。

第三章 遗 迹

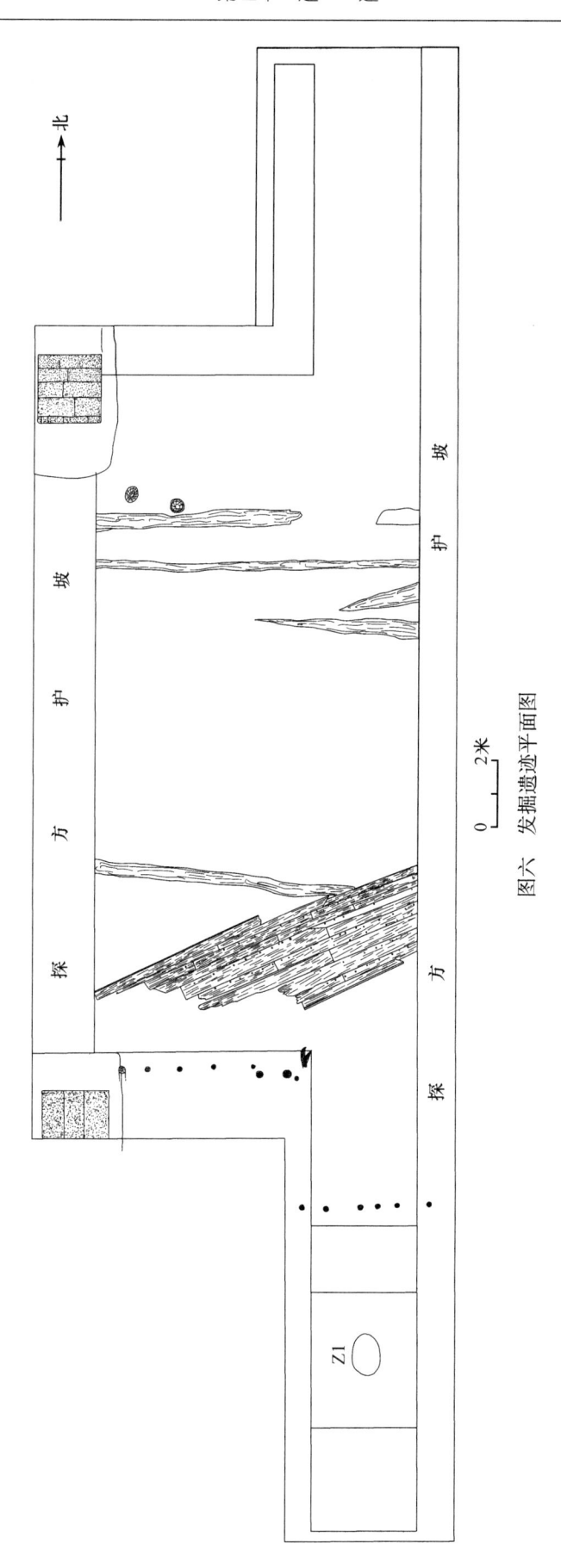

图六 发掘遗迹平面图

图七　南码头平、剖面图

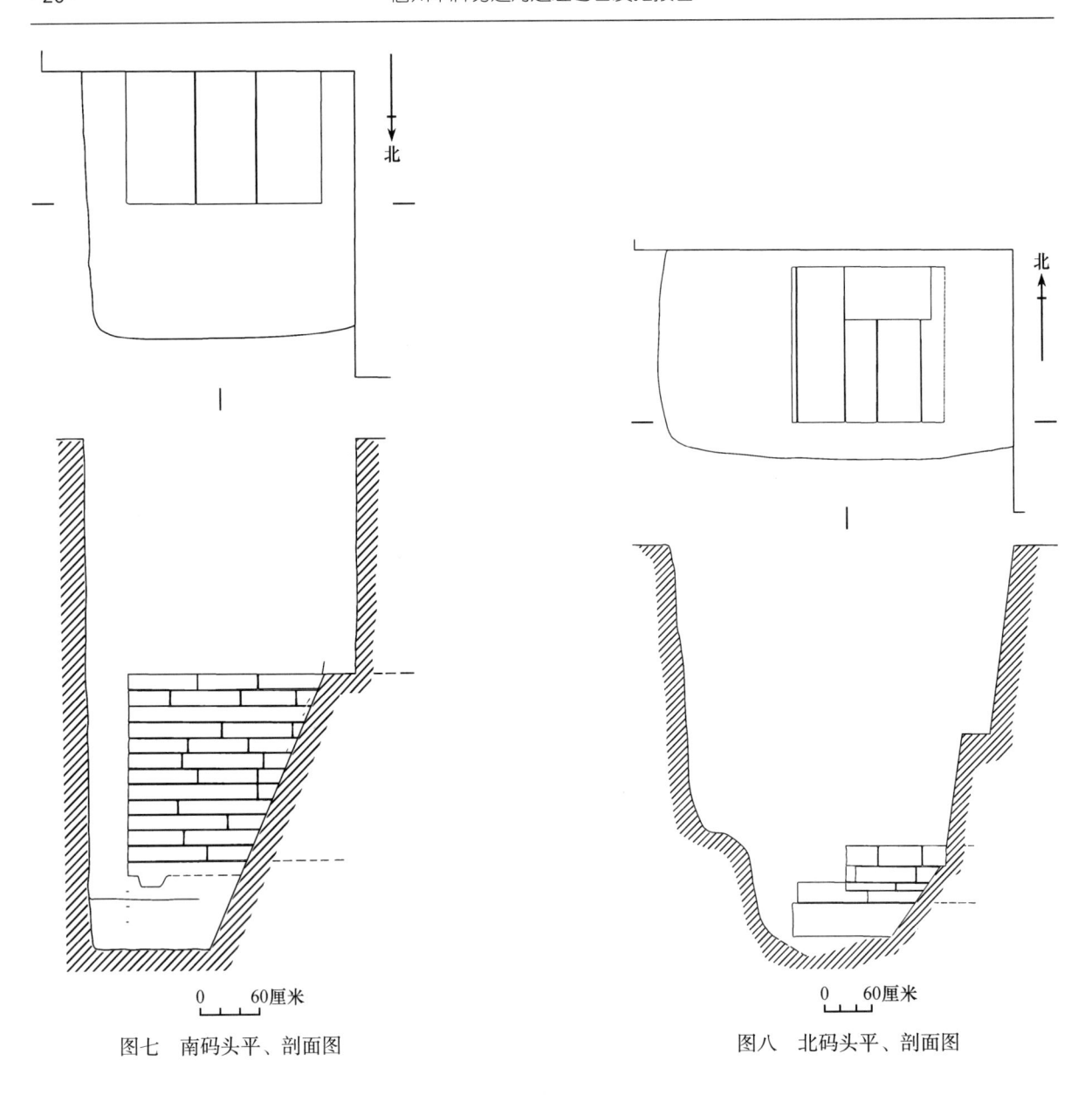

图八　北码头平、剖面图

二、木岸狭河遗迹

在南北壁河堤内侧驳岸处修筑了夯土护坡，其中南护坡5层夯土，最宽处约4.5、高约2.5米。北护坡7层夯土，最宽处约6、高约3米。南北护坡夯土均呈水平状堆积，夯层厚30～70厘米，局部发现圆形夯坑，直径约70厘米。

在南北护坡内均使用了夯筑木桩稳固护坡的做法，竖立木桩均开口于8层下，打破河堤护坡夯土层。其中，北壁木桩处于石构码头东侧，依次发现呈东西向排列的圆木、竖立木桩。木排为东西向排列的圆木，直径20～32厘米，其间及两侧立有间距不等的数根木桩，现存高度80～100、直径约10厘米。

在南壁石构码头东侧相对应的位置也有相似结构，竖立木桩分为南北两排，间隔在60～100厘米，大多等间距。木桩直径10～20厘米，小于北壁码头木桩直径，但发现木排数较少，保存状况相对北壁稍差。

三、灶

Z1位于T1南部，开口1层下，形状为椭圆形，南北长150、宽90、残高40厘米，方向190°，由陶质砖块砌筑而成（图九）。砌筑方法为底部"两顺一丁"，上部"一顺一丁"。火门朝南，宽18、残高30厘米。火膛平面呈椭圆形，长74、宽50厘米。烟道位于灶北部，斜坡状，宽6、残高12厘米。靠烟道位置堆积较多的红烧土块及草木灰，厚约15厘米。

由于后期扰动破坏严重，未发现Z1周围相关遗迹。根据开口层位推断，Z1为近代生活所用，后废弃。

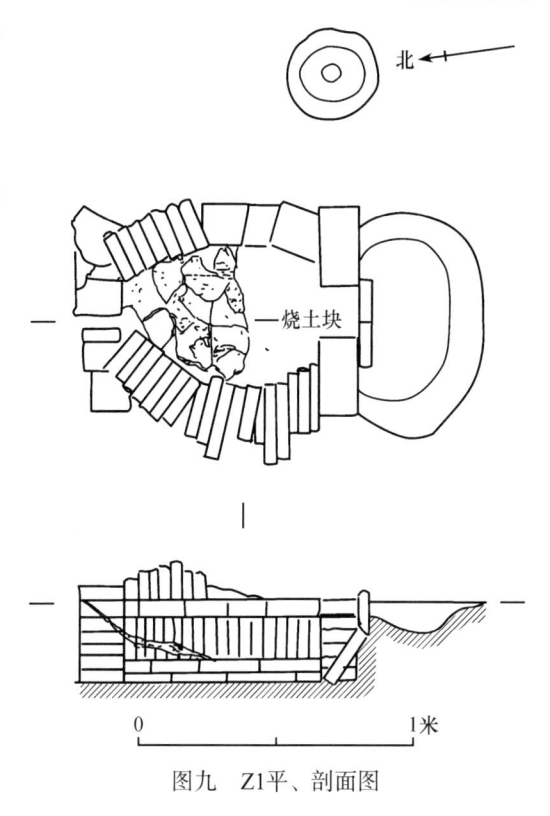

图九　Z1平、剖面图

四、灰　坑

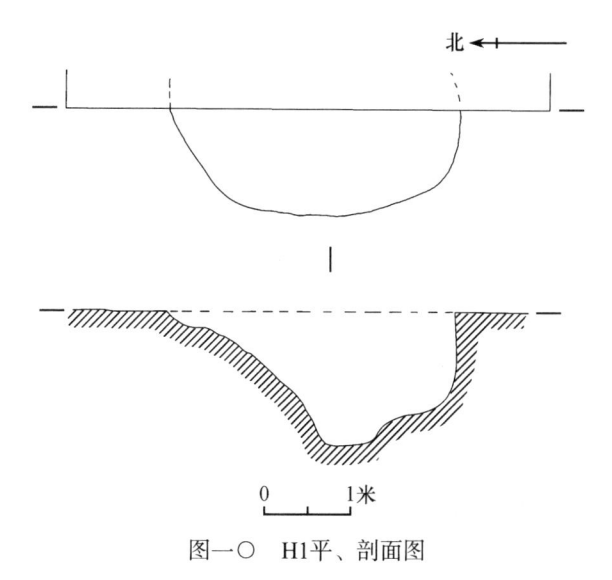

1. H1

开口于3层下，位于T1东北部，距北壁4.1米，东部延伸至探方外，平面呈不规则扇形，剖面为阶梯状堆积，打破4、5、7层。南北长3.3、东西最大径1.92、深1.5米。填土为灰黑色黏土、土质稍硬带黏性，包含较多的砖块、瓦片及砂石颗粒、草木灰等，出土少量的瓷片。釉色有青釉、白釉、黄釉等。器形多为碗。根据发掘情况、包含物、剖面粗糙等，推断H1为近现代生活弃坑（图一〇）。

图一〇　H1平、剖面图

2. H2

开口于3层下，位于T1东南部，延伸至东壁外，距南壁8.25米，平面呈扇形，剖面粗糙，呈喇叭状，凹状底，打破4、5层。南北长3、东西最大径1.15、深1.45米。填土灰黑色黏土，含较多的砖石、瓦片，出土瓷片数量不多，多黑釉、白釉瓷片。器形以碗、盏为主。出土可修复小件磁州窑系白底黑花盏1件，编号为2007SYT1H2∶1。根据开口层位、出土器物及包含物，结合发掘情况，推断H2为近代生活废弃坑（图一一）。

3. H3

开口于3层下，位于T1东南角河堤上，延伸至东壁外，开口线距东南角20厘米，平面呈不规则半圆形。坑壁粗糙，底微凹，剖面呈敞口喇叭状，打破5、13层。南北长4.75、东西1.8、深1.85米。填土灰黑色黏土，带黏性，包含砖石、瓦片、料姜石、草木灰等，出土青釉、白釉瓷片，黑釉较少。器形以碗为主。出土可修复小件青釉盏1件，编号为2007SYT1H3∶1。根据出土器物，结合发掘情况推断H3为近代生活废弃坑（图一二）。

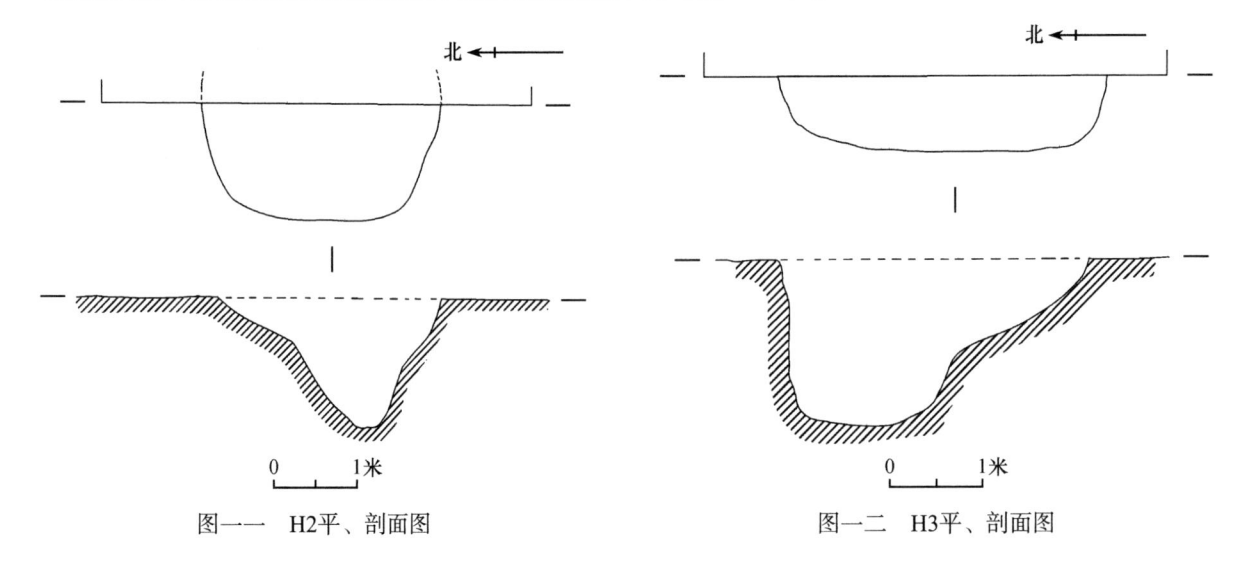

图一一　H2平、剖面图

图一二　H3平、剖面图

4. H6

开口于3层下，位于T1西北角，延伸至西壁外，距北壁1.1米。平面不规则半圆形，敞口，坑壁粗糙，斜坡向下，凹形底，打破4、5、7层。南北长6.7、东西最大径5.5、深2.3米。填土灰褐色，夹带砖、瓦残片、石块以及草木灰等，出土少量陶瓷片，多为青、白、黑釉。器形多为碗，另有少量的不明动物骨骼。根据出土物和发掘情况推断H6为近代废弃坑（图一三）。

另外，H4、H5为码头建筑。

五、沉　　船

沉船处于T1⑦层中，位于T1南部偏东。船体为木板结构，沿河道方向头西尾东（图一四）。主体是船体的内底板和舷侧板，其余构件均已不存。残长12.4、宽3.2、厚0.05～0.06米。暴露在外的长度为7.5米，其余部分伸入探方东壁。内底板由10列纵板组成。列板长短不一，最长10.8、最短3.82、最宽0.51米。列板边缝采用直角同口加横向枣核钉固接，枣核钉间距5～15厘米。列板端缝同样采用直角同口搭接并用圆头铁钉固定，缝隙间填有油灰，尾部钉

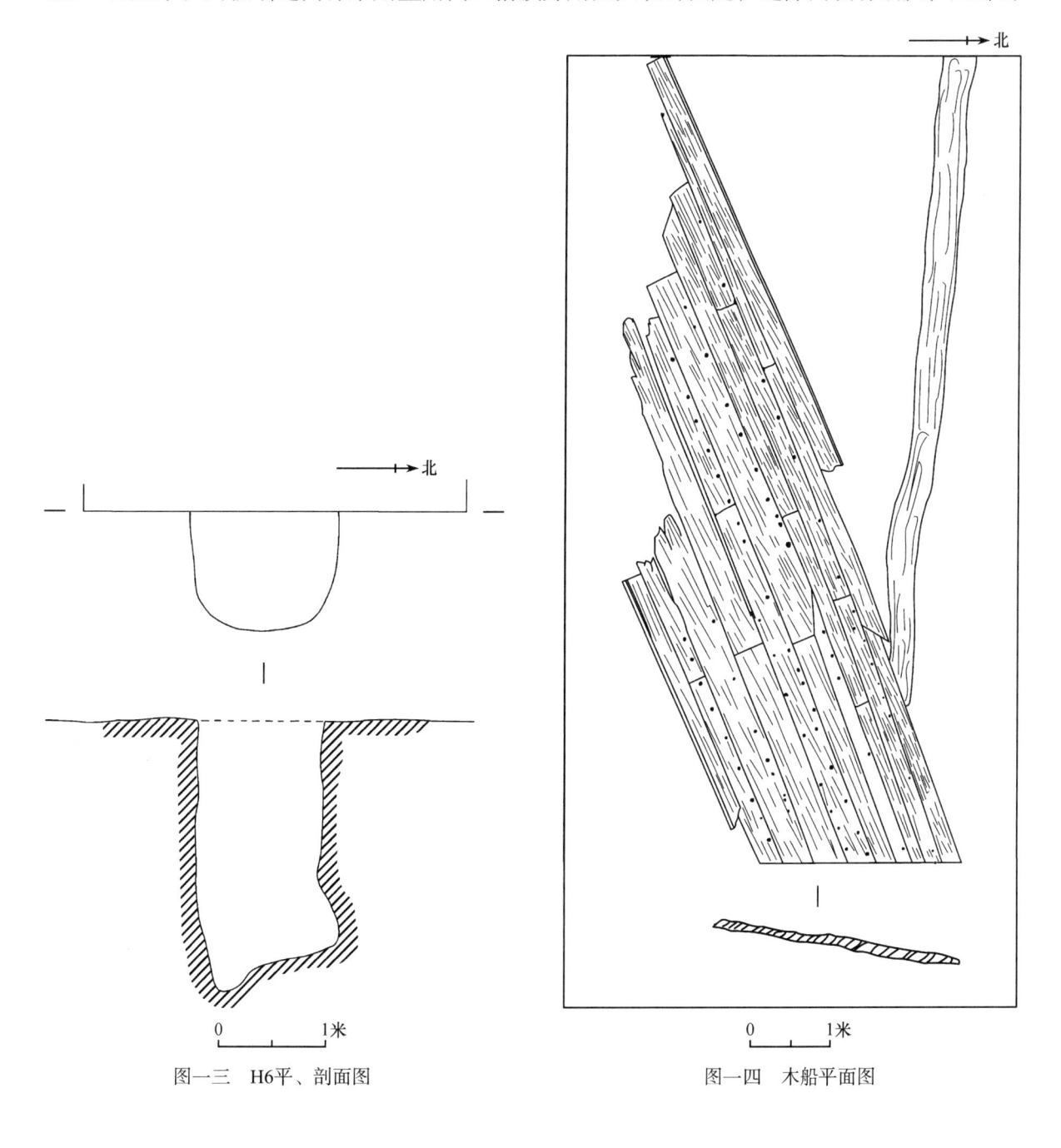

图一三　H6平、剖面图

图一四　木船平面图

有一根加工过的横向木条，压在列板之上，靠横木前方有3根加工过的纵向木条钉在内底板平面上，应为防滑之用。在船板周侧出土十余件盏、碗等可修复残件，以及五十余枚"崇宁通宝""崇宁重宝"铜钱。同时在周围出土石质锚锭5件，铁质锚钩1件。

根据残存底板的结构、形制及其周边出土器物和开口层位，推断该船为宋代沉船。

六、河　　堤

南北河堤形制、堆积相似，均分为河堤内、外堆积，现以北河堤为例进行描述。

北河堤沿河面陡直，近似直角。河堤上下两侧为夯土堆积，中间为原始生土。现将两侧河堤堆积分述如下。

北河堤外堆积叠压于第12层下，打破生土，分为5层。从上至下分别为黄褐色夯土夹料姜石颗粒、红褐色夯土夹灰色胶泥块、铁红色胶泥夹杂砂石颗粒和黄色胶泥块、黄褐色花土、灰褐色花土夹少量黄色土，厚20~120厘米。土质较硬。局部发现有圆形夯窝。均呈坡状向堤外堆积。土质较纯，出土遗物极少。堤外堆积用途或与抬高及加固河堤有关。

七、河　　道

河道呈东西向，至少分为早晚两期。

早期河道：呈东西向，河口较宽，呈凹弧形，陡坡状河堤叠压于生土之上，南北两壁用夯土加固并抬高河堤，内侧河堤使用夯土护坡并进行竖木桩加固，做工较为讲究。通过测量，早期河口宽34.5、河底宽13.2、深10.2米。

河道内堆积分为7层，即第6~12层。

第6层：浅黄色沙土，为自然淤积，出土遗物极少，凹形分布于河道中间。

第7~9层：北宋堆积，土色分别为浅黄色沙积土与灰黄色沙积土，出土大量北宋遗物。

第10层：灰黄色沙积土，为长期水流淤积层，出土少量晚唐五代遗物。

第11层：黄褐色沙土，出土大量中晚唐遗物，堆积较厚，为中晚唐河道堆积。

第12层：灰黄色板结沙土，土质纯净、松软，未发现任何遗物。

从早期河道内地层堆积及出土遗物来看，推测早期河道处于隋大业元年（605年）至中晚唐时期。

晚期河道：呈东西向，河宽以南北壁石构码头为界，与早期河道相比，晚期河道收缩较大，河口严重变窄。河口宽13、深2米。

河道内堆积分两层，即第4、5层。

第4层：灰褐色土，凹形分布于晚期河道内，土质较硬、混杂，包含大量砖石，出土遗物时代跨度较大，包含唐宋元明清各时代陶瓷片，推测为晚期河道废弃后的堆积。

第5层：灰黄褐色土，含细沙、砂石颗粒、草木灰、砖瓦片等，出土遗物以南宋为主，间以少量的北宋、金代遗物，为南宋时期河道堆积。

从晚期河道内地块堆积成因及出土遗物来看，推测晚期河道处于南宋—元，毁弃于明清。

第四章 出土器物

出土遗物众多，以瓷器为主，按釉色划分有白釉、青釉、黄釉、黑釉、青白釉等，器形有碗、盏、钵、壶等。本文按地层单位的早晚顺序，再按材质、釉色、器形，依次介绍如下。

一、第 11 层

（一）瓷器

1. 白釉

13件。

碗 8件。

2007SYT1⑪：1，残。敞口，圆唇，弧腹，壁形底。灰色胎，胎质较细净、疏松。内施满釉，外施釉不及底，釉下施化妆土，釉层偏薄匀，釉质温润，釉面玻璃光泽。内底有支钉痕，削足。口径14.2、底径8、高4.3厘米（图一五，1）。

2007SYT1⑪：2，残。敞口，圆唇，浅弧腹，壁形底。白胎，胎质致密。莹润，有细开片，釉层薄匀，器内外满釉，器底无釉。口径14.8、底径7.2、高4.2厘米（图一五，2）。

2007SYT1⑪：3，残。敞口，圆唇，浅弧腹，壁形底。灰白胎，胎质较致密。莹润，有细开片，釉层薄匀，器内满釉，器外半釉，釉线不齐，釉下施化妆土。足底打磨。口径13、底径3.8、高4.1厘米（图一五，3）。

2007SYT1⑪：4，残。敞口，圆唇，浅弧腹，壁形底。白胎，胎质致密。莹润，釉层薄匀，器内外满釉，器底无釉。口径14.2、底径8、高3.7厘米（图一五，4）。

2007SYT1⑪：5，残。侈口，圆唇，弧腹，平底。黄色胎，胎质较细净、致密。内施满釉，外施半釉，釉下施化妆土，釉层较薄匀，釉质莹润，釉面玻璃光泽。内底有支钉痕。口径18.8、底径8.8、高8厘米（图一五，5）。

2007SYT1⑪：6，残。敞口，圆唇，浅弧腹，饼底、外缘微斜面。灰黄胎，胎质疏松。莹润，有开片，器内满釉，器外施半釉，有积釉现象，釉下施化妆土，器内底有支钉痕，器底有修胎切削痕迹。口径13.2、底径4.6、高4.2厘米（图一五，6）。

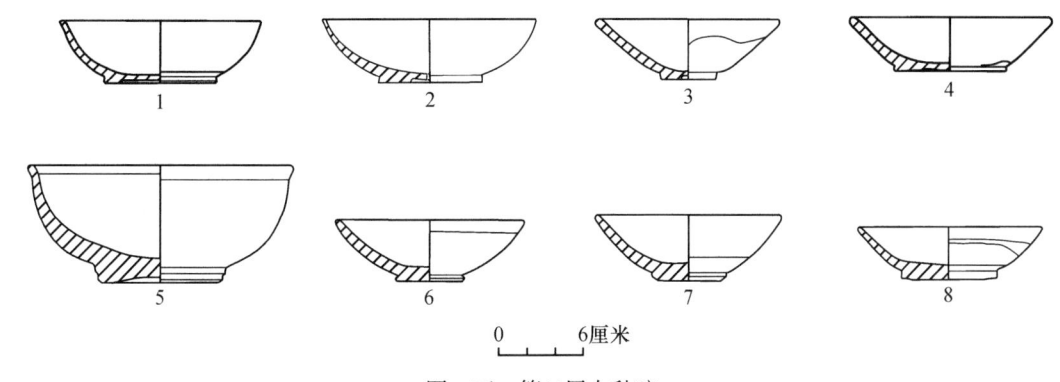

图一五 第11层白釉碗
1. 2007SYT1⑪:1 2. 2007SYT1⑪:2 3. 2007SYT1⑪:3 4. 2007SYT1⑪:4 5. 2007SYT1⑪:5 6. 2007SYT1⑪:6
7. 2007SYT1⑪:7 8. 2007SYT1⑪:8

2007SYT1⑪:7，残。敞口，圆唇，斜弧腹，饼底。灰胎，含砂，胎质疏松。乳浊，釉层薄，器内满釉，器外施半釉，釉下施化妆土。器内底有支钉痕，器底有修胎切削痕迹，足底缘微弧面。口径13.2、底径4.4、高4.5厘米（图一五，7）。

2007SYT1⑪:8，残。敞口，圆唇，浅弧腹，饼底外撇，外缘微斜面，底心微凹。灰胎，胎体较厚重，胎质较致密。莹润，有开片，器内满釉，器外施半釉，有流釉现象，釉下施化妆土。器内底有支钉痕，器底有修胎切削痕迹。口径13.2、底径6.8、高3.6厘米（图一五，8）。

盏 3件。

2007SYT1⑪:9，残。敞口，圆唇，浅弧腹，饼底微内凹、底外缘有小斜面。灰白胎，胎质较疏松。乳浊，釉层薄，有细开片，器内外满釉，足底无釉。口径8.2、底径4.8、高3.2厘米（图一六，1）。

2007SYT1⑪:10，残。敞口，圆唇，斜弧腹，平底。姜黄色胎，胎质细净、较致密，胎体厚重。内施满釉，外施半釉，外有流釉、积釉现象，釉面有小开片，釉下施化妆土。内底有支钉痕，外底有垫饼痕。口径9.8、底径3.6、高3.6厘米（图一六，2）。

2007SYT1⑪:11，残。敞口，圆唇，斜弧腹，平底。灰黄色胎，胎质较疏松。内施满釉，外施半釉，釉下施化妆土。内底有支钉痕。口径9.3、底径3.8、高3.2厘米（图一六，3）。

盘 1件。

2007SYT1⑪:42，残。敞口，圆唇，浅弧腹，圜底。灰黄胎，含砂，胎体厚重，胎质较疏松。乳浊，脱釉，器内满釉，器外半釉，釉线不齐，有流釉现象。釉面受侵蚀。口径19.2、底径7.4、高4.1厘米（图一六，4；图版一六，5）。

盒盖 1件。

2007SYT1⑪:12，残。子母口，子口圆唇，折腹，隐圈足。灰色胎，胎质细净、致密。内施半釉，外施满釉，釉下施化妆土，釉层薄匀，釉质莹润，釉面玻璃光泽。内底有一涩圈，涩圈内施釉。口径8.4、底径6.2、高1.9厘米（图一六，5；图版二〇，2）。

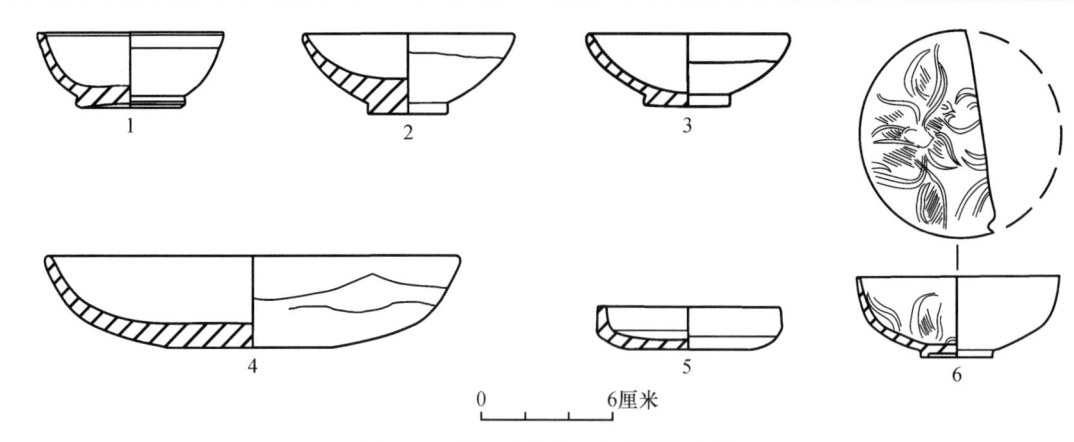

图一六　第11层白釉、白釉划花瓷器
1~3. 盏（2007SYT1⑪：9、2007SYT1⑪：10、2007SYT1⑪：11）　4. 盘（2007SYT1⑪：42）　5. 盒盖（2007SYT1⑪：12）
6. 划花盏（2007SYT1⑪：64）

2. 白釉划花

盏　1件。

2007SYT1⑪：64，残。敞口，尖唇，浅弧腹，浅圈足。灰白胎，胎质致密，胎体轻薄。施化妆土。釉面莹润，器内外满釉。器内底至上腹饰划花蔓枝草叶纹。口径9.2、底径3.2、高3.6厘米（图一六，6；图版二五，1、2）。

3. 青釉

共33件。

碗　19件。

2007SYT1⑪：13，残。敞口，圆唇，斜弧腹，平底、外缘微凸内斜。灰胎，胎体较厚重，胎质较致密。莹润，釉层薄，器内满釉，器外半釉，有流釉现象。器内壁有支珠痕，器底有明显修胎切削痕迹。口径18、底径10.8、高4.7厘米（图一七，1）。

2007SYT1⑪：14，残。敞口，圆唇，斜直腹，平底。灰色胎，胎质较细净、致密。内施满釉，外施半釉，外有流釉、积釉现象，釉面较斑驳，釉层较薄匀，釉质温润，釉面玻璃光泽。内外有支珠痕。口径19、底径11.4、高5厘米（图一七，2）。

2007SYT1⑪：15，残。敞口，圆唇微撇，弧腹，饼底。灰褐胎，胎质较致密。釉层薄，器内满釉，器外半釉，有流釉现象。器内底有支钉痕，器底有垫珠痕。口径18.6、底径11.8、高6厘米（图一七，3）。

2007SYT1⑪：16，残。敞口，圆唇微撇，弧腹，饼底、外缘微撇。灰黄胎，胎质疏松。釉面侵蚀、部分脱釉，有开片，釉层薄，器内满釉，器外半釉，有流釉现象，器外有窑变现象。内底有支钉痕。口径16.4、底径7、高7.5厘米（图一七，4）。

2007SYT1⑪：17，残。敞口，圆唇，弧腹，饼底、外缘微撇。灰黄色胎，含砂，胎质较疏松。飞釉，器内满釉，器外半釉，有流釉现象。内底有3个支钉痕。口径16.8、底径7.9、高5厘米（图一七，5）。

2007SYT1⑪：18，残。侈口，圆唇，弧腹，平底。灰色胎，胎质细净、疏松。内外施半釉，釉层较薄，釉质温润，釉面玻璃光泽。口径16、底径6.8、高6.8厘米（图一七，6）。

2007SYT1⑪：19，残。侈口，圆唇，弧腹，平底。灰红色胎，胎质较细净、疏松。内外施半釉，外有流釉、积釉现象，釉下施化妆土，釉已脱落。口径16、底径9.6、高6.1厘米（图一七，7）。

2007SYT1⑪：20，残。敞口，圆唇微撇，弧腹，饼底，外缘外撇。褐胎，胎体较厚重，胎质较致密。脱釉，器内外半釉。器底有明显修胎切削痕迹。口径17.7、底径8.8、高7.2厘米（图一七，8）。

2007SYT1⑪：21，残。侈口，圆唇，弧腹，平底。灰色胎，胎质较细净、致密。内外近口沿处施釉，釉层偏薄。口径16.2、底径8.2、高7.1厘米（图一七，9）。

2007SYT1⑪：22，残。敞口，圆唇，直斜腹，璧形底。灰色胎，胎质较细净、致密。内施满釉，外施釉不及底，外有流釉、积釉现象，釉层偏薄，釉质温润，釉面哑光。内底有支钉痕。口径14.4、底径5.6、高4.5厘米（图一七，10；图版四七，6）。

2007SYT1⑪：23，残。敞口，圆唇，弧腹，璧形底。灰黄色胎，胎质较细净、致密。内施满釉，外施半釉，外有流釉、积釉现象，釉层偏薄，釉质温润，釉面玻璃光泽。内底有支钉痕，外底削足，外腹下有墨书"张政"二字。口径13.6、底径4.6、高4厘米（图一七，13）。

2007SYT1⑪：24，残。敞口，尖唇，斜弧腹，璧形底。青灰胎，胎质细腻致密。莹润，釉层薄匀，器内外满釉，底无釉。器底有垫珠痕。口径14、底径6、高4.2厘米（图一七，11）。

2007SYT1⑪：60，残。敞口，圆唇，弧腹，饼底。姜黄色胎，胎质较粗糙、疏松、夹砂。内施满釉，外施半釉，有流釉、积釉现象，内外釉面开片，釉下施化妆土，釉层偏厚，釉质莹润，釉面玻璃光泽。内底有支钉痕。口径17.5、底径8.5、高6.5厘米（图一七，12）。

2007SYT1⑪：62，碗，残。敞口，圆唇，弧腹，璧形底。内施满釉，外施半釉。灰色胎，胎质较细净、致密。青色釉，釉层较薄，釉质温润，釉面玻璃光泽。口径13.8、底径4.6、高5.1厘米（图一七，14）。

2007SYT1⑪：52，残。敞口，圆唇，弧腹，平底。姜黄色胎，胎质粗糙、疏松、夹砂。内施满釉，外施半釉，釉下施化妆土，釉层偏薄，釉质莹润，釉面玻璃光泽。内底有支钉痕，外底削足。口径17.2、底径8、高6.4厘米（图一七，16）。

2007SYT1⑪：38，残。侈口，圆唇，弧腹，平底。姜黄色胎，胎质较粗糙、疏松、夹砂。内施满釉，外施半釉，釉下施化妆土，釉层偏厚，釉质温润，釉面玻璃光泽。内底有支钉痕。口径16.2、底径7.4、高7厘米（图一七，17）。

2007SYT1⑪：39，残。侈口，圆唇，弧腹，平底。姜黄色胎，胎质较粗糙、疏松、夹砂。内施满釉，外施半釉，开片，外有流釉、积釉现象，釉下施化妆土，釉层偏厚，釉质莹润，釉面玻璃光泽。内底有支钉痕。口径17.4、底径7.8、高6厘米（图一七，15）。

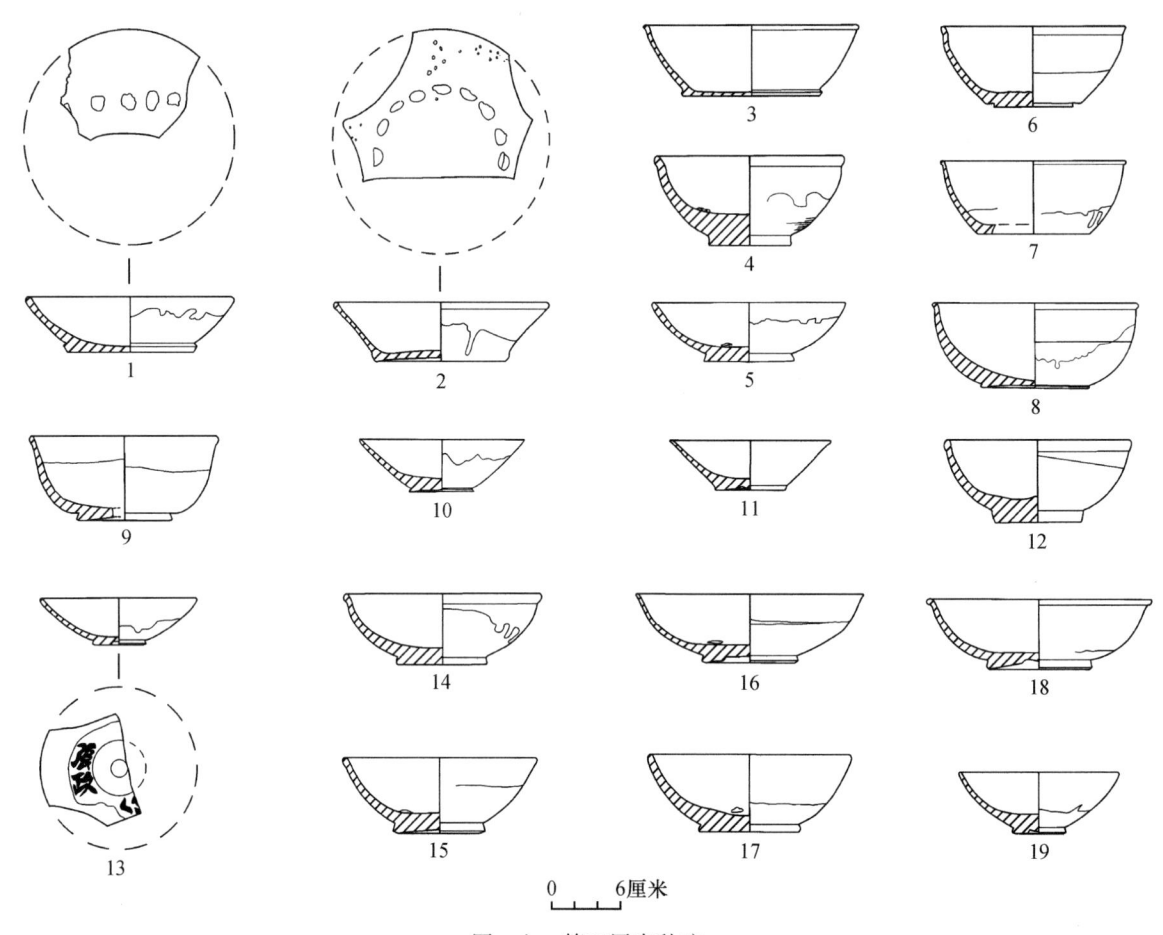

图一七　第11层青釉碗

1. 2007SYT1⑪:13　2. 2007SYT1⑪:14　3. 2007SYT1⑪:15　4. 2007SYT1⑪:16　5. 2007SYT1⑪:17　6. 2007SYT1⑪:18
7. 2007SYT1⑪:19　8. 2007SYT1⑪:20　9. 2007SYT1⑪:21　10. 2007SYT1⑪:22　11. 2007SYT1⑪:24　12. 2007SYT1⑪:60
13. 2007SYT1⑪:23　14. 2007SYT1⑪:62　15. 2007SYT1⑪:39　16. 2007SYT1⑪:52　17. 2007SYT1⑪:38
18. 2007SYT1⑪:40　19. 2007SYT1⑪:41

2007SYT1⑪:40，残。敞口，圆唇，弧腹，宽圈足。姜黄色胎，胎质较粗糙、疏松、夹砂。内施满釉，外施半釉，釉下施化妆土，釉层偏薄，釉质温润，釉面玻璃光泽。内底有支钉痕。口径19.6、底径8.2、高5.8厘米（图一七，18）。

2007SYT1⑪:41，残。侈口，圆唇，弧腹，璧形底。灰黄色胎，胎质粗糙、疏松、夹砂。内施满釉，外施釉不及底，内外有流釉、积釉现象，釉下施化妆土，釉层厚匀，釉质莹润，釉面玻璃光泽。内底有支钉痕，外底有支珠痕。口径19.4、底径9、高5.9厘米（图一七，19）。

盏　3件。

2007SYT1⑪:33，残。敞口，圆唇，斜弧腹，平底内凹。姜黄色胎，胎质较疏松。内施满釉，外施半釉，有流釉、积釉现象，釉下施化妆土。内底有支钉痕。口径11.6、底径5.6、高3.4厘米（图一八，1）。

2007SYT1⑪:34，残。敞口，圆唇，弧腹，饼底，外缘微撇。灰黄胎，含砂，胎体厚重，胎质较疏松。莹润，有开片，釉层薄，器内满釉，器外半釉，有流釉现象。口径10.8、底径5.2、高4.2厘米（图一八，2；图版四九，5）。

2007SYT1⑪：37，残。敞口，圆唇，弧腹，平底。姜黄色胎，胎质较粗糙、疏松、夹砂。内施满釉，外施半釉，外有窑粘现象，釉层厚薄不匀，釉质莹润，釉面玻璃光泽。削足。口径11.2、底径4.2、高5.2厘米（图一八，3）。

盘　1件。

2007SYT1⑪：35，残。敛口，圆唇，斜直腹，腹下内收，平底。灰色胎，胎质细净、较疏松。内外仅口沿处施釉，釉下施化妆土。外底有垫饼痕。口径15、底径7、高3.6厘米（图一八，4；图版五〇，6）。

罐　1件。

2007SYT1⑪：36，残。侈口，圆唇、束颈，竖装双条形系，斜肩，弧腹内收，平底。灰胎，含砂，胎体厚重，胎质较致密。脱釉，釉层薄，器内口沿施釉，器外施半釉，有流釉现象。口径9.2、底径6.5、腹径10.5、高11.8厘米（图一八，5）。

执壶　1件。

2007SYT1⑪：63，残。喇叭口，圆卷唇，长束颈，溜肩，长弧腹，圈足外撇。肩部竖装不对称扁条形双系，扁条形曲柄，管状流残。胎体青灰，较致密。釉面莹润，玻璃质，器内口沿下无釉，器外满釉，有开片。肩部饰凹弦纹，腹部饰六组竖双凸弦纹。口径9.4、底径7.8、高23.8、腹径13.8厘米（图一八，6）。

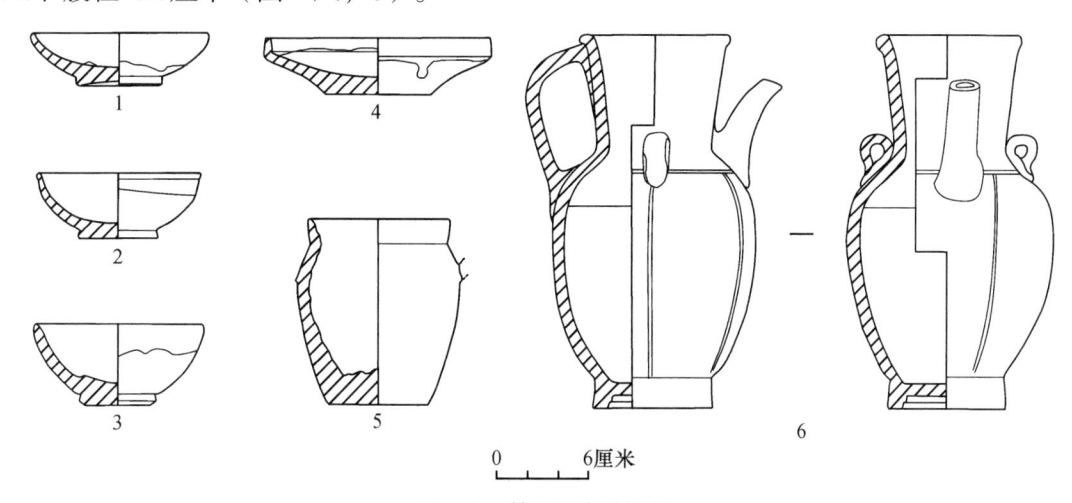

图一八　第11层青釉瓷器

1~3.盏（2007SYT1⑪：33、2007SYT1⑪：34、2007SYT1⑪：37）　4.盘（2007SYT1⑪：35）　5.罐（2007SYT1⑪：36）
6.执壶（2007SYT1⑪：63）

钵　8件。

2007SYT1⑪：53，残。敞口，圆唇，折腹，平底（内凹）。灰色胎，胎质较细净、致密。釉层薄匀，釉质温润，釉面哑光。内底有支钉痕，外底有支珠痕。口径12.5、底径4.5、高5.7厘米（图一九，1）。

2007SYT1⑪：25，完整。敛口，圆唇，弧腹，平底内凹。灰色胎，胎质较细净、致密。

内外施半釉，有流釉、积釉现象，釉层偏厚，釉质温润，釉面哑玻璃光泽。内外底有支钉痕。口径14、底径7.4、高5.2厘米（图一九，2；图版五一，1）。

2007SYT1⑪：26，残。直口，圆唇，曲腹，平底微凹。青灰胎，胎质较致密。哑光，釉层薄，器内外施半釉，釉线不齐。口径17.2、底径8.8、高5.5厘米（图一九，3）。

2007SYT1⑪：27，残。敛口，圆唇，曲腹，平底。青灰胎，胎体厚重，胎质较致密。莹润，局部脱釉，器内外施半釉，有流釉、积釉现象。器外口沿至上腹饰褐色点彩，器内底有支钉痕，器底有垫珠痕。口径17、底径9、高6厘米（图一九，4）。

2007SYT1⑪：28，残。直口，方唇，曲腹，平底。灰胎，胎质较致密。莹润，釉层薄，器内外施半釉，有流釉、积釉现象。口径14.6、底径8、高5厘米（图一九，5）。

2007SYT1⑪：29，残。直口，圆唇，折腹，平底。青灰胎，胎体较厚重，胎质较致密。莹润，釉层薄，器内外施半釉，有流釉现象。器外口沿至上腹饰褐彩竖条纹，器内底有6个支钉痕，器底有7个垫珠痕。口径17.6、底径9、高6.2厘米（图一九，6；图版五一，3）。

2007SYT1⑪：31，残。敞口，圆唇，曲弧腹，平底。红色胎，胎质较细净、致密。内外施半釉，内有流釉，外有流釉、积釉、飞釉现象，釉层薄匀，釉质温润，釉面哑光。内外底有支珠痕。口径16、底径7.6、高6厘米（图一九，7）。

2007SYT1⑪：32，残。直口，圆唇，折腹，平底微凹。青灰胎，胎体较厚重，胎质较致密。莹润，釉层薄，器内施釉不及底，器外施半釉，釉线不齐，有流釉现象。器内底有支钉痕，器底有垫珠痕。口径12.4、底径5.6、高4.5厘米（图一九，8）。

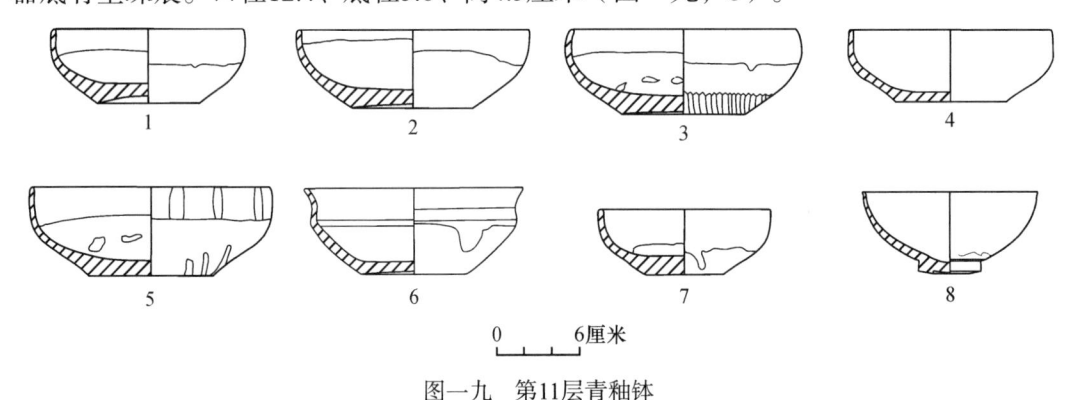

图一九　第11层青釉钵
1. 2007SYT1⑪：53　2. 2007SYT1⑪：25　3. 2007SYT1⑪：26　4. 2007SYT1⑪：27　5. 2007SYT1⑪：28　6. 2007SYT1⑪：29
7. 2007SYT1⑪：31　8. 2007SYT1⑪：32

4. 黄釉

共10件。

碗　8件。

2007SYT1⑪：45，残。侈口，圆唇，弧腹，平底。姜黄色胎，胎质较粗糙、疏松、夹砂。内施满釉，外施半釉，外有流釉、积釉现象，釉下施化妆土，釉层偏厚，釉质温润，釉面玻璃光泽。内底有支钉痕。口径18.2、底径8.4、高8.3厘米（图二〇，1）。

2007SYT1⑪：46，残。敞口，圆唇，弧腹，饼底、外缘微撇。灰胎，含砂，胎质疏松。莹润，釉层薄，器内满釉，器外半釉，有流釉现象。内底有3个支钉痕。口径20、底径8、高6.6厘米（图二〇，2）。

2007SYT1⑪：47，残。侈口，圆唇，弧腹，平底。姜黄色胎，胎质较粗糙、疏松、夹砂。内施满釉，外施半釉，开片，外有流釉、积釉现象，釉下施化妆土，釉层偏厚，釉质莹润，釉面玻璃光泽。内底有支钉痕。口径17.8、底径8.4、高7.3厘米（图二〇，3；图版六六，2）。

2007SYT1⑪：48，残。敞口，圆唇，弧腹，饼底、外缘微撇。灰黄胎，胎质疏松。莹润，有开片，釉层薄，器内满釉，器外半釉、有流釉现象。内底有支钉痕。口径18、底径8、高6.4厘米（图二〇，4）。

2007SYT1⑪：49，残。侈口，圆唇，弧腹，壁形底。姜黄色胎，胎质较粗糙、疏松、夹砂。内施满釉，外施釉不及底，釉下施化妆土，釉层偏厚，釉质莹润，釉面玻璃光泽。内底有垫砂痕。口径18、底径8.4、高6.2厘米（图二〇，5）。

2007SYT1⑪：50，残。侈口，圆唇，弧腹，壁形底。姜黄色胎，胎质较粗糙、疏松、夹砂。内施满釉，外施釉不及底，釉下施化妆土，釉层偏薄，釉质莹润，釉面玻璃光泽。内底有支钉痕。口径25.2、底径8.8、高8.2厘米（图二〇，6）。

2007SYT1⑪：51，残。侈口，圆唇，弧腹，壁形底。姜黄色胎，胎质较粗糙、疏松、夹砂。内施满釉，外施半釉，釉下施化妆土，釉层偏厚，釉质莹润，釉面玻璃光泽。内底有支钉痕。口径18.4、底径8.2、高6.2厘米（图二〇，7）。

2007SYT1⑪：30，残。敞口，圆唇，微鼓。外壁唇下凹槽，弧腹，饼底。姜黄色胎，胎质较粗，含砂，胎体厚重。内施满釉，外施半釉，有流釉现象，部分脱釉。内底有3个圆形支钉痕。口径17、底径8、高6.3厘米（图二〇，8）。

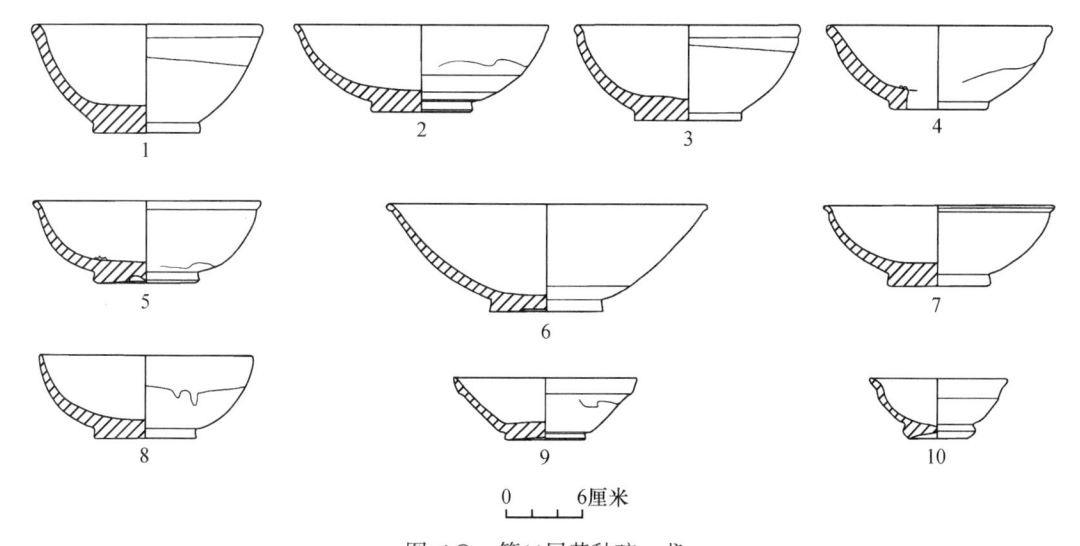

图二〇　第11层黄釉碗、盏

1～8.碗（2007SYT1⑪：45、2007SYT1⑪：46、2007SYT1⑪：47、2007SYT1⑪：48、2007SYT1⑪：49、2007SYT1⑪：50、2007SYT1⑪：51、2007SYT1⑪：30）　9、10.盏（2007SYT1⑪：43、2007SYT1⑪：44）

盏　2件。

2007SYT1⑪：43，残。敞口，圆唇、加厚窄沿，浅弧腹，饼底微凹、边缘外撇。灰胎，胎体较厚重，胎质较疏松。莹润，有开片，器内满釉，器外施半釉，有流釉现象。器内底有3个支钉痕，器底有修胎切削痕迹。口径12.5、底径5.5、高4厘米（图二〇，9；图版六六，4）。

2007SYT1⑪：44，残。敞口，圆唇微撇，弧腹，饼底内凹、外缘微撇。灰黄胎，含砂，胎体厚重，胎质较疏松。乳浊，釉层薄，器内满釉，器外近口沿施釉、有流釉现象。器底有明显修胎切削痕迹，底缘有小斜面。口径11.2、底径4.8、高4.6厘米（图二〇，10；图版六六，3）。

5. 酱釉

共4件。

碗　1件。

2007SYT1⑪：57，残。敞口，圆唇，斜弧腹，平底。灰色胎，胎质较细净、致密。内施满釉，外施半釉，内外有流釉积釉现象，釉层薄匀，釉质莹润，釉面玻璃光泽，外施护胎釉。内有支钉痕。口径19.6、底径10.8、高5.4厘米（图二一，1）。

罐　1件。

2007SYT1⑪：56，残。喇叭状口，卷唇、长颈，竖装双条形系，溜肩，弧腹内收至底，平底。褐胎，胎质较致密。荧光，器内口沿施釉，器外施半釉至下腹，有流釉现象。口径5、底径4.5、腹径6.6、高10.2厘米（图二一，2；图版七〇，6）。

钵　2件。

2007SYT1⑪：54，残。敞口，圆唇，折腹，平底。灰色胎，胎质较粗糙、疏松、夹砂。内外施半釉，釉层偏厚，釉质温润，釉面玻璃光泽。内底有支钉痕。口径15.4、底径5.4、高5.3厘米（图二一，3）。

2007SYT1⑪：55，残。敞口，圆唇，外撇，曲腹，束腰，中腹有凸棱，下腹斜内收，平

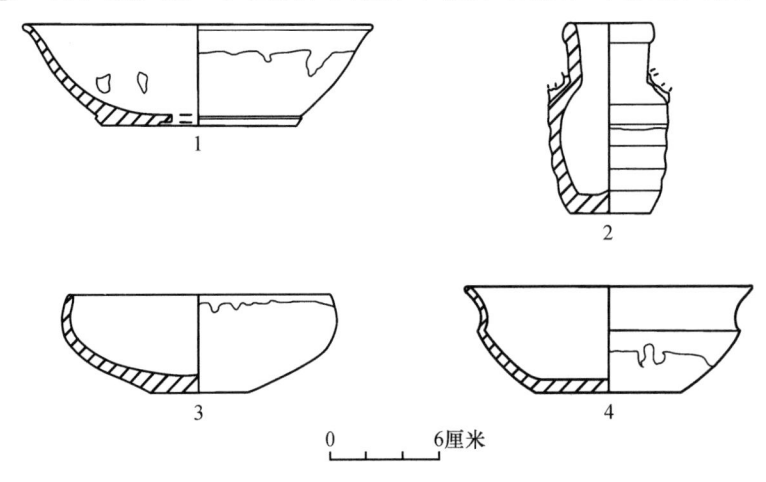

图二一　第11层酱釉瓷器

1.碗（2007SYT1⑪：57）　2.罐（2007SYT1⑪：56）　3、4.钵（2007SYT1⑪：54、2007SYT1⑪：55）

底微凹。灰褐色胎，胎质较致密，胎体较厚。釉层薄，有开片，器内外半釉，有流釉现象。口径15.8、底径8、高5.7厘米（图二一，4）。

6. 青白釉

观音坐像　1件。

2007SYT1⑪：65，残。圆形台上置近方形座，观音正坐其上，首部残缺，双手合握于胸前，拇指并拢朝上，内穿右衽深衣，外罩对襟袍服，饰连珠纹。刻画细腻，衣纹清晰，内部中空，有手制捏塑和接胎痕。灰白胎，胎质细腻致密。釉面莹润，玻璃质，有开片。残高23.2厘米（图二二，1；图版六二，3、4）。

7. 素胎

碾轮　1件。

2007SYT1⑪：58，残。圆形，中有一穿，截面呈梭形。灰黄色胎，胎质较粗糙、致密、夹砂，瓷质。不施釉。宽13.3、高2.5厘米（图二二，2；图版七五，4）。

8. 杂件

香熏盖　1件。

2007SYT1⑪：61，残。缺顶、体。顶座圆形，座下为出香穿，穿分两种：一为不规则圆形，一为祥云头形，穿下为盖体，盖体残缺。泥质灰陶，胎质较细腻，盖体内为不平整的平面。直径8、高7.3厘米（图二二，3；图版七四，6）。

（二）陶器

陶钵　1件。

2007SYT1⑪：59，残。敞口，斜方唇，窄沿，弧腹，平底微凹。泥质褐陶，含砂，陶质较粗，厚重。口径18.4、底径11、高5.5厘米（图二二，4；图版八一，5）。

红陶人俑　1件。

2007SYT1⑪：68。颈部以上残缺，站立状，长袖，右手执一物，腹部凸起，底部为近长方形立柱，内空。高11.6、宽6.3、厚4.1厘米（图二二，6）。

（三）石器

箕形砚　1件。

2007SYT1⑪：66，残。青石质，沉重。箕形，砚首圆弧状，砚尾弧形，除箕口外周围有沿，砚池呈斜坡状、前低后高、前深后浅，平底。通体抛光，砚面有涡状纹理，砚池内粘连有淤泥砂姜。长14.8、宽9.2、高3厘米（图二二，5）。

器座　1件。

2007SYT1⑪：67，青石制。分上下两部分，上部呈扁半球状，下部为方形。平底，中间一圆孔，表面刻划花卉纹。长13.4、宽13.4、高6.2厘米（图二二，7）。

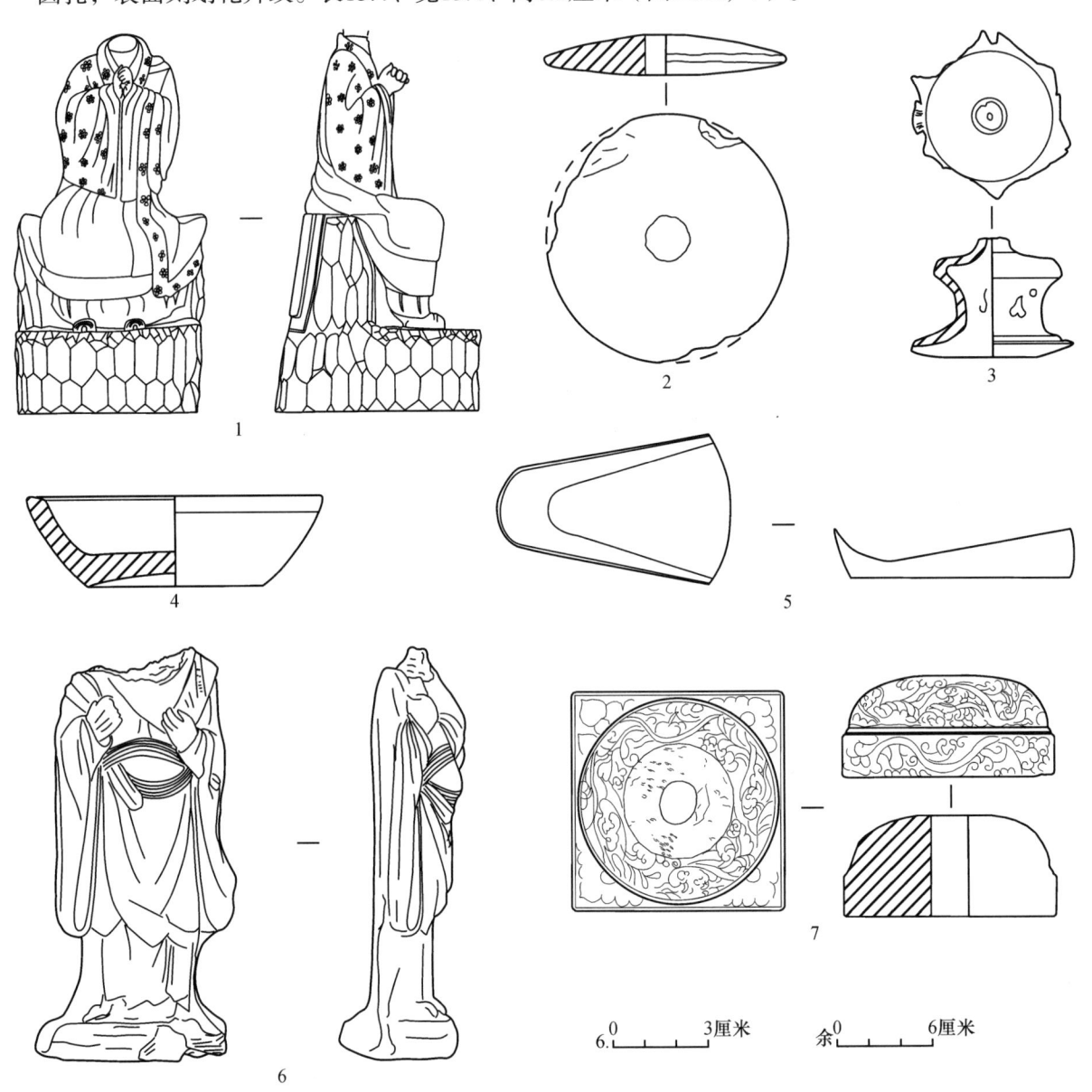

图二二　第11层青白釉、素胎器及陶、石器

1.青白釉观音坐像（2007SYT1⑪：65）　2.素胎碾轮（2007SYT1⑪：58）　3.香熏盖（2007SYT1⑪：61）　4.陶钵（2007SYT1⑪：59）　5.箕形石砚（2007SYT1⑪：66）　6.红陶人俑（2007SYT1⑪：68）　7.石器座（2007SYT1⑪：67）

二、第 10 层

（一）瓷器

1. 白釉

17件。

碗　11件。

2007SYT1⑩：18，整。敞口，圆唇，斜弧腹，圈足。灰黄色胎，胎质较致密，夹砂。内施满釉，外施半釉，釉下施化妆土。外底有支钉痕。口径13、底径6.2、高3.4厘米（图二三，1；图版一三，1）。

2007SYT1⑩：19，残。敞口，圆唇，弧腹，圈足。灰黄色胎，胎质较粗糙、疏松、夹砂。内施满釉，外施半釉，釉下施化妆土，釉层较薄匀，釉质温润，釉面玻璃光泽。内底有支钉痕。口径14、底径6.4、高4.1厘米（残）（图二三，2）。

2007SYT1⑩：20，残。敞口，圆唇，弧腹，圈足。灰黄色胎，胎质较细净、致密。内施满釉，外施半釉，开片，外有流釉、积釉现象，釉层较薄匀，釉质莹润，釉面玻璃光泽。内底有支钉痕。口径13.4、底径6.8、高3.6厘米（图二三，3）。

2007SYT1⑩：21，残。敞口，圆唇，浅弧腹，饼底微撇，底缘斜弧面、底心微凹。褐胎，含砂，胎质较致密。莹润，有开片，器内满釉，器外半釉，有流釉现象，釉下施化妆土。器内底有4个支钉痕，器底有明显修胎切削痕迹。口径13、底径6.3、高3.6厘米（图二三，4）。

2007SYT1⑩：23，残。敞口，圆唇，浅弧腹，饼底微撇、微凹。灰胎，胎质较致密。莹润，有开片，器内满釉，器外半釉，釉线不齐，釉下施化妆土。器内底有支钉痕，器外上腹有垫珠痕，器底有修胎旋切痕迹。口径12.8、底径7、高3.9厘米（图二三，5）。

2007SYT1⑩：26，残。侈口，圆唇，弧腹，璧形底。黄白色胎，胎质较细净、致密。内施满釉，外施釉不及底，有流釉现象，釉层较薄，釉质温润，釉面玻璃光泽。外底有垫圈痕，外底心有墨书文字。口径14.4、底径5.8、高4厘米（图二三，6）。

2007SYT1⑩：27，残。侈口，圆唇，弧腹，圈足。白色胎，胎质细净、致密。内施满釉，外施釉不及底，釉层薄匀，釉质莹润，釉面玻璃光泽。外有支珠痕。口径15.2、底径6.6、高4.4厘米（残）（图二三，7）。

2007SYT1⑩：28，残。敞口，圆唇，弧腹，圈足。灰黄色胎，胎质较瓷、疏松、夹砂。内施满釉，外施半釉，釉下施化妆土，釉层薄匀，釉质乳状，釉面玻璃光泽。外底有垫圈痕。口径13.6、底径6、高3.6厘米（图二三，8）。

2007SYT1⑩：29，残。敞口，圆唇，斜弧腹，璧形底。青白色胎，胎质细净、较致密。内外施满釉，釉下施化妆土。内底有支钉痕。口径14.8、底径7.2、高4.2厘米（图二三，9）。

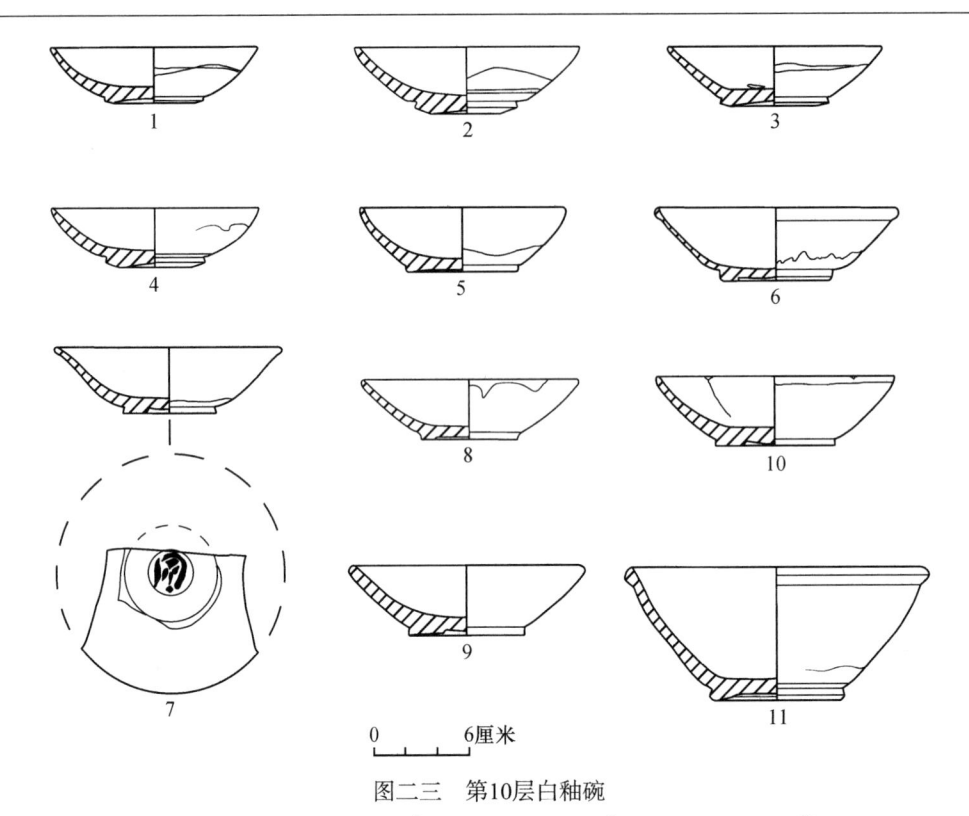

图二三 第10层白釉碗

1.2007SYT1⑩:18 2.2007SYT1⑩:19 3.2007SYT1⑩:20 4.2007SYT1⑩:21 5.2007SYT1⑩:23 6.2007SYT1⑩:26
7.2007SYT1⑩:27 8.2007SYT1⑩:28 9.2007SYT1⑩:29 10.2007SYT1⑩:30 11.2007SYT1⑩:31

2007SYT1⑩:30，残。花口，圆唇，斜弧腹，壁形底。青白色胎，胎质细净，较致密。除外底沿处通体施釉，釉下施化妆土。内底有支钉痕。口径14.8、底径7.4、高4.2厘米（图二三，10）。

2007SYT1⑩:31，残。敞口，斜方唇，弧腹，宽圈足微撇，挖足浅。灰胎，胎质较致密。莹润，有开片，器内满釉，器外施釉不及底，有流釉现象，釉下施化妆土。器内底有支钉痕，器底有修胎旋切痕迹，足底边缘斜弧面、其内侧微斜。口径19、底径8.4、高8.1厘米（图二三，11）。

盏 4件。

2007SYT1⑩:22，残。敞口，圆唇，浅曲腹，假圈足。灰胎，含砂，胎质较疏松。玻璃质，有开片，器内满釉，器外半釉，釉下施化妆土。口径7.2、底径1.8、高3.7厘米（残）（图二四，1）。

2007SYT1⑩:24，残。敞口，斜方唇，浅弧腹，大玉璧形底，挖足浅。灰白胎，胎质致密。莹润，釉层薄匀，器内满釉，器外施釉至底。器底有明显修胎切削痕迹。口径14.2、底径7.6、高3.5厘米（图二四，2）。

2007SYT1⑩:25，残。侈口，圆唇，弧腹，圈足。灰色胎，胎质较细净、致密。内施满釉，外近口沿施釉，釉下施化妆土，釉层较薄匀，釉质温润，釉面玻璃光泽。器内底有支钉痕，外底削足。口径11.6、底径5.2、高4.1厘米（图二四，3）。

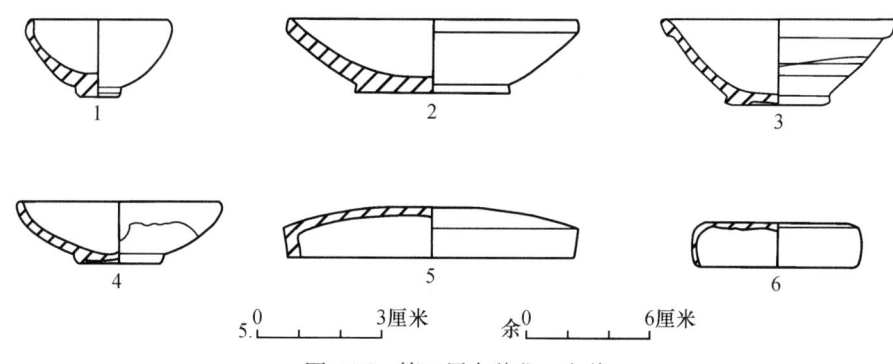

图二四　第10层白釉盏、盒盖

1~4.盏（2007SYT1⑩：22、2007SYT1⑩：24、2007SYT1⑩：25、2007SYT1⑩：37）　5、6.盒盖（2007SYT1⑩：11、2007SYT1⑩：17）

2007SYT1⑩：37，残。敞口，圆唇，浅弧腹，浅圈足微撇。灰胎，胎体轻薄，胎质较疏松。玻璃质，满开片，釉层薄，器内满釉，器外半釉，釉下施化妆土。器内底缘有一周凹弦纹。口径10、底径4、高2.9厘米（图二四，4）。

盒盖　2件。

2007SYT1⑩：11，残。平面，面沿外为斜面，有一道凹弦纹，直墙微弧，平唇。灰黄色胎，胎质较细净、致密。外施满釉，内无釉，釉层薄匀，釉质莹润，釉面玻璃光泽。面一侧有印花纹饰。口径8.4、底径7、高2.1厘米（残）（图二四，5；图版二〇，5）。

2007SYT1⑩：17，残。盖顶中间圆形平顶，四周圆弧状，盖内中空，盖边直壁、平底。白胎，胎质细腻致密。玻璃质，釉层薄匀，盖顶满釉，盖边施釉不及底，盖内满釉，有流釉现象。盖顶有双凹弦纹。宽7.2、高1.2厘米（图二四，6）。

2. 青釉

12件。

碗　3件。

2007SYT1⑩：6，残。敞口，圆唇，弧腹，圈足。灰黄色胎，胎质较细净、致密。内外施半釉，外有流釉、积釉现象，釉下施化妆土，釉层较薄匀，釉质乳状，釉面玻璃光泽。内底有一涩圈，涩圈内施釉。口径19.4、底径7.6、高7.5厘米（图二五，1）。

2007SYT1⑩：10，残。侈口，圆唇，弧腹，平底。灰色胎，胎质较细净。内外施半釉，釉层较薄匀，釉质温润，釉面哑光。内底有支珠痕。口径15.8、底径7.4、高6.8厘米（残）（图二五，2）。

2007SYT1⑩：15，残。敞口，圆唇，弧腹，圈足。灰色胎，胎质较细净、致密。内施满釉，外施釉不及底，有流釉、积釉现象，釉层较薄匀，釉质温润，釉面哑光。内底有支珠痕。口径20.6、底径10、高5.4厘米（图二五，3）。

盏　4件。

2007SYT1⑩：14，残。敞口，圆唇，斜弧腹，璧形底。青灰胎，胎质细腻致密。莹润，釉层薄匀，器内满釉，器外施釉不及底、有流釉现象。器内底有支钉痕，器底有支珠痕。口径14.4、底径6.8、高3.7厘米（图二五，4）。

2007SYT1⑩：16，残。直口，平唇，直腹折收，平底内凹（假圈足）。灰色胎，胎质细净、较致密。内施满釉，外施半釉，外有流釉现象，釉下施化妆土。内底有支钉痕。口径10.6、底径3.8、高3.9厘米（图二五，5）。

2007SYT1⑩：35，残。敞口，圆唇，斜弧腹，圈足。灰黄色胎，胎质细净、较疏松。内施釉不满，外施半釉，釉下施化妆土。内底有垫圈痕。口径10.8、底径4.2、高3.2厘米（图二五，6）。

2007SYT1⑩：36，残。敞口，圆唇，弧腹，平底。姜黄色胎，胎质较粗糙、疏松、夹砂。内施满釉，外施半釉，釉层偏厚，釉质莹润，釉面玻璃光泽。口径9、底径3.4、高2.9厘米（图二五，7）。

罐　1件。

2007SYT1⑩：12，残。侈口，方唇、束颈，双条形横系，溜肩，鼓弧腹斜内收，平底内凹。灰胎，含砂，胎质较致密。脱釉，釉层薄，器内口沿施釉，器外施半釉，有流釉现象。口径6.1、底径6.4、腹径10、高12.2厘米（图二五，8；图版五一，4）。

钵　3件。

2007SYT1⑩：2，残。敛口，翻唇，弧腹，平底微凹。灰黄胎，胎质较致密。哑光，釉层薄，器外腹壁施釉，有流釉现象。器底墨书"明日边平"等字。口径15.6、底径7、高7厘米

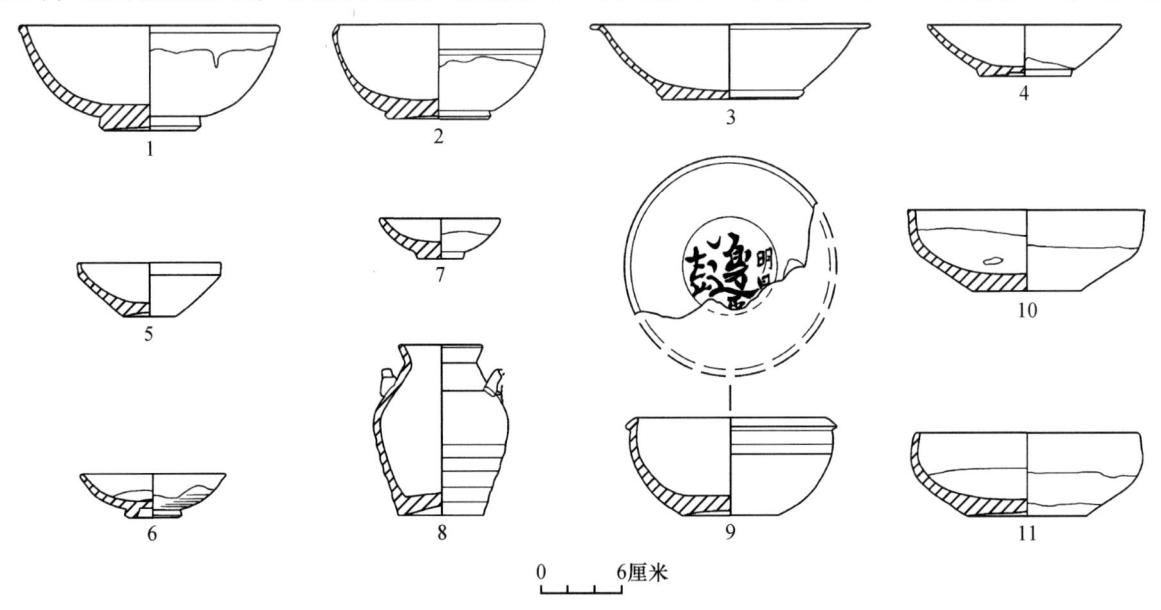

图二五　第10层青釉瓷器

1~3.碗（2007SYT1⑩：6、2007SYT1⑩：10、2007SYT1⑩：15）　4~7.盏（2007SYT1⑩：14、2007SYT1⑩：16、2007SYT1⑩：35、2007SYT1⑩：36）　8.罐（2007SYT1⑩：12）　9~11.钵（2007SYT1⑩：2、2007SYT1⑩：1、2007SYT1⑩：13）

（图二五，9）。

2007SYT1⑩∶1，残。敞口，方唇微敛，曲腹，平底。灰褐胎，胎体较厚重，胎质较致密。釉层薄，器内外施釉不及底，有流釉现象。器内底有5个支钉痕，器底有6个支钉痕。口径17.6、底径8、高5.8厘米（图二五，10；图版五一，5）。

2007SYT1⑩∶13，残。敛口，圆唇，曲腹，平底微凹。灰胎，胎质较致密。莹润，有开片，器内外施半釉，有流釉、积釉现象。口径17.2、底径8.8、高6厘米（图二五，11）。

瓷狗　1件。

2007SYT1⑩∶39，大耳下耷，侧首，长吻，卷尾，四肢站立，憨态可掬。灰白胎，胎质细腻致密。釉面莹润，施半釉于四肢以上。首顶及尾中饰褐彩。通高6厘米（图二六，8；图版七六，3）。

3. 青釉印花

碗　1件。

2007SYT1⑩∶41，残。敞口，圆唇，弧腹，圈足。灰胎，胎质致密。釉面莹润，玻璃质，釉层薄匀，有开片，器内外满釉。器外上腹壁至底饰周圈3层莲瓣纹浅浮雕。口径13.8、底径5.4、高7厘米（图二六，1；图版四八，4）。

4. 黄釉

碗　3件。

2007SYT1⑩∶3，残。敞口，圆唇，弧腹，饼底。灰褐胎，胎质较疏松。莹润，釉层薄匀，器内满釉，器外半釉、有流釉现象。器底有明显修胎切削痕迹，底缘有小斜面。口径15.2、底径8、高5.3厘米（图二六，2）。

2007SYT1⑩∶4，残。侈口，圆唇，弧腹，平底。姜黄色胎，胎质较粗糙、疏松、夹砂。内施满釉，外施半釉，釉下施化妆土，釉层偏厚，釉质莹润，釉面玻璃光泽。内底有支钉痕。口径16.8、底径7、高7厘米（图二六，3）。

2007SYT1⑩∶5，残。敞口，圆唇，弧腹，平底。姜黄色胎，胎质较粗糙、疏松、夹砂。内施满釉，外施半釉，釉下施化妆土，釉层偏厚，釉质莹润，釉面玻璃光泽。内底有支钉痕。口径17.2、底径7.8、高7.2厘米（图二六，4）。

5. 青白釉

碗　1件。

2007SYT1⑩∶42，残。敞口，尖唇微撇，弧腹，圈足较高。白胎，胎质细腻致密，腹壁较薄，近口沿处透光。釉面莹润，玻璃质，釉层薄匀，器内外满釉。足心有垫饼痕。口径19.2、底径6.6、高10厘米（图二六，5；图版五八，4）。

图二六　第10层其他器物

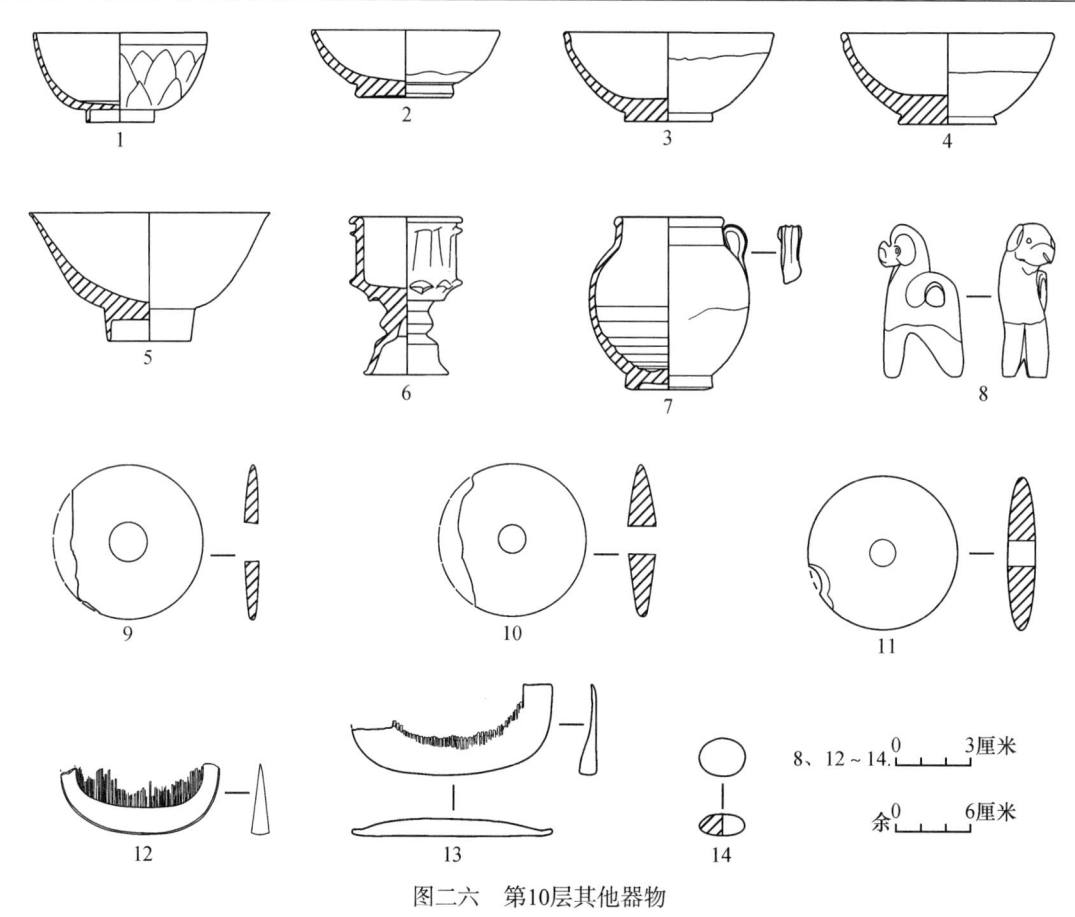

1. 青釉印花碗（2007SYT1⑩：41）　2~4. 黄釉碗（2007SYT1⑩：3、2007SYT1⑩：4、2007SYT1⑩：5）　5. 青白釉碗（2007SYT1⑩：42）　6. 绿釉杯（2007SYT1⑩：40）　7. 柿红釉罐（2007SYT1⑩：34）　8. 青釉瓷狗（2007SYT1⑩：39）　9~11. 素胎碾轮（2007SYT1⑩：7、2007SYT1⑩：8、2007SYT1⑩：9）　12、13. 骨梳（2007SYT1⑩：38、2007SYT1⑩：33）　14. 饰玉（2007SYT1⑩：32）

6. 绿釉

杯　1件。

2007SYT1⑩：40，残。敞口，翻唇，折腹，束腰圆形短柄，喇叭形高圈足。灰白胎，胎质较致密。釉面莹润，局部脱釉，器内口沿施釉，器外施釉不及底，有流釉现象。器外腹壁作俯仰莲瓣状装饰，莲瓣首部塑形凸起于杯体。口径9、底径6.6、高12.3厘米（图二六，6）。

7. 柿红釉

罐　1件。

2007SYT1⑩：34，残。侈口，圆唇、短颈，竖装三弦条形系，溜肩，弧腹，圈足外撇，挖足较浅。灰黄胎，胎体较厚重，胎质较致密。莹润，釉层薄，器内满釉，器外施半釉，有流釉现象。器底有明显修胎切削痕迹，足底有弧面。口径8.8、底径7、高13.4厘米（图二六，7；图版七四，2）。

8. 素胎

碾轮　3件。

2007SYT1⑩：7，残。扁圆体，内厚外薄，中有一穿，穿为不规则圆形，截面呈梭形。素胎，瓷质，胎质较粗糙、疏松、夹砂。缘经旋削。直径12、口径3、厚1.1厘米（图二六，9）。

2007SYT1⑩：8，残。扁圆体，内厚外薄，截面呈梭形，缘面旋削，中有一穿。素胎，瓷质，胎质较粗糙、夹砂。直径11.8、口径2.1、厚2.2厘米（图二六，10；图版七五，3）。

2007SYT1⑩：9，残。扁圆体，内厚外薄，截面呈梭形，中有一穿，缘经旋削。素胎，瓷质，胎质较粗糙、夹砂，胎色灰黄。直径12、口径2、厚2.2厘米（残）（图二六，11）。

（二）骨器

梳子　2件。

2007SYT1⑩：33，残。弧拱形，由上而下渐薄。梳齿残断，仅存根部，齿数45。骨质。长8.1、宽3.5、厚0.7厘米（图二六，13；图版八二，1）。

2007SYT1⑩：38，残。弧拱形，由上而下渐薄。梳齿残断，齿数47。骨质。残长6.4、宽2.8、厚0.7厘米（图二六，12；图版八二，1）。

（三）玉器

饰玉　1件。

2007SYT1⑩：32，完整。圆饼状，弧面，无纹饰。玛瑙（石灰）质，质致密，墨绿色。通径1.8、高0.8厘米（图二六，14；图版八三，2）。

三、第 9 层

（一）瓷器

1. 白釉

8件。

碗　6件。

2007SYT1⑨：1，残。敞口，圆唇，弧腹，圈足。灰色胎，胎质较细净、致密。内施满釉，外施釉不及底，开片，釉下施化妆土，釉层薄匀，釉质温润，釉面玻璃光泽。口径12.2、底径4.6、高3.6厘米（图二七，1）。

2007SYT1⑨：2，残。敞口，圆唇，浅弧腹，浅圈足微撇、挖足浅。青灰胎，胎体轻薄，胎质较致密。莹润，满开片，釉层薄匀，器内满釉，器外施釉不及底，釉下施化妆土。器内底缘有一周凹弦纹。口径12.4、底径5.6、高3.4厘米（图二七，2）。

2007SYT1⑨：26，残。敞口，圆唇，斜弧腹，圈足。青白色胎，胎质较致密。通体施釉，釉下施化妆土。外底有垫饼痕。口径15.6、底径5.2、高4.9厘米（图二七，3）。

2007SYT1⑨：27，残。敞口，尖唇微撇，弧腹，圈足内收。白胎，胎质细腻致密。玻璃质，有小气泡，釉层薄匀，器内外满釉，足内无釉，釉面受河沙侵蚀。足心有垫饼痕。口径15.5、底径5、高4.3厘米（图二七，4；图版一一，1）。

2007SYT1⑨：29，残。敞口，尖唇，弧腹，圈足内收。白胎，腹壁较薄，胎质细腻致密。玻璃质，有开片，釉层薄匀，器内外满釉，足内无釉。足心墨书"郭祖"二字，足心有垫饼痕。口径16.6、底径5.6、高5厘米（图二七，5）。

2007SYT1⑨：30，残。敞口，圆唇，弧腹，圈足。内外施满釉。白色胎，胎质细净、致密。釉层薄匀，釉质莹润，釉面玻璃光泽。外底有垫饼痕，墨书文字。口径16.6、底径6、高4.6厘米（图二七，6）。

壶　1件。

2007SYT1⑨：3，残。敞口，平唇，束颈，平肩，鼓腹，流缺失，绚绳形条纽，圈足。青白色胎，胎质细净、致密。内无釉，外施釉不及底，釉层偏薄，釉质莹润，釉面玻璃光泽。口径1.7、底径2.25、通径3.6、高6.4厘米（图二七，8）。

枕　1件。

2007SYT1⑨：4，残。形近长方体，六面两两对称，枕面、底两头上翘呈弧状，枕两侧面左右两边竖直平行、上下两边呈内收弧线，另两面为方形。灰胎，含细沙，胎质较疏松。乳

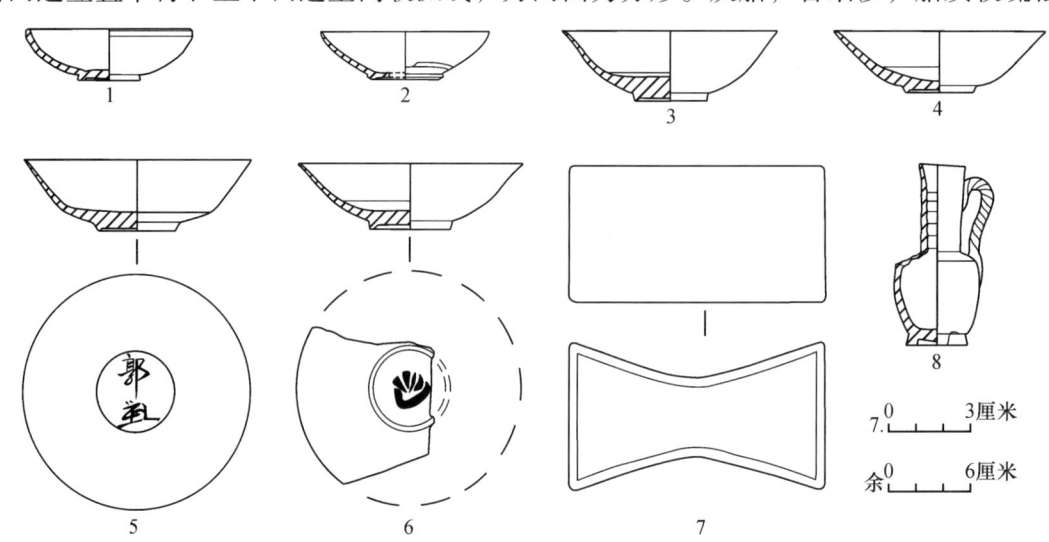

图二七　第9层白釉瓷器

1～6. 碗（2007SYT1⑨：1、2007SYT1⑨：2、2007SYT1⑨：26、2007SYT1⑨：27、2007SYT1⑨：29、2007SYT1⑨：30）
7. 枕（2007SYT1⑨：4）　8. 壶（2007SYT1⑨：3）

浊，釉层薄，满釉。内壁有明显模制痕迹，为六面模制拼接成形。长18.6、宽9.6、高10.4厘米（图二七，7）。

2. 青釉

35件。

碗　16件。

2007SYT1⑨：31，残。敞口，圆唇微敛，宽沿，弧腹，圈足外撇、足内壁外斜。灰白胎，腹壁薄，胎质致密。乳浊，釉层薄，器内满釉，器外施半釉，釉线不齐。器底有明显修胎旋切痕迹。口径15.5、底径5.2、高7.6厘米（图二八，1；图版四六，5）。

2007SYT1⑨：32，残。侈口，圆唇、微敛，唇沿加厚外凸，弧腹，圈足，足内壁外斜。灰白胎，胎质较致密。莹润，器内满釉，器外施釉不及底。器底有明显修胎旋切痕。口径15.4、底径5、高7.5厘米（图二八，2）。

2007SYT1⑨：33，残。敞口，尖唇微敛，宽沿，弧腹，高圈足外撇，足内壁外斜。灰胎，胎质较致密。乳浊，釉层薄，器内满釉，器外施釉不及底。器内底有弦纹，器底有明显修胎旋切痕迹。口径15、底径5.4、高7.4厘米（图二八，3）。

2007SYT1⑨：34，残。敞口，圆唇、折沿，浅弧腹，圈足微撇，足内壁外斜，碗心内凹。灰胎，胎质较致密。莹润，釉层薄匀，器内满釉，器外施半釉。口径13.2、底径4.7、高4.4厘米（图二八，12；图版四六，6）。

2007SYT1⑨：35，残。敞口，尖唇微敛，宽沿，弧腹，圈足外撇、足内壁外斜。灰胎，胎质较致密。乳浊，釉层薄，器内满釉，器外施釉不及底。器底有修胎旋切痕迹，足心有小凸起。口径15、底径5.4、高7厘米（图二八，5）。

2007SYT1⑨：36，残。敞口，圆唇微敛，宽沿，弧腹，高圈足外撇。灰白胎，腹壁薄，胎质致密。乳浊，釉层薄，器内满釉，器外施釉不及底。器底有明显修胎旋切痕迹。口径18.6、底径7.6、高8.4厘米（图二八，6）。

2007SYT1⑨：37，残。侈口，圆唇，弧腹，圈足。灰色胎，胎质较细净、致密。内施满釉，外施釉不及底，釉层较薄匀，釉质温润，釉面玻璃光泽。内底有支钉痕。口径16.4、底径6.4、高7.4厘米（图二八，7）。

2007SYT1⑨：38，残。敞口，卷唇，弧腹，圈足，足内壁外斜。青灰胎，胎体较厚重，胎质致密。釉面受河沙侵蚀、哑光，有开片，釉层薄匀，器内满釉，器外施釉不及底，有流釉现象。器底有明显修胎旋切痕迹。口径15.2、底径5.9、高5.8厘米（图二八，8）。

2007SYT1⑨：39，残。敞口，卷唇，弧腹，圈足微撇。灰白胎，胎质致密。莹润，有开片，釉层薄匀，器内满釉，器外施釉不及足，有流釉现象，釉面受河沙侵蚀。足心墨书"曹桠"。口径15.2、底径6.2、高7.8厘米（图二八，9；图版四七，5）。

2007SYT1⑨：40，残。侈口，圆唇，弧腹，高圈足。灰白色胎，胎质较细净、致密。内外施满釉，开片，釉层薄匀，釉质莹润，釉面玻璃光泽。外底有垫圈痕。口径15.3、底径6、高7.5厘米（图二八，10）。

2007SYT1⑨：41，残。侈口，圆唇，弧腹，高圈足。白色胎，胎质细净、致密。内外施满釉，釉质莹润，釉面玻璃光泽。外底有垫饼痕。口径15、底径6.6、高7.8厘米（图二八，11）。

2007SYT1⑨：42，残。敞口，尖唇，弧腹，圈足。灰白胎，胎质致密。玻璃质，有开片，釉层薄匀，器内满釉，器外施釉不及底。足心有墨书字迹，器外有修胎旋切痕迹。口径15.4、底径7、高7.1厘米（图二八，15）。

2007SYT1⑨：43，残。敞口，尖唇，弧腹，圈足微撇。白胎，胎质致密。玻璃质，釉层薄匀，器内外满釉，足内无釉，釉面受河沙侵蚀。口径15.6、底径7.4、高7.2厘米（图二八，16）。

2007SYT1⑨：44，残。敞口，圆唇，弧腹，圈足。白色胎，胎质细净、致密。内外施满釉，釉层薄匀，釉质莹润，釉面玻璃光泽。外底有垫饼痕。口径13、底径5.2、高6.1厘米（图二八，13）。

2007SYT1⑨：45，残。敞口，卷唇，弧腹，圈足，足内壁微斜。灰胎，胎质较致密。莹润，有开片，釉层薄，器内满釉，器外施釉不及底，有流釉现象。器底有明显修胎旋切痕迹。口径14.8、底径6.6、高6.4厘米（图二八，4）。

2007SYT1⑨：46，残。敞口，圆唇，弧腹，圈足。淡灰色胎，胎质较细净、致密。内施满釉，外施半釉，釉层薄匀，釉质温润，釉面玻璃光泽。内底有支钉痕。口径12、底径4.4、

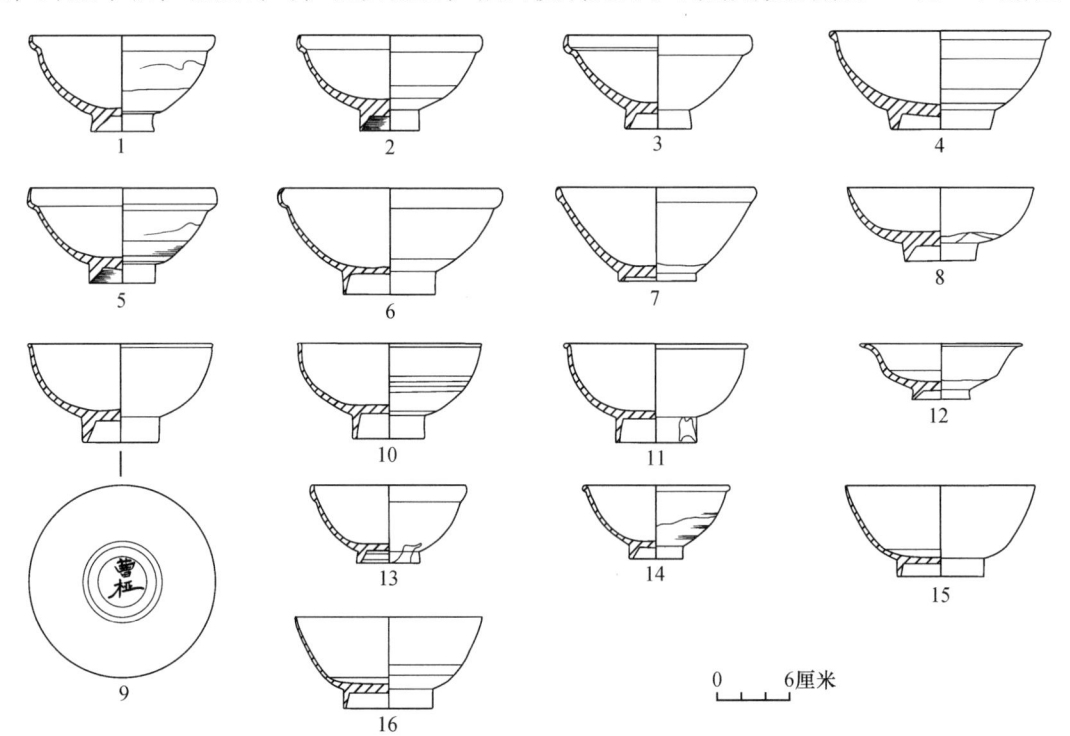

图二八 第9层青釉碗

1. 2007SYT1⑨：31　2. 2007SYT1⑨：32　3. 2007SYT1⑨：33　4. 2007SYT1⑨：45　5. 2007SYT1⑨：35　6. 2007SYT1⑨：36
7. 2007SYT1⑨：37　8. 2007SYT1⑨：38　9. 2007SYT1⑨：39　10. 2007SYT1⑨：40　11. 2007SYT1⑨：41　12. 2007SYT1⑨：34
13. 2007SYT1⑨：44　14. 2007SYT1⑨：46　15. 2007SYT1⑨：42　16. 2007SYT1⑨：43

高5.8厘米（图二八，14）。

盏 17件。

2007SYT1⑨：5，残。侈口，圆唇，斜弧腹，小浅圈足。灰色胎，胎质细净、较致密。内外施满釉，釉下施化妆土。外底有垫砂痕。口径11.6、底径2.8、高5.1厘米（图二九，1）。

2007SYT1⑨：6，残。侈口，圆唇，斜弧腹，小浅圈足。灰色胎，胎质细净、较致密。内外施满釉，釉下施化妆土。外底有垫砂痕。口径11、底径2.8、高5厘米（图二九，2）。

2007SYT1⑨：7，残。侈口，圆唇，斜弧腹，小浅圈足。灰色胎，胎质细净、较疏松。内外施满釉，外有流釉、积釉现象，釉下施化妆土。外底有垫砂痕。口径11.2、底径3.6、高5.7厘米（图二九，3）。

2007SYT1⑨：8，残。侈口，圆唇，斜弧腹，小浅圈足。灰色胎，胎质较致密。内外施满釉，釉下施化妆土。外底有垫砂痕。口径11.6、底径3.4、高5.6厘米（图二九，4）。

2007SYT1⑨：9，残。侈口，圆唇，斜弧腹，小浅圈足。灰色胎，胎质较致密。内外施满釉，釉面有开片，釉下施化妆土。外底有垫砂痕。口径10.8、底径3.2、高4.8厘米（图二九，5）。

2007SYT1⑨：10，残。侈口，圆唇，弧腹，小浅圈足。灰色胎，胎质细净，较致密。内外施满釉，釉下施化妆土。口径11.2、底径3.2、高5厘米（图二九，6）。

2007SYT1⑨：11，残。侈口，圆唇，斜弧腹，圈足。灰色胎，胎质细净、致密。内外施满釉，开片，釉层薄匀，釉质莹润，釉面玻璃光泽。外底有垫砂痕。口径10.8、底径2.8、高5厘米（图二九，7）。

2007SYT1⑨：12，残。侈口，圆唇，斜弧腹，圈足。灰色胎，胎质较细净、致密。内外施满釉，开片，釉层薄匀，釉质莹润，釉面玻璃光泽。外底有垫砂痕。口径11、底径3、高5.4厘米（图二九，8）。

2007SYT1⑨：13，残。侈口，圆唇，斜弧腹，圈足。灰色胎，胎质较细净、致密。内外施满釉，外有开片、流釉、积釉现象，釉层薄匀，釉质温润，釉面玻璃光泽，外底有垫砂痕。口径11.2、底径3.2、高5.4厘米（图二九，9）。

2007SYT1⑨：14，残。侈口，圆唇，斜弧腹，圈足。灰黄色胎，胎质较细净、致密。内外施满釉，釉层薄匀，釉质莹润，釉面玻璃光泽。外底有垫砂痕。口径10.8、底径3.2、高4.2厘米（图二九，10）。

2007SYT1⑨：15，残。侈口，圆唇，斜弧腹，圈足。灰色胎，胎质细净、致密。内外施满釉，开片，釉层薄匀，釉质莹润，釉面玻璃光泽。外底有垫砂痕。口径10.8、底径3.2、高4.9厘米（图二九，11）。

2007SYT1⑨：16，残。侈口，圆唇，斜弧腹，圈足。灰色胎，胎质细净、致密。内外施满釉，开片，釉层薄匀，釉质莹润，釉面玻璃光泽。外底有垫砂痕。口径11.2、底径2.9、高4.8厘米（图二九，12）。

2007SYT1⑨：17，残。侈口，圆唇，斜弧腹，圈足。灰色胎，胎质细净、致密。内外施满釉，开片，釉层薄匀，釉质莹润，釉面玻璃光泽。外底有垫砂痕。口径12.4、底径3.6、高5

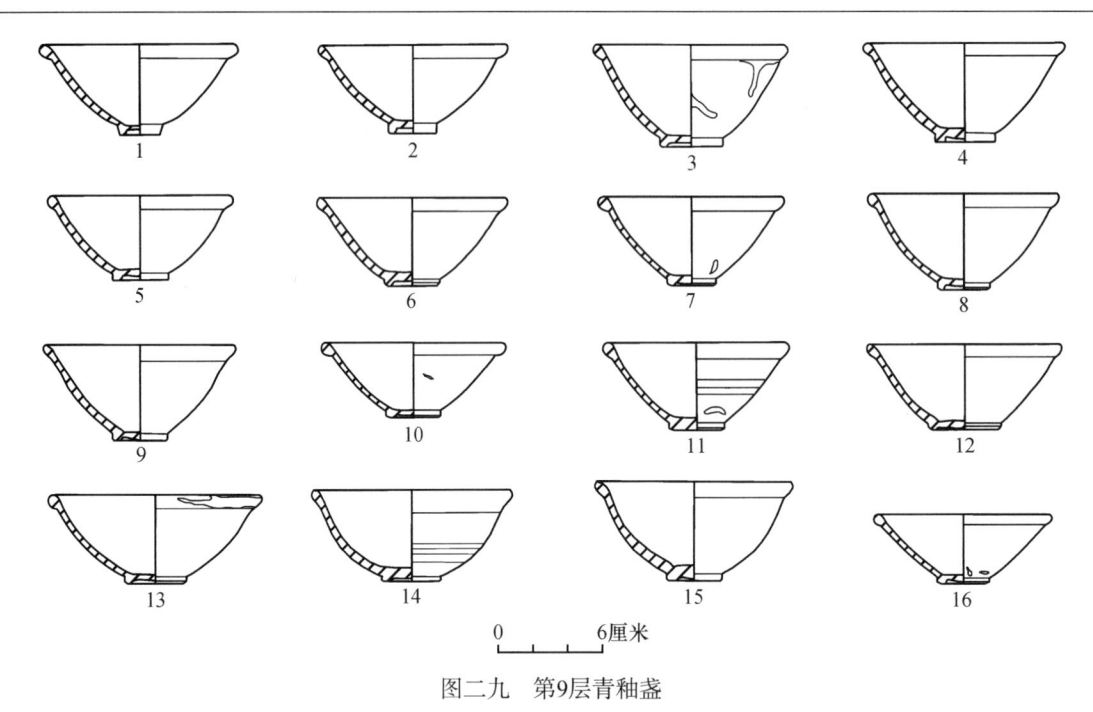

图二九　第9层青釉盏

1. 2007SYT1⑨：5　2. 2007SYT1⑨：6　3. 2007SYT1⑨：7　4. 2007SYT1⑨：8　5. 2007SYT1⑨：9　6. 2007SYT1⑨：10　7. 2007SYT1⑨：11　8. 2007SYT1⑨：12　9. 2007SYT1⑨：13　10. 2007SYT1⑨：14　11. 2007SYT1⑨：15　12. 2007SYT1⑨：16　13. 2007SYT1⑨：17　14. 2007SYT1⑨：18　15. 2007SYT1⑨：19　16. 2007SYT1⑨：20

厘米（图二九，13）。

2007SYT1⑨：18，残。敞口，圆唇，斜弧腹，圈足。灰色胎，胎质较细净、致密。内外施满釉，外有流釉、积釉现象，釉层偏薄，釉质莹润，釉面玻璃光泽。外底有垫砂痕。口径11.7、底径3.5、高5.1厘米（图二九，14）。

2007SYT1⑨：19，残。侈口，圆唇，斜弧腹，圈足。灰色胎，胎质细净、致密。内外施满釉，开片，釉层薄匀，釉质温润，釉面玻璃光泽。外底有垫砂痕。口径11.4、底径3.2、高5.6厘米（图二九，15）。

2007SYT1⑨：20，残。敞口，圆唇，斜弧腹，圈足。灰色胎，胎质细净、致密。内外施满釉，釉层薄匀，釉质莹润，釉面玻璃光泽。外底有垫砂痕。口径10.2、底径3、高3.9厘米（图二九，16）。

2007SYT1⑨：22，残。侈口，圆唇，斜弧腹，圈足。灰色胎，胎质细净、致密。内外施满釉，开片，釉层较薄匀，釉质莹润，釉面玻璃光泽。外底有垫砂痕。口径11.6、底径2.8、高5厘米（图三〇，1）。

碟　1件。

2007SYT1⑨：51，残。敞口，圆唇，弧腹，平底。灰色胎，胎质较细净、致密。内施满釉，外施釉不及底，釉层薄匀，釉质温润，釉面玻璃光泽。内底有支钉痕。口径10.4、底径3、高2.8厘米（图三〇，2）。

盆 1件。

2007SYT1⑨：23，残。敞口，宽沿，圆唇，弧腹，平底。灰色胎，胎质较粗糙、疏松。内外施满釉，釉下施化妆土，内施黄色釉，外施青绿色釉，釉层偏薄，釉质乳状，釉面玻璃光泽。口径36、底径22、高8.5厘米（图三〇，3）。

3. 青釉印花

盏 1件。

2007SYT1⑨：21，残。敞口，圆唇，斜弧腹，圈足。灰色胎，胎质较细净、致密。内外施满釉，开片，釉层薄匀，釉质莹润，釉面玻璃光泽。外底有垫砂痕，内有菊花印花纹饰。口径10.6、底径3、高4厘米（图三〇，4；图版五五，4）。

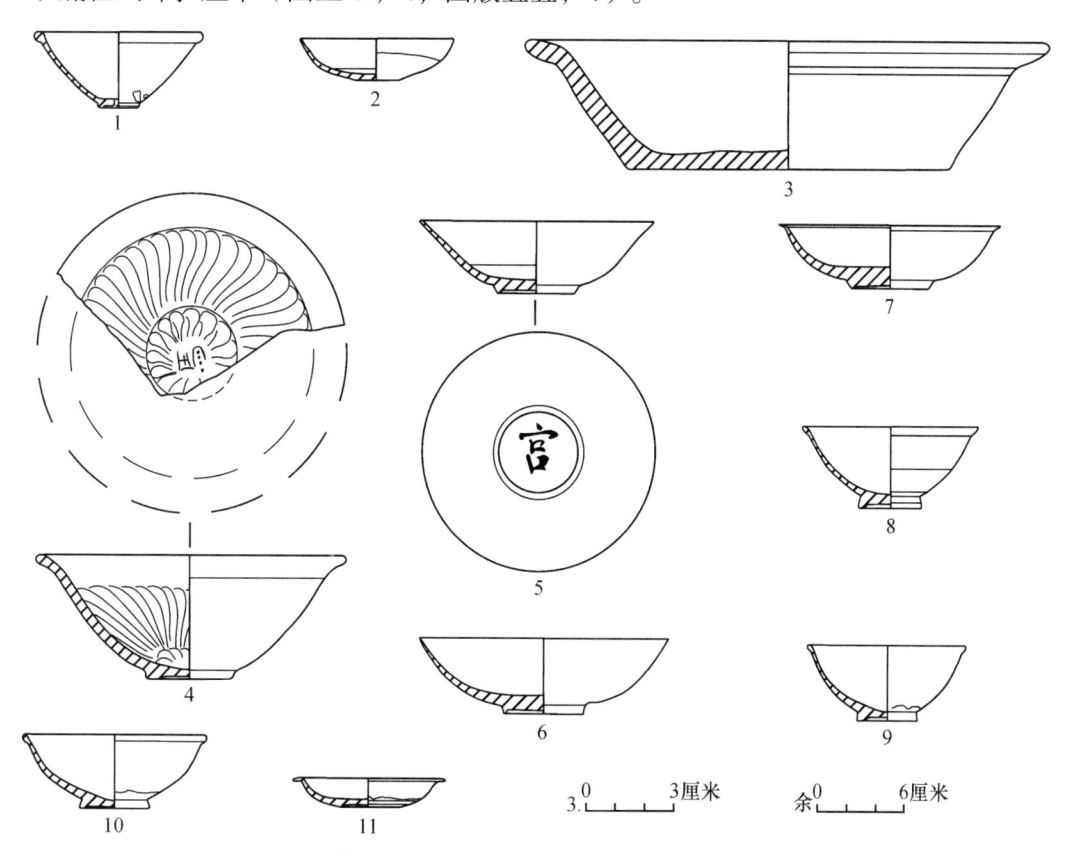

图三〇 第9层青釉、青釉印花、青白釉、黑釉及绿釉瓷器

1. 青釉盏（2007SYT1⑨：22） 2. 青釉碟（2007SYT1⑨：51） 3. 青釉盆（2007SYT1⑨：23） 4. 青釉印花盏（2007SYT1⑨：21） 5~7. 青白釉碗（2007SYT1⑨：24、2007SYT1⑨：25、2007SYT1⑨：28） 8~10. 黑釉盏（2007SYT1⑨：47、2007SYT1⑨：48、2007SYT1⑨：49） 11. 绿釉碟（2007SYT1⑨：50）

4. 青白釉

碗　3件。

2007SYT1⑨：24，残。敞口，尖唇微撇，弧腹，圈足内收、挖足浅。白胎，腹壁薄，胎质细腻致密。玻璃质，釉层薄匀，器内外满釉，足心无釉。器内底缘微凸，器外上、下腹间饰弦纹，足心墨书"官"字，足心有垫饼痕。口径16、底径5.5、高4.8厘米（图三〇，5）。

2007SYT1⑨：25，残。敞口，尖唇，斜弧腹，圈足内收。白胎，腹壁轻薄，口沿透光，胎质细腻致密。玻璃质，有开片，有气泡，釉层薄匀，器内外满釉，足内无釉，釉面受河沙侵蚀。口径17、底径5.5、高5厘米（图三〇，6）。

2007SYT1⑨：28，残。敞口，尖唇，窄折沿，浅弧腹，圈足内收、挖足浅。白胎，腹壁轻薄，胎质细腻致密。玻璃质，釉层薄匀，器内外满釉，足内无釉，釉面受河沙侵蚀。足心有垫饼痕。口径15.4、底径5.5、高4.2厘米（图三〇，7）。

5. 黑釉

盏　3件。

2007SYT1⑨：47，残。敞口，圆唇，斜弧腹，圈足。青白色胎，胎质较细净、致密。内外施满釉，外有露胎现象，釉层薄匀，釉面哑光。口径12.2、底径4.4、高5.4厘米（图三〇，8）。

2007SYT1⑨：48，残。侈口，圆唇，斜弧腹，圈足。灰白色胎，胎质细净、较致密。内施满釉，外施釉不及底，釉层薄匀，釉面哑光，外有流釉、粘釉现象。口径11、底径4.2、高5厘米（图三〇，9）。

2007SYT1⑨：49，残。侈口，圆唇，弧腹，圈足。灰色胎，胎质较细净、致密。内施满釉，外施釉不见底，釉层薄匀，釉质温润，釉面哑光。外底有垫饼痕。口径12.6、底径4.8、高4.9厘米（图三〇，10）。

6. 绿釉

碟　1件。

2007SYT1⑨：50，残。敞口，翻唇，斜弧腹，隐圈足。灰白色胎，胎质细净、较致密。内施满釉，外施釉至腹下部，釉下施化妆土。外底有垫饼痕。口径10.2、底径3.6、高1.9厘米（图三〇，11）。

四、第 8 层

（一）瓷器

1. 白釉

38件。

碗　27件。

2007SYT1⑧：129，残。敞口，圆唇，弧腹，圈足。灰黄色胎，胎质较细净、致密。内施满釉，外施釉不及底，外有流釉、积釉现象。釉层较薄匀，釉质莹润，釉面玻璃光泽。内底有支钉痕，外底有支珠痕。外底心有墨书"迮"字。口径17、底径6.2、高6.2厘米（图三一，1；图版一二，4）。

2007SYT1⑧：130，残。敞口，圆唇，弧腹，圈足微撇，挖足较浅。灰黄胎，含砂，胎质较疏松。釉面有开片，釉层薄匀，器内满釉，器外施半釉。釉下施化妆土。器底有修胎切削痕迹。器内底有支钉痕。口径18.4、底径7.5、高6.5厘米（图三一，2）。

2007SYT1⑧：131，残。敞口，圆唇，弧腹，圈足。灰黄色胎，胎质较细净、致密。内施满釉，外施釉不及底，开片，釉下施化妆土。釉层薄匀，釉质温润，釉面玻璃光泽。内底有支钉痕，外底有垫圈痕。口径18.6、底径7.6、高7.2厘米（图三一，3）。

2007SYT1⑧：132，残。敞口，圆唇，弧腹，圈足。灰黄色胎，胎质较细净、致密。内施满釉，外施釉不及底，开片，釉下施化妆土。釉层较薄匀，釉质莹润，釉面玻璃光泽。内底有支钉痕。口径15.2、底径4.6、高6.4厘米（图三一，4）。

2007SYT1⑧：133，残。敞口，圆唇微撇，弧腹，圈足。灰胎，胎质较致密。釉层薄匀，器内满釉，器外施釉不及底。通体施化妆土。器底有墨书笔画。器底有修胎旋切痕迹，足底外缘有斜弧面。口径17.6、底径8、高5.6厘米（图三一，5；图版一二，6）。

2007SYT1⑧：134，残。敞口，圆唇，弧腹，圈足。灰黄色胎，胎质较细净、致密。内施满釉，外施釉不及底，釉下施化妆土。釉层薄匀，釉质莹润，釉面玻璃光泽。内底有支钉痕。口径17.6、底径6、高8.2厘米（图三一，6）。

2007SYT1⑧：135，残。敞口，圆唇，弧腹，圈足。红色胎，胎质较细净、致密。内施满釉，外施釉不及底，开片，釉下施化妆土。釉层较薄匀，釉质温润，釉面玻璃光泽。外底有垫圈痕。口径17.6、底径8.4、高5.9厘米（图三一，7）。

2007SYT1⑧：136，残。敞口，圆唇，弧腹，圈足。灰黄色胎，胎质较细净、致密。内施满釉，外施釉不及底，釉下施化妆土。釉层薄匀，釉质温润，釉面玻璃光泽。内底有支钉痕，外底有垫圈痕。口径17、底径6.4、高5.8厘米（图三一，8）。

2007SYT1⑧：137，残。敞口，圆唇，弧腹，圈足。灰色胎，胎质较细净、致密。内施满釉，外施釉不及底，开片，外有流釉、积釉现象。釉下施化妆土。釉层较薄匀，釉质莹润，釉面玻璃光泽。内底有支钉痕，外有支珠痕。口径20.2、底径8、高7.9厘米（图三一，9）。

2007SYT1⑧：138，残。敞口，圆唇，弧腹，圈足。灰色胎，胎质较细净、致密。内施满釉，外施釉不及底，开片，外有流釉现象，釉下施化妆土。釉层较薄匀，釉质莹润，釉面玻璃光泽。内底有支钉痕，外底有支珠痕。口径19.6、底径8、高8厘米（图三一，10）。

2007SYT1⑧：139，残。敞口，圆唇，弧腹，圈足。灰色胎，胎质较细净、致密。内施满釉，外施釉不及底，外有流釉现象，釉下施化妆土。釉层薄匀，釉质温润，釉面玻璃光泽。内底有支钉痕，外底有支珠痕。口径16.6、底径6.6、高6.4厘米（图三一，13）。

2007SYT1⑧：140，残。敞口，圆唇，弧腹，圈足。灰黄色胎，胎质较粗糙、疏松、夹砂。内施满釉，外施半釉，外有流釉、积釉现象，釉下施化妆土。青绿色釉，釉层偏薄，釉质乳状，釉面哑光。内底有支钉痕，外底有支珠痕。外底心有墨书文字。口径17.6、底径7.6、高6.4厘米（图三二，2）。

2007SYT1⑧：141，残。敞口，圆唇，斜弧腹、较深，圈足微外撇，足底微内斜。灰褐胎，胎质较致密。胎上罩化妆土。釉面有细开片，釉层薄匀，器内满釉，器外施釉不及底，近底有流釉现象。足有修胎切削痕迹。口径19、底径7、高8.2厘米（图三一，11）。

2007SYT1⑧：142，残。敞口，圆唇，弧腹，圈足。灰黄色胎，胎质较细净、疏松。内施满釉，外施釉不及底，开片，釉下施化妆土。白色釉，釉层较薄匀，釉质温润，釉面玻璃光泽。内底有支钉痕，外底有支珠痕。口径16.5、底径5.5、高6.2厘米（图三一，14）。

2007SYT1⑧：143，残。敞口，圆唇，弧腹，圈足。灰黄色胎，胎质较细净、致密。内施满釉，外施釉不及底，外有流釉、积釉现象，釉下施化妆土。釉层较薄匀，釉质莹润，釉面玻璃光泽。内底有支钉痕。外底有一墨书"王"字。口径18.8、底径7、高7.2厘米（图三一，12；图版一〇，5）。

2007SYT1⑧：156，残。敞口，圆唇，弧腹，圈足。灰黄色胎，胎质较粗糙、疏松、夹砂。内施满釉，外施半釉，开片，釉下施化妆土。釉层薄匀，釉质温润，釉面玻璃光泽。外底有支珠痕。口径14、底径6.6、高4.3厘米（图三二，3）。

2007SYT1⑧：144，残。花口，圆唇，弧腹，圈足。灰黄色胎，胎质较细净、致密。内施满釉，外施釉不及底，釉下施化妆土。釉层较薄匀，釉质温润，釉面玻璃光泽。内底有支钉痕，外底有支珠痕。内有脊线。口径19.4、底径6.8、高7.4厘米（图三二，1）。

2007SYT1⑧：145，残。敞口，圆唇微撇，弧腹，圈足外撇。灰胎，胎质较致密。釉层薄，器内满釉，器外施釉不及底，有流釉、积釉现象，釉厚处有开片。釉下施化妆土。器内底缘饰凹弦纹，器内底有支钉痕，器底有修胎旋切痕迹。口径15.8、底径6、高6厘米（图三二，4；图版一二，5）。

2007SYT1⑧：150，残。敞口，圆唇，弧腹，圈足。灰黄色胎，胎质较粗糙、疏松。内施满釉，外施半釉，外有开片现象，釉下施化妆土。釉层薄匀，釉质温润，釉面玻璃光泽。内底有支钉痕，外底有支珠痕。口径14、底径6.4、高3.8厘米（图三二，5）。

第四章 出土器物

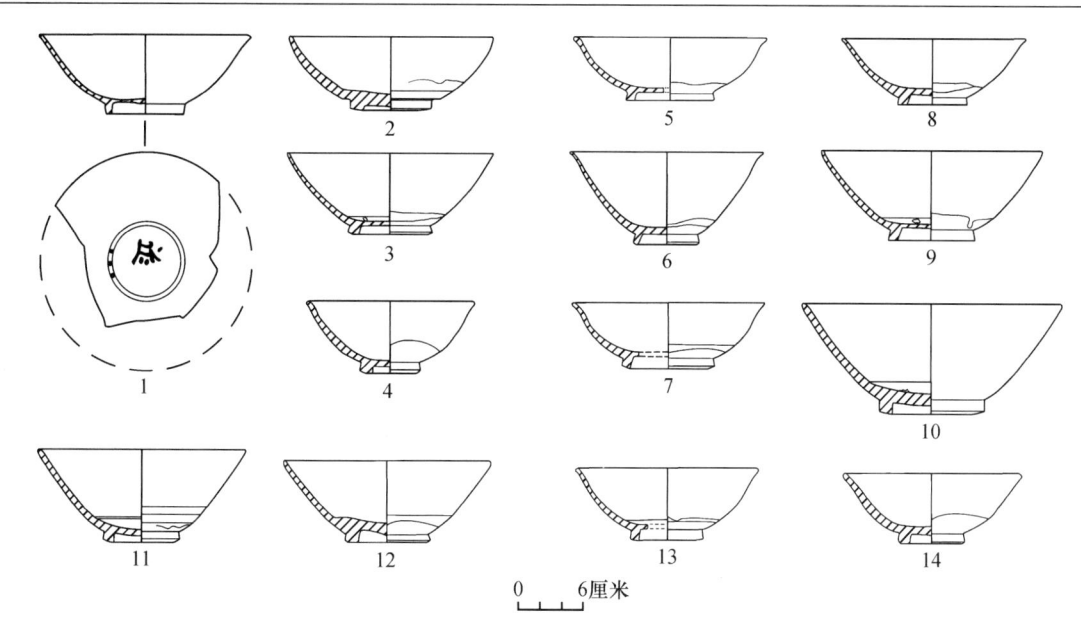

图三一 第8层白釉碗
1. 2007SYT1⑧∶129 2. 2007SYT1⑧∶130 3. 2007SYT1⑧∶131 4. 2007SYT1⑧∶132 5. 2007SYT1⑧∶133
6. 2007SYT1⑧∶134 7. 2007SYT1⑧∶135 8. 2007SYT1⑧∶136 9. 2007SYT1⑧∶137 10. 2007SYT1⑧∶138
11. 2007SYT1⑧∶141 12. 2007SYT1⑧∶143 13. 2007SYT1⑧∶139 14. 2007SYT1⑧∶142

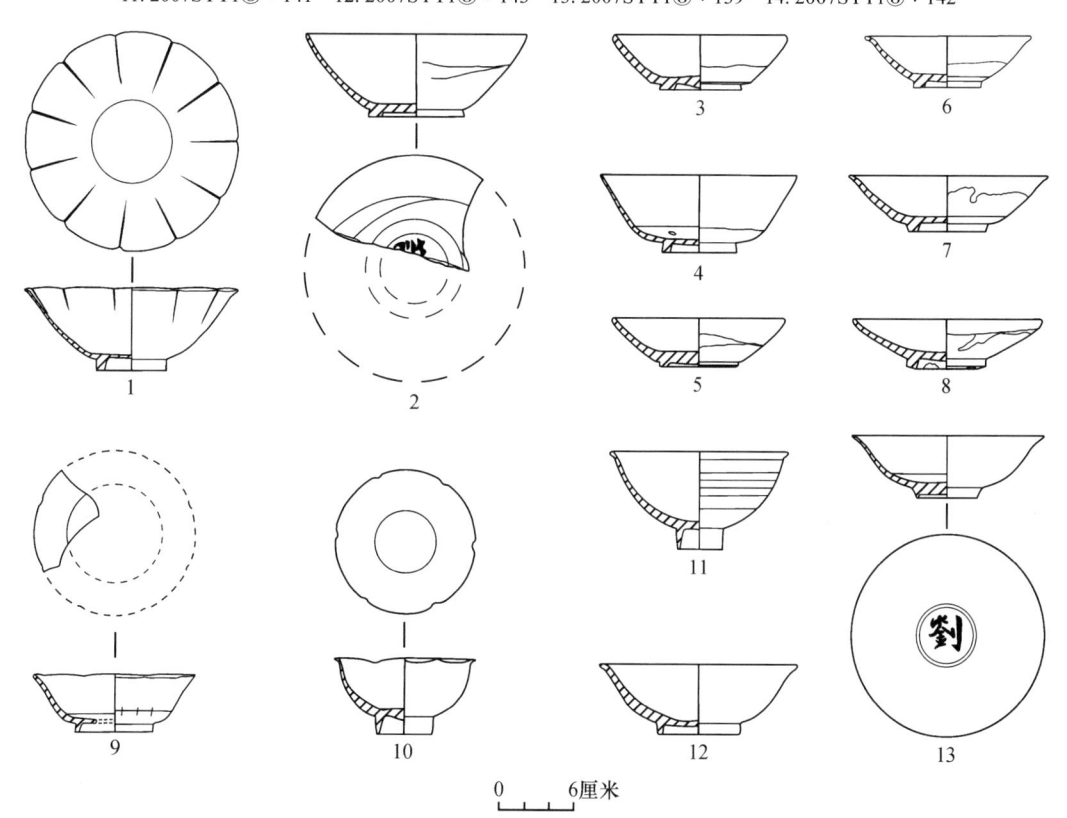

图三二 第8层白釉碗
1. 2007SYT1⑧∶144 2. 2007SYT1⑧∶140 3. 2007SYT1⑧∶156 4. 2007SYT1⑧∶145 5. 2007SYT1⑧∶150
6. 2007SYT1⑧∶153 7. 2007SYT1⑧∶154 8. 2007SYT1⑧∶155 9. 2007SYT1⑧∶159 10. 2007SYT1⑧∶163
11. 2007SYT1⑧∶164 12. 2007SYT1⑧∶219 13. 2007SYT1⑧∶222

2007SYT1⑧：153，残。敞口，圆唇微撇，浅弧腹，圈足微撇。灰黄胎，胎质较致密。白釉，莹润，釉层薄匀，器内满釉，器外施半釉，有流釉现象。釉下施化妆土。器内底有支钉痕，器底有修胎切削痕迹。口径13.6、底径5.4、高4厘米（图三二，6）。

2007SYT1⑧：154，残。敞口，圆唇，弧腹，圈足。灰黄色胎，胎质较细净、致密。内施满釉，外施半釉，外有流釉、积釉现象，釉下施化妆土。釉层较薄匀，釉质莹润，釉面玻璃光泽。内底有支钉痕，外底有支珠痕。口径16.2、底径6.2、高4.3厘米（图三二，7）。

2007SYT1⑧：155，残。敞口，圆唇，斜弧腹，圈足。灰黄色胎，胎质较致密。内施满釉，外施半釉，釉下施化妆土。内底有垫砂痕。口径15.4、底径6.4、高3.9厘米（图三二，8）。

2007SYT1⑧：159，残。花口，圆唇，弧腹，圈足。灰色胎，胎质细净、致密。内外施满釉，釉下施化妆土。釉层薄匀，釉质莹润，釉面玻璃光泽。内底有支钉痕，外底有垫圈痕。口径13、底径6.2、高4.5厘米（图三二，9）。

2007SYT1⑧：163，残。敞口，花口，尖唇，折沿，瓜棱形鼓弧腹，高圈足微撇。灰白胎，胎质较致密。釉面有开片，釉层薄，器内满釉，器外施釉不及底、釉线不齐。釉下施化妆土。器底有修胎旋切痕迹。口径11.2、底径4.4、高5.9厘米（图三二，10）。

2007SYT1⑧：164，残。敞口，卷唇，弧腹，高圈足微撇。白胎，胎质细腻致密。釉面有开片，釉层薄匀，器内外满釉，足无釉。器外有明显修胎旋切痕迹。口径14.2、底径3.6、高7.6厘米（图三二，11）。

2007SYT1⑧：219，残。敞口，微外撇，圆唇，弧腹，圈足，微外撇。灰色胎，胎质较细净。内施满釉，外施釉不及底，釉下施化妆土，釉层薄匀，釉质莹润，釉面玻璃光泽。内底有支钉痕。口径16、底径6.6、高5.4厘米（图三二，12；图版一〇，6）。

2007SYT1⑧：222，残。敞口，圆唇微撇，弧腹，圈足外撇。灰胎，胎质较疏松。釉质莹润，有细开片，釉层薄匀，器内满釉，器外施釉不及底，通体施化妆土。器底有墨书"刘"字。器内底有支钉痕。器底有修胎旋切痕迹，足底有微斜弧面。口径17.6、底径7.2、高5.8厘米（图三二，13）。

盏　8件。

2007SYT1⑧：146，残。敞口，圆唇，弧腹，圈足。灰黄色胎，胎质细净、较疏松。内施满釉，外施釉至腹下部，釉下施化妆土。外底有垫饼痕。口径11.6、底径5、高3.2厘米（图三三，1）。

2007SYT1⑧：147，残。敞口，圆唇，弧腹，圈足。内施满釉，外施釉至腹下部，外有流釉、积釉现象，釉下施化妆土。灰黄色胎，胎质细净、较致密。外底有垫圈痕。口径9.2、底径4.2、高2.5厘米（图三三，2；图版一四，5）。

2007SYT1⑧：148，残。敞口，圆唇，斜弧腹，圈足。内施满釉，外施釉至腹下部，釉下施化妆土。灰黄色胎，胎质细净、较致密。外底有垫圈痕。口径13.8、底径5.8、高3.4厘米（图三三，3；图版一四，6）。

2007SYT1⑧：151，残。敞口，圆唇，浅弧腹，浅圈足。灰胎，胎质致密。釉层薄匀，有

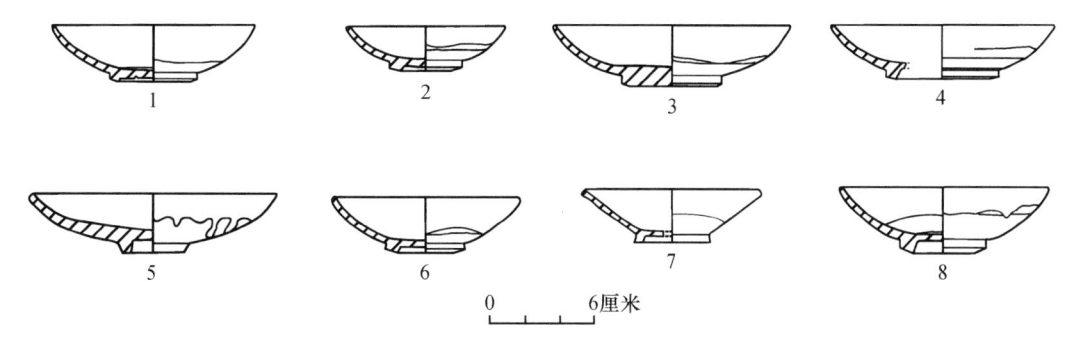

图三三 第8层白釉盏
1.2007SYT1⑧:146 2.2007SYT1⑧:147 3.2007SYT1⑧:148 4.2007SYT1⑧:151 5.2007SYT1⑧:152
6.2007SYT1⑧:157 7.2007SYT1⑧:158 8.2007SYT1⑧:208

开片，器内满釉，器外施釉不及底。釉下施化妆土。圈足外撇，圈足内壁有切削斜弧面。器内底有垫圈痕迹，器底有明显修胎切削痕迹。口径13、底径6.5、高3厘米（图三三，4）。

2007SYT1⑧:152，残。敞口，圆唇，弧腹，圈足。灰色胎，胎质较细净、致密。内施满釉，外施半釉，开片，外有流釉、积釉现象，釉下施化妆土。釉层薄匀，釉质莹润，釉面玻璃光泽。内底有支钉痕。口径14.2、底径3.6、高3.3厘米（图三三，5）。

2007SYT1⑧:157，残。敞口，圆唇，弧腹，圈足。内施满釉，外施釉不及底，开片，釉下施化妆土。釉层较薄匀，釉质清亮、莹润，釉面玻璃光泽。口径10.8、底径4.6、高3.1厘米（图三三，6）。

2007SYT1⑧:158，残。敞口，斜方唇，浅弧腹，浅圈足外撇。灰黄胎，胎体轻薄，胎质较致密。釉层薄匀，器内满釉，器外半釉。釉下施化妆土。器内底内凹，器底有修胎旋切痕迹。口径10.4、底径4.4、高3厘米（图三三，7）。

2007SYT1⑧:208，残。敞口，圆唇，斜弧腹，圈足。灰黄色胎，胎质细净、较疏松。内施釉不满，外施半釉，外有流釉、积釉现象，釉下施化妆土。内底有垫圈痕。口径12.2、底径5.6、高3.7厘米（图三三，8）。

盘 1件。

2007SYT1⑧:162，残。敞口，圆唇，折沿，斜弧腹，圈足外撇。灰胎，胎质较致密。釉面有开片，釉层薄，器内底涩圈，器外半釉，有积釉现象。釉下施化妆土。器底有修胎旋切痕迹，足底有旋弧面。口径17.6、底径6.2、高3.1厘米（图三四，1）。

器盖 1件。

2007SYT1⑧:160，完整。弧面，直墙，斜平唇，内为凹面。青白色胎，胎质细净、致密。外施满釉。釉色不净，釉层薄匀，釉质莹润，釉面玻璃光泽。底径4.8、通径4.9、高1.2厘米（图三四，2）。

盒 1件。

2007SYT1⑧:161，残。子母口，子口尖唇，斜直腹，隐圈足。青白色胎，胎色较细净、致密。内底施釉，外施满釉，内外有流釉积釉现象。釉层薄匀，釉质清亮莹润，釉面玻璃光泽。口径3.4、底径3、腹径4.4、高2.6厘米（图三四，3）。

2. 白釉划花

碗　1件。

2007SYT1⑧：90，残。敞口，圆唇，弧腹，圈足。白色胎，胎质较细净、致密。内外施满釉。釉层薄匀，釉质莹润，釉面玻璃光泽。外底有墨书文字、垫饼痕。口径17、底径5.6、高4.4厘米（图三四，5）。

3. 白釉印花

碗　1件。

2007SYT1⑧：228，残。葵花形敞口，尖唇，斜弧腹，圈足微撇。白胎，胎质细腻致密，腹壁薄，近口沿透光。釉面莹润，玻璃质，釉层薄匀，器内外满釉。足底心有垫饼痕。器内底至近口沿饰印花缠枝牡丹纹。口径21.8、底径6.8、高8厘米（图三四，6）。

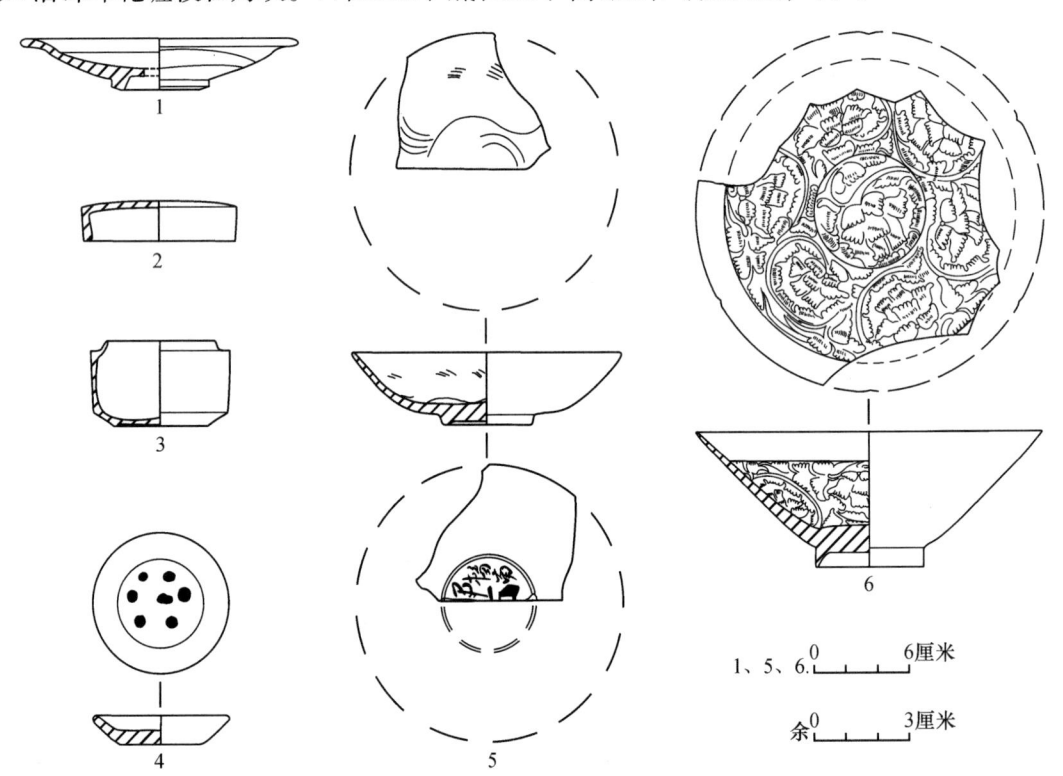

图三四　第8层白釉、白釉划花、白釉褐彩瓷器
1.白釉盘（2007SYT1⑧：162）　2.白釉器盖（2007SYT1⑧：160）　3.白釉盒（2007SYT1⑧：161）　4.白釉褐彩小碟（2007SYT1⑧：149）　5.白釉划花碗（2007SYT1⑧：90）　6.白釉印花碗（2007SYT1⑧：228）

4. 白釉褐彩

小碟　1件。

2007SYT1⑧：149，残。凹平面，翘沿，圆唇。面施满釉，内不施釉。有一层化妆土。灰黄色胎，胎质细净、致密。青白色釉，釉层较薄匀，釉质莹润，釉面玻璃光泽。面上有七个墨彩圆点。口径4.3、底径2.6、高0.9厘米（图三四，4；图版三七，1）。

5. 青釉

89件。

碗　16件。

2007SYT1⑧：1，残。敞口，尖唇，附沿，弧腹，高圈足外撇。灰白胎，腹壁薄，胎质致密。釉层薄匀，器内满釉，器外半釉。器底有明显修胎旋切痕迹。口径14.6、底径4.6、高7.3厘米（残）（图三五，1）。

2007SYT1⑧：2，残。敞口，翻唇，弧腹，高圈足，灰色胎，胎质较细净，致密。釉层薄匀，釉质温润，釉面玻璃光泽。内施满釉，外施釉不及底。内底有支钉痕。口径15.4、底径5.8、高8.5厘米（图三五，2）。

2007SYT1⑧：3，残。微敛口，宽沿，圆唇，弧腹，高圈足。灰黄色胎，胎质较细净、疏松。内施满釉，外施釉不及底。釉层薄匀，釉质莹润。口径14.8、底径4.8、高7.5厘米（图三五，3；图版四八，3）。

2007SYT1⑧：4，残。敞口，宽沿，圆唇，弧腹，圈足。灰色胎，胎质细净、致密。釉层薄匀，釉质温润，釉面哑光。内施满釉，外施釉不及底。内底有支钉痕。口径17、底径6.2、高8.4厘米（残）（图三五，4）。

2007SYT1⑧：5，残。敞口，翻唇，弧腹，高圈足。灰色胎，胎质较细净、致密。釉层薄匀，釉质乳状，釉面哑光。内施满釉，外施釉不及底。口径16、底径5.6、高8.3厘米（图三五，5）。

2007SYT1⑧：6，残。敞口，尖唇微敛，宽沿，弧腹，高圈足外撇。灰胎，腹壁较薄，胎质较致密。釉层薄，器内满釉，器外施釉不及底，有流釉现象。器底有明显修胎旋切痕迹。口径15、底径5.5、高7.6厘米（图三五，6）。

2007SYT1⑧：7，残。侈口，圆唇，弧腹，圈足。青灰色胎，胎质较疏松。内外施满釉，外腹下有露胎现象，釉下施化妆土。内面开片，外开片有流釉现象，外底内有垫饼痕。口径15.2、底径6、高6.5厘米（图三五，7；图版四八，1）。

2007SYT1⑧：8，残。侈口，圆唇，弧腹，圈足。灰色胎，胎质较细净、致密。内施满釉，外施釉不及底，内外釉面有开片现象。釉层较薄匀，釉质莹润，釉面玻璃光泽。内底有支钉痕，外底心有墨书文字。口径15.6、底径5.8、高6厘米（图三五，11）。

2007SYT1⑧：9，残。敞口，圆唇，弧腹，圈足。灰色胎，胎质较细净、致密。内外施满釉。釉层薄匀，釉质温润，釉面玻璃光泽。口径12.8、底径6.6、高8.3厘米（图三五，8）。

2007SYT1⑧：10，残。敞口，圆唇，唇沿加厚外凸，斜弧腹，圈足，挖足浅。器内底呈斜弧面壁形。白胎，胎体厚重，胎质较致密。釉层薄匀，器内满釉，器外施釉不及底，有流釉现象。口径17、底径7、高6.8厘米（图三五，9）。

2007SYT1⑧：11，残。敞口，圆唇，弧腹，圈足。青白色胎，胎质细净、较致密。内外施满釉，外有流釉、积釉、漏釉现象，釉下施化妆土。外底有垫饼痕。口径11、底径3.9、高4.8厘米（图三五，15）。

2007SYT1⑧：12，残。敞口，圆唇，弧腹，圈足。青灰色胎，胎质较细净、致密。内施满釉，外施釉不及底。釉层薄匀，釉质莹润，釉面玻璃光泽。外底有垫饼痕。口径11.8、底径4.4、高6厘米（图三五，10）。

2007SYT1⑧：13，残。敞口，圆唇，弧腹，圈足。淡灰色胎，胎质较细净、致密。内施满釉，外施半釉。釉层薄匀，釉质温润，釉面玻璃光泽。口径11.5、底径4.5、高5.4厘米（图三五，12）。

2007SYT1⑧：14，残。敞口，圆唇，弧腹，圈足。灰色胎，胎质细净、致密。内施满

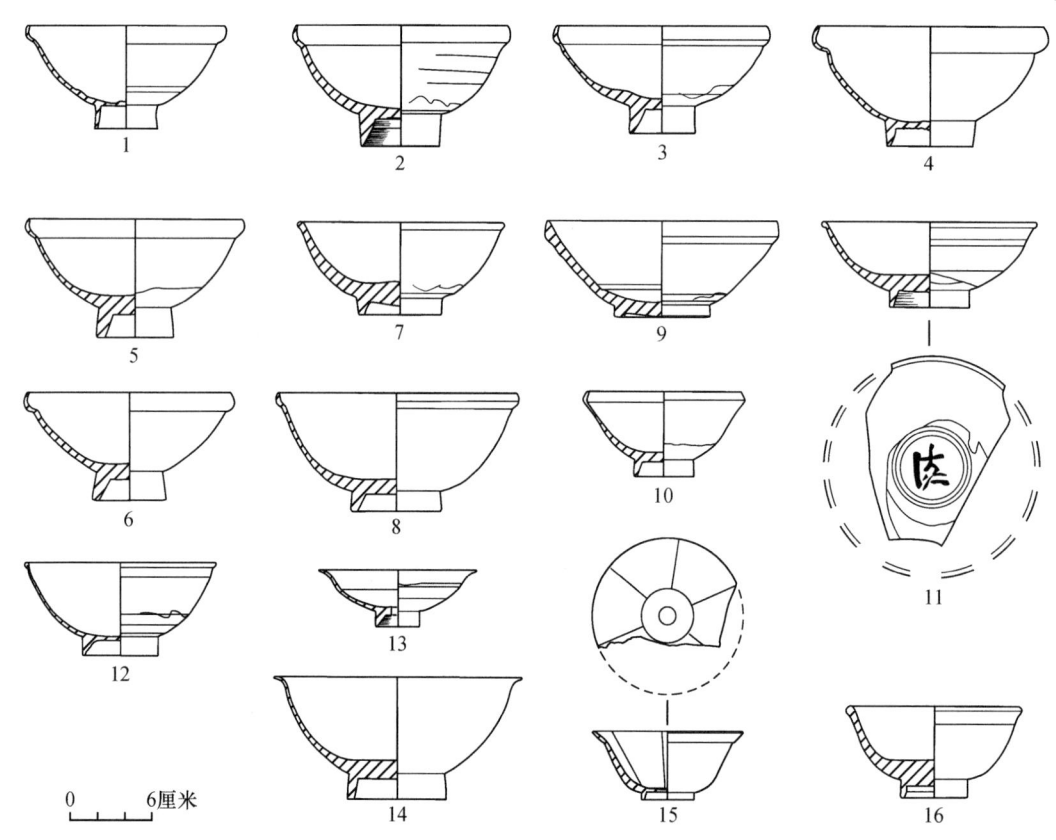

图三五　第8层青釉碗

1. 2007SYT1⑧：1　2. 2007SYT1⑧：2　3. 2007SYT1⑧：3　4. 2007SYT1⑧：4　5. 2007SYT1⑧：5　6. 2007SYT1⑧：6
7. 2007SYT1⑧：7　8. 2007SYT1⑧：9　9. 2007SYT1⑧：10　10. 2007SYT1⑧：12　11. 2007SYT1⑧：8　12. 2007SYT1⑧：13
13. 2007SYT1⑧：14　14. 2007SYT1⑧：19　15. 2007SYT1⑧：11　16. 2007SYT1⑧：217

釉，外施半釉。釉层薄匀，釉质温润，釉面玻璃光泽。内底有支钉痕。口径11.6、底径3.2、高4厘米（图三五，13）。

2007SYT1⑧：19，残。敞口，圆唇，弧腹，圈足。灰色胎，胎质较细净、致密。内外施满釉。釉层薄匀，釉质温润，釉面玻璃光泽。口径18.2、底径7.2、高8.6厘米（图三五，14）。

2007SYT1⑧：217，残。敞口，圆唇，弧腹，平底。青灰色胎，胎质较致密。仅口沿施釉，釉下施化妆土。外底有垫饼痕。口径9.4、底径4.4、高3.4厘米（图三五，16；图版四六，4）。

盏　67件。

2007SYT1⑧：21，残。侈口，圆唇，斜弧腹，圈足。灰色胎，胎质较细净、致密。内外施满釉，开片。釉层较薄匀，釉质莹润，釉面哑光。外底有垫砂痕。口径12.2、底径3.2、高4.8厘米（图三六，1）。

2007SYT1⑧：22，残。侈口，圆唇，斜弧腹，圈足。灰色胎，胎质较细净、致密。内外施满釉，开片。釉层较薄匀，釉质温润，釉面玻璃光泽。外底有垫砂痕。口径11、底径3.4、高4.6厘米（图三六，2）。

2007SYT1⑧：23，残。侈口，圆唇，斜弧腹，圈足。灰色胎，胎质细净、致密。内外施满釉。釉层薄匀，釉质莹润，釉面玻璃光泽。外底有垫砂痕。口径9.6、底径3、高3.9厘米（图三六，3）。

2007SYT1⑧：24，残。敞口，圆唇，斜弧腹，圈足。灰色胎，胎质较细净、致密。内外施满釉，外有流釉、积釉现象。釉层薄匀，釉质温润，釉面玻璃光泽。外底有垫砂痕。口径11.2、底径3.2、高4.8厘米（图三六，4）。

2007SYT1⑧：25，残。侈口，圆唇，斜弧腹，圈足。灰色胎，胎质细净、致密。内外施满釉。釉层薄匀，釉质莹润，釉面玻璃光泽。外底有垫砂痕。口径11.4、底径3.6、高4.6厘米（图三六，5）。

2007SYT1⑧：26，残。侈口，圆唇，斜弧腹，圈足。灰色胎，胎质较细净、致密。内外施满釉。釉层薄匀，釉质温润，釉面玻璃光泽。外底有垫砂痕。口径10、底径3、高3.8厘米（图三六，6）。

2007SYT1⑧：27，残。侈口，圆唇，斜弧腹，圈足。灰色胎，胎质较细净、致密。内外施满釉，外有流釉积釉现象。釉层薄匀，釉质温润，釉面玻璃光泽。外底有垫砂痕。口径10.8、底径3.4、高5厘米（图三六，7）。

2007SYT1⑧：28，残。侈口，圆唇，斜弧腹，小浅圈足。灰色胎，胎质细净、较致密。内外施满釉，釉下施化妆土。外底有垫圈痕。口径12、底径3.6、高5.1厘米（图三六，8）。

2007SYT1⑧：29，残。侈口，圆唇，斜弧腹，圈足。灰色胎，胎质较细净、致密。内外施满釉。釉层薄匀，釉质温润，釉面玻璃光泽。外底有垫砂痕。口径10.6、底径3.2、高5.3厘米（图三六，9）。

2007SYT1⑧：30，残。侈口，圆唇，斜弧腹，小浅圈足。灰色胎，胎质较致密。内外施满釉，釉下施化妆土。外底有垫砂痕。口径11.8、底径3、高5厘米（图三六，10）。

2007SYT1⑧：31，残。侈口，圆唇，斜弧腹，小浅圈足。灰色胎，胎质较疏松。内外施满釉，有流釉、积釉现象，釉下施化妆土。外底有垫砂痕。口径11.6、底径2.8、高5.1厘米（图三六，11）。

2007SYT1⑧：32，残。侈口，圆唇，斜弧腹，小浅圈足。灰色胎，胎质细净、较致密。内外施满釉，釉下施化妆土。外底有垫砂痕。口径11.6、底径3、高5.3厘米（图三六，12）。

2007SYT1⑧：33，残。侈口，圆唇，斜弧腹，小浅圈足。灰色胎，胎质较致密。内外施满釉，釉下施化妆土。外底有垫砂痕。口径11.1、底径3.3、高5厘米（图三六，13）。

2007SYT1⑧：34，残。侈口，圆唇，斜弧腹，小浅圈足。灰色胎，胎质细净、较致密。内外施满釉，外有流釉、积釉现象，釉下施化妆土。外底有垫砂痕。口径10.8、底径3、高4.8

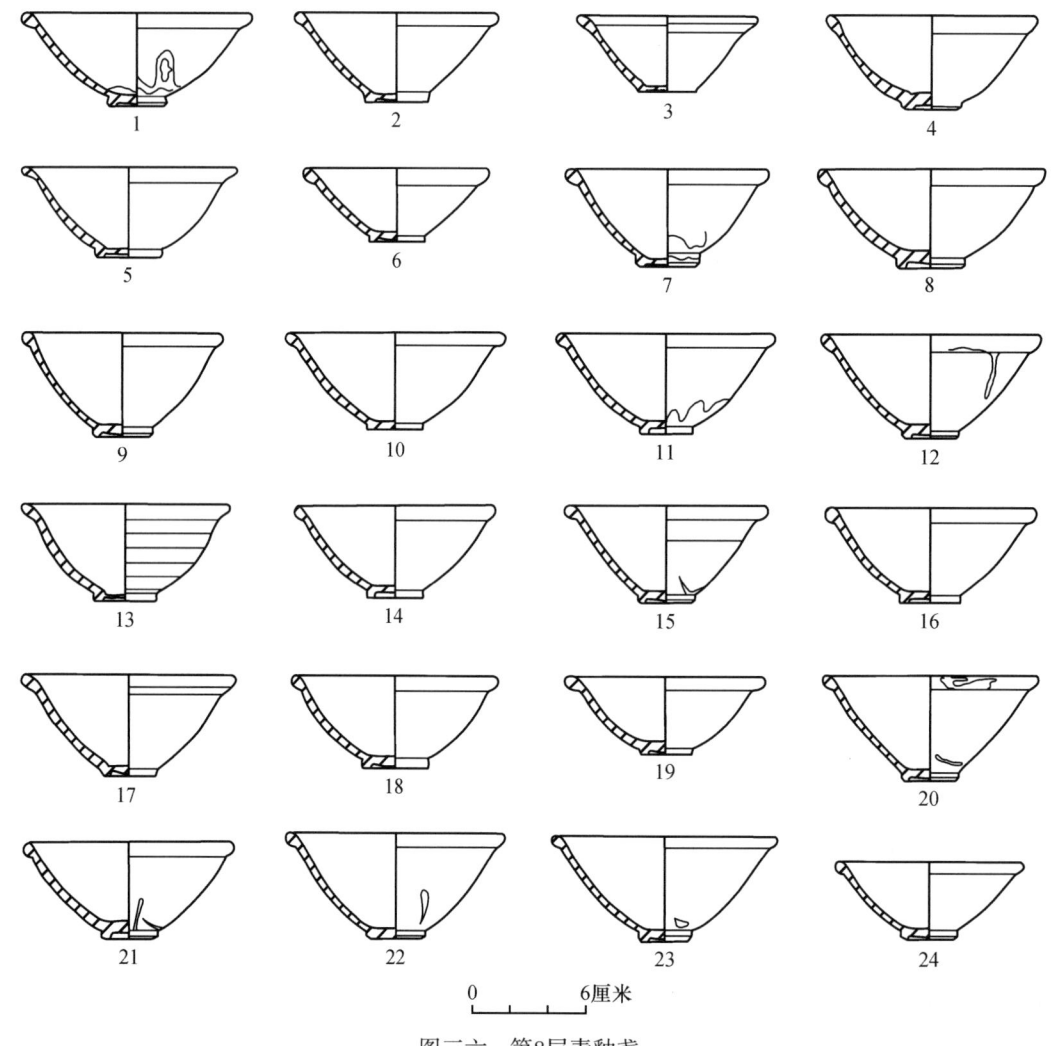

图三六　第8层青釉盏

1. 2007SYT1⑧：21　2. 2007SYT1⑧：22　3. 2007SYT1⑧：23　4. 2007SYT1⑧：24　5. 2007SYT1⑧：25　6. 2007SYT1⑧：26　7. 2007SYT1⑧：27　8. 2007SYT1⑧：28　9. 2007SYT1⑧：29　10. 2007SYT1⑧：30　11. 2007SYT1⑧：31　12. 2007SYT1⑧：32　13. 2007SYT1⑧：33　14. 2007SYT1⑧：34　15. 2007SYT1⑧：35　16. 2007SYT1⑧：36　17. 2007SYT1⑧：37　18. 2007SYT1⑧：38　19. 2007SYT1⑧：39　20. 2007SYT1⑧：40　21. 2007SYT1⑧：41　22. 2007SYT1⑧：42　23. 2007SYT1⑧：43　24. 2007SYT1⑧：44

厘米（图三六，14）。

2007SYT1⑧：35，残。侈口，圆唇，斜弧腹，圈足。灰色胎，胎质较细净、致密。内外施满釉，有开片现象。釉层薄匀，釉质温润，釉面玻璃光泽。外底有垫砂痕。口径10、底径3、高5厘米（图三六，15）。

2007SYT1⑧：36，残。侈口，圆唇，斜弧腹，圈足。灰色胎，胎质细净、致密。内外施满釉，外有流釉、积釉现象。釉层薄匀，釉质温润，釉面哑光。外底有垫圈痕。口径11.2、底径3.2、高4.9厘米（图三六，16）。

2007SYT1⑧：37，残。侈口，圆唇，斜弧腹，小浅圈足。灰色胎，胎质较致密。内外施满釉，釉下施化妆土。外底有垫砂痕。口径11.4、底径5.2、高2.8厘米（图三六，17）。

2007SYT1⑧：38，残。侈口，圆唇，斜弧腹，圈足。灰黄色胎，胎质较细净、致密。内外施满釉，外有流釉、积釉现象。釉层较薄匀，釉质温润，釉面玻璃光泽。外底有垫砂痕。口径11.2、底径3.4、高4.8厘米（图三六，18）。

2007SYT1⑧：39，残。侈口，圆唇，斜弧腹，圈足。灰色胎，胎质较细净、致密。内外施满釉、开片。釉层薄匀，釉质莹润，釉面玻璃光泽。外底有垫砂痕。口径10.6、底径2.8、高4厘米（图三六，19）。

2007SYT1⑧：40，残。侈口，圆唇，斜弧腹，圈足。灰色胎，胎质较细净、致密。内外施满釉。釉层较薄匀，釉质莹润，釉面玻璃光泽。外底有垫砂痕。口径11.4、底径3、高5.4厘米（图三六，20）。

2007SYT1⑧：41，残。侈口，圆唇，斜弧腹，小浅圈足。灰色胎，胎质细净、较致密。内外施满釉，釉下施化妆土。外底有垫砂痕。口径11.2、底径3、高5厘米（图三六，21）。

2007SYT1⑧：42，残。侈口，圆唇，斜弧腹，圈足。灰色胎，胎质较细净、致密。内外施满釉、开片，外有流釉、积釉现象。釉层薄匀，釉质温润，釉面玻璃光泽。外底有垫砂痕。口径11.8、底径3.2、高5.4厘米（图三六，22）。

2007SYT1⑧：43，残。侈口，圆唇，斜弧腹，圈足。灰色胎，胎质较细净、致密。内外施满釉，开片。釉层较薄匀，釉质莹润，釉面玻璃光泽。外底有垫砂痕。口径12、底径2.6、高5.4厘米（图三六，23）。

2007SYT1⑧：44，残。侈口，圆唇，斜弧腹，圈足。灰色胎，胎质细净、致密。内外施满釉。釉层薄匀，釉质温润，釉面玻璃光泽。外底有垫砂痕。口径10、底径3、高4厘米（图三六，24）。

2007SYT1⑧：45，残。侈口，圆唇，斜弧腹，圈足。灰色胎，胎质细净、致密。内外施满釉，外有流釉、积釉现象。釉层薄匀，釉质莹润，釉面玻璃光泽。外底有垫砂痕。口径10.4、底径3、高4.8厘米（图三七，1）。

2007SYT1⑧：46，残。敞口，圆唇，斜弧腹，圈足。灰色胎，胎质较细净、致密。内外施满釉，开片。釉层较薄匀，釉质莹润，釉面玻璃光泽。外底有垫砂痕。口径11.8、底径4.2、高5.4厘米（图三七，2）。

2007SYT1⑧：47，残。侈口，圆唇，斜弧腹，圈足。灰色胎，胎质较细净、致密。内外施满釉，外有流釉现象。釉层较薄匀，釉质莹润，釉面玻璃光泽，外底有垫砂痕。口径11.6、底径3、高5厘米（图三七，3）。

2007SYT1⑧：48，残。侈口，圆唇，斜弧腹，圈足。灰色胎，胎质较细净、致密。内外施满釉。釉层薄匀，釉质温润，釉面玻璃光泽。外底有垫砂痕。口径11.4、底径3、高5厘米（图三七，4）。

2007SYT1⑧：49，残。侈口，圆唇，斜弧腹，圈足。灰色胎，胎质细净、致密。内外施满釉，外有流釉、积釉现象。釉层薄匀，釉质温润，釉面玻璃光泽。外底有垫砂痕。口径11、底径3、高4.7厘米（图三七，5）。

2007SYT1⑧：50，残。侈口，圆唇，斜弧腹，圈足。灰色胎，胎质较细净、致密。内外

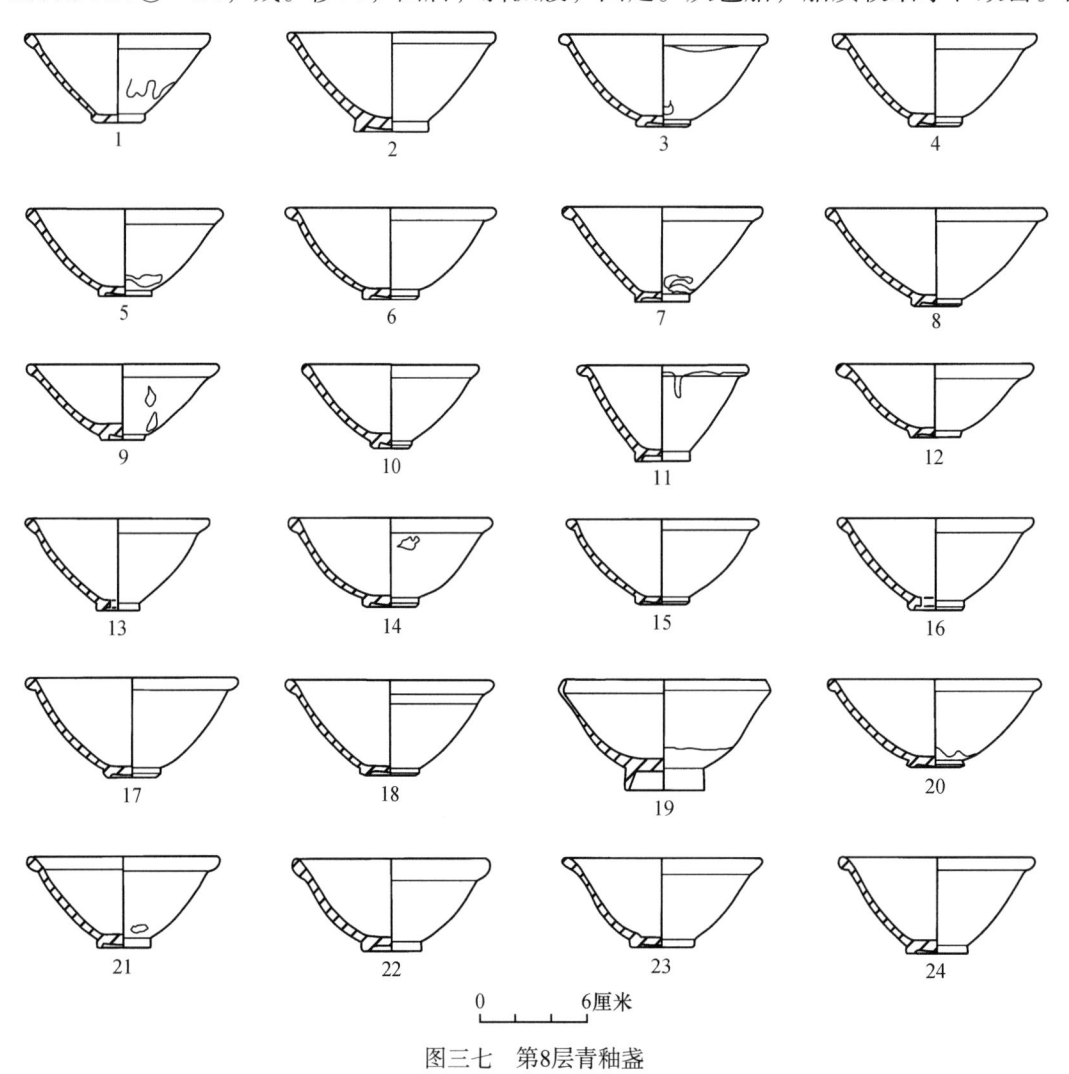

图三七　第8层青釉盏

1.2007SYT1⑧：45　2.2007SYT1⑧：46　3.2007SYT1⑧：47　4.2007SYT1⑧：48　5.2007SYT1⑧：49　6.2007SYT1⑧：50　7.2007SYT1⑧：51　8.2007SYT1⑧：52　9.2007SYT1⑧：53　10.2007SYT1⑧：54　11.207SYT1⑧：56　12.2007SYT1⑧：57　13.2007SYT1⑧：58　14.2007SYT1⑧：59　15.2007SYT1⑧：60　16.2007SYT1⑧：61　17.2007SYT1⑧：62　18.2007SYT1⑧：63　19.2007SYT1⑧：64　20.2007SYT1⑧：65　21.2007SYT1⑧：66　22.2007SYT1⑧：67　23.2007SYT1⑧：68　24.2007SYT1⑧：69

施满釉。釉层薄匀，釉质莹润，釉面玻璃光泽。外底有垫圈痕。口径12、底径3.2、高5厘米（图三七，6）。

2007SYT1⑧：51，残。侈口，圆唇，斜弧腹，圈足。灰色胎，胎质较细净、致密。内外施满釉。釉层薄匀，釉质温润，釉面玻璃光泽。外底有垫砂痕。口径11.2、底径3、高5.1厘米（图三七，7）。

2007SYT1⑧：52，残。侈口，圆唇，斜弧腹，圈足。灰色胎，胎质较细净、致密。内外施满釉、开片。釉层薄匀，釉质莹润，釉面玻璃光泽。外底有垫砂痕。口径12.4、底径2.8、高5.3厘米（图三七，8）。

2007SYT1⑧：53，残。侈口，圆唇，斜弧腹，圈足。灰色胎，胎质较细净、致密。内外施满釉，釉层较薄匀，釉质莹润，釉面玻璃光泽。外底有垫砂痕。口径10.8、底径2.4、高4.1厘米（图三七，9）。

2007SYT1⑧：54，残。侈口，圆唇，斜弧腹，圈足。灰色胎，胎质较细净、致密。内外施满釉、开片。釉层薄匀，釉质温润，釉面玻璃光泽。外底有垫砂痕。口径10、底径2.4、高4.5厘米（图三七，10）。

2007SYT1⑧：56，残。侈口，圆唇，斜弧腹，小浅圈足。灰色胎，胎质细净、较致密。内外施满釉，釉面有开片，釉下施化妆土。外底有垫砂痕。口径9.6、底径3、高5.2厘米（图三七，11）。

2007SYT1⑧：57，残。侈口，圆唇，斜弧腹，圈足。灰色胎，胎质较细净、致密。内外施满釉，外有流釉现象。釉层较薄匀，釉质莹润，釉面玻璃光泽。外底有垫砂痕。口径11、底径2.8、高4厘米（图三七，12）。

2007SYT1⑧：58，残。侈口，圆唇，斜弧腹，圈足。灰色胎，胎质较细净、致密。釉层薄匀，釉质莹润，釉面玻璃光泽，内外釉面开片。外底有垫砂痕。口径10.4、底径2.4、高5厘米（图三七，13）。

2007SYT1⑧：59，残。侈口，圆唇，斜弧腹，圈足。灰色胎，胎质较细净、致密。内外施满釉，开片。釉层较薄匀，釉质莹润，釉面玻璃光泽。外底有垫圈痕。口径11.6、底径3.2、高4.8厘米（图三七，14）。

2007SYT1⑧：60，残。侈口，圆唇，斜弧腹，圈足。灰色胎，胎质较细净、致密。内外施满釉。釉层薄匀，釉质温润，釉面玻璃光泽。外底有垫圈痕。口径10.8、底径3、高4.6厘米（图三七，15）。

2007SYT1⑧：61，残。侈口，圆唇，斜弧腹，圈足。灰色胎，胎质较细净、致密。内外施满釉，开片。釉层薄匀，釉质莹润，釉面玻璃光泽。外底有垫砂痕。口径11、底径3.2、高5厘米（图三七，16）。

2007SYT1⑧：62，残。侈口，圆唇，斜弧腹，圈足。灰色胎，胎质较细净、致密。内外施满釉，开片。釉层较薄匀，釉质莹润，釉面玻璃光泽。外底有垫砂痕。口径12、底径3.2、高5.4厘米（图三七，17）。

2007SYT1⑧：63，残。侈口，圆唇，斜弧腹，圈足。灰色胎，胎质较细净、致密。内外施满釉，外有流釉现象。釉层薄匀，釉质温润，釉面玻璃光泽。外底有垫砂痕。口径11.8、底径3.4、高5.2厘米（图三七，18）。

2007SYT1⑧：64，残。侈口，圆唇，斜弧腹，圈足。灰色胎，胎质较细净、致密。内外施满釉。釉层较薄匀，釉质温润，釉面玻璃光泽。外底有垫砂痕。口径11.8、底径3.4、高4.7厘米（图三七，19）。

2007SYT1⑧：65，残。侈口，圆唇，斜弧腹，圈足。灰色胎，胎质较细净、致密。内外施满釉。釉层薄匀，釉质莹润，釉面玻璃光泽，外底有垫砂痕。口径12、底径3.6、高4.8厘米（图三七，20）。

2007SYT1⑧：66，残。侈口，圆唇，斜弧腹，小浅圈足。灰色胎，胎质较致密。内外施满釉，外有流釉、积釉现象，釉下施化妆土。外底有垫圈痕。口径10.8、底径3、高4.9厘米（图三七，21）。

2007SYT1⑧：67，残。敞口，卷唇，斜弧腹，小浅圈足，斗笠状。灰黄胎，胎质较致密。器内外满釉，有流釉现象。足底有垫圈痕。口径11.2、底径3.4、高5厘米（图三七，22）。

2007SYT1⑧：68，残。侈口，圆唇，斜弧腹，圈足。灰色胎，胎质细净、致密。内外施满釉，内有窑粘，内外有开片现象。釉层薄匀，釉质莹润，釉面玻璃光泽。外底有垫砂痕。口径11.6、底径3.6、高4.8厘米（图三七，23）。

2007SYT1⑧：69，残。侈口，圆唇，斜弧腹，圈足。淡灰色胎，胎质较细净、致密。内外施半釉，开片。釉层薄匀，釉质莹润，釉面玻璃光泽。外底有垫砂痕。口径11、底径3.4、高5.2厘米（图三七，24）。

2007SYT1⑧：70，残。侈口，圆唇，斜弧腹，圈足。灰色胎，胎质较细净、致密。内外施满釉。釉层较薄匀，釉质莹润，釉面玻璃光泽。外底有垫砂痕。口径10、底径2.4、高4厘米（图三八，1）。

2007SYT1⑧：71，残。侈口，圆唇，斜弧腹，圈足。灰色胎，胎质较细净、致密。内外施满釉，开片。釉层薄匀，釉质莹润，釉面玻璃光泽。外底有垫砂痕。口径12、底径3、高5.5厘米（图三八，2）。

2007SYT1⑧：72，残。侈口，圆唇，斜弧腹，圈足。灰色胎，胎质较细净、致密。内外施满釉。釉层薄匀，釉质温润，釉面玻璃光泽。外底有垫砂痕。口径10.4、底径3、高4.2厘米（图三八，3）。

2007SYT1⑧：73，残。侈口，圆唇，斜弧腹，圈足。灰色胎，胎质较细净、致密。内外施满釉。釉层较薄匀，釉质莹润，釉面玻璃光泽。外底有垫砂痕。口径11.4、底径3.6、高5.4厘米（图三八，4）。

2007SYT1⑧：74，残。侈口，圆唇，斜弧腹，圈足。灰色胎，胎质较细净、致密。内外施满釉，开片。釉层薄匀，釉质莹润，釉面玻璃光泽。外底有垫砂痕。口径11.2、底径3、高5.6厘米（图三八，5）。

2007SYT1⑧：75，残。敞口，圆唇，斜弧腹，圈足。淡灰色胎，胎质较细净、致密。内外施满釉。釉层较薄匀，釉质莹润，釉面玻璃光泽。外底有垫砂痕。口径10.2、底径2.8、高4.3厘米（图三八，6）。

2007SYT1⑧：76，残。侈口，圆唇，斜弧腹，圈足。灰色胎，胎质较细净、致密。内外施满釉，开片。釉层薄匀，釉质莹润，釉面玻璃光泽。外底有垫砂痕。口径11.8、底径3.6、高5.8厘米（图三八，7）。

2007SYT1⑧：77，残。敞口，卷唇，折沿，斜弧腹，小浅圈足，斗笠状。香灰胎，胎质致密。内外施满釉，玻璃质，釉层薄匀。足底有垫圈痕。口径12.3、底径3.2、高5.6厘米（图三八，8）。

2007SYT1⑧：78，残。侈口，圆唇，斜弧腹，圈足。灰色胎，胎质较细净、致密。内外施满釉，开片。釉层薄匀，釉质温润，釉面玻璃光泽。外有垫砂痕。口径11.6、底径3、高5.4厘米（图三八，9）。

2007SYT1⑧：79，残。侈口，圆唇，斜弧腹，圈足。淡灰色胎，胎质较细净、致密。内外施满釉，开片。釉层薄匀，釉质莹润，釉面玻璃光泽。外底有垫砂痕。口径11.2、底径3、高5厘米（图三八，10）。

2007SYT1⑧：80，残。侈口，圆唇，斜弧腹，圈足。灰色胎，胎质较细净、致密。内外施满釉，外有流釉、积釉现象。釉层薄匀，釉质温润，釉面玻璃光泽。外底有垫砂痕。口径11.2、底径3.2、高5.1厘米（图三八，11）。

2007SYT1⑧：81，残。侈口，圆唇，斜弧腹，圈足。灰色胎，胎质较细净、致密。内外施满釉，开片。釉层较薄匀，釉质莹润，釉面玻璃光泽。外底有垫砂痕。口径11.4、底径3.2、高5.1厘米（图三八，12）。

2007SYT1⑧：82，残。侈口，圆唇，斜弧腹，圈足。内外施满釉，开片。灰色胎，胎质较细净、致密。青色釉，釉层薄匀，釉质莹润，釉面玻璃光泽。外底有垫砂痕。口径11.8、底径3.4、高4.9厘米（图三八，13）。

2007SYT1⑧：83，残。侈口，圆唇，斜弧腹，圈足。灰色胎，胎质较细净、致密。内外施满釉，有开片现象。釉层薄匀，釉质莹润，釉面玻璃光泽。外底有垫砂痕。口径11.6、底径3.2、高5.3厘米（图三八，14）。

2007SYT1⑧：84，残。敞口，卷唇，斜弧腹，小浅圈足，斗笠状。小凹圆形内底。灰胎，胎质致密。釉面玻璃质，有小气泡，釉层薄匀，器内外满釉，有流釉现象。足底有垫圈痕。口径11.2、底径3.2、高5厘米（图三八，15）。

2007SYT1⑧：85，残。侈口，圆唇，斜弧腹，小浅圈足。灰色胎，胎质较疏松。内外施满釉，外有露胎现象，釉下施化妆土。外底有垫砂痕。口径12.2、底径3.2、高5.1厘米（图三八，16）。

2007SYT1⑧：86，残。侈口，圆唇，斜弧腹，圈足。灰色胎，胎质较细净、致密。釉层薄匀，釉质清亮温润，釉面玻璃光泽。口径9.8、底径3、高3.9厘米（图三八，17）。

图三八 第8层青釉盏、碟

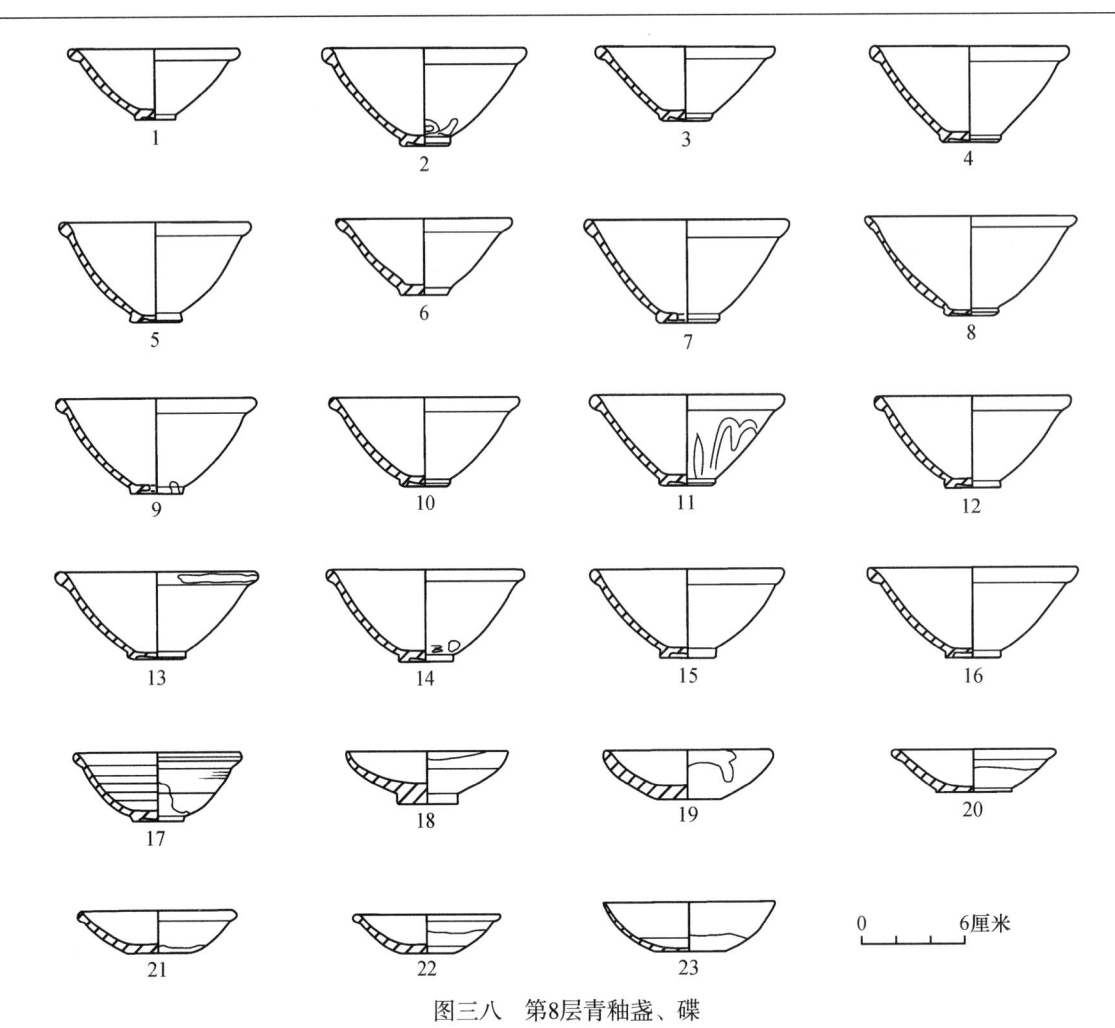

1~19.盏（2007SYT1⑧：70、2007SYT1⑧：71、2007SYT1⑧：72、2007SYT1⑧：73、2007SYT1⑧：74、2007SYT1⑧：75、2007SYT1⑧：76、2007SYT1⑧：77、2007SYT1⑧：78、2007SYT1⑧：79、2007SYT1⑧：80、2007SYT1⑧：81、2007SYT1⑧：82、2007SYT1⑧：83、2007SYT1⑧：84、2007SYT1⑧：85、2007SYT1⑧：86、2007SYT1⑧：197、2007SYT1⑧：198） 20~23.碟（207SYT1⑧：15、2007SYT1⑧：16、2007SYT1⑧：17、2007SYT1⑧：18）

2007SYT1⑧：197，残。敞口，圆唇，斜弧腹，平底。灰黄色胎，胎质较疏松。内施满釉，外施半釉，釉下施化妆土。外底有垫饼痕。口径9.4、底径3.6、高3厘米（图三八，18）。

2007SYT1⑧：198，残。敞口，厚圆唇，浅弧腹，平底。灰褐胎，胎体较厚，胎质较致密。釉层薄，器内满釉，口无釉，器外口沿施釉，部分未施到。口径9.8、底径3.6、高2.8厘米（图三八，19）。

碟 4件。

2007SYT1⑧：15，残。侈口，卷沿，圆唇，斜弧腹，平底微内凹。青白色胎，胎质细净、较致密。内施满釉，外施半釉，釉下施化妆土。内底有支钉痕。口径9.6、底径4.4、高2.4厘米（图三八，20）。

2007SYT1⑧：16，残。敞口，圆唇，卷沿，斜弧腹，平底。灰白色胎，胎质细净、较致密。内外施满釉，釉下施化妆土。外底有垫饼痕。口径9.2、底径3.6、高2.4厘米（图三八，21）。

2007SYT1⑧：17，残。侈口，圆唇，弧腹，平底。淡灰色胎，胎质较细净、致密。内施满釉，外施半釉。釉层薄匀，釉质温润，釉面玻璃光泽。内底有支钉痕。口径8.6、底径3.2、高2.2厘米（图三八，22）。

2007SYT1⑧：18，残。敞口，圆唇，弧腹，平底。青白色胎，胎质细净、较疏松。内外施满釉，釉下施化妆土。外底有垫饼痕。口径9.8、底径4、高2.8厘米（图三八，23）。

四系瓶　1件。

2007SYT1⑧：207，残。敞口，方唇，短颈，溜肩，鼓腹，肩颈处有4个条形系，平底。姜黄色胎，胎质较粗糙、疏松、夹砂。内无釉，外施釉不及底，釉下施化妆土，釉层偏厚，釉质温润，釉面哑光。外腹部有窑粘现象。口径9.4、底径10.2、高39.4、腹径21.3厘米（图三九，1；图版五二，2）。

杯　1件。

2007SYT1⑧：226，残。葵花形敞口，圆唇，折腹，圈足外撇。器内腹壁六出筋，器外对应竖凹槽。灰胎，胎质致密。釉面莹润，器内外满釉，有积釉现象。足底有垫砂痕。口径8、底径3.6、高5厘米（图三九，4；图版五三，3）。

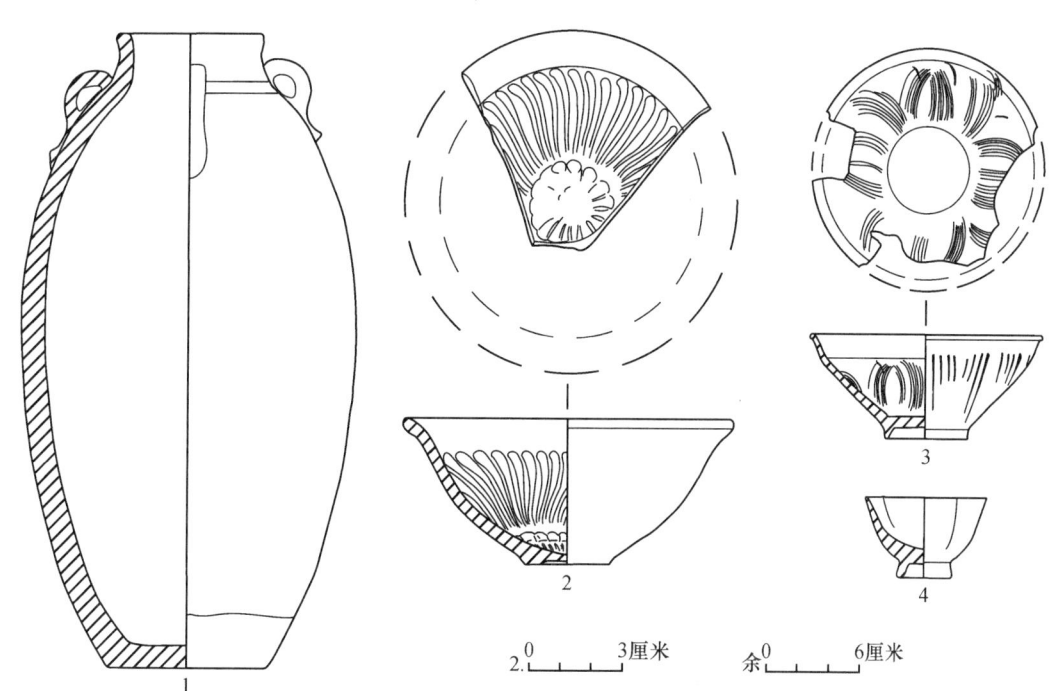

图三九　第8层青釉、青釉划花、青釉印花瓷器
1. 四系瓶（2007SYT1⑧：207）　2. 印花盏（2007SYT1⑧：55）　3. 划花碗（2007SYT1⑧：20）
4. 杯（2007SYT1⑧：226）

6. 青釉划花

碗 1件。

2007SYT1⑧：20，残。敞口，圆唇微撇，弧腹、斜内收，圈足。褐胎，胎质较致密。有开片，釉层薄，器内满釉，器外施釉不及底。器内壁饰划花复线莲瓣纹，器外饰复线放射线纹。器底有明显修胎旋切痕，足内壁外斜。口径15、底径5.5、高6.5厘米（图三九，3）。

7. 青釉印花

盏 1件。

2007SYT1⑧：55，残。敞口，圆唇，斜弧腹，圈足。灰色胎，胎质较细净、致密。内外施满釉、开片，外有流釉、积釉现象。釉层薄匀，釉质温润，釉面玻璃光泽。内底有印花菊纹，外底有垫砂痕。口径10.6、底径2.8、高4.3厘米（图三九，2）。

8. 青白釉

34件。

碗 24件。

2007SYT1⑧：89，残。敞口，圆唇，弧腹，圈足。白色胎，胎质细净、致密。内外施满釉，开片。釉层薄匀，釉质莹润，釉面玻璃光泽。外底有垫圈痕。口径15.4、底径5.8、高4.9厘米（图四〇，23）。

2007SYT1⑧：91，残。敞口，尖唇，弧腹，圈足。青白色胎，胎质细净、较致密，通体薄。内外施满釉，釉下施化妆土，釉层薄匀，釉质莹润。外底有垫饼痕。口径16.2、底径5.4、高4.5厘米（图四〇，1）。

2007SYT1⑧：92，残。敞口，圆唇，斜弧腹，圈足。白色胎，胎质细净、致密。内外施满釉。釉层薄匀，釉质温润，釉面玻璃光泽。外底有垫饼痕。口径15、底径4、高4厘米（图四〇，2）。

2007SYT1⑧：93，残。敞口，尖唇，斜弧腹，圈足内收、挖足浅。白胎，胎体腹壁轻薄、器底厚重，胎质细腻致密。釉面玻璃质，有开片，釉层薄匀，除外底心通体施釉。器内底缘有一周凹弦纹。器内底微凸。口径15、底径4.7、高4.7厘米（残）（图四〇，3）。

2007SYT1⑧：95，残。敞口，尖唇，弧腹，圈足内收。白胎，腹壁轻薄，胎质细腻致密。器内外满釉，玻璃质，有开片，釉层薄匀，釉面受河沙侵蚀。口径17、底径6.6、高4.9厘米（图四〇，4；图版五七，4）。

2007SYT1⑧：104，残。花口，圆唇，弧腹，圈足。白色胎，胎质细净、致密。内外施满釉。釉层薄匀，釉质莹润，釉面玻璃光泽。外底有垫饼痕。底径3.4、残高3.4厘米（图四〇，19）。

2007SYT1⑧：109，残。侈口，圆唇，弧腹，高圈足。白色胎，胎质细净、致密。内外施满釉。釉层薄匀，釉质莹润，釉面玻璃光泽。外底有垫饼痕。口径11、底径4、高5.8厘米（图四〇，5）。

2007SYT1⑧：110，残。葵花形敞口，尖唇微撇，弧腹，高圈足微撇。器内出筋对应器外凹射线，呈葵花瓣。白胎，腹壁轻薄，口沿处透光，胎质细腻致密。釉面玻璃质，有气泡，除足内通体施釉。足心有垫饼痕。口径18、底径5、高9厘米（图四〇，6；图版五七，5）。

2007SYT1⑧：111，残。敞口，尖唇微撇，窄沿，弧腹，圈足微内收。灰胎，胎质较致密。器内满釉，器外施釉不及足，有流釉现象。器内出筋对应器外凹射线，呈瓜棱状。器底有明显修胎旋切痕迹。口径13、底径4.6、高5.8厘米（图四〇，7）。

2007SYT1⑧：112，残。敞口，尖唇微撇，弧腹，圈足微撇。白胎，胎质细腻致密。玻璃质，釉层薄匀，除足内通体施釉，有流釉现象。足心有墨书字迹。口径14.6、底径5.6、高7.1厘米（图四〇，8；图版五八，1）。

2007SYT1⑧：113，残。敞口，圆唇微撇，弧腹，高圈足。灰白胎，腹壁薄，胎质致密。釉面玻璃质，釉层薄匀，除足内通体施釉。口径14.9、底径5、高7.3厘米（图四〇，9；图版五七，6）。

2007SYT1⑧：114，残。敞口，圆唇，弧腹，高圈足。白色胎，胎质细净、致密。器内外满釉。釉层薄匀，釉质莹润，釉面玻璃光泽。外底有垫饼痕。外底心有一墨书"刘"字。口径15、底径5.4、高7.2厘米（图四〇，21；图版五七，1、2）。

2007SYT1⑧：115，残。敞口，圆唇，弧腹，圈足。白色胎，胎质细净、致密。内外施满釉。釉层薄匀，釉质温润，釉面玻璃光泽。外底有支珠痕。口径13.6、底径5.4、高7.6厘米（图四〇，10）。

2007SYT1⑧：116，残。微侈口，圆唇，弧腹，圈足。青白色胎，胎质细净，较致密。内外施满釉，外有漏釉现象。釉面玻璃光泽。外底有墨书"王"字，有垫饼痕。口径16.4、底径6.2、高7.1厘米（图四〇，18；图版五八，5）。

2007SYT1⑧：117，残。敞口，尖唇微撇，弧腹，圈足微撇。白胎，腹壁轻薄，近口沿透光，胎质致密。玻璃质，有小气泡，釉层薄，除足内通体施釉。足心有垫饼痕。口径14.6、底径5.3、高7.9厘米（图四〇，11）。

2007SYT1⑧：118，残。侈口，圆唇，弧腹，高圈足。白色胎，胎质细净、致密。内外施满釉，开片。釉层薄匀，釉质莹润，釉面玻璃光泽。外底有垫饼痕。口径15、底径6.2、高7厘米（图四〇，12）。

2007SYT1⑧：119，残。敞口，圆唇，弧腹，高圈足。白色胎，胎质细净、致密。内外施满釉。釉层薄匀，釉质莹润，釉面玻璃光泽，外底有垫圈痕。内底心有一隆乳钉。口径15.6、底径6、高7.9厘米（图四〇，22）。

2007SYT1⑧：120，残。敞口，尖唇，弧腹，高圈足微撇。白胎，胎质细腻致密。釉层薄匀，除足内通体施釉，釉面受河沙侵蚀。足心墨书"侯"字。口径16.6、底径6.4、高8.2厘米

(图四〇，20）。

2007SYT1⑧：121，残。敞口，尖唇，弧腹，圈足微撇。白胎，胎质致密。釉面有开片现象，釉层薄匀，器内外满釉，足内无釉。口径15.6、底径5.5、高7.7厘米（图四〇，13）。

2007SYT1⑧：122，残。侈口，圆唇，弧腹，高圈足。灰黄色胎，胎质较细净、致密。内外施满釉，开片。釉层薄匀，釉质温润，釉面玻璃光泽。内底有支钉痕。器外底心有墨书文字。口径14.6、底径5.6、高7.3厘米（图四〇，24）。

2007SYT1⑧：123，残。敞口，圆唇，弧腹，高圈足。白胎，腹壁薄，胎质细腻致密。釉层薄匀，除足内通体施釉。口径16、底径7.2、高7.7厘米（残）（图四〇，14）。

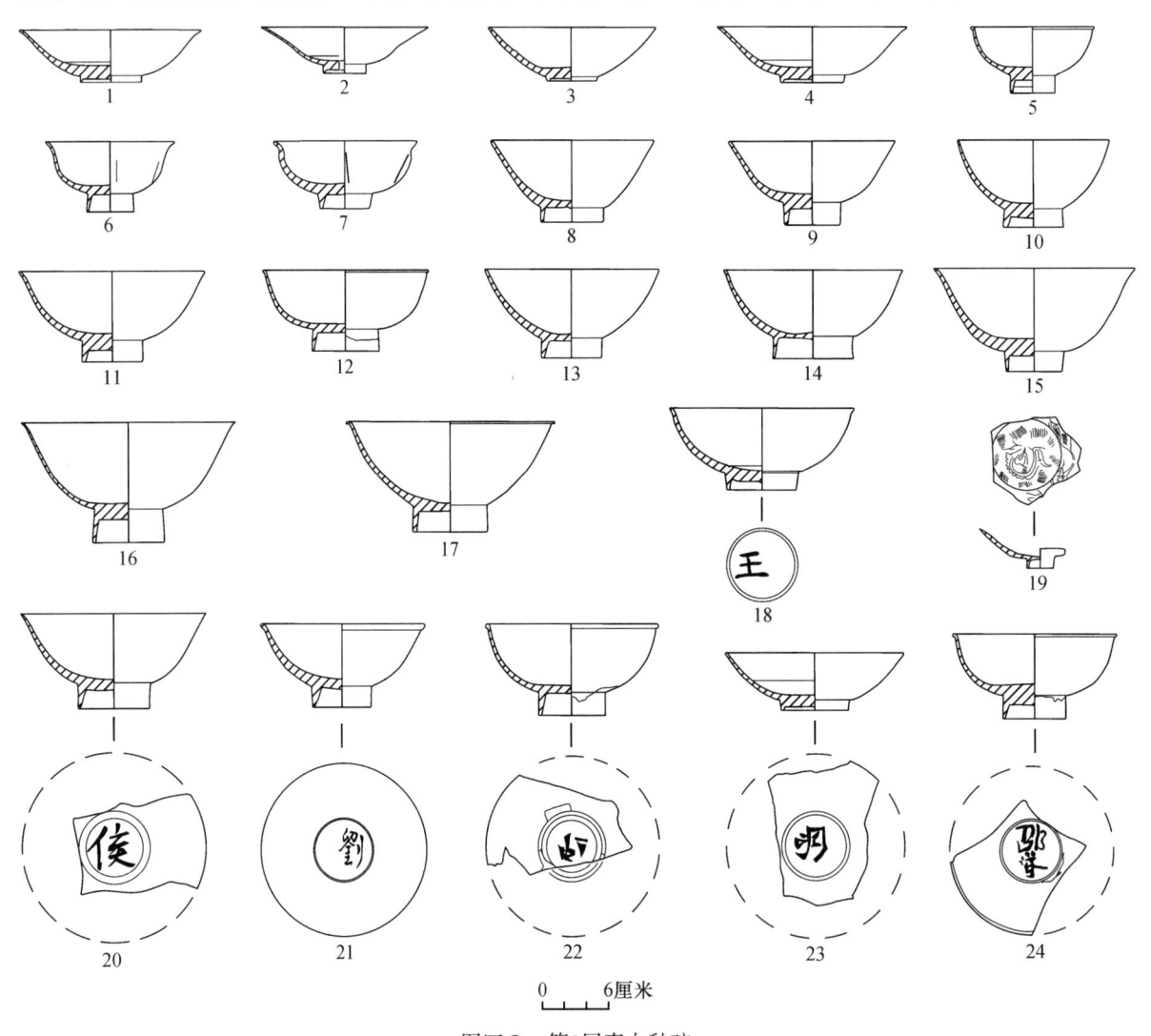

图四〇　第8层青白釉碗

1. 2007SYT1⑧：91　2. 2007SYT1⑧：92　3. 2007SYT1⑧：93　4. 2007SYT1⑧：95　5. 2007SYT1⑧：109　6. 2007SYT1⑧：110
7. 2007SYT1⑧：111　8. 2007SYT1⑧：112　9. 2007SYT1⑧：113　10. 2007SYT1⑧：115　11. 2007SYT1⑧：117
12. 2007SYT1⑧：118　13. 2007SYT1⑧：121　14. 2007SYT1⑧：123　15. 2007SYT1⑧：125　16. 2007SYT1⑧：126
17. 2007SYT1⑧：127　18. 2007SYT1⑧：116　19. 2007SYT1⑧：104　20. 2007SYT1⑧：120　21. 2007SYT1⑧：114
22. 2007SYT1⑧：119　23. 2007SYT1⑧：89　24. 2007SYT1⑧：122

2007SYT1⑧：125，残。敞口，尖唇微撇，弧腹，高圈足内收。白胎，腹壁薄，胎质细腻致密。釉层薄匀，除足心外通体施釉。足心有垫饼痕。口径18、底径5、高9厘米（图四〇，15）。

2007SYT1⑧：126，残。敞口，尖唇，弧腹，高圈足。白色胎，胎质细净、致密。内外施满釉，外有开片现象。釉质莹润，釉面玻璃光泽。外底有垫饼痕。口径19.2、底径6.4、高10.4厘米（图四〇，16）。

2007SYT1⑧：127，残。侈口，圆唇，弧腹，高圈足。白色胎，胎质细净、致密。内外施满釉。釉层薄匀，釉质莹润，釉面玻璃光泽。外底有垫饼痕。口径19、底径6.8、高9.6厘米（图四〇，17）。

盏托　1件。

2007SYT1⑧：88，残。敞口，折沿，圆唇，斜直腹折收，高圈足。灰白色胎，胎质细净、较致密。通体施釉，釉下施化妆土。内底有牡丹纹划花，外底有垫圈痕。口径9.8、底径3.5、高3.8厘米（图四一，1；图版六〇，1、2）。

盏　1件。

2007SYT1⑧：87，残。芒口，平唇，弧腹，圈足。白色胎，胎质细净、致密。内外施满釉，釉下施化妆土。外底有垫饼痕。口径8.4、底径3、高3.2厘米（图四一，2；图版五九，2）。

盘　1件。

2007SYT1⑧：103，残。花口，圆唇，撇沿，弧腹，圈足。白色胎，胎质细净、较致密。内外施满釉，釉下施化妆土。外底有垫饼痕。口径15、底径5.2、高4.2厘米（图四一，3）。

碟　3件。

2007SYT1⑧：100，残。敞口，窄斜沿，圆唇，斜弧腹，隐圈足。白色胎，胎质细净、较致密。内外施满釉，釉下施化妆土。外底有垫饼痕，内腹有凸棱，底心隆起。口径13.6、底径4.4、高2.5厘米（图四一，6）。

2007SYT1⑧：102，残。敞口，圆唇，弧腹，隐圈足。白色胎，胎质细净、较致密。内外施满釉，釉下施化妆土。外底有垫饼痕。口径11、底径4.4、高2.6厘米（图四一，3）。

2007SYT1⑧：218，残。敞口，尖唇微撇，浅弧腹，圈足内收，挖足浅。白胎，腹壁轻薄，透光，胎质细腻、致密。玻璃质，有小气泡，器内外满釉，足内无釉，有流釉现象。口径16、底径4.6、高4.5厘米（图四一，5）。

盒　2件。

2007SYT1⑧：97，残。子母口，子口尖唇，母口平唇，弧腹，平底。白色胎，胎质细净、致密。内施满釉，外施釉不及底，子母口不施釉，釉层薄匀，釉质莹润，釉面玻璃光泽。口径3.5、底径4.8、高2.4、腹径4.5厘米（图四一，7）。

2007SYT1⑧：98，残。敞口，圆唇，直腹，平底。内外施满釉，开片，釉下施化妆土。灰黄色胎，胎质较粗糙、疏松、夹砂。乳白色釉，釉层较薄匀，釉质莹润，釉面玻璃光泽。口径6.2、底径5.2、高1.9厘米（图四一，8）。

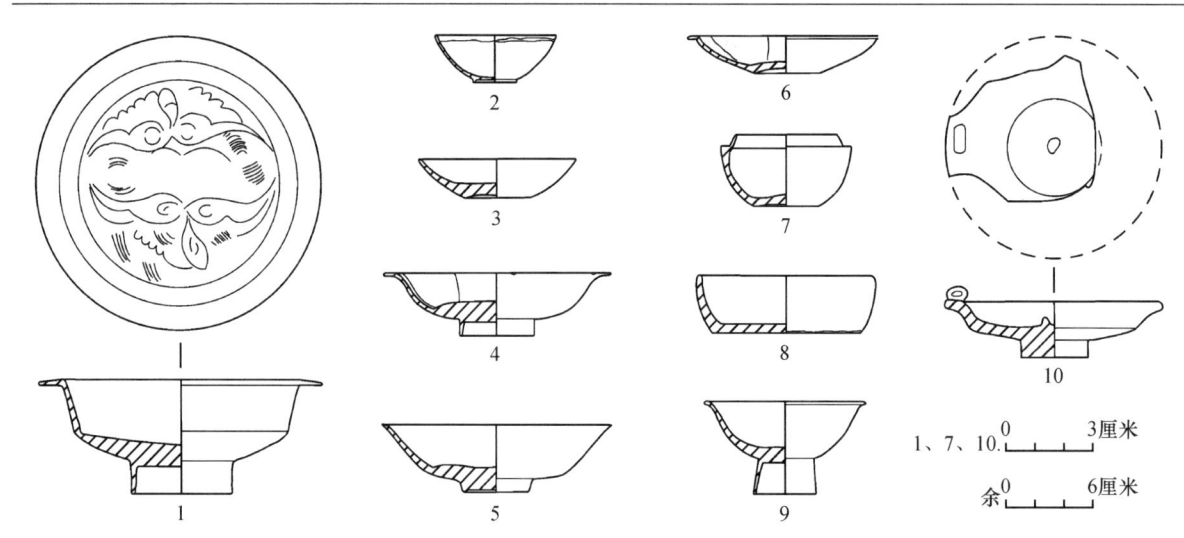

图四一　第8层青白釉瓷器

1. 盏托（2007SYT1⑧：88）　2. 盏（2007SYT1⑧：87）　3、5、6. 碟（2007SYT1⑧：102、2007SYT1⑧：218、2007SYT1⑧：100）　4. 盘（2007SYT1⑧：103）　7、8. 盒（2007SYT1⑧：97、2007SYT1⑧：98）　9. 杯（2007SYT1⑧：105）　10. 器盖（2007SYT1⑧：96）

杯　1件。

2007SYT1⑧：105，残。侈口，尖唇，弧腹，高圈足。内外施满釉，开片。白色胎，胎质细净、致密。釉层薄匀，釉质莹润，釉面玻璃光泽。外底有垫圈痕。口径11.2、底径4.4、高6.2厘米（图四一，9）。

器盖　1件。

2007SYT1⑧：96，残。面凹平，宽弧沿，沿边一侧有一管状绳穿，面中心有一不规则隆乳纽，圆饼状舌。白色胎，胎质较细净、致密。器外施满釉，内无釉。口径7.5、底径2.3、高2.4厘米（图四一，10）。

9. 青白釉划花

6件。

碗　4件。

2007SYT1⑧：94，残。敞口，尖唇，斜弧腹，圈足内收。白胎，腹壁轻薄，口沿透光，胎质细腻致密。玻璃质，满开片，釉层薄匀，器内外满釉，足内无釉。器内有划花蔓枝草叶纹，器外有一周划花叶片花瓣纹。足心有垫饼痕。口径16.3、底径4.6、高4.6厘米（图四二，1；图版六三，3、4）。

2007SYT1⑧：99，残。敞口，窄平沿，圆唇，斜直腹折收，圈足。灰黄色胎，胎质较疏松。通体施釉，釉下施化妆土。外底有垫饼痕，内底有牡丹划花纹饰。口径13.5、底径5.6、高3.8厘米（图四二，2；图版六三，5、6）。

2007SYT1⑧：108，残。花口，圆唇，弧腹，圈足。白色胎，胎质细净、致密。内外施满

图四二　第8层青白釉划花、印花及刻划花瓷器

1~4.划花碗（2007SYT1⑧：94、2007SYT1⑧：99、2007SYT1⑧：108、2007SYT1⑧：128）　5.划花碟（2007SYT1⑧：101）
6.划花盏（2007SYT1⑧：124）　7.刻划花碗（2007SYT1⑧：227）　8、9.印花盘（2007SYT1⑧：106、2007SYT1⑧：107）

釉。釉层薄匀，釉质莹润，釉面玻璃光泽。外底有垫饼痕，外有划花纹饰。口径12、底径5、高6.4厘米（图四二，3）。

2007SYT1⑧：128，残。敞口，圆唇，弧腹，高圈足。白色胎，胎质细净、致密。内外施满釉。釉层薄匀，釉质莹润，釉面玻璃光泽。内腹有牡丹划花纹饰。外底有垫饼痕。外腹有简线菊划花纹饰。口径18、底径6.4、高9.6厘米（图四二，4）。

盏　1件。

2007SYT1⑧：124，残。敞口，圆唇，弧腹，高圈足。白色胎，胎质细净、致密。内外施满釉。釉层薄匀，釉质莹润，釉面玻璃光泽。外底有垫饼痕。内有牡丹划花纹饰。口径18.4、底径5.8、高8.8厘米（图四二，6）。

碟　1件。

2007SYT1⑧：101，残。敞口，尖唇，弧腹，平底。灰白色胎，胎质细净、较致密。内外施满釉，釉面有开片，釉下施化妆土。内有弦纹、牡丹划花纹饰。口径11.6、底径5.4、高2.4厘米（图四二，5）。

10. 青白釉印花

盘　2件。

2007SYT1⑧：106，残。敞口，尖唇，斜弧腹，高圈足外撇。白胎，腹壁轻薄，近口沿处透光，胎质细腻致密。釉面玻璃质，有小气泡，釉层薄匀，器内外满釉，足内无釉。盘心印花草叶纹，双弦纹，内有"占"字。口径13.2、底径5.1、高4.7厘米（图四二，8；图版六三，2）。

2007SYT1⑧：107，残。敞口，尖唇，斜弧腹，高圈足外撇。灰胎，腹壁较薄，胎质较致密。釉层薄，器内满釉，器外施釉不及底，有流釉现象。器内底有印花纹，外底有明显修胎旋切痕迹。口径14.8、底径5.5、高5.7厘米（图四二，9；图版六三，1）。

11. 青白釉刻划花

碗　1件。

2007SYT1⑧：227，残。敞口，尖唇，弧腹，圈足、挖足浅。白胎，胎质细腻致密，腹壁薄、透光。青白釉，莹润，玻璃质，有开片，器内外满釉，足内无釉。足心有垫饼痕。器内底刻花蔓草纹，器外饰周圈3层尖角莲瓣状浅浮雕。口径18、底径5.4、高6.6厘米（图四二，7；图版六四，5、6）。

12. 黑釉

29件。

碗　5件。

2007SYT1⑧：171，残。花口，撇沿，圆唇，弧腹，圈足。青白色胎，胎壁薄，胎质较粗、较致密。内外施满釉，外有飞釉现象，釉层薄匀，釉面玻璃光泽。口径13.6、底径5、高6厘米（图四三，1）。

2007SYT1⑧：172，残。敞口，圆唇微撇，弧腹，圈足、足内壁微外斜、挖足较浅。灰胎，胎质较致密。釉层薄匀，器内满釉，器外施釉不及足，有流釉现象。器底有修胎旋切痕迹。口径15、底径5.1、高7厘米（图四三，2）。

2007SYT1⑧：173，残。敞口，圆唇，弧腹，圈足。灰色胎，胎质细净、致密。内施满釉，外施釉不及底。釉层薄匀，釉质温润，釉面哑光。口径14.4、底径4.9、高6.8厘米（图四三，3）。

2007SYT1⑧：174，残。敞口，尖唇，浅弧腹，圈足，足内壁外斜。灰白胎，胎质致密。黑釉，莹润，器内满釉，器外施釉不及底。器底有修胎旋切痕迹。口径15.2、底径5.3、高4.8厘米（图四三，4）。

2007SYT1⑧：175，残。侈口，圆唇，弧腹，圈足。灰褐色胎，胎质较细净、致密。内施满釉，外施釉不及底，釉层薄匀，釉质温润，釉面哑光。内底有支钉痕，外底心有墨书文字。口径16、底径5.8、高7.7厘米（图四三，5）。

盏　21件。

2007SYT1⑧：176，残。敞口，圆唇，弧腹，圈足。青白色胎，胎质细净、致密。内外施满釉，内施黑釉，外施绿釉至口沿内边，釉层薄匀，釉质温润，釉面哑光。口径10.4、底径3.6、高4.2厘米（图四四，1）。

2007SYT1⑧：177，残。敞口，圆唇，斜弧腹，圈足。灰色胎，胎质细净、致密。内施满

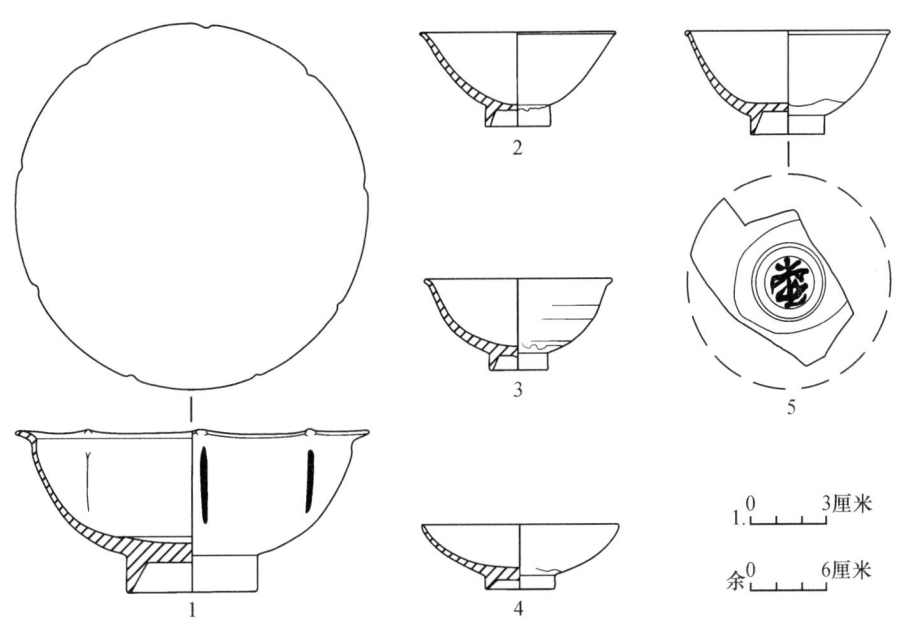

图四三　第8层黑釉碗
1. 2007SYT1⑧：171　2. 2007SYT1⑧：172　3. 2007SYT1⑧：173　4. 2007SYT1⑧：174　5. 2007SYT1⑧：175

釉，外施釉不及底。釉层较薄匀，釉质温润，釉面玻璃光泽。口径11.2、底径3.4、高4.4厘米（图四四，2）。

2007SYT1⑧：178，残。侈口，圆唇，斜弧腹，圈足。青白色胎，胎质较细净、致密。内外施满釉，釉层薄匀，釉质较温润，釉面哑光。外底有垫圈痕。口径12.2、底径4.2、高5.3厘米（图四四，3）。

2007SYT1⑧：179，残。敞口，圆唇，斜弧腹，圈足。淡灰色胎，胎质较细净、致密。内施满釉，外施釉不及底，釉层较薄匀，釉质莹润，釉面玻璃光泽。口径9.6、底径3.6、高4.6厘米（图四四，4）。

2007SYT1⑧：180，残。侈口，圆唇，斜弧腹，圈足。灰白色胎，胎质细净、较致密。内施满釉，外施釉至腹下部，釉下施化妆土。外底有垫圈痕。口径11.6、底径4、高4.5厘米（图四四，5）。

2007SYT1⑧：181，残。侈口，卷唇，弧腹，圈足外撇，挖足浅。灰白胎，胎质致密。釉层薄匀，器内满釉，器外施釉不及底，有流釉现象。器底有修胎旋切痕迹。口径11.8、底径4.8、高5厘米（图四四，6）。

2007SYT1⑧：182，残。敞口，圆唇外撇，弧腹，浅圈足。灰白胎，胎质致密。釉层薄匀，器内满釉，器外施釉不及底，釉线不齐。器底有修胎旋切痕迹。口径11.6、底径3.8、高4.6厘米（图四四，7）。

2007SYT1⑧：183，残。敞口，圆唇，斜弧腹，圈足。青白色胎，胎质较疏松。内施满釉，外施半釉，外有流釉、积釉现象，釉下施化妆土。外底有垫圈痕。口径12.6、底径4.4、高5.4厘米（图四四，8）。

2007SYT1⑧：184，残。敞口，圆唇，斜弧腹，小浅圈足。灰黄色胎，胎质较疏松。内施满釉，外施半釉，外有流釉、积釉现象，釉下施化妆土，釉发丝似兔毫。外底有垫圈痕。口径10.8、底径4、高4.8厘米（图四四，9）。

2007SYT1⑧：185，残。敞口，圆唇，斜弧腹，圈足。灰黄色胎，胎质较疏松。内施满釉，外施半釉，釉下施化妆土。外底有垫饼痕。口径12、底径4、高4.6厘米（图四四，10）。

2007SYT1⑧：186，残。敞口，圆唇，斜弧腹，圈足。灰色胎，胎质较细净、致密。内外施满釉，釉面呈橘皮状，釉层薄匀，釉质温润，釉面玻璃光泽。口径12.6、底径4、高5厘米（图四四，11）。

2007SYT1⑧：187，残。敞口，圆唇，斜弧腹，圈足。灰白色胎，胎质较细净、致密。内外施满釉，外有露胎、流釉现象，釉层薄匀，釉面哑光。削足。口径12、底径3.8、高8厘米（图四四，12）。

2007SYT1⑧：188，残。侈口，圆唇微撇，折腹，浅圈足，挖足较浅。灰胎，胎质较致密，外施褐色胎衣。釉面有气泡，器内满釉，器外施半釉，有流釉现象。口径13、底径3.8、高6厘米（图四四，13）。

2007SYT1⑧：189，残。侈口，圆唇，斜弧腹，圈足。灰白色胎，胎质较疏松。内外施满釉，

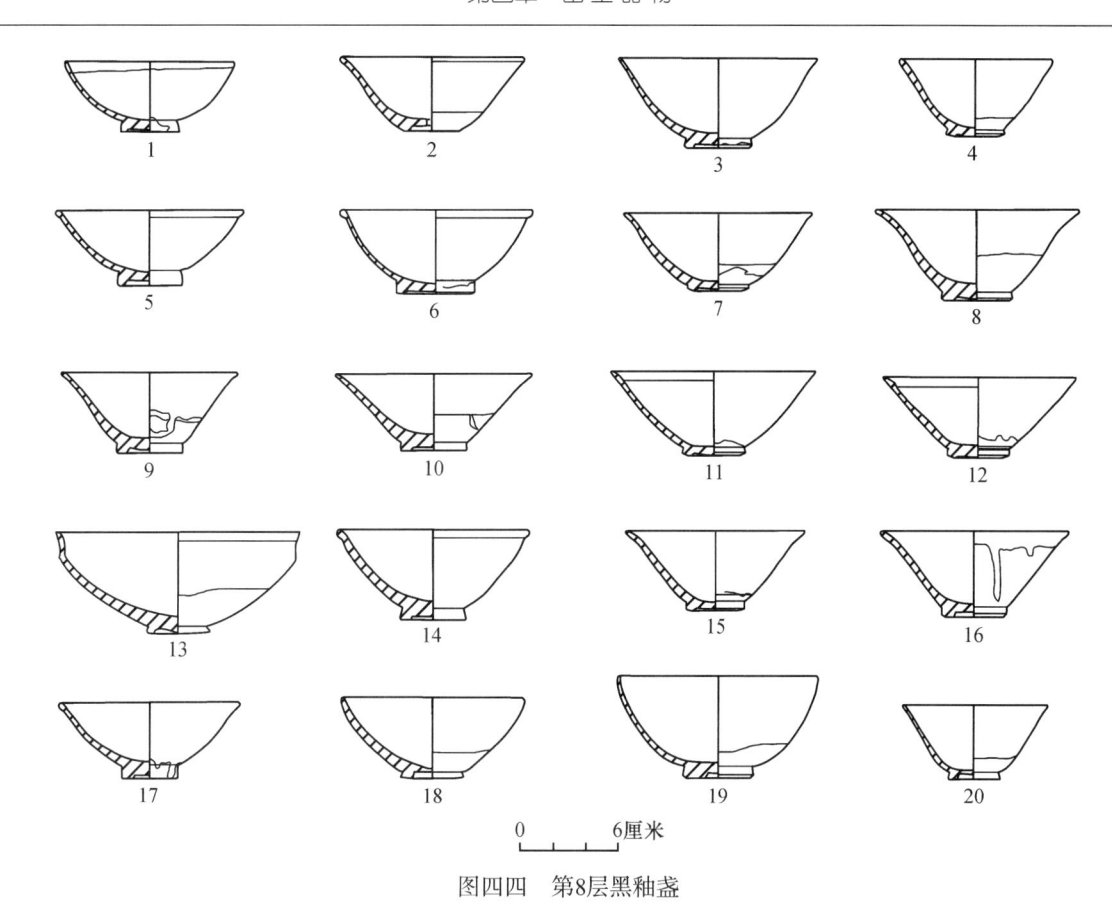

图四四 第8层黑釉盏

1. 2007SYT1⑧：176　2. 2007SYT1⑧：177　3. 2007SYT1⑧：178　4. 2007SYT1⑧：179　5. 2007SYT1⑧：180　6. 2007SYT1⑧：181
7. 2007SYT1⑧：182　8. 2007SYT1⑧：183　9. 2007SYT1⑧：184　10. 2007SYT1⑧：185　11. 2007SYT1⑧：186　12. 2007SYT1⑧：187
13. 2007SYT1⑧：188　14. 2007SYT1⑧：189　15. 2007SYT1⑧：190　16. 2007SYT1⑧：191　17. 2007SYT1⑧：192
18. 2007SYT1⑧：193　19. 2007SYT1⑧：194　20. 2007SYT1⑧：195

釉下施化妆土。外底有垫圈痕。口径11.9、底径4、高5.3厘米（图四四，14；图版七一，1）。

2007SYT1⑧：190，残。敞口，圆唇，斜弧腹，圈足。深灰色胎，胎质较粗、疏松、夹砂。内施满釉，外施釉不及底，有流釉、积釉现象，釉层薄匀，釉面玻璃光泽。口径11、底径3.6、高4.7厘米（图四四，15）。

2007SYT1⑧：191，残。敞口，圆唇，斜弧腹，圈足，外底心隆起。灰黄色胎，胎质较致密。内施满釉，外施釉至腹下部，外有流釉、积釉现象，釉下施化妆土。外底有垫圈痕。口径11.6、底径4、高5.1厘米（图四四，16）。

2007SYT1⑧：192，残。侈口，圆唇，斜弧腹，圈足。灰白色胎，胎质细净、较致密。内施满釉，外施釉不及底，釉下施化妆土。外底有垫圈痕。口径11.2、底径3.8、高4.5厘米（图四四，17；图版七一，2）。

2007SYT1⑧：193，残。敞口，圆唇，斜弧腹，圈足。青白色胎，胎质较疏松。内施满釉，外施釉至腹下部，釉下施化妆土。外底有垫圈痕。口径11.2、底径3.9、高4.8厘米（图四四，18）。

2007SYT1⑧：194，残。敞口，圆唇，斜弧腹，圈足。灰白色胎，胎质较疏松。内施满釉，外施釉至腹下部，釉下施化妆土。外底有垫饼痕。口径12.4、底径4.4、高6厘米（图四四，19）。

2007SYT1⑧：195，残。敞口，圆唇，斜弧腹，小浅圈足。青灰色胎，胎质较致密。内施满釉，外施釉至腹下部，釉下施化妆土。外底有垫圈痕。口径9、底径4.4、高3.2厘米（图四四，20）。

2007SYT1⑧：196，残。敞口，圆唇，斜弧腹，平底。铁红色胎，胎质较细净、致密。内施满釉，外无釉，釉质温润，釉面玻璃光泽。口径9、底径3.2、高4.4厘米（图四五，1）。

炉　1件。

2007SYT1⑧：201，残。敞口，宽平沿，沿内凸起，沿面外倾斜，斜直腹，腹下与底间有一截面呈三角形箍，喇叭形底足，外底内中空。灰色胎，胎质较细。内局部不规则施釉，有流釉现象，外施釉不及底，亦有流釉现象，釉层较匀，釉质乳状莹润，釉面玻璃光泽。外底面有旋削痕。口径4.2、底径5.4、高7.2、通径8.4厘米（图四五，2；图版七一，5）。

杯　1件。

2007SYT1⑧：224，残。敞口，翻唇，曲腹，束腰圆形短柄，喇叭形高圈足。灰白胎，胎质较致密。釉面莹润，器内施半釉，器外施釉不及底，有流釉现象。器外上腹壁作5个莲瓣状凸起装饰。口径7、底径4.8、高8.6、腹径7.2厘米（图四五，3；图版七一，6）。

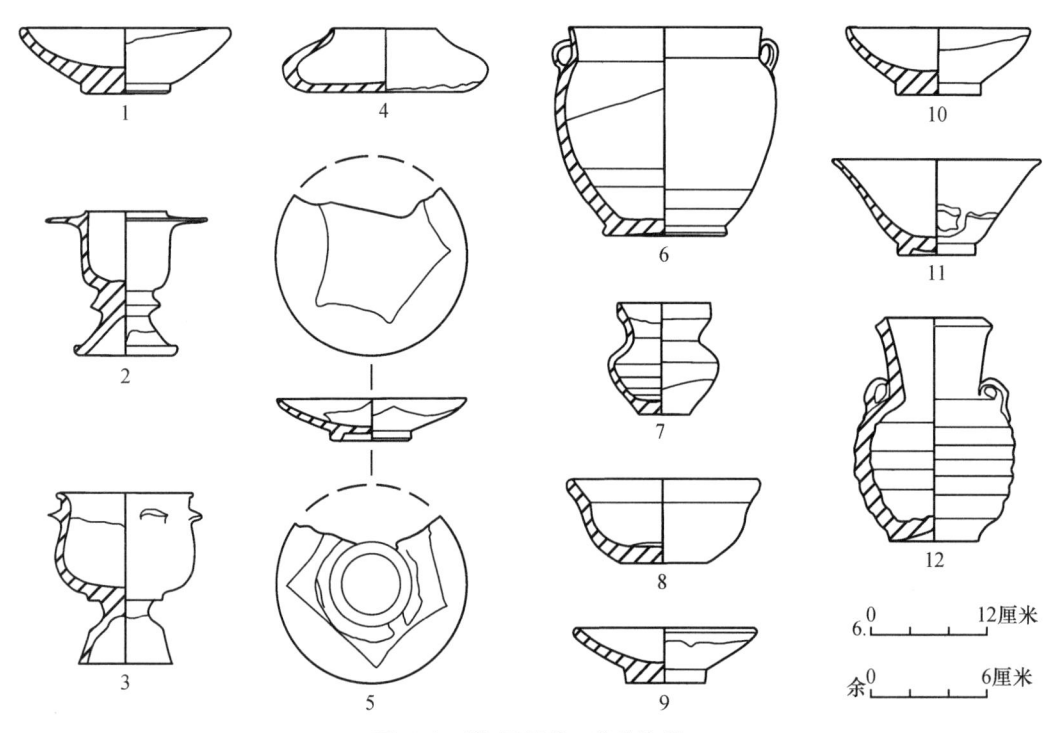

图四五　第8层黑釉、酱釉瓷器
1.黑釉盏（2007SYT1⑧：196）　2.黑釉炉（2007SYT1⑧：201）　3.黑釉杯（2007SYT1⑧：224）　4.黑釉水盂（2007SYT1⑧：225）
5.酱釉碟（2007SYT1⑧：166）　6、7.酱釉罐（2007SYT1⑧：167、2007SYT1⑧：168）　8.酱釉钵（2007SYT1⑧：165）
9~11.酱釉盏（2007SYT1⑧：199、2007SYT1⑧：200、2007SYT1⑧：216）　12.酱釉壶（2007SYT1⑧：202）

水盂　1件。

2007SYT1⑧：225，残。侈口，圆唇，浅曲腹，平底微凹。灰胎，含细砂，胎质致密。釉面莹润，有细气泡，施釉不及底，有积釉现象。口径5.4、底径8、高3.2、腹径10.6厘米（图四五，4；图版七一，3）。

13. 酱釉

8件。

盏　3件。

2007SYT1⑧：199，残。敞口，圆唇，斜弧腹，平底。灰黄色胎，胎质较致密。内施满釉，外沿施釉，釉下施化妆土。外底有垫饼痕。口径9.4、底径4.7、高2.8厘米（图四五，9）。

2007SYT1⑧：200，残。敞口，圆唇，弧腹，平底。灰黄色胎，胎质较细、夹砂。内外口沿处施釉，釉层薄，釉色不匀，釉质乳状温润，釉面哑光。外腹有窑粘现象，外底面有旋削痕。口径9.6、底径4.4、高3.4厘米（图四五，10）。

2007SYT1⑧：216，残。敞口，圆唇，斜弧腹，小浅圈足。灰黄色胎，胎质较疏松。内施满釉，外施半釉，外有流釉、积釉现象，釉下施化妆土，釉发丝似兔毫。外底有垫圈痕。口径10.8、底径4、高4.8厘米（图四五，11）。

碟　1件。

2007SYT1⑧：166，残。敞口，斜弧腹，圈足。灰黄色胎，胎质细净、较致密。内外施半釉，釉下施化妆土。内底有垫饼痕。口径10、底径21、高4.2厘米（图四五，5；图版六九，3、4）。

罐　2件。

2007SYT1⑧：167，残。敞口，圆唇，短颈，敛腹，腹颈间有两个对称的扁条形系，平底。灰色胎，胎质较粗糙、疏松、夹砂。内施半釉，外施釉不及底，釉下施化妆土。釉层偏厚，釉质温润，釉面玻璃光泽。外底有支钉痕。口径20、底径12.8、高20.8、腹径22.6厘米（图四五，6）。

2007SYT1⑧：168，完整。盘口，圆唇，束颈，溜肩，敛腹，平底。灰色胎，胎质较细净、致密。外施釉不及底，内仅沿处施釉。釉层较薄匀，釉质温润，釉面玻璃光泽。口径4.8、通径5.7、底径2.6、高5.6厘米（图四五，7；图版七〇，3）。

钵　1件。

2007SYT1⑧：165，残。侈口，方唇外撇，折腹，平底。灰褐胎，胎体较厚重，胎质较疏松。釉层薄，通体施釉。口径10、底径4.2、高4.4厘米（图四五，8）。

壶　1件。

2007SYT1⑧：202，残。喇叭状口，斜方唇、长颈，竖装双条形系，溜肩，鼓腹内收至底，平底内凹。灰褐胎，含砂，胎质较致密。荧光，器内口沿施釉，器外施半釉至下腹，有飞釉现象。口径6、底径4.6、高11.2、腹径8.1厘米（图四五，12）。

14. 黄釉

3件。

盏　2件。

2007SYT1⑧：203，残。敞口，圆唇，弧腹，平底。姜黄色胎，胎质较粗糙、疏松、夹砂。内施满釉，外及口沿有釉，釉下施化妆土，釉层偏薄，釉质温润，釉面哑光。外底有支钉痕。口径9.8、底径3.6、高3.4厘米（图四六，1）。

2007SYT1⑧：204，残。敞口，圆唇，弧腹，平底。姜黄色胎，胎质较粗糙、疏松、夹砂。内施满釉，外不施釉，釉下施化妆土，釉层偏厚，釉质莹润，釉面玻璃光泽。口径9.6、底径3.6、高3.9厘米（图四六，2）。

盏托　1件。

2007SYT1⑧：231，上部为杯，口微敛，弧腹，平底。下为盏托，敞口，折沿，浅斜腹，高圈足外撇。釉面光滑、有开片。浅黄色胎，胎质较粗糙。口径5.3、通径11.3、底径4.3、高6.9厘米（图四六，8）。

15. 绿釉

2件。

盆　1件。

2007SYT1⑧：220，残。敞口，折沿，翻唇，斜直腹，隐圈足。灰黄色胎，胎质较细净。内施满釉，外施釉不及底，釉层薄匀，釉质莹润，釉面玻璃光泽。口径34、底径20.4、高6.3厘米（图四六，3）。

碟　1件。

2007SYT1⑧：206，残。敞口，窄弧沿，圆唇，弧腹，隐圈足。灰白色胎，胎质细净、较疏松。内施半釉，外施釉至腹下部，有流釉现象，釉下施化妆土。外底有垫饼痕。口径11.4、底径3.4、高2厘米（图四六，4；图版六八，2）。

16. 黄绿釉印花

盆　1件。

2007SYT1⑧：205，残。敞口，圆唇，弧腹，平底。通体施釉。青黄色胎，胎质较细净、致密。内施绿釉、口沿部分施黄釉，器外施黄釉，釉层较薄匀，釉质清亮、莹润，釉面玻璃光泽。内底心有印花菊纹，外底有支钉痕。口径8.4、底径3、高4厘米（图四六，5）。

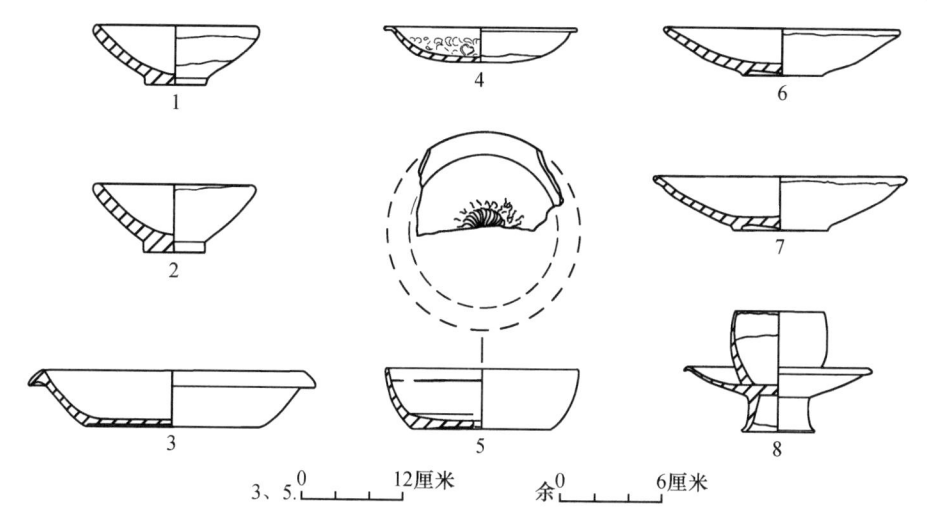

图四六 第8层黄釉、绿釉、黄绿釉印花及内白外黑釉瓷器

1、2. 黄釉盏（2007SYT1⑧：203、2007SYT1⑧：204） 3. 绿釉盆（2007SYT1⑧：220） 4. 绿釉碟（2007SYT1⑧：206）
5. 黄绿釉印花盆（2007SYT1⑧：205） 6、7. 内白外黑釉碟（2007SYT1⑧：169、2007SYT1⑧：170） 8. 黄釉盏托
（2007SYT1⑧：231）

17. 内白外黑釉

碟 2件。

2007SYT1⑧：169，残。弧面，上端有一凸弦纹，圆唇，内无子母口，斜弧面。灰色胎，胎质较细。内外施满釉，唇无釉，外面有橘皮皱纹，内面有开片现象，釉下施化妆土，外施酱黑釉，内施白釉，釉质莹润，釉面玻璃光泽。口径14.2、底径4.8、高2.7厘米（图四六，6）。

2007SYT1⑧：170，残。敞口，圆唇微撇，浅弧腹，浅圈足。灰胎，胎质较致密。芒口，内白釉，外黑釉，足底无釉，莹润，釉层薄匀。口径15.2、底径5.6、高3.1厘米（图四六，7）。

18. 素胎

6件。

碾轮 3件。

2007SYT1⑧：209，残。弧面，中有一圆孔，圆饼形体，截面呈梭形。素胎，灰白色胎，胎质较细，夹砂。通径11.8、高2.1厘米（图四七，1）。

2007SYT1⑧：210，残。圆饼状，中有一圆孔，弧面，外缘弧，截面呈梭形。素胎，胎质较粗糙、疏松、夹砂。通径12.5、厚2厘米（图四七，2）。

2007SYT1⑧：211，残。圆饼形，中有一圆孔，缘经刮削，截面呈梭形。素胎，灰色胎，胎质较细净。瓷质。通径12.5、厚2厘米（图四七，3）。

铃　1件。

2007SYT1⑧：212，残。葫芦形，上部似鸟首，下腹底开一条形槽。素胎，胎质较细净。高5.5、通径4.5厘米（图四七，5；图版七五，2）。

弹丸　1件。

2007SYT1⑧：221，完整。柳青圆形，实心，素烧，灰黄色胎，胎质较细净、致密。通径1.8厘米（图四七，7；图版七五，5）。

器盖　1件。

2007SYT1⑧：223，残。素胎，泥质灰陶。体为塔尖状，翘缘，花边，子母口。形制似元人帽。口径8.6、直径15、高6.8厘米（图四七，9）。

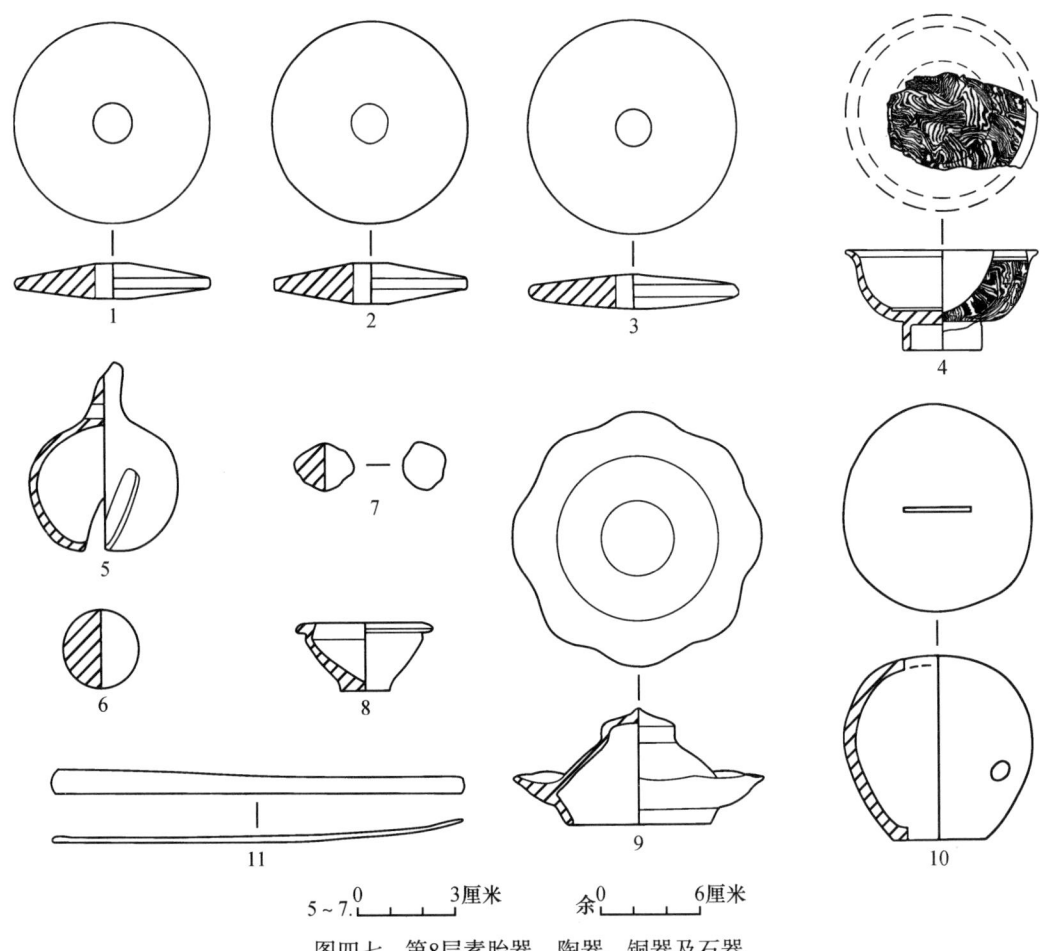

图四七　第8层素胎器、陶器、铜器及石器

1～3.素胎碾轮（2007SYT1⑧：209、2007SYT1⑧：210、2007SYT1⑧：211）　4.绞胎碗（2007SYT1⑧：229）
5.素胎铃（2007SYT1⑧：212）　6.石弹丸（2007SYT1⑧：215）　7.素胎弹丸（2007SYT1⑧：221）
8.灰陶钵（2007SYT1⑧：213）　9.素胎器盖（2007SYT1⑧：223）　10.陶扑满（2007SYT1⑧：230）
11.铜簪（2007SYT1⑧：214）

（二）陶器

灰陶钵　1件。

2007SYT1⑧：213，残。敛口，折沿，卷唇，曲腹，平底。泥质灰陶，胎质细净。口径8.4、底径2、高4厘米（残）（图四七，8；图版八一，4）。

扑满　1件。

2007SYT1⑧：230，弧顶，弧腹，平底。顶中间开一长条形投钱孔，腹中部穿3个圆孔。底部被挖开，有使用痕迹。泥质黑衣灰陶，陶质较粗。高10.4、底径5.6、腹径11.2厘米（图四七，10；图版八〇，1）。

绞胎碗　1件。

2007SYT1⑧：229，残。敞口，尖唇，口沿外撇，弧腹，圈足。灰胎，胎质较致密，除口沿和圈足外为绞胎，灰、褐两种胎土绞合成自然变幻的曲线。黄釉，莹润，釉层薄，器内满釉，器外施釉不及底，釉线不齐。器内底有支钉痕。口径11.5、底径4.7、高5.9厘米（图四七，4；图版七四，3、4）。

（三）铜器

铜簪　1件。

2007SYT1⑧：214，残。铜质，首因锈蚀不辨其形。体分两叉，圆条状，末端残，素面无纹饰。通体锈蚀严重。长11.5、宽1.5厘米（图四七，11）。

（四）石器

弹丸　1件。

2007SYT1⑧：215，完整。圆球体，实心。石质，色柿红，质致密。通径2.3厘米（图四七，6）。

五、第 7 层

（一）瓷器

1. 白釉

11件。

碗 9件。

2007SYT1⑦：2，残。花口，圆唇，弧腹，圈足。灰黄色胎，胎质较细净、致密。内外施满釉，釉下施化妆土，釉层薄匀，釉质莹润，釉面玻璃光泽。口径11、底径4.4、通高4.5厘米（图四八，1）。

2007SYT1⑦：3，残。敞口，圆唇，弧腹，圈足。灰黄色胎，胎质较粗糙、疏松。内外施半釉，釉下施化妆土，釉层较薄匀，釉质莹润，釉面玻璃光泽。内底有一涩圈，涩圈内施釉。口径20.8、底径6.5、通高6.4厘米（图四八，2）。

2007SYT1⑦：4，残。敞口，圆唇，弧腹，圈足外撇、足内壁外斜。灰黄胎，胎质较疏松。莹润，有细开片，釉层薄，器内底涩圈，器外半釉。釉下施化妆土。器底有修胎切削痕迹，足底有斜弧面，足心有小凸起。口径19.2、底径6.6、通高6.4厘米（图四八，3）。

2007SYT1⑦：5，残。敞口，圆唇，弧腹，圈足。灰色胎，胎质较细净。内施满釉，外施半釉，外有流釉、积釉现象，釉下施化妆土，釉层较薄匀，釉质温润，釉面玻璃光泽。内底有支钉痕。口径18.5、底径7.1、通高6.3厘米（图四八，4）。

2007SYT1⑦：6，残。敞口，圆唇，弧腹，圈足。灰色胎，胎质较粗糙。内施满釉，外施半釉，釉下施化妆土，釉层较薄，釉质温润，釉面哑光。内底有支钉痕。口径19.4、底径7.8、通高6.2厘米（图四八，5）。

2007SYT1⑦：7，残。敞口，圆唇，弧腹，圈足。灰黄色胎，胎质较粗糙、疏松、夹砂。内施满釉，外施半釉，釉下施化妆土，釉层较薄，釉质莹润，釉面玻璃光泽。内底有支钉痕。口径18.6、底径6.8、通高5.6厘米（图四八，6）。

2007SYT1⑦：15，残。敞口，圆唇，弧腹，浅圈足底。白色胎，胎质细净。内外施满釉，有开片现象，釉色匀，釉层薄，釉质莹润，釉面玻璃光泽。外底有垫饼痕。口径16.4、底径6、通高4.8厘米（图四八，7）。

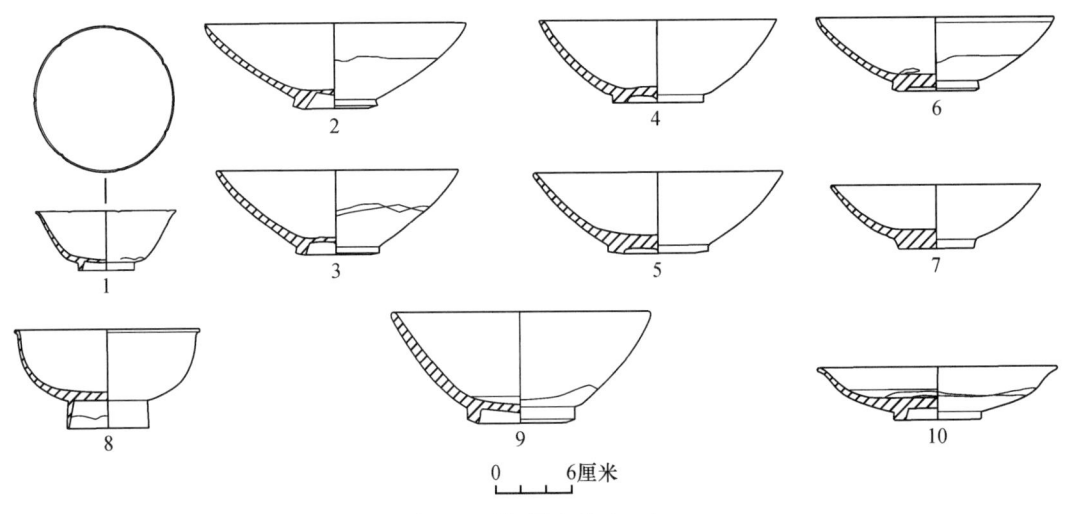

图四八 第7层白釉碗、盘

1～9.碗（2007SYT1⑦：2、2007SYT1⑦：3、2007SYT1⑦：4、2007SYT1⑦：5、2007SYT1⑦：6、2007SYT1⑦：7、2007SYT1⑦：15、2007SYT1⑦：16、2007SYT1⑦：29） 10.盘（2007SYT1⑦：8）

2007SYT1⑦：16，残。侈口，圆唇，弧腹，圈足。青白色胎，胎质较细净、致密。内外施满釉，开片，釉层薄匀，釉质莹润，釉面玻璃光泽。内底有支钉痕。口径14.6、底径6.4、通高7.5厘米（图四八，8）。

2007SYT1⑦：29，残。敞口，圆唇，弧腹，圈足外撇。器底有旋切削痕，足底微弧。灰胎，胎质致密，胎体厚重。釉面莹润，有开片，釉层较薄，器内满釉，器外施釉不及底，有流釉现象。口径20.2、底径8.4、高8.2厘米（图四八，9；图版一一，2）。

盘 1件。

2007SYT1⑦：8，残。敞口，圆唇，斜弧腹，圈足。灰黄色胎，胎质细净、较疏松。内施釉不满，外施满釉，釉下施化妆土。内底有垫圈痕。口径18.8、底径6.8、通高4厘米（图四八，10）。

器盖 1件。

2007SYT1⑦：17，残。凹弧面，中有一花苞状纽，宽弧沿，圆唇，舌面不平。灰白色胎，胎质较细净、致密。釉层薄匀，釉质莹润，釉面玻璃光泽。底径2.4、通径7.2、通高2厘米（图四九，1；图版一九，4）。

2. 白釉划花

碗 1件。

2007SYT1⑦：1，残。敞口，圆唇，斜弧腹，圈足。灰黄色胎，胎质较疏松。内外施满釉，釉下施化妆土。内有弦纹、花草划花纹饰。口径10、底径3、通高4厘米（图四九，2；图版二七，5、6）。

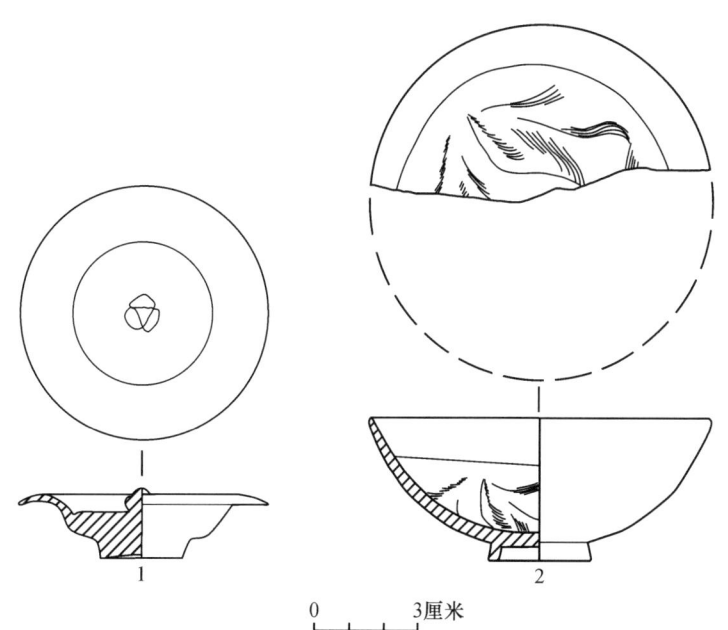

图四九 第7层白釉、白釉划花瓷器
1. 器盖（2007SYT1⑦：17） 2. 划花碗（2007SYT1⑦：1）

3. 青釉

5件。

碗 1件。

2007SYT1⑦：10，残。敞口，圆唇，弧腹，圈足。灰色胎，胎质较细净、致密。内外施满釉，釉层薄匀，釉质莹润，釉面玻璃光泽。内腹有条纹，外底有垫砂痕。口径19、底径6.8、通高8.6厘米（图五〇，1）。

盏 3件。

2007SYT1⑦：11，残。敞口，卷唇，折沿，斜弧腹，小浅圈足，斗笠状。青灰胎，胎质致密。玻璃质，有开片，釉层薄匀，器内外满釉，有流釉现象。足底有垫圈痕。口径9.9、底径2.8、通高3.5厘米（图五〇，2）。

2007SYT1⑦：12，残。敞口，厚圆唇，斜弧腹，圈足。灰黄色胎，胎质较细净。内外施满釉，釉层薄匀，釉质温润，釉面玻璃光泽。外底有垫砂痕。口径10、底径3、高4.2厘米（图五〇，3）。

2007SYT1⑦：13，残。侈口，圆唇，斜弧腹，圈足。灰色胎，胎质较细净、致密。内外施满釉，外有流釉现象，釉层薄匀，釉质温润，釉面玻璃光泽。外底有垫砂痕。口径11.6、底径3.4、通高4.9厘米（图五〇，4）。

罐 1件。

2007SYT1⑦：14，残。敞口，圆唇，束颈，溜肩，鼓腹，平底内凹。灰色胎，胎质较细净。内施满釉，外施半釉，外有流釉现象，腹上有两个对称扁条系，釉层薄，釉质温润，釉面哑玻璃光泽。口径5.6、底径6.2、腹径8.6、通高8.2厘米（图五〇，5；图版五一，6）。

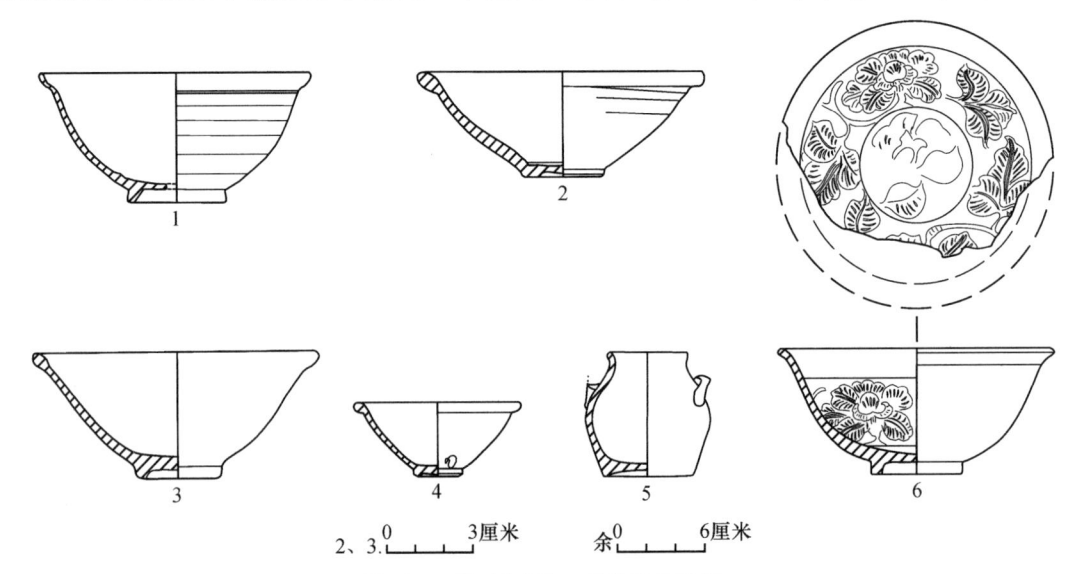

图五〇 第7层青釉、青釉印花瓷器

1.碗（2007SYT1⑦：10） 2~4.盏（2007SYT1⑦：11、2007SYT1⑦：12、2007SYT1⑦：13） 5.罐（2007SYT1⑦：14）
6.印花碗（2007SYT1⑦：9）

4. 青釉印花

碗 1件。

2007SYT1⑦：9，残。敞口，圆唇，弧腹，圈足。灰色胎，胎质较细净、致密。内外施满釉，釉层较薄匀，釉质莹润，釉面玻璃光泽。内腹、底有牡丹印花纹，外底有垫圈痕。口径19、底径6.3、通高8.4厘米（图五〇，6）。

5. 黑釉

盏 3件。

2007SYT1⑦：18，残。敞口，尖唇微撇，斜弧腹，圈足内收，挖足浅，斗笠状。灰白胎，胎质致密。莹润，釉层薄匀，器内外满釉，足心无釉。器内底缘有一周凹弦纹。口径13、底径4、通高5.5厘米（图五一，1）。

2007SYT1⑦：19，残。侈口，圆唇，斜弧腹，圈足。灰色胎，胎质较细净、致密。内施满釉，外施釉不及底，釉层较薄匀，釉质温润，釉面玻璃光泽。口径9.5、底径3.5、通高4厘米（图五一，2）。

2007SYT1⑦：20，残。敞口，卷唇，弧腹，圈足外撇，挖足浅。灰白胎，胎质致密。莹润，釉层薄匀，器内满釉，器外施釉不及底，有流釉现象。器底有修胎旋切痕迹。口径12.4、底径4、通高5.2厘米（图五一，3）。

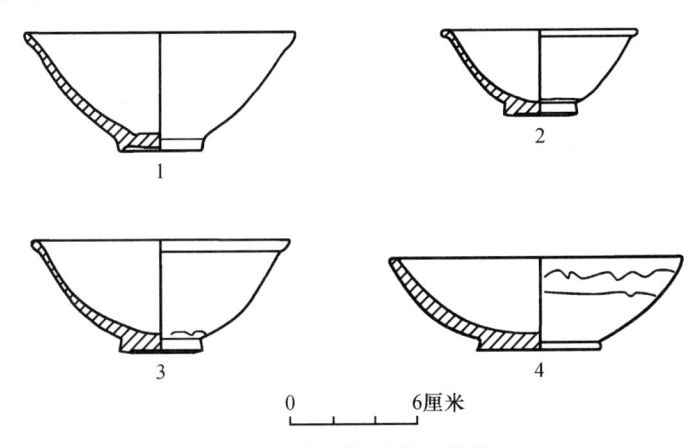

图五一 第7层黑釉盏、黄釉碗

1~3.黑釉盏（2007SYT1⑦：18、2007SYT1⑦：19、2007SYT1⑦：20） 4.黄釉碗（2007SYT1⑦：21）

6. 黄釉

碗　1件。

2007SYT1⑦：21，残。敞口，圆唇，弧腹，平底微内凹。姜黄色胎，胎质较粗糙、疏松、夹砂。内施满釉，外施半釉，外有流釉现象，釉下施化妆土，釉层偏厚，釉质莹润，釉面玻璃光泽。内底有支钉痕。口径13.6、底径6、通高4.2厘米（图五一，4；图版六六，1）。

（二）陶器

1. 红陶

2件。

钵　1件。

2007SYT1⑦：22，残。敛口，平唇，弧腹，平底内凹。夹砂红陶。外有五道凸旋纹。口径22.8、底径10、高11.6厘米（图五二，3；图版八一，2）。

印模　1件。

2007SYT1⑦：24，残。半球形，弧面，内凹弧面，有边。泥质红陶，胎质较细净。印为凸纹，内面是一团花，外沿为一组日光辐射，面侧有两个小圆孔。通径5.6、高2.1厘米（图五二，1；图版八〇，3）。

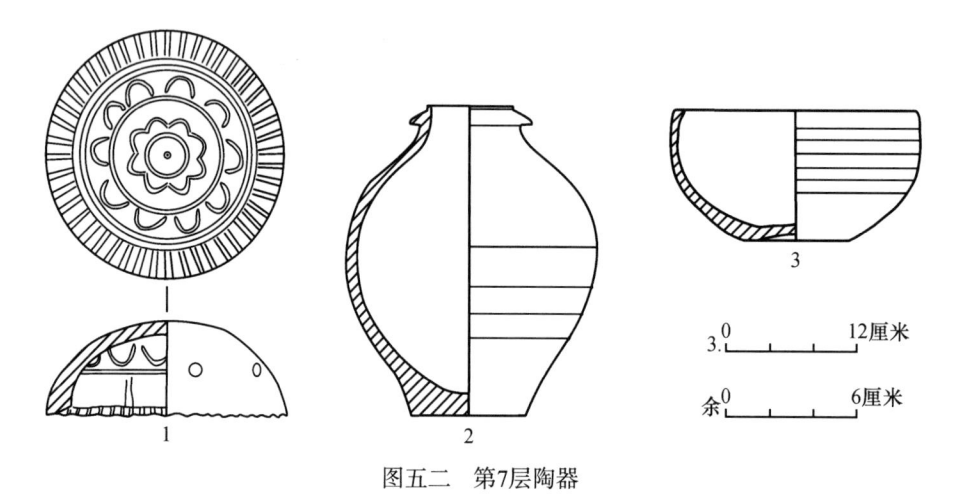

图五二　第7层陶器

1.红陶印模（2007SYT1⑦：24）　2.灰陶瓶（2007SYT1⑦：23）　3.红陶钵（2007SYT1⑦：22）

2. 灰陶

瓶 1件。

2007SYT1⑦：23，完整。敞口，翻唇，短束颈，溜肩，鼓腹，平底。素胎，灰色胎，胎质较细净。口径4、底径5.3、腹径11.6、通高13.8厘米（图五二，2；图版八一，1）。

（三）石器

砚台 3件。

2007SYT1⑦：26，残。长方体，池为凹弧面，弧角，平沿，底为斜凹弧面。石质，质细净、致密。通长11.6、通宽8、厚2.7厘米（图五三，1）。

2007SYT1⑦：27，端砚残块。长方体抄手砚，砚底呈斜坡状，长方形砚池四角倒角。石质，密度较大，压手。长8、宽3.2、高10厘米（图五三，2）。

2007SYT1⑦：28，残。平面呈梯形，砚池面斜弧状，直沿，平底凹心，凹心呈斜坡形。石质。长13.8、宽8.4、高3.1厘米（图五三，3；图版八四，6）。

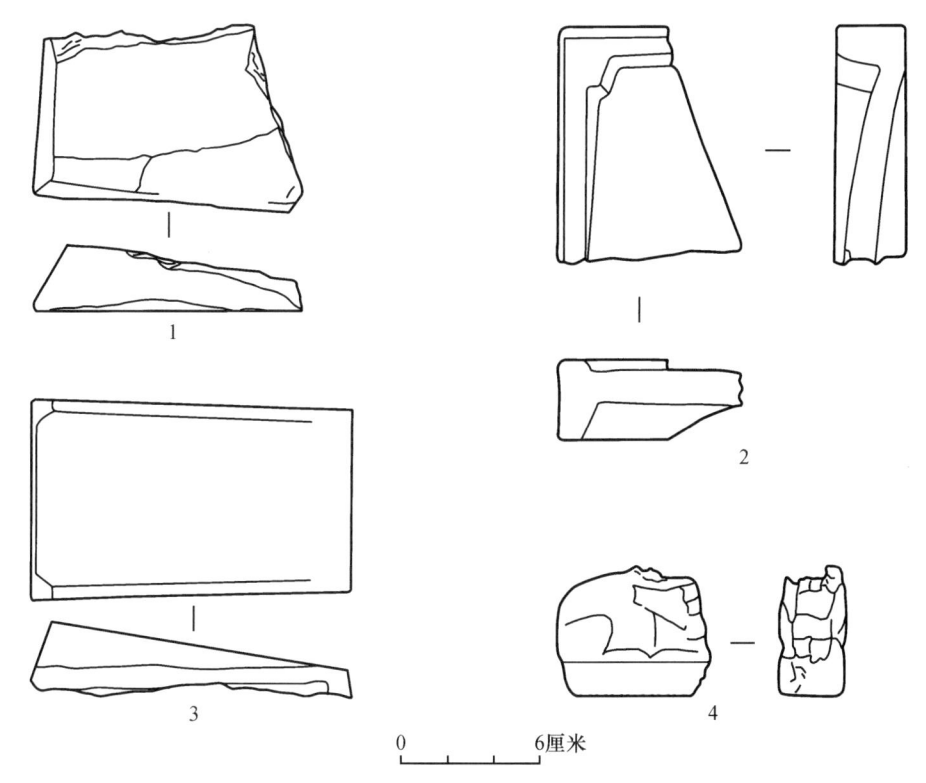

图五三 第7层石器及杂项

1~3. 石砚台（2007SYT1⑦：26、2007SYT1⑦：27、2007SYT1⑦：28） 4. 兔雕件（2007SYT1⑦：25）

（四）杂项

兔雕件　1件。

2007SYT1⑦：25，残，缺首、颈。卧状，随形圆雕，体态丰满，线条简洁。玉质，和田青白料。长7.6、高5.4、厚3厘米（图五三，4）。

六、第 5 层

（一）瓷器

1. 白釉

444件。

碗　169件。

2007SYT1⑤：1，残。敞口，圆唇微翻，斜弧腹，圈足外撇。青灰胎，胎质较致密。莹润，器内满釉，器外施釉不及底，釉下施化妆土。器内底有支钉痕，器底有修胎旋切痕迹。口径20.8、底径4.8、高7厘米（图五四，1）。

2007SYT1⑤：2，残。敞口，圆唇微撇，深斜弧腹，圈足微撇。灰胎，胎质较致密。莹润，釉层薄匀，器内满釉，器外施釉不及底，有流釉现象，通体施化妆土。器内底有支钉痕，器底有修胎旋切痕迹。口径20.2、底径5、高6.4厘米（图五四，2）。

2007SYT1⑤：3，残。敞口，圆唇微撇，斜弧腹，圈足外撇。青灰胎，胎质较致密。莹润，釉层薄匀，器内满釉，器外施釉不及底，有流釉现象，釉下施化妆土。器内底有支钉痕，器底有修胎旋切痕迹。口径15.2、底径5.6、高5.4厘米（图五四，3）。

2007SYT1⑤：4，残。敞口，圆唇，斜弧腹、较深，圈足外撇。灰胎，胎质较致密，胎上罩化妆土。莹润，有小开片，釉层薄匀，器内满釉，器外施釉不及底，近底有流釉现象。足有修胎旋切痕迹。口径21.4、底径9.6、高6.7厘米（图五四，5）。

2007SYT1⑤：5，残。敞口，圆唇，弧腹，圈足。灰黄色胎，胎质较细净、致密。内施满釉，外施釉不及底，开片，釉下施化妆土，釉层薄匀，釉质莹润，釉面玻璃光泽。内底有支钉痕。口径19.2、底径7.8、高7厘米（图五四，4）。

2007SYT1⑤：6，残。敞口，圆唇，弧腹，圈足。青黄色胎，胎质较细净、致密。内施满釉，外施半釉，有流釉现象，釉下施化妆土，釉层薄匀，釉质莹润，釉面玻璃光泽。内底有支钉痕。口径16.4、底径6.6、高5厘米（图五四，6）。

2007SYT1⑤：7，残。敞口，圆唇，弧腹，圈足。灰色胎，胎质较细净、致密。内施满釉，外施半釉，开片，釉下施化妆土，釉层较薄匀，釉质莹润，釉面玻璃光泽。内底垫砂痕，外底有支珠痕。口径18.8、底径7.2、高5.7厘米（图五四，7）。

2007SYT1⑤：8，残。敞口，圆唇外翻，斜弧腹、较深，圈足微外撇，挖足较浅。灰黄胎，含砂，胎质疏松。乳浊，釉层薄，器内满釉，器外施半釉，有流釉现象，釉下施化妆土。足底微弧，足心微凸，器内底有5个支钉痕，器底有修胎切削痕迹。口径20.4、底径7.5、高6.5厘米（图五四，8）。

2007SYT1⑤：9，残。敞口，圆唇，弧腹，圈足。灰黄色胎，胎质较粗糙、疏松。内施满釉，外施釉不及底，开片，釉下施化妆土，釉层较薄匀，釉质莹润，釉面玻璃光泽。内底有支钉痕。口径18.4、底径7.8、高6.5厘米（图五四，9）。

2007SYT1⑤：10，残。敞口，圆唇，弧腹，圈足。灰黄色胎，胎质较粗糙、疏松。内施满釉，外施半釉，釉下施化妆土，釉层较薄匀，釉质温润，釉面玻璃光泽。内底有支钉痕，外

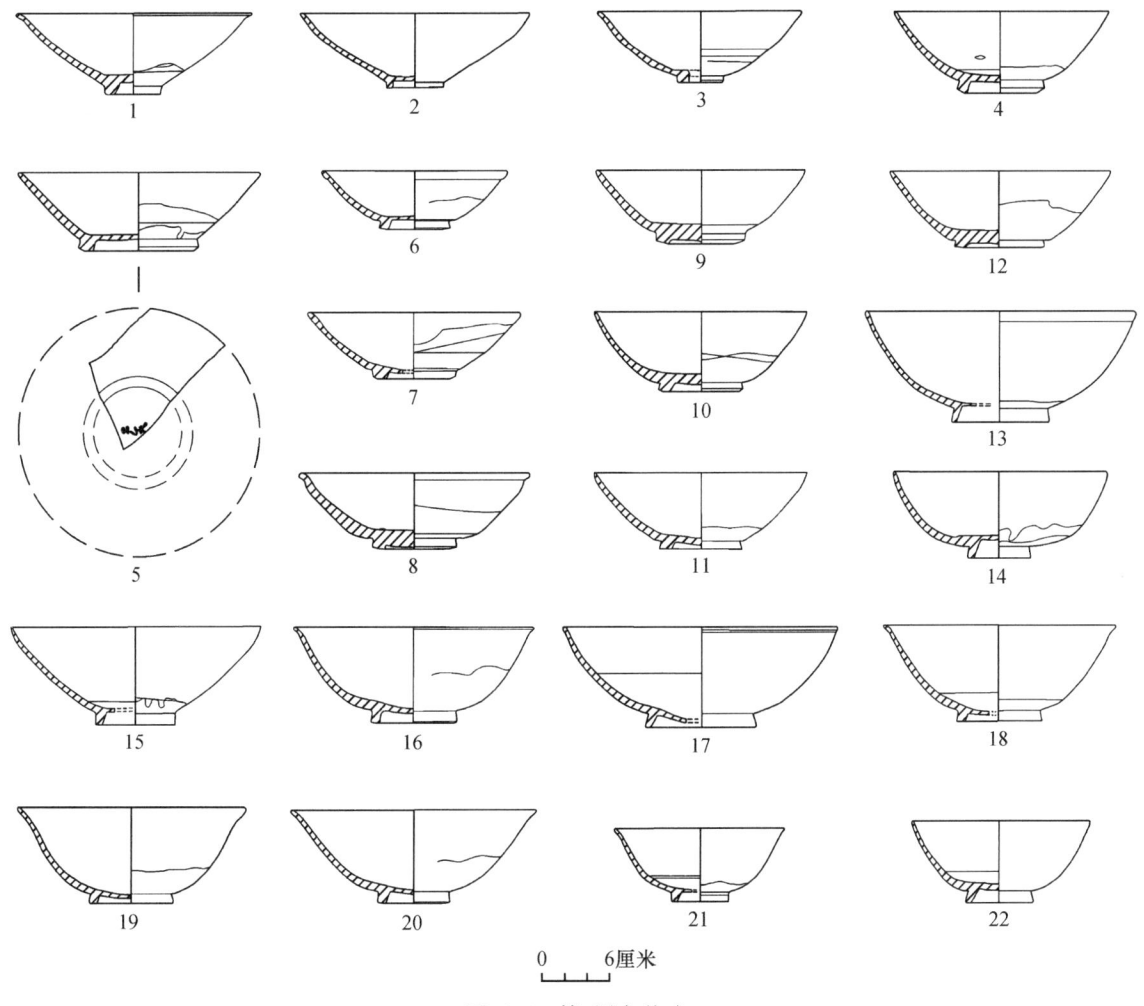

图五四　第5层白釉碗

1. 2007SYT1⑤：1　2. 2007SYT1⑤：2　3. 2007SYT1⑤：3　4. 2007SYT1⑤：5　5. 2007SYT1⑤：4　6. 2007SYT1⑤：6
7. 2007SYT1⑤：7　8. 2007SYT1⑤：8　9. 2007SYT1⑤：9　10. 2007SYT1⑤：10　11. 2007SYT1⑤：11　12. 2007SYT1⑤：12
13. 2007SYT1⑤：13　14. 2007SYT1⑤：14　15. 2007SYT1⑤：15　16. 2007SYT1⑤：16　17. 2007SYT1⑤：17　18. 2007SYT1⑤：18
19. 2007SYT1⑤：20　20. 2007SYT1⑤：21　21. 2007SYT1⑤：22　22. 2007SYT1⑤：23

底有支珠痕。口径18.8、底径7.4、高6.8厘米（图五四，10）。

2007SYT1⑤：11，残。敞口，圆唇，弧腹，圈足。灰黄色胎，胎质较粗糙、疏松、夹砂。内施满釉，外施釉不及底，釉下施化妆土，釉层偏薄，釉质温润，釉面玻璃光泽。内底有支钉痕。口径18.8、底径7.2、高6.3厘米（图五四，11）。

2007SYT1⑤：12，残。敞口，圆唇，弧腹，圈足微撇。灰黄胎，含砂，胎质较疏松。莹润，釉层薄，器内满釉，器外施半釉，釉线不齐，有流釉现象，釉下施化妆土。器底胎上有随意的墨书线条，器内底有5个支钉痕，器底有修胎切削痕迹。口径19.6、底径8、高6.6厘米（图五四，12）。

2007SYT1⑤：13，残。敞口，圆唇，弧腹，圈足。灰色胎，胎质较细净、致密。内施满釉，外施釉不及底，外有流釉、积釉现象，釉下施化妆土，釉层薄匀，釉质温润，釉面玻璃光泽。内底有支钉痕。口径24.2、底径8.8、高9.5厘米（图五四，13）。

2007SYT1⑤：14，残。敞口，圆唇，弧腹，圈足。灰色胎，胎质较细净、致密。内施满釉，外施釉不及底，外有流釉、积釉现象，釉下施化妆土，釉层薄匀，釉质莹润，釉面玻璃光泽。内底有支钉痕。口径19.2、底径5.6、高7.4厘米（图五四，14）。

2007SYT1⑤：15，残。敞口，圆唇，深弧腹，圈足微撇。灰黄胎，胎质较致密。莹润，釉层薄匀，器内满釉，器外施釉不及底，有流釉现象，釉下施化妆土。器内壁出筋，器内底有支钉痕，器底有修胎旋切痕迹。口径22、底径7、高8.4厘米（图五四，15）。

2007SYT1⑤：16，残。敞口，圆唇，弧腹，圈足。黄灰色胎，胎质较细净，微夹砂。内施满釉，外施半釉，釉下施化妆土，内外釉面开片，釉层薄匀，釉质乳状，釉面玻璃光泽。内底有支钉痕，外底有垫圈痕。口径21.2、底径7.6、高8.2厘米（图五四，16）。

2007SYT1⑤：17，残。敞口，圆唇，弧腹，圈足。灰色胎，胎质较细净、致密。内外施满釉，釉下施化妆土，釉层薄匀，釉质温润，釉面玻璃光泽。内底有支钉痕。口径24.4、底径9.8、高8.6厘米（图五四，17）。

2007SYT1⑤：18，残。敞口，圆唇，弧腹，圈足。灰黄色胎，胎质较细净、致密。内施满釉，外施釉不及底，釉下施化妆土，釉层较薄匀，釉质莹润，釉面玻璃光泽。内底有支钉痕，外底有垫圈痕。口径20.8、底径7.6、高8.2厘米（图五四，18）。

2007SYT1⑤：19，残。葵花形敞口，圆唇，弧腹，圈足外撇。器内出筋对应器外凹射线，呈葵花瓣。青灰胎，胎质较致密。莹润，有开片，器内满釉，器外施釉不及底，有流釉现象。器内底有支钉痕，器底有修胎切削痕迹。口径18.4、底径7.2、高7.1厘米（图五五，1）。

2007SYT1⑤：20，残。敞口，圆唇，弧腹，圈足。灰色胎，胎质较细净、致密。内施满釉，外施半釉，有积釉现象，釉层薄匀，釉质温润，釉面玻璃光泽。内底有支钉痕，外有垫圈痕。口径21、底径7.4、高8.2厘米（图五四，19）。

2007SYT1⑤：21，残。敞口，圆唇，弧腹，圈足。灰黄色胎，胎质较细净、致密。内施满釉，外施半釉，内外釉面开片，外有流釉、积釉现象，釉下施化妆土，釉层薄匀，釉质温润，釉面玻璃光泽。内底有支钉痕，外底有支珠痕。口径21.6、底径6.4、高8厘米（图五四，20）。

2007SYT1⑤：22，残。敞口，圆唇，弧腹，圈足。灰色胎，胎质较细净、致密。内施满釉，外施釉不及底，外有流釉积釉现象，釉层薄匀，釉质莹润，釉面玻璃光泽。内底有支钉痕，外底有垫圈痕。口径15、底径5、高6.3厘米（图五四，21）。

2007SYT1⑤：23，残。敞口，圆唇，弧腹，圈足。土黄色胎，胎质较细净、致密。内外施半釉，釉下施化妆土，釉层薄匀，釉质温润，釉面玻璃光泽。内底有一涩圈，涩圈内施釉，外底心有一隆乳钉。口径16、底径6、高7厘米（图五四，22）。

2007SYT1⑤：24，残。敞口，圆唇微撇，深弧腹，圈足外撇。青灰胎，胎质较致密。莹润，釉层薄匀，有开片，器内满釉，器外施釉不及底，有流釉现象，釉下施化妆土。器内底有一周凹弦纹，并有支钉痕，器底有修胎旋切痕迹。口径18.8、底径5.2、高8厘米（图五五，2）。

2007SYT1⑤：25，残。敞口，圆唇，弧腹，圈足。灰色胎，胎质较细净、致密。内外施满釉，釉下施化妆土，釉层较薄匀，釉质温润，釉面玻璃光泽。外底有支珠痕，内有流釉、积釉现象。口径22.6、底径4.4、高9.6厘米（图五五，3）。

2007SYT1⑤：26，残。敞口，圆唇微撇，深弧腹，圈足微撇。灰胎，胎质较致密。莹润，釉层薄匀，器内满釉，器外施釉不及底，有流釉现象，釉下施化妆土。器内底有支钉痕，器底有修胎旋切痕迹。口径19.8、底径7.2、高7厘米（图五五，4）。

2007SYT1⑤：27，残。敞口，圆唇，深弧腹，圈足，足内壁外斜，挖足较深。灰白胎，胎质较致密。莹润，有细开片，釉层薄匀，器内满釉，器外施半釉，有流釉现象，釉下施化妆土。器内底缘有一周凹弦纹，器内底有支钉痕，器底有修胎切削痕迹。口径20、底径7.5、高8.5厘米（图五五，5）。

2007SYT1⑤：28，残。敞口，圆唇，弧腹，圈足。灰黄色胎，胎质较粗糙、疏松、夹砂。内施满釉，外施釉不及底，釉下施化妆土，釉层较薄匀，釉质莹润，釉面玻璃光泽。内底有支钉痕。口径20.8、底径：7、高8.4厘米（图五五，6）。

2007SYT1⑤：29，残。敞口，圆唇，弧腹，圈足。灰黄色胎，胎质较细净、致密。内施满釉，外施釉不及底，釉下施化妆土，釉层较薄匀，釉质莹润，釉面玻璃光泽。内底有支钉痕。口径20.2、底径6.4、高7.4厘米（图五五，7）。

2007SYT1⑤：30，残。敞口，圆唇，弧腹，圈足。灰黄色胎，胎质较细净、致密。内施满釉，外施釉不及底，内外沿、腹釉面呈梨皮纹，釉下施化妆土，釉层较薄匀，釉质莹润，釉面玻璃光泽。内底有支钉痕，外底有垫圈痕。口径21、底径8.8、高7.7厘米（图五五，8）。

2007SYT1⑤：32，残。敞口，圆唇，弧腹，圈足。灰色胎，胎质较细净、致密。内外施满釉，釉下施化妆土，釉层薄匀，釉质温润，釉面玻璃光泽。内底有支钉痕，外底有垫圈痕。口径20.4、底径7、高8厘米（图五五，9）。

2007SYT1⑤：33，残。敞口，圆唇，弧腹，圈足。灰黄色胎，胎质较细净、致密。内施满釉，外施釉不及底，外有流釉、积釉现象，釉下施化妆土，釉质莹润，釉面玻璃光泽。内底有支钉痕，外底有垫圈痕。口径19、底径7.2、高7.7厘米（图五五，10）。

2007SYT1⑤：34，残。敞口，圆唇，弧腹，圈足。灰黄色胎，胎质较细净、致密。内施满釉，外施釉不及底，釉下施化妆土，釉层较薄匀，釉质莹润，釉面玻璃光泽。内底有支钉痕。口径19.3、底径6.3、高7.8厘米（图五五，11）。

2007SYT1⑤：35，残。敞口，圆唇加厚微撇，斜弧腹，圈足外撇。灰胎，胎质较致密。莹润，有小开片，釉层薄匀，器内满釉，器外半釉，釉线不齐，釉下施化妆土。器内底有支钉痕，器底有修胎切削痕迹。口径17.8、底径6、高5.7厘米（图五五，12）。

2007SYT1⑤：36，残。敞口，圆唇微撇，深弧腹，圈足微撇。灰胎，胎质较致密。莹润，有细开片，釉层薄匀，器内满釉，器外施釉不及底，釉线不齐，釉下施化妆土。器内底有支钉痕，器底有修胎切削痕迹。口径16.8、底径5.8、高7厘米（图五五，13）。

2007SYT1⑤：37，残。敞口，圆唇，弧腹，圈足。灰黄色胎，胎质较细净、致密。内施满釉，外施半釉，外有流釉、积釉现象，釉下施化妆土，釉层较薄匀，釉质温润，釉面玻璃光泽。内底有支钉痕。口径20.2、底径7.4、高8.2厘米（图五五，14）。

2007SYT1⑤：38，残。敞口，圆唇，弧腹，圈足。灰黄色胎，胎质较细净、致密。内施满釉，外施半釉，开片，釉下施化妆土，釉层较薄匀，釉质温润，釉面玻璃光泽。内底有支钉痕，外底有支珠痕。口径21.2、底径7.2、高8.6厘米（图五五，15）。

2007SYT1⑤：39，残。敞口，翻唇，窄沿，深弧腹，圈足外撇。灰胎，胎质较致密。莹润，有开片，器内满釉，器外施釉不及底，釉下施化妆土。足心墨书"张"字，器内底有支钉痕，器底有修胎切削痕迹，足底斜弧面。口径23、底径8.8、高9厘米（图五五，16；图版一一，3、4）。

2007SYT1⑤：40，残。敞口，圆唇，弧腹，圈足。灰黄色胎，胎质较细净、致密。内施满釉，外施釉不及底，釉下施化妆土，釉层薄匀，釉质温润，釉面玻璃光泽。内底有支钉痕。口径19.2、底径6.2、高5.2厘米（图五五，17）。

2007SYT1⑤：41，残。敞口，圆唇微撇，斜弧腹，圈足外撇，足内壁外斜。灰胎，胎质较疏松。乳浊，釉层薄，有小开片，器内底涩圈，器外半釉，有流釉现象，釉下施化妆土。器内底有涩圈，涩圈内施釉，器底有修胎切削痕迹，足底有斜弧面，足心有小凸起。口径21.4、底径7.5、高6.6厘米（图五五，18）。

2007SYT1⑤：42，残。敞口，圆唇，弧腹，圈足。青白色胎，胎质较细净、致密。内施满釉，外施釉不及底，釉下施化妆土，釉层薄匀，釉质乳状，釉面玻璃光泽。内底有支钉痕，外底有垫圈痕。口径14.4、底径5.8、高6厘米（图五五，19）。

2007SYT1⑤：43，残。敞口，圆唇，弧腹，圈足。灰黄色胎，胎质较细净、致密。内施满釉，外施釉不及底，釉下施化妆土，釉层薄匀，釉质温润，釉面玻璃光泽。内底有支钉痕。口径15.2、底径5.6、高5.8厘米（图五五，20）。

2007SYT1⑤：44，残。敞口，圆唇，弧腹，圈足。灰黄色胎，胎质较细净、致密。内外施满釉，釉下施化妆土，釉层薄匀，釉质温润，釉面玻璃光泽。内底有支钉痕。口径19.4、底径6、高7厘米（图五五，21）。

2007SYT1⑤：45，残。敞口，圆唇，弧腹，圈足。灰黄色胎，胎质较细净、致密。内外

第四章 出土器物

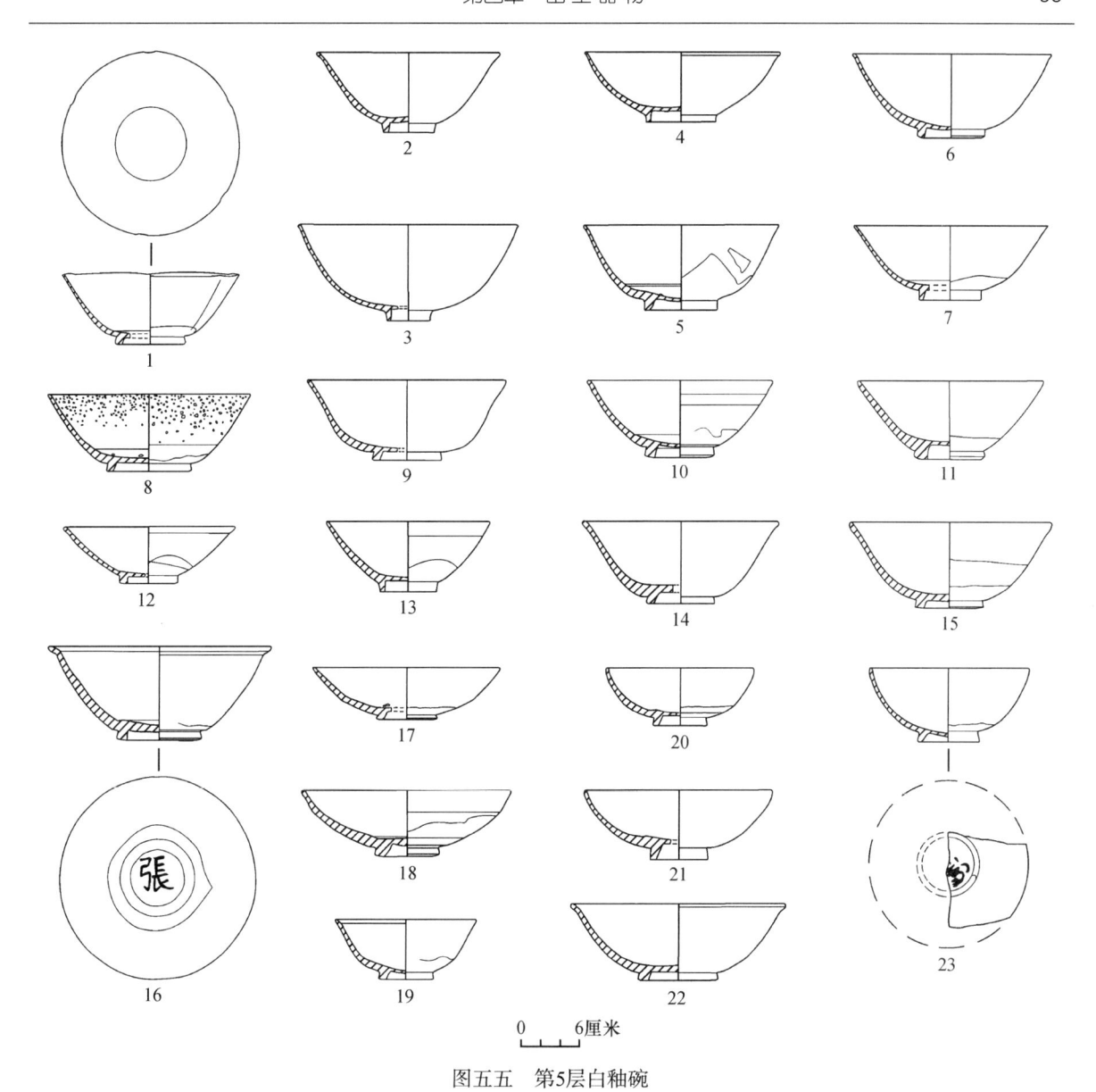

图五五 第5层白釉碗

1. 2007SYT1⑤：19　2. 2007SYT1⑤：24　3. 2007SYT1⑤：25　4. 2007SYT1⑤：26　5. 2007SYT1⑤：27　6. 2007SYT1⑤：28　7. 2007SYT1⑤：29　8. 2007SYT1⑤：30　9. 2007SYT1⑤：32　10. 2007SYT1⑤：33　11. 2007SYT1⑤：34　12. 2007SYT1⑤：35　13. 2007SYT1⑤：36　14. 2007SYT1⑤：37　15. 2007SYT1⑤：38　16. 2007SYT1⑤：39　17. 2007SYT1⑤：40　18. 2007SYT1⑤：41　19. 2007SYT1⑤：42　20. 2007SYT1⑤：43　21. 2007SYT1⑤：44　22. 2007SYT1⑤：45　23. 2007SYT1⑤：46

施满釉，有开片、流釉现象，釉下施化妆土，釉层薄匀，釉质温润，釉面玻璃光泽。内底有支钉痕。口径16.8、底径6.2、高7.4厘米（图五五，22）。

2007SYT1⑤：46，残。侈口，圆唇，斜弧腹，圈足。灰黄色胎，胎质较细净、致密。内施满釉，外施釉不及底，外有开片、流釉、积釉现象，釉层薄匀，釉质温润，釉面玻璃光泽。内底有支钉痕。口径22.2、底径8.2、高7.7厘米（图五五，23）。

2007SYT1⑤：47，残。侈口，圆唇，弧腹，圈足。灰色胎，胎质较细净、致密。内施满釉，外施釉不及底，釉下施化妆土，釉质温润，釉面玻璃光泽。内底有支钉痕。口径20、底径

7、高8.6厘米（图五六，2）。

2007SYT1⑤：48，残。敞口，圆唇，弧腹，圈足。淡灰色胎，胎质细净、致密。内施满釉，外施半釉，釉下施化妆土，釉层薄匀，釉质莹润，釉面玻璃光泽。内底有支钉痕。口径16.4、底径6、高5.8厘米（图五六，3）。

2007SYT1⑤：49，残。敞口，圆唇，弧腹，圈足。内施满釉，外施半釉，外有流釉、积釉现象。灰黄色胎，胎质较细净、致密。白色釉，釉层较薄匀，釉质莹润，釉面玻璃光泽。内底有支钉痕，外底有支珠痕。口径10.8、底径4.4、高3.5厘米（图五六，4）。

2007SYT1⑤：50，残。花口，圆唇，弧腹，圈足。灰色胎，胎质较细净、致密。内外施满釉，开片，釉下施化妆土，釉层较薄匀，釉质莹润，釉面玻璃光泽。内底有支钉痕、凸脊线，外底有支珠痕。口径20.6、底径7.2、高7厘米（图五六，5）。

2007SYT1⑤：51，残。敞口，圆唇，弧腹，圈足。灰色胎，胎质较细净、致密。内施满釉，外施釉不及底，釉下施化妆土，釉层薄匀，釉质温润，釉面玻璃光泽。内底有支钉痕，外底有垫圈痕。口径16.4、底径7.6、高5.8厘米（图五六，6）。

2007SYT1⑤：52，残。敞口，圆唇微撇，深弧腹，圈足外撇。青灰胎，胎质较致密。莹润，有细开片，釉层薄匀，器内满釉，器外施釉不及底，有积釉现象，通体施化妆土。器内底缘有一周凹弦纹，器内底有支钉痕，器底有修胎旋切痕迹。口径13.4、底径3.8、高5.4厘米（图五六，7）。

2007SYT1⑤：53，残。敞口，圆唇微撇，弧腹，圈足微撇。灰胎，胎质较致密。莹润，釉层薄，有开片，器内满釉，器外施釉不及底，有流釉现象，满施化妆土。器内底有5个支钉痕，器底有修胎旋切痕迹。口径15.2、底径6、高6.6厘米（图五六，8）。

2007SYT1⑤：54，残。敞口，圆唇微撇，弧腹，圈足微撇。灰胎，胎质较致密。莹润，有开片，釉层薄，器内满釉，器外施釉不及底，有流釉、积釉现象，釉下施化妆土。器内底有支钉痕，器底有修胎旋切痕迹。口径14.2、底径5.6、高5.4厘米（图五六，11；图版一二，1）。

2007SYT1⑤：55，残。敞口，圆唇微撇，弧腹，圈足微撇。灰胎，胎质较致密。莹润，有开片，釉层薄，器内满釉，器外半釉，有流釉、积釉现象，釉下施化妆土。器内底有支钉痕，器底有修胎旋切痕迹。口径17.4、底径6.2、高5.9厘米（图五六，10）。

2007SYT1⑤：57，残。敞口，圆唇微撇，深弧腹，圈足外撇，挖足较深。灰胎，胎质较致密。莹润，釉层薄匀，器内满釉，器外施釉不及底，釉下施化妆土。器内底缘饰一周凹弦纹，器内底有支钉痕，器底有修胎旋切痕迹。口径20、底径8.6、高5.8厘米（图五六，9）。

2007SYT1⑤：60，残。敞口，圆唇微撇，弧腹，圈足微撇。灰胎，胎质较致密。莹润，釉层薄，器内满釉，器外施釉不及底，有流釉、积釉现象，釉厚处有开片，釉下施化妆土。器内底有支钉痕，器底有修胎旋切痕迹，外底有墨书文字。口径14.5、底径5.7、高5.8厘米（图五六，13；图版一一，5、6）。

2007SYT1⑤：61，残。敞口，圆唇微撇，弧腹，圈足外撇。灰胎，胎质较致密。莹润，釉层薄，有开片，器内满釉，器外施釉不及底，釉下施化妆土。器内底有支钉痕，器底有修胎旋切痕迹。口径13.8、底径5.6、高6厘米（图五六，12）。

2007SYT1⑤：62，残。敞口，圆唇微撇，弧腹，圈足微撇，足内壁外斜。灰胎，胎质较致密。莹润，釉层薄，器内满釉，器外施釉不及底，有流釉、积釉现象，釉厚处有开片，釉下施化妆土。器内底有支钉痕，器底有修胎旋切痕迹。口径14.4、底径5、高6厘米（图五六，15）。

2007SYT1⑤：63，残。敞口，圆唇，弧腹，圈足。土黄色胎，胎质较细净，致密。内施满釉，外施半釉，釉下施化妆土，釉层薄匀，釉质乳状，釉面哑光，外有流釉现象。内底有支钉痕。外底有支珠痕。口径16、底径5.8、高6.1厘米（图五六，16）。

2007SYT1⑤：64，残。敞口，圆唇，弧腹，圈足。灰黄色胎，胎质较细净、致密。内施满釉，外施釉不及底，外有开片、流釉、积釉现象，釉下施化妆土，釉层较薄匀，釉质莹润，

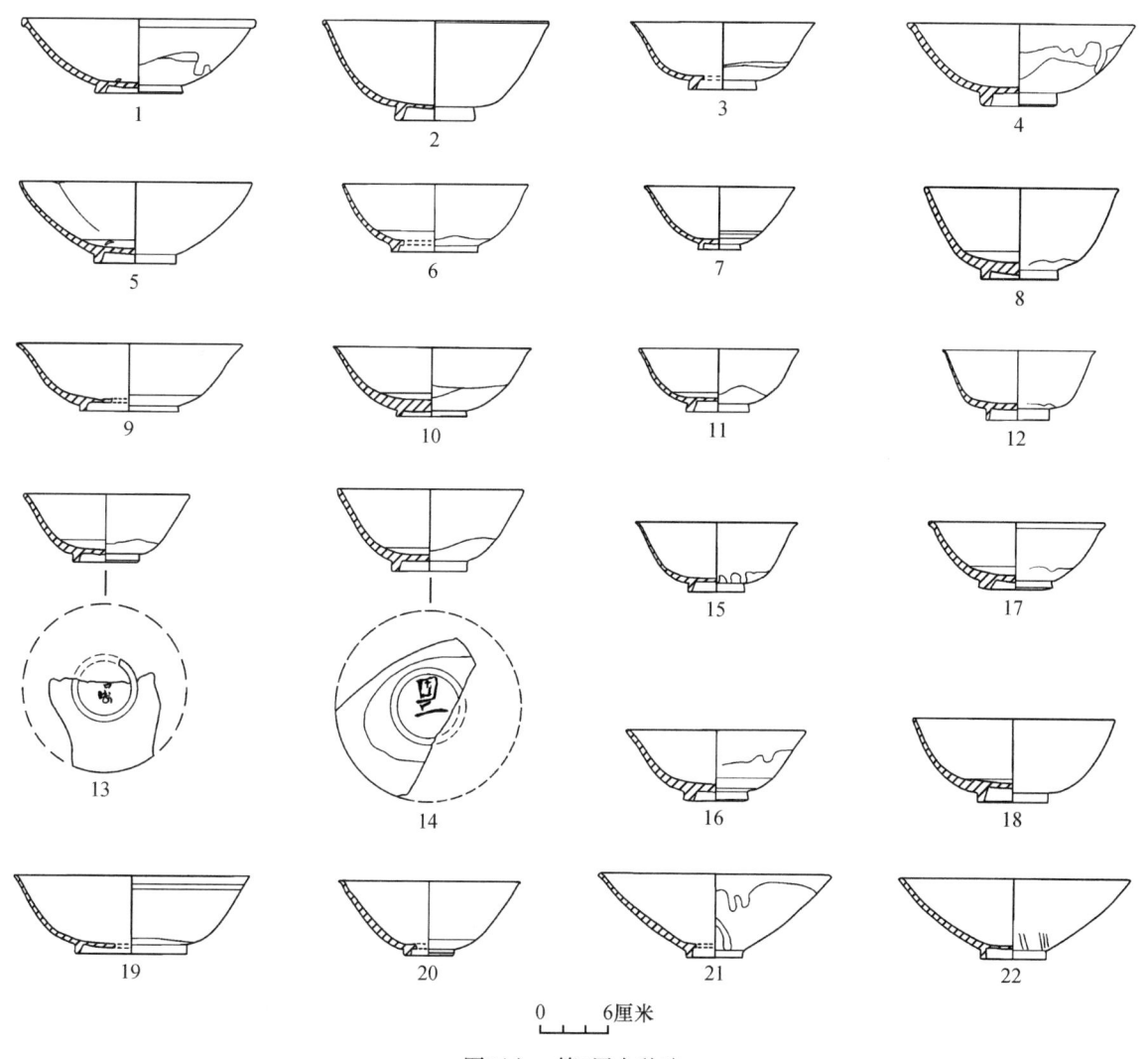

图五六　第5层白釉碗
1. 2007SYT1⑤：72　2. 2007SYT1⑤：47　3. 2007SYT1⑤：48　4. 2007SYT1⑤：49　5. 2007SYT1⑤：50　6. 2007SYT1⑤：51
7. 2007SYT1⑤：52　8. 2007SYT1⑤：53　9. 2007SYT1⑤：57　10. 2007SYT1⑤：55　11. 2007SYT1⑤：54　12. 2007SYT1⑤：61
13. 2007SYT1⑤：60　14. 2007SYT1⑤：65　15. 2007SYT1⑤：62　16. 2007SYT1⑤：63　17. 2007SYT1⑤：64　18. 2007SYT1⑤：67
19. 2007SYT1⑤：68　20. 2007SYT1⑤：69　21. 2007SYT1⑤：70　22. 2007SYT1⑤：71

釉面玻璃光泽。外底有垫圈痕。口径16、底径6.6、高5.8厘米（图五六，17）。

2007SYT1⑤：65，残。敞口，圆唇，弧腹，圈足。青灰色胎，胎质较细净、致密。内施满釉，外施釉不及底，釉下施化妆土，釉层薄匀，釉质乳状，釉面玻璃光泽。内底有支钉痕，外底心有墨书文字，削足。口径16.4、底径6.5、高7厘米（图五六，14）。

2007SYT1⑤：67，残。敞口，圆唇，弧腹，圈足微撇，挖足较深。灰白胎，胎质较致密。莹润，釉层薄匀，器内外满釉，足内无釉，有积釉现象。器内底有支钉痕。口径18.2、底径6.2、高7.6厘米（图五六，18）。

2007SYT1⑤：68，残。敞口，圆唇微撇，深弧腹，圈足外撇。青灰胎，胎质较致密。莹润，釉层薄匀，器内满釉，器外施釉不及底，有流釉现象，釉下施化妆土。器内底有支钉痕，器底有修胎旋切痕迹。口径10.8、底径9.8、高6.7厘米（图五六，19）。

2007SYT1⑤：69，残。敞口，圆唇微撇，深弧腹，圈足微撇。灰胎，胎质较致密。莹润，釉层薄匀，器内满釉，器外施釉不及底，有流釉现象，釉下施化妆土。器内底有支钉痕，器底有修胎旋切痕迹。口径16、底径4.2、高6.4厘米（图五六，20）。

2007SYT1⑤：70，残。敞口，圆唇微翻、葵花形，深斜弧腹，圈足微撇，足内壁外斜。灰胎，胎质较致密。莹润，有细开片，釉层薄匀，器内外满釉，足内无釉，釉下施化妆土。内底有支钉痕。口径20.8、底径5、高7.2厘米（图五六，21）。

2007SYT1⑤：71，残。敞口，圆唇微撇，深弧腹，圈足外撇。灰胎，胎质较致密。莹润，釉层薄匀，器内满釉，器外半釉，有流釉现象，釉下施化妆土。器内底有支钉痕，器底有修胎旋切痕迹。口径20.8、底径5.8、高6.9厘米（图五六，22）。

2007SYT1⑤：72，残。敞口，圆唇，弧腹，圈足。灰黄色胎，胎质较细净、致密。内施满釉，外施半釉，外有流釉、积釉现象，釉下施化妆土，釉层薄匀，釉质莹润，釉面玻璃光泽。内底有支钉痕。口径20.8、底径7.8、高6.4厘米（图五六，1）。

2007SYT1⑤：73，残。敞口，圆唇，弧腹，圈足。灰黄色胎，胎质较细净、致密。内施满釉，外施半釉，外有流釉、积釉现象，釉下施化妆土，釉层较薄匀，釉质温润，釉面玻璃光泽。内底有支钉痕，外底有支珠痕。口径18、底径6.2、高8.1厘米（图五七，1）。

2007SYT1⑤：74，残。敞口，圆唇，弧腹，圈足。青黄色胎，胎质较细净、致密。内施满釉，外施半釉，外有流釉、积釉现象，釉下施化妆土，釉层薄匀，釉质乳状，釉面玻璃光泽。内底有支钉痕。口径20.4、底径7.2、高6.4厘米（图五七，2）。

2007SYT1⑤：75，残。敞口，圆唇，弧腹，圈足。灰黄色胎，胎质较细净、致密。内施满釉，外施半釉，开片，釉下施化妆土，釉层较薄匀，釉质莹润，釉面玻璃光泽。内底有支钉痕。口径20、底径5.2、高3.6厘米（图五七，3）。

2007SYT1⑤：76，残。敞口，圆唇，弧腹，圈足。灰黄色胎，胎质较细净、致密。内施满釉，外施半釉，釉下施化妆土，釉层薄匀，釉质乳状，釉面哑光。内底有支钉痕。口径21.8、底径7、高6.9厘米（图五七，4）。

2007SYT1⑤：77，残。敞口，圆唇，弧腹，圈足。青黄色胎，胎质较细净、致密。内施满釉，外施半釉，内外釉面开片，釉下施化妆土，釉层薄匀，釉质乳状，釉面玻璃光泽。外底有垫砂痕。口径19、底径7.1、高6.6厘米（图五七，6）。

2007SYT1⑤：78，残。敞口，圆唇，弧腹，圈足。灰黄色胎，胎质较细净、致密。内施满釉，外施半釉，釉下施化妆土，釉层较薄，釉质温润，釉面玻璃光泽。内底有支钉痕，外底有墨书文字。口径20.6、底径6.6、高6.6厘米（图五七，5）。

2007SYT1⑤：79，残。敞口，圆唇，弧腹，圈足。灰色胎，胎质较细净、致密。内施满釉，外施半釉，釉下施化妆土，釉层较薄匀，釉质莹润，釉面玻璃光泽。内底有支钉痕，外底有垫圈痕。口径21、底径7.4、高7.6厘米（图五七，7）。

2007SYT1⑤：80，残。敞口，圆唇，弧腹，圈足。灰黄色胎，胎质较粗糙、疏松。内施满釉，外施釉不及底，釉下施化妆土，釉层较薄匀，釉质温润，釉面玻璃光泽。内底有支钉痕。口径21.4、底径8.4、高6.3厘米（图五七，8）。

2007SYT1⑤：81，残。侈口，圆唇，弧腹，圈足。灰黄色胎，胎质较细净、致密。内施满釉，外施半釉，外有流釉、积釉现象，釉下施化妆土，釉层薄匀，釉质温润，釉面玻璃光泽。内底有支钉痕，外底有支珠痕。口径20.8、底径7.6、高6.2厘米（图五七，9）。

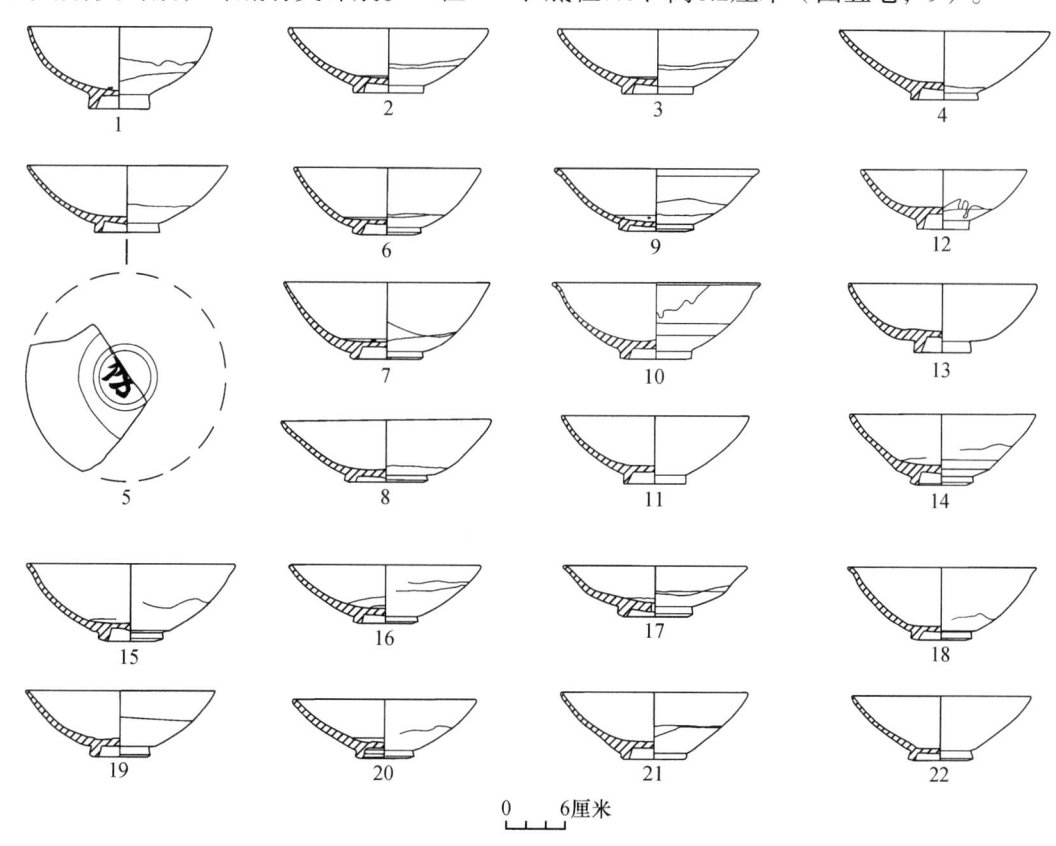

图五七　第5层白釉碗

1.2007SYT1⑤：73　2.2007SYT1⑤：74　3.2007SYT1⑤：75　4.2007SYT1⑤：76　5.2007SYT1⑤：78　6.2007SYT1⑤：77
7.2007SYT1⑤：79　8.2007SYT1⑤：80　9.2007SYT1⑤：81　10.2007SYT1⑤：82　11.2007SYT1⑤：83　12.2007SYT1⑤：84
13.2007SYT1⑤：85　14.2007SYT1⑤：89　15.2007SYT1⑤：90　16.2007SYT1⑤：91　17.2007SYT1⑤：92　18.2007SYT1⑤：94
19.2007SYT1⑤：95　20.2007SYT1⑤：96　21.2007SYT1⑤：97　22.2007SYT1⑤：98

2007SYT1⑤：82，残。敞口，圆唇，弧腹，圈足。灰黄色胎，胎质较细净、致密。内施满釉，外施半釉，有流釉、积釉现象，釉下施化妆土，釉层较薄匀，釉质莹润，釉面玻璃光泽。内底有支钉痕，外底有支珠痕。口径21.2、底径7.2、高7.6厘米（图五七，10）。

2007SYT1⑤：83，残。敞口，圆唇，弧腹，圈足。黄白色胎，胎质较细净、致密。内外施满釉，釉层薄匀，釉质乳状，釉面玻璃光泽。内底有支钉痕，外底有支珠痕。口径19、底径6.2、高6.7厘米（图五七，11）。

2007SYT1⑤：84，残。敞口，圆唇，弧腹，圈足。灰色胎，胎质较细净、致密。内施满釉，外施半釉，开片，外有流釉、积釉现象，釉层较薄匀，釉质温润，釉面玻璃光泽，釉下施化妆土。内底有支钉痕。口径17.2、底径5.4、高5.9厘米（图五七，12）。

2007SYT1⑤：85，残。敞口，圆唇，弧腹，圈足。灰黄色胎，胎质较细净、致密。内外施满釉，外有流釉、露胎现象，釉层薄匀，釉质莹润，釉面玻璃光泽。外底有垫圈痕。口径19.6、底径6、高6.8厘米（图五七，13）。

2007SYT1⑤：86，残。敞口，圆唇、葵花形，斜弧腹，圈足微撇。灰胎，胎体轻薄，胎质较致密。莹润，有小开片，釉层薄匀，器内满釉，器外施釉不及底、有流釉现象，釉下施化妆土。器内壁由白线和葵花形唇组合形成花瓣纹，器内底有支钉痕。口径15、底径4.8、高5厘米（图五八，1）。

2007SYT1⑤：87，残。敞口，圆唇，弧腹，圈足。灰黄色胎，胎质较细净、致密。内施满釉，外施釉不及底，外有流釉、积釉现象，釉下施化妆土，釉层薄匀，釉质莹润，釉面玻璃光泽。内有脊线，外有垫圈痕。口径20、底径6.2、高7厘米（图五八，3）。

2007SYT1⑤：88，残。敞口，圆唇，弧腹，圈足。青白色胎，胎质较细净、致密。内施满釉，外施釉不及底，釉下施化妆土，釉层薄匀，釉质乳状，釉面玻璃光泽。内底有支钉痕，外底有垫圈痕。口径20.2、底径6.8、高7.9厘米（图五八，4）。

2007SYT1⑤：89，残。敞口，圆唇，弧腹，圈足。黄白色胎，胎质较细、疏松。内外施半釉，釉下施化妆土，釉层薄匀，釉面玻璃光泽，内腹釉面有脱落。内底有一涩圈，涩圈内施釉。口径19.2、底径6.6、高7厘米（图五七，14）。

2007SYT1⑤：90，残。敞口，圆唇，弧腹，圈足。土黄色胎，胎质较细净、致密。内外施半釉，外有流釉、积釉现象，釉下施化妆土，釉层薄匀，釉质乳状，釉面玻璃光泽。内底有一涩圈，涩圈内施釉。口径21.4、底径6.6、高7.7厘米（图五七，15）。

2007SYT1⑤：91，残。敞口，圆唇，弧腹，圈足。灰黄色胎，胎质较粗糙、疏松。内外施半釉，开片，外有流釉现象，釉下施化妆土，釉层较薄，釉质莹润，釉面玻璃光泽。内底有一涩圈，涩圈内施釉。口径19.6、底径6.6、高5.8厘米（图五七，16）。

2007SYT1⑤：92，残。敞口，圆唇，弧腹，圈足。灰黄色胎，胎质较细净、致密。内外施半釉，釉下施化妆土，釉层薄匀，釉质温润，釉面玻璃光泽。内底有一涩圈，涩圈内施釉。口径18.8、底径7.6、高5厘米（图五七，17）。

2007SYT1⑤：93，残。敞口，圆唇，斜弧腹，圈足。灰黄色胎，胎质较细净、致密。内外施半釉，釉下施化妆土，釉层较薄匀，釉质温润，釉面玻璃光泽。内底有一涩圈，涩圈内施釉，涩圈上有墨书文字。口径20、底径6.4、高6厘米（图五八，5）。

2007SYT1⑤：94，残。敞口，圆唇外撇，斜弧腹，圈足外撇，足内壁外斜。灰胎，胎质较疏松。莹润，釉层薄，有细开片，器内底涩圈，器外施釉不及底，釉下施化妆土。器底有修胎切削痕迹。口径19.2、底径6.4、高7.2厘米（图五七，18）。

2007SYT1⑤：95，残。敞口，圆唇，斜弧腹，圈足外撇，足内壁外斜。灰胎，胎体厚重，胎质较疏松。莹润，满开片，器内底涩圈，器外半釉。釉下施化妆土。器底有修胎切削痕迹，足底有斜弧面。口径19.4、底径6.2、高6.5厘米（图五七，19）。

2007SYT1⑤：96，残。敞口，圆唇，斜弧腹，圈足微外撇，足底有斜面，足内壁外斜。灰胎，胎质较疏松。脱釉，釉层薄，器内底涩圈，器外半釉，釉下施化妆土。器底有修胎切削痕迹。口径18.8、底径6、高5.9厘米（图五七，20）。

2007SYT1⑤：97，残。敞口，圆唇，弧腹，圈足。灰黄色胎，胎质较细净、致密。内外施半釉，釉下施化妆土，釉层较薄匀，釉质温润，釉面玻璃光泽。内底有一涩圈，涩圈内施釉。口径19、底径6.6、高6.6厘米（图五七，21）。

2007SYT1⑤：98，残。敞口，圆唇，弧腹，圈足。灰黄色胎，胎质较细净。内外施半釉，釉下施化妆土，釉层较薄匀，釉质温润，釉面玻璃光泽。内底有一涩圈，涩圈内施釉。口径18.6、底径6.8、高6.4厘米（图五七，22）。

2007SYT1⑤：99，残。敞口，圆唇，弧腹，圈足。灰黄色胎，胎质较细净、致密。内外施半釉，釉下施化妆土，釉层较薄匀，釉质温润，釉面玻璃光泽。内底有一涩圈，涩圈内施釉。口径19.4、底径5.4、高5.7厘米（图五八，2）。

2007SYT1⑤：100，残。敞口，圆唇，弧腹，圈足外撇，足内壁外斜，挖足较深。灰褐胎，胎质较致密。莹润，器内涩圈，器外半釉，有流釉、积釉现象，釉厚处有小开片，釉下施化妆土。器底有修胎旋切痕迹，足底弧面。口径21.8、底径16、高7.2厘米（图五八，6）。

2007SYT1⑤：101，残。敞口，圆唇，弧腹，圈足。灰黄色胎，胎质较细净、致密。内外施半釉，开片，釉下施化妆土，釉层较薄匀，釉质莹润，釉面玻璃光泽。内有一涩圈，涩圈内施釉。口径19、底径6.8、高6.6厘米（图五八，7；图版五〇，4）。

2007SYT1⑤：102，残。敞口，圆唇，斜弧腹，圈足外撇，足内壁外斜，足底微斜。灰胎，胎体厚重，胎质较致密。乳浊，器内底涩圈，器外半釉，有流釉现象，釉下施化妆土。器底有修胎切削痕迹。口径19.6、底径6、高6.3厘米（图五八，8）。

2007SYT1⑤：103，残。敞口，圆唇，弧腹，圈足。灰黄色胎，胎质较细净、致密。内外施半釉，釉下施化妆土，釉层较薄匀，釉质莹润，釉面玻璃光泽。内底有一涩圈，涩圈内施釉。口径19.8、底径4.8、高6.6厘米（图五八，9）。

2007SYT1⑤：104，残。敞口，圆唇，弧腹，圈足。灰色胎，胎质较细净、致密。内外施半釉，釉下施化妆土，釉层较薄匀，釉质温润，釉面玻璃光泽。内底有一涩圈，涩圈内施釉。口径19.6、底径6.6、高6.2厘米（图五八，10）。

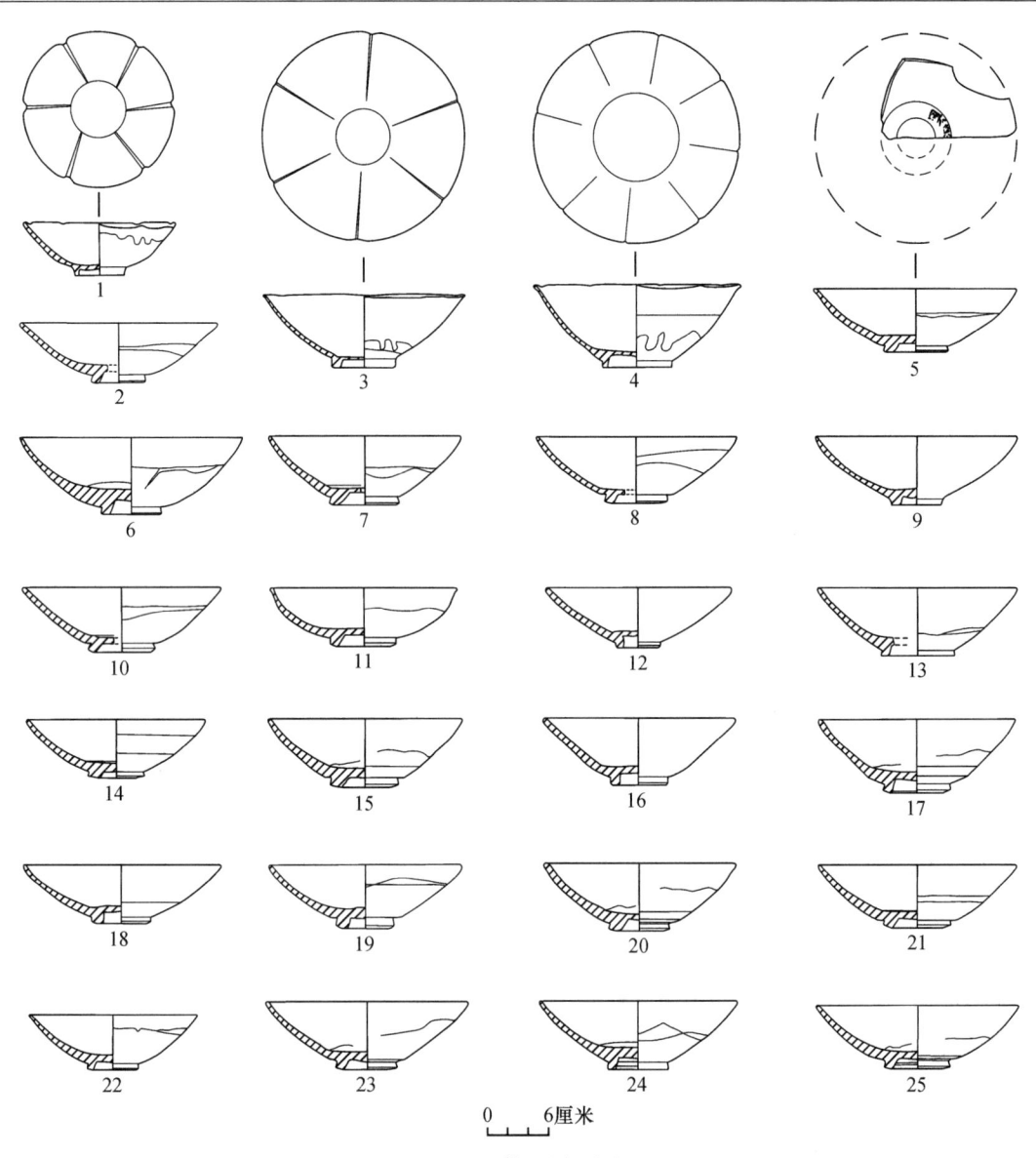

图五八　第5层白釉碗

1. 2007SYT1⑤：86　2. 2007SYT1⑤：99　3. 2007SYT1⑤：87　4. 2007SYT1⑤：88　5. 2007SYT1⑤：93　6. 2007SYT1⑤：100　7. 2007SYT1⑤：101　8. 2007SYT1⑤：102　9. 2007SYT1⑤：103　10. 2007SYT1⑤：104　11. 2007SYT1⑤：105　12. 2007SYT1⑤：106　13. 2007SYT1⑤：107　14. 2007SYT1⑤：108　15. 2007SYT1⑤：109　16. 2007SYT1⑤：110　17. 2007SYT1⑤：111　18. 2007SYT1⑤：112　19. 2007SYT1⑤：113　20. 2007SYT1⑤：114　21. 2007SYT1⑤：115　22. 2007SYT1⑤：116　23. 2007SYT1⑤：117　24. 2007SYT1⑤：119　25. 2007SYT1⑤：120

2007SYT1⑤：105，残。敞口，圆唇，弧腹，圈足外撇，足内壁外斜。灰黄胎，胎体较厚重，胎质较疏松。乳浊，器内底涩圈，器外半釉，釉线不齐，釉下施化妆土。器底有修胎切削痕迹，足底有斜弧面。口径18.8、底径4.5、高5.6厘米（图五八，11）。

2007SYT1⑤：106，残。敞口，圆唇，斜弧腹，圈足微撇，足内壁外斜，挖足较深。灰褐胎，胎质较疏松。莹润，釉层薄，器内底涩圈，器外半釉，釉下施化妆土。器底有修胎切削痕迹，足底有斜弧面。口径18.2、底径4、高5.7厘米（图五八，12）。

2007SYT1⑤：107，残。敞口，圆唇，弧腹，圈足。灰黄色胎，胎质较细净、致密。内外施半釉，釉下施化妆土，釉层较薄匀，釉质温润，釉面玻璃光泽。内底有一涩圈，涩圈内施釉。口径19.6、底径7.2、高6.5厘米（图五八，13）。

2007SYT1⑤：108，残。敞口，圆唇，斜弧腹，圈足。灰色胎，胎质较细净、致密。内外施半釉，内有窑粘、外有开片现象，釉下施化妆土，釉层较薄匀，釉质莹润，釉面玻璃光泽。内有一涩圈，涩圈内施釉。口径17.6、底径5.6、高5.6厘米（图五八，14）。

2007SYT1⑤：109，残。敞口，圆唇，弧腹，圈足。青灰色胎，胎质较细净、致密。内外施半釉，釉下施化妆土，釉层薄匀，釉质乳状，釉面哑光。内底有一涩圈，涩圈内施釉。口径19.2、底径6.6、高6.5厘米（图五八，15）。

2007SYT1⑤：110，残。敞口，圆唇，弧腹，圈足。灰色胎，胎质较细净、致密。内外施半釉，开片，釉下施化妆土，釉层较薄匀，釉质莹润，釉面玻璃光泽。内底有一涩圈，涩圈内施釉。口径18.8、底径5.2、高6.4厘米（图五八，16）。

2007SYT1⑤：111，残。敞口，圆唇，弧腹，圈足。黄白色胎，胎质较细、疏松。内外施半釉，釉下施化妆土，釉层薄匀，釉面玻璃光泽，内腹釉面有脱落。内底有一涩圈，涩圈内施釉。口径19.2、底径6.6、高7厘米（图五八，17）。

2007SYT1⑤：112，残。敞口，圆唇，弧腹，圈足。灰黄色胎，胎质较细净、致密。内外施半釉，开片，釉下施化妆土，釉层薄匀，釉质温润，釉面玻璃光泽。内底有一涩圈，涩圈内施釉。口径19.2、底径4.8、高5.6厘米（图五八，18）。

2007SYT1⑤：113，残。敞口，圆唇，弧腹，圈足。灰色胎，胎质较细净、致密。内外施半釉，釉下施化妆土，开片，釉层薄匀，釉质莹润，釉面玻璃光泽。内底有一涩圈，涩圈内施釉。口径19、底径5.6、高6.1厘米（图五八，19）。

2007SYT1⑤：114，残。敞口，圆唇，弧腹，圈足。黄白色胎，胎质较细净、致密、微夹砂。内外施半釉，釉下施化妆土，釉层薄匀，釉面玻璃光泽。内底有一涩圈，涩圈内施釉。口径18.8、底径6、高6.4厘米（图五八，20）。

2007SYT1⑤：115，残。敞口，圆唇，弧腹，圈足。内外施半釉，开片，釉下施化妆土。灰色胎，胎质较细净、致密。白色釉，釉层薄匀，釉质莹润，釉面玻璃光泽。内底有一涩圈，涩圈内施釉。口径19.3、底径6.5、高6厘米（图五八，21）。

2007SYT1⑤：116，残。敞口，圆唇，弧腹，圈足。灰黄色胎，胎质较细净、致密。内外施半釉，釉下施化妆土，釉层薄匀，釉质乳状，釉面玻璃光泽。内底有一涩圈，涩圈内施釉。口径16.6、底径5、高5.2厘米（图五八，22）。

2007SYT1⑤：117，残。敞口，圆唇，斜弧腹，圈足。灰黄色胎，胎质较细净、致密。内施满釉，外施半釉，外有流釉现象，釉层薄匀，釉质乳状，釉面玻璃光泽。内底有一涩圈，涩圈内施釉，削足。口径20、底径6、高6.4厘米（图五八，23）。

2007SYT1⑤：119，残。敞口，圆唇，弧腹，圈足外撇，足内壁外斜。灰黄胎，胎体厚重，胎质较致密。莹润，有开片，釉层薄，器内底有涩圈，器外半釉，有流釉现象，釉下施化妆土。器底有修胎切削痕迹，足底有斜弧面，足心有小凸起。口径19.4、底径6、高6.5厘米（图五八，24）。

2007SYT1⑤：120，残。敞口，圆唇，弧腹，圈足。青黄色胎，胎质较细净、致密。内外施半釉，釉下施化妆土，釉层薄匀，釉质乳状，釉面玻璃光泽。内底有一涩圈，涩圈内施釉。口径19.8、底径6.4、高6厘米（图五八，25）。

2007SYT1⑤：121，残。敞口，圆唇，弧腹，圈足。灰黄色胎，胎质较细净、致密。内外施半釉，开片，釉下施化妆土，釉层薄匀，釉质莹润，釉面玻璃光泽。内底有一涩圈，涩圈内施釉。口径19.8、底径7、高3.4厘米（图五九，1）。

2007SYT1⑤：122，残。敞口，圆唇，斜弧腹，圈足外撇，足内壁外斜。灰胎，胎质较致密。莹润，有开片，器内底涩圈，器外半釉，釉下施化妆土。器底有修胎切削痕迹，足底有斜弧面。口径18、底径4.6、高5.5厘米（图五九，2）。

2007SYT1⑤：123，残。敞口，圆唇，弧腹，圈足。灰色胎，胎质较粗糙、疏松、夹砂。内外施半釉，釉下施化妆土，釉层偏薄，釉质莹润，釉面玻璃光泽。内底有一涩圈，涩圈内施釉。口径19.6、底径5、高6.3厘米（图五九，3）。

2007SYT1⑤：124，残。敞口，圆唇，弧腹，圈足。灰黄色胎，胎质较细净、致密。内外施半釉，釉下施化妆土，釉层较薄匀，釉质莹润，釉面玻璃光泽。内底有一涩圈，涩圈内施釉。口径20、底径6.4、高5.9厘米（图五九，4）。

2007SYT1⑤：125，残。敞口，圆唇，斜弧腹，圈足微撇，足内壁外斜。灰胎，胎质较致密。乳浊，釉层薄，器内底涩圈，器外半釉，釉下施化妆土。底有修胎切削痕迹，足底有斜弧面，足心凸起。口径19.6、底径7.2、高6.3厘米（图五九，5）。

2007SYT1⑤：126，残。敞口，圆唇，斜弧腹，圈足。青白色胎，胎质较细、致密、夹砂。内外施半釉，釉下施化妆土，釉层薄匀，釉质清莹，釉面玻璃光泽。内底有一涩圈，涩圈内施釉，外底有一隆起乳钉。口径19.4、底径6.2、高6.4厘米（图五九，6）。

2007SYT1⑤：127，残。敞口，圆唇，弧腹，圈足。灰黄色胎，胎质较粗糙。内外施半釉，釉下施化妆土，釉层较薄匀，釉质温润，釉面开片、玻璃光泽。内底有一涩圈，涩圈内施釉。口径15、底径6、高5.4厘米（图五九，7）。

2007SYT1⑤：128，残。敞口，圆唇，弧腹，圈足。灰黄色胎，胎质较粗糙、疏松、夹砂。内外施半釉，外有流釉现象，釉下施化妆土，釉层较薄匀，釉质莹润，釉面玻璃光泽。内底有一涩圈，涩圈内施釉。口径15.4、底径5.4、高5.6厘米（图五九，8）。

2007SYT1⑤：129，残。敞口，圆唇，弧腹，圈足。青灰色胎，胎质较细净、致密、夹砂。内外施半釉，外有流釉现象，釉层薄匀，釉质莹润，釉面玻璃光泽。内底有一涩圈，涩圈内施釉。口径14、底径5.8、高5厘米（图五九，9）。

2007SYT1⑤：130，残。敛口，圆唇，鼓腹，圈足。灰色胎，胎质细净，致密。内外施满釉，开片，釉层厚匀，釉质莹润，釉面玻璃光泽。外底足施护胎釉。口径18.8、底径6.4、高7厘米（图五九，10）。

2007SYT1⑤：131，残。敞口，圆唇，弧腹，圈足。灰黄色胎，胎质较细净、致密。内外施半釉，外有流釉、积釉现象，釉下施化妆土，釉层较薄匀，釉质莹润，釉面玻璃光泽。内底有一涩圈，涩圈内施釉。口径19.2、底径6、高6.6厘米（图五九，11）。

2007SYT1⑤：132，残。敞口，圆唇，弧腹，圈足。灰黄色胎，胎质较细净、致密。内外施半釉，开片，外有流釉现象，釉层较薄匀，釉质莹润，釉面玻璃光泽。内底有一涩圈，涩圈内施釉。口径18.6、底径5.4、高7.5厘米（图五九，12）。

2007SYT1⑤：133，残。敞口，圆唇，弧腹，圈足。灰黄色胎，胎质较粗糙、夹砂。内外施半釉，釉下施化妆土，釉面内外开片，釉层较薄匀，釉质莹润，釉面玻璃光泽。内底有一涩圈，涩圈内施釉。口径18.4、底径6、高7.4厘米（图五九，13）。

2007SYT1⑤：134，残。敞口，圆唇，弧腹，圈足。青黄色胎，胎质较细净、致密。内外

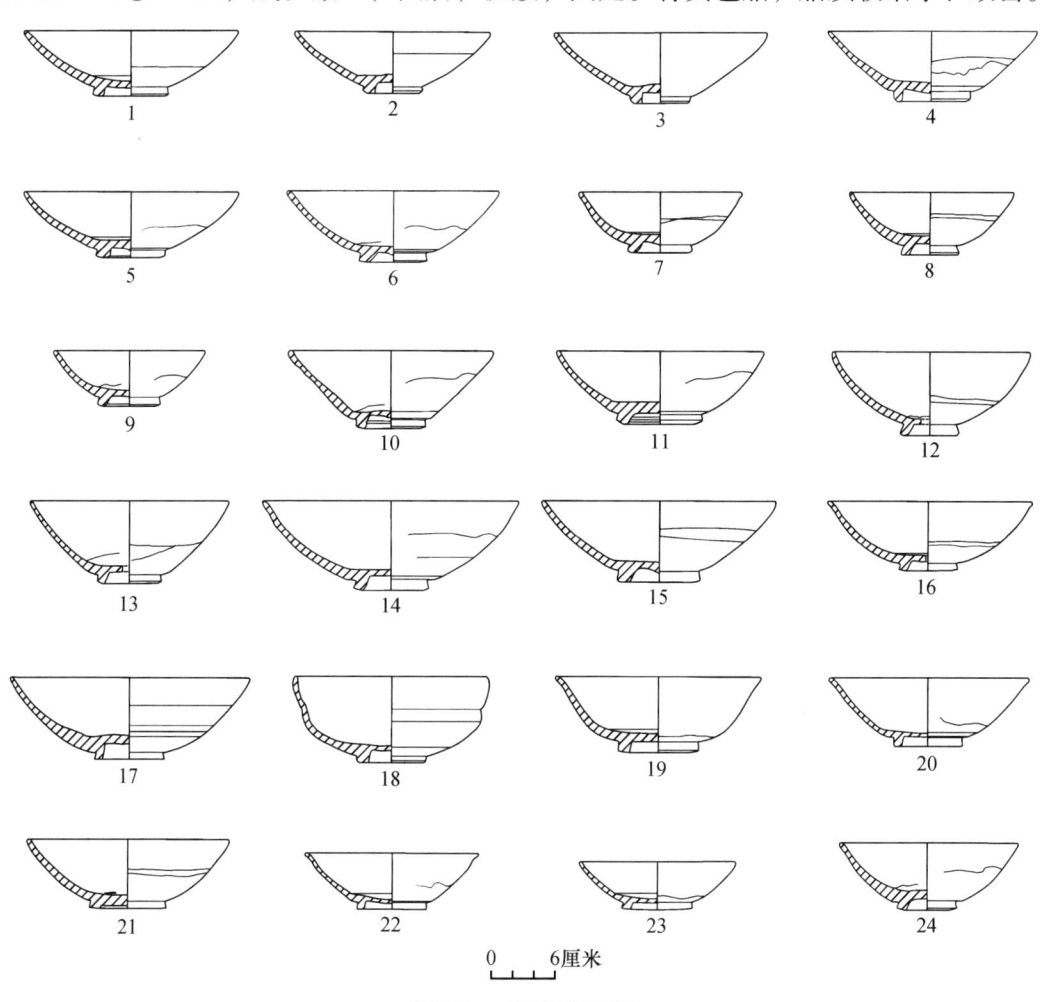

图五九 第5层白釉碗
1. 2007SYT1⑤：121　2. 2007SYT1⑤：122　3. 2007SYT1⑤：123　4. 2007SYT1⑤：124　5. 2007SYT1⑤：125　6. 2007SYT1⑤：126
7. 2007SYT1⑤：127　8. 2007SYT1⑤：128　9. 2007SYT1⑤：129　10. 2007SYT1⑤：130　11. 2007SYT1⑤：131　12. 2007SYT1⑤：132
13. 2007SYT1⑤：133　14. 2007SYT1⑤：134　15. 2007SYT1⑤：135　16. 2007SYT1⑤：136　17. 2007SYT1⑤：137
18. 2007SYT1⑤：138　19. 2007SYT1⑤：207　20. 2007SYT1⑤：208　21. 2007SYT1⑤：210　22. 2007SYT1⑤：212
23. 2007SYT1⑤：213　24. 2007SYT1⑤：214

施半釉，开片，外有流釉现象，釉层薄匀，釉质温润，釉面玻璃光泽。内近口沿有窑粘，底有一涩圈，涩圈内施釉。口径23.4、底径6.8、高8厘米（图五九，14）。

2007SYT1⑤：135，残。敞口，圆唇，弧腹，圈足外撇，足内壁外斜。灰黄胎，胎体较厚重，胎质较致密。乳浊，器内底涩圈，器外半釉，有流釉现象，釉下施化妆土。器底有修胎切削痕迹，足底有斜弧面，足心微凸。口径21.6、底径7.6、高7.3厘米（图五九，15）。

2007SYT1⑤：136，残。敞口，圆唇，弧腹，圈足。灰黄色胎，胎质较细净、致密。内外施半釉，外有开片、流釉现象，釉层薄匀，釉质温润，釉面玻璃光泽。内有一涩圈，涩圈内施釉。口径19.6、底径5.4、高6.2厘米（图五九，16）。

2007SYT1⑤：137，残。敞口，圆唇，斜弧腹，圈足外撇，足内壁外斜，挖足较深。灰褐胎，胎质较致密。乳浊，釉层薄，器内底涩圈，器外半釉，釉下施化妆土。器底有修胎切削痕迹，足底有斜弧面。口径22.2、底径6.4、高7.3厘米（图五九，17）。

2007SYT1⑤：138，残。敞口，圆唇，曲弧腹，圈足。灰黄色胎，胎质较粗糙、疏松、夹砂。内外施半釉，开片，釉下施化妆土，釉层较薄匀，釉质莹润，釉面玻璃光泽。内有底一涩圈，涩圈内施釉。口径18、底径5.8、高7.7厘米（图五九，18）。

2007SYT1⑤：207，残。敞口，圆唇，弧腹，圈足。灰黄色胎，胎质较细净、致密。内施满釉，外施釉不及底，釉下施化妆土，釉层较薄匀，釉质温润，釉面玻璃光泽。内底有支钉痕，外底有垫圈痕。口径19.1、底径7.5、高6.8厘米（图五九，19）。

2007SYT1⑤：208，残。敞口，圆唇，弧腹，圈足。灰色胎，胎质较细净、致密。内施满釉，外施釉不及底，釉下施化妆土，釉层薄匀，釉质温润，釉面玻璃光泽。内底有支钉痕，外底有支珠痕。口径18.8、底径6.4、高6.2厘米（图五九，20）。

2007SYT1⑤：210，残。敞口，圆唇，弧腹，圈足。灰黄色胎，胎质较粗糙、疏松。内施满釉，外施半釉，釉下施化妆土，釉质莹润，釉面玻璃光泽。内底有支钉痕。口径18.8、底径7.2、高2厘米（图五九，21）。

2007SYT1⑤：212，残。敞口，圆唇，弧腹，圈足。灰色胎，胎质较细净、致密。内施满釉，外施半釉，外有开片现象，釉下施化妆土，釉层较薄匀，釉质清亮莹润，釉面玻璃光泽。内底有支钉痕。口径16、底径6.4、高5.2厘米（图五九，22）。

2007SYT1⑤：213，残。敞口，圆唇微撇，弧腹，圈足微撇。灰胎，胎质较致密。莹润，釉层薄，器内满釉，器外半釉，有流釉现象，通体施化妆土。器内底有支钉痕，器底有修胎旋切痕迹。口径14.4、底径6.5、高4.2厘米（图五九，23）。

2007SYT1⑤：214，残。敞口，圆唇，弧腹，圈足。灰黄色胎，胎质较细净、致密。内外施半釉，釉下施化妆土，釉层薄匀，釉质温润，釉面玻璃光泽。口径16.8、底径5.5、高6厘米（图五九，24）。

2007SYT1⑤：215，残。敞口，圆唇微撇，斜弧腹，圈足外撇，足内壁外斜。灰黄胎，胎质较疏松。莹润，有细开片，釉层薄，有流釉现象，器内底涩圈，器外半釉，釉下施化妆土。器底有明显修胎切削痕迹，足底有弧面。口径17.6、底径5.5、高6厘米（图六〇，3）。

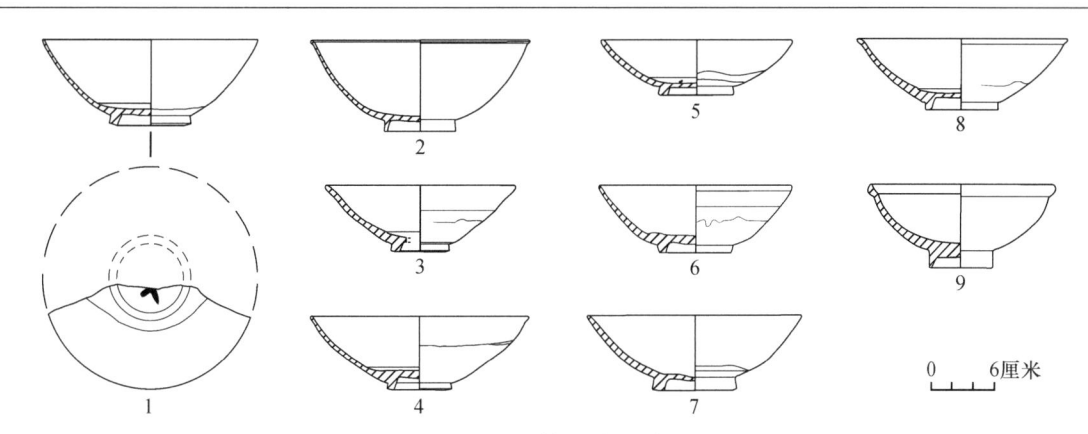

图六〇　第5层白釉碗

1. 2007SYT1⑤∶220　2. 2007SYT1⑤∶146　3. 2007SYT1⑤∶215　4. 2007SYT1⑤∶217　5. 2007SYT1⑤∶218　6. 2007SYT1⑤∶219
7. 2007SYT1⑤∶221　8. 2007SYT1⑤∶281　9. 2007SYT1⑤∶284

2007SYT1⑤∶217，残。敞口，圆唇微撇，弧腹，圈足外撇，足内壁外斜。灰黄胎，胎体较厚重，胎质较致密。莹润，有开片，器内底涩圈，器外半釉，釉下施化妆土。器底有修胎切削痕迹，足底有斜弧面，足心微凸。口径20.2、底径6、高6.6厘米（图六〇，4）。

2007SYT1⑤∶218，残。敞口，圆唇，弧腹，圈足。灰色胎，胎质较细净、致密。内施满釉，外施半釉，釉下施化妆土，釉层薄匀，釉质温润，釉面玻璃光泽。内底有支钉痕，外底有垫圈痕。口径17.8、底径7、高5厘米（图六〇，5）。

2007SYT1⑤∶219，残。敞口，圆唇，弧腹，圈足。灰黄色胎，胎质较粗糙、疏松。内施满釉，外施釉不及底，开片，外有流釉、积釉现象，釉下施化妆土，釉质莹润，釉面玻璃光泽。内底有支钉痕，外底有垫圈痕。口径17.3、底径6.6、高6.1厘米（图六〇，6；图版一〇，1）。

2007SYT1⑤∶220，残。敞口，圆唇，弧腹，圈足外撇，足内壁外斜。灰胎，胎质较致密。莹润，有开片，釉层薄，器内满釉，器外施釉不及底，有流釉、积釉现象，通体施化妆土。足心有墨书字迹，器底有明显修胎切削痕迹，足底有弧面。口径20、底径7.6、高7.7厘米（图六〇，1；图版一〇，2）。

2007SYT1⑤∶146，残。微侈口，圆唇，弧腹，圈足。白色胎，胎质细净、较致密。通体施釉，釉层薄匀，釉质乳状，釉面玻璃光泽。口径20.2、底径6.6、高8.2厘米（图六〇，2）。

2007SYT1⑤∶221，残。敞口，圆唇，弧腹，圈足。灰黄色胎，胎质较细净。内施满釉，外施釉不及底，开片，外有流釉、积釉现象，釉下施化妆土，釉层较薄匀，釉质莹润，釉面玻璃光泽。内底有支钉痕，外底有垫圈痕。口径20、底径7.8、高6.8厘米（图六〇，7；图版一〇，3）。

2007SYT1⑤∶281，残。敞口，圆唇，弧腹，圈足。灰黄色胎，胎质较细净、致密。内施满釉，外施半釉，釉下施化妆土，釉层较薄匀，釉质莹润，釉面玻璃光泽。内底有支钉痕。口径19.6、底径6.8、高6.4厘米（图六〇，8）。

2007SYT1⑤∶284，残。敞口，圆唇，宽沿，弧腹，圈足。灰黄色胎，胎质较细净、疏松。白釉偏灰，内外施满釉，外有露胎面，釉下施化妆土，釉质较莹润，釉面玻璃光泽，外有流釉现象。口径17.6、底径6、高7.5厘米（图六〇，9；图版一二，3）。

2007SYT1⑤：211，残。敞口，圆唇，弧腹，圈足。黄白色胎，胎质较细净、致密。内外施满釉，釉下施化妆土，釉层薄匀，釉质乳状，釉面玻璃光泽。内底有支钉痕。口径13.6、底径4.6、高3.7厘米（图六一，1）。

2007SYT1⑤：298，残。敞口，圆唇，斜弧腹，大浅圈足。灰胎，胎质较疏松。莹润，有细开片，釉层薄，器内满釉，器外施半釉，有流釉现象，釉下施化妆土。器内底有支钉痕，器底有修胎切削痕迹。口径13、底径6、高3.5厘米（图六一，2）。

2007SYT1⑤：299，残。敞口，圆唇，斜弧腹，浅圈足，挖足浅。灰胎，胎质较致密。莹润，釉层薄，器内满釉，器外半釉，近口沿有积釉现象，釉下施化妆土。器内底有支钉痕，器外腹壁有支烧痕，器底有明显修胎切削痕迹。口径14、底径6、高3.6厘米（图六一，3）。

2007SYT1⑤：727，残。敞口，圆唇，弧腹，圈足。灰黄色胎，胎质较细净、致密。内外施半釉，釉下施化妆土，釉层薄匀，釉面玻璃光泽。内底有一涩圈，涩圈内施釉。口径13、底径4.8、高4.1厘米（图六一，4）。

2007SYT1⑤：729，残。敞口，圆唇，弧腹，圈足。灰色胎，胎质较细净、致密。内外施半釉，釉下施化妆土，釉层薄匀，釉质温润，釉面玻璃光泽。内底有一涩圈，涩圈内施釉。口径12.7、底径4.9、高3.3厘米（图六一，5）。

2007SYT1⑤：734，残。敞口，圆唇，弧腹，圈足。土黄色胎，胎质较细净，致密。釉层薄匀，釉质莹润，内外釉面开片，玻璃光泽。内外施半釉，外有流釉、积釉现象，釉下施化妆土。内底有一涩圈，涩圈内施釉。口径13、底径5.6、高3.1厘米（图六一，6）。

2007SYT1⑤：754，残。敞口，圆唇，斜弧腹，圈足微撇，足内壁外斜。灰胎，含砂，胎质较致密。乳浊，釉层薄，器内底涩圈，器外半釉，釉下施化妆土。器底有修胎切削痕迹，足底微弧（图六一，7）。

2007SYT1⑤：755，残。敞口，圆唇，弧腹，圈足。灰黄色胎，胎质较细净、致密。内外施半釉，釉下施化妆土，釉层薄匀，釉质乳状，釉面玻璃光泽。内底有一涩圈，涩圈内施釉。口径15.4、底径5.8、高5厘米（图六一，8）。

2007SYT1⑤：761，残。敞口，圆唇，弧腹，圈足。灰黄色胎，胎质较细净、致密。内外施半釉，釉下施化妆土，釉层较薄匀，釉质温润，釉面玻璃光泽。内底有一涩圈，涩圈内施釉。口径13.6、底径4.8、高4.4厘米（图六一，9）。

2007SYT1⑤：802，残。敞口，圆唇，弧腹，圈足。淡黄色胎，胎质细净、致密。内施满釉，外施半釉，内流釉，外流釉、积釉，内外釉面开片，釉下施化妆土，釉层薄匀，釉质莹润，釉面玻璃光泽。内底有支钉痕，外底有垫圈痕。口径10.8、底径3.8、高3.2厘米（图六一，10）。

2007SYT1⑤：822，残。敞口，圆唇，弧腹，圈足。灰色胎，胎质较粗糙、致密、夹砂。内外施半釉，开片，外有流釉、积釉现象，釉下施化妆土，釉层较薄匀，釉质温润，釉面玻璃光泽。内底有一涩圈，涩圈内施釉。口径11.6、底径5.2、高3.4厘米（图六一，11）。

2007SYT1⑤:854，残。敞口，圆唇，弧腹，圈足。灰黄色胎，胎质较细净、致密。通体施釉，釉下施化妆土，釉层薄匀，釉质温润，釉面玻璃光泽。外底有垫圈痕。口径11.2、底径4.4、高5.4厘米（图六一，12）。

2007SYT1⑤:992，残。敞口，口外撇，圆唇，曲弧腹，腹深，圈足。灰黄色胎，胎质较细净、致密。内施满釉，外施半釉，釉下施化妆土，釉层较薄匀，釉质温润，釉面玻璃光泽。内外底有支珠痕，内腹、底有褐色彩绘，外底心有墨书文字。口径21.4、底径8.6、高8.5厘米（图六一，13）。

2007SYT1⑤:991，残。缺口，弧腹，圈足。灰黄色胎，胎质较细净、致密。内施满釉，

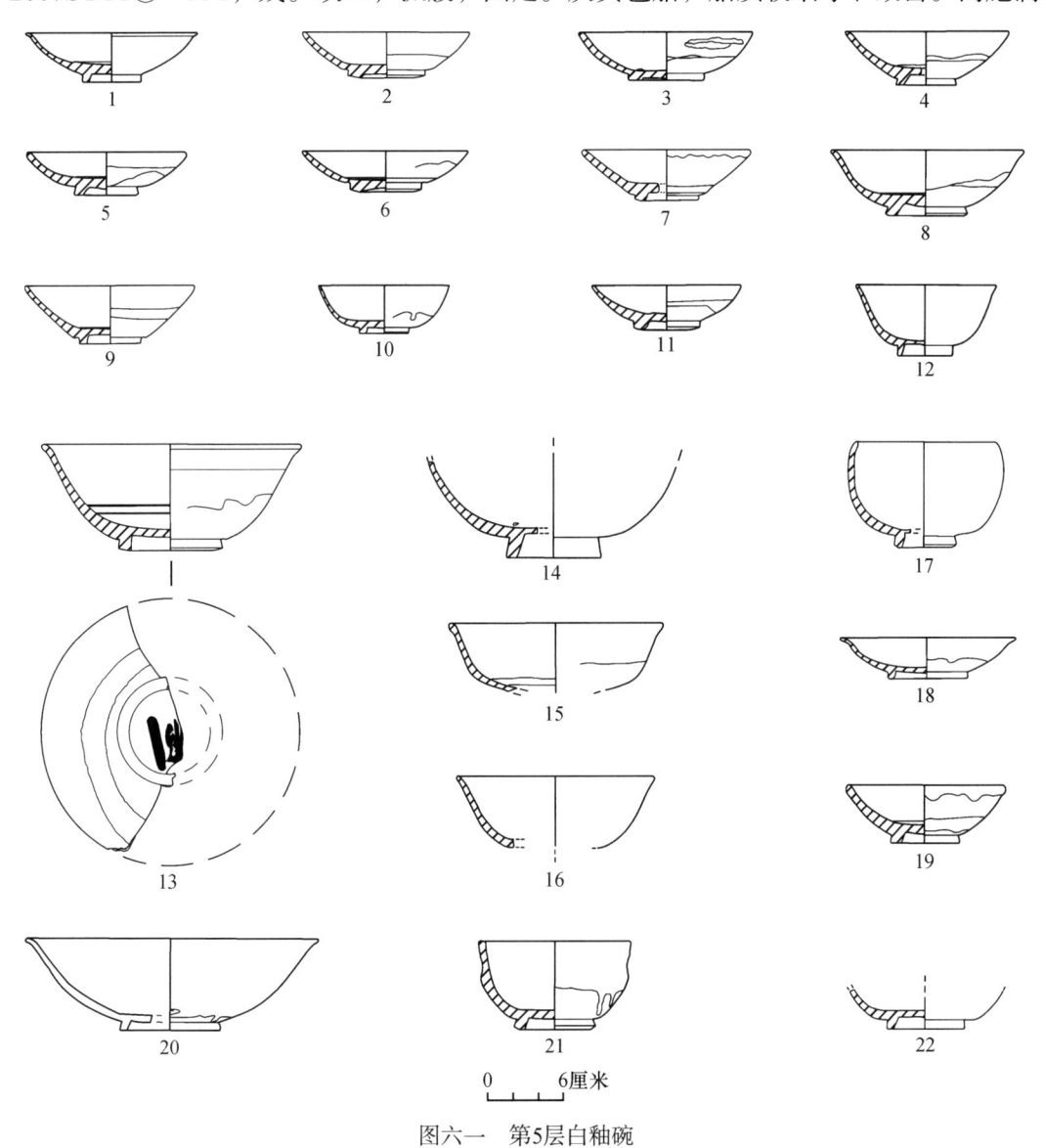

图六一 第5层白釉碗

1. 2007SYT1⑤:211 2. 2007SYT1⑤:298 3. 2007SYT1⑤:299 4. 2007SYT1⑤:727 5. 2007SYT1⑤:729 6. 2007SYT1⑤:734 7. 2007SYT1⑤:754 8. 2007SYT1⑤:755 9. 2007SYT1⑤:761 10. 2007SYT1⑤:802 11. 2007SYT1⑤:822 12. 2007SYT1⑤:854 13. 2007SYT1⑤:992 14. 2007SYT1⑤:991 15. 2007SYT1⑤:996 16. 2007SYT1⑤:988 17. 2007SYT1⑤:987 18. 2007SYT1⑤:997 19. 2007SYT1⑤:1279 20. 2007SYT1⑤:989 21. 2007SYT1⑤:1058 22. 2007SYT1⑤:999

外施釉不及底，内施满釉，釉下施化妆土，釉层薄匀，釉质温润，釉面玻璃光泽。内底有支钉痕。底径7.4厘米（图六一，14）。

2007SYT1⑤：996，残。敞口，圆唇，弧腹，圈足。黄白色胎，胎质较细净，致密。内施满釉，外施半釉，釉下施化妆土，釉层薄匀，釉质乳状，釉面玻璃光泽。内外釉开片。口径16.8厘米（图六一，15）。

2007SYT1⑤：988，残，缺底。敞口，圆唇，弧腹。灰黄色胎，胎质较细净、致密、夹砂。内施满釉，外施半釉，外有流釉现象，釉下施化妆土，釉层薄匀，釉质温润，釉面玻璃光泽。口径15.6厘米（图六一，16）。

2007SYT1⑤：987，残。敛口，圆唇，弧腹，圈足。灰黄色胎，胎质较细净、致密。内外施满釉，内有开片现象，釉下施化妆土，釉层较匀，釉质莹润，釉面玻璃光泽。外底有垫圈痕。口径11.2、底径5、高8厘米（图六一，17）。

2007SYT1⑤：997，残。敞口，圆唇，弧腹，圈足。灰黄色胎，胎质较细净、致密。内外施半釉，开片，釉下施化妆土，釉层较薄匀，釉质莹润，釉面玻璃光泽。内底有一涩圈，涩圈内施釉。口径14、底径6.4、高3.1厘米（图六一，18）。

2007SYT1⑤：989，残。敞口，圆唇微撇，斜弧腹，圈足外撇，挖足较深。灰胎，胎质较致密。莹润，有开片，釉层薄匀，器内满釉，器外施釉不及底，有流釉现象，釉下施化妆土。器底有修胎旋切痕迹。口径23、底径8、高7厘米（图六一，20）。

2007SYT1⑤：999，残，缺口沿。敞口，弧腹，圈足。青白色胎，胎质较细、致密、夹砂。内施满釉，外施半釉，釉下施化妆土，釉层薄匀，釉质乳状，釉面玻璃光泽。内底有支钉痕，外底心有一隆起乳钉。底径6.3厘米（图六一，22）。

2007SYT1⑤：1058，残。直口，方唇，曲腹，上腹束腰，圈足微撇，足内壁外斜。灰胎，胎体较厚重，胎质较致密。莹润，有开片，芒口，露化妆土，器内满釉，器外施釉不及底，有流釉现象，釉下施化妆土。器底有明显修胎切削痕迹，足底斜弧面，足心有小凸起。口径12、底径6.4、高6.7厘米（图六一，21；图版一〇，4）。

2007SYT1⑤：1279，残。敞口，圆唇，弧腹，圈足。灰黄色胎，胎质较细净、致密。釉层薄匀，釉质莹润，釉面玻璃光泽。内外施半釉，开片，外有流釉、积釉现象。内底有一涩圈，涩圈内施釉。口径12.8、底径5.6、高4.4厘米（图六一，19）。

盏 131件。

2007SYT1⑤：290，残。敞口，圆唇，斜弧腹，圈足。灰色胎，胎质较细净、致密。内外施满釉，外有流釉现象，釉下施化妆土，釉层薄匀，釉质莹润，釉面玻璃光泽。口径12.6、底径3.4、高3.6厘米（图六二，1）。

2007SYT1⑤：518，残。敞口，圆唇，斜弧腹，圈足微撇，足内壁外斜。灰胎，胎质较致密。莹润，器内涩圈，器外半釉，有流釉现象，釉下施化妆土。器底有明显修胎切削痕迹，足底有斜弧面。口径11.2、底径4.8、高2.8厘米（图六二，2）。

2007SYT1⑤：707，残。敞口，圆唇，弧腹，圈足。土黄色胎，胎质较细净、致密。内外施半釉，外有流釉、积釉现象，釉下施化妆土，釉层薄匀，釉质乳状，釉面玻璃光泽。内底有一涩圈，涩圈内施釉，内底心有一小隆起乳钉。口径11.4、底径4.6、高3.3厘米（图六二，3）。

2007SYT1⑤：709，残。敞口，圆唇，弧腹，圈足。灰色胎，胎质较细净、致密。内施半釉，外近口沿施釉，釉层薄匀，釉面哑光。内底有一涩圈，涩圈内施釉。外底有垫砂痕，底心有一隆起乳钉。口径9.2、底径4.2、高3厘米（图六二，4）。

2007SYT1⑤：711，残。敞口，圆唇，斜弧腹，圈足。灰黄色胎，胎质较疏松。内施釉不满，外施半釉，釉面有开片，釉下施化妆土。内底有一涩圈，涩圈内施釉。口径9.4、底径3.8、高3厘米（图六二，5）。

2007SYT1⑤：713，残。敞口，圆唇，斜弧腹，圈足。灰黄色胎，胎质细净、较致密。内施釉不满，外施半釉，釉下施化妆土。内底有一涩圈，涩圈内施釉。口径10.8、底径4.4、高3.1厘米（图六二，6；图版一三，2）。

2007SYT1⑤：717，残。敞口，圆唇，弧腹，圈足。灰黄色胎，胎质细净、较致密。内施釉不满，外施半釉，釉下施化妆土。内底有涩圈，涩圈内施釉。口径10.8、底径4.4、高4.2厘米（图六二，7）。

2007SYT1⑤：719，残。敞口，圆唇，弧腹，圈足。灰色胎，胎质较细净、致密。内外施半釉，釉下施化妆土，釉层薄匀，釉质温润，釉面玻璃光泽。内底有一涩圈，涩圈内施釉。口径12.2、底径4.6、高4厘米（图六二，8）。

2007SYT1⑤：720，残。敞口，圆唇，弧腹，圈足。青白色胎，胎质较粗糙、疏松、夹砂。内外施半釉，内有开片，釉下施化妆土，釉层较薄匀，釉质乳状，釉面玻璃光泽。内底有一涩圈，涩圈内施釉。口径11、底径4.2、高3.6厘米（图六二，9）。

2007SYT1⑤：721，残。敞口，圆唇，斜弧腹，圈足。灰黄色胎，胎质细净、较致密。内施釉不满，外施半釉，有流釉、窑变现象，釉下施化妆土。内底有涩圈，涩圈内施釉。口径11.6、底径4.4、高3.4厘米（图六二，10）。

2007SYT1⑤：722，残。敞口，圆唇，弧腹，圈足。灰黄色胎，胎质较细净，致密。内外施半釉，釉面开片，釉下施化妆土，釉层薄匀，釉质莹润，釉面玻璃光泽。内底有一涩圈，涩圈内施釉，削足。口径11.4、底径5.2、高3.5厘米（图六二，11）。

2007SYT1⑤：723，残。敞口，圆唇，斜弧腹，圈足。灰黄色胎，胎质细净、较致密。内施釉不满，外施半釉，有流釉现象，釉下施化妆土。内底有涩圈，涩圈内施釉。口径11、底径5、高3.8厘米（图六二，12）。

2007SYT1⑤：725，残。敞口，圆唇，浅弧腹，圈足外撇，足内壁外斜。灰胎，胎质较致密。莹润，有开片，器内底涩圈，器外近口沿施釉，釉下施化妆土。器底有修胎切削痕迹，足底有二斜面。口径11.4、底径3.8、高3.2厘米（图六二，13）。

2007SYT1⑤：726，残。敞口，圆唇，弧腹，圈足。土黄色胎，胎质较细净、致密。内外施半釉，釉下施化妆土，釉层薄匀，釉质温润，釉面玻璃光泽。内底有一涩圈，涩圈内施釉，外底心有一隆起乳钉。口径12、底径5.2、高3.8厘米（图六二，14）。

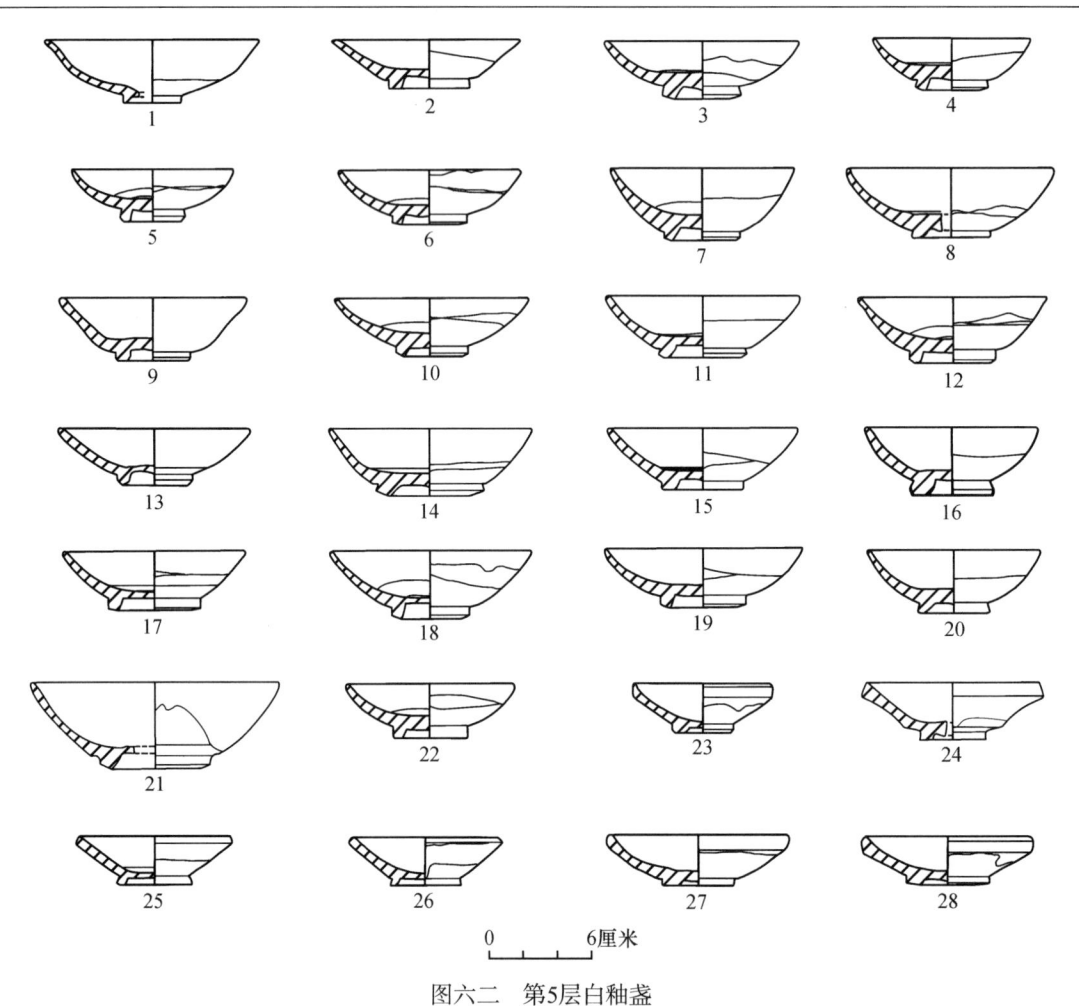

图六二　第5层白釉盏

1. 2007SYT1⑤：290　2. 2007SYT1⑤：518　3. 2007SYT1⑤：707　4. 2007SYT1⑤：709　5. 2007SYT1⑤：711
6. 2007SYT1⑤：713　7. 2007SYT1⑤：717　8. 2007SYT1⑤：719　9. 2007SYT1⑤：720　10. 2007SYT1⑤：721
11. 2007SYT1⑤：722　12. 2007SYT1⑤：723　13. 2007SYT1⑤：725　14. 2007SYT1⑤：726　15. 2007SYT1⑤：730
16. 2007SYT1⑤：732　17. 2007SYT1⑤：733　18. 2007SYT1⑤：735　19. 2007SYT1⑤：737　20. 2007SYT1⑤：739
21. 2007SYT1⑤：741　22. 2007SYT1⑤：743　23. 2007SYT1⑤：745　24. 2007SYT1⑤：749　25. 2007SYT1⑤：750
26. 2007SYT1⑤：751　27. 2007SYT1⑤：752　28. 2007SYT1⑤：753

2007SYT1⑤：730，残。敞口，圆唇，弧腹，圈足。红色胎，胎质较细净，疏松。内外施半釉，釉下施化妆土，釉层薄厚不匀，釉质乳状，釉面玻璃光泽。内底有两道弦纹一涩圈。口径11.2、底径4.8、高3.5厘米（图六二，15）。

2007SYT1⑤：732，残。敞口，圆唇，浅弧腹，圈足外撇。褐胎，含砂，胎质较疏松。乳浊，有开片，器内底涩圈，器外半釉，有流釉现象，釉下施化妆土。器底有明显修胎切削痕迹，足底有斜弧面。口径10、底径5、高3.2厘米（图六二，16）。

2007SYT1⑤：733，残。敞口，圆唇，斜弧腹，圈足。灰黄色胎，胎质细净、较致密。内施釉不满，外施半釉，釉下施化妆土。内底有涩圈，涩圈内施釉。口径10.8、底径5.4、高3.4厘米（图六二，17；图版一四，1）。

2007SYT1⑤：735，残。敞口，圆唇，斜弧腹，圈足。灰黄色胎，胎质细净、较疏松。器内有一涩圈，涩圈内施釉，外施半釉，外有流釉现象，釉下施化妆土。口径12、底径4.6、高3.9厘米（图六二，18）。

2007SYT1⑤：737，残。敞口，圆唇，斜弧腹，圈足。灰黄色胎，胎质细净、较疏松。内施釉不满，外施半釉，有流釉现象，釉下施化妆土。内底有垫圈痕。口径11.6、底径5、高3.4厘米（图六二，19）。

2007SYT1⑤：739，残。敞口，尖唇，浅弧腹，圈足外撇。灰褐胎，胎质较致密。乳浊，有开片，釉层薄，器内底涩圈，器外半釉，有流釉现象，釉下施化妆土。器底有明显修胎切削痕迹，足底有斜弧面，足心有小凸起。口径10.2、底径4.2、高3.6厘米（图六二，20；图版一四，2）。

2007SYT1⑤：741，残。敞口，圆唇，弧腹，圈足。灰黄色胎，胎质较粗糙、疏松、夹砂。内外施半釉，开片，釉下施化妆土，釉层较薄匀，釉质莹润，釉面玻璃光泽。内底有一涩圈，涩圈内施釉。口径14.6、底径6.6、高5厘米（图六二，21）。

2007SYT1⑤：743，残。敞口，圆唇，弧腹，圈足。灰黄色胎，胎质细净、较疏松。内施釉不满，外施半釉，有流釉、积釉现象，釉面有小开片，釉下施化妆土。内底有垫圈痕，外底有支钉痕。口径10、底径4.4、高3.1厘米（图六二，22）。

2007SYT1⑤：745，残。敞口，圆唇，斜腹，圈足。灰黄色胎，胎质较致密。内施满釉，外施半釉，外有流釉、积釉现象，釉下施化妆土。内底有支钉痕。口径8.2、底径3.6、高2.8厘米（图六二，23；图版一三，3）。

2007SYT1⑤：749，残。敞口，斜方唇，斜宽沿，浅弧腹，浅圈足微撇。灰胎，胎质较致密。莹润，釉层薄匀，有开片，器内满釉，器外半釉，有流釉现象。釉下施化妆土。器底有明显修胎切削痕迹。口径10.6、底径3.8、高3.3厘米（图六二，24）。

2007SYT1⑤：750，残。敞口，斜平唇，斜腹，圈足。灰黄色胎，胎质较致密。内施满釉，外施半釉，釉下施化妆土。外底有垫圈痕。口径9.2、底径4.4、高2.8厘米（图六二，25）。

2007SYT1⑤：751，残。敞口，斜平唇，斜腹，圈足。灰黄色胎，胎质较疏松。内施满釉，外无釉，釉下施化妆土。外底有垫圈痕。口径9.6、底径4.2、高2.8厘米（图六二，26）。

2007SYT1⑤：752，残。敞口，圆唇，弧腹，宽圈足。淡灰色胎，胎质较细净、致密。内施满釉，外施半釉，开片，釉层较薄匀，釉质莹润，釉面玻璃光泽。口径10.8、底径4.3、高2.9厘米（图六二，27）。

2007SYT1⑤：753，残。敞口，平唇，斜腹，圈足。灰白色胎，胎质细净、较致密。内施满釉，外沿施釉，有流釉、积釉现象，釉面有小开片，釉下施化妆土。外底有垫饼痕。口径10、底径4.8、高2.8厘米（图六二，28；图版一三，4）。

2007SYT1⑤：659，残。敞口，斜方唇，浅弧腹，宽圈足微撇。灰胎，胎质较致密。乳浊，釉层薄，器内满釉，器外半釉，有流釉现象。器内外底微凸，器底有修胎旋切痕迹。口径12.6、底径5、高3.6厘米（图六三，1）。

2007SYT1⑤：660，残。敞口，斜方唇，浅弧腹，浅圈足，挖足浅。灰胎，含细沙，胎质致密。乳浊，釉层薄，器内满釉，器外施釉不及底、有流釉现象，釉下施化妆土。器底有明显修胎切削痕迹。口径9、底径4.2、高2.5厘米（图六三，2）。

2007SYT1⑤：708，残。敞口，圆唇，弧腹，圈足。灰黄色胎，胎质较细净、致密。内外施半釉，开片，外有流釉现象，釉下施化妆土，釉层薄匀，釉质莹润，釉面玻璃光泽。内底有一涩圈，涩圈内施釉。口径11、底径4.5、高3.2厘米（图六三，3）。

2007SYT1⑤：710，残。敞口，圆唇微撇，浅弧腹，圈足微撇，足内壁外斜。灰黄胎，胎质较疏松。莹润，有细开片，釉层薄匀，器内底涩圈，器外半釉，釉下施化妆土。器底有明显修胎切削痕迹，足底有斜弧面，足心有小凸起。口径11.4、底径4.8、高3.7厘米（图六三，4）。

2007SYT1⑤：712，残。敞口，圆唇，浅弧腹，浅圈足，足内壁外斜，挖足较深。灰胎，胎质较致密。乳浊，釉层薄，器内底涩圈，器外半釉，釉下施化妆土。器底有修胎切削痕迹，足底有斜弧面，足心有小凸起。口径10、底4.1、高3.2厘米（图六三，5）。

2007SYT1⑤：714，残。敞口，圆唇，弧腹，圈足。红色胎，胎质较粗糙、致密。内外施半釉，釉下施化妆土，釉层较薄匀，釉质乳状，釉面玻璃光泽。内底有一涩圈，涩圈内施釉。口径10.2、底径4.8、高3.7厘米（图六三，6）。

2007SYT1⑤：715，残。敞口，圆唇，弧腹，圈足。灰黄色胎，胎质较细净、致密。内外施半釉，釉下施化妆土，釉层薄匀，釉质莹润，釉面玻璃光泽，有开片。内底有一涩圈，涩圈内施釉，削足。口径11.2、底径5.2、高3.2厘米（图六三，7）。

2007SYT1⑤：716，残。敞口，圆唇，弧腹，圈足。灰黄色胎，胎质较粗糙、疏松。内外施半釉，开片，釉下施化妆土，釉层较薄匀，釉质莹润，釉面玻璃光泽。内底有一涩圈，涩圈内施釉，外底心有隆起乳钉。口径10.8、底径5、高3.3厘米（图六三，8）。

2007SYT1⑤：724，残。敞口，圆唇，弧腹，圈足。红色胎，胎质较粗糙、疏松。内外施半釉，开片，釉下施化妆土，釉层薄匀，釉质乳状，釉面玻璃光泽。内底有一涩圈，涩圈内施釉。口径11.2、底径5、高3.5厘米（图六三，9）。

2007SYT1⑤：728，残。敞口，圆唇，弧腹，圈足。灰色胎，胎质较细净、致密。内外施半釉，釉下施化妆土，釉层薄匀，釉质温润，釉面玻璃光泽。内底有一涩圈，涩圈内施釉。口径10、底径4.2、高3.2厘米（图六三，10）。

2007SYT1⑤：731，残。敞口，圆唇，浅弧腹，圈足外撇。灰胎，含砂，胎质较致密。莹润，有开片，器内底涩圈，器外半釉，有流釉现象，釉下施化妆土。器底有明显修胎切削痕迹，足底有二斜面。口径12.2、底径4.2、高3.7厘米（图六三，11）。

2007SYT1⑤：736，残。敞口，圆唇，浅弧腹，圈足微撇，足内壁外斜。灰褐胎，含砂，胎质较疏松。色杂，莹润，有开片，釉层薄，有积釉现象，器内底涩圈，器外半釉，釉下施化妆土。器底有明显修胎切削痕迹，足底有斜弧面，足心有小凸起。口径10.4、底径4.4、高3.1厘米（图六三，12）。

2007SYT1⑤：738，残。敞口，圆唇，浅弧腹，浅圈足外撇。灰胎，含细沙，胎质致密。莹润，釉层薄匀，有开片，器内底涩圈，器外施釉不及底，釉下施化妆土。器底有明显修胎切削痕迹，足底有切削斜面，圈足内壁有切削斜弧面。口径11.8、底径5、高3.5厘米（图六三，13）。

2007SYT1⑤：740，残。敞口，圆唇，浅弧腹，浅圈足，足内壁外斜。灰黄胎，胎质较疏松。莹润，有小开片，釉层薄，有积釉现象，器内底涩圈，器外半釉，釉下施化妆土。器底有明显修胎切削痕迹，足底有斜弧面，足心有小凸起。口径12.4、底径4.9、高3.5厘米（图六三，14）。

2007SYT1⑤：742，残。敞口，圆唇，浅弧腹，圈足微外撇，足内壁外斜。灰胎，胎质较疏松。莹润，釉层薄，有开片，器内底涩圈，器外半釉，有流釉现象，釉下施化妆土。器底有修胎切削痕迹，足底有二斜面。口径11、底径4.5、高3.8厘米（图六三，15）。

2007SYT1⑤：746，残。敞口，圆唇，浅折腹，浅圈足，挖足较浅。灰胎，胎质较致

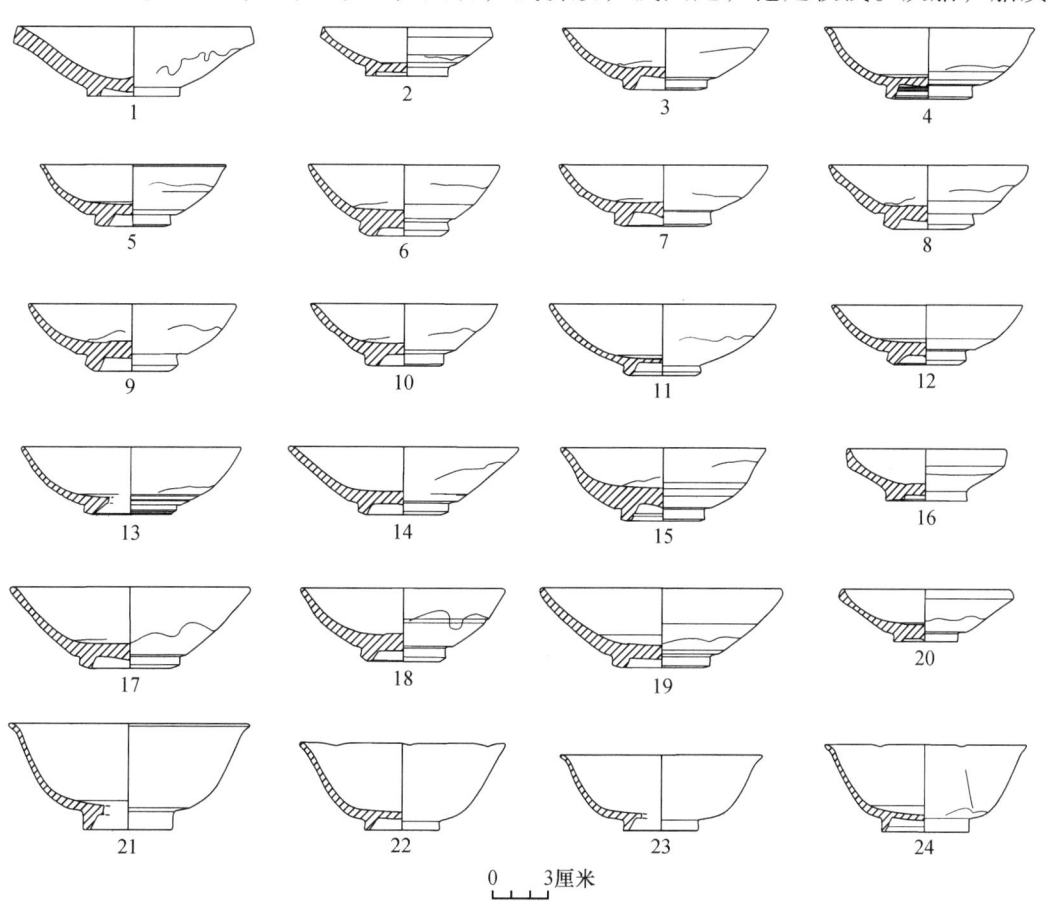

图六三 第5层白釉盏
1. 2007SYT1⑤：659 2. 2007SYT1⑤：660 3. 2007SYT1⑤：708 4. 2007SYT1⑤：710 5. 2007SYT1⑤：712 6. 2007SYT1⑤：714
7. 2007SYT1⑤：715 8. 2007SYT1⑤：716 9. 2007SYT1⑤：724 10. 2007SYT1⑤：728 11. 2007SYT1⑤：731 12. 2007SYT1⑤：736
13. 2007SYT1⑤：738 14. 2007SYT1⑤：740 15. 2007SYT1⑤：742 16. 2007SYT1⑤：746 17. 2007SYT1⑤：764
18. 2007SYT1⑤：748 19. 2007SYT1⑤：758 20. 2007SYT1⑤：747 21. 2007SYT1⑤：774 22. 2007SYT1⑤：780
23. 2007SYT1⑤：781 24. 2007SYT1⑤：785

密。莹润，釉层薄，器内满釉，器外半釉，釉下施化妆土。口径8.8、底径4.5、高2.7厘米（图六三，16）。

2007SYT1⑤：764，残。敞口，圆唇，弧腹，圈足。青灰色胎，胎质较细净、致密。内外施半釉，釉下施化妆土，釉层薄匀，釉质乳状，釉面已脱落。内底有一涩圈，涩圈内施釉。口径13、底径5.4、高4.2厘米（图六三，17）。

2007SYT1⑤：748，残。敞口，圆唇，浅弧腹，圈足微撇，足内壁外斜。灰胎，胎质较致密。莹润，有开片，釉层薄匀，器内底涩圈，器外半釉，釉下施化妆土。器底有修胎切削痕迹，足底有斜弧面，足心有小凸起。口径11、底径4.6、高3.8厘米（图六三，18）。

2007SYT1⑤：758，残。敞口，圆唇，斜弧腹，圈足微外撇，足内壁外斜。灰黄色胎，胎质较致密，胎上罩化妆土。乳浊，釉层薄，器内底涩圈，器外半釉。器底有修胎切削痕迹。口径13、底径5.2、高4.1厘米（图六三，19）。

2007SYT1⑤：747，残。敞口，斜方唇，浅弧腹，浅圈足，挖足浅。灰胎，含细沙，胎质较致密。莹润，釉层薄，有小开片，器内满釉，器外施半釉，有积釉现象，釉下施化妆土，局部未施到。器底有明显修胎切削痕迹。口径9、底径3.5、高2.7厘米（图六三，20）。

2007SYT1⑤：774，残。敞口，圆唇外翻，弧腹，圈足，足内壁微外斜。灰胎，胎体轻薄，胎质较致密。玻璃质，有细开片，釉层薄匀，器内外满釉，釉下施化妆土，器内满施，器外不及底。内底有支钉痕。口径11、底径4.8、高5.5厘米（图六三，21）。

2007SYT1⑤：780，残。敞口，圆唇，葵花形，弧腹，圈足，足内壁微外斜。灰胎，胎体轻薄，胎质较致密。莹润，釉层薄匀，器内外满釉，釉下施化妆土，器内满施，器外不及底。口径11、底径4、高4.5厘米（图六三，22）。

2007SYT1⑤：781，残。敞口，圆唇微外撇，斜弧腹，浅圈足，足内壁外斜，挖足较深。灰胎，胎体轻薄，胎质致密。莹润，有细开片，釉层薄，器内外满釉，釉下施化妆土。口径10.8、底径4、高3.9厘米（图六三，23）。

2007SYT1⑤：785，残。敞口，圆唇外撇，葵花形，弧腹，圈足。灰黄胎，胎体轻薄，胎质较致密。玻璃质，有细开片，釉层薄匀，器内满釉，器外施釉不及底，通体施化妆土。口径11、底径4.8、高4.5厘米（图六三，24）。

2007SYT1⑤：757，残。敞口，圆唇，弧腹，圈足。灰黄色胎，胎质较细净、致密。内外施半釉，釉下施化妆土，釉层薄匀，釉质温润，釉面玻璃光泽。内底有一涩圈，涩圈内施釉。口径14.6、底径6.8、高4厘米（图六四，1）。

2007SYT1⑤：759，残。敞口，圆唇，弧腹，圈足。土黄色胎，胎质较细净、致密。内外施半釉，有流釉、积釉现象，釉层较薄匀，釉质温润，釉面玻璃光泽。内底有一涩圈，涩圈内施釉，削足。口径11.4、底径4.2、高3.5厘米（图六四，2）。

2007SYT1⑤：760，残。敞口，圆唇，弧腹，圈足微撇，足内壁外斜。灰黄胎，胎质较致密。莹润，有细开片，釉层薄，器内底涩圈，器外半釉，有流釉现象，釉下施化妆土。器底有明显修胎切削痕迹，足底有弧面。口径13.5、底径4.1、高4.4厘米（图六四，3；图版一四，3）。

2007SYT1⑤：762，残。敞口，圆唇，弧腹，圈足。灰黄色胎，胎质较细净、致密。内外施半釉，外有流釉、积釉现象，釉下施化妆土，釉层薄匀，釉质莹润，釉面玻璃光泽。内底有一涩圈，涩圈内施釉。口径12.2、底径4.6、高2厘米（图六四，4）。

2007SYT1⑤：763，残。敞口，圆唇，斜弧腹，圈足微撇，足内壁外斜。灰褐胎，胎质较致密。莹润，器内涩圈，器外半釉，有流釉、积釉现象，釉厚处有小开片，釉下施化妆土。器底有修胎旋切痕迹，足底斜弧面，足心有小凸起。口径13.4、底径5.2、高4.2厘米（图

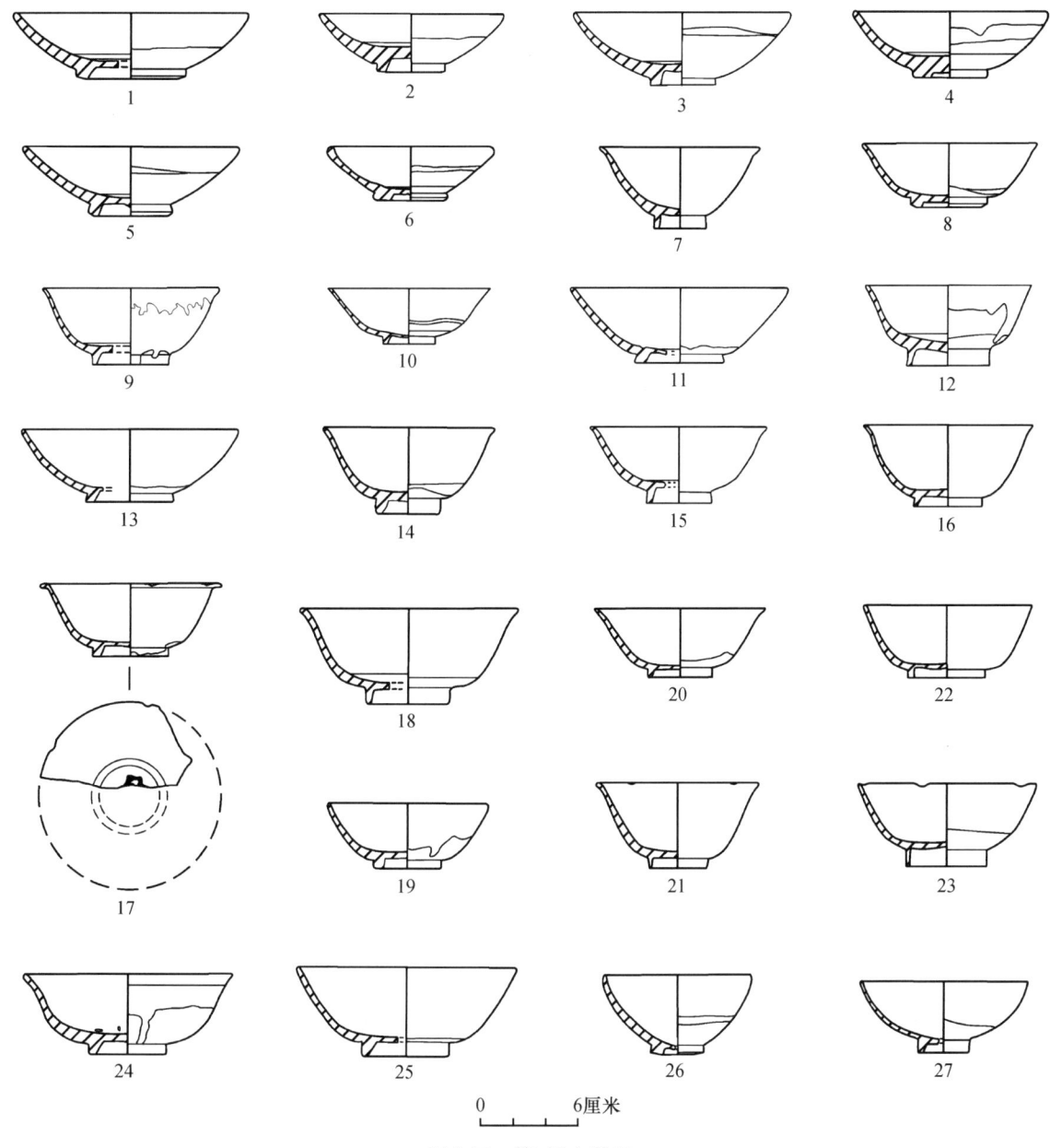

图六四　第5层白釉盏

1. 2007SYT1⑤：757　2. 2007SYT1⑤：759　3. 2007SYT1⑤：760　4. 2007SYT1⑤：762　5. 2007SYT1⑤：763
6. 2007SYT1⑤：767　7. 2007SYT1⑤：769　8. 2007SYT1⑤：770　9. 2007SYT1⑤：771　10. 2007SYT1⑤：772
11. 2007SYT1⑤：773　12. 2007SYT1⑤：775　13. 2007SYT1⑤：776　14. 2007SYT1⑤：778　15. 2007SYT1⑤：779
16. 2007SYT1⑤：784　17. 2007SYT1⑤：783　18. 2007SYT1⑤：786　19. 2007SYT1⑤：789　20. 2007SYT1⑤：792
21. 2007SYT1⑤：794　22. 2007SYT1⑤：797　23. 2007SYT1⑤：799　24. 2007SYT1⑤：801　25. 2007SYT1⑤：808
26. 2007SYT1⑤：809　27. 2007SYT1⑤：815

六四，5；图版一四，4）。

2007SYT1⑤：767，残。敞口，圆唇，斜弧腹，圈足。灰色胎，胎质较细净、致密。内施满釉，外施半釉，釉下施化妆土，釉层薄匀，釉质温润，釉面玻璃光泽。削足。口径10.4、底径4.6、高3.3厘米（图六四，6）。

2007SYT1⑤：769，残。敞口，尖唇微撇，弧腹，圈足外撇。灰胎，胎质较致密。莹润，有小开片，釉层薄匀，器内外满釉，通体施化妆土。器内底有支钉痕。口径10、底径3.2、高4.9厘米（图六四，7）。

2007SYT1⑤：770，残。敞口，圆唇，弧腹，圈足。灰黄色胎，胎质细净、较致密。内施满釉，外施釉至腹下部，外有流釉、积釉现象，釉下施化妆土。外底有垫圈痕。口径11、底径4.8、高3.7厘米（图六四，8；图版一三，5）。

2007SYT1⑤：771，残。敞口，圆唇，弧腹，圈足。灰黄色胎，胎质较细净、致密。内外施满釉，内外开片，外有流釉、漏釉现象，下施化妆土，釉层较薄匀，釉质莹润，釉面玻璃光泽。内底有支钉痕。口径11、底径4.6、高4.6厘米（图六四，9）。

2007SYT1⑤：772，残。敞口，尖唇，浅斜弧腹，浅圈足微撇。灰胎，胎体轻薄，胎质较致密。莹润，釉层薄匀，器内满釉，器外半釉，釉下施化妆土。器内底缘有一周凹弦纹，器底有修胎切削痕迹。口径10、底径3.2、高3.3厘米（图六四，10）。

2007SYT1⑤：773，残。敞口，圆唇，弧腹，圈足。灰黄色胎，胎质较细净、致密。内外施满釉，釉下施化妆土，釉层薄匀，釉质温润，釉面玻璃光泽。外腹下有压条纹饰。口径13.6、底径5.6、高4.5厘米（图六四，11）。

2007SYT1⑤：775，残。敞口，圆唇微撇，弧腹，圈足外撇。灰黄色胎，胎质较致密。莹润，有开片，釉层薄匀，器内满釉，器外半釉，有流釉现象，除足内外满施化妆土。器内底有支钉痕。口径10.4、底径5.8、高4.2厘米（图六四，12）。

2007SYT1⑤：776，残。敞口，圆唇，弧腹，圈足。灰黄色胎，胎质较细净、致密。内施满釉，外施釉不及底，外有开片、流釉现象，釉下施化妆土，釉层薄匀，釉质温润，釉面玻璃光泽。内底有支钉痕，外有垫圈痕。口径13.4、底径5.4、高4.4厘米（图六四，13）。

2007SYT1⑤：778，残。敞口，圆唇微撇，弧腹，圈足微撇。灰胎，胎质较致密。莹润，釉层薄匀，器内满釉，器外半釉，有流釉现象，釉下施化妆土。口径10.6、底径4、高5.2厘米（图六四，14）。

2007SYT1⑤：779，残。敞口，尖唇微撇，弧腹，圈足外撇。灰黄色胎，胎体轻薄，胎质较致密。莹润，釉层薄匀，器内外满釉，釉下施化妆土。器内底缘有一周凹弦纹。口径11、底径4、高4.6厘米（图六四，15）。

2007SYT1⑤：784，残。敞口，圆唇，弧腹，圈足。灰黄色胎，胎质较细净、致密。内外施满釉，釉下施化妆土，釉层较薄匀，釉质莹润，釉面玻璃光泽。口径10.4、底径4.2、高4.9厘米（图六四，16）。

2007SYT1⑤：783，残。花口，圆唇，弧腹，圈足。灰黄色胎，胎质细净、较疏松。内外施满釉，内有流釉现象，外有流釉、漏釉现象，釉下施化妆土。外底有垫圈痕。口径11.2、底径4.6、高4.4厘米（图六四，17）。

2007SYT1⑤：786，残。敞口，圆唇，弧腹，圈足。灰黄色胎，胎质较细净、致密。内施满釉，外施釉不及底，釉下施化妆土，釉层薄匀，釉质温润，釉面玻璃光泽。内底有支钉痕，外底有垫圈痕。口径13.6、底径5.2、高5.8厘米（图六四，18）。

2007SYT1⑤：789，残。敞口，尖唇，浅弧腹，圈足。灰白胎，胎质较致密。玻璃质，有开片，釉层薄匀，器内满釉，器外半釉，有流釉现象，釉下施化妆土。器内底有3个支钉痕，器底有修胎切削痕迹。口径10、底径4.2、高3.9厘米（图六四，19）。

2007SYT1⑤：792，残。敞口，圆唇，弧腹，圈足。灰黄色胎，胎质细净、较疏松。内外施满釉，釉下施化妆土。外底有垫圈痕。口径10.6、底径4、高4.2厘米（图六四，20）。

2007SYT1⑤：794，残。葵花形敞口，圆唇外撇，弧腹，圈足。灰胎，胎体轻薄，胎质较致密。莹润，有小开片，釉层薄匀，芒口，器内外满釉，釉下施化妆土。内底缘饰一周凹弦纹。口径10.2、底径3.8、高5.2厘米（图六四，21）。

2007SYT1⑤：797，残。敞口，圆唇微撇，弧腹，圈足微撇。灰白胎，胎体轻薄，胎质较致密。莹润，釉层薄匀，器内外满釉，有流釉现象，釉下施化妆土。器内底缘有一周凹弦纹。口径10.6、底径4.8、高4.4厘米（图六四，22）。

2007SYT1⑤：799，残。葵花形敞口，圆唇微撇，弧腹，圈足外撇。灰胎，胎体轻薄，胎质较致密。莹润，有细开片，釉层薄匀，器内满釉，器外施釉不及底，通体施化妆土。器内底有支钉痕，器底有修胎旋切痕迹。口径11.2、底径5、高5厘米（图六四，23）。

2007SYT1⑤：801，残。敞口，圆唇，弧腹，圈足。灰黄色胎，胎质细净、致密。内施满釉，外施半釉，釉下施化妆土，釉层薄匀，釉质温润，釉面玻璃光泽。内底有支钉痕。口径13、底径4.8、高4.9厘米（图六四，24）。

2007SYT1⑤：808，残。敞口，圆唇，弧腹，圈足。灰黄色胎，胎质较细净、致密。内施满釉，外施釉不及底，开片，外有流釉、积釉现象，釉下施化妆土，釉层较薄匀，釉质莹润，釉面玻璃光泽。内底有支钉痕。口径13.6、底径5.4、高5.4厘米（图六四，25）。

2007SYT1⑤：809，残。敞口，圆唇，浅弧腹，浅圈足，足内壁外斜，挖足较深。灰黄胎，胎质较致密。莹润，釉层薄，器内满釉，器外半釉，釉下施化妆土。器内底有支钉痕，器底有明显修胎切削痕迹。口径9.2、底径3.4、高4.8厘米（图六四，26）。

2007SYT1⑤：815，残。敞口，圆唇，弧腹，圈足。灰黄色胎，胎质较细净、致密。内施满釉，外施半釉，开片，釉下施化妆土，釉层较薄匀，釉质莹润，釉面玻璃光泽。内底有支钉痕。口径10.6、底径3.2、高4.3厘米（图六四，27）。

2007SYT1⑤：787，残。微侈口，圆唇，弧腹，圈足。青黄色胎，胎质较粗糙、致密、夹砂。内外施满釉，开片，釉下施化妆土，釉层薄匀，釉质乳状，釉面玻璃光泽。内底有支钉痕，外底有支珠痕。口径10.8、底径3.8、高5厘米（图六五，1）。

2007SYT1⑤：788，残。敞口，圆唇，弧腹，圈足。灰黄色胎，胎质较细净、致密。内施满釉，外施釉不及底，釉下施化妆土，釉层薄匀，釉质莹润，釉面玻璃光泽。外底有支珠痕。口径14、底径6、高4.5厘米（图六五，2）。

2007SYT1⑤：790，残。敞口，圆唇，弧腹，圈足微撇。灰胎，胎质较致密。莹润，有细开片，釉层薄匀，器内满釉，器外施釉不及底，有流釉现象，釉下施化妆土。器内底缘有一周凹弦纹，器内底有支钉痕。口径10.2、底径4.1、高3.9厘米（图六五，3）。

2007SYT1⑤：796，残。敞口，圆唇，弧腹，圈足。土黄色胎，胎质较细净、致密。内施满釉，外施釉不及底，釉下施化妆土，釉层薄匀，釉质温润，釉面玻璃光泽。内底有支钉痕。口径11.2、底径3.6、高4.5厘米（图六五，4）。

2007SYT1⑤：800，残。敞口，尖唇外翻，葵花形，弧腹，圈足，足内壁外斜。灰胎，胎体轻薄，胎质致密。玻璃质，有细开片，釉层薄匀，器内外满釉，釉下施化妆土。口径11、底径4.1、高4.5厘米（图六五，5）。

2007SYT1⑤：806，残。敞口，圆唇，弧腹，浅圈足，内壁外斜。灰白胎，胎体轻薄，胎质致密。玻璃质，有细开片，釉层薄匀，器内外满釉，足内无釉，釉下施化妆土。口径9、底径3、高4.1厘米（图六五，6）。

2007SYT1⑤：807，残。敞口，圆唇，浅弧腹，小圈足微撇，足内壁外斜。灰白胎，胎体轻薄，胎质较致密。玻璃质，有小开片，釉层薄匀，器内外满釉，釉下施化妆土。口径9、底径3、高3.8厘米（图六五，7）。

2007SYT1⑤：811，残。敞口，圆唇，弧腹，圈足微外撇。灰白色胎，胎质较疏松。莹润，有小开片，釉层薄，器内满釉，器外施釉不及底，釉下施化妆土。器内底缘有一周凹弦纹。口径10.2、底径5.2、高5厘米（图六五，8）。

2007SYT1⑤：813，残。敞口，圆唇、葵花形，弧腹，浅圈足，足内壁微外斜。灰白胎，胎体轻薄，胎质致密。莹润，釉层薄匀，器内满釉，器外施釉不及底、有流釉现象，釉下施化妆土。内底有支钉痕。口径9.4、底径3、高4厘米（图六五，9）。

2007SYT1⑤：814，残。敞口，圆唇，弧腹，圈足。土黄色胎，胎质较细净、致密。内施满釉，外施釉不及底，外有流釉、积釉现象，釉下施化妆土，釉层薄匀，釉质温润，釉面玻璃光泽。内底有支钉痕，内有凸脊线，外有凹线。口径13.2、底径5、高4.5厘米（图六五，10）。

2007SYT1⑤：818，残。敞口，圆唇微撇，葵花形，弧腹，圈足外撇，足内壁外斜。灰胎，胎体轻薄，胎质较致密。莹润，有细开片，釉层薄匀，器内满釉，器外施釉不及底。通体施化妆土。口径11、底径4.4、高4.5厘米（图六五，11）。

2007SYT1⑤：823，残。敞口，圆唇，弧腹，圈足。青白色胎，胎质较细净、致密。内外施半釉，釉下施化妆土，釉层薄匀，釉质乳状，釉面哑光。内底有一涩圈，涩圈内施釉。削足。口径12、底径5.2、高3.5厘米（图六五，12）。

2007SYT1⑤：827，残。敞口，圆唇微撇，浅弧腹，圈足微撇，足内壁外斜。灰胎，胎质较疏松。乳浊，釉层薄，器内底涩圈，器外半釉，釉下施化妆土。器底有修胎切削痕迹，足底有斜弧面，足心有小凸起。口径12.4、底径5、高4厘米（图六五，13）。

2007SYT1⑤：828，残。敞口，斜方唇，浅斜弧腹，浅圈足，足内壁微外斜，器内底内凹。灰黄胎，胎质较致密。莹润，有细开片，釉层薄，器内满釉，器外半釉，釉下施化妆土。器底有明显修胎切削痕迹。口径9.6、底径4、高3厘米（图六五，14）。

2007SYT1⑤：829，残。敞口，圆唇，弧腹，圈足。灰黄色胎，胎质较细净、致密。内外施半釉，釉下施化妆土，釉层薄匀，釉质乳状，釉面玻璃光泽。内有一涩圈，涩圈内施釉。口径11.4、底径5、高3.8厘米（图六五，15）。

2007SYT1⑤：831，残。敞口，圆唇，弧腹，圈足。姜黄色胎，胎质较粗糙、疏松、夹砂。内外施半釉，外有流釉、积釉现象，釉下施化妆土，釉层偏厚，釉质莹润，釉面玻璃光泽。内底有一涩圈，涩圈内施釉。口径11、底径5、高3.8厘米（图六五，16）。

2007SYT1⑤：836，残。敞口，圆唇，弧腹，圈足。黄白色胎，胎质较细净、致密。内外施半釉，釉下施化妆土，釉层薄匀，釉质乳状，釉面玻璃光泽，外有流釉、积釉现象。内底有一涩圈，涩圈内施釉。口径12、底径4.5、高4厘米（图六五，17）。

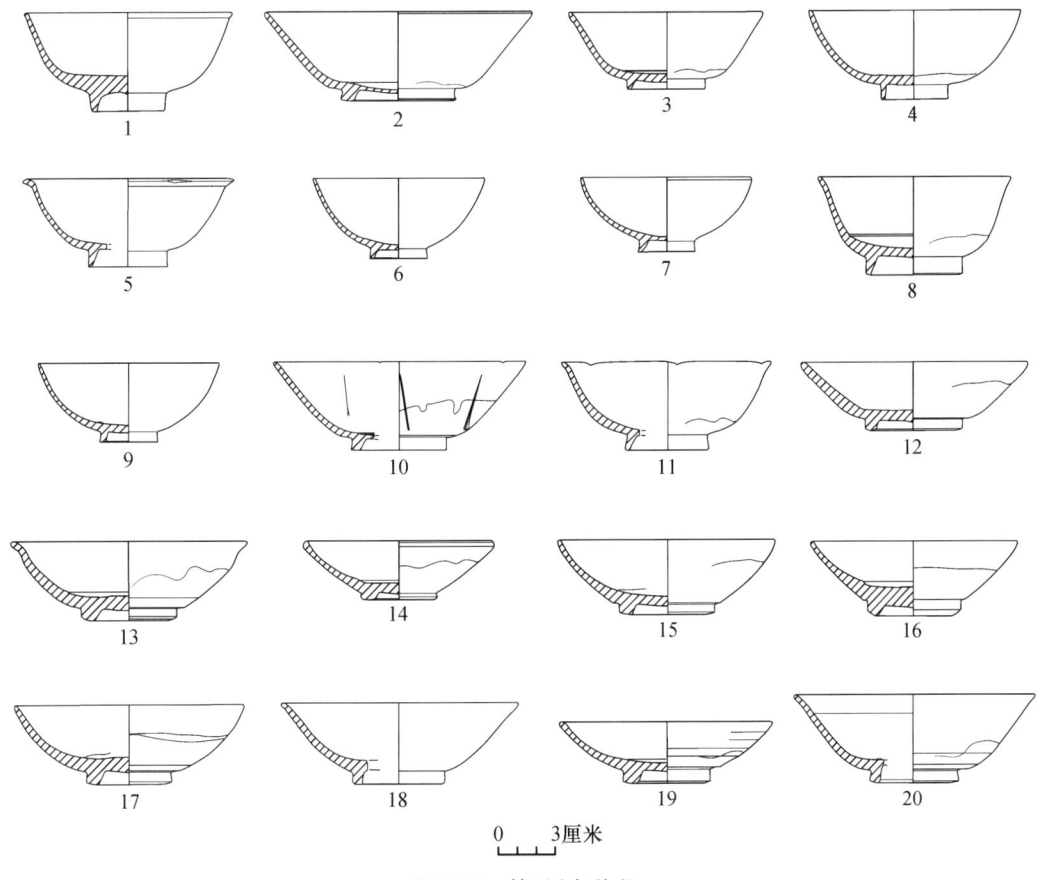

图六五　第5层白釉盏
1. 2007SYT1⑤：787　2. 2007SYT1⑤：788　3. 2007SYT1⑤：790　4. 2007SYT1⑤：796　5. 2007SYT1⑤：800
6. 2007SYT1⑤：806　7. 2007SYT1⑤：807　8. 2007SYT1⑤：811　9. 2007SYT1⑤：813　10. 2007SYT1⑤：814
11. 2007SYT1⑤：818　12. 2007SYT1⑤：823　13. 2007SYT1⑤：827　14. 2007SYT1⑤：828　15. 2007SYT1⑤：829
16. 2007SYT1⑤：831　17. 2007SYT1⑤：836　18. 2007SYT1⑤：849　19. 2007SYT1⑤：845　20. 2007SYT1⑤：876

2007SYT1⑤：849，残。敞口，圆唇，弧腹，圈足。灰黄色胎，胎质较细净、致密。内外施半釉，釉下施化妆土，釉层薄匀，釉质莹润，釉面玻璃光泽。内底有一涩圈，涩圈内施釉。口径12.4、底径4.8、高4.1厘米（图六五，18）。

2007SYT1⑤：845，残。敞口，圆唇，弧腹，圈足。灰黄色胎，胎质较细、致密、微夹砂。内外施半釉，釉下施化妆土，釉层薄匀，釉质清亮，釉面玻璃光泽。内底有一涩圈，涩圈内施釉。口径11.2、底径4.6、高3.1厘米（图六五，19）。

2007SYT1⑤：876，残。敞口，圆唇，斜弧腹，浅圈足外撇，挖足较深。灰胎，胎质较致密。釉层薄匀，器内满釉，器外施半釉，有流釉现象，釉下施化妆土。器内底有划花草叶纹，并有支钉痕，器底有明显的修胎切削痕迹。口径12.8、底径4.8、高4.5厘米（图六五，20）。

2007SYT1⑤：816，残。敞口，圆唇，弧腹，圈足。灰黄色胎，胎质较细净、致密。内施满釉，外施釉不及底，釉下施化妆土，釉层较薄匀，釉质莹润，釉面玻璃光泽。内底有支钉痕。口径9.4、底径3.8、高4.2厘米（图六六，1）。

2007SYT1⑤：820，残。敞口，圆唇，弧腹，圈足。灰色胎，胎质较细净、致密。内外施满釉，开片，釉层薄匀，釉质莹润，釉面玻璃光泽。内底有支钉痕。口径9.2、底径3.6、高3.8厘米（图六六，2）。

2007SYT1⑤：821，残。敞口，圆唇，弧腹，圈足。灰黄色胎，胎质细净、较疏松。内施满釉，外施釉至腹下部，釉下施化妆土。外底有垫圈痕。口径10、底径4.2、高3.9厘米（图六六，3）。

2007SYT1⑤：824，残。敞口，圆唇，弧腹，圈足。灰黄色胎，胎质较细净、致密。内外施半釉，开片，外有流釉、积釉现象，釉下施化妆土，釉层薄匀，釉质莹润，釉面玻璃光泽。内底有一涩圈，涩圈内施釉。口径14、底径5.6、高3.9厘米（图六六，4）。

2007SYT1⑤：825，残。敞口，圆唇，弧腹，圈足。土黄色胎，胎质较细净、致密。内施满釉，外施釉不及底，釉下施化妆土，釉层薄匀，釉质莹润，釉面玻璃光泽。内底有支钉痕，外底有垫圈痕。口径11.8、底径5.1、高2.9厘米（图六六，5）。

2007SYT1⑤：826，残。敞口，圆唇，弧腹，圈足。灰黄色胎，胎质较细净、致密。内外施半釉，釉下施化妆土，釉层较薄匀，釉质温润，釉面玻璃光泽。内底有涩圈，涩圈内施釉。口径12.8、底径4.2、高4.3厘米（图六六，6）。

2007SYT1⑤：830，残。敞口，圆唇微撇，浅弧腹，圈足微撇，足内壁外斜。灰胎，胎质较致密。莹润，有开片，器内涩圈，器外半釉，有积釉现象，釉下施化妆土。器底有明显修胎切削痕迹，足底有斜弧面。口径14.4、底径5.6、高3.4厘米（图六六，7）。

2007SYT1⑤：832，残。敞口，圆唇，弧腹，圈足。灰黄色胎，胎质较细净、致密。内外施半釉，开片，釉下施化妆土，釉层较薄匀，釉质莹润，釉面玻璃光泽。内有一涩圈，涩圈内施釉。口径13、底径5.2、高4厘米（图六六，8）。

2007SYT1⑤：833，残。敞口，圆唇，浅弧腹，圈足微撇，足内壁外斜。灰胎，胎质较疏松。莹润，釉层薄，器内底涩圈，器外近口沿施釉，釉下施化妆土。器底有明显修胎切削痕

第四章　出土器物

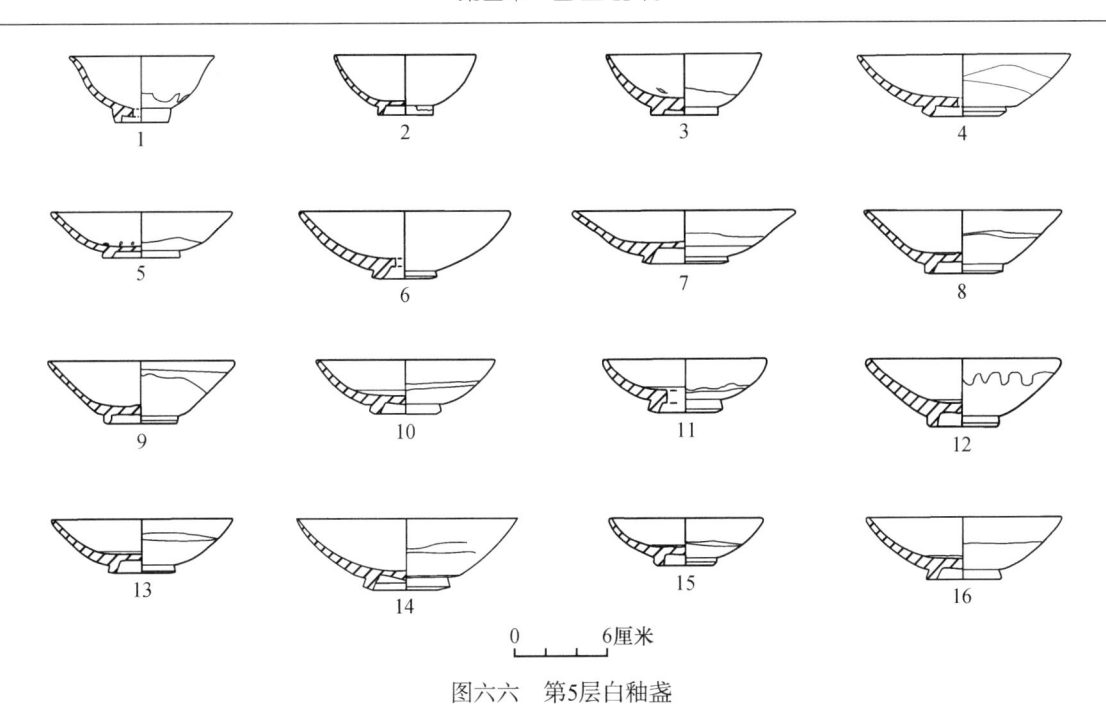

图六六　第5层白釉盏
1. 2007SYT1⑤：816　2. 2007SYT1⑤：820　3. 2007SYT1⑤：821　4. 2007SYT1⑤：824　5. 2007SYT1⑤：825
6. 2007SYT1⑤：826　7. 2007SYT1⑤：830　8. 2007SYT1⑤：832　9. 2007SYT1⑤：833　10. 2007SYT1⑤：834
11. 2007SYT1⑤：837　12. 2007SYT1⑤：838　13. 2007SYT1⑤：839　14. 2007SYT1⑤：841　15. 2007SYT1⑤：842
16. 2007SYT1⑤：846

迹，足底有二斜面。口径12、底径4.8、高4厘米（图六六，9）。

2007SYT1⑤：834，残。敞口，圆唇，弧腹，圈足。青黄色胎，胎质较细净、致密。内外施半釉，开片，釉下施化妆土，釉层薄匀，釉质莹润，釉面玻璃光泽。内有一涩圈，涩圈内施釉。口径11.6、底径4.6、高3.4厘米（图六六，10）。

2007SYT1⑤：837，残。敞口，圆唇，弧腹，圈足。灰黄色胎，胎质较细净、致密。内外施半釉，有流釉积釉现象，釉下施化妆土，釉层较薄匀，釉质乳状，釉面玻璃光泽。内底有一涩圈，涩圈内施釉。口径10.6、底径4.8、高3.4厘米（图六六，11）。

2007SYT1⑤：838，残。敞口，圆唇，浅弧腹，圈足外撇。灰褐胎，胎质较疏松。乳浊，有开片，釉层薄，器内底涩圈，器外半釉，有流釉现象，釉下施化妆土。器底有明显修胎切削痕迹，足底有斜弧面，足心有小凸起。口径12.4、底径5、高4.3厘米（图六六，12）。

2007SYT1⑤：839，残。敞口，圆唇，斜弧腹，圈足。灰黄色胎，胎质细净、较疏松。内施釉不满，外施半釉，釉下施化妆土。内底有垫圈痕。口径11.8、底径4.2、高3.4厘米（图六六，13）。

2007SYT1⑤：841，残。敞口，圆唇，弧腹，圈足。灰黄色胎，胎质较细净、致密。内外施半釉，釉下施化妆土，釉层较薄匀，釉质莹润，釉面玻璃光泽。内底有一涩圈，涩圈内施釉。口径14.4、底径5.6、高4.5厘米（图六六，14）。

2007SYT1⑤：842，残。敞口，圆唇，浅弧腹，圈足微撇，足内壁外斜。灰胎，胎质较疏松。莹润，有开片，釉层薄匀，器内底涩圈，器外半釉，釉下施化妆土。器底有明显修胎切削痕迹，足底有斜弧面，足心有小凸起。口径9.8、底径3.6、高3厘米（图六六，15）。

2007SYT1⑤：846，残。敞口，圆唇，弧腹，圈足。灰黄色胎，胎质较细、疏松、夹砂。内外施半釉，釉下施化妆土，外有流釉现象，釉层薄匀，釉质乳状，釉面玻璃光泽。内底有一涩圈，涩圈内施釉。口径12.8、底径5.1、高3.9厘米（图六六，16）。

2007SYT1⑤：848，残。敞口，圆唇，斜弧腹，圈足。青灰色胎，胎质细净、较致密。内施釉不满，外施半釉，有流釉现象，釉下施化妆土。内底有涩圈，涩圈内施釉。口径12.6、底径4.8、高3.8厘米（图六七，1）。

2007SYT1⑤：850，残。敞口，圆唇，弧腹，圈足。灰黄色胎，胎质较细净、致密。内外施半釉，釉下施化妆土，釉层较薄匀，釉质莹润，釉面玻璃光泽。内底有一涩圈，涩圈内施釉。口径11、底径5、高3.1厘米（图六七，2）。

2007SYT1⑤：851，残。敞口，圆唇，浅弧腹，圈足微撇，足内壁外斜，挖足较深。灰胎，胎质较致密。莹润，器内涩圈，涩圈内施釉，器外半釉，有流釉、积釉现象，釉厚处有小开片。器底有修胎旋切痕迹，足底斜弧面，足心有小凸起。口径12.4、底径5、高3.8厘米（图六七，3）。

2007SYT1⑤：852，残。敞口，圆唇，斜弧腹，圈足外撇，足内壁外斜。灰胎，胎质较疏松。玻璃质，满开片，器内底涩圈，器外近口沿施釉，釉下施化妆土。器底有修胎切削痕迹，足底有斜弧面。口径12.4、底径5.4、高4.8厘米（图六七，4）。

2007SYT1⑤：853，残。敞口，圆唇，斜弧腹，圈足。灰黄色胎，胎质细净、较致密。内施釉不满，外施半釉，釉下施化妆土。内底有垫圈痕。口径11.4、底径4.8、高3.1厘米（图六七，5）。

2007SYT1⑤：856，残。敞口，圆唇，弧腹，圈足微撇。灰胎，胎质较致密。莹润，釉层薄匀，器内外满釉，足内无釉，除足与下腹部之间外，满施化妆土。器内底缘饰凹弦纹，器内底有支钉痕，器底有修胎切削痕迹。口径11、底径5.4、高5厘米（图六七，6）。

2007SYT1⑤：858，残。花口，圆唇，弧腹，圈足。灰黄色胎，胎质细净、较致密。内外施满釉，釉下施化妆土。内腹有5条凸棱，外有5条对应凹槽，外底有垫圈痕。口径11.6、底径4.4、高5.1厘米（图六七，7）。

2007SYT1⑤：859，残。敞口，圆唇，弧腹，圈足。土黄色胎，胎质较细、致密。内外施半釉，釉下施化妆土，釉层薄匀，釉质莹润，釉面开片，玻璃光泽。内底有一涩圈，涩圈内施釉。口径9.5、底径4.1、高3.4厘米（图六七，8）。

2007SYT1⑤：861，残。敞口，圆唇，弧腹，圈足。灰黄色胎，胎质较细净、致密。内外施半釉，釉下施化妆土，釉层较薄匀，釉质温润，釉面玻璃光泽。内底有一涩圈，涩圈内施釉。口径12、底径5.2、高3.4厘米（图六七，9）。

2007SYT1⑤：862，残。敞口，圆唇，弧腹，圈足。灰黄色胎，胎质较细净、致密。内外施满釉，釉下施化妆土，釉层薄匀，釉质莹润，釉面玻璃光泽。外底有垫圈痕。口径11.6、底

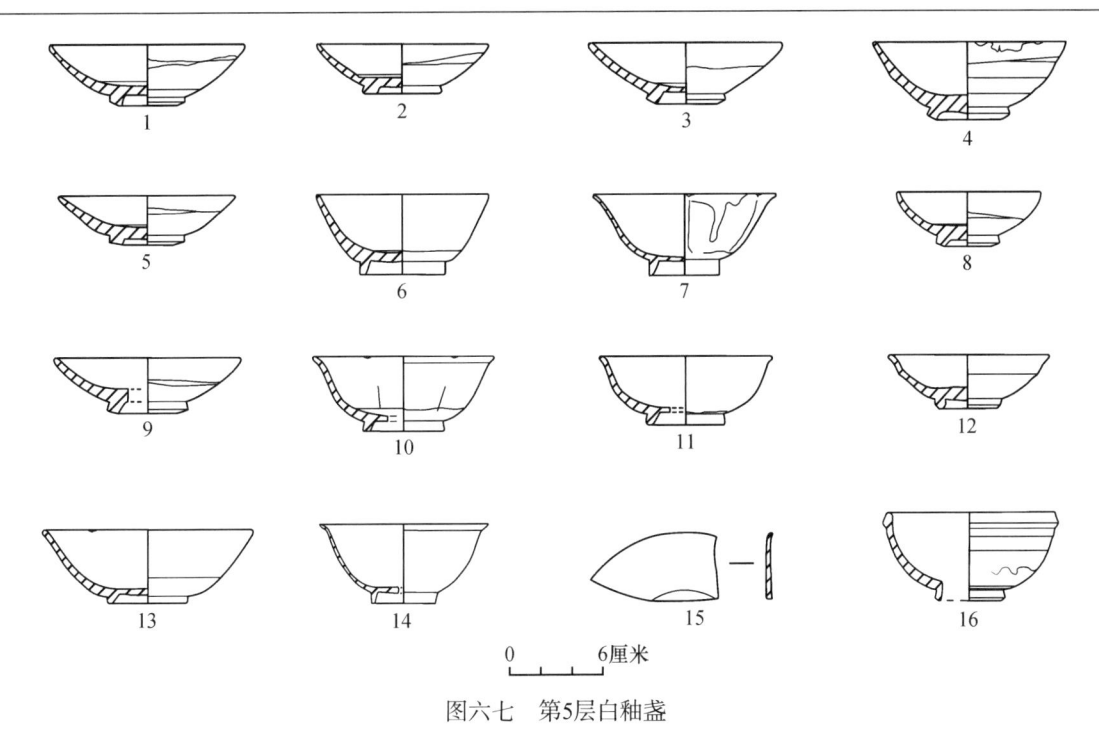

第四章　出土器物

图六七　第5层白釉盏
1. 2007SYT1⑤∶848　2. 2007SYT1⑤∶850　3. 2007SYT1⑤∶851　4. 2007SYT1⑤∶852　5. 2007SYT1⑤∶853
6. 2007SYT1⑤∶856　7. 2007SYT1⑤∶858　8. 2007SYT1⑤∶859　9. 2007SYT1⑤∶861　10. 2007SYT1⑤∶862
11. 2007SYT1⑤∶864　12. 2007SYT1⑤∶865　13. 2007SYT1⑤∶867　14. 2007SYT1⑤∶875　15. 2007SYT1⑤∶986
16. 2007SYT1⑤∶1054

径5.2、高4.6厘米（图六七，10）。

2007SYT1⑤∶864，残。敞口，圆唇，弧腹，圈足。灰黄色胎，胎质较细净、致密、夹砂。内外施满釉，釉下施化妆土，开片，釉层薄匀，釉质莹润，釉面玻璃光泽。外底有支钉痕。口径11.2、底径5、高4.3厘米（图六七，11）。

2007SYT1⑤∶865，残。敞口，圆唇，弧腹，圈足。灰色胎，胎质较细净、致密。内外施半釉，开片，外有流釉、积釉现象，釉下施化妆土，釉层较薄匀，釉质莹润，釉面玻璃光泽。内底有一涩圈，涩圈内施釉。口径10.4、底径3.8、高3.4厘米（图六七，12）。

2007SYT1⑤∶867，残。花口，圆唇，弧腹，圈足。灰色胎，胎质较细净、致密。内施满釉，外施半釉，釉下施化妆土，釉层较薄匀，釉质温润，釉面玻璃光泽。内底有支钉痕。口径13.6、底径5.2、高4.6厘米（图六七，13）。

2007SYT1⑤∶875，残。敞口，圆唇外撇，弧腹，圈足。灰胎，胎体轻薄，胎质较致密。莹润，釉层薄匀，芒口，器内外满釉，釉下施化妆土。内底饰一周凹弦纹。口径10.8、底径4、高4.9厘米（图六七，14）。

2007SYT1⑤∶986，残，缺底。敞口，圆唇，折腹。灰色胎，胎质较细净、致密。内外施满釉，釉下施化妆土，釉层薄匀，釉质莹润，釉面玻璃光泽（图六七，15）。

2007SYT1⑤∶1054，残。敞口，翻唇，弧腹，圈足。灰黄色胎，胎质较细净、致密。内施满釉，外施釉不及底，釉下施化妆土，釉层较薄匀，釉质莹润，釉面玻璃光泽。口径11、底径4.6、高5.5厘米（图六七，16）。

盘　94件。

2007SYT1⑤：490，残。敞口，圆唇，斜弧腹，圈足。灰色胎，胎质较细净、致密。内施满釉，外施半釉，开片，釉下施化妆土，釉层较薄匀，釉质莹润，釉色不匀，釉面玻璃光泽。外底有垫圈痕。口径13、底径4.8、高2.7厘米（图六八，1）。

2007SYT1⑤：494，残。敞口，圆唇，斜弧腹，圈足。灰色胎，胎质较疏松。内施满釉，外施釉至腹下部，有流釉、积釉现象，釉下施化妆土。内底有支钉痕。口径16.6、底径6、高3.5厘米（图六八，2；图版一六，1）。

2007SYT1⑤：495，残。敞口，圆唇，斜弧腹，圈足外撇，挖足较深。灰胎，胎质较致密。莹润，有开片，釉层薄匀，器内满釉，器外半釉，有流釉现象，釉下施化妆土。内底缘饰凹弦纹，内底有支钉痕，器底有修胎旋切痕迹。口径17.6、底径6.6、高3.8厘米（图六八，3）。

2007SYT1⑤：496，残。葵花形敞口，尖唇，浅弧腹，圈足。灰黄色胎，胎质较致密。莹润，釉层薄匀，器内外满釉，足内无釉，除外下腹部外，器内外施化妆土。内底微凸，中间微凹。口径14.8、底径4.8、高3.1厘米（图六八，4）。

2007SYT1⑤：497，残。敞口，圆唇，斜弧腹，圈足。灰黄色胎，胎质较细净、致密。内施满釉，外施半釉，釉下施化妆土，釉层较薄匀，釉质温润，釉面玻璃光泽。内外底有支珠痕。口径16.8、底径6、高3.9厘米（图六八，5）。

2007SYT1⑤：498，残。花口，圆唇，斜弧腹，圈足。灰黄色胎，胎质较细净、致密。内外施满釉，开片，釉下施化妆土，釉层薄匀，釉质莹润，釉面玻璃光泽。内底有支钉痕，内有脊线。口径18.8、底径6.6、高3.6厘米（图六八，6）。

2007SYT1⑤：500，残。敞口，圆唇，弧腹，圈足。灰色胎，胎质较细净、致密。内施满釉，外施釉不及底，外有流釉、积釉现象，釉下施化妆土，釉层较薄匀，釉质莹润，釉面玻璃光泽。内底有支钉痕。口径16.8、底径6.6、高3.8厘米（图六八，7）。

2007SYT1⑤：501，残。葵花形敞口，圆唇，浅弧腹，圈足微撇，挖足较深。灰胎，胎质较致密。莹润，釉层薄，器内外满釉，足底无釉，除器外下腹部外，满施化妆土。盘内壁出筋。口径19.4、底径6.8、高4厘米（图六八，8）。

2007SYT1⑤：503，残。敞口，圆唇微撇，斜弧腹，圈足外撇，挖足较深。灰胎，胎质较致密。莹润，满开片，釉层薄匀，器内外满釉，除足与下腹部之间外，满施化妆土。内底有支钉痕，足底有垫圈痕。口径15.6、底径3.4、高3.4厘米（图六八，9）。

2007SYT1⑤：504，残。敞口，圆唇，浅弧腹，圈足外撇。灰胎，胎质较致密。莹润，釉层薄，器内满釉，器外半釉，有流釉现象，釉下施化妆土。内底有支钉痕，器底有修胎旋切痕迹。口径16.4、底径3.8、高3厘米（图六八，10）。

2007SYT1⑤：505，残。敞口，圆唇，斜弧腹，圈足。灰黄色胎，胎质较疏松。内施满釉，外施釉至腹下部，釉下施化妆土。外底有垫圈痕。口径15.4、底径6.2、高3.1厘米（图

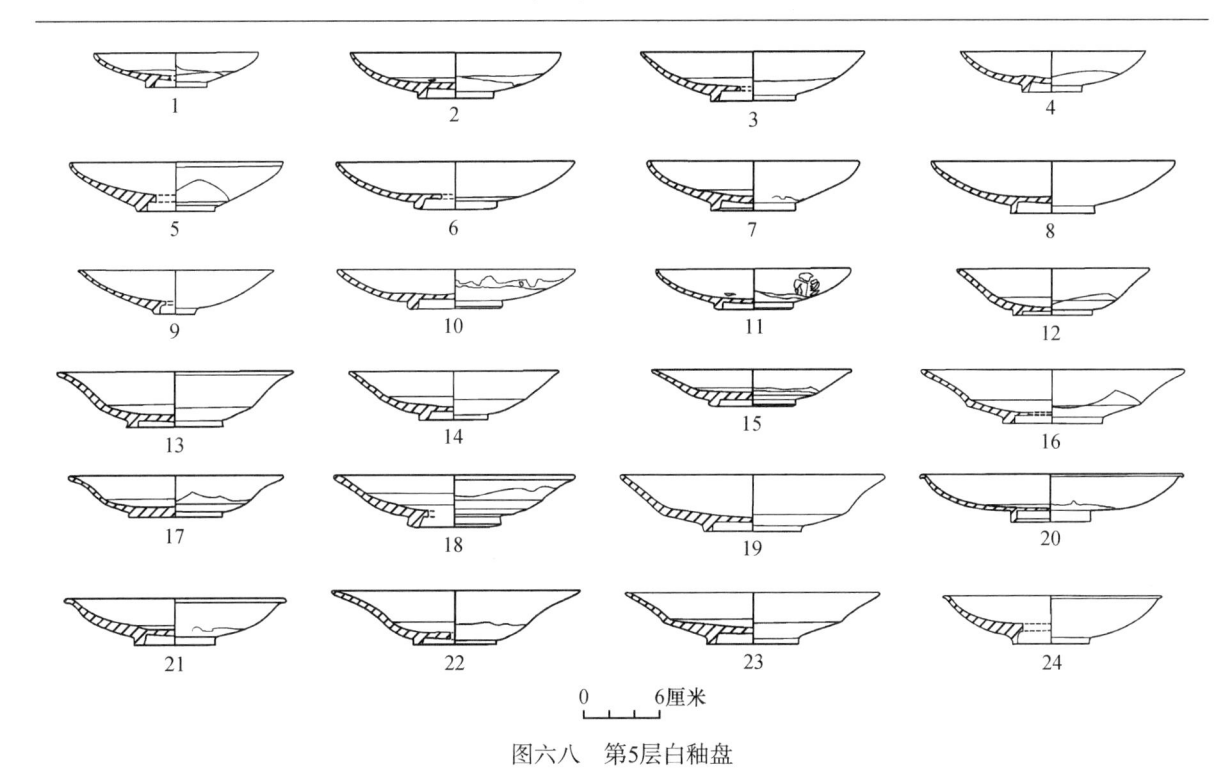

图六八　第5层白釉盘

1.2007SYT1⑤:490　2.2007SYT1⑤:494　3.2007SYT1⑤:495　4.2007SYT1⑤:496　5.2007SYT1⑤:497
6.2007SYT1⑤:498　7.2007SYT1⑤:500　8.2007SYT1⑤:501　9.2007SYT1⑤:503　10.2007SYT1⑤:504
11.2007SYT1⑤:505　12.2007SYT1⑤:506　13.2007SYT1⑤:507　14.2007SYT1⑤:508　15.2007SYT1⑤:509
16.2007SYT1⑤:510　17.2007SYT1⑤:511　18.2007SYT1⑤:512　19.2007SYT1⑤:513　20.2007SYT1⑤:514
21.2007SYT1⑤:519　22.2007SYT1⑤:517　23.2007SYT1⑤:516　24.2007SYT1⑤:521

六八，11；图版一五，2）。

2007SYT1⑤:506，残。敞口，圆唇，曲弧腹，圈足。灰黄色胎，胎质较细净、致密。内施满釉，外施半釉，釉下施化妆土，釉层较薄匀，釉质莹润，釉面玻璃光泽。内底有支钉痕。口径15.4、底径6.4、高3.6厘米（图六八，12）。

2007SYT1⑤:507，残。敞口，圆唇，折腹，圈足。灰黄色胎，胎质较细净、致密。内施满釉，外施半釉，开片，釉下施化妆土，釉层薄匀，釉质莹润，釉面玻璃光泽。内底有支钉痕，外底有支珠痕。口径18.6、底径7.6、高4.3厘米（图六八，13）。

2007SYT1⑤:508，残。敞口，圆唇，折腹，圈足。灰白色胎，胎质较细净、致密。内施满釉，外施釉不及底，釉下施化妆土，釉层较薄匀，釉质莹润，釉面玻璃光泽。内底有支钉痕，外底有支珠痕。口径16.6、底径5.4、高3.8厘米（图六八，14）。

2007SYT1⑤:509，残。敞口，圆唇，斜弧腹，圈足。灰黄色胎，胎质较疏松。内施满釉，外施半釉，釉下施化妆土。内底有支钉痕。口径15.8、底径6.8、高2.8厘米（图六八，15）。

2007SYT1⑤:510，残。敞口，圆唇，折腹，圈足。灰黄色胎，胎质较细净、致密。内施满釉，外施半釉，开片，釉下施化妆土，釉层较薄匀，釉质莹润，釉面玻璃光泽。内底有支钉痕。口径21、底径8、高4.2厘米（图六八，16）。

2007SYT1⑤：511，残。敞口，圆唇，斜腹折收，圈足。灰黄色胎，胎质较疏松。内施满釉，外施釉至腹下部，釉下施化妆土。内底有支钉痕，外底有支珠痕。口径17、底径7.4、高3.2厘米（图六八，17；图版一六，3）。

2007SYT1⑤：512，残。敞口，圆唇微外撇，浅折腹，浅圈足，足内壁外斜，挖足深。灰黄胎，胎质较致密。莹润，釉层薄匀，有细开片，器内涩圈，器外施半釉，釉下施化妆土。器底有明显修胎切削痕迹。口径19、底径7.5、高4厘米（图六八，18）。

2007SYT1⑤：513，残。敞口，圆唇，折腹，圈足。灰色胎，胎质较细净、致密。内外施满釉，外有流釉、积釉现象，釉下施化妆土，釉层较薄匀，釉质莹润，釉面玻璃光泽。内底有支钉痕，外底有垫圈痕。口径20.8、底径7.6、高4.4厘米（图六八，19）。

2007SYT1⑤：514，残。敞口，尖唇，斜弧腹，圈足。灰黄色胎，胎质细净、较疏松。内外施满釉，釉下施化妆土。内底有支钉痕，外底有垫饼痕。口径14.6、底径6.4、高3.7厘米（图六八，20）。

2007SYT1⑤：519，残。敞口，圆唇微撇，窄折沿，浅斜弧腹，圈足微撇。灰胎，胎质较致密。莹润，器内满釉，器外施釉不及底，釉线不齐，有积釉现象，釉下施化妆土。盘内底缘有一周凹弦纹，内底有支钉痕，器底有修胎旋切痕迹。口径17.6、底径6.4、高3.6厘米（图六八，21）。

2007SYT1⑤：517，残。敞口，圆唇微撇，折腹，圈足微撇。灰胎，胎质致密。莹润，有开片，器内满釉，器外半釉，有积釉现象，釉下施化妆土。器底有修胎旋切痕迹。口径17.6、底径6.6、高4.2厘米（图六八，22）。

2007SYT1⑤：516，残。敞口，圆唇，弧腹，圈足。灰黄色胎，胎质较细净、致密。内施满釉，外施釉不及底，外有流釉现象，釉下施化妆土，釉层较薄匀，釉质莹润，釉面玻璃光泽。内底有支钉痕，外底有支珠痕。口径20、底径7.2、高4.1厘米（图六八，23）。

2007SYT1⑤：521，残。敞口，圆唇微撇，窄折沿，斜弧腹，圈足微撇。灰胎，胎质较致密。莹润，有小开片，器内满釉，器外施釉不及底，有流釉现象，釉下施化妆土。盘内底缘有一周凹弦纹，内底有支钉痕，器底有修胎旋切痕迹。口径17.6、底径6.2、高3.7厘米（图六八，24）。

2007SYT1⑤：522，残。敞口，圆唇，折沿，斜弧腹，圈足外撇。灰褐胎，胎质较致密。莹润，釉层薄，器内满釉，器外施釉不及底，有流釉现象，釉厚处有开片，釉下施化妆土。内底有支钉痕，器底有修胎旋切痕迹。口径21.8、底径8.4、高4.4厘米（图六九，1）。

2007SYT1⑤：525，残。敞口，圆唇微撇，斜弧腹，圈足微撇。青灰胎，胎质较致密。莹润，器内外满釉，足内无釉，除器外下腹部外满施化妆土。盘内腹壁有一周凹弦纹，盘内底有支钉痕，器底有修胎旋切痕迹。口径20、底径6.6、高4.3厘米（图六九，2）。

2007SYT1⑤：526，残。敞口，圆唇，斜折腹，圈足。灰黄色胎，胎质较疏松。内施满釉，外施釉至腹下部，釉下施化妆土。内底有支钉痕。口径16.2、底径7.2、高3.2厘米（图六九，3；图版一五，3）。

2007SYT1⑤:527，残。花口，圆唇，斜弧腹折收，圈足。灰黄色胎，胎质细净、较疏松。内施满釉，外施釉至腹下部，釉下施化妆土。内底有支钉痕。口径19.4、底径6.4、高4.3厘米（图六九，4；图版一五，4）。

2007SYT1⑤:528，残。花口，圆唇，弧腹，圈足。灰黄色胎，胎质细净、较疏松。内施满釉，外施半釉，外有流釉、积釉现象，釉下施化妆土。内底有支钉痕。口径15、底径5.2、高3.3厘米（图六九，5；图版一六，2）。

2007SYT1⑤:529，残。敞口，圆唇，折腹，圈足。灰黄色胎，胎质细净、较疏松。内施满釉，外施釉至腹下部，釉下施化妆土。外底有垫饼痕。口径17.2、底径6、高4厘米（图六九，6）。

2007SYT1⑤:530，残。葵花形敞口，圆唇，折腹，圈足外撇。灰胎，胎质较致密。莹润，器内满釉，器外半釉，有流釉现象，满施化妆土。盘内底有支钉痕，器底有修胎旋切痕迹。口径17.2、底径6.4、高3.6厘米（图六九，7）。

2007SYT1⑤:531，残，敞口，圆唇，折腹，圈足。灰黄色胎，胎质较疏松。内施满釉，外施釉不及底，釉下施化妆土。外底有垫圈痕。口径21、底径7、高4.4厘米（图六九，8）。

2007SYT1⑤:532，残。侈口，圆唇，斜弧腹，圈足。灰黄色胎，胎质较细净、致密。内

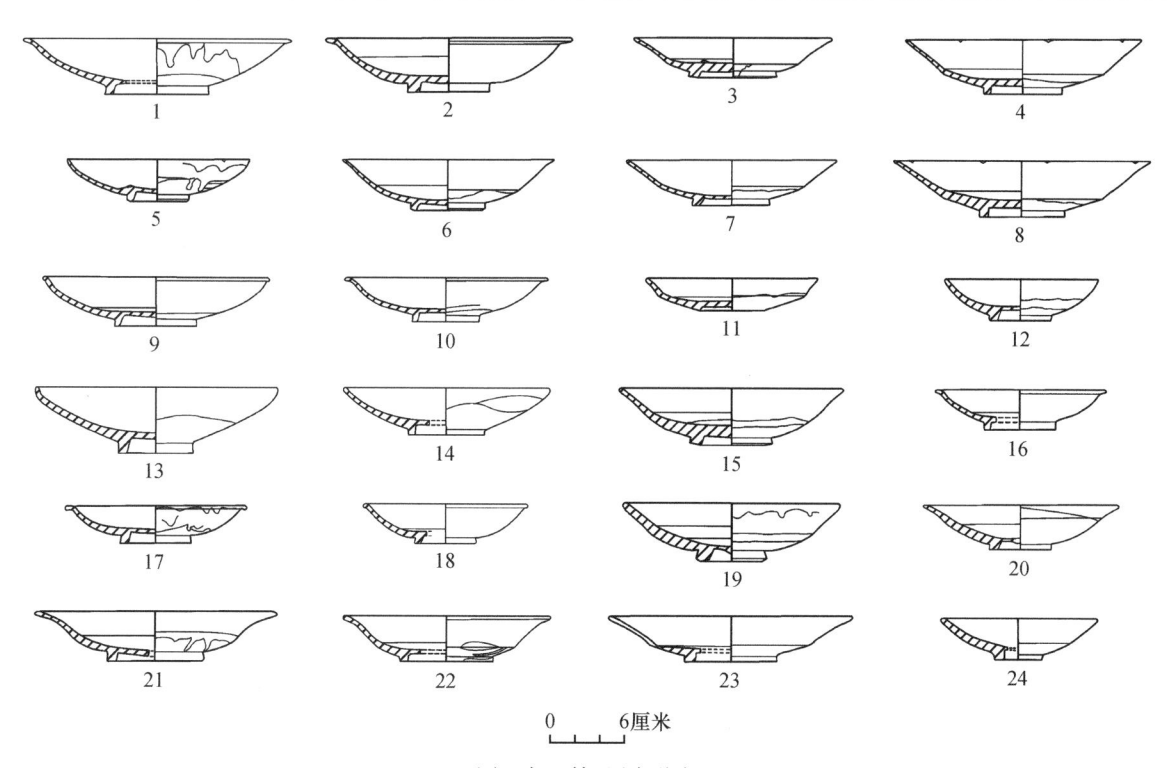

图六九　第5层白釉盘

1. 2007SYT1⑤:522　2. 2007SYT1⑤:525　3. 2007SYT1⑤:526　4. 2007SYT1⑤:527　5. 2007SYT1⑤:528
6. 2007SYT1⑤:529　7. 2007SYT1⑤:530　8. 2007SYT1⑤:531　9. 2007SYT1⑤:532　10. 2007SYT1⑤:534
11. 2007SYT1⑤:535　12. 2007SYT1⑤:536　13. 2007SYT1⑤:537　14. 2007SYT1⑤:540　15. 2007SYT1⑤:543
16. 2007SYT1⑤:545　17. 2007SYT1⑤:546　18. 2007SYT1⑤:547　19. 2007SYT1⑤:548　20. 2007SYT1⑤:549
21. 2007SYT1⑤:553　22. 2007SYT1⑤:551　23. 2007SYT1⑤:552　24. 2007SYT1⑤:550

外施满釉，开片，釉下施化妆土，釉层较薄匀，釉质莹润，釉面玻璃光泽。内底有支钉痕，外底有垫圈痕。口径18.4、底径6.6、高3.9厘米（图六九，9）。

2007SYT1⑤：534，残。敞口，微外撇，圆唇，弧腹，圈足。灰色胎，胎质较细净、致密。内施满釉，外施半釉，釉下施化妆土，釉层较薄匀，釉质莹润，釉面玻璃光泽。内底有支钉痕。口径16.8、底径5.4、高3.5厘米（图六九，10）。

2007SYT1⑤：535，残。敞口，圆唇，折腹，隐圈足。灰黄色胎，胎质较细净、致密。内施满釉，外仅口沿处施釉，开片，釉下施化妆土，釉层较薄匀，釉质莹润，釉面玻璃光泽。内底有支钉痕。口径14、底径5.2、高2.6厘米（图六九，11）。

2007SYT1⑤：536，残。敞口，圆唇，浅弧腹，圈足微撇。灰胎，胎质较致密。莹润，有开片，釉层薄，器内满釉，器外半釉，釉线不齐，釉下施化妆土。内底有支钉痕，器底有修胎切削痕迹。口径12、底径4.4、高3.4厘米（图六九，12）。

2007SYT1⑤：537，残。敛口，圆唇，斜弧腹，圈足微撇。灰黄色胎，胎质较致密。莹润，釉层薄，器内满釉，器外施半釉，釉线不齐，釉下施化妆土。盘内底有支钉痕，器底有修胎旋切痕迹。口径19.6、底径6、高5.2厘米（图六九，13）。

2007SYT1⑤：540，残。敞口，圆唇，弧腹，圈足。灰黄色胎，胎质较细净、致密。内施满釉，外施半釉，釉下施化妆土，釉层较薄匀，釉质温润，釉面玻璃光泽。外底有支钉痕，内底有支珠痕。口径16.8、底径6.2、高3.8厘米（图六九，14）。

2007SYT1⑤：543，残。敞口，圆唇，斜弧腹，圈足。灰黄色胎，胎质较疏松。内施釉不满，外施半釉，釉下施化妆土。内底有涩圈，涩圈内施釉。口径18.4、底径6.8、高4.5厘米（图六九，15；图版一五，5）。

2007SYT1⑤：545，残。敞口，圆唇微撇，斜弧腹，圈足。淡灰色胎，胎质较细净、致密。内外施满釉，釉下施化妆土，釉层较薄匀，釉质莹润，釉面玻璃光泽。内底有支钉痕。口径14.2、底径5.8、高3.2厘米（图六九，16）。

2007SYT1⑤：546，残。敞口（微外撇），圆唇，弧腹，圈足。灰黄色胎，胎质较细净、致密。内施满釉，外施半釉，有流釉、积釉现象，釉下施化妆土，釉层较薄匀，釉质莹润，釉面玻璃光泽。内底有支钉痕。口径14.8、底径5.7、高3厘米（图六九，17）。

2007SYT1⑤：547，残。侈口，圆唇，斜弧腹，圈足。灰色胎，胎质较细净、致密。内施满釉，外施釉不及底，外有流釉、积釉现象，釉下施化妆土，釉层薄匀，釉质乳状，釉面哑光。内底有一道凹弦纹、支钉痕，外底有垫圈痕。口径17.2、底径6.4、高4厘米（图六九，18）。

2007SYT1⑤：548，残。敞口，圆唇，折腹，圈足。灰黄色胎，胎质较细净、致密。内外施半釉，釉下施化妆土，釉层薄匀，釉质乳状，釉面哑光。外有流釉、积釉现象。口径17.8、底径5.8、高4.6厘米（图六九，19）。

2007SYT1⑤：549，残。敞口，圆唇微撇，弧腹，圈足，足内壁外斜，挖足较深。灰黄胎，胎质较致密。莹润，有小开片，釉层薄，器内底涩圈，器外半釉，釉下施化妆土。器底有修胎切削痕迹，足底微弧。口径16.2、底径5、高3.5厘米（图六九，20）。

2007SYT1⑤：553，残。敞口，圆唇外撇，折腹，圈足。灰黄色胎，胎质较细净、致密。内施满釉，外施釉不及底，外有流釉、积釉现象，釉下施化妆土，釉层薄匀，釉质莹润，釉面玻璃光泽。内底有支钉痕。口径19.6、底径7.8、高4厘米（图六九，21）。

2007SYT1⑤：551，残。敞口，圆唇微撇，折腹，圈足微撇。灰黄色胎，胎质较致密。莹润，满开片，釉层薄匀，器内满釉，器外施釉不及底，釉下施化妆土。内底有支钉痕，器底有修胎旋切痕迹。口径17、底径7.6、高3.6厘米（图六九，22；图版一六，4）。

2007SYT1⑤：552，残。敞口，圆唇微撇，折腹，圈足外撇，挖足较深。灰黄色胎，胎质较疏松。莹润，有细开片，釉层薄，器内满釉，器外半釉，釉下施化妆土。器内底缘有凹弦纹，器底有修胎旋切痕迹，足底有斜面。口径20、底径7.6、高3.6厘米（图六九，23）。

2007SYT1⑤：550，残。敞口，圆唇，斜弧腹，圈足。灰黄色胎，胎质较细净、致密。内外施半釉，釉下施化妆土，釉层较薄匀，釉质温润，釉面玻璃光泽，开片。内有一涩圈，涩圈内施釉。口径13、底径3.8、高3.2厘米（图六九，24）。

2007SYT1⑤：554，残。敞口，圆唇外撇，斜弧腹，圈足微撇。青灰胎，胎质较致密。莹润，釉层薄匀，器内满釉，器外施釉不及底，有流釉现象，釉下施化妆土。内底有支钉痕，器底有修胎旋切痕迹。口径18.2、底径5.4、高4.9厘米（图七○，1）。

2007SYT1⑤：555，残。敞口，圆唇，折腹，圈足。灰色胎，胎质较细净、致密。内外施满釉，釉下施化妆土，釉层薄匀，釉质乳状，釉面玻璃光泽。内底有支钉痕，外底有垫圈痕。口径17.6、底径4.4、高4.2厘米（图七○，2）。

2007SYT1⑤：558，残。敞口，圆唇，弧腹，圈足。灰黄色胎，胎质较粗糙、疏松、夹砂。内外半釉，釉下施化妆土，釉层较薄匀，釉质温润，釉面玻璃光泽。内底有一涩圈，涩圈内施釉。口径17.6、底径6.6、高3.9厘米（图七○，3）。

2007SYT1⑤：559，残。敞口，圆唇，弧腹，圈足。灰黄色胎，胎质较细净、致密。内施满釉，外施半釉，开片，釉下施化妆土，釉层薄匀，釉质莹润，釉面玻璃光泽。内底有支钉痕，外底有垫圈痕。口径14.8、底径5.6、高3.6厘米（图七○，4）。

2007SYT1⑤：560，残。敞口，圆唇，折腹，圈足微撇，足内壁外斜。灰胎，胎质较致密。莹润，釉层薄，器内底涩圈，器外半釉，釉下施化妆土。器底有修胎切削痕迹，足底有弧面。口径19、底径7.2、高4.6厘米（图七○，5）。

2007SYT1⑤：561，残。敞口，圆唇微撇，折腹，圈足微撇。青灰胎，胎质致密。莹润，釉厚处有开片，器内满釉，器外施釉不及底，有积釉、流釉现象，釉下施化妆土。器底有修胎旋切痕迹。口径17.6、底径4.8、高4厘米（图七○，6）。

2007SYT1⑤：562，残。敞口（微外撇），圆唇，弧腹，圈足。灰黄色胎，胎质较细净、致密。器内施满釉，器外施釉不及底，有流釉、积釉现象，釉下施化妆土，釉层较薄匀，釉质莹润，釉面玻璃光泽。内底有支钉痕，外底有垫圈痕。口径20.8、底径8.4、高4.2厘米（图七○，7）。

2007SYT1⑤：563，残。敞口，圆唇微撇，折腹，圈足外撇。灰胎，胎质较疏松。莹润，有开片，釉层薄，器内底涩圈，器外半釉，有积釉现象，釉下施化妆土。器底有修胎旋切痕迹，足底有弧面。口径20、底径6.4、高4.4厘米（图七〇，8）。

2007SYT1⑤：564，残。敞口（微外撇），圆唇，弧腹，圈足。灰黄色胎，胎质较细净、致密。内施满釉，外施釉不及底，釉下施化妆土，釉层薄匀，釉质莹润，釉面玻璃光泽。内底有支钉痕，外底有垫圈痕。口径14、底径7.6、高3厘米（图七〇，9）。

2007SYT1⑤：565，残。葵花形敞口，尖唇，浅弧腹，圈足，挖足较深。灰胎，胎质较致密。莹润，釉层薄匀，器内外满釉，足内无釉，除器外下腹部外，器内外施化妆土。盘内底呈边缘凸起、中间微凹的圆形。口径14.8、底径4.8、高3.1厘米（图七〇，10）。

2007SYT1⑤：566，残。敞口，圆唇，折腹，圈足。灰黄色胎，胎质较细净、致密。内外施半釉，开片，釉下施化妆土，釉层薄匀，釉质温润，釉面玻璃光泽。内底有一涩圈，涩圈内施釉。口径18、底径7、高4.2厘米（图七〇，11）。

2007SYT1⑤：568，残。敞口，圆唇，弧腹，圈足。黄色胎，胎质较细净、致密。内外施满釉，外有漏釉、流釉现象，釉下施化妆土，釉层薄匀，釉质乳状，釉面玻璃光泽。内底有支钉痕，外底有支珠痕。口径19.7、底径6.5、高4.9厘米（图七〇，12）。

2007SYT1⑤：567，残。敞口，圆唇微撇，斜弧腹，圈足微撇，足内壁外斜。灰胎，胎体较厚重，胎质较致密。莹润，有开片，釉层薄，器内底涩圈，器外半釉，有积釉现象。釉下施化妆土。器底有修胎切削痕迹，足底有斜弧面，足心有小凸起。口径14、底径5.4、高3厘米（图七〇，13）。

2007SYT1⑤：569，残。敞口，圆唇微撇，折腹，圈足外撇，足内壁外斜，挖足较深。灰胎，胎质较致密。莹润，有开片，器内满釉，器外施釉不及底，有流釉、积釉现象，釉下施化妆土。器内底有支钉痕，器底有修胎旋切痕迹。口径17.5、底径5.4、高3.6厘米（图七〇，14）。

2007SYT1⑤：570，残。敞口，圆唇，弧腹，圈足。灰黄色胎，胎质较细净、致密。内外施半釉，开片，釉下施化妆土，釉层较薄匀，釉质莹润，釉面玻璃光泽。内有一涩圈，涩圈内施釉。口径19.6、底径7.4、高4厘米（图七〇，15）。

2007SYT1⑤：571，残。敞口，圆唇，弧腹，圈足。灰黄色胎，胎质较细净、致密。内施满釉，外施半釉，开片，釉下施化妆土，釉层较薄匀，釉质莹润，釉面玻璃光泽。内底有支钉痕，外底有支珠痕。口径19、底径6.2、高4.1厘米（图七〇，16）。

2007SYT1⑤：572，残。敞口，圆唇，弧腹，圈足。灰黄色胎，胎质较细净、致密。内施满釉，外施半釉，开片，釉下施化妆土，釉层较薄匀，釉质莹润，釉面玻璃光泽。内底有支钉痕。口径17.6、底径6.8、高3.2厘米（图七〇，17）。

2007SYT1⑤：573，残。敞口，圆唇，弧腹，圈足。灰色胎，胎质较细净、致密。内施满釉，外施半釉，开片，釉下施化妆土，釉层薄匀，釉质莹润，釉面玻璃光泽。内底有支钉痕，外底有支珠痕。口径15、底径6、高3.6厘米（图七〇，18）。

第四章 出土器物

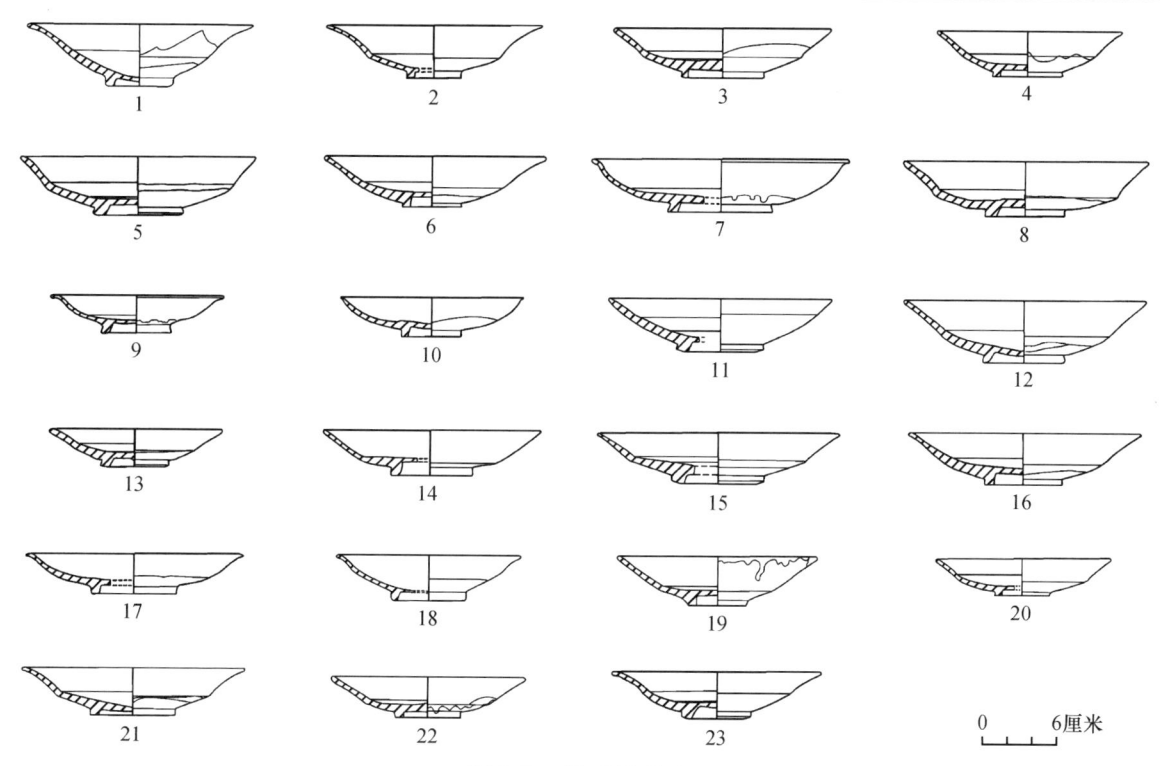

图七〇 第5层白釉盘
1. 2007SYT1⑤:554 2. 2007SYT1⑤:555 3. 2007SYT1⑤:558 4. 2007SYT1⑤:559 5. 2007SYT1⑤:560
6. 2007SYT1⑤:561 7. 2007SYT1⑤:562 8. 2007SYT1⑤:563 9. 2007SYT1⑤:564 10. 2007SYT1⑤:565
11. 2007SYT1⑤:566 12. 2007SYT1⑤:568 13. 2007SYT1⑤:567 14. 2007SYT1⑤:569 15. 2007SYT1⑤:570
16. 2007SYT1⑤:571 17. 2007SYT1⑤:572 18. 2007SYT1⑤:573 19. 2007SYT1⑤:575 20. 2007SYT1⑤:576
21. 2007SYT1⑤:577 22. 2007SYT1⑤:578 23. 2007SYT1⑤:579

2007SYT1⑤:575，残。敞口，圆唇，折腹，圈足。灰色胎，胎质较细净、致密。内施满釉，外施半釉，外有流釉、积釉现象，釉下施化妆土，釉层薄匀，釉质莹润，釉面玻璃光泽。内底有支钉痕。口径16.2、底径4.6、高3.9厘米（图七〇，19）。

2007SYT1⑤:576，残。敞口，圆唇，折腹，圈足。灰黄色胎，胎质较细净、致密。内外施满釉，釉下施化妆土，釉层较薄匀，釉质莹润，釉面玻璃光泽。内底有支钉痕。口径14.4、底径4.4、高2.9厘米（图七〇，20）。

2007SYT1⑤:577，残。敞口，圆唇微撇，折腹，浅圈足，盘心微凹。青灰胎，胎质致密。莹润，釉层薄匀，器内满釉，器外施釉不及底，釉下施化妆土。盘内底有支钉痕，器底有修胎旋切痕迹。口径18、底径6.8、高7.4厘米（图七〇，21）。

2007SYT1⑤:578，残。敞口，圆唇，曲弧腹，圈足。灰黄色胎，胎质较细净、致密。内施满釉，外施釉不及底，釉下施化妆土，釉层较薄匀，釉质莹润，釉面玻璃光泽。内底有支钉痕。口径15.8、底径5.2、高3.1厘米（图七〇，22）。

2007SYT1⑤:579，残。敞口，圆唇，弧腹，圈足。灰黄色胎，胎质较细净、致密。内外施半釉，釉层较薄匀，釉质温润，釉面玻璃光泽。内底有一涩圈，涩圈内施釉。口径17、底径

3.7、高3.1厘米（图七〇，23）。

2007SYT1⑤：580，残。敞口，圆唇，折腹，圈足。黄白色胎，胎质较细、致密。内外施半釉，釉下施化妆土，釉层薄匀，釉质温润，釉面玻璃质光泽，外有流釉、漏釉现象。内底有一涩圈，涩圈内施釉。口径18.4、底径7、高3.5厘米（图七一，1）。

2007SYT1⑤：585，残。敞口，圆唇，折腹，圈足。土黄色胎，胎质较细净、致密。内施满釉，外施釉不及底，有流釉现象，釉层薄匀，釉质莹润，釉面玻璃光泽。内底有支钉痕，外底有支珠痕。口径13.6、底径4、高3.3厘米（图七一，2）。

2007SYT1⑤：589，残。敞口，圆唇，斜弧腹，圈足。灰黄色胎，胎质较疏松。内施釉不满，外施半釉，有脱釉现象，釉下施化妆土。内底有一涩圈，涩圈内施釉。口径17.8、底径6、高4.8厘米（图七一，3；图版一五，6）。

2007SYT1⑤：590，残。敞口，圆唇，斜弧腹，圈足。灰黄色胎，胎质较致密。内施满釉，外施釉至腹下部，釉下施化妆土。内底有支钉痕。口径16.4、底径6.8、高3.4厘米（图七一，4）。

2007SYT1⑤：591，残。敞口，圆唇，斜弧腹，圈足。青白色胎，胎质较细净、致密。内施满釉，外施半釉，釉层薄匀，釉质纯、莹润，釉面玻璃光泽。内底有支钉痕。口径17.2、底径6.2、高3.7厘米（图七一，5）。

2007SYT1⑤：592，残。敞口，尖唇，折腹，圈足。灰胎，胎质较致密。莹润，釉层薄匀，器内满釉，器外施半釉，釉线不齐，有流釉现象。盘内底有支钉痕，器底有修胎旋切痕迹。口径18、底径6.4、高3.4厘米（图七一，6）。

2007SYT1⑤：593，残。敞口，圆唇，浅折腹，圈足，挖足深。灰胎，胎质较致密。莹润，釉层薄匀，器内满釉，器外施釉不及底，有流釉、积釉现象。器内底有支钉痕，器底有明显修胎切削痕迹。口径18、底径7.4、高3.5厘米（图七一，7）。

2007SYT1⑤：594，残。敞口，圆唇，斜弧腹，圈足。灰黄色胎，胎质较细净、致密。内施满釉，外施半釉，外有流釉、积釉现象，釉层较薄匀，釉质温润，釉面玻璃光泽。内底有支钉痕。口径16.4、底径6、高4厘米（图七一，8）。

2007SYT1⑤：595，残。敞口，圆唇，斜弧腹，圈足。灰色胎，胎质较细净、致密。内施满釉，外施半釉，外有流釉、积釉现象，釉下施化妆土，釉层薄匀，釉质莹润，釉面玻璃光泽。内底有支钉痕。口径18.8、底径5.8、高4.3厘米（图七一，9）。

2007SYT1⑤：597，残。敞口，圆唇，曲弧腹，圈足。灰黄色胎，胎质较细净、致密。内施满釉，外施半釉，外有流釉、积釉现象，釉质莹润，釉面玻璃光泽。内底有支钉痕。口径16、底径6、高3.3厘米（图七一，10）。

2007SYT1⑤：606，残。敞口，斜方唇，一周细凸棱，浅弧腹，圈足微内收。白胎，胎体轻薄，胎质细腻致密。莹润，釉层薄匀，芒口，器内外满釉。盘底周边饰划花放射条纹。口径18.6、底径7.2、高4.2厘米（图七一，11）。

2007SYT1⑤：655，残。芒口，平唇，折腹，圈足。青黄色胎，胎质较细净、致密。内外施满釉，釉层薄匀，釉质温润，釉面玻璃光泽。口径17.4、底径8.4、高3.6厘米（图七一，12）。

2007SYT1⑤：666，残。敞口，尖唇，斜弧腹，圈足。灰色胎，胎质较细净、致密。内外施满釉，釉下施化妆土，釉层较薄匀，釉质温润，釉面玻璃光泽。口径15.4、底径5.2、高3.5厘米（图七一，13）。

2007SYT1⑤：672，残。葵花形敞口，圆唇微撇，斜弧腹，平底。内壁出筋。灰胎，胎质较致密。莹润，有小开片，釉层薄匀，器内外满釉，有流釉现象，满施化妆土。器内底有支钉痕，器底有垫珠痕。口径17、底径10.8、高3厘米（图七一，14）。

2007SYT1⑤：677，残。葵花形敞口，圆唇，斜弧腹，平底微凹，器内出筋对应器外凹射线，呈葵花瓣。白胎，胎质细腻致密。玻璃质，有开片，器内外满釉。器底有支钉痕。口径14、底径8.6、高2.3厘米（图七一，15）。

2007SYT1⑤：685，残。敞口，圆唇，弧腹，平底。灰色胎，胎质细净、致密。通体施釉，釉下施化妆土，釉层薄匀，釉质莹润，釉面玻璃光泽。外底有支钉痕。口径13.8、底径9.8、高1.7厘米（图七一，16）。

2007SYT1⑤：686，残。敞口，圆唇，浅弧腹，平底。灰胎，胎体轻薄，胎质致密。莹润，釉层薄匀，器内外满釉，除底外满施化妆土。内底有支钉痕。口径11.8、底径7.6、高1.9厘

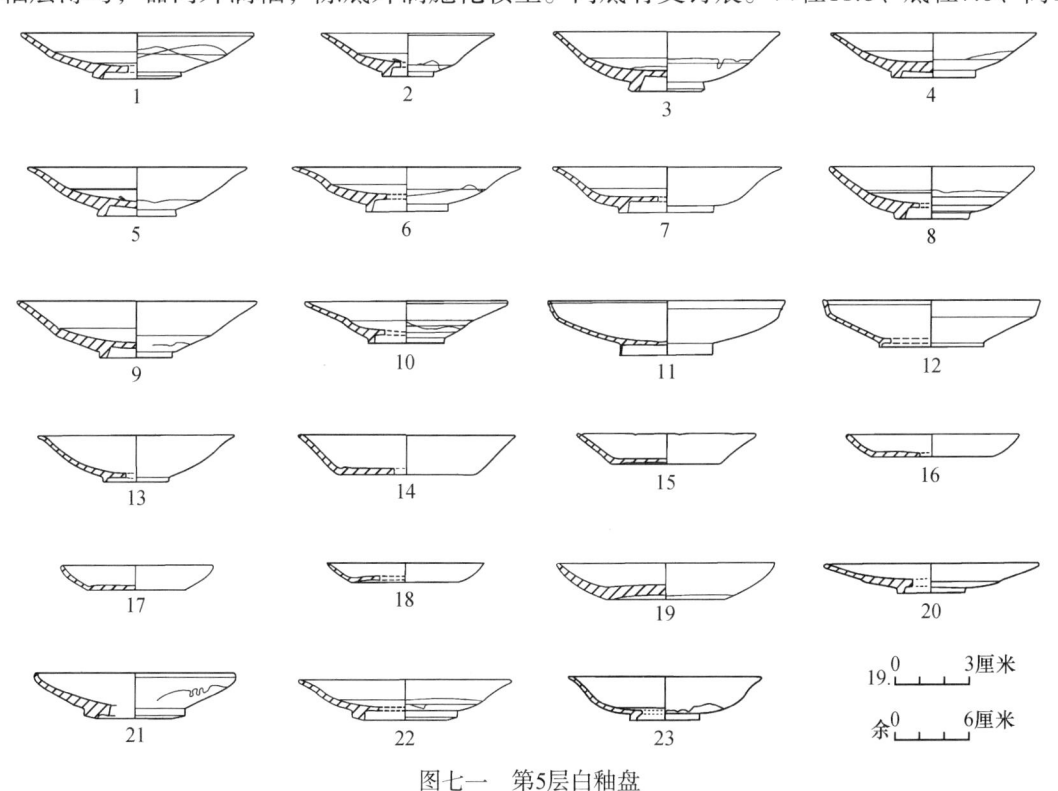

图七一　第5层白釉盘
1. 2007SYT1⑤：580　2. 2007SYT1⑤：585　3. 2007SYT1⑤：589　4. 2007SYT1⑤：590　5. 2007SYT1⑤：591
6. 2007SYT1⑤：592　7. 2007SYT1⑤：593　8. 2007SYT1⑤：594　9. 2007SYT1⑤：595　10. 2007SYT1⑤：597
11. 2007SYT1⑤：606　12. 2007SYT1⑤：655　13. 2007SYT1⑤：666　14. 2007SYT1⑤：672　15. 2007SYT1⑤：677
16. 2007SYT1⑤：685　17. 2007SYT1⑤：686　18. 2007SYT1⑤：687　19. 2007SYT1⑤：689　20. 2007SYT1⑤：844
21. 2007SYT1⑤：847　22. 2007SYT1⑤：857　23. 2007SYT1⑤：1274

米（图七一，17）。

2007SYT1⑤：687，残。敞口，圆唇，浅弧腹，平底微凹。青灰胎，胎质致密。莹润，釉层薄匀，器内外满釉，有积釉现象，器内外施化妆土，底露胎。口径12.4、底径8.6、高1.5厘米（图七一，18）。

2007SYT1⑤：689，残。敛口，圆唇，弧腹，平底内凹。灰黄色胎，胎质较细净、致密。内外施满釉，开片，除底外满施化妆土，釉层薄匀，釉质莹润，釉面玻璃光泽。内底有支钉痕。口径8.6、底径4.6、高1.4厘米（图七一，19）。

2007SYT1⑤：844，残。葵花形敞口，圆唇，斜弧腹，圈足外撇。灰黄胎，胎质较疏松。莹润，釉层薄匀，器内满釉，器外半釉、近口沿有积釉现象，釉下施化妆土。近底处墨书横"穆"字，器内底有支钉痕，器底有明显修胎切削痕迹，足底有斜弧面。口径15.6、底径5、高4.5厘米（图七一，20）。

2007SYT1⑤：847，残。敞口，圆唇，浅弧腹，圈足。青灰胎，胎质较致密。莹润，有小开片，釉层薄，器内满釉，器外近口部施釉、有流釉现象，足心施青釉，白釉下施化妆土。口径16、底径8、高3.5厘米（图七一，21）。

2007SYT1⑤：857，残。敞口，圆唇微撇，浅折腹，圈足外撇。灰胎，胎质较致密。莹润，釉层薄匀，器内满釉，器外半釉，釉下施化妆土。器内底有支钉痕，器底有修胎旋切痕迹。口径16.8、底径8.2、高3.1厘米（图七一，22）。

2007SYT1⑤：1274，残。敞口，圆唇，弧腹，圈足。灰白色胎，胎质细净、致密。内施满釉，外施釉不及底，釉层薄匀，釉质莹润，釉面玻璃光泽。内底有支钉痕，外底有垫饼痕。口径15.2、底径2.7、高3.3厘米（图七一，23）。

碟　27件。

2007SYT1⑤：645，残。花口，圆唇，弧腹，圈足。青白色胎，胎质细净、致密。釉层薄匀，釉质莹润，釉面玻璃光泽。除足心外通体施釉，有开片现象。内底有垫砂痕，外底有垫饼痕。口径14、底径4.8、高3.4厘米（图七二，1）。

2007SYT1⑤：649，残。敞口，圆唇，浅折腹，平底。灰黄色胎，胎质较疏松。乳浊，器内外满釉，底无釉，有流釉现象，釉下施化妆土。内底有支钉痕，外底有支珠痕。口径12、底径6.6、高1.9厘米（图七二，2）。

2007SYT1⑤：650，残。敞口，圆唇，斜直腹，平底。灰黄色胎，胎质细净、较疏松。内外施满釉，釉下施化妆土。内底有支钉痕。口径12.8、底径4.4、高1.9厘米（图七二，3）。

2007SYT1⑤：651，残。敞口，圆唇，折腹，平底。灰黄色胎，胎质较细净、致密。内施满釉，外施釉不及底，釉下施化妆土，釉层较薄匀，釉质莹润，釉面玻璃光泽。内底有支钉痕，外底有墨书"王"字。口径13.2、底径5.5、高2.2厘米（图七二，4）。

2007SYT1⑤：652，残。敞口，圆唇，弧腹，平底。灰黄色胎，胎质较细净。内施满釉，外施釉不及底，有流釉现象，釉下施化妆土，釉层薄匀，釉质温润，釉面玻璃光泽。外底有支珠痕。口径11、底径6、高2.2厘米（图七二，5）。

2007SYT1⑤：653，残。敞口，圆唇，斜弧腹，圆底。灰白色胎，胎质较致密。内施满釉，外施釉至腹下部，釉下施化妆土。外底有垫饼痕。口径10.8、底径5.2、高2.4厘米（图七二，6）。

2007SYT1⑤：656，残。敞口，圆唇，折腹，隐圈足。灰黄色胎，胎质较细净、致密。内施满釉，外施釉不及底，开片，釉下施化妆土，釉层较薄匀，釉质莹润，釉面玻璃光泽。内外底有支钉痕。口径11.6、底径4.4、高2.4厘米（图七二，7）。

2007SYT1⑤：657，残。敞口，圆唇微撇，浅弧腹，圈足微撇。灰黄胎，胎质较致密。莹润，有细开片，釉层薄，器内满釉，器外施半釉，有积釉现象，通体施化妆土。器底有修胎旋切痕迹。口径14、底径6.4、高3.1厘米（图七二，8）。

2007SYT1⑤：658，残。敞口，圆唇，折腹，圈足。灰色胎，胎质较细净、致密。内施满釉，外施半釉，开片，外有流釉、积釉现象，釉下施化妆土，釉层较薄匀，釉质莹润，釉面玻璃光泽。内底有支钉痕，外底有支珠痕。口径14、底径5.6、高2.9厘米（图七二，9）。

2007SYT1⑤：661，残。敞口，圆唇，斜弧腹，圈足。灰黄色胎，胎壁厚，胎质较细净、致密。内外施满釉，釉下施化妆土，釉层较薄匀，釉质莹润，釉面玻璃光泽。内底有支钉痕。口径11.6、底径6.2、高2.7厘米（图七二，10）。

2007SYT1⑤：667，残。敞口，圆唇，斜直腹，平底微内凹。灰色胎，胎质较细净、致密。内外施满釉，釉下施化妆土，釉层薄匀，釉质莹润，釉面玻璃光泽。口径12.4、底径7.9、高4厘米（图七二，11）。

2007SYT1⑤：668，残。敞口，圆唇，斜直腹，平底。灰色胎，胎质较细净、致密。内外施满釉，开片，釉下施化妆土，釉层薄匀，釉质莹润，釉面玻璃光泽。口径14.5、底径9.5、高2.3厘米（图七二，12）。

2007SYT1⑤：670，残。敞口，圆唇，浅弧腹，平底。灰胎，胎体厚重，胎质较致密。玻璃质，有开片，器内满釉，器外施釉不及底，有积釉现象，釉下施化妆土。口径11、底径6.2、高2.3厘米（图七二，13）。

2007SYT1⑤：671，残。敞口，圆唇，弧腹，平底内凹。灰黄色胎，胎质较细净、致密。内外施满釉，釉下施化妆土，釉层薄匀，釉质温润乳状，釉面玻璃光泽。口径14、底径9.4、高3.6厘米（图七二，14）。

2007SYT1⑤：673，残。敞口，圆唇，斜直腹，平底微内凹。灰色胎，胎质较细净、致密。内外施满釉，釉下施化妆土，釉层薄匀，釉质莹润，釉面玻璃光泽。口径14.7、底径10.7、高1.9厘米（图七二，15）。

2007SYT1⑤：674，残。敞口，圆唇，斜直腹，平底，微内凹。灰黄色胎，胎质较细净、致密。通体施釉，釉下施化妆土，釉层薄匀，釉质温润，釉面玻璃光泽。口径14.2、底径11.3、高2.7厘米（图七二，16）。

2007SYT1⑤：675，残。敞口，圆唇，斜直腹，平底，微内凹。灰色胎，胎质较细净、致密。内外施满釉，外有流釉、积釉现象，釉下施化妆土，釉层薄匀，釉质莹润，釉面玻璃光

图七二　第5层白釉碟

1. 2007SYT1⑤∶645　2. 2007SYT1⑤∶649　3. 2007SYT1⑤∶650　4. 2007SYT1⑤∶651　5. 2007SYT1⑤∶652
6. 2007SYT1⑤∶653　7. 2007SYT1⑤∶656　8. 2007SYT1⑤∶657　9. 2007SYT1⑤∶658　10. 2007SYT1⑤∶661
11. 2007SYT1⑤∶667　12. 2007SYT1⑤∶668　13. 2007SYT1⑤∶670　14. 2007SYT1⑤∶671　15. 2007SYT1⑤∶673
16. 2007SYT1⑤∶674　17. 2007SYT1⑤∶675　18. 2007SYT1⑤∶678　19. 2007SYT1⑤∶679　20. 2007SYT1⑤∶680
21. 2007SYT1⑤∶682　22. 2007SYT1⑤∶684　23. 2007SYT1⑤∶688　24. 2007SYT1⑤∶690　25. 2007SYT1⑤∶691
26. 2007SYT1⑤∶863　27. 2007SYT1⑤∶1296

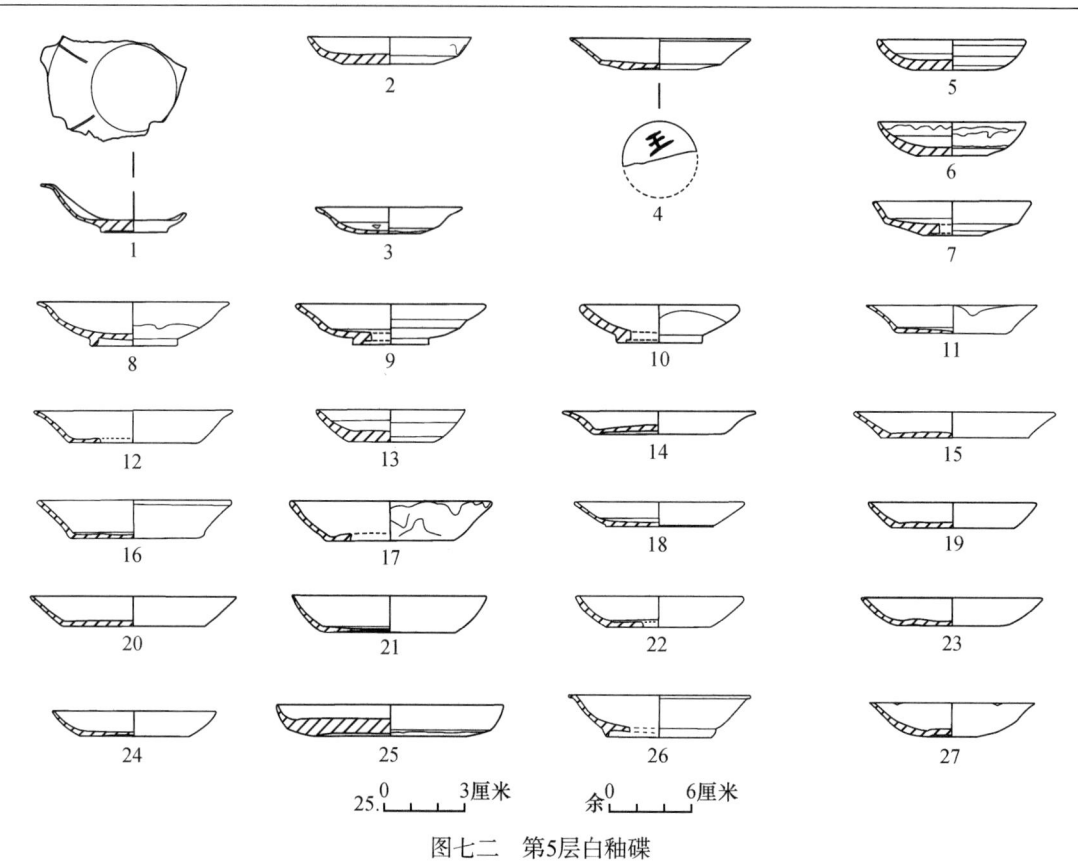

泽。口径15、底径9.1、高2.8厘米（图七二，17）。

2007SYT1⑤∶678，残。敞口，圆唇，弧腹，平底，微内凹。灰色胎，胎质较细净、致密。内外施满釉，釉下施化妆土，釉层薄匀，釉质温润，釉面玻璃光泽。口径12.4、底径7.9、高1.7厘米（图七二，18）。

2007SYT1⑤∶679，残。敞口，圆唇，浅弧腹，平底。灰胎，胎质较致密。莹润，有细开片，器内外满釉，有流釉现象，除底外满施化妆土。内底有支钉痕，器底有垫珠痕。口径12.4、底径9、高1.8厘米（图七二，19；图版一七，2）。

2007SYT1⑤∶680，残。敞口，圆唇，斜直腹，平底。灰黄色胎，胎质较疏松。内外施满釉，外有流釉、积釉现象，釉下施化妆土。外底有垫砂痕。口径15、底径10.4、高2.1厘米（图七二，20；图版一七，3）。

2007SYT1⑤∶682，残。敞口，圆唇，斜弧腹，平底。灰色胎，胎质细净、致密。内外施满釉，底釉不均，有露胎现象，釉下施化妆土外不及底，釉层薄匀，釉质莹润，釉面玻璃光泽。口径12.5、底径8.5、高2.2厘米（图七二，21）。

2007SYT1⑤：684，残。敞口，圆唇，弧腹，平底内凹。灰黄色胎，胎质较细净、致密。通体施釉，釉下施化妆土，釉层薄匀，釉面玻璃光泽。内底有支钉痕。口径12.2、底径7.2、高2.2厘米（图七二，22）。

2007SYT1⑤：688，残。花口，圆唇，斜弧腹，平底，微内凹。灰黄色胎，胎质较细净、致密。通体施釉，釉下施化妆土，釉层薄匀，釉质乳状，釉面玻璃光泽。口径13.2、底径7.2、高2厘米（图七二，23）。

2007SYT1⑤：690，残。敞口，圆唇，浅弧腹，平底。灰胎，胎体轻薄，胎质细腻、致密。玻璃质，器内外满釉，有流釉现象，除底外满施化妆土。内底有支钉痕，器底有垫珠痕。口径12、底径8、高1.8厘米（图七二，24）。

2007SYT1⑤：691，残。敞口，圆唇，斜弧腹，平底。黄绿色胎，胎质较致密。通体施釉，除底外满施化妆土。内底有支钉痕。口径8.4、底径5.6、高1.1厘米（图七二，25）。

2007SYT1⑤：863，残。敞口，圆唇，弧腹，圈足。白色胎，胎质细净、致密。内外施满釉，釉层薄匀，釉质莹润，釉面玻璃光泽。内底有支钉痕。口径13.2、底径7.6、高3厘米（图七二，26）。

2007SYT1⑤：1296，残。葵花形敞口，尖唇，浅弧腹，隐圈足。白胎，胎质细腻、致密，腹壁薄、透光。釉面莹润，玻璃质，有开片，釉层薄匀，器内外满釉。器底心有垫饼痕。口径12、底径3.4、高2.4厘米（图七二，27）。

罐　4件。

2007SYT1⑤：936，残。敞口，短颈，溜肩，鼓腹，圈足。灰色胎，胎质较细净、致密。内局部施釉，外施釉不及底，釉下施化妆土，釉层薄，釉质温润，釉面哑光。外有11个凹瓜棱形槽。口径9、底径5.2、腹径11.4、高7厘米（图七三，11；图版二二，1）。

2007SYT1⑤：947，残。敞口，圆唇，溜肩，鼓腹，平底，腹上两侧各有一扁条形系。灰色胎，胎质较粗糙、疏松、夹砂。内施满釉，外施半釉，外有流釉、积釉现象，右下施化妆土，釉层偏薄，釉质莹润，釉面玻璃光泽。口径5.6、底径3.6、通径8.4、高5.3厘米（图七三，9；图版二一，6）。

2007SYT1⑤：969，残。敞口，圆唇，溜肩，鼓腹，圈足。灰黄色胎，胎质较细净、致密。内施满釉，外施半釉，釉下施化妆土，釉层偏薄，釉质温润，釉面玻璃光泽。口径5.6、底径4.8、腹径8.2、高6.2厘米（图七三，12）。

2007SYT1⑤：1042，残。侈口，翻唇，溜肩，鼓腹斜内收，圈足。灰白胎，胎体轻薄，胎质细腻、致密。莹润，釉层薄，器内口沿施釉，器外半釉，有流釉现象。器外有修胎旋切痕迹。口径4、底径2.2、通径4.4、高3.4厘米（图七三，10）。

水盂　5件。

2007SYT1⑤：1035，完整。敞口，圆唇，折腹，腹沿间有两个对称的条形系，圈足。灰黄色胎，胎质较细净。内施满釉，外施半釉，釉下施化妆土，釉层偏薄，釉质温润，釉面玻璃光泽

（大部分已脱落）。口径8.4、底径3.2、通径10、高5.4厘米（图七三，1；图版二二，4）。

2007SYT1⑤：1036，残。敛口，圆唇，溜肩，敛腹，浅圈足。白色胎，胎质细净、致密。内外施满釉，釉层较薄匀，釉质莹润，釉面玻璃光泽。外有菊花模印纹饰。口径3.8、底径2.6、腹径5.2、高3.4厘米（图七三，2）。

2007SYT1⑤：1038，残。敛口，圆唇，鼓腹，平底。白色胎，胎质细净、致密。内施满釉，外施半釉，釉层薄匀，釉质莹润，釉面玻璃光泽。口径4.2、腹径5.4、高2.9厘米（图七三，3）。

2007SYT1⑤：1043，残。直口，圆唇，直领，鼓腹，平底。灰白胎，胎体轻薄，胎质细腻、致密。莹润，釉层薄，器内满釉，器外半釉。器外有修胎旋切痕迹。口径4、底径2.2、通径4.2、高2.4厘米（图七三，4）。

2007SYT1⑤：1050，残。敞口，圆唇，溜肩，鼓腹，圈足。灰黄色胎，胎质较细净、致密。内沿下施釉，外自沿至腹上侧施釉，釉下施化妆土，釉层较薄匀，釉质莹润，釉面玻璃光泽。口径4.4、底径2.5、腹径4.7、高3.9厘米（图七三，5）。

钵　1件。

2007SYT1⑤：1055，残。直口，斜方唇，曲腹，浅圈足，挖足较深。灰胎，胎质较致密。莹润，釉层薄，器内满釉，器外施半釉，有流釉现象，通体施化妆土。器底有修胎切削痕迹，足底有斜弧面，足心有小凸起。口径9.2、底径4、高4.8厘米（图七三，13）。

盒　1件。

2007SYT1⑤：950，残。子母口，子口尖唇，母口平唇，斜直腹，圈足。灰黄色胎，胎质较细净、致密。内外施满釉，子母口不施釉，开片，釉下施化妆土，釉层较薄匀，釉质莹润，釉面玻璃光泽。口径4、底径3.4、腹径5.9、高3.4厘米（图七三，6）。

盅　1件。

2007SYT1⑤：1032，残。敞口，圆唇，弧腹，小平底。灰黄色胎，胎质较细净、致密。内施满釉，外施釉不及底，釉下施化妆土，釉层薄匀，釉质温润，釉面玻璃光泽。口径4.8、底径2、高2.6厘米（图七三，8）。

盆　2件。

2007SYT1⑤：937，残。侈口，宽沿，圆唇，斜直腹，隐圈足。灰黄色胎，胎质较细净、致密。内施满釉，外施半釉，开片，釉层较薄匀，釉质莹润，釉面玻璃光泽。口径22.8、底径16.2、高6.6厘米（图七三，16）。

2007SYT1⑤：1017，残。侈口，翻唇，弧腹，圈足。内施满釉，外施半釉，釉下施化妆土。青黄色胎，胎质致密、夹砂。釉色不匀，釉层薄匀，釉质温润，釉面玻璃光泽。内底有支钉痕。口径14.8、底径6.8、高6.1厘米（图七三，15）。

器盖　8件。

2007SYT1⑤：941，残。弧面，中有一象鼻形纽，宽沿，平唇，子母口。灰黄色胎，胎质较细净。内外施满釉，外有开片现象，内釉面呈橘皮皱纹，釉下施化妆土，釉层较薄匀，釉质温润，釉面玻璃光泽。盖直径7.2、盖口径1.8、残高2.9厘米（图七三，17；图版一八，3、4）。

2007SYT1⑤：952，完整。圆面内凹，中有一三弦纹圆纽，沿上一侧有一管状绳穿，舌圆台状。白色胎，胎质较细净、致密。外施满釉，内无釉，釉层薄匀，釉质莹润，釉面玻璃光泽。口径7.5、底径2.1、高3.4厘米（图七三，18）。

2007SYT1⑤：953，残。弧面，直墙，平唇。青白色胎，胎质较细净、致密。外施满釉，内顶施釉，开片，釉层薄匀，釉质莹润，釉面玻璃光泽。口径4.8、底径4.9、高1.2厘米（图七三，7）。

2007SYT1⑤：973，残。蘑菇形盖纽，小碟形盖体，圆唇，折沿，浅斜弧腹，平底。灰白

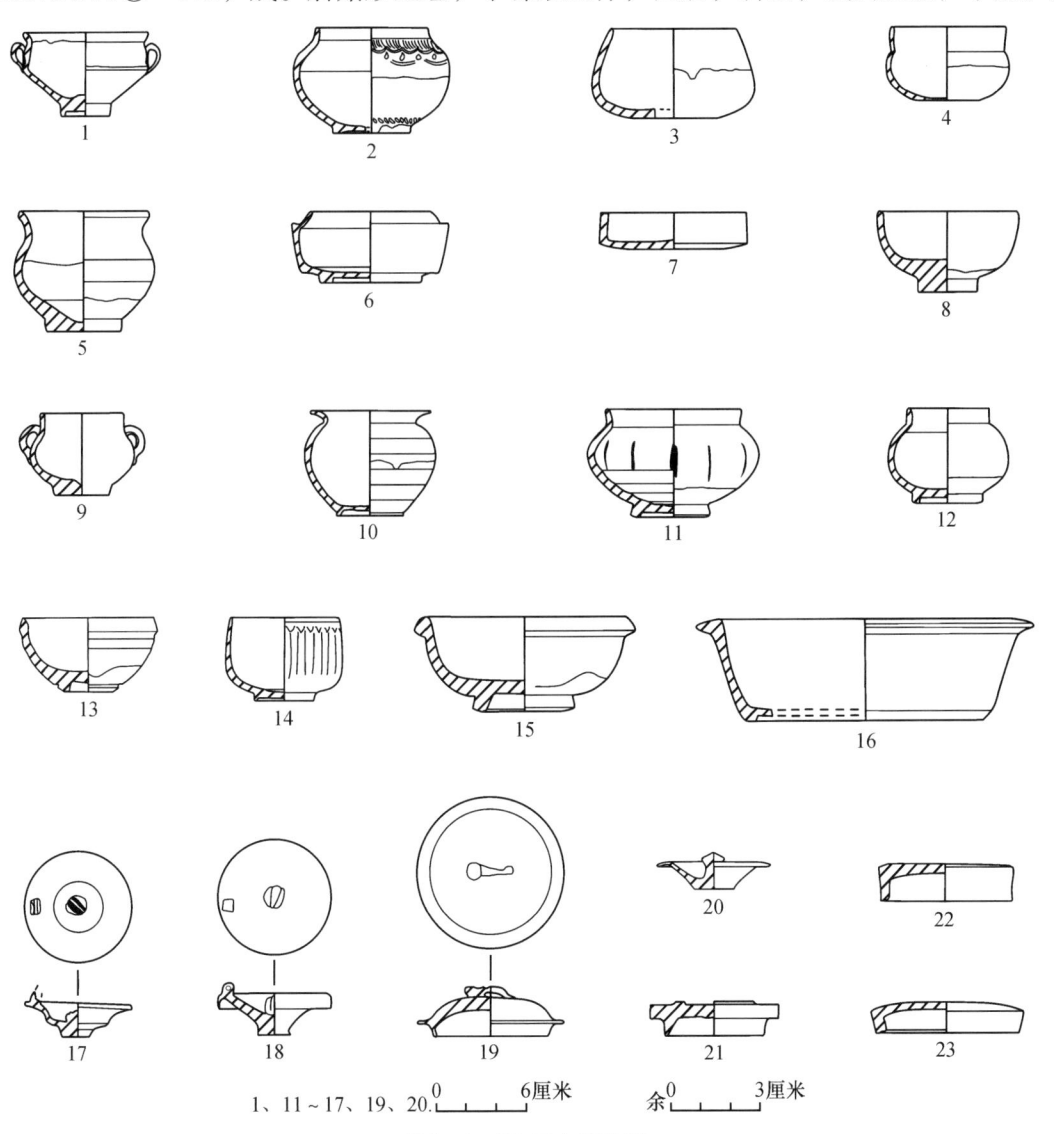

图七三　第5层白釉瓷器

1～5.水盂（2007SYT1⑤：1035、2007SYT1⑤：1036、2007SYT1⑤：1038、2007SYT1⑤：1043、2007SYT1⑤：1050）
6.盒（2007SYT1⑤：950）　7、17～23.器盖（2007SYT1⑤：953、2007SYT1⑤：941、2007SYT1⑤：952、2007SYT1⑤：1266、2007SYT1⑤：973、2007SYT1⑤：974、2007SYT1⑤：1045、2007SYT1⑤：1046）
8.盅（2007SYT1⑤：1032）　9～12.罐（2007SYT1⑤：947、2007SYT1⑤：1042、2007SYT1⑤：936、2007SYT1⑤：969）
13.钵（2007SYT1⑤：1055）　14.杯（2007SYT1⑤：1292）　15、16.盆（2007SYT1⑤：1017、2007SYT1⑤：937）

胎，胎质致密。玻璃质，釉层薄匀，盖外满釉，盖内无釉。口径7.6、底径2.6、高2.4厘米（图七三，20）。

2007SYT1⑤：974，完整。面平，中凹，凹面平，凹面外有一凸箍，直墙，子母口，子口为尖唇。淡灰色胎，胎质较细净、致密。面不施釉，内中凹面施釉，墙面部分施釉，通体施化妆土，釉层较薄匀，釉质清亮莹润，釉面玻璃光泽。底径3.3、通径4.3、高1.1厘米（图七三，21）。

2007SYT1⑤：1045，残。弧面，斜直墙，平唇。灰黄色胎，胎质较细净、致密。面施满釉，内不施釉，开片，釉下施化妆土，釉层薄匀，釉质莹润，釉面玻璃光泽。通径4.6、高1.2厘米（图七三，22）。

2007SYT1⑤：1046，残。弧面，斜直墙，斜平唇。白色胎，胎质细净、致密。内外施满釉，外有开片现象，釉层薄匀，釉质莹润，釉面玻璃光泽。底径4.9、通径5.2、高1厘米（图七三，23）。

2007SYT1⑤：1266，完整。面为弧形，盏顶，直墙，平唇。面施满釉，内面施釉。灰白色胎，胎质较细净、致密。釉层偏厚，釉质莹润，釉面玻璃光泽。底径7.6、通径9.8、高3.3厘米（图七三，19）。

杯　1件。

2007SYT1⑤：1292，残。敛口，尖唇，曲腹，浅圈足。器外饰一周出筋莲瓣纹。灰胎，胎质致密，胎体轻薄。白釉，莹润，除器内底心切削无釉外，器内外满釉。足底有垫砂痕。口径7.2、底径3.8、高5.4厘米（图七三，14；图版二二，6）。

2. 白釉划花

73件。

碗　38件。

2007SYT1⑤：31，残。敞口，圆唇，深斜弧腹，圈足微外撇。灰白胎，胎质较致密。莹润，有细开片，釉层薄，器内满釉，器外施釉不及底，足部有流釉现象，釉下施化妆土。器内底饰划花草叶纹。口径19.5、底径7.5、高8.3厘米（图七四，1）。

2007SYT1⑤：145，残。敞口，圆唇微撇，深弧腹，圈足微撇。灰胎，胎质较致密。莹润，有细开片，釉层薄匀，器内满釉，器外施釉不及底，有流釉现象，釉下施化妆土。器内底饰划花草叶纹，并有支钉痕，器底有修胎旋切痕迹。口径20.8、底径7.5、高9.3厘米（图七四，2；图版二七，3、4）。

2007SYT1⑤：58，残。敞口，圆唇，弧腹，圈足。灰黄色胎，胎质较细净、致密。内外施满釉，开片，釉下施化妆土，釉层薄匀，釉质温润，釉面玻璃光泽。内底有牡丹划花纹饰，并有支钉痕，外底有垫圈痕，口径18.4、底径5.8、高8.3厘米（图七四，3）。

2007SYT1⑤：147，残。敞口，圆唇微敛，弧腹，浅圈足。白胎，胎质细腻、致密。莹

第四章 出土器物

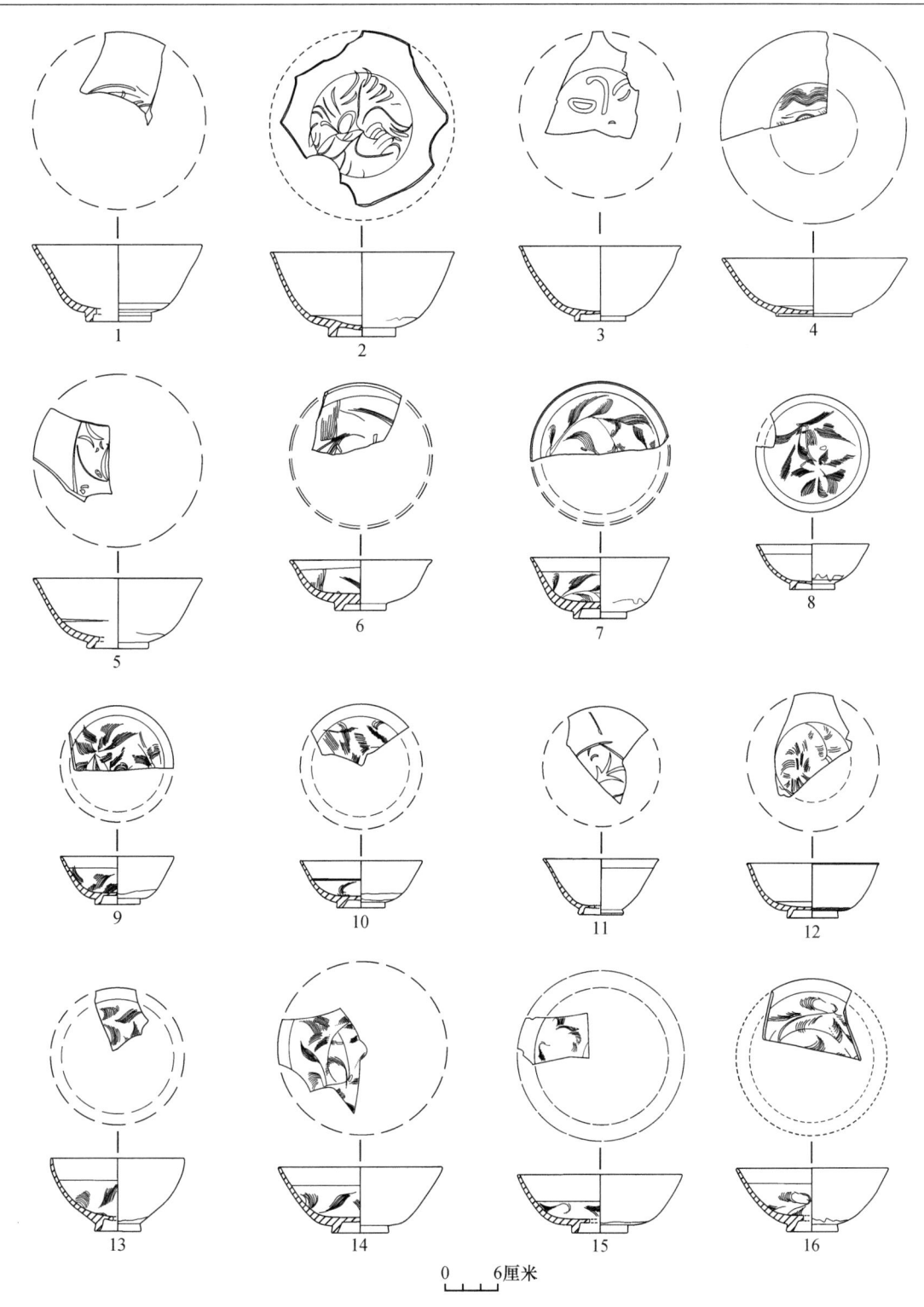

图七四 第5层白釉划花碗
1. 2007SYT1⑤：31 2. 2007SYT1⑤：145 3. 2007SYT1⑤：58 4. 2007SYT1⑤：147 5. 2007SYT1⑤：66
6. 2007SYT1⑤：139 7. 2007SYT1⑤：140 8. 2007SYT1⑤：141 9. 2007SYT1⑤：142 10. 2007SYT1⑤：144
11. 2007SYT1⑤：56 12. 2007SYT1⑤：59 13. 2007SYT1⑤：148 14. 2007SYT1⑤：149 15. 2007SYT1⑤：150
16. 2007SYT1⑤：151

润，芒口，釉层薄匀，器内外满釉，足底无釉，器外有泪痕。器内底饰凹弦纹、印花水波纹，器外近口沿和近底处饰双弦纹。口径21.2、底径8.8、高6.4厘米（图七四，4）。

2007SYT1⑤:66，残。敞口，圆唇，深弧腹，圈足外撇，挖足较深。灰胎，胎质较疏松。莹润，有细开片，釉层薄匀，器内满釉，器外施釉不及底，釉下施化妆土。器内底饰划花草叶纹。口径19.2、底径7、高7.7厘米（图七四，5）。

2007SYT1⑤:139，残。敞口，圆唇，弧腹，圈足微撇。灰胎，胎质较致密。莹润，釉层薄匀，器内满釉，器外施半釉，有流釉现象，釉下施化妆土。器内饰划花弦纹、草叶纹，器内底有支钉痕，器底有明显修胎切削痕迹。口径13.2、底径4.8、高4.5厘米（图七四，6；图版二六，1、2）。

2007SYT1⑤:140，残。敞口，圆唇微撇，弧腹，圈足微撇，足内壁外斜。灰胎，胎质较致密。莹润，釉层薄，器内满釉，器外施釉不及底，有流釉现象，釉下施化妆土。器内饰划花弦纹、草叶纹，器内底有支钉痕，器底有明显修胎旋切痕迹。口径13、底径5、高5.5厘米（图七四，7；图版二六，3、4）。

2007SYT1⑤:141，残。敞口，圆唇，弧腹，圈足。灰黄色胎，胎质较细净、致密。内施满釉，外施釉不及底，外有流釉、积釉现象，釉下施化妆土，釉层较薄匀，釉质莹润，釉面玻璃光泽。内底有支钉痕，内有草叶纹划花纹饰。口径13、底径5.2、高5厘米（图七四，8；图版二七，1、2）。

2007SYT1⑤:142，残。敞口，圆唇，弧腹，圈足，足内壁微外斜。灰胎，胎质较致密。莹润，釉层薄匀，器内满釉，器外施釉不及底，有流釉现象，釉下施化妆土。器内饰划花弦纹、草叶纹，器内底有支钉痕，器底有明显修胎切削痕迹。口径12.8、底径5、高5.3厘米（图七四，9）。

2007SYT1⑤:144，残。敞口，圆唇，弧腹，圈足微撇，足内壁外斜。灰胎，胎质较致密。莹润，釉层薄匀，器内满釉，器外施釉不及底，有流釉现象，釉下施化妆土。器内饰划花弦纹、草叶纹，器内底有支钉痕，器底有明显修胎切削痕迹。口径13.8、底径5.4、高5.2厘米（图七四，10）。

2007SYT1⑤:56，残。敞口，圆唇微撇，弧腹，圈足微外撇，挖足较深。灰白胎，胎质致密。莹润，有开片，釉层薄匀，器内满釉，器外施釉不及底，釉下施化妆土。器内底饰划花草叶纹。口径13.2、底径4.8、高6.2厘米（图七四，11）。

2007SYT1⑤:59，残。敞口，圆唇，弧腹，圈足。灰色胎，胎质较细净、致密。内施满釉，外施釉不及底，釉下施化妆土，釉层薄匀，釉质莹润，釉面玻璃光泽。器内底饰划花草叶纹，并有支钉痕，外底有垫圈痕。口径15.2、底径6、高6厘米（图七四，12；图版一二，2）。

2007SYT1⑤:148，残。敞口，圆唇，弧腹，圈足。灰色胎，胎质较细净、致密。内施满釉，外施釉不及底，釉下施化妆土，釉层薄匀，釉质温润，釉面玻璃光泽。内底有支钉痕，内有划花纹饰。口径15.2、底径5.2、高8厘米（图七四，13）。

2007SYT1⑤:149，残。敞口，圆唇，弧腹，圈足。灰色胎，胎质较细净、致密。内施满釉，外施满釉，有开片、流釉、积釉现象，釉层较薄匀，釉质莹润，釉面玻璃光泽。内底有支钉痕，弦纹、草叶纹、划花纹饰。口径19、底径6.4、高7.1厘米（图七四，14）。

2007SYT1⑤：150，残。敞口，圆唇，深弧腹，圈足。灰胎，胎质致密。施化妆土，莹润，釉层薄，器内满釉，器外施釉不及底。器内饰划花草叶纹，器底有修胎旋切痕迹。口径18.8、底径6.4、高6.4厘米（图七四，15）。

2007SYT1⑤：151，残。敞口，圆唇，弧腹，圈足。淡灰色胎，胎质较细净、致密。内施满釉，外施釉不及底，外有流釉现象，釉下施化妆土，釉层较薄匀，釉质莹润，釉面玻璃光泽。内底有支钉痕、草叶纹划花纹饰。口径17.7、底径6、高7厘米（图七四，16）。

2007SYT1⑤：152，残。敞口，圆唇，弧腹，圈足。灰黄色胎，胎质较细净、致密。内施满釉，外施半釉，外有流釉、积釉现象，釉下施化妆土，釉层较薄匀，釉质莹润，釉面玻璃光泽。内底有支钉痕、划花纹饰。口径15、底径5.8、高5.8厘米（图七五，1）。

2007SYT1⑤：153，残。敞口，圆唇，弧腹，圈足。黄白色胎，胎质较细净、致密、微夹砂。内施满釉，外施半釉，釉下施化妆土，釉层薄匀，釉质较润，釉面玻璃光泽。内腹底有划花，削足。口径17.6、底径7.6、高7厘米（图七五，2）。

2007SYT1⑤：154，残。敞口，圆唇，弧腹，圈足。灰色胎，胎质较细净。内施满釉，外施釉不及底，外有流釉现象，釉下施化妆土，釉层薄匀，釉质莹润，釉面玻璃光泽。内底有支钉痕，外底心有一墨书文字"石"，内腹底有弦纹、草叶纹划花。口径13、底径5、高5.8厘米（图七五，3）。

2007SYT1⑤：157，残。敞口，圆唇，弧腹，圈足。灰黄色胎，胎质较细净、致密。内施满釉，外施釉不及底，外有流釉现象，釉下施化妆土，釉层较薄匀，釉质温润，釉面玻璃光泽。内底有支钉痕、划花纹饰。口径21.2、底径6.2、高7.9厘米（图七五，4）。

2007SYT1⑤：159，残。敞口，圆唇，弧腹，圈足。灰色胎，胎质较细净、致密。内施满釉，外施釉不及底，釉下施化妆土，釉层较薄匀，釉质莹润，釉面玻璃光泽。内底有支钉痕，外底有垫圈痕，内有划花草叶纹饰。口径20.8、底径6.8、高7.9厘米（图七五，5）。

2007SYT1⑤：155，残。敞口，圆唇，弧腹，圈足。灰黄色胎，胎质较细净、致密。内施满釉，外施釉不及底，有流釉现象，釉层薄匀，釉质乳状，釉面玻璃光泽。内划花，底有支钉痕。口径18、底径6.2、高6.6厘米（图七五，6）。

2007SYT1⑤：156，残。敞口，圆唇，弧腹，圈足。灰黄色胎，胎质较细净、致密。内施满釉，外施釉不及底，釉下施化妆土，釉层较薄匀，釉质莹润，釉面玻璃光泽。内底划花，有支钉痕。口径14.4、底径5.2、高6.9厘米（图七五，7）。

2007SYT1⑤：158，残。敞口，圆唇，弧腹，圈足。黄色胎，胎质较细净、致密。内施满釉，外施釉不及底，外有流釉、积釉现象，釉层薄匀，釉质温润，釉面玻璃光泽，釉下施化妆土。内底划花，有支钉痕。口径18.6、底径6.6、高7.5厘米（图七五，8）。

2007SYT1⑤：160，残。敞口，圆唇微撇，深弧腹，圈足微撇，挖足较深。灰白胎，胎质致密。莹润，釉层薄匀，器内满釉，器外施釉不及底，有流釉现象。器内饰划花草叶纹，器底

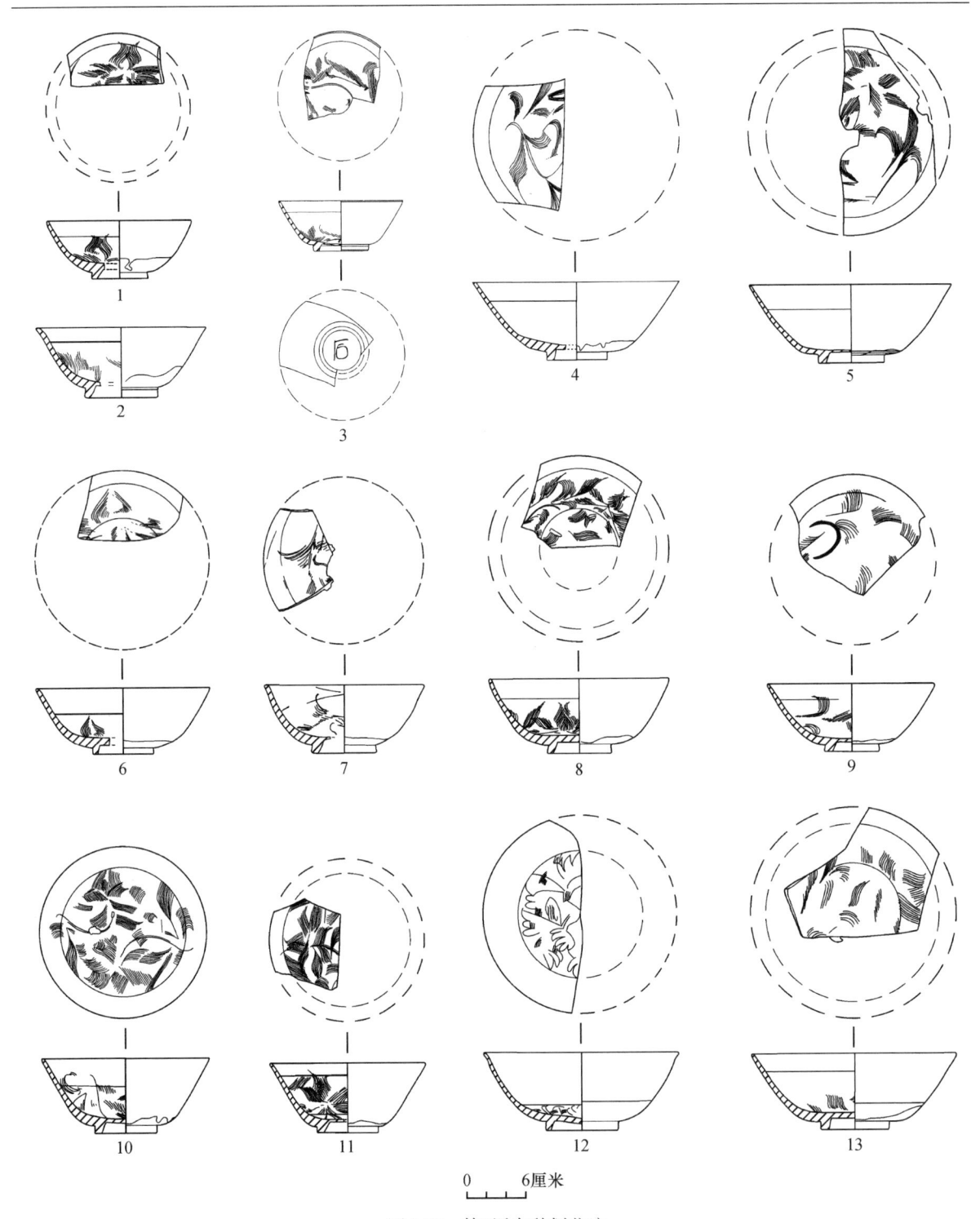

图七五 第5层白釉划花碗

1. 2007SYT1⑤：152　2. 2007SYT1⑤：153　3. 2007SYT1⑤：154　4. 2007SYT1⑤：157　5. 2007SYT1⑤：159　6. 2007SYT1⑤：155　7. 2007SYT1⑤：156　8. 2007SYT1⑤：158　9. 2007SYT1⑤：160　10. 2007SYT1⑤：161　11. 2007SYT1⑤：162　12. 2007SYT1⑤：163　13. 2007SYT1⑤：164

有修胎旋切痕迹。口径17.2、底径5.6、高6.8厘米（图七五，9）。

2007SYT1⑤：161，残。敞口，圆唇，弧腹，圈足。淡灰色胎，胎质较细净、致密。内施满釉，外施釉不及底，外有流釉、积釉现象，釉层较薄匀，釉质莹润，釉面玻璃光泽。内底有支钉痕、划花草叶纹饰。口径17.4、底径6.4、高7.5厘米（图七五，10）。

2007SYT1⑤：162，残。敞口，圆唇，弧腹，圈足。灰黄色胎，胎质较细净、致密。内施满釉，外施釉不及底，开片，外有流釉、积釉现象，釉下施化妆土，釉层较薄匀，釉质清亮莹润，釉面玻璃光泽。内底有支钉痕，外底有支珠痕，内有弦纹、草叶纹划花纹饰。口径16.4、底径6、高7.1厘米（图七五，11；图版二五，3、4）。

2007SYT1⑤：163，残。敞口，圆唇，弧腹，圈足。灰黄色胎，胎质较细净、致密。内施满釉，外施釉不及底，釉下施化妆土，釉层较薄匀，釉质莹润，釉面玻璃光泽。内底有支钉痕、草叶纹划花纹饰。口径20、底径7.4、高7.8厘米（图七五，12）。

2007SYT1⑤：164，残。敞口，圆唇，弧腹，圈足。灰黄色胎，胎质较细净、致密。内施满釉，外施釉不及底，釉下施化妆土，釉层较薄匀，釉质莹润，釉面玻璃光泽。内有弦纹、草叶纹划花，内底有支钉痕，外施有支珠痕。口径20.8、底径6.6、高7.6厘米（图七五，13）。

2007SYT1⑤：165，残。敞口，圆唇，弧腹，圈足。灰黄色胎，胎质较细净、致密。内施满釉，外施釉不及底，外有流釉、积釉现象，釉下施化妆土，釉层薄匀，釉质莹润，釉面玻璃光泽。内底有支钉痕、草叶纹划花纹饰。口径21、底径6.2、高7.6厘米（图七六，1；图版二五，5、6）。

2007SYT1⑤：168，残。敞口，圆唇，弧腹，圈足。灰红色胎，胎质较细净、致密。内外施满釉，外有流釉现象，釉层薄匀，釉质莹润，釉面玻璃光泽。内底有支钉痕、划花纹饰，外底有垫圈痕。口径22.4、底径8、高7.5厘米（图七六，2）。

2007SYT1⑤：169，残。侈口，圆唇，弧腹，圈足。灰黄色胎，胎质较细净、致密。内施满釉，外施釉不及底，有流釉现象，釉下施化妆土，釉层薄匀，釉质莹润，釉面玻璃光泽。器内底饰有兰花划花纹饰，内底有支钉痕。口径22.2、底径7.4、高8.2厘米（图七六，3）。

2007SYT1⑤：171，残。敞口，圆唇，弧腹，圈足。灰黄色胎，胎质较细净、致密。内施满釉，外施釉不及底，釉下施化妆土，釉层薄匀，釉质莹润，釉面玻璃光泽。内有牡丹划花纹饰、支钉痕，外底有垫圈痕。口径17.6、底径6.8、高7.3厘米（图七六，4）。

2007SYT1⑤：172，残。敞口，圆唇，深弧腹，圈足外撇。灰胎，胎质较致密。莹润，釉层薄匀，器内外满釉，足无釉，有流釉现象，除足与下腹部之间外满施化妆土。器内底饰划花荷花纹，有支钉痕，器底有修胎旋切痕迹。口径21.6、底径8.4、高8.1厘米（图七六，5）。

2007SYT1⑤：209，残。敞口，圆唇，深弧腹，圈足外撇。灰胎，胎质较致密。莹润，釉层薄匀，器内满釉，器外半釉，有流釉现象，釉下施化妆土。器内底饰划花草叶纹，有支钉痕，器底有修胎旋切痕迹。口径19.2、底径8.2、高7.5厘米（图七六，7）。

2007SYT1⑤：993，残。敞口，圆唇，弧腹，圈足。灰黄色胎，胎质较细净、致密。内施满釉，外施釉不及底，外有流釉现象，釉下施化妆土，釉层薄匀，釉质莹润，釉面玻璃光泽。

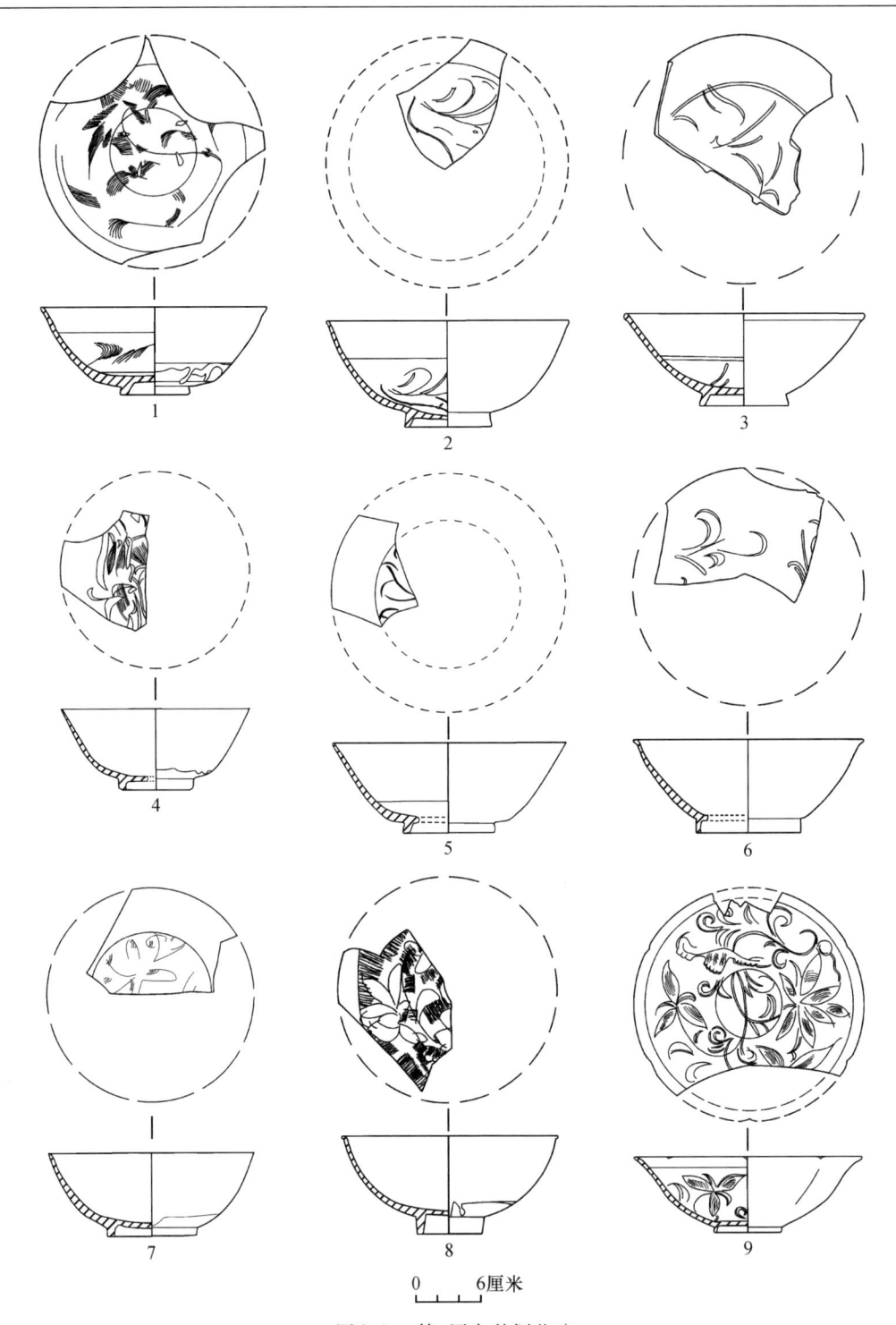

图七六 第5层白釉划花碗
1. 2007SYT1⑤：165　2. 2007SYT1⑤：168　3. 2007SYT1⑤：169　4. 2007SYT1⑤：171　5. 2007SYT1⑤：172
6. 2007SYT1⑤：173　7. 2007SYT1⑤：209　8. 2007SYT1⑤：993　9. 2007SYT1⑤：1293

内有荷花划花纹饰。口径20厘米（图七六，8）。

2007SYT1⑤：173，残。敞口，圆唇微撇，深弧腹，圈足外撇。青灰胎，胎质较致密。莹润，釉层薄匀，器内外满釉，除足与下腹之间外通体施化妆土。器内饰划花草叶纹，有支钉痕。口径21.2、底径9.6、高8.4厘米（图七六，6）。

2007SYT1⑤：1293，残。葵花形敞口，尖唇，弧腹，浅圈足。白胎，胎质细腻致密，腹壁薄，近口沿透光。白釉，莹润，玻璃质，釉层薄匀，器内外满釉，器外有泪痕。器内底至近口沿饰刻花缠枝葵花纹。口径21、底径6.2、高6.8厘米（图七六，9）。

盘 16件。

2007SYT1⑤：502，残。敞口，圆唇，折腹，圈足。灰黄色胎，胎质较细净、致密。内施满釉，外施半釉，开片，外有流釉、积釉、飞釉现象，釉层较薄匀，釉质莹润，釉面玻璃光泽。内底有支钉痕，内有划花纹饰。口径14、底径5.2、高3.5厘米（图七七，1）。

2007SYT1⑤：515，残。敞口，圆唇微撇，浅弧腹，圈足。灰白胎，胎质较致密。莹润，有开片，釉层薄，器内满釉，器外施半釉，釉线不齐，釉下施化妆土。盘内有划花草叶纹，器底有修胎旋切痕迹。口径14.6、底径6.4、高3.7厘米（图七七，2）。

2007SYT1⑤：523，残。敞口，圆唇微撇，窄折沿，浅弧腹，圈足微撇，挖足较深。灰胎，胎质较疏松。莹润，有开片，器内满釉，器外施釉不及底，有流釉现象，釉下施化妆土。内底有划花草叶纹，器底有修胎旋切痕迹。口径22、底径8.6、高4厘米（图七七，3）。

2007SYT1⑤：524，残。敞口，圆唇，折沿，斜弧腹，圈足微撇。青灰胎，胎质致密。莹润，釉层薄匀，器内满釉，器外半釉，有流釉现象，通体施化妆土。内底饰划花草叶纹，内底有支钉痕，器底有修胎旋切痕迹。口径19.4、底径7、高4厘米（图七七，4）。

2007SYT1⑤：582，残。敞口，圆唇，斜弧腹，圈足。灰黄色胎，胎质较疏松。内施满釉，外施釉至腹下部，釉下施化妆土。外底有垫圈痕，内有弦纹、牡丹划花。口径16.6、底径5.9、高3.8厘米（图七七，5；图版三〇，1、2）。

2007SYT1⑤：556，残。敞口微外撇，圆唇，弧腹，圈足。灰色胎，胎质较细净、致密。内施满釉，外施半釉，釉下施化妆土，釉层较薄匀，釉质莹润，釉面玻璃光泽。内底有支钉痕，外底有垫圈痕。内有划花纹饰。口径19、底径6.8、高4.3厘米（图七七，6；图版三〇，5）。

2007SYT1⑤：544，残。敞口，圆唇外撇，弧腹，圈足。青黄色胎，胎质较细净、疏松。内施满釉，外施半釉，开片，流釉，釉下施化妆土，釉层薄匀，釉质温润，釉面玻璃光泽。内底有支钉痕、划花纹饰，外底有垫圈痕。口径19.4、底径6.2、高4.4厘米（图七七，7）。

2007SYT1⑤：598，残。芒口，圆唇，斜弧腹，圈足。青白色胎，胎质细净、较致密。通体施釉，釉下施化妆土。内有一道划花弦纹、一枝牡丹花，外底有垫圈痕。口径15.6、底径5.4、高2.9厘米（图七七，8；图版三〇，3、4）。

2007SYT1⑤：574，残。敞口，圆唇，弧腹，圈足。灰黄色胎，胎质较细净、致密。内施满釉，外施半釉，釉下施化妆土，釉层较薄匀，釉质乳状，釉面玻璃光泽。内底有草叶纹划花、支钉痕，外腹漏胎处有墨书文字，底有支珠痕。口径15.2、底径5、高3.6厘米（图七七，9）。

图七七 第5层白釉划花盘

1. 2007SYT1⑤:502　2. 2007SYT1⑤:515　3. 2007SYT1⑤:523　4. 2007SYT1⑤:524　5. 2007SYT1⑤:582
6. 2007SYT1⑤:556　7. 2007SYT1⑤:544　8. 2007SYT1⑤:598　9. 2007SYT1⑤:574　10. 2007SYT1⑤:600
11. 2007SYT1⑤:599　12.2007SYT1⑤:602　13. 2007SYT1⑤:1006　14. 2007SYT1⑤:665　15. 2007SYT1⑤:605
16. 2007SYT1⑤:676

2007SYT1⑤：600，残。敞口，圆唇，弧腹，圈足。灰黄色胎，胎质较细净、致密。内施满釉，外施釉不及底，内底开片，外有流釉、积釉现象，釉下施化妆土，釉层较薄匀，釉质莹润，釉面玻璃光泽。内底有划花草叶纹、支钉痕。口径21.6、底径6.4、高4.6厘米（图七七，10；图版三〇，6）。

2007SYT1⑤：599，残。芒口，折沿，尖唇。青白色胎，胎质细净、较致密，通体薄。通体施釉，外有流釉、积釉现象，釉下施化妆土。器内有划花纹饰，外底有垫圈痕。口径16.6、底径5.4、高3.1厘米（图七七，11）。

2007SYT1⑤：602，残。侈口，圆唇，斜弧腹，圈足。灰黄色胎，胎质较细净。内外施满釉，外有露胎现象，釉下施化妆土，釉色匀，釉层薄，釉质莹润，釉面玻璃光泽，内底有支钉痕，外底有垫圈痕。内腹、底有划花纹饰。口径21、底径7、高3.5厘米（图七七，12；图版二四，5；图版二四，5）。

2007SYT1⑤：1006，残。敞口，圆唇微撇，浅弧腹，圈足微撇。灰胎，胎质较致密，胎体较薄。莹润，釉层薄匀，器内外满釉，足内无釉，有流釉现象，通体施化妆土。内底饰划花草叶纹，内底有支钉痕，器底有修胎旋切痕迹，足底内斜。口径12.8、底径9.8、高1.5厘米（图七七，13）。

2007SYT1⑤：665，残。敞口，圆唇，斜弧腹，圈足。青白色胎，胎质较细净、致密。通体施釉，釉层薄匀，釉质乳状，釉面玻璃光泽。内有划花纹，外腹上有一凹弦纹。口径17.6、底径6、高2.9厘米（图七七，14）。

2007SYT1⑤：605，残。敞口，圆唇微撇，斜弧腹，圈足外撇。灰胎，胎质较致密。莹润，满开片，釉层薄匀，器内满釉，器外施釉不及底、釉线不齐，通体施化妆土。盘内有划花荷花纹，内底有支钉痕，器底有修胎旋切痕迹。口径22.6、底径9.2、高5.5厘米（图七七，15）。

2007SYT1⑤：676，残。敞口，圆唇，浅斜弧腹，平底。灰胎，胎体轻薄，胎质致密。莹润，有细开片，釉层薄匀，器内外满釉，有积釉现象，通体施化妆土。盘内底饰划花草叶纹。口径17.4、底径12.6、高2.7厘米（图七七，16）。

盏　15件。

2007SYT1⑤：143，残。敞口，圆唇，弧腹，圈足。灰黄色胎，胎质较细净、致密。内施满釉，外施釉不及底，釉下施化妆土，釉层较薄匀，釉质莹润，釉面玻璃光泽。内底有支钉痕，内有草叶纹划花纹饰。口径12、底径5.5、高5.5厘米（图七八，4；图版二六，5、6）。

2007SYT1⑤：297，残。敞口，圆唇，斜弧腹，圈足。白色胎，胎质细净、致密。通体施釉，釉层薄匀，釉质乳状，釉面玻璃光泽。内有划花草叶纹饰。口径12.2、底径3.8、高3.3厘米（图七八，11）。

2007SYT1⑤：300，残。敞口，圆唇，弧腹，圈足，挖足浅。灰白胎，胎体轻薄，胎质致密。莹润，有开片，釉层薄匀，器内满釉，器外施釉不及底，有流釉现象，釉下施化妆土。内饰划花草叶纹。口径9.4、底径3、高4.7厘米（图七八，1）。

2007SYT1⑤：782，残。敞口，方唇，弧腹，圈足。灰白胎，胎质较致密。莹润，有小开

图七八　第5层白釉划花盏

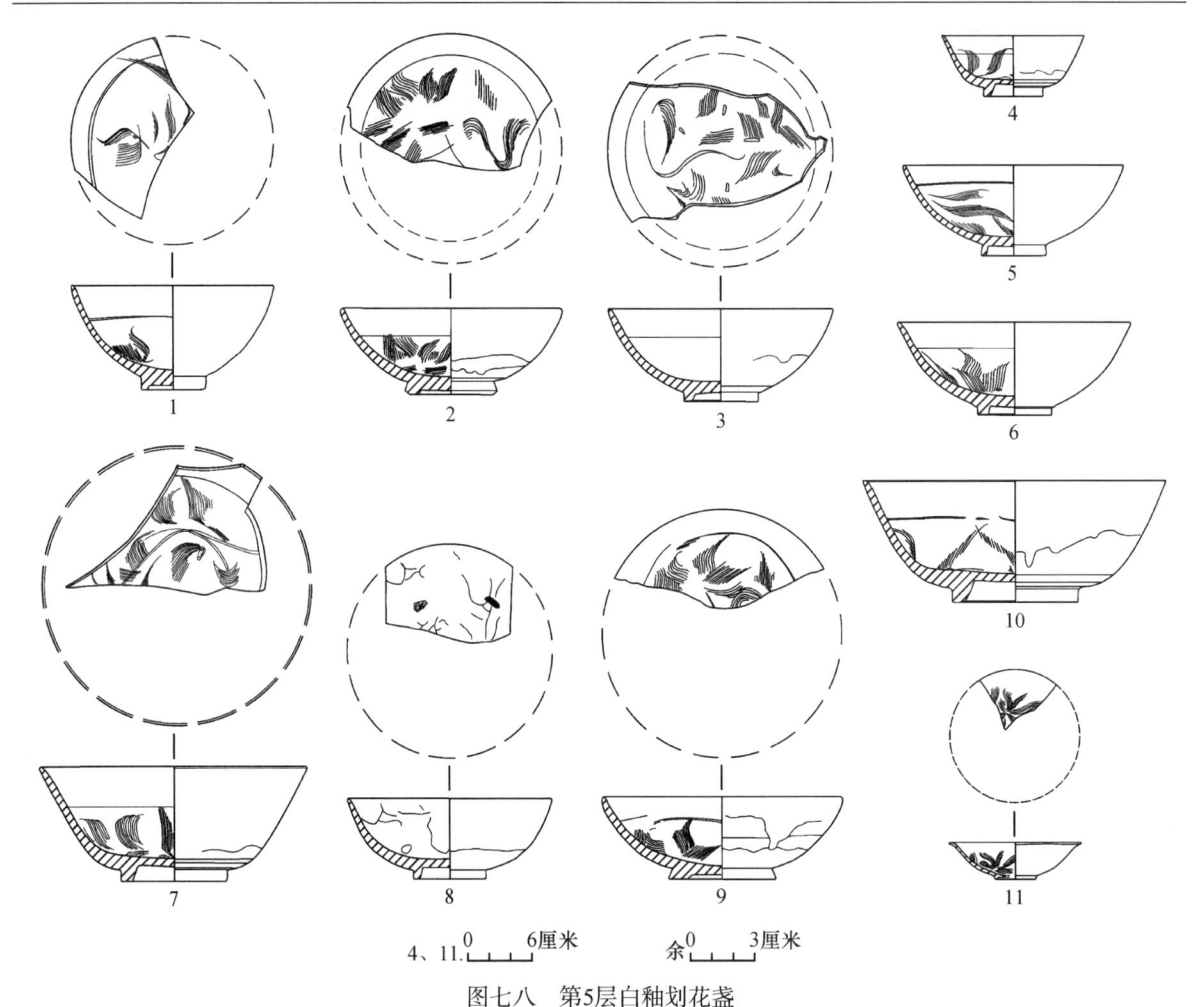

1. 2007SYT1⑤：300　2. 2007SYT1⑤：812　3. 2007SYT1⑤：795　4. 2007SYT1⑤：143　5. 2007SYT1⑤：810
6. 2007SYT1⑤：805　7. 2007SYT1⑤：782　8. 2007SYT1⑤：817　9. 2007SYT1⑤：840　10. 2007SYT1⑤：793
11. 2007SYT1⑤：297

片，釉层薄匀，器内满釉，器外施半釉，有流釉现象，釉下施化妆土。器内饰划花草叶纹，器内底有支钉痕，器底有修胎切削痕迹。口径12.6、底径5、高5.2厘米（图七八，7）。

2007SYT1⑤：793，残。敞口，圆唇，弧腹，浅圈足，足内壁外斜，挖足较深。灰白胎，胎质致密。莹润，有开片，釉层薄匀，器内满釉，器外施釉不及底、有流釉现象，釉下施化妆土。器内饰划花草叶纹，器底有明显修胎切削痕迹。口径14、底径5.8、高5.5厘米（图七八，10）。

2007SYT1⑤：795，残。敞口，圆唇，弧腹，浅圈足。灰胎，胎体轻薄，胎质致密。莹润，釉层薄匀，器内满釉，器外施釉不及底、有流釉现象，釉下施化妆土。器内饰划花草叶纹。口径10.5、底径3.5、高4.2厘米（图七八，3；图版二八，3）。

2007SYT1⑤：805，残。敞口，圆唇，弧腹，小圈足。灰胎，胎质致密。施化妆土，莹润，釉层薄，器内外满釉，足底无釉。器内饰划花草叶纹。口径10.8、底径3.4、高4.2厘米

（图七八，6）。

2007SYT1⑤：810，残。敞口，圆唇，弧腹，圈足。黄灰色胎，胎质较细净、致密。内外施满釉，釉下施化妆土，釉层薄匀，釉质乳状，釉面玻璃光泽。内有划花纹，内底有支钉痕。口径10.2、底径3、高4.1厘米（图七八，5）。

2007SYT1⑤：812，残。敞口，圆唇，弧腹，圈足。灰黄色胎，胎质细净、较疏松。内施满釉，外施釉至腹下部，外有流釉、积釉现象，釉下施化妆土。内底有支钉痕，外底有垫圈痕，内有划花草叶纹饰。口径10.4、底径4.3、高3.9厘米（图七八，2；图版二八，1、2）。

2007SYT1⑤：817，残。敞口，圆唇，弧腹，圈足。灰黄色胎，胎质较细净、致密。内施满釉，外施半釉，釉下施化妆土，釉层薄匀，釉质莹润，釉面玻璃光泽。内底有划花纹饰、支钉痕。口径9.6、底径3.4、高3.6厘米（图七八，8）。

2007SYT1⑤：840，残。敞口，圆唇，弧腹，圈足。灰黄色胎，胎质较疏松。内施满釉，外施半釉，外有流釉、积釉现象，釉下施化妆土。内底有支钉痕，内有兰花划花。口径11.2、底径5、高3.7厘米（图七八，9；图版二八，6）。

2007SYT1⑤：819，残。敞口，圆唇，弧腹，圈足。灰色胎，胎质细净、较致密。内施满釉，外施半釉，釉下施化妆土，内釉面开片，釉层薄匀，釉质温润，釉面玻璃光泽。内有支钉痕，外底有支珠痕。口径10.4、底径3.8、高4.1厘米（图七九，1；图版二八，5）。

2007SYT1⑤：804，残。敞口，尖唇，浅弧腹，浅圈足微撇，挖足较深。灰白胎，胎质较致密。莹润，釉层薄匀，器内满釉，器外施釉不及底，有流釉现象，釉下施化妆土。器内饰划花草叶纹，器内底有支钉痕，器底有修胎旋切痕迹。口径10.2、底径3.4、高3厘米（图七九，2；图版二八，4）。

2007SYT1⑤：798，残。敞口，圆唇，弧腹，圈足。灰色胎，胎质较细净、致密。内施满釉，外施釉不及底，外有流釉现象，釉下施化妆土，釉层较薄匀，釉质莹润，釉面玻璃光泽。内底有划花纹饰、支钉痕，外底有垫圈痕。口径14、底径5.4、高5.6厘米（图七九，3）。

2007SYT1⑤：873，残。敞口，圆唇，斜弧腹，圈足外撇，足内壁外斜。灰胎，胎质较致密。莹润，有开片，釉层薄匀，器内满釉，器外施半釉，有流釉现象，釉下施化妆土。器内饰划花弦纹、草叶纹，器内底有支钉痕，器底有明显修胎切削痕迹。口径13.2、底径5.2、高5.4厘米（图七九，4）。

碟　3件。

2007SYT1⑤：654，残。敞口，圆唇，斜弧腹，隐圈足。青白色胎，胎质细净、较致密。通体施釉，釉下施化妆土。内底有荷叶、莲花划花纹饰。口径11.2、底径8、高2厘米（图七九，7；图版三一，1）。

2007SYT1⑤：669，残。敞口，圆唇，浅弧腹，平底微凹。灰胎，胎体轻薄，胎质致密。莹润，有开片，釉层薄匀，器内外满釉，有流釉现象，除底外满施化妆土。内底饰划花荷花纹。口径14.4、底径10.3、高2.2厘米（图七九，5；图版三一，2）。

2007SYT1⑤：681，残。敞口，圆唇，弧腹，平底。青白色胎，胎质细净、较致密。通体施釉，釉下施化妆土。外底有支珠痕，内有水草、荷花划花纹饰。口径11.8、底径8.8、高1.8厘米（图七九，6）。

器盖　1件。

2007SYT1⑤：982，残。小圆柱形盖纽，边有微条形系，圆盔形盖体，将军盖。白胎，胎体轻薄，胎质细腻、致密。玻璃质，釉层薄匀，除盖内边沿外器内外满釉，有积釉现象、有微气泡。盖顶饰划花花草纹。口径8、高2厘米（图七九，8）。

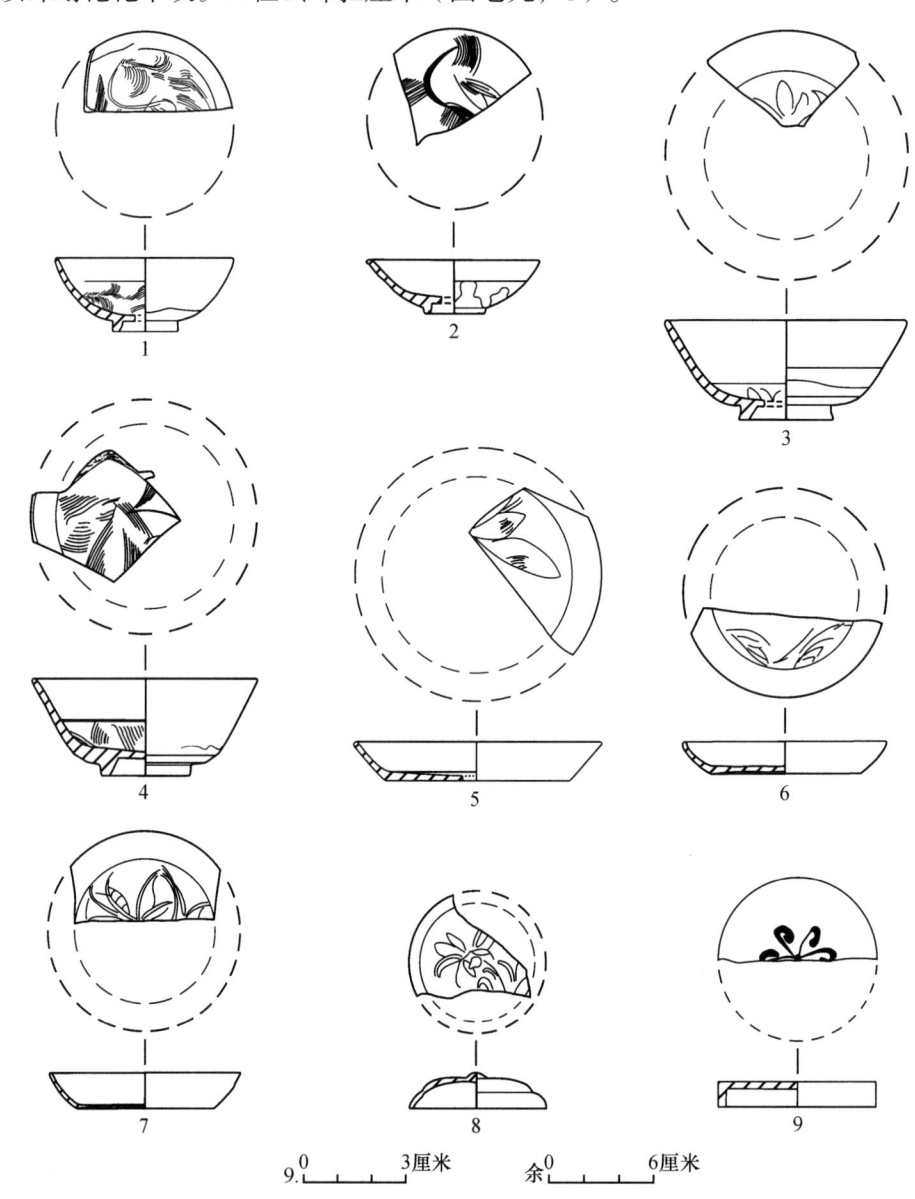

图七九　第5层白釉划花、白地黑花瓷器

1～4.白釉划花盏（2007SYT1⑤：819、2007SYT1⑤：804、2007SYT1⑤：798、2007SYT1⑤：873）　5～7.白釉划花碟（2007SYT1⑤：669、2007SYT1⑤：681、2007SYT1⑤：654）　8.白釉划花器盖（2007SYT1⑤：982）　9.白地黑花器盖（2007SYT1⑤：967）

3. 白地黑花

21件。

器盖　1件。

2007SYT1⑤：967，残。平面，直墙，平唇。灰黄色胎，胎质较细净、致密。面施满釉，内不施釉，釉下施化妆土，釉层薄匀，釉质莹润，釉面玻璃光泽。面中有黑彩绘团花。通径4.6、高0.7厘米（图七九，9）。

碗　9件。

2007SYT1⑤：182，残。敞口，圆唇，弧腹，圈足。灰黄色胎，胎质较细净、致密。内施半釉，外施釉不及底，釉下施化妆土，釉层较薄匀，釉质莹润，釉面玻璃光泽。内底有一涩圈，涩圈内施釉，内腹有墨彩草叶纹饰。口径20、底径6.8、高7.4厘米（图八〇，1；图版四三，2）。

2007SYT1⑤：183，残。敞口，圆唇，弧腹，圈足。灰黄色胎，胎质较细净、致密。内外施半釉，外有流釉、积釉现象，釉下施化妆土，釉层较薄匀，釉质乳状，釉面玻璃光泽。内底有一涩圈，涩圈内施釉。口径20.4、底径6.4、高7.3厘米（图八〇，2；图版四三，3）。

2007SYT1⑤：181，残。敞口，圆唇，弧腹，圈足。灰黄色胎，胎质较细净、致密、微夹砂。内施满釉，外施半釉，釉下施化妆土，釉层薄匀，釉质乳状，釉面玻璃光泽。内腹有黑彩花纹，内底有一涩圈，涩圈内施釉。口径19、底径6、高7厘米（图八〇，3；图版四三，1）。

2007SYT1⑤：185，残。敞口，圆唇，弧腹，圈足。内外施半釉，釉下施化妆土。灰黄色胎，胎质较细净、致密。白色釉，釉层薄匀，釉质乳状，釉面玻璃光泽。内腹有黑彩花纹，内底有一涩圈，涩圈内施釉。口径21.2、底径6.6、高7.2厘米（图八〇，4）。

2007SYT1⑤：191，残。敞口，圆唇，弧腹，圈足。灰色胎，胎质较细净、致密。内施满釉，外施釉不及底，外有流釉、积釉现象，釉下施化妆土，釉层薄匀，釉质温润，釉面玻璃光泽。内有墨色彩绘，内底有支钉痕，外有支珠痕。口径14.6、底径5.8、高4.9厘米（图八〇，6；图版四三，4）。

2007SYT1⑤：192，残。敞口，圆唇，弧腹，圈足。青黄色胎，胎质较细净、致密、微夹砂。内施满釉，外施釉不及底，釉层薄匀，釉质润，釉面玻璃光泽。内有墨色彩绘，内底有支钉痕，削足。口径14.6、底径5.8、高5.6厘米（图八〇，7；图版四三，5）。

2007SYT1⑧：193，残。敞口，圆唇，弧腹，圈足。灰黄色胎，胎质较细净、致密。内施满釉，外施釉不及底，釉下施化妆土，釉层较薄匀，釉质温润，釉面玻璃光泽。外底有垫圈痕，内有黑彩弦纹、草叶纹。口径20.6、底径6.6、高6.6厘米（图八〇，8；图版四二，3、4）。

2007SYT1⑤：196，残。敞口，圆唇，斜弧腹，圈足外撇。灰胎，胎质较致密。莹润，釉厚处有开片，釉层薄，器内满釉，器外施半釉，有积釉现象，釉下施化妆土。器内饰黑彩草叶纹，器外饰黑彩宽弦纹，器底有明显修胎切削痕迹。口径14.8、底径4.8、高5厘米（图

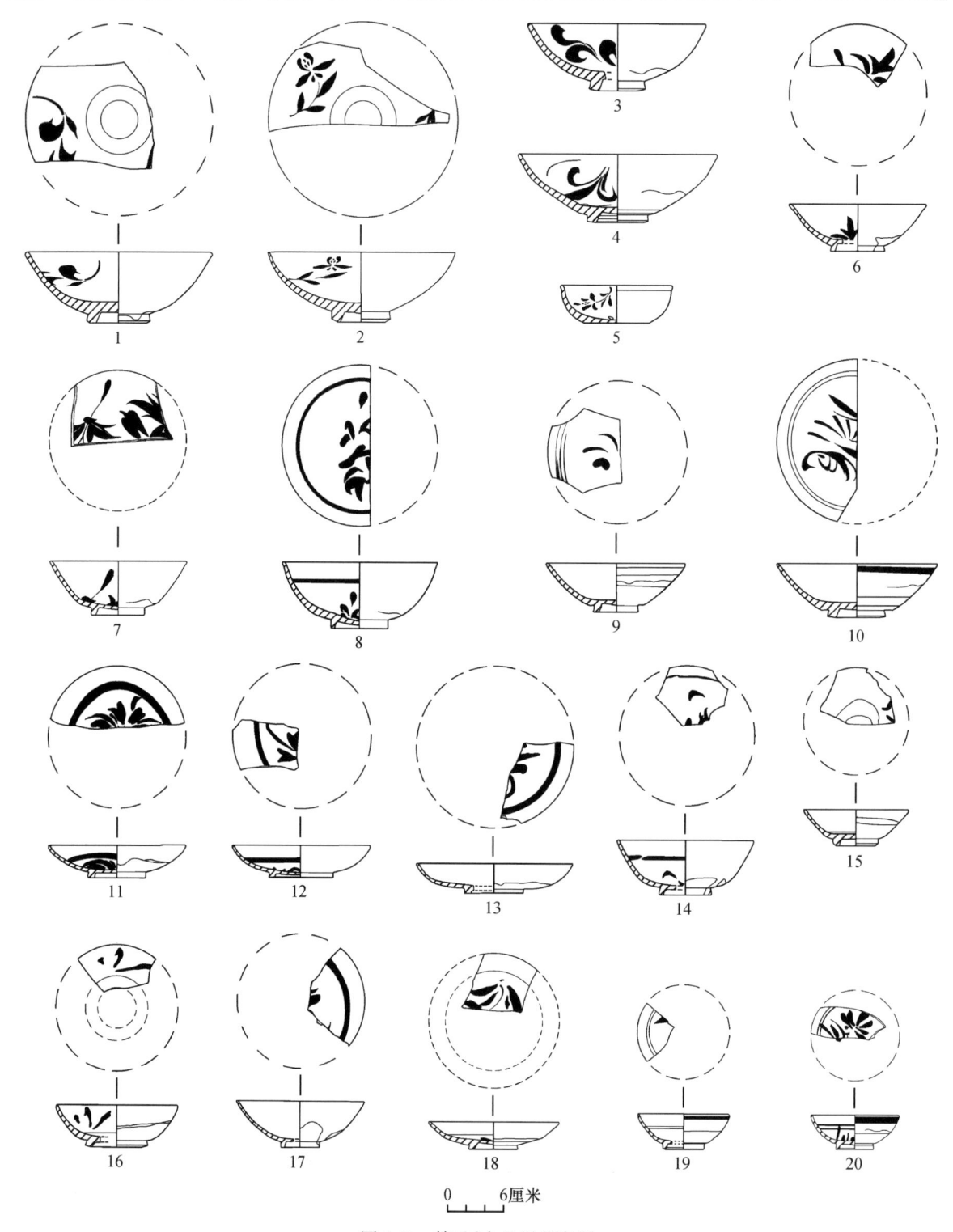

图八〇 第5层白地黑花瓷器

1~4、6~10.碗（2007SYT1⑤:182、2007SYT1⑤:183、2007SYT1⑤:181、2007SYT1⑤:185、2007SYT1⑤:191、2007SYT1⑤:192、2007SYT1⑤:193、2007SYT1⑤:196、2007SYT1⑤:197） 5、14~17、19、20.盏（2007SYT1⑤:744、2007SYT1⑤:791、2007SYT1⑤:835、2007SYT1⑤:866、2007SYT1⑤:874、2007SYT1⑤:871、2007SYT1⑤:872） 11~13、18.盘（2007SYT1⑤:491、2007SYT1⑤:697、2007SYT1⑤:539、2007SYT1⑤:538）

八〇，9；图版四三，6）。

2007SYT1⑤：197，残。敞口，圆唇，弧腹，圈足。灰黄色胎，胎质较细净、致密。内施满釉，外施半釉，釉下施化妆土，釉层较薄匀，釉质温润，釉面玻璃光泽。外近沿处有一黑彩弦纹，内有两道弦纹、草叶纹饰。内底有支钉痕，外底有支珠痕。口径17.2、底径6.2、高5.6厘米（图八〇，10；图版四二，1、2）。

盘 4件。

2007SYT1⑤：491，残。敞口，圆唇，斜弧腹，圈足。灰黄色胎，胎质细净、较疏松。内施满釉，外施半釉，外有流釉现象，釉下施化妆土，内有墨绘弦纹、兰花，内底有支钉痕，外底有垫圈痕。口径15.8、底径6.2、高3.4厘米（图八〇，11；图版四五，1、2）。

2007SYT1⑤：697，残。敞口，圆唇，浅弧腹，浅圈足。灰胎，胎质较致密。莹润，釉层薄匀，器内满釉，器外施釉不及底，釉下施化妆土。器内饰黑彩草叶纹。口径15、底径7、高3厘米（图八〇，12；图版四一，1）。

2007SYT1⑤：539，残。敞口，圆唇，弧腹，圈足。灰色胎，胎质较细净、致密。内施满釉，外施半釉，釉下施化妆土，釉层较薄匀，釉质莹润，釉面玻璃光泽。内腹有一圈黑彩纹饰，内底有墨书文字，并有支钉痕。口径16.8、底径6.2、高3.1厘米（图八〇，13；图版四一，2）。

2007SYT1⑤：538，残。敞口，圆唇，折腹，圈足。灰黄色胎，胎质较细净、致密。内施满釉，外施半釉，釉下施化妆土，外有流釉、积釉现象，釉层薄匀，釉质乳状，釉面玻璃光泽。内底有黑彩饰叶纹、支钉纹，外底有垫圈痕。口径14、底径5.2、高2.8厘米（图八〇，18）。

盏 7件。

2007SYT1⑤：744，残。侈口，圆唇，弧腹，平底。灰黄色胎，胎质较致密。内外施满釉，有流釉现象，釉下施化妆土。内腹有墨绘兰花。内底有支钉痕，外底有垫饼痕。口径12、底径7、高3.9厘米（图八〇，5；图版四四，1、2）。

2007SYT1⑤：791，残。敞口，圆唇，弧腹，圈足。灰黄色胎，胎质较细净。内施满釉，外施釉不及底，有流釉现象，釉下施化妆土，釉层薄匀，釉质莹润，釉面玻璃光泽。匣钵装烧，胎壁偏薄，内有黑色彩绘。口径14.6、底径5.6、高5.7厘米（图八〇，14）。

2007SYT1⑤：835，残。敞口，圆唇，浅弧腹，圈足微撇，足内壁外斜。灰胎，含砂，胎质较致密。莹润，有开片，釉层薄匀，器内底涩圈，器外半釉，釉下施化妆土。器内壁饰黑彩草叶纹，器底有明显修胎切削痕迹，足底有斜弧面。口径11.2、底径4.2、高3.8厘米（图八〇，15）。

2007SYT1⑤：866，残。敞口，圆唇，弧腹，圈足。灰黄色胎，胎质较细净、致密。内外施半釉，釉下施化妆土，釉层薄匀，釉质温润，釉面玻璃光泽，开片。内底有一涩圈，涩圈内施釉，内腹有墨彩纹饰。口径13.2、底径6.8、高4.4厘米（图八〇，16）。

2007SYT1⑤：871，残。敞口，圆唇，弧腹，圈足。灰黄色胎，胎质较细净、致密。内施满釉，外施半釉，釉下施化妆土，釉层较薄匀，釉质温润，釉面玻璃光泽。内底有支钉痕，内有墨彩纹饰，外有一道墨彩弦纹。口径9.8、底径4.4、高3.7厘米（图八〇，19）。

2007SYT1⑤：872，残。敞口，圆唇，浅弧腹，圈足，足内壁外斜。灰胎，胎质较致密。莹润，釉层薄匀，器内满釉，器外施半釉，釉下施化妆土。器内饰黑彩草叶纹，器外饰黑彩宽弦纹。口径9.4、底径4、高4.1厘米（图八〇，20；图版四四，6）。

2007SYT1⑤：874，残。敞口，圆唇，弧腹，圈足。灰色胎，胎质较细净、致密。内施满釉，外施釉不及底，外有流釉、积釉现象，釉下施化妆土，釉层较薄，釉质清亮莹润，釉面玻璃光泽。内有墨彩绘弦纹、草叶纹。口径14、底径4.2、高4.8厘米（图八〇，17；图版四四，5）。

4. 白釉印花

7件。

盘　4件。

2007SYT1⑤：583，残。敞口，圆唇，斜弧腹，圈足。青白色胎，胎质细净、较致密。内外施满釉，有流釉、积釉现象，釉下施化妆土。内腹有一回纹带缠枝牡丹，内底有水纹、双鱼纹印花，外底有支珠痕。口径17.8、底径6、高2.7厘米（图八一，1；图版二四，1、2）。

2007SYT1⑤：586，残。敞口，圆唇，弧腹，圈足。灰白胎，胎质较细净、致密。内外施满釉，开片，釉层薄匀，釉质莹润，釉面玻璃光泽。内有缠枝菊印花。口径19、底径5.9、高3.4厘米（图八一，2；图版二四，3）。

2007SYT1⑤：587，残。敞口，圆唇，浅弧腹，圈足微内收，盘内底微凸于腹壁。白胎，胎体轻薄，胎质细腻、致密。莹润，釉层薄匀，芒口，器内外满釉，器外有泪痕。内底有印花缠枝菊纹，内壁饰一周印花勾连雷纹、缠枝菊纹。口径17.2、底径6.2、高3.6厘米（图八一，3；图版二四，4）。

2007SYT1⑤：994，残。芒口，尖圆唇，斜弧腹，圈足。青白胎，胎质细净，胎体偏薄。内外施满釉，釉色匀，釉层薄，釉质莹润，釉面玻璃光泽，外底心施釉。内有水波花草印花纹饰，匣钵装烧。口径23.6、底径12、高2.9厘米（图八一，6；图版二四，6）。

碟　2件。

2007SYT1⑤：662，残。芒口，圆唇，斜弧腹，平底。青白色胎，胎质细净、较致密。通体施釉，釉下施化妆土。内有芭蕉叶、牡丹纹印花，外底有垫饼痕。口径9.7、底径5.8、高1.6厘米（图八一，4；图版二三，3、4）。

2007SYT1⑤：664，残。敞口，尖唇，浅弧腹，浅圈足微撇。白胎，胎体轻薄，胎质致密。莹润，釉层薄匀，芒口，器内外满釉，器外有泪痕。内底有印花荷叶水波纹，壁有一周出筋菊瓣纹。口径11.2、底径5、高2.3厘米（图八一，7）。

盏　1件。

2007SYT1⑤：803，残。敞口，圆唇，弧腹，圈足。灰黄色胎，胎质较细净、致密。内外施满釉，开片，釉下施化妆土，釉层薄匀，釉质莹润，釉面玻璃光泽。内底有支钉痕、划花纹饰。口径8.2、底径2.4、高3.5厘米（图八一，11）。

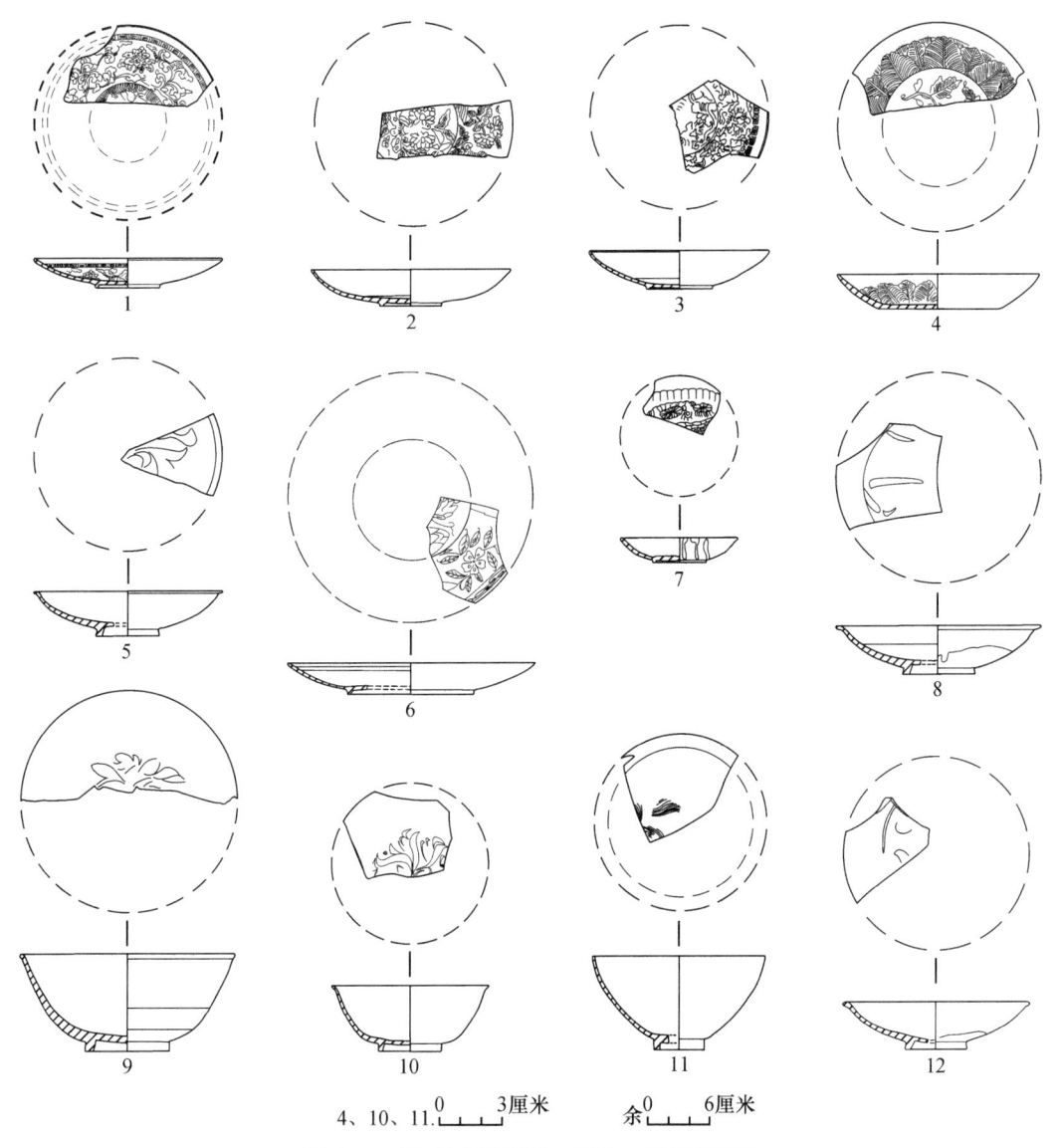

图八一　第5层白釉印花、刻花、刻划花瓷器

1~3、6.印花盘（2007SYT1⑤：583、2007SYT1⑤：586、2007SYT1⑤：587、2007SYT1⑤：994）　4、7.印花碟（2007SYT1⑤：662、2007SYT1⑤：664）　5、12.刻花盘（2007SYT1⑤：533、2007SYT1⑤：520）　8.刻划花盘（2007SYT1⑤：167）　9、10.刻划花碗（2007SYT1⑤：170、2007SYT1⑤：166）　11.印花盏（2007SYT1⑤：803）

5. 白釉刻花

盘　2件。

2007SYT1⑤：533，残。敞口，圆唇，窄折沿，斜弧腹，圈足外撇，挖足较深。青灰胎，胎质致密。莹润，有开片，釉层薄匀，器内外满釉，有积釉现象，除足与下腹部之间外满施化妆土。内底饰刻花花卉纹，器底有修胎旋切痕迹。口径18、底径6、高4.3厘米（图八一，5）。

2007SYT1⑤：520，残。侈口，圆唇，弧腹，圈足。灰黄色胎，胎质细净，致密。内施满釉，外施釉不及底，外有流釉、积釉现象，内外釉面开片，釉下施化妆土，釉层薄匀，釉质清亮莹润，釉面玻璃光泽。内底有牡丹刻花、支钉痕，外底有垫圈痕。口径18、底径6、高4.2厘米（图八一，12）。

6. 白釉刻划花

3件。

盘　1件。

2007SYT1⑤：167，残。敞口，圆唇，弧腹，圈足。灰黄色胎，胎质较细净、致密。内施满釉，外施半釉，开片，釉下施化妆土，釉层薄匀，釉质莹润，釉面玻璃光泽。内底有支钉痕、牡丹划花纹饰。口径19.6、底径7、高6.5厘米（图八一，8）。

碗　2件。

2007SYT1⑤：170，残。敞口，圆唇微撇，深弧腹，圈足外撇。灰胎，胎质较致密。莹润，器内满釉，器外施釉不及足，有流釉现象，釉厚处有小开片，釉下施化妆土。内底饰刻花花卉纹，器底有修胎旋切痕迹，足底微弧。口径20.5、底径8、高9厘米（图八一，9）。

2007SYT1⑤：166，残。敞口，圆唇，深弧腹，圈足。灰白胎，胎质较致密。莹润，有细开片，釉层薄匀，器内满釉，器外施釉不及底，有流釉现象，釉下施化妆土。内底饰划花草叶纹。口径15、底径6、高6.1厘米（图八一，10）。

7. 白釉褐彩

38件。

碗　19件。

2007SYT1⑤：187，残。敞口，圆唇，弧腹，圈足。灰色胎，胎质较细净、致密。内施满釉，外施釉不及底，外有流釉现象，釉下施化妆土，釉层薄匀，釉质温润，釉面玻璃光泽。内有褐彩纹饰、支钉痕，外有垫圈痕。口径17.4、底径5.6、高7.1厘米（图八二，1）。

2007SYT1⑤：189，残。敞口，圆唇微撇，弧腹，圈足外撇。灰胎，胎质较疏松。莹润，有细开片，釉层薄匀，器内满釉，器外施半釉，釉下施化妆土。器内腹壁饰褐彩点圈纹，内底饰黑彩草叶纹，器底有明显修胎切削痕。口径14.6、底径6、高5.8厘米（图八二，2；图版三三，4）。

2007SYT1⑤：201，残。敞口，圆唇，弧腹，圈足外撇。灰胎，胎质较致密。莹润，有开片，釉层薄匀，器内满釉，器外施半釉，釉下施化妆土。器内近底饰褐彩双弦纹，器底饰褐色点彩，且有明显修胎旋切痕，足心有凸起。口径14、底径6、高6.5厘米（图八二，3）。

2007SYT1⑤：756，残。敞口，圆唇，弧腹，圈足。灰黄色胎，胎质较细净、致密。内外施半釉，开片，釉下施化妆土，釉层偏薄，釉质温润，釉面玻璃光泽。内底有一涩圈，涩圈内施釉，内腹有墨彩草叶纹饰。口径14.4、底径5.4、高4.4厘米（图八二，4；图版三三，6）。

2007SYT1⑤：198，残。敞口，圆唇，弧腹，圈足。淡灰色胎，胎质较细净、致密。内施满釉，外施半釉，外有流釉、积釉现象，釉下施化妆土，釉层薄匀，釉质莹润，釉面玻璃光泽。内外底有垫饼痕，内有胭脂红纹饰。口径20、底径7.8、高7.7厘米（图八二，5）。

2007SYT1⑤：199，残。敞口，圆唇微撇，深弧腹，圈足外撇。灰黄胎，胎体厚重，胎质较疏松。莹润，有小开片，釉层薄，器内满釉，器外施半釉，釉下施化妆土。器内壁饰褐彩双弦纹，内底书褐彩"王"字，器底有明显修胎旋切痕，足底微弧面。口径21、底径9、高7.8厘米（图八二，6）。

2007SYT1⑤：190，残。敞口，圆唇微撇，弧腹，圈足外撇。灰胎，胎质较疏松。莹润，有小开片，釉层薄，器内满釉，器外施半釉，有流釉现象，釉下施化妆土。器内壁饰褐彩弦纹，内底书褐彩"花"字，器底有明显修胎旋切痕，足底有斜弧面，足心微凸。口径15、底径5.6、高5.8厘米（图八二，7；图版三二，5、6）。

2007SYT1⑤：202，残。敞口，圆唇微撇，弧腹，圈足外撇。灰胎，含砂，胎质较疏松。莹润，有开片，釉层薄，器内底涩圈，器外施半釉，釉下施化妆土。器内壁饰褐彩草叶纹，器底有明显修胎旋切痕，足底有斜弧面。口径21.6、底径5.6、高5.9厘米（图八二，8）。

2007SYT1⑤：194，残。敞口，圆唇，弧腹，圈足。灰黄色胎，胎质较细净、致密。内施满釉，外施釉不及底，外有流釉、积釉现象，釉下施化妆土，釉层较薄匀，釉质温润，釉面玻璃光泽。内底有支钉痕，内有黑彩竹叶纹划花纹饰。口径10.4、底径4.6、高5.6厘米（图八二，9；图版三二，3、4）。

2007SYT1⑤：200，残。侈口，圆唇，弧腹，圈足。灰黄色胎，胎质较细净、致密。内施满釉，外施半釉，开片，釉下施化妆土，釉层薄匀，釉质莹润，釉面玻璃光泽。内有褐彩纹饰。口径16、底径6.4、高6.2厘米（图八二，10）。

2007SYT1⑤：216，残。敞口，圆唇，弧腹，圈足。灰黄色胎，胎质较细净、致密。内外施半釉，釉下施化妆土，釉层较薄匀，釉质莹润，釉面玻璃光泽。内底有一涩圈，涩圈内施釉，器内有褐彩纹饰，外露胎处有墨书文字。口径21.6、底径6、高6.8厘米（图八二，11）。

2007SYT1⑤：203，残。敞口，圆唇，弧腹，圈足。土黄色胎，胎质较粗糙、疏松。内外施半釉，釉面开片，釉下施化妆土，外有流釉现象，釉层薄匀，釉质莹润，釉面玻璃光泽。内腹有褐彩纹，底有一涩圈，涩圈内施釉。口径20.4、底径7、高7.5厘米（图八二，12；图版三三，5）。

2007SYT1⑤：206，残。敞口，圆唇微撇，深弧腹，圈足外撇。灰黄胎，胎质较疏松。莹润，有小开片，釉层薄，器内满釉，器外施半釉，釉下施化妆土。器内壁饰褐彩双弦纹，内底书褐彩"中"字，器底有明显修胎旋切痕，足底有斜弧面。口径22.2、底径7.8、高8.9厘米（图八二，13）。

2007SYT1⑤：204，残。敞口，圆唇，斜弧腹，圈足外撇。灰黄胎，胎质较疏松。莹润，有开片，釉层薄匀，器内满釉，器外施半釉，有流釉现象，釉下施化妆土。器内近底饰褐彩双弦纹，器内底有支烧隔砂痕，器底有明显修胎切削痕。口径20、底径8、高8.2厘米（图八二，14）。

2007SYT1⑤：205，残。敞口，圆唇，弧腹，圈足。青黄色胎，胎质较细净、致密，微夹砂。内施满釉，外施满釉，釉下施化妆土，釉层薄匀，釉质较润，釉面玻璃光泽。内腹两道褐

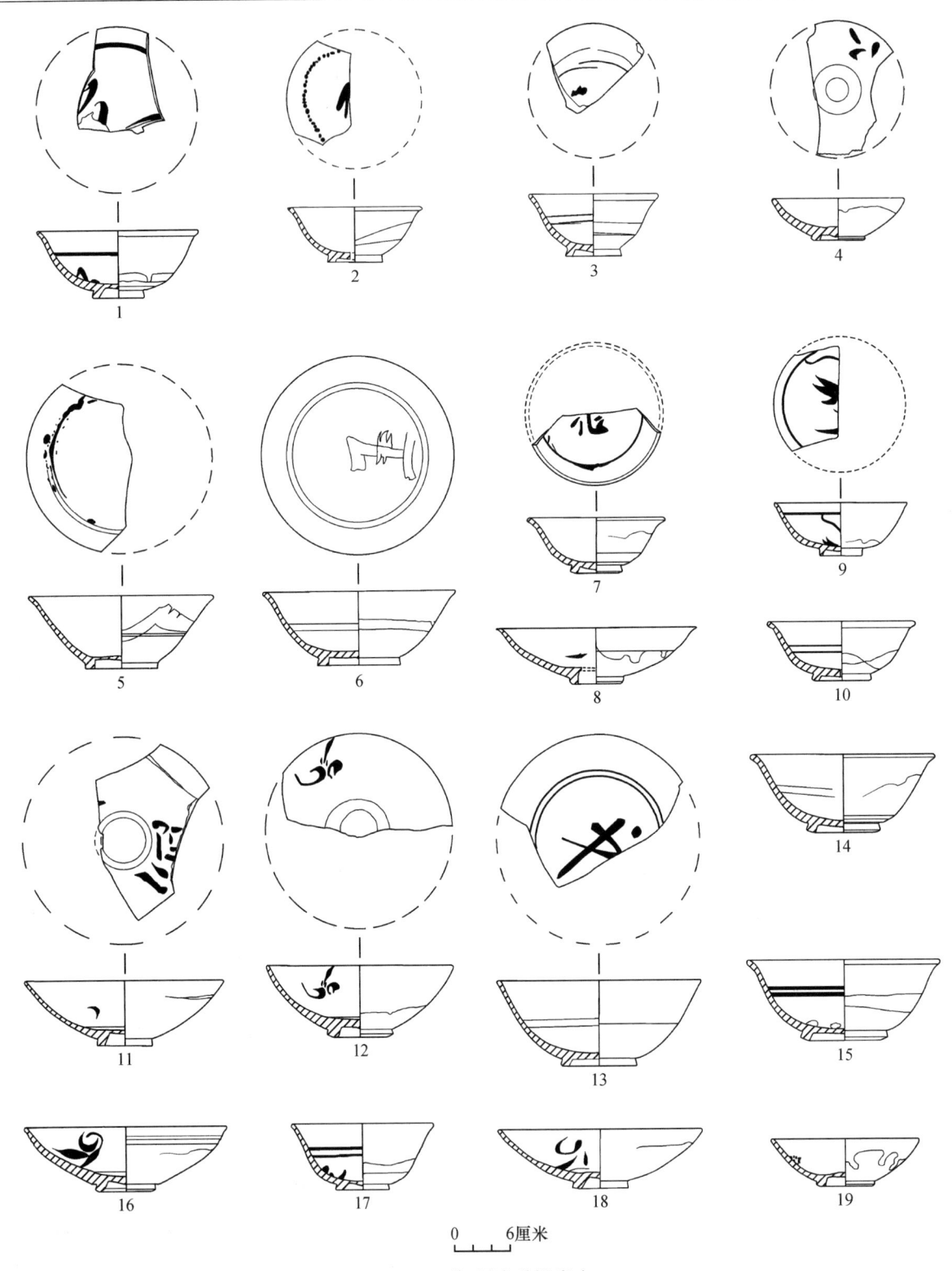

图八二 第5层白釉褐彩碗

1. 2007SYT1⑤:187　2. 2007SYT1⑤:189　3. 2007SYT1⑤:201　4. 2007SYT1⑤:756　5. 2007SYT1⑤:198　6. 2007SYT1⑤:199　7. 2007SYT1⑤:190　8. 2007SYT1⑤:202　9. 2007SYT1⑤:194　10. 2007SYT1⑤:200　11. 2007SYT1⑤:216　12. 2007SYT1⑤:203　13. 2007SYT1⑤:206　14. 2007SYT1⑤:204　15. 2007SYT1⑤:205　16. 2007SYT1⑤:184　17. 2007SYT1⑤:188　18. 2007SYT1⑤:186　19. 2007SYT1⑤:195

彩弦纹，内底有支钉痕。口径20.8、底径9.4、高8.4厘米（图八二，15）。

2007SYT1⑤：184，残。敞口，圆唇微撇，弧腹，圈足外撇。灰胎，胎质较致密。莹润，有开片，釉层薄，器内底涩圈，器外施半釉，有积釉现象，釉下施化妆土。器内壁饰褐彩竹叶纹，器底有明显修胎旋切痕，足底有斜弧面，足心微凸。口径22、底径6.5、高6.8厘米（图八二，16；图版三三，1）。

2007SYT1⑤：188，残。敞口，圆唇，弧腹，圈足。灰黄色胎，胎质较细净、致密。内施满釉，外施半釉，釉下施化妆土，釉层薄匀，釉质温润，釉面玻璃光泽。内有褐彩纹饰。口径15.4、底径5.9、高7厘米（图八二，17；图版三三，3）。

2007SYT1⑤：186，残。敞口，圆唇，弧腹，圈足。灰黄色胎，胎质较粗糙、疏松、夹砂。内外施半釉，有开片，釉下施化妆土，釉层薄匀，釉质温润，釉面玻璃光泽。口径22、底径6、高6.2厘米（图八二，18；图版三三，2）。

2007SYT1⑤：195，残。敞口，圆唇，弧腹，圈足外撇。灰胎，胎质较致密。莹润，有开片，釉层薄匀，器内满釉，器外施半釉，釉下施化妆土。器内壁饰褐色点彩，器内底有支钉痕，器底有明显修胎旋切痕。口径16、底径5.6、高5厘米（图八二，19）。

盏　6件。

2007SYT1⑤：765，残。敞口，圆唇，弧腹，圈足。黄白色胎，胎质较细净，致密、夹砂。内外施半釉，开片，釉下施化妆土，釉层薄匀，釉质清亮莹润，釉面玻璃光泽。内腹有褐彩饰叶纹，内底有一涩圈，涩圈内施釉，削足。口径11.8、底径5.1、高4厘米（图八三，1）。

2007SYT1⑤：768，残。敞口，圆唇，弧腹，圈足。灰黄色胎，胎质较细净、致密。内施满釉，外施半釉，釉下施化妆土，釉层薄匀，釉质莹润，釉面玻璃光泽，外有流釉、开片现象。内底有褐彩纹饰。口径13、底径3、高4.4厘米（图八三，2）。

2007SYT1⑤：860，残。敞口，尖唇，浅弧腹，圈足微撇，足内壁外斜。灰胎，含砂，胎质较疏松。莹润，有开片，器内底涩圈，器外半釉，釉下施化妆土。器内壁饰褐彩草叶纹，器底有明显修胎切削痕迹，足底有斜弧面。口径11.6、底径4.6、高4厘米（图八三，3；图版三四，1）。

2007SYT1⑤：766，残。敞口，圆唇，弧腹，圈足。土黄色胎，胎质较细净、致密。内施满釉，外施半釉，内有开片现象，外有流釉、积釉现象，釉下施化妆土，釉层薄匀，釉质乳状，釉面玻璃光泽。外底有支珠痕。口径13.4、底径6.4、高3厘米（图八三，4；图版三四，2）。

2007SYT1⑤：777，残。敞口，圆唇，弧腹，圈足。青灰色胎，胎质较细净。内施满釉，外施釉不及底，釉下施化妆土，釉层薄匀，釉质乳状，釉面玻璃光泽。内有褐彩花纹，内底有支钉痕，外底有垫圈痕。口径14.8、底径5.2、高5.2厘米（图八三，5）。

2007SYT1⑤：843，残。敞口，圆唇，弧腹，圈足。灰色胎，胎质较细净、致密。内外施半釉，开片，釉下施化妆土，釉层较薄匀，釉质莹润，釉面玻璃光泽。内有一涩圈，涩圈内施釉，内点褐色彩。口径12.4、底径4、高4.2厘米（图八三，6）。

盘　8件。

2007SYT1⑤：492，残。敞口，圆唇，弧腹，圈足。灰黄色胎，胎质细净、较疏松。内施满釉，外施半釉，釉下施化妆土。外底有垫圈痕，内有褐彩弦纹、墨书"福"字。口径15、底径6、高3.1厘米（图八三，7；图版三六，1、2）。

2007SYT1⑤：493，残。敞口，圆唇，斜弧腹，圈足。灰黄色胎，胎质细净、较疏松。内施满釉，外施釉至腹下部，釉下施化妆土。外底有垫圈痕，内底有褐彩弦纹、兰草纹饰。口径16.6、底径5.6、高3厘米（图八三，8；图版三六，3、4）。

2007SYT1⑤：499，残。敞口，圆唇，浅弧腹，圈足微撇。灰胎，胎质较疏松。乳浊，有开片，器内满釉，器外施半釉，有流釉现象，釉下施化妆土。内饰黑彩双弦纹，器底有明显修胎切削痕迹，足底有斜弧面。口径14.8、底径6.8、高3.2厘米（图八三，9）。

2007SYT1⑤：541，残，敞口，圆唇，斜弧腹，圈足。灰黄色胎，胎质较疏松。内施满釉，外施半釉，釉下施化妆土。内外底有垫砂痕，内有两道褐彩绘弦纹、一朵兰花。口径14.4、底径7.2、高3厘米（图八三，10；图版三五，3、4）。

2007SYT1⑤：542，残。敞口，斜方唇，斜弧腹，圈足微撇。灰黄胎，胎质较疏松。莹润，釉层薄匀，器内满釉，器外施半釉，釉下施化妆土。器内底饰褐彩双弦纹、草叶纹，器底有明显修胎切削痕。口径15.8、底径6.6、高4厘米（图八三，12；图版三五，1、2）。

2007SYT1⑤：557，残。敞口，圆唇，折腹，圈足。土黄色胎，胎质细净、致密。内外施半釉，釉下施化妆土，釉层薄匀，釉质温润，釉面玻璃光泽。内壁有褐彩纹饰，内底有一涩圈，涩圈内施釉。口径18.4、底径7.2、高4.2厘米（图八三，14）。

2007SYT1⑤：990，残。敞口，圆唇，浅弧腹，圈足微撇。灰胎，胎质较疏松。莹润，有开片，釉层薄，器内满釉，器外半釉，有流釉现象，釉下施化妆土。器内底饰黑彩草叶纹，器底有明显修胎切削痕迹，足底有斜弧面，足心微凸。口径12.8、底径6.4、高3.3厘米（图八三，15）。

2007SYT1⑤：1272，残。标本，敞口，圆唇，折腹。灰胎，胎体较轻薄，胎质较致密。莹润，釉层薄匀，器内满釉，器外施釉不及底，有流釉现象，釉下施化妆土。器内底饰褐彩竹叶纹。口径15厘米（图八三，17）。

盆　1件。

2007SYT1⑤：1010，残。敞口微撇，圆唇，弧腹，平底。灰黄色胎，胎质较细净、致密。内施满釉，外施釉不及底，釉下施化妆土，釉层较薄匀，釉质温润，釉面玻璃光泽。内底有支钉痕、墨彩草叶纹饰。口径21.6、底径9.8、高8.3厘米（图八三，11）。

罐　1件。

2007SYT1⑤：1000，残。敞口，圆唇，直颈，鼓腹，腹、沿处有两个对称条形系，宽圈足。灰黄色胎，胎质较细净。内仅口沿施釉，外施釉不及底，釉层偏薄，釉质温润，釉面玻璃光泽。外底削足，外有褐彩纹饰。口径4.1、底径2.7、通径5.2、高4.3厘米（图八三，13；图版三八，2）。

杯　1件。

2007SYT1⑤：1037，残。敛口，圆唇，鼓腹，圈足。灰黄色胎，胎质较细净、致密。内

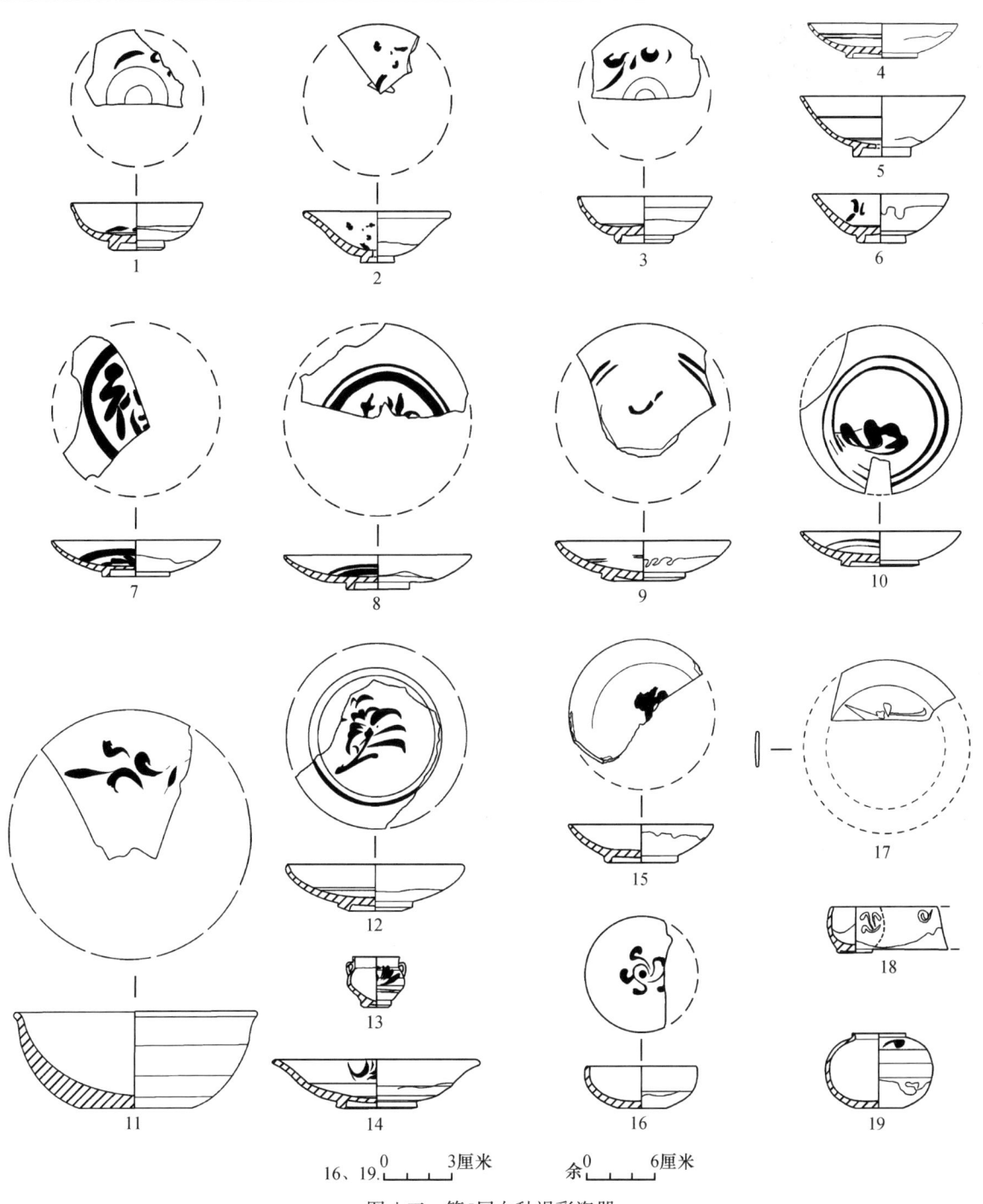

图八三 第5层白釉褐彩瓷器

1~6. 盏（2007SYT1⑤：765、2007SYT1⑤：768、2007SYT1⑤：860、2007SYT1⑤：766、2007SYT1⑤：777、2007SYT1⑤：843）
7~10、12、14、15、17. 盘（2007SYT1⑤：492、2007SYT1⑤：493、2007SYT1⑤：499、2007SYT1⑤：541、2007SYT1⑤：542、2007SYT1⑤：557、2007SYT1⑤：990、2007SYT1⑤：1272） 11. 盆（2007SYT1⑤：1010） 13. 罐（2007SYT1⑤：1000）
16、19. 水盂（2007SYT1⑤：1051、2007SYT1⑤：1044） 18. 杯（2007SYT1⑤：1037）

施满釉，外施釉不及底，有流釉现象，釉下施化妆土，釉层较薄，釉质莹润，釉面玻璃光泽。外有褐彩纹饰。口径4.4、底径2.2、高3.9厘米（图八三，18；图版三九，1）。

水盂　2件。

2007SYT1⑤：1051，残。敛口，圆唇，弧腹，平底（内凹）。灰黄色胎，胎质较细净、致密。内施满釉，外施釉不及底，釉下施化妆土，釉层偏薄匀，釉质温润，釉面玻璃光泽。口径10、底径2.2、高1.8厘米（图八三，16；图版三九，2）。

2007SYT1⑤：1044，残。敞口，圆唇，鼓腹，平底。白色胎，胎质细净、致密。内施满釉，外施半釉，釉层偏薄，釉质清亮莹润，釉面玻璃光泽。外腹近口一侧有一墨影蝌蚪纹饰。口径2.4、底径2.2、腹径4.2、高3.2厘米（图八三，19）。

8. 青釉

290件。

碗　33件。

2007SYT1⑤：118，残。敞口，圆唇微撇，弧腹，圈足微撇，足内壁外斜，挖足较深。灰胎，胎质较致密。莹润，器内底涩圈，器外半釉，有积釉现象。器底有明显修胎切削痕迹，足底有斜弧面。口径19.2、底径6.1、高6.4厘米（图八四，2）。

2007SYT1⑤：177，残。敞口，圆唇，外撇，弧腹，圈足内收，挖足浅。灰褐胎，胎体较厚重，胎质较致密。莹润，有开片，器内外底心无釉。器底有明显修胎切削痕迹，足底微斜面，足心有小凸起。口径16.7、底径5.6、高7.2厘米（图八四，1）。

2007SYT1⑤：239，残。敞口，圆唇微撇，浅弧腹，圈足外撇，足内壁外斜。褐胎，胎质较致密。莹润，釉层薄，器内底涩圈，器外半釉，有流釉现象。器底有明显修胎切削痕迹，足底微斜，足心有小凸起。口径14.2、底径5、高4.7厘米（图八四，3）。

2007SYT1⑤：240，残。敞口，圆唇，弧腹，圈足。灰黄色胎，胎质较细净、致密。内外施半釉，釉层较薄匀，釉质莹润，釉面玻璃光泽。内底有一涩圈，涩圈内施釉。口径14.7、底径4.5、高4.4厘米（图八四，4）。

2007SYT1⑤：241，残。敞口，圆唇，斜弧腹，圈足外撇，足内壁外斜，挖足较深。灰黄胎，胎体较厚重，胎质较致密。莹润，釉层薄匀，器内底涩圈，器外半釉。器底有明显修胎切削痕迹，足底有斜弧面，足心有小凸起。口径15.4、底径6、高4.6厘米（图八四，5）。

2007SYT1⑤：242，残。敞口，圆唇，弧腹，圈足。灰黄色胎，胎质较细净、致密。内外施半釉，内外釉面开片，釉层薄匀，釉质莹润，釉面玻璃光泽。内底有一涩圈，涩圈内施釉。口径15.4、底径6、高4.6厘米（图八四，6）。

2007SYT1⑤：243，残。敞口，圆唇，弧腹，圈足。灰黄色胎，胎质较细净、致密。内外施半釉，釉面开片，釉层薄匀，釉质温润，釉面玻璃光泽。内底有一涩圈，涩圈内施釉。口径15、底径5、高4.8厘米（图八四，7）。

2007SYT1⑤：244，残。敞口，圆唇，弧腹，圈足。灰黄色胎，胎质较细净、致密。内外施半釉，釉层较薄匀，釉质温润，釉面玻璃光泽。内底有一涩圈，涩圈内施釉。口径14.6、底径5、高4.5厘米（图八四，8）。

2007SYT1⑤：245，残。敞口，圆唇，弧腹，圈足外撇，足内壁外斜。灰胎，胎质较致密。莹润，釉层薄匀，器内底涩圈，器外半釉。器底有明显修胎切削痕迹，足底有斜弧面。口径18、底径6、高5.7厘米（图八四，9）。

2007SYT1⑤：246，残。敞口，圆唇，斜弧腹，圈足外撇，足内壁外斜。灰黄胎，胎质较致密。莹润，釉层薄匀，器内底涩圈，器外近口沿施釉、有流釉现象。器底有明显修胎切削痕迹，足底有斜弧面。口径18.8、底径6.2、高5.5厘米（图八四，10）。

2007SYT1⑤：247，残。敞口，圆唇，斜弧腹，圈足。灰黄色胎，胎质较细净、致密。内外施半釉，釉层较薄匀，釉质温润，釉面哑玻璃光泽。内有一涩圈，涩圈内施釉，内腹刻有"祐德观"三字。口径20.2、底径7、高6厘米（图八四，12；图版四七，4）。

2007SYT1⑤：248，残。敞口，圆唇，弧腹，圈足外撇，足内壁外斜，挖足较深。灰褐胎，胎质较致密。莹润，器内涩圈，器外近口沿施釉，有流釉、积釉现象，釉厚处有小气泡。器底有修胎旋切痕迹，足底弧面，足心有小凸起。口径21、底径6.2、高7厘米（图八四，11；图版四八，2）。

2007SYT1⑤：249，残。敞口，圆唇，弧腹，圈足。灰黄色胎，胎质较粗糙、疏松。内外施半釉，外有流釉现象，釉层较薄匀，釉质莹润，釉面玻璃光泽。内底有一涩圈，涩圈内施釉。口径21、底径6.7、高6.6厘米（图八四，13）。

2007SYT1⑤：250，残。敞口，圆唇，弧腹，圈足外撇，足内壁外斜。灰黄胎，胎质较致密。莹润，部分脱釉，器内底涩圈，器外近口沿施釉，釉线不齐，有流釉现象。器底有明显修胎切削痕迹，足底有斜弧面，足心有小凸起。口径21.6、底径6.8、高6.8厘米（图八四，14）。

2007SYT1⑤：251，残。敞口，圆唇微撇，弧腹，圈足外撇，足内壁外斜。灰黄胎，胎质较致密。脱釉，釉层薄，器内底涩圈，器外半釉。器底有明显修胎切削痕迹，足底有斜弧面，足心有小凸起。口径16.4、底径5.6、高5.8厘米（图八四，15）。

2007SYT1⑤：252，残。敞口，圆唇，弧腹，圈足。灰黄色胎，胎质较细净、致密。内施满釉，外施半釉，有流釉、积釉现象，釉层薄匀，釉质莹润，釉面玻璃光泽。口径22、底径6.3、高7.3厘米（图八四，16）。

2007SYT1⑤：253，残。敞口，圆唇微撇，弧腹，圈足外撇，足内壁外斜，挖足深。灰黄胎，胎质较致密。莹润，器内涩圈，器外近口沿施釉，有流釉现象，釉厚处有开片。器外下腹有墨书字迹，器底有修胎旋切痕迹，足底弧面，足心有小凸起。口径20、底径6.4、高6.5厘米（图八四，17）。

2007SYT1⑤：273，残。敞口，圆唇微撇，弧腹，圈足内收，挖足较浅。灰胎，胎体较厚重，胎质较致密。莹润，有开片，器内满釉，器外施釉不及足，有流釉、积釉现象。器外有明

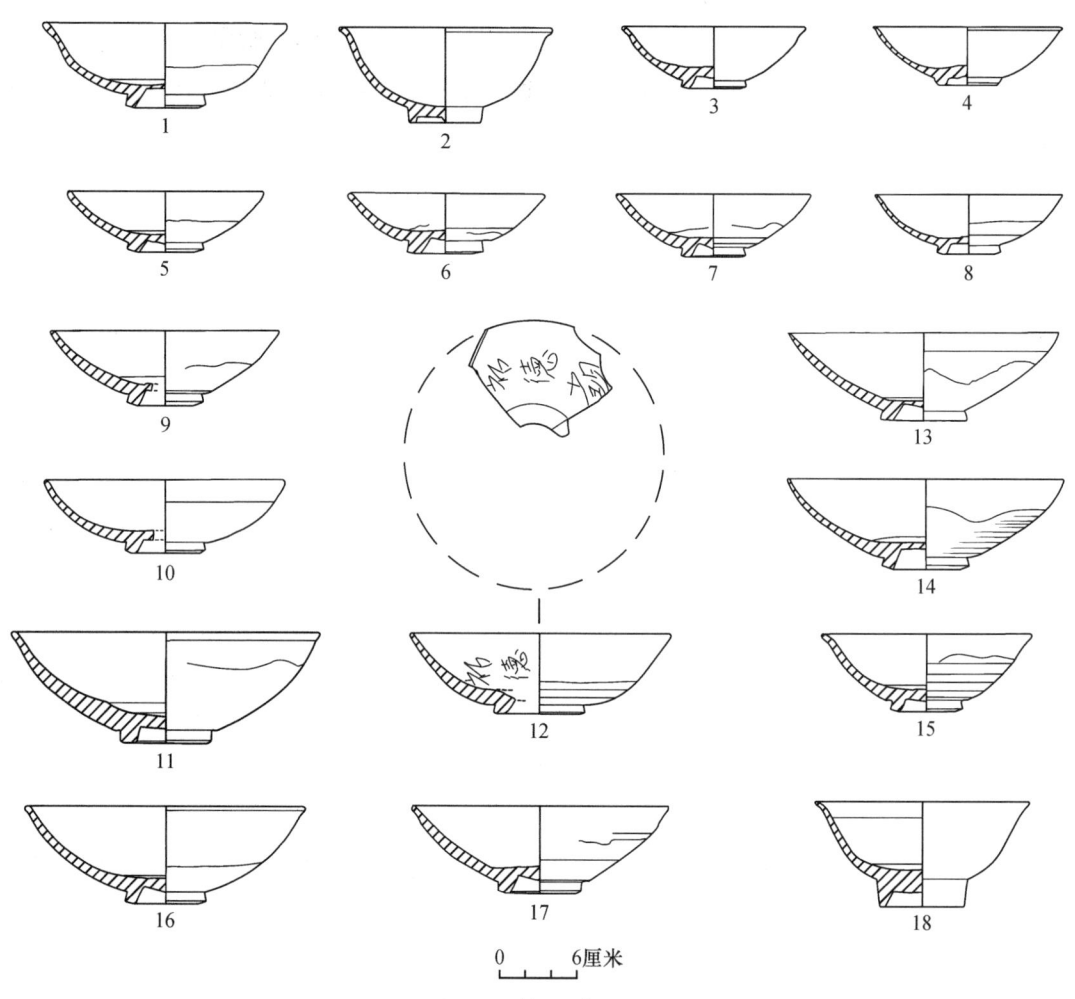

图八四 第5层青釉碗

1. 2007SYT1⑤：177 2. 2007SYT1⑤：118 3. 2007SYT1⑤：239 4. 2007SYT1⑤：240 5. 2007SYT1⑤：241
6. 2007SYT1⑤：242 7. 2007SYT1⑤：243 8. 2007SYT1⑤：244 9. 2007SYT1⑤：245 10. 2007SYT1⑤：246
11. 2007SYT1⑤：248 12. 2007SYT1⑤：247 13. 2007SYT1⑤：249 14. 2007SYT1⑤：250 15. 2007SYT1⑤：251
16. 2007SYT1⑤：252 17. 2007SYT1⑤：253 18. 2007SYT1⑤：273

显修胎旋切痕迹。口径16.7、底径6.6、高7.9厘米（图八四，18；图版四六，3）。

2007SYT1⑤：274，残。敞口，圆唇，窄折沿，弧腹，高圈足内收。灰白胎，胎体较厚重，胎质较致密。莹润，有开片，器内外满釉，足无釉。器内底缘有凹弦纹，器外有明显修胎旋切痕迹。口径16.8、底径6、高8厘米（图八五，1；图版四七，3）。

2007SYT1⑤：275，残。敞口，圆唇，弧腹，圈足。灰黄色胎，胎质较细净、致密。内施满釉，外施半釉，釉下施化妆土，釉层较薄匀，釉质莹润，釉面玻璃光泽。内底有支钉痕。口径21.9、底径7.1、高7.4厘米（图八五，2）。

2007SYT1⑤：276，残。敞口，圆唇，深弧腹，圈足外撇，挖足较深。灰白胎，胎质较致密。莹润，釉层薄匀，器内满釉，器外施半釉。器内底缘有一周凹弦纹，器内底有支钉痕，器底有修胎切削痕迹。口径19.6、底径7.2、高7.4厘米（图八五，3）。

2007SYT1⑤：277，残。敞口，圆唇，斜弧腹，圈足。黄白色胎，胎质较细净、致密。内施满釉，外施半釉，外有流釉现象，釉层薄匀，釉质乳状，釉面玻璃光泽。外底有支珠痕。口径20.6、底径7.6、高6.5厘米（图八五，4）。

2007SYT1⑤：278，残。敞口，圆唇，斜弧腹，小圈足。青白色胎，胎质较细净、致密。内施满釉，外施半釉，外有流釉、积釉现象，釉下施化妆土，釉层薄匀，釉质温润，釉面玻璃光泽。内底有支钉痕。口径20、底径6.8、高5.6厘米（图八五，5）。

2007SYT1⑤：279，残。敞口，微外撇，圆唇，斜弧腹，圈足。灰黄色胎，胎质较细净、致密。内施满釉，外施半釉，釉层薄匀，釉质温润，釉面玻璃光泽。口径26.6、底径8.6、高7.4厘米（图八五，6）。

2007SYT1⑤：280，残。敞口，圆唇，斜弧腹、较深，圈足。灰胎，胎质较致密。莹润，釉层薄匀，器内满釉，器外施釉不及底，有流釉现象。器内底有支钉痕，器底有修胎切削痕迹。口径20.6、底径6、高6.6厘米（图八五，7）。

2007SYT1⑤：282，残。敞口，尖圆唇，斜弧腹，圈足。灰色胎，胎质细净、致密。内施满釉，外施釉不及底，釉层薄匀，釉质温润，釉面玻璃光泽。内底有支钉痕。口径21.8、底径6.4、高6.5厘米（图八五，8）。

2007SYT1⑤：283，残。敞口（微内卷），圆唇，弧腹，圈足。灰色胎，胎质较细净、致密。内施满釉，外施釉不及底，釉层较薄匀，釉质温润，釉面玻璃光泽。口径11.2、底径2.8、高3.2厘米（图八五，9）。

2007SYT1⑤：311，残。侈口，圆唇，弧腹，高圈足。灰白色胎，胎质细净，较疏松。内施满釉，外施釉至腹下部，釉下施化妆土。外底有垫饼痕。口径11.4、底径4、高4.9厘米（图八五，10）。

2007SYT1⑤：604，残。敞口，圆唇，弧腹，圈足。灰黄色胎，胎质较细净、致密。内外施半釉，外有流釉现象，釉层薄匀，釉质莹润、清亮，釉面玻璃光泽。内底有一涩圈，涩圈内施釉。口径20、底径6.8、高5.6厘米（图八五，11）。

2007SYT1⑤：995，残，缺腹、沿。敞口，圆唇，弧腹，圈足。灰色胎，胎质细净、致密。通体施釉，釉层厚匀，釉质莹润，釉面玻璃光泽。内底有支钉痕。底径5.8厘米（图八五，12）。

2007SYT1⑤：1082，残。敞口，圆唇，弧腹，圈足。灰黄色胎，胎质较细净，致密。内外施半釉，外有流釉现象，釉层薄匀，釉质清亮莹润，釉面玻璃光泽。内底有一涩圈，涩圈内施釉。口径15.2、底径6.2、高4.6厘米（图八五，13）。

2007SYT1⑤：1280，残。敞口，圆唇，弧腹，圈足。淡灰色胎，胎质较细净、致密。内外施满釉。釉层厚匀，釉质温润，釉面玻璃光泽。口径16.4、底径6、高6.5厘米（图八五，14）。

2007SYT1⑤：1282，残。敞口，圆唇微撇，弧腹，圈足微敛。灰胎，胎体较厚重，胎质较致密。釉面莹润，釉层薄，器内满釉，器外施釉不及底，有流釉现象。通体施化妆土。器内底有支钉痕。器底有修胎旋切痕迹。口径16.8、底径5.2、高8厘米（图八五，15）。

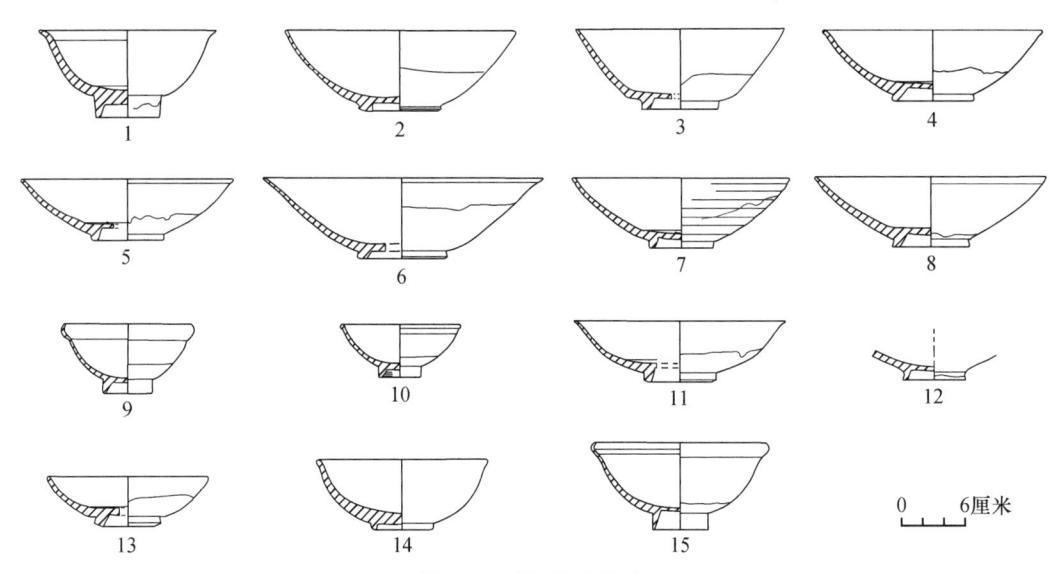

图八五　第5层青釉碗
1. 2007SYT1⑤：274　2. 2007SYT1⑤：275　3. 2007SYT1⑤：276　4. 2007SYT1⑤：277　5. 2007SYT1⑤：278
6. 2007SYT1⑤：279　7. 2007SYT1⑤：280　8. 2007SYT1⑤：282　9. 2007SYT1⑤：283　10. 2007SYT1⑤：311
11. 2007SYT1⑤：604　12. 2007SYT1⑤：995　13. 2007SYT1⑤：1082　14. 2007SYT1⑤：1280　15. 2007SYT1⑤：1282

盏　244件。

2007SYT1⑤：314，残。侈口，圆唇，斜弧腹，隐圈足。灰色胎，胎质细净，致密。内外施满釉，釉面内外开片，釉层薄匀，釉质清亮莹润，釉面玻璃光泽。外底垫砂痕。口径11.2、底径2.2、高4.1厘米（图八六，14）。

2007SYT1⑤：322，残。侈口，圆唇，斜弧腹，小浅圈足。灰色胎，胎质细净、较致密。内外施满釉，有流釉现象，釉面有开片，釉下施化妆土。外底有垫砂痕。口径15、底径6、高3.6厘米（图八六，2）。

2007SYT1⑤：323，残。侈口，圆唇，斜弧腹，圈足。灰色胎，胎质较细净、致密。内外施满釉，釉面有开片现象，釉层薄匀，釉质莹润，釉面玻璃光泽。外底有垫砂痕。口径10.4、底径2.2、高4厘米（图八六，11）。

2007SYT1⑤：324，残。侈口，圆唇，斜弧腹，圈足。淡灰色胎，胎质细净、较致密。内外施满釉，釉层薄匀，釉质莹润，釉面玻璃光泽。外底有垫砂痕。口径10.4、底径3、高4厘米（图八六，15）。

2007SYT1⑤：325，残。敞口，圆唇，斜弧腹，圈足。灰色胎，胎质细净，致密。通体施釉，釉层薄匀，釉质莹润，釉面玻璃光泽。外底有垫砂痕。口径10.2、底径3、高4.2厘米（图八六，10）。

2007SYT1⑤：334，残。侈口，圆唇，斜弧腹，圈足。灰色胎，胎质较细净、致密。内外施满釉，釉层薄匀，釉质温润，釉面玻璃光泽。外底有垫砂痕。口径11.4、底径2.4、高4.1厘米（图八六，19）。

2007SYT1⑤：336，残。侈口，圆唇，斜弧腹，圈足。灰色胎，胎质细净、较致密。内外施满釉，有开片现象，釉层薄匀，釉质乳状，釉面玻璃光泽。外底有垫圈痕。口径9.4、底径3、高4.2厘米（图八六，13）。

2007SYT1⑤：342，残。侈口，圆唇，斜弧腹，圈足。淡灰色胎，胎质较细净、致密。内外施满釉，外有流釉、积釉现象，釉层薄匀，釉质乳状，釉面玻璃光泽。外底有垫砂痕。口径12.2、底径3.6、高5.4厘米（图八六，12）。

2007SYT1⑤：347，残。敞口，圆唇，斜弧腹，圈足。淡灰色胎，胎质较细净、致密。内外施满釉，外有流釉、积釉现象，釉层薄匀，釉质玉润，釉面玻璃光泽。外底有垫砂痕。口径10.2、底径3.8、高3.8厘米（图八六，9）。

2007SYT1⑤：718，残。敞口，圆唇，弧腹，圈足。灰黄色胎，胎质较粗糙、致密、夹砂。内外施半釉，釉层薄匀，釉质乳状，釉面玻璃光泽。内底有一涩圈，涩圈内施釉。口径12、底径5、高3.3厘米（图八六，7）。

2007SYT1⑤：1075，残。敞口，圆唇，斜弧腹，圈足。深灰色胎，胎质较粗、夹砂、较致密。内外施半釉，内施黑釉，外青釉，釉下施化妆土，釉质莹润，釉面玻璃光泽。内底有一涩圈，涩圈内施釉，削足。口径11、底径5.5、高3.6厘米（图八六，8）。

2007SYT1⑤：1076，残。敞口，圆唇，浅弧腹，浅圈足。灰褐胎，胎质致密。乳浊，釉层薄，器内底涩圈，器外半釉。器底有明显修胎切削痕迹。口径10.2、底径4.4、高3.3厘米（图八六，3）。

2007SYT1⑤：1077，残。敞口，圆唇，弧腹，圈足。灰色胎，胎质较细净、致密。内外施半釉，外有流釉现象，釉层薄匀，釉质较莹润，釉面玻璃光泽。内有涩圈，涩圈内施釉。口径10.8、底径4.4、高4厘米（图八六，20）。

2007SYT1⑤：1095，残。敞口，圆唇，浅弧腹，浅圈足。灰褐胎，胎质致密。乳浊，釉层薄，器内底涩圈，器外半釉。器底有明显修胎切削痕迹。口径10、底径4.6、高3.4厘米（图八六，1）。

2007SYT1⑤：1097，残。敞口，圆唇，弧腹，圈足。土黄色胎，胎质较细净，致密。内外施半釉，内外釉面有流釉现象，釉层薄匀，釉质清亮温润，釉面玻璃光泽。内底有一涩圈，涩圈内施釉。口径10.2、底径4.2、高3.2厘米（图八六，4）。

2007SYT1⑤：1098，残。敞口，圆唇，浅斜弧腹，圈足，足内壁外斜。灰黄胎，胎质较致密，莹润，釉层薄，器内底涩圈，器外半釉。器底有明显修胎切削痕迹，足底有斜弧面，足心有小凸起。口径11.4、底径4.6、高4.2厘米（图八六，17）。

2007SYT1⑤：1111，残。敞口，圆唇，弧腹，圈足。灰黄色胎，胎质较细净、致密。内外施半釉，釉层薄匀，釉质乳涩，釉面哑光。内底有一涩圈，涩圈内施釉。口径11、底径4.4、高3厘米（图八六，5）。

2007SYT1⑤：1100，残。敞口，圆唇，浅弧腹，圈足微撇，足内壁外斜，挖足较深。灰黄色胎，胎质较致密。莹润，器内涩圈，涩圈内施釉，器外半釉，有流釉现象。器底有修胎旋切痕迹，足底斜弧面，足心有小凸起。口径11.2、底径4.8、高3厘米（图八六，6）。

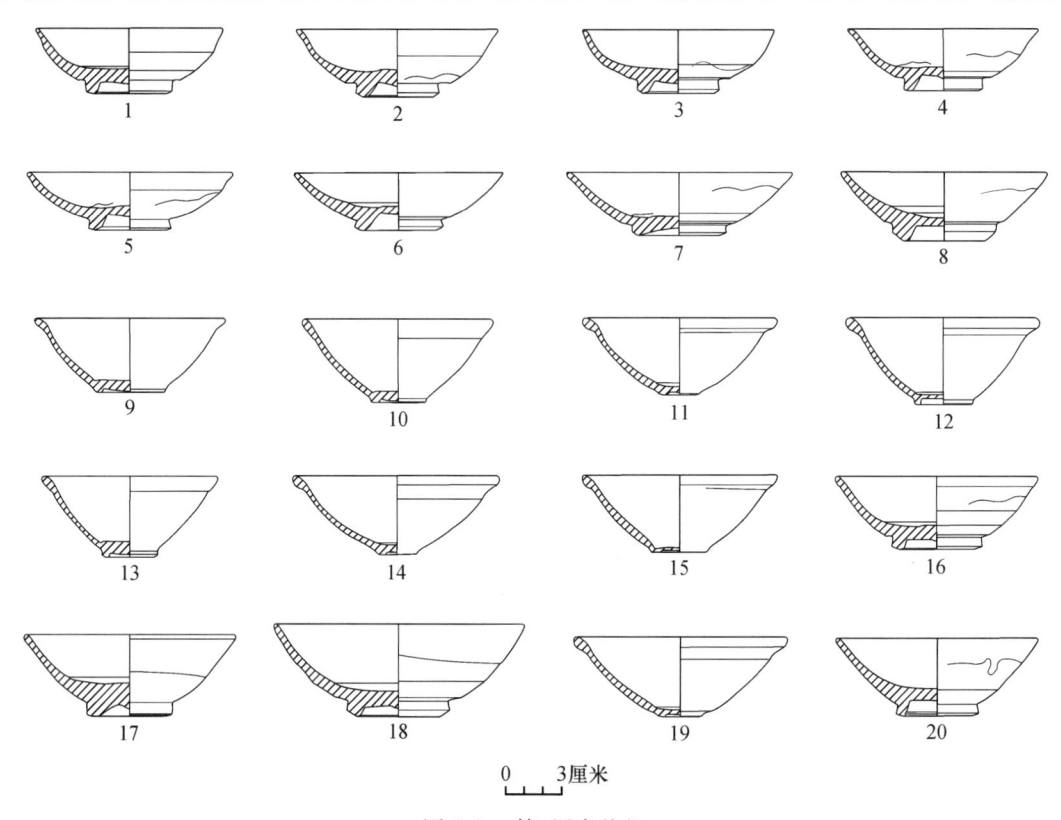

图八六　第5层青釉盏

1. 2007SYT1⑤：1095　2. 2007SYT1⑤：322　3. 2007SYT1⑤：1076　4. 2007SYT1⑤：1097　5. 2007SYT1⑤：1111
6. 2007SYT1⑤：1100　7. 2007SYT1⑤：718　8. 2007SYT1⑤：1075　9. 2007SYT1⑤：347　10. 2007SYT1⑤：325
11. 2007SYT1⑤：323　12. 2007SYT1⑤：342　13. 2007SYT1⑤：336　14. 2007SYT1⑤：314　15. 2007SYT1⑤：324
16. 2007SYT1⑤：1109　17. 2007SYT1⑤：1098　18. 2007SYT1⑤：1115　19. 2007SYT1⑤：334　20. 2007SYT1⑤：1077

2007SYT1⑤：1109，残。敞口，圆唇，弧腹，圈足。灰黄色胎，胎质较细净、致密。内外施半釉，釉层薄匀，釉质乳状，釉面哑光。内底有一涩圈，涩圈内施釉。口径10.8、底径4.8、高3.8厘米（图八六，16）。

2007SYT1⑤：1115，残。敞口，圆唇，浅弧腹，圈足外撇。灰黄色胎，胎质较致密。釉面有小开片，器内底涩圈，涩圈内施釉，外施半釉，釉质莹润，釉面玻璃光泽。口径13.5、底径5.5、高4.8厘米（图八六，18）。

2007SYT1⑤：333，残。敞口，圆唇加厚微撇，斜弧腹，小浅圈足，斗笠状，小凹圆形内底。青灰胎，胎质致密。玻璃质，有开片，有小气泡，器内外满釉，有流釉现象。足底有垫砂痕。口径10、底径2.6、高3.7厘米（图八七，1）。

2007SYT1⑤：349，残。侈口，圆唇，斜弧腹，小浅圈足。灰色胎，胎质较疏松。内外施满釉，釉面有开片，釉下施化妆土。外底有垫砂痕。口径9.2、底径2.8、高4厘米（图八七，2）。

2007SYT1⑤：328，残。敞口，圆唇加厚微撇，弧腹，浅圈足。香灰胎，胎质细腻、致密。玻璃质，有开片，有小气泡，器内外满釉，有流釉现象。器底有垫砂痕。口径10.4、底径2.8、高3.9厘米（图八七，3）。

2007SYT1⑤：331，残。侈口，圆唇，斜弧腹，小浅圈足。灰色胎，胎质较致密。内外施满釉，釉下施化妆土。外底有垫砂痕。口径10.4、底径2.8、高3.8厘米（图八七，4）。

2007SYT1⑤：327，残。侈口，圆唇，斜弧腹，圈足。灰色胎，胎质细净、致密。内外施满釉，开片，釉层薄匀，釉质莹润，釉面玻璃光泽。外底有垫砂痕。口径10.2、底径3、高4.2厘米（图八七，5）。

2007SYT1⑤：317，残。侈口，圆唇，斜弧腹，小浅圈足。灰色胎，胎质细净、较疏松。内外施满釉，釉下施化妆土。外底有垫砂痕。口径10.8、底径2.6、高4厘米（图八七，6）。

2007SYT1⑤：345，残。敞口，卷唇，斜弧腹，小浅圈足，斗笠状，小凹圆形内底。香灰胎，胎质致密。玻璃质，有小气泡，器内外满釉，有流釉现象。足底有垫砂痕。口径10、底径2.8、高3.9厘米（图八七，7）。

2007SYT1⑤：330，残。侈口，圆唇，斜弧腹，小浅圈足。灰色胎，胎质细净、较致密。内外施满釉，外有流釉、积釉现象，釉面有开片，釉下施化妆土。外底有垫砂痕。口径9.8、底径3、高4厘米（图八七，8）。

2007SYT1⑤：326，残。敞口，圆唇加厚微撇，弧腹，浅圈足。香灰胎，胎质细腻、致密。玻璃质，有开片，有小气泡，器内外满釉，有流釉现象。器底有垫砂痕。口径11、底径3、高3.8厘米（图八七，9）。

2007SYT1⑤：315，残。侈口，圆唇，斜弧腹，圈足。灰色胎，胎质细净、致密。内外施满釉，釉层薄匀，釉层薄匀，釉质莹润，釉面玻璃光泽。外底有垫砂痕。口径10.8、底径3、高4厘米（图八七，10）。

2007SYT1⑤：329，残。侈口，圆唇，斜弧腹，圈足。灰色胎，胎质较细净、致密。内外施满釉，釉层薄匀，釉质莹润，釉面玻璃光泽。外底有垫砂痕。口径10.2、底径3、高4.2厘米（图八七，11）。

2007SYT1⑤：312，残。侈口，圆唇，斜弧腹，圈足。灰色胎，胎质细净、致密。内外施满釉，开片，釉层薄匀，釉质莹润，釉面玻璃光泽。外底有垫砂痕。口径10.8、底径3、高4.3厘米（图八七，12）。

2007SYT1⑤：335，残。侈口，圆唇，斜弧腹，圈足。灰色胎，胎质较细净、致密。内外施满釉，釉层薄匀，釉质莹润，釉面玻璃光泽。内外底有垫砂痕。口径10、底径3.1、高4.2厘米（图八七，13）。

2007SYT1⑤：354，残。侈口，圆唇，斜弧腹，小浅圈足。灰色胎，胎质细净、较致密。内外施满釉，釉下施化妆土。外底有垫砂痕。口径9.4、底径3.4、高4.1厘米（图八七，14）。

2007SYT1⑤：357，残。侈口，圆唇，斜弧腹，圈足。灰色胎，胎质较细净、致密。内外施满釉，内有开片现象，釉层薄匀，釉质莹润，釉面玻璃光泽。外底有垫砂痕。口径10.4、底径2.4、高4.1厘米（图八七，15）。

2007SYT1⑤：337，残。敞口，圆唇微撇，斜弧腹，浅圈足，挖足浅。灰胎，胎质较致密。玻璃质，器内外满釉，足底无釉。器底有支烧隔砂痕，器内底有一周凹弦纹。口径10.6、底径3、高2厘米（图八七，16）。

2007SYT1⑤：332，残。侈口，圆唇，斜弧腹，圈足。灰色胎，胎质较细净、致密。内外施满釉，开片，外有流釉、积釉现象，釉层较薄匀，釉面玻璃光泽。外底有垫砂痕。口径11.8、底径4.2、高3.9厘米（图八七，17）。

2007SYT1⑤：318，残。侈口，圆唇，斜弧腹，小浅圈足。灰色胎，胎质细净、较疏松。内外施满釉，有漏釉现象，釉面有开片，釉下施化妆土。外底有垫砂痕。口径10.8、底径2.8、高5厘米（图八七，18）。

2007SYT1⑤：320，残。侈口，圆唇，斜弧腹，小浅圈足。灰色胎，胎质细净、较致密。内外施满釉，釉下施化妆土。外底有垫砂痕。口径10.4、底径3、高4.6厘米（图八七，19）。

2007SYT1⑤：338，残。侈口，圆唇，斜弧腹，圈足。灰色胎，胎质较细净、致密。内外施满釉，釉层薄匀，釉质莹润，釉面玻璃光泽。外底有垫砂痕。口径11、底径3、高4.7厘米

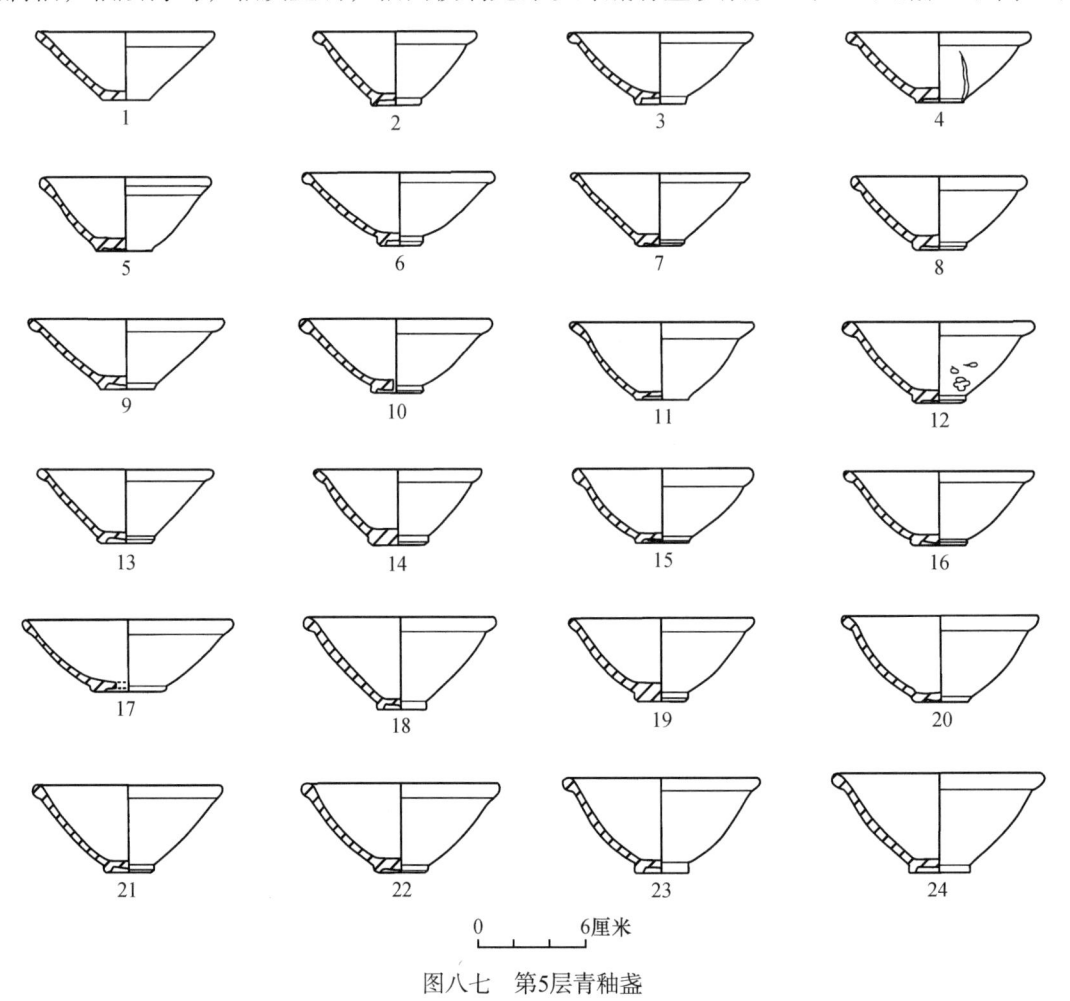

图八七　第5层青釉盏
1. 2007SYT1⑤：333　2. 2007SYT1⑤：349　3. 2007SYT1⑤：328　4. 2007SYT1⑤：331　5. 2007SYT1⑤：327
6. 2007SYT1⑤：317　7. 2007SYT1⑤：345　8. 2007SYT1⑤：330　9. 2007SYT1⑤：326　10. 2007SYT1⑤：315
11. 2007SYT1⑤：329　12. 2007SYT1⑤：312　13. 2007SYT1⑤：335　14. 2007SYT1⑤：354　15. 2007SYT1⑤：357
16. 2007SYT1⑤：337　17. 2007SYT1⑤：332　18. 2007SYT1⑤：318　19. 2007SYT1⑤：320　20. 2007SYT1⑤：338
21. 2007SYT1⑤：344　22. 2007SYT1⑤：343　23. 2007SYT1⑤：321　24. 2007SYT1⑤：353

（图八七，20）。

2007SYT1⑤：344，残。侈口，圆唇，斜弧腹，圈足。灰色胎，胎质较细净、致密。内外施满釉，釉层薄匀，釉质莹润，釉面玻璃光泽。外底有垫砂痕。口径10.6、底径2.8、高4.7厘米（图八七，21）。

2007SYT1⑤：343，残。侈口，圆唇，斜弧腹，圈足。灰色胎，胎质较细净、致密。内外施满釉，釉层薄匀，釉质温润，釉面哑光。外有垫砂痕。口径11.2、底径3、高4.8厘米（图八七，22）。

2007SYT1⑤：321，残。侈口，圆唇，斜弧腹，小浅圈足。灰色胎，胎质细净、较致密。内外施满釉，釉面有开片，釉下施化妆土。外底有垫砂痕。口径11、底径3、高5.1厘米（图八七，23）。

2007SYT1⑤：353，残。侈口，圆唇，斜弧腹，小浅圈足。灰色胎，胎质较致密。内外施满釉，外有流釉、积釉、漏釉现象，釉下施化妆土。外底有垫砂痕。口径11.8、底径3.4、高5.4厘米（图八七，24；图版四九，3）。

2007SYT1⑤：304，残。敞口，圆唇，斜弧腹，小浅圈足。灰白色胎，胎质细净、较疏松。内外施满釉，釉下施化妆土。内底有支钉痕。口径12.2、底径3.5、高3.9厘米（图八八，13）。

2007SYT1⑤：305，残。敞口，尖唇，斜弧腹，圈足。白色胎，胎质细净、致密。内外施满釉。釉层薄匀，釉质温润，釉面开片、玻璃光泽。外底有垫饼痕。口径13.8、底径3.3、高5.2厘米（图八八，15）。

2007SYT1⑤：306，残。敞口，尖唇，窄折沿，圈足微撇，足内壁外斜。灰胎，胎质较致密。莹润，釉层薄匀，器内满釉，器外半釉，有流釉现象。内底有支钉痕，器底有明显修胎切削痕迹。口径12.2、底径3.8、高4.2厘米（图八八，14；图版四九，6）。

2007SYT1⑤：307，残。敞口，圆唇，斜弧腹，圈足。灰青色胎，胎质较细净、致密。内外施满釉，釉下施化妆土，釉层薄匀，釉质乳状，釉面玻璃光泽，内底有支钉痕。口径13.2、底径3.2、高4.1厘米（图八八，16）。

2007SYT1⑤：308，残。敞口，圆唇，斜弧腹，圈足。淡灰色胎，胎质较细净、致密。内外施满釉，釉下施化妆土，釉层薄匀，釉质莹润，釉面玻璃光泽。内底有支钉痕。口径11.8、底径3、高4.2厘米（图八八，12）。

2007SYT1⑤：310，残。敞口，圆唇，弧腹，圈足。灰色胎，胎质较细净、致密。内外施满釉，外有漏釉现象，釉层较薄匀，釉质温润，釉面玻璃光泽。内底有支钉痕，外底有墨书"王"字。口径12.6、底径3.8、高3.9厘米（图八八，17）。

2007SYT1⑤：313，残。侈口，圆唇，斜弧腹，圈足。灰色胎，胎质较细净、致密。内外施满釉，釉层较薄匀，釉质温润，釉面玻璃光泽。外底有垫砂痕。口径12.2、底径3.6、高5.4厘米（图八八，4）。

2007SYT1⑤：316，残。侈口，圆唇，斜弧腹，小浅圈足。灰色胎，胎质较致密。内外施满釉，釉下施化妆土。外底有垫砂痕。口径11、底径3.4、高5.9厘米（图八八，9）。

2007SYT1⑤:319，残。侈口，圆唇，斜弧腹，小浅圈足。灰色胎，胎质较致密。内外施满釉，外有流釉、积釉现象，釉下施化妆土。外底有垫砂痕。口径12.2、底径3、高6厘米（图八八，10；图版四九，4）。

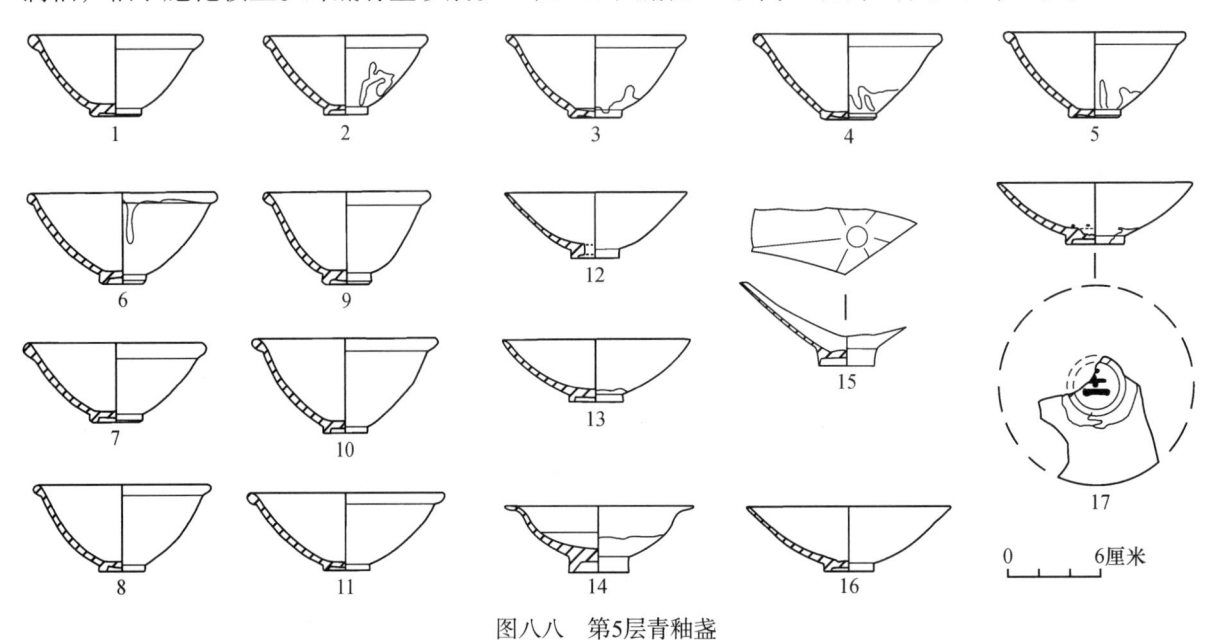

2007SYT1⑤:340，残。侈口，圆唇，斜弧腹，圈足。灰色胎，胎质较细净、致密。内外施满釉，外有流釉现象，釉层较薄匀，釉质温润，釉面玻璃光泽。外底有垫砂痕。口径11.4、底径3.4、高5.1厘米（图八八，1）。

2007SYT1⑤:350，残。侈口，圆唇，斜弧腹，小浅圈足。灰色胎，胎质细净、较致密。内外施满釉，釉下施化妆土。外底有垫圈痕。口径10.8、底径3、高5厘米（图八八，2；图版四九，2）。

2007SYT1⑤:341，残。侈口，圆唇，斜弧腹，圈足。灰色胎，胎质较细净、致密。内外施满釉，釉层薄匀，釉质温润，釉面哑光。外底有垫砂痕。口径11.8、底径3.4、高5.2厘米（图八八，5）。

2007SYT1⑤:348，残。侈口，圆唇，斜弧腹，小浅圈足。灰色胎，胎质较致密。内外施满釉，外有流釉、积釉现象，釉下施化妆土。外底有垫砂痕。口径12.4、底径3、高5.8厘米（图八八，6）。

2007SYT1⑤:346，残。侈口，圆唇，斜弧腹，圈足。灰色胎，胎质较致密。内外施满釉，有流釉现象，釉下施化妆土。外底有垫圈痕。口径11.8、底径3.4、高5厘米（图八八，7）。

2007SYT1⑤:351，残。侈口，圆唇，斜弧腹，小浅圈足。灰色胎，胎质较致密。内外施满釉，釉下施化妆土。外底有垫砂痕。口径11.6、底径3.5、高5.5厘米（图八八，8）。

图八八　第5层青釉盏

1. 2007SYT1⑤:340　2. 2007SYT1⑤:350　3. 2007SYT1⑤:358　4. 2007SYT1⑤:313　5. 2007SYT1⑤:341
6. 2007SYT1⑤:348　7. 2007SYT1⑤:346　8. 2007SYT1⑤:351　9. 2007SYT1⑤:316　10. 2007SYT1⑤:319
11. 2007SYT1⑤:352　12. 2007SYT1⑤:308　13. 2007SYT1⑤:304　14. 2007SYT1⑤:306　15. 2007SYT1⑤:305
16. 2007SYT1⑤:307　17. 2007SYT1⑤:310

2007SYT1⑤：352，残。敞口，圆唇，斜弧腹，小浅圈足。灰色胎，胎质细净、较疏松。内外施满釉，外有流釉、积釉现象，釉下施化妆土。外底有垫砂痕。口径13、底径3.2、高4.9厘米（图八八，11）。

2007SYT1⑤：358，残。侈口，圆唇，斜弧腹，圈足。淡灰色胎，胎质较细净、致密。内外施满釉，外有流釉、积釉现象，釉层薄匀，釉质乳状，釉面玻璃光泽。外底有垫砂痕。口径11.6、底径3.3、高5.2厘米（图八八，3）。

2007SYT1⑤：1081，残。敞口，圆唇，弧腹，圈足。灰黄色胎，胎质较细净、致密。内外施半釉，内有流釉、积釉现象，釉层较薄匀，釉质莹润，釉面玻璃光泽。口径8.8、底径2.8、高3.1厘米（图八九，1）。

2007SYT1⑤：1107，残。敞口，圆唇，弧腹，圈足。灰黄色胎，胎质较细净、致密。内外施半釉，外有流釉现象，釉层较薄匀，釉质莹润，釉面玻璃光泽。内底有一涩圈，涩圈内施釉。口径9.6、底径4.6、高2.8厘米（图八九，2）。

2007SYT1⑤：1132，残。敞口，圆唇，浅弧腹，圈足微撇，足内壁外斜。灰胎，胎质较致密。玻璃质，器内底涩圈，器外半釉，有积釉现象。器底有明显修胎切削痕迹，足底有斜弧面。口径8.6、底径4、高3.3厘米（图八九，3）。

2007SYT1⑤：1084，残。敞口，折沿，圆唇，斜弧腹，平底内凹（假圈足），外沿斜削。灰黄色胎，胎质细净、较致密。内施釉不满，外施釉至腹下部，釉下施化妆土。内底有垫圈痕。口径11.2、底径4、高3.6厘米（图八九，4）。

2007SYT1⑤：1086，残。敞口，圆唇，斜弧腹，圈足。灰黄色胎，胎质细净、较致密。内施釉不满，外施半釉，有流釉、积釉现象，釉下施化妆土。内底有垫圈痕。口径10.8、底径4.6、高3.5厘米（图八九，5）。

2007SYT1⑤：1118，残。敞口，圆唇，弧腹，圈足。灰黄色胎，胎质较细净、致密。内外施半釉，釉层薄匀，釉质温润，釉面哑光。内有一涩圈，涩圈内施釉。口径11.4、底径4.6、高3.4厘米（图八九，6）。

2007SYT1⑤：1112，残。敞口，圆唇，弧腹，圈足。灰色胎，胎质较细。内外施半釉，釉层薄匀，釉质莹润，釉面玻璃光泽。内底有一涩圈，涩圈内施釉，外底有支珠痕。口径9.4、底径4、高3.1厘米（图八九，7）。

2007SYT1⑤：1101，残。敞口，圆唇，浅弧腹，圈足外撇，足内壁外斜。灰黄胎，胎质较疏松。莹润，有小开片，釉层薄，器内底涩圈，器外半釉，有流釉现象，局部脱釉。器底有明显修胎切削痕迹，足底有弧面，足心有小凸起。口径10、底径4、高3.1厘米（图八九，8）。

2007SYT1⑤：1099，残。敞口，圆唇，弧腹，圈足。土黄色胎，胎质较粗糙、致密、夹砂。内外施半釉，釉层薄匀，釉质清亮莹润，釉面玻璃光泽。内底有一涩圈，涩圈内施釉。口径10.8、底径4.8、高3.4厘米（图八九，9）。

2007SYT1⑤：1121，残。敞口，圆唇，弧腹，圈足斜削。灰黄色胎，胎质细净、较致密。内施釉不满，外施半釉，有流釉现象，釉下施化妆土。内底有垫圈痕。口径10.4、底径4.8、高3.6厘米（图八九，10）。

2007SYT1⑤：1120，残。敞口，圆唇，弧腹，圈足。灰黄色胎，胎质细净、较致密。内施釉不满，外施半釉，釉下施化妆土。内底有涩圈，涩圈内施釉。口径9.2、底径4、高3.7厘米（图八九，11）。

2007SYT1⑤：1096，残。敞口，圆唇，弧腹，圈足。灰黄色胎，胎质较细净，致密。内外施半釉，釉下施化妆土，釉层薄匀，釉质乳状，釉面哑光。内底有一涩圈，涩圈内施釉，削足。口径11、底径5.4、高3.6厘米（图八九，12）。

2007SYT1⑤：1102，残。敞口，尖唇，弧腹，圈足。青黄色胎，胎质较细净、致密。内施半釉，外近口沿施釉，釉下施化妆土，釉层偏厚，釉面哑光。内底有一涩圈，涩圈内施釉。口径10.4、底径4.6、高3.5厘米（图八九，13）。

2007SYT1⑤：1105，残。敞口，圆唇，浅弧腹，圈足微撇。灰胎，胎质较致密。莹润，釉层薄，器内底涩圈，器外半釉。器底有明显修胎切削痕迹，足底有斜弧面。口径9.6、底径5.6、高3.2厘米（图八九，14）。

2007SYT1⑤：1110，残。敞口，圆唇，弧腹，圈足。灰黄色胎，胎质较细净、致密。内外施半釉，开片，有流釉、积釉现象，釉层较薄匀，釉质清亮莹润，釉面玻璃光泽。内底有一涩圈，涩圈内施釉。口径10、底径4.4、高3.6厘米（图八九，15）。

2007SYT1⑤：1122，残。敞口，圆唇，弧腹，圈足。灰黄色胎，胎质较细净、致密。内

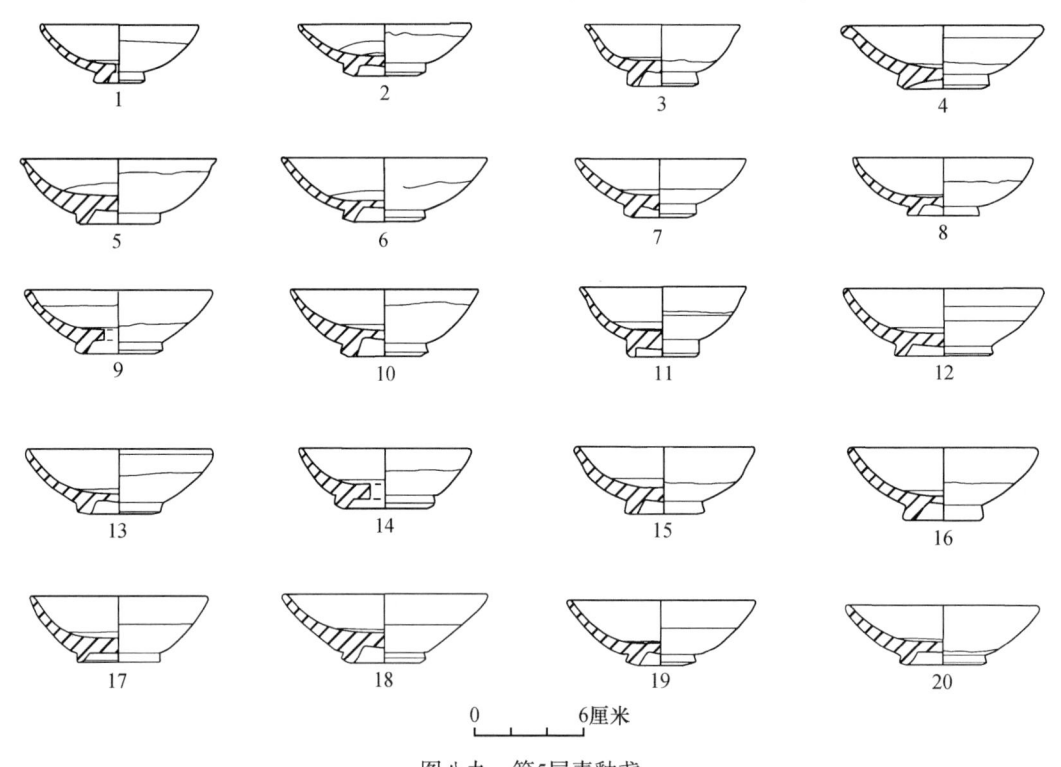

图八九　第5层青釉盏
1. 2007SYT1⑤：1081　2. 2007SYT1⑤：1107　3. 2007SYT1⑤：1132　4. 2007SYT1⑤：1084　5. 2007SYT1⑤：1086
6. 2007SYT1⑤：1118　7. 2007SYT1⑤：1112　8. 2007SYT1⑤：1101　9. 2007SYT1⑤：1099　10. 2007SYT1⑤：1121
11. 2007SYT1⑤：1120　12. 2007SYT1⑤：1096　13. 2007SYT1⑤：1102　14. 2007SYT1⑤：1105　15. 2007SYT1⑤：1110
16. 2007SYT1⑤：1122　17. 2007SYT1⑤：1080　18. 2007SYT1⑤：1089　19. 2007SYT1⑤：1088　20. 2007SYT1⑤：1094

外施半釉，外有流釉、积釉现象，釉层薄匀，釉质莹润，釉面玻璃光泽。内底有一涩圈，涩圈内施釉。口径10.4、底径4.4、高3.9厘米（图八九，16）。

2007SYT1⑤：1080，残。敞口，圆唇，弧腹，圈足。灰黄色胎，胎质较细净、致密。内外施半釉，釉层薄匀，釉质温润，釉面玻璃光泽。内底有一涩圈，涩圈内施釉。口径9.8、底径4.6、高3.5厘米（图八九，17）。

2007SYT1⑤：1089，残。敞口，圆唇，斜弧腹，圈足。黄白色胎，胎质较粗糙。内外施半釉，外有流釉、积釉现象，釉下施化妆土，釉层薄匀，釉质乳状，釉面玻璃光泽。内底有一涩圈，涩圈内施釉，削足。口径11.4、底径4.6、高3.7厘米（图八九，18）。

2007SYT1⑤：1088，残。敞口，圆唇，弧腹，圈足。土黄色胎，胎质较细净、致密。内外施半釉，釉层薄匀，釉质莹润，釉面玻璃光泽。内底有一涩圈，涩圈内施釉。口径10.4、底径3.8、高3.5厘米（图八九，19）。

2007SYT1⑤：1094，残。敞口，圆唇，弧腹，圈足。土黄色胎，胎质较细净、致密。内外施半釉，有流釉、积釉现象，釉层较薄匀，釉质温润，釉面玻璃光泽。内底有一涩圈，涩圈内施釉，削足。口径10.6、底径4.8、高3.2厘米（图八九，20）。

2007SYT1⑤：1116，残。敞口，圆唇，弧腹，圈足。灰褐色胎，胎质较粗糙、疏松。内外施半釉，釉层薄匀，釉质乳状，釉面哑光。内底有一涩圈，涩圈内施釉。口径11、底径4.9、高3.2厘米（图九〇，1）。

2007SYT1⑤：1104，残。敞口，圆唇，弧腹，圈足。黄白色胎，胎质较细净、致密。内外施半釉，釉下施化妆土，釉层薄匀，釉质乳状，釉面哑光。内底有一涩圈，涩圈内施釉，削足。口径10.4、底径4.4、高3.4厘米（图九〇，2）。

2007SYT1⑤：1093，残。敞口，圆唇，弧腹，圈足。土黄色胎，胎质较细净、致密。内底有一涩圈，外施釉不及底，釉下施化妆土，釉层薄匀，釉质温润，釉面哑光。口径11、底径4.2、高3.4厘米（图九〇，3）。

2007SYT1⑪：1108，残。敞口，圆唇，浅斜弧腹，浅圈足外撇，足内壁外斜。灰胎，胎质较致密。乳浊，釉层薄匀，器内底涩圈，涩圈内施釉，器外半釉。器底有明显修胎切削痕迹，足底有斜面，足心有小凸起。口径10.8、底径4.6、高3.5厘米（图九〇，4）。

2007SYT1⑤：1083，残。敞口，圆唇，宽沿，浅弧腹，圈足外撇。灰胎，胎质较致密。莹润，器内底涩圈，器外半釉，有积釉现象。器底有明显修胎切削痕迹，足底有斜弧面，足心内凹，中心有小凸起。口径11.5、底径5.3、高3.6厘米（图九〇，5）。

2007SYT1⑤：1119，残。敞口，圆唇，弧腹，圈足。灰黄色胎，胎质较细净、致密。内外施半釉，釉层薄匀，釉质清亮温润，釉面玻璃光泽。内底有一涩圈，涩圈内施釉。口径11.4、底径4.2、高4.1厘米（图九〇，6）。

2007SYT1⑤：1087，残。敞口，圆唇，弧腹，圈足。灰黄色胎，胎质较粗糙、致密。内外施半釉，釉层薄匀，釉质乳状，釉面玻璃光泽。内底有一涩圈，涩圈内施釉。口径12.4、底径5.9、高3.4厘米（图九〇，7）。

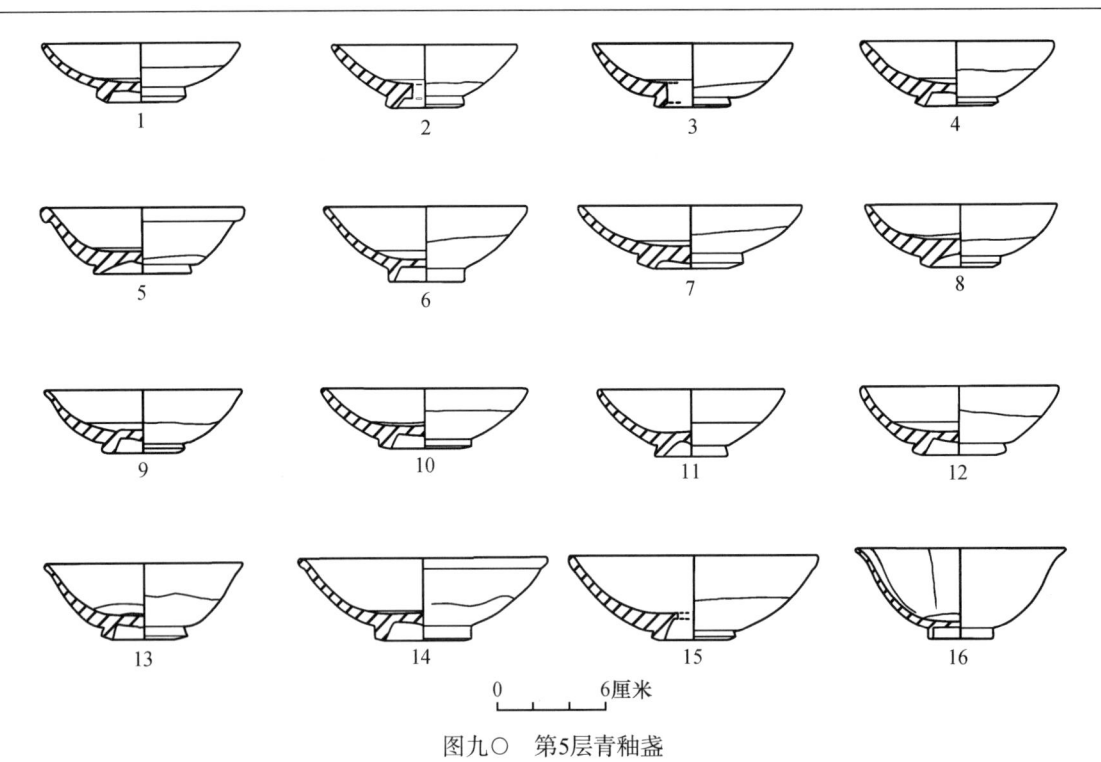

图九〇 第5层青釉盏

1. 2007SYT1⑤：1116　2. 2007SYT1⑤：1104　3. 2007SYT1⑤：1093　4. 2007SYT1⑤：1108　5. 2007SYT1⑤：1083
6. 2007SYT1⑤：1119　7. 2007SYT1⑤：1087　8. 2007SYT1⑤：1114　9. 2007SYT1⑤：1125　10. 2007SYT1⑤：1106
11. 2007SYT1⑤：1130　12. 2007SYT1⑤：1190　13. 2007SYT1⑤：1103　14. 2007SYT1⑤：1085　15. 2007SYT1⑤：1090
16. 2007SYT1⑤：1078

2007SYT1⑤：1114，残。敞口，圆唇，弧腹，圈足。黄白色胎，胎薄偏厚，胎质较细净、致密。内外施半釉，釉层薄匀，釉质莹润，釉面玻璃光泽。内底有一涩圈，涩圈内施釉，削足。口径10.6、底径4.4、高3.4厘米（图九〇，8）。

2007SYT1⑤：1125，残。敞口，圆唇微撇，浅弧腹，圈足外撇，足内壁外斜。灰胎，含细砂，胎体较厚重，胎质较致密。玻璃质，釉层薄，器内底涩圈，器外半釉，有积釉现象。器底有明显修胎切削痕迹，足底有斜弧面，足心有小凸起。口径11、底径4.6、高3.4厘米（图九〇，9）。

2007SYT1⑤：1106，残。敞口，圆唇，弧腹，圈足。灰黄色胎，胎质较细净、致密。内外施半釉，釉层薄匀，釉质莹润，釉面玻璃光泽。内底有一涩圈，涩圈内施釉。口径11.6、底径5.2、高3.2厘米（图九〇，10）。

2007SYT1⑤：1130，残。敞口，圆唇，浅弧腹，圈足外撇，足内壁外斜。灰胎，胎质较致密。玻璃质，有开片，器内底涩圈，器外半釉。器底有明显修胎切削痕迹，足底有弧面，足心有小凸起。口径10.4、底径4、高3.6厘米（图九〇，11）。

2007SYT1⑤：1190，残。敞口，圆唇，弧腹，圈足。灰黄色胎，胎质较细、致密。内外施半釉，釉层薄匀，釉质温润，釉面玻璃光泽。内底有一涩圈，涩圈内施釉。口径11、底径5.2、高3.7厘米（图九〇，12）。

2007SYT1⑤：1103，残。敞口，圆唇，弧腹，圈足。灰色胎，胎质较细、致密、微夹砂。内外施半釉，釉层薄匀，釉质莹润，釉面玻璃光泽。内底有一涩圈，涩圈内施釉，削足。口径11、底径4.8、高4.1厘米（图九〇，13）。

2007SYT1⑤：1085，残。敞口，圆唇，弧腹，圈足。土黄色胎，胎质较细净、致密。内外施半釉，外有流釉、积釉现象，釉层薄匀，釉质乳状，釉面玻璃光泽。内底有一涩圈，涩圈内施釉。口径14、底径5.5、高4.5厘米（图九〇，14）。

2007SYT1⑤：1090，残。敞口，圆唇，弧腹，圈足外撇，足内壁外斜。灰胎，胎质较致密。莹润，有开片，釉面有小气泡，器内底涩圈，器外半釉，口沿积釉。器底有明显修胎切削痕迹，足底有斜弧面。口径13.8、底径4.2、高4.6厘米（图九〇，15）。

2007SYT1⑤：1078，残。敞口，圆唇，弧腹，圈足。青白色胎，胎质细净、较疏松。通体施釉，釉下施化妆土。内腹有凸棱，底有两道凹弦纹，外底有垫圈痕。口径11.6、底径3.6、高4.9厘米（图九〇，16）。

2007SYT1⑤：1208，残。敞口，圆唇，弧腹，圈足。青白色胎，胎质较细、致密。内外施半釉，釉下施化妆土。内底有一涩圈，涩圈内施釉。口径9.4、底径3.8、高3.2厘米（图九一，1）。

2007SYT1⑤：1175，残。敞口，圆唇，斜弧腹，圈足。黄白色胎，胎质较细净、致密。内施半釉，外近口沿处施釉，釉层薄匀，釉质莹润，釉面玻璃光泽。内底有一涩圈，涩圈内施釉，外底心有一隆乳钉。口径8.8、底径4.4、高2.8厘米（图九一，2）。

2007SYT1⑤：1134，残。敞口，圆唇，弧腹，圈足。青黄色胎，胎质较细净、致密。内外施半釉，釉层薄匀，釉质莹润、清亮，釉面玻璃光泽。内底有一涩圈，涩圈内施釉，外底心有一隆乳钉。口径9、底径4、高2.8厘米（图九一，3）。

2007SYT1⑤：1164，残。敞口，圆唇，斜弧腹，圈足。青白色胎，胎质较细净、致密。内外施半釉，外有流釉、积釉现象，釉层薄匀，釉质乳状，釉面玻璃光泽。内底有一涩圈，涩圈内施釉，削足。口径10.2、底径4.6、高3.4厘米（图九一，4）。

2007SYT1⑤：1138，残。敞口，圆唇，弧腹，圈足。黄白色胎，胎质较细净、致密。内施满釉，外近沿处施釉，釉质莹润，釉面玻璃光泽，外有粘釉现象。内底有一涩圈，涩圈内施釉。口径10、底径4.1、高3.3厘米（图九一，5）。

2007SYT1⑤：1176，残。敞口，圆唇，弧腹，圈足。土黄色胎，胎质较粗糙、疏松。内外施半釉。黑色釉，釉层较薄匀，釉质乳状，釉面哑光。内底有一涩圈，涩圈内施釉，削足。口径9.4、底径4、高3.5厘米（图九一，6）。

2007SYT1⑤：1185，残。敞口，圆唇，弧腹，平底。姜黄色胎，胎质较粗、疏松、夹砂。内施满釉，外仅近沿处施釉，釉下施化妆土，釉层薄匀，釉面哑光。内底有支钉痕。口径10.4、底径4.8、高3.6厘米（图九一，7）。

2007SYT1⑤：1117，残。敞口，圆唇，弧腹，圈足。土黄色胎，胎质较细净、致密。内外施半釉，开片，釉下施化妆土，釉层薄匀，釉质清亮莹润，釉面玻璃光泽。内底有一涩圈，涩圈内施釉，削足。口径10.2、底径4.4、高3.5厘米（图九一，8）。

2007SYT1⑤：1168，残。敞口，圆唇，弧腹，圈足。黄白色胎，胎质细净、较致密。内外施半釉，外有流釉、积釉现象，釉层薄匀，釉面玻璃光泽。内底有一涩圈，涩圈内施釉，削足，外底内凹，底心有一隆乳钉。口径10.6、底径4.6、高3.4厘米（图九一，9）。

2007SYT1⑤：1149，残。敞口，圆唇微撇，浅弧腹，圈足微撇。灰胎，胎质较致密。乳浊，釉层薄，器内底涩圈，器外半釉，局部脱釉。器底有明显修胎切削痕迹，足底有斜弧面，足心内凹。口径11、底径5.2、高3.1厘米（图九一，10）。

2007SYT1⑤：1213，残。敞口，圆唇，斜弧腹，圈足。灰黄色胎，胎质较细净、致密。内外施半釉，外有流釉、积釉现象，釉质温润。内底有一涩圈，涩圈内施釉，削足。口径9.4、底径4.4、高3.1厘米（图九一，11）。

2007SYT1⑤：1162，残。敞口，圆唇，弧腹，圈足。黄白色胎，胎质较细净、疏松。内外施半釉。内底有一涩圈，涩圈内施釉，削足。口径11、底径5、高3.2厘米（图九一，12）。

2007SYT1⑤：1207，残。敞口，圆唇，斜弧腹，圈足。土黄色胎，胎壁厚，胎质较细净、致密。内外施半釉，釉层薄匀，内釉面哑光，外釉面光泽。内底有一涩圈，涩圈内施釉，

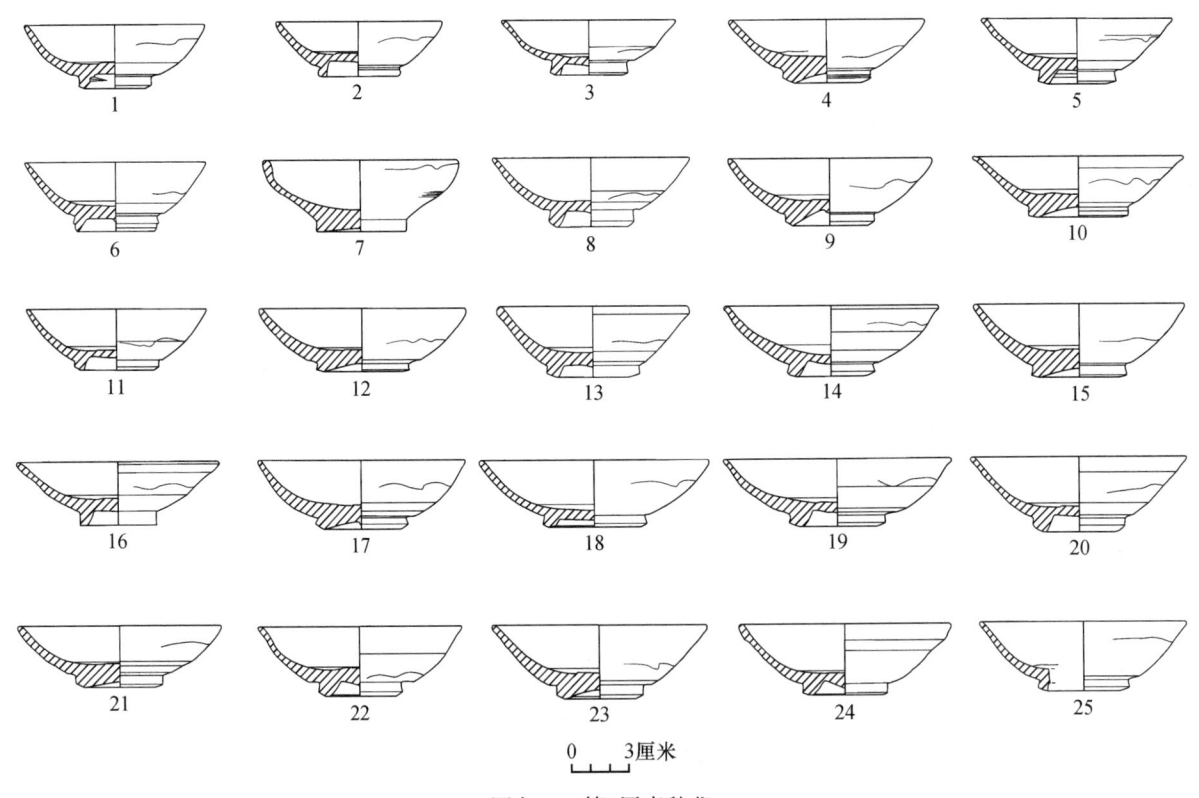

图九一　第5层青釉盏

1. 2007SYT1⑤：1208　2. 2007SYT1⑤：1175　3. 2007SYT1⑤：1134　4. 2007SYT1⑤：1164　5. 2007SYT1⑤：1138
6. 2007SYT1⑤：1176　7. 2007SYT1⑤：1185　8. 2007SYT1⑤：1117　9. 2007SYT1⑤：1168　10. 2007SYT1⑤：1149
11. 2007SYT1⑤：1213　12. 2007SYT1⑤：1162　13. 2007SYT1⑤：1207　14. 2007SYT1⑤：1133　15. 2007SYT1⑤：1141
16. 2007SYT1⑤：1131　17. 2007SYT1⑤：1169　18. 2007SYT1⑤：1219　19. 2007SYT1⑤：1218　20. 2007SYT1⑤：1217
21. 2007SYT1⑤：1167　22. 2007SYT1⑤：1212　23. 2007SYT1⑤：1214　24. 2007SYT1⑤：1215　25. 2007SYT1⑤：1216

第四章 出土器物

底足面外斜。口径10、底径4.8、高3.6厘米（图九一，13）。

2007SYT1⑤：1133，残。敞口，圆唇，弧腹，圈足。黄白色胎，胎质较细净、致密。内外施半釉，釉层薄匀，釉面哑光。内底有一涩圈，涩圈内施釉。口径11.2、底径4.6、高3.6厘米（图九一，14）。

2007SYT1⑤：1141，残。敞口，圆唇，浅弧腹，圈足外撇。灰胎，胎质较致密。玻璃质，有开片，釉层薄，器内底涩圈，器外半釉，釉线不齐，有积釉现象，局部脱釉。器底有明显修胎切削痕迹，足底有斜弧面，足心内凹。口径11、底径5、高3.7厘米（图九一，15）。

2007SYT1⑤：1131，残。敞口，圆唇，弧腹，圈足。灰色胎，胎质较细净，致密。内外施半釉，釉层薄匀，釉质乳状，釉面哑光。内底有一涩圈，涩圈内施釉。口径10.6、底径4、高3.2厘米（图九一，16）。

2007SYT1⑤：1169，残。敞口，圆唇，浅弧腹，圈足外撇。灰胎，胎质较致密。玻璃质，有细开片，有小气泡，器内底涩圈，器外半釉，有积釉现象。器底有明显修胎切削痕迹，足底有斜弧面，足心内凹，中心有小凸起。口径11、底径5、高3.5厘米（图九一，17）。

2007SYT1⑤：1219，残。敞口，圆唇，弧腹，圈足。黄白色胎，胎质较细净、致密。内外施半釉，釉层薄匀，釉面哑光，外施护胎釉。削足。口径12、底径5.4、高3.4厘米（图九一，18）。

2007SYT1⑤：1218，残。敞口，圆唇，浅弧腹，浅圈足微外撇。灰胎，胎质较致密。釉面侵蚀，釉层薄，器内底涩圈，器外半釉。器底有明显修胎切削痕迹，圈足内壁有斜弧面，足心有小凸起。口径11.8、底径5、高3.4厘米（图九一，19）。

2007SYT1⑤：1217，残。敞口，圆唇，弧腹，圈足。黄色胎，胎质较细净、致密。内外施半釉，釉面有流釉、开片现象，釉层薄匀，釉质清亮莹润，釉面玻璃光泽。内底有一涩圈，涩圈内施釉，削足。口径11.2、底径4.8、高3.8厘米（图九一，20）。

2007SYT1⑤：1167，残。敞口，圆唇，弧腹，圈足。灰黄色胎，胎质较细净，致密。内外施半釉，釉下施化妆土，釉层薄匀，釉质乳状，釉面哑光。内底有一涩圈，涩圈内施釉，削足。口径10.6、底径4.6、高3.1厘米（图九一，21）。

2007SYT1⑤：1212，残。敞口，圆唇，弧腹，圈足。黄白色胎，胎质细净、较致密。内施半釉，外施釉不及底，釉层薄匀，釉质清亮，釉面玻璃光泽，釉色不匀。内底有一涩圈，涩圈内施釉，削足。口径10.8、底径4.5、高3.5厘米（图九一，22）。

2007SYT1⑤：1214，残。敞口，圆唇，弧腹，圈足。灰黄色胎，胎质较致密，夹砂。内外施半釉，釉层薄匀，釉面哑光，施保护釉，内底心施釉。底心与腹间有一涩圈，削足。口径11.2、底径4.5、高3.7厘米（图九一，23）。

2007SYT1⑤：1215，残。敞口，圆唇，弧腹，圈足。灰黄色胎，胎质较细净、致密。内外施半釉，釉层薄匀，釉质乳状，釉面哑光。内底有一涩圈，涩圈内施釉。口径11、底径4.4、高3.6厘米（图九一，24）。

2007SYT1⑤：1216，残。敞口，圆唇，弧腹，圈足。灰黄色胎，胎质较细净、致密。内外施半釉，釉层薄匀，釉质温润，釉面哑光。内有一涩圈，涩圈内施釉。口径10.8、底径4.8、高3.5厘米（图九一，25）。

2007SYT1⑤：1124，残。敞口，圆唇，斜弧腹，圈足外撇。灰胎，含细沙，胎质较致密。玻璃质，釉层薄，有开片，器内底涩圈，器外施半釉，下端积釉。器底有明显修胎切削痕迹，足底、足内壁有切削斜面，足心有斜弧面。口径12.2、底径5.2、高4.1厘米（图九二，1）。

2007SYT1⑤：1180，残。敞口，圆唇，弧腹，圈足。内外施半釉，有开片，外有流釉现象，釉下施化妆土。灰色胎，胎质较细净、致密。釉层薄匀，釉质温润，釉面玻璃光泽。内底有一涩圈，涩圈内施釉。口径13.2、底径4.4、高3.6厘米（图九二，2）。

2007SYT1⑤：1195，残。敞口，圆唇，弧腹，圈足外撇，足内壁外斜。灰胎，胎质较疏松。莹润，釉层薄匀，器内底涩圈，器外半釉。器底有明显修胎切削痕迹，足底有斜弧面。口径14、底径5、高4.4厘米（图九二，3）。

2007SYT1⑤：1123，残。敞口，圆唇，弧腹，圈足。灰黄色胎，胎质较细净、致密。内外施半釉，釉层薄匀，釉质乳状，釉面哑光。内底有一涩圈，涩圈内施釉。口径13.7、底径5.4、高4.7厘米（图九二，4）。

2007SYT1⑤：1196，残。敞口，圆唇，浅弧腹，圈足微撇，足内壁外斜。灰褐胎，胎质较致密。乳浊，釉层薄，器内底涩圈，器外半釉，有流釉现象。器底有明显修胎切削痕迹，足底有斜弧面，足心有小凸起。口径13、底径5、高4.5厘米（图九二，5）。

2007SYT1⑤：1113，残。敞口，圆唇，弧腹，圈足。灰黄色胎，胎质较细净、致密。内外施半釉，外有流釉、积釉现象，釉层薄匀，釉质乳状，釉面玻璃光泽。内底有一涩圈，涩圈内施釉。口径12.6、底径4.4、高4.8厘米（图九二，6）。

2007SYT1⑤：1183，残。敞口，圆唇，弧腹，圈足。土黄色胎，胎质较细净、致密。内外施半釉，釉层薄匀，釉质乳状，釉面哑光。内底有一涩圈，涩圈内施釉。口径13.8、底径5.4、高5厘米（图九二，7）。

2007SYT1⑤：1197，残，敞口，圆唇，弧腹，圈足。土黄色胎，胎质较细净、疏松。内外施半釉，釉层薄匀，釉质乳状，釉面哑光。内底有一涩圈，涩圈内施釉。口径14.4、底径4.8、高5.3厘米（图九二，8）。

2007SYT1⑤：1229，残。敞口，圆唇，弧腹，圈足。灰黄色胎，胎质较粗糙、疏松、夹砂。内外施半釉，釉层较薄匀，釉质温润、乳状，釉面哑光。内底有一涩圈，涩圈内施釉。口径9.8、底径4.8、高3.2厘米（图九二，9）。

2007SYT1⑤：1261，残。敞口，圆唇，斜弧腹，圈足。灰黄色胎，胎质较粗、致密。内外施半釉，釉下施化妆土，釉层薄，釉质乳浊，釉面哑光。内底有涩圈，涩圈内施釉。口径10.1、底径5、高3.5厘米（图九二，10）。

2007SYT1⑤：1248，残。敞口，圆唇，弧腹，圈足。青黄色胎，胎质较粗糙、致密。内外施半釉，釉层薄匀，釉质莹润，釉面玻璃光泽。内底有一涩圈，涩圈内施釉，削足。口径11、底径5、高3.4厘米（图九二，11）。

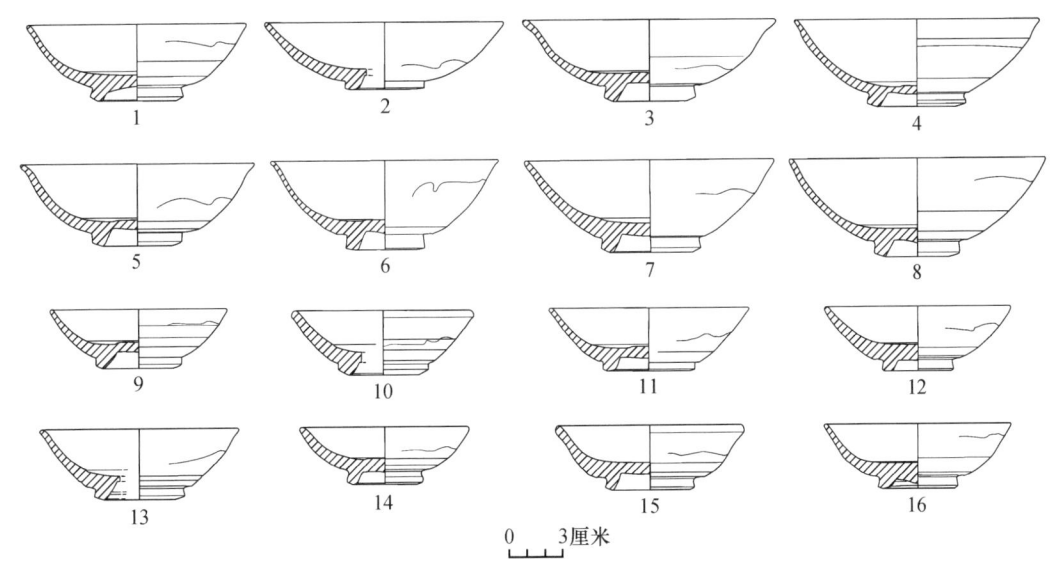

图九二 第5层青釉盏

1.2007SYT1⑤:1124　2.2007SYT1⑤:1180　3.2007SYT1⑤:1195　4.2007SYT1⑤:1123　5.2007SYT1⑤:1196　6.2007SYT1⑤:1113　7.2007SYT1⑤:1183　8.2007SYT1⑤:1197　9.2007SYT1⑤:1229　10.2007SYT1⑤:1261　11.2007SYT1⑤:1248　12.2007SYT1⑤:1255　13.2007SYT1⑤:1230　14.2007SYT1⑤:1222　15.2007SYT1⑤:1240　16.2007SYT1⑤:1225

2007SYT1⑤:1255，残。敞口，圆唇，弧腹，圈足。灰黄色胎，胎质较细净、致密。内外施半釉，釉层薄匀，釉质乳状，釉面玻璃光泽。内底有一涩圈，涩圈内施釉。口径10.4、底径4、高3.5厘米（图九二，12）。

2007SYT1⑤:1230，残。敞口，圆唇，弧腹，圈足。灰黄色胎，胎质较细、致密。内外施半釉，外有流釉、积釉现象，釉层薄匀，釉质乳状，釉面玻璃光泽。内底有一涩圈，涩圈内施釉。口径11、底径5、高3.8厘米（图九二，13）。

2007SYT1⑤:1222，残。敞口，圆唇，浅弧腹，圈足外撇，足内壁外斜。灰胎，胎质较致密。玻璃质，有细开片，釉层薄，器内底涩圈，器外半釉，有流釉现象。器底有明显修胎切削痕迹，足底有弧面，足心有小凸起。口径9.4、底径4.2、高3.1厘米（图九二，14）。

2007SYT1⑤:1240，残。敞口，圆唇，弧腹，圈足。灰黄色胎，胎质较粗糙、疏松、夹砂。内底涩圈，外施半釉，外有流釉、积釉现象，釉层薄匀，釉质乳状，釉面哑光。口径10.4、底径4.9、高3.5厘米（图九二，15）。

2007SYT1⑤:1225，残。敞口，圆唇，弧腹，圈足。土黄色胎，胎质较细净、致密。内外施半釉，釉层薄匀，釉质乳状，釉面玻璃光泽。内底有一涩圈，涩圈内施釉，削足。口径10.5、底径4.5、高3.5厘米（图九二，16）。

2007SYT1⑤:1256，残。敞口，圆唇，弧腹，圈足。灰黄色胎，胎质较细净、致密。内外施半釉，釉层薄匀，釉质莹润，釉面玻璃光泽。内底有一涩圈，涩圈内施釉。口径11.4、底径5、高3.5厘米（图九三，1）。

2007SYT1⑤:1246，残。敞口，圆唇，弧腹，圈足。黄白色胎，胎质细净、较致密。内施半釉，外近沿处施釉，内有开片、流釉现象，釉下施化妆土，釉层薄匀，釉面玻璃光泽。内底有一涩圈，涩圈内施釉。口径10.6、底径4.6、高3.8厘米（图九三，2）。

2007SYT1⑤：1241，残。敞口，圆唇，弧腹，圈足。黄白色胎，胎质较细净、致密。内外施半釉，釉层薄匀，釉面哑光。内底有一涩圈，涩圈内施釉，底足面外斜，底心为隆乳钉状。口径10.4、底径4.6、高3厘米（图九三，3）。

2007SYT1⑤：1265，残。敞口，圆唇，弧腹，圈足。青灰色胎，胎质较细、致密。内外施半釉，外腹有釉粘，釉层薄匀，釉质乳状，釉面哑光。内有一涩圈，涩圈内施釉。口径10.6、底径4.6、高3.5厘米（图九三，4）。

2007SYT1⑤：1242，残。敞口，圆唇，弧腹，圈足。灰黄色胎，胎质较细、致密。内外施半釉，釉层薄匀，釉面玻璃光泽。内底有一涩圈，涩圈内施釉。口径11.4、底径4.4、高3.4厘米（图九三，5）。

2007SYT1⑤：1155，残。敞口，圆唇，浅弧腹，浅圈足。灰胎，胎质较致密。玻璃质，有开片，釉层薄，器内底涩圈，器外半釉，近口沿积釉。器底有明显修胎切削痕迹，足底内斜，足心内凹弧面。口径11.8、底径5、高3.5厘米（图九三，6）。

2007SYT1⑤：1235，残。敞口，圆唇，弧腹，圈足。青黄色胎，胎质较细、致密。内外施半釉，外有流釉、积釉现象，釉下施化妆土，釉层薄匀，釉质乳状，釉面哑光。内底有一涩圈，涩圈内施釉。口径11、底径4.5、高3.8厘米（图九三，7）。

2007SYT1⑤：1243，残。敞口，圆唇，弧腹，圈足。土黄色胎，胎质较细净、致密。内外施半釉，外有流釉、积釉现象，釉层薄匀，釉质乳状，釉面哑光。内底有一涩圈，涩圈内施釉，外底心有一小隆乳钉。口径11、底径4.2、高3.6厘米（图九三，8）。

2007SYT1⑤：1252，残。敞口，圆唇，弧腹，圈足。土黄色胎，胎质较细净、致密。内外施半釉，釉层薄匀，釉质乳状，釉面哑光。内底有一涩圈，涩圈内施釉，外底心有一乳钉。口径11.2、底径5、高3.6厘米（图九三，9）。

2007SYT1⑤：1258，残。敞口，圆唇，弧腹，圈足。灰黄色胎，胎质较细净、致密。内外施半釉，外有流釉、积釉现象，釉层较薄匀，釉质温润，釉面玻璃光泽。内底有一涩圈，涩圈内施釉。口径11.8、底径5.8、高3.8厘米（图九三，10）。

2007SYT1⑤：1247，残。敞口，圆唇，浅弧腹，圈足微撇，挖足较深。灰胎，胎质较致密。莹润，釉层薄，器内底涩圈，器外半釉。器底有明显修胎切削痕迹，足底有斜弧面。口径11.8、底径4.8、高4厘米（图九三，11）。

2007SYT1⑤：1236，残。敞口，圆唇，弧腹，圈足。土黄色胎，胎质较细净、致密。内外施半釉，釉层薄匀，釉质乳状，釉面玻璃光泽。内底有一涩圈，涩圈内施釉，削足。口径11、底径4.4、高3.4厘米（图九三，12）。

2007SYT1⑤：1259，残。敞口，圆唇，弧腹，圈足。灰黄色胎，胎质较细净、致密。内外施半釉，外有流釉、积釉现象，釉层较薄匀，釉质温润，釉面玻璃光泽。内底有一涩圈，涩圈内施釉。口径11.6、底径4.6、高3.7厘米（图九三，13）。

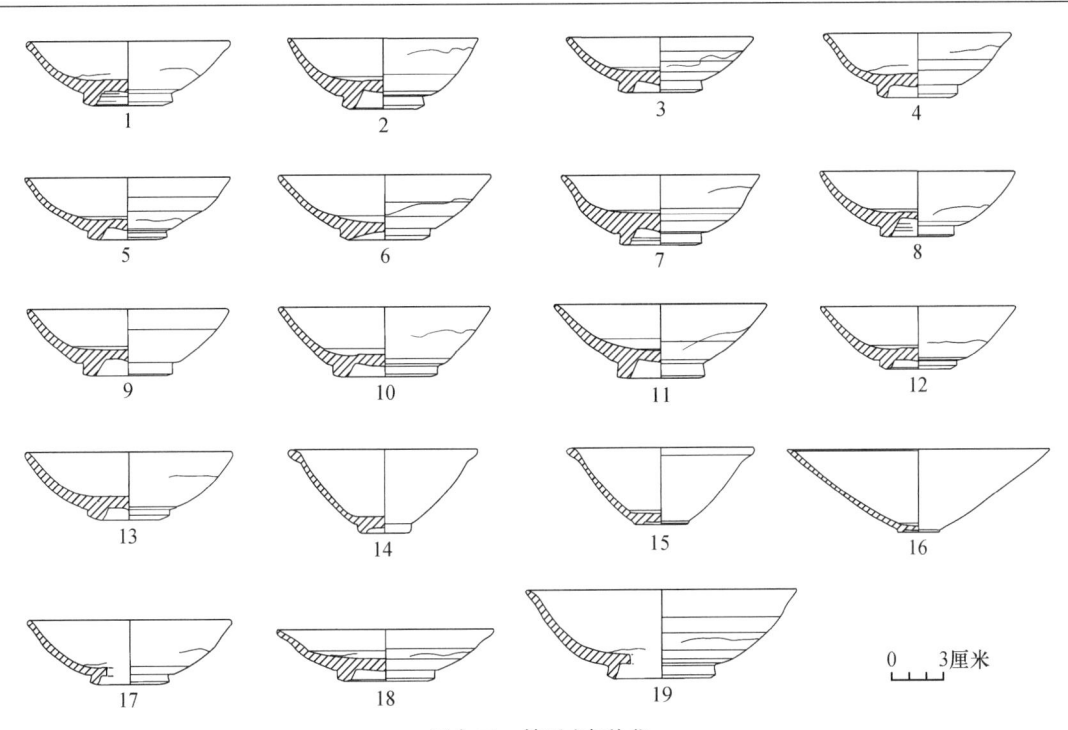

图九三 第5层青釉盏

1. 2007SYT1⑤：1256 2. 2007SYT1⑤：1246 3. 2007SYT1⑤：1241 4. 2007SYT1⑤：1265 5. 2007SYT1⑤：1242
6. 2007SYT1⑤：1155 7. 2007SYT1⑤：1235 8. 2007SYT1⑤：1243 9. 2007SYT1⑤：1252 10. 2007SYT1⑤：1258
11. 2007SYT1⑤：1247 12. 2007SYT1⑤：1236 13. 2007SYT1⑤：1259 14. 2007SYT1⑤：356 15. 2007SYT1⑤：339
16. 2007SYT1⑤：301 17. 2007SYT1⑤：1278 18. 2007SYT1⑤：1189 19. 2007SYT1⑤：1244

2007SYT1⑤：356，残。侈口，圆唇，斜弧腹，圈足。灰色胎，胎质较细净、致密。内外施满釉，外有流釉、积釉现象，釉层薄匀，釉质温润，釉面玻璃光泽。外底有垫砂痕。口径10.6、底径3、高4.5厘米（图九三，14）。

2007SYT1⑤：339，残。侈口，圆唇，斜弧腹，圈足。灰色胎，胎质较细净、致密。内外施满釉，釉层薄匀，釉质乳状，釉面玻璃光泽。外底有垫砂痕。口径12.4、底径3、高4.2厘米（图九三，15）。

2007SYT1⑤：301，残。敞口，圆唇，斜弧腹，小圈足。青白色胎，胎质细净、致密。内外施满釉，釉层薄匀，釉质莹润，釉面玻璃光泽。口径14.8、底径2.4、高2.5厘米（图九三，16）。

2007SYT1⑤：1278，残。敞口，圆唇，弧腹，圈足。灰色胎，胎质较细净、致密。内外施满釉，釉层薄匀，釉质乳状，釉面哑光。内底有一涩圈。口径11.4、底径4.4、高3.5厘米（图九三，17）。

2007SYT1⑤：1189，残。敞口，圆唇，弧腹，圈足。灰黄色胎，胎质较细净、致密。内外施半釉，釉层薄匀，釉质莹润，釉面玻璃光泽。内底有一涩圈，涩圈内施釉。口径12、底径5.4、高2.8厘米（图九三，18）。

2007SYT1⑤：1244，残。敞口，圆唇，斜弧腹，浅圈足微外撇，足内壁外斜。灰白胎，胎质致密。釉面侵蚀哑光，釉层薄匀，器内底涩圈，器外半釉，有流釉现象。器底有明显修胎切削痕迹，足底有斜面。口径15、底径6、高4.8厘米（图九三，19）。

2007SYT1⑤：1137，残。敞口，圆唇，浅弧腹，圈足外撇，挖足较深，足内壁外斜。灰胎，胎质较致密。莹润，有细开片，釉层薄，器内底涩圈，器外半釉，有积釉现象。器底有明显修胎切削痕迹，足底有斜弧面。口径8.8、底径4.2、高2.8厘米（图九四，1）。

2007SYT1⑤：1135，残。敞口，圆唇，弧腹，圈足。灰黄色胎，胎质较致密。内施半釉，有流釉现象，外仅口沿处施釉，釉层较薄匀，釉质莹润，釉面玻璃光泽。内底有一涩圈，涩圈内施釉。口径8.4、底径3.8、高3.2厘米（图九四，2）。

2007SYT1⑤：1143，残。敞口，尖唇，弧腹，圈足。灰黄色胎，胎质细净、较疏松。内施釉不满，外施半釉，有流釉现象，釉下施化妆土。内底有垫圈痕。口径9.6、底径3.8、高2.9厘米（图九四，3）。

2007SYT1⑤：1206，残。敞口，圆唇，斜弧腹，圈足。灰黄色胎，胎质细净、较疏松。内施釉不满，外施半釉，有流釉、积釉现象，釉下施化妆土。内底有垫圈痕。口径10、底径4.6、高2.9厘米（图九四，4）。

2007SYT1⑤：1126，残。敞口，圆唇，弧腹，圈足。灰黄色胎，胎质细净、较致密。内施釉不满，外施半釉，釉下施化妆土。内底有垫圈痕。口径10、底径4.4、高3.3厘米（图九四，5）。

2007SYT1⑤：1152，残。敞口，圆唇，斜弧腹，圈足。灰黄色胎，胎质细净、较致密。内施釉不满，外施釉至腹下部，釉下施化妆土。内底有涩圈，涩圈内施釉。口径10.4、底径4.6、高3.4厘米（图九四，6）。

2007SYT1⑤：1192，残。敞口，圆唇，斜弧腹，平底。红色胎，胎质细净、较致密。内施满釉，外施半釉，釉下施化妆土。外底有垫饼痕。口径9.2、底径4.6、高3.2厘米（图九四，7）。

2007SYT1⑤：1203，残。敞口，圆唇，斜弧腹，圈足。灰黄色胎，胎质较疏松。内施釉不满，外施半釉，釉下施化妆土。内底有垫圈痕。口径9.2、底径4.6、高3.2厘米（图九四，8）。

2007SYT1⑤：1182，残。敞口，圆唇，斜弧腹，平底。灰黄色胎，胎质较疏松。内施满釉，外施半釉，有脱釉现象，釉下施化妆土。外底有垫饼痕。口径9.6、底径3.6、高3.2厘米（图九四，9）。

2007SYT1⑤：1232，残。敞口，圆唇，斜弧腹，圈足斜削。灰黄色胎，胎质细净、较致密。内施釉不满，外施半釉，釉下施化妆土。内外底有垫圈痕。口径9.6、底径4.4、高3.1厘米（图九四，10）。

2007SYT1⑤：1250，残。敞口，圆唇，斜弧腹，圈足。灰黄色胎，胎质较疏松。内底涩圈，涩圈内施釉，外施釉至腹下部，釉下施化妆土。内底有垫圈痕。口径9.4、底径4.8、高3厘米（图九四，11）。

2007SYT1⑤：1157，残。敞口，圆唇，弧腹，圈足。灰黄色胎，胎质较细净、致密。内外施半釉，外有流釉、积釉现象，釉层较薄匀，釉质莹润，釉面玻璃光泽。内底有一涩圈，涩圈内施釉，外底削足。口径8.4、底径3.8、高3.5厘米（图九四，12）。

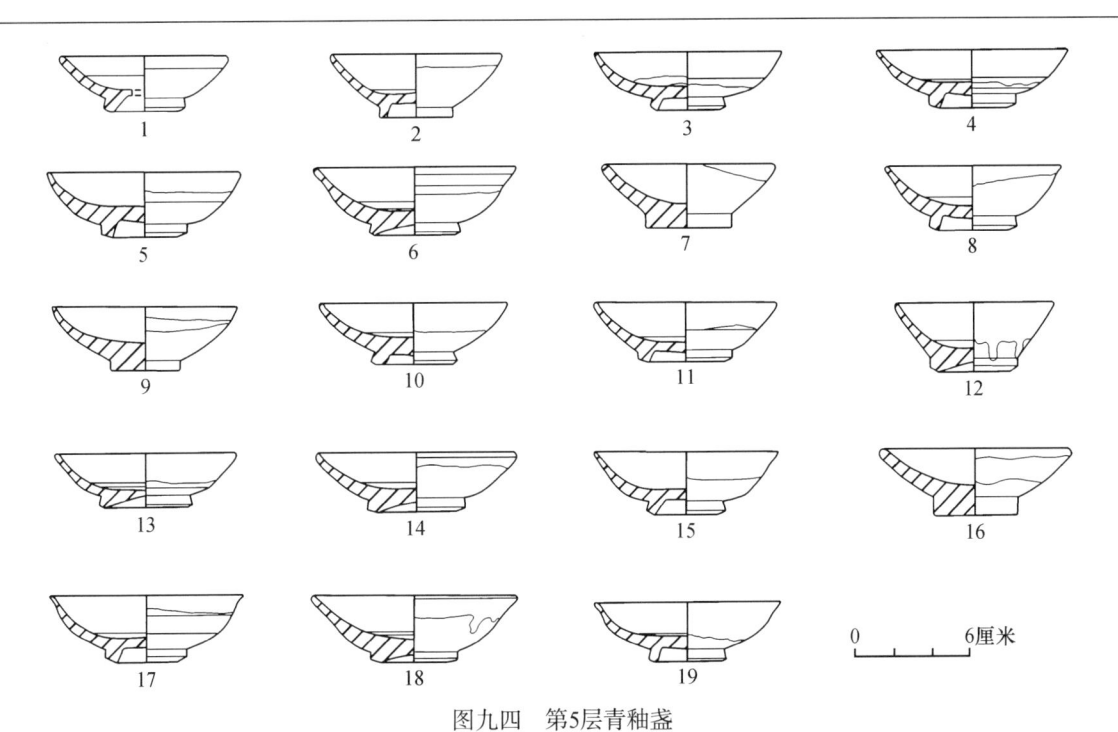

第四章 出土器物

图九四 第5层青釉盏
1. 2007SYT1⑤:1137 2. 2007SYT1⑤:1135 3. 2007SYT1⑤:1143 4. 2007SYT1⑤:1206 5. 2007SYT1⑤:1126
6. 2007SYT1⑤:1152 7. 2007SYT1⑤:1192 8. 2007SYT1⑤:1203 9. 2007SYT1⑤:1182 10. 2007SYT1⑤:1232
11. 2007SYT1⑤:1250 12. 2007SYT1⑤:1157 13. 2007SYT1⑤:1159 14. 2007SYT1⑤:1205 15. 2007SYT1⑤:1172
16. 2007SYT1⑤:1184 17. 2007SYT1⑤:1204 18. 2007SYT1⑤:1160 19. 2007SYT1⑤:1171

2007SYT1⑤:1159，残。敞口，圆唇，弧腹，圈足。灰黄色胎，胎质细净、较致密。内施釉不满，外施半釉，釉下施化妆土。内底有垫圈痕。口径9.4、底径4.8、高2.7厘米（图九四，13）。

2007SYT1⑤:1205，残。敞口，圆唇，斜弧腹，圈足。灰黄色胎，胎质细净、较致密。内施釉不满，外施半釉，釉下施化妆土。内底有垫圈痕。口径10.2、底径5、高3厘米（图九四，14）。

2007SYT1⑤:1172，残。敞口，圆唇，弧腹，圈足。灰胎，胎质较致密。内施釉不满，外施半釉，有流釉、积釉现象，釉下施化妆土。内底有涩圈，涩圈内施釉。口径9.4、底径4、高3.2厘米（图九四，15）。

2007SYT1⑤:1184，残。敞口，圆唇，斜弧腹，平底。灰黄色胎，胎质较致密。内施满釉，外仅沿施釉，釉下施化妆土。外底有垫饼痕。口径10、底径4.4、高3.3厘米（图九四，16）。

2007SYT1⑤:1204，残。敞口，圆唇，弧腹，圈足。灰黄色胎，胎质细净、较疏松。内施釉不满，外施半釉，外有流釉、积釉现象，釉下施化妆土。内底有涩圈，涩圈内施釉。口径10、底径4.2、高3.4厘米（图九四，17）。

2007SYT1⑤:1160，残。敞口，圆唇，斜弧腹，圈足。灰黄色胎，胎质细净、较致密。内施釉不满，外施半釉，外有流釉、积釉现象，釉下施化妆土。内底有涩圈，涩圈内施釉。口径10.6、底径4.4、高3.4厘米（图九四，18）。

2007SYT1⑤：1171，残。敞口，圆唇，弧腹，圈足。灰黄色胎，胎质细净、较致密。内施釉不满，外施釉至腹下部，釉下施化妆土。内底有涩圈，涩圈内施釉。口径9.6、底径4、高3厘米（图九四，19）。

2007SYT1⑤：1220，残。敞口，圆唇，弧腹，圈足。灰黄色胎，胎质较细净、致密。内外施半釉，釉层较薄匀，釉质莹润，釉面玻璃光泽。内底有一涩圈，涩圈内施釉。口径9.6、底径4.2、高3.3厘米（图九五，1）。

2007SYT1⑤：1128，残。敞口，圆唇，斜弧腹，圈足。灰色胎，胎质细净、较致密。内施釉不满，外施半釉，有流釉现象，釉下施化妆土。内底有垫圈痕。口径10.4、底径4.8、高3.4厘米（图九五，2）。

2007SYT1⑤：1174，残。敞口，圆唇，斜弧腹，圈足内收。灰黄色胎，胎质细净、较致密。内施釉不满，外施半釉，外有流釉、积釉现象，釉下施化妆土。内底有垫圈痕。口径11、底径4.4、高3.6厘米（图九五，3）。

2007SYT1⑤：1228，残。敞口，圆唇，浅弧腹，圈足微撇，足内壁外斜，挖足较深。灰胎，胎质较致密。莹润，有开片，器内涩圈，器外半釉，釉线不齐，有流釉现象。器底有修胎旋切痕迹，足底斜弧面，足心有小凸起。口径11、底径4.8、高3.5厘米（图九五，4）。

2007SYT1⑤：1211，残。敞口，圆唇，斜弧腹，圈足。灰黄色胎，胎质细净、较致密。内施釉不满，外施半釉，釉下施化妆土。内底有垫圈痕。口径11.2、底径4.6、高3.6厘米（图九五，5）。

2007SYT1⑤：1237，残。敞口，圆唇，斜弧腹，圈足。灰黄色胎，胎质较致密。内施釉不满，外施半釉，釉下施化妆土。内底有垫圈痕。口径8.8、底径3.8、高3.4厘米（图九五，6）。

2007SYT1⑤：1249，残。敞口，圆唇，弧腹，圈足。灰黄色胎，胎质细净、较致密。内施釉不满，外施半釉，釉下施化妆土。内底有垫圈痕。口径9、底径4.4、高3.4厘米（图九五，7）。

2007SYT1⑤：1150，残。侈口，圆唇，斜弧腹，圈足。灰黄色胎，胎质细净、较致密。内施釉不满，外施半釉，釉下施化妆土。内底有涩圈，涩圈内施釉。口径11.4、底径4.8、高3.6厘米（图九五，8）。

2007SYT1⑤：1158，残。敞口，圆唇，弧腹，圈足。灰黄色胎，胎质较细净、致密。内外施半釉，外有流釉、积釉现象，釉层较薄匀，釉质温润，釉面玻璃光泽。内底有一涩圈，涩圈内施釉。口径11.1、底径4.8、高3.8厘米（图九五，9）。

2007SYT1⑤：1223，残。敞口，圆唇，弧腹，圈足。灰黄色胎，胎质较细净、致密。内外施半釉，外有流釉现象，釉层较薄匀，釉质莹润，釉面玻璃光泽。内底有一涩圈，涩圈内施釉。口径10.6、底径4.2、高3.8厘米（图九五，10）。

2007SYT1⑤：1186，残。敞口，圆唇，斜弧腹，圈足。灰黄色胎，胎质细净、较致密。内施釉不满，外施半釉，釉下施化妆土。内底有涩圈，涩圈内施釉。口径12、底径5.4、高3.7厘米（图九五，11）。

2007SYT1⑤：1221，残。敞口，圆唇，斜弧腹，圈足斜削。灰黄色胎，胎质细净、较致密。内施釉不满，外施半釉，釉下施化妆土。内外底有垫圈痕。口径10、底径6.4、高3.2厘米（图九五，12）。

2007SYT1⑤：1257，残。敞口，圆唇，斜弧腹，圈足。灰黄色胎，胎质较疏松。内施釉不满，外施半釉，釉下施化妆土。内底有涩圈，涩圈内施釉。口径10.4、底径4.4、高3.2厘米（图九五，13）。

2007SYT1⑤：1262，残。敞口，圆唇，弧腹，圈足外撇，沿面外斜。灰黄色胎，胎质细净、较致密。内施釉不满，外施半釉，有流釉、积釉现象，釉下施化妆土。内底有涩圈，涩圈内施釉。口径10、底径4.4、高3.4厘米（图九五，14）。

2007SYT1⑤：1156，残。敞口，翻唇，弧腹，假圈足。灰黄色胎，胎质较粗糙、疏松、夹砂。内施釉不及底，釉面斑驳，外施半釉，釉层较薄，釉质莹润，釉面玻璃光泽。口径11、底径5、高3.5厘米（图九五，15）。

2007SYT1⑤：1145，残。敞口，圆唇，斜弧腹，圈足斜削。灰黄色胎，胎质细净、较致密。内施满釉，外施半釉，有流釉现象，釉下施化妆土。内底有垫圈痕，外底有支珠痕。口径10.8、底径4.6、高3.4厘米（图九五，16）。

2007SYT1⑤：1154，残。敞口，圆唇，斜弧腹，平底内凹（假圈足）。灰黄色胎，胎质

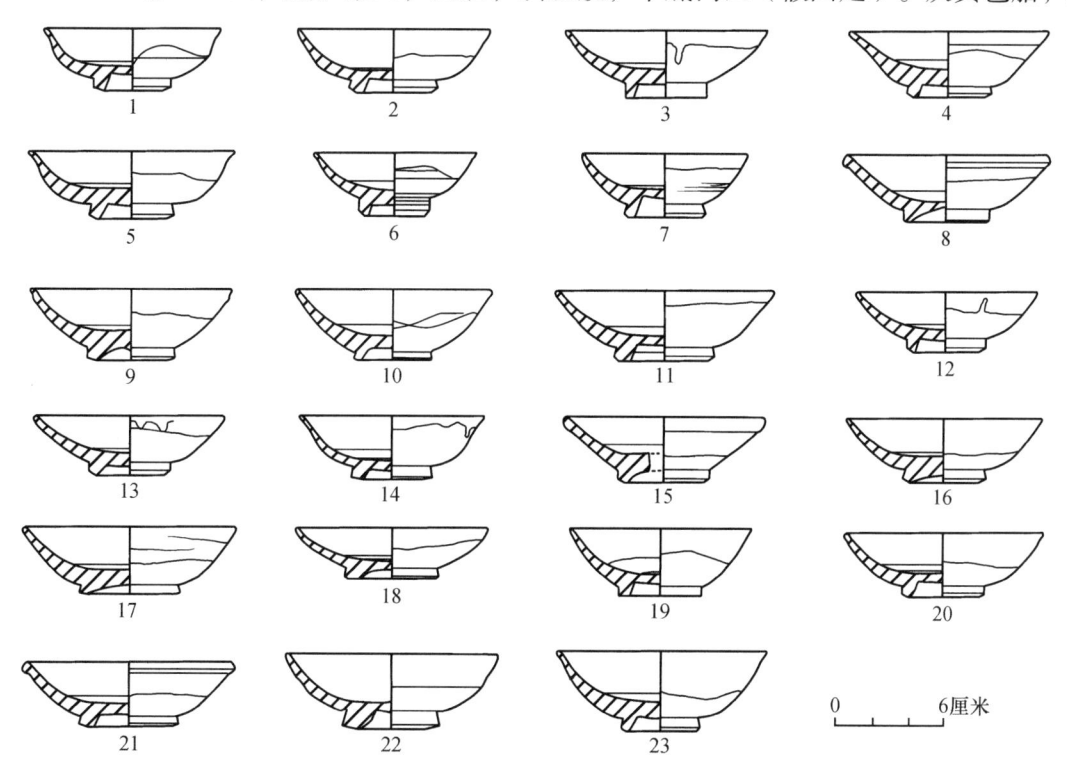

图九五　第5层青釉盏

1. 2007SYT1⑤：1220　2. 2007SYT1⑤：1128　3. 2007SYT1⑤：1174　4. 2007SYT1⑤：1228　5. 2007SYT1⑤：1211
6. 2007SYT1⑤：1237　7. 2007SYT1⑤：1249　8. 2007SYT1⑤：1150　9. 2007SYT1⑤：1158　10. 2007SYT1⑤：1223
11. 2007SYT1⑤：1186　12. 2007SYT1⑤：1221　13. 2007SYT1⑤：1257　14. 2007SYT1⑤：1262　15. 2007SYT1⑤：1156
16. 2007SYT1⑤：1145　17. 2007SYT1⑤：1154　18. 2007SYT1⑤：1251　19. 2007SYT1⑤：1238　20. 2007SYT1⑤：1127
21. 2007SYT1⑤：1188　22. 2007SYT1⑤：1179　23. 2007SYT1⑤：1231

细净、较致密。器内底涩圈，外施半釉，有流釉现象，釉下施化妆土。外底有垫饼痕。口径11.6、底径5.4、高3.6厘米（图九五，17）。

2007SYT1⑤：1251，残。敞口，圆唇，斜弧腹，圈足。灰白色胎，胎质细净、较致密。内施釉不满，外施半釉，釉下施化妆土。内底有涩圈，涩圈内施釉。口径10.4、底径5、高2.7厘米（图九五，18）。

2007SYT1⑤：1238，残。敞口，圆唇，斜弧腹，圈足。灰黄色胎，胎质较致密。内施釉不满，外施半釉，釉下施化妆土。内底有垫圈痕。口径9.8、底径4.4、高3.6厘米（图九五，19）。

2007SYT1⑤：1127，残。敞口，圆唇，弧腹，圈足。灰黄色胎，胎质细净、较致密。内施釉不满，外施半釉，釉下施化妆土。内底有垫圈痕。口径11、底径4.6、高3.4厘米（图九五，20）。

2007SYT1⑤：1188，残。侈口，圆唇，斜弧腹，圈足斜削。灰色胎，胎质细净、较致密。内施釉不满，外施半釉，有流釉、积釉现象，釉下施化妆土。内底有涩圈，涩圈内施釉，外底有支珠痕。口径11.6、底径5.4、高3.4厘米（图九五，21）。

2007SYT1⑤：1179，残。敞口，圆唇，弧腹，圈足。灰色胎，胎质较粗糙、致密。内施满釉，外施半釉，有窑变现象，釉下施化妆土，釉层偏厚，釉质莹润，釉面玻璃光泽。口径11.4、底径5.2、高4厘米（图九五，22）。

2007SYT1⑤：1231，残。敞口，圆唇，弧腹，圈足。灰黄色胎，胎质细净、较致密。内施釉不满，外施釉至腹下部，釉下施化妆土。内底有垫圈痕。口径11.4、底径4.2、高4.3厘米（图九五，23）。

2007SYT1⑤：1142，残。敞口，圆唇，浅弧腹，圈足外撇。灰胎，胎质较致密。莹润，有开片，釉层薄，器内底涩圈，器外施釉不及底，有积釉、飞釉现象。器底有明显修胎切削痕迹，足底内斜，足心内凹弧面。口径9、底径4.2、高3.2厘米（图九六，1）。

2007SYT1⑤：1151，残。敞口，圆唇，弧腹，圈足。灰黄色胎，胎质较细净、致密。内外施半釉，釉层较薄匀，釉质温润，釉面玻璃光泽，外有流釉、积釉现象。内底有一涩圈，涩圈内施釉。口径9.2、底径4、高2.9厘米（图九六，2）。

2007SYT1⑤：1144，残。敞口，圆唇，弧腹，圈足。灰黄色胎，胎质较细净、致密。内外施半釉，外有流釉、积釉现象，釉层薄匀，釉质温润，釉面玻璃光泽。内底有一涩圈，涩圈内施釉。口径10.8、底径5.4、高3厘米（图九六，3）。

2007SYT1⑤：1146，残。敞口，圆唇，弧腹，圈足。灰黄色胎，胎质较细净、致密。内外施半釉，釉层薄匀，釉质温润，釉面哑光。内底有一涩圈，涩圈内施釉。口径9.8、底径4.8、高3.4厘米（图九六，4）。

2007SYT1⑤：1139，残。敞口，圆唇，浅弧腹，圈足外撇，足内壁外斜。灰胎，胎质较疏松。玻璃态，器内底涩圈，器外半釉，釉下施化妆土。器底有修胎切削痕迹，足底有斜弧面，足心有小凸起。口径10.4、底径4、高3.5厘米（图九六，5）。

2007SYT1⑤：1129，残。敞口，圆唇，弧腹，圈足。灰色胎，胎质较细净、致密。内外施半釉，釉层薄匀，釉质清亮莹润，釉面玻璃光泽。内底有一涩圈，涩圈内施釉。口径10.8、底径4.7、高3厘米（图九六，6）。

2007SYT1⑤：1153，残。敞口，圆唇，浅弧腹，圈足外撇。灰胎，胎质较致密。莹润，釉层薄，器内底涩圈，器外施釉不及底，有流釉现象。器底有明显修胎切削痕迹，足底有斜面，足心内凹。口径10.4、底径5、高2.8厘米（图九六，7）。

2007SYT1⑤：1140，残。敞口，圆唇，弧腹，圈足。灰黄色胎，胎质较细净、致密。内外施半釉，釉层薄匀，釉质温润，釉面哑光。内底有一涩圈，涩圈内施釉。口径10.8、底径4.6、高2.8厘米（图九六，8）。

2007SYT1⑤：1163，残。敞口，圆唇，弧腹，圈足。灰黄色胎，胎质较细净、致密。内外施半釉，釉层薄匀，釉质清亮莹润，釉面玻璃光泽。内底有一涩圈，涩圈内施釉。口径10、底径4.2、高3.5厘米（图九六，9）。

2007SYT1⑤：1148，残。敞口，圆唇，弧腹，圈足。灰黄色胎，胎质较细净、致密。内外施半釉，釉层较薄匀，釉质温润，釉面玻璃光泽。内底有一涩圈，涩圈内施釉。口径11、底

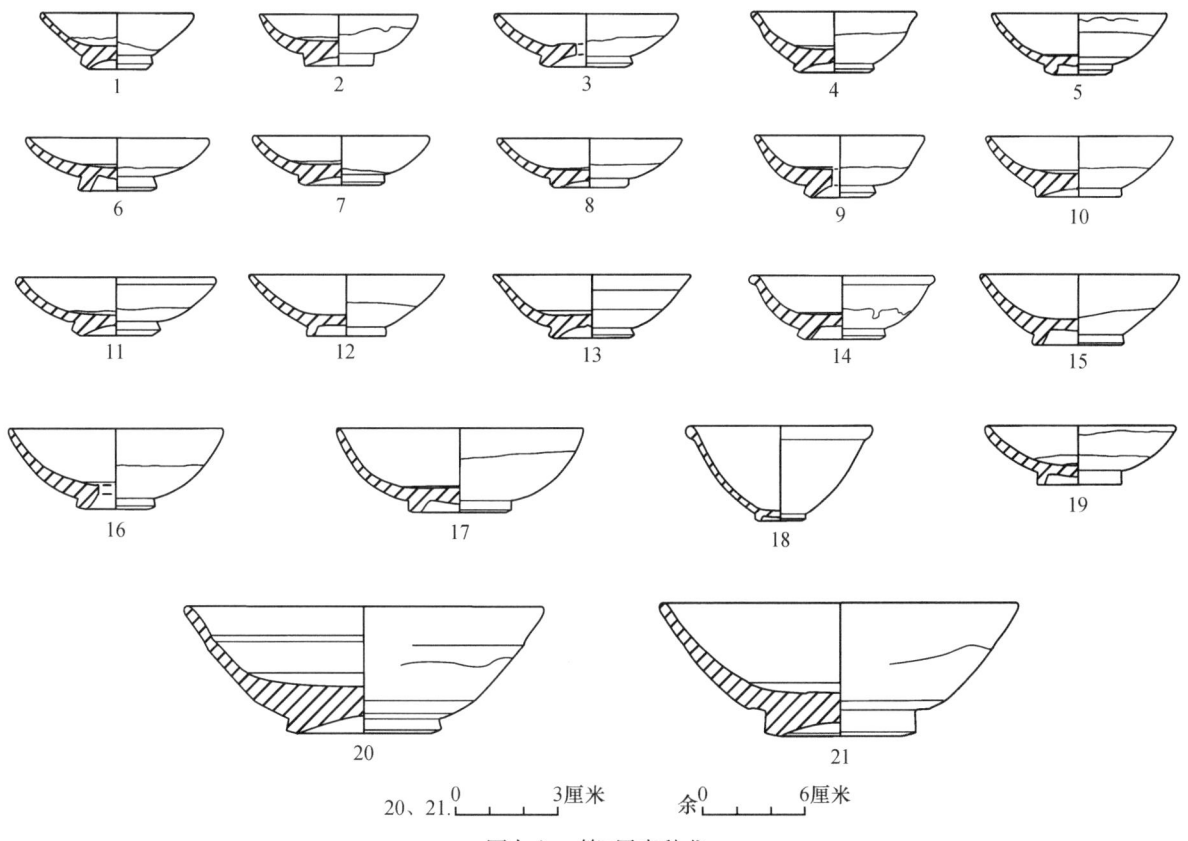

图九六 第5层青釉盏

1. 2007SYT1⑤：1142　2. 2007SYT1⑤：1151　3. 2007SYT1⑤：1144　4. 2007SYT1⑤：1146　5. 2007SYT1⑤：1139
6. 2007SYT1⑤：1129　7. 2007SYT1⑤：1153　8. 2007SYT1⑤：1140　9. 2007SYT1⑤：1163　10. 2007SYT1⑤：1148
11. 2007SYT1⑤：1147　12. 2007SYT1⑤：1170　13. 2007SYT1⑤：1166　14. 2007SYT1⑤：1181　15. 2007SYT1⑤：1187
16. 2007SYT1⑤：1177　17. 2007SYT1⑤：1136　18. 2007SYT1⑤：1173　19. 2007SYT1⑤：1286　20. 2007SYT1⑤：1165
21. 2007SYT1⑤：1161

径5、高3.4厘米（图九六，10）。

2007SYT1⑤：1147，残。敞口，圆唇，弧腹，圈足。土黄色胎，胎质较细净，致密。内外施半釉，外部分釉面脱落，釉层薄匀，釉质乳状，釉面哑光。削足。口径11.8、底径5.2、高3.3厘米（图九六，11）。

2007SYT1⑤：1170，残。敞口，圆唇，弧腹，圈足。灰黄色胎，胎质较细净、致密。内外施半釉，釉层薄匀，釉质温润，釉面玻璃光泽。内底有一涩圈，涩圈内施釉。口径11.4、底径4.6、高3.5厘米（图九六，12）。

2007SYT1⑤：1166，残。敞口，圆唇，弧腹，圈足。灰黄色胎，胎质较细净、致密。内施半釉，外仅沿施釉，釉层较薄匀，釉质乳状，釉面哑光。内底有一涩圈，涩圈内施釉。口径11.6、底径4.6、高3.6厘米（图九六，13）。

2007SYT1⑤：1181，残。侈口，圆唇，弧腹，圈足。黄白色胎，胎质较细净、致密、微夹砂。内外施半釉，外有流釉、飞釉、积釉现象，釉层薄匀，釉质润，釉面玻璃光泽。内底有一涩圈，涩圈内施釉。口径11、底径5.2、高3.6厘米（图九六，14）。

2007SYT1⑤：1187，残。敞口，圆唇，弧腹，圈足。黄白色胎，胎质较细净，致密。内外施半釉，釉下施化妆土，釉层薄匀，釉质乳状，釉面哑光。内底有一涩圈，涩圈内施釉，削足。口径11.7、底径5.3、高4厘米（图九六，15）。

2007SYT1⑤：1177，残。敞口，圆唇，斜弧腹，圈足外撇，足内壁外斜。灰胎，胎质较致密。莹润，釉层薄，器内底涩圈，器外半釉。器底有明显修胎切削痕迹，足底有斜面。口径12.6、底径4.6、高4.6厘米（图九六，16）。

2007SYT1⑤：1136，残。敞口，翻唇，弧腹，高圈足。灰黄色胎，胎质较细净、致密。内施满釉，外施釉不及底，釉层薄匀，釉质温润，釉面玻璃光泽。内底有涩圈，涩圈内施釉。口径14.4、底径6、高4.8厘米（图九六，17）。

2007SYT1⑤：1173，残。侈口，圆唇，斜弧腹，圈足。内外施满釉，开片。灰色胎，胎质较细净、致密。釉层薄匀，釉质莹润，釉面玻璃光泽。外底有垫砂痕。口径11、底径3、高5.4厘米（图九六，18）。

2007SYT1⑤：1286，残。敞口，圆唇，斜弧腹，圈足。内施釉不满，外施半釉，有流釉、积釉现象，釉下施化妆土。灰黄色胎，胎质细净、较致密。内底有垫圈痕。口径11.4、底径5、高3.4厘米（图九六，19）。

2007SYT1⑤：1165，残。敞口，圆唇，弧腹，圈足。红色胎，胎质细净、较致密。内外施半釉，釉层薄匀，釉质乳状，釉面哑光。内底有一涩圈，涩圈内施釉。口径10.5、底径4.5、高3.6厘米（图九六，20）。

2007SYT1⑤：1161，残。敞口，圆唇，弧腹，圈足。红色胎，胎质较细，夹砂。内外施半釉，外有流釉、积釉现象，釉层薄匀，釉质乳状，釉面哑光。内底有一涩圈，涩圈内施釉，削足。口径10.6、底径4.5、高3.8厘米（图九六，21）。

2007SYT1⑤：1200，残。敞口，圆唇，弧腹，圈足。灰黄色胎，胎质较细净。内外施半釉，内外有流釉、积釉现象，釉下施化妆土，釉层薄匀，釉面莹润，釉面玻璃光泽。内有涩圈，涩圈内施釉。口径11、底径4.5、高3.5厘米（图九七，1）。

2007SYT1⑤：1210，残。敞口，圆唇，弧腹，圈足。灰黄色胎，胎质较细净、致密。内外施半釉，外有流釉、积釉现象，釉层较薄匀，釉质莹润，釉面玻璃光泽。内有一涩圈，涩圈内施釉。口径9.6、底径4.4、高3.5厘米（图九七，2）。

2007SYT1⑤：1209，残。敞口，圆唇，弧腹，圈足。灰黄色胎，胎质较致密。内外施半釉，外有流釉、积釉现象，釉层较薄匀，釉质莹润，釉面玻璃光泽。内底有一涩圈，涩圈内施釉。口径9.9、底径4.5、高3.6厘米（图九七，3）。

2007SYT1⑤：1224，残。敞口，圆唇，弧腹，圈足。灰黄色胎，胎质较细净、致密。内外施半釉，釉层较薄匀，釉质温润，釉面哑光。内底有一涩圈，涩圈内施釉。口径9.7、底径4.1、高3.1厘米（图九七，4）。

2007SYT1⑤：1226，残。敞口，圆唇，弧腹，圈足。灰黄色胎，胎质较细净、致密。内外施半釉，外有流釉、积釉现象，釉层较薄匀，釉质清亮莹润，釉面玻璃光泽。内底有一涩圈，涩圈内施釉。口径10.8、底径5.2、高3.1厘米（图九七，5）。

2007SYT1⑤：1253，残。敞口，圆唇，弧腹，圈足。灰黄色胎，胎质较细净、致密。内外施半釉，开片，釉层较薄匀，釉质清亮莹润，釉面玻璃光泽。内底有一涩圈，涩圈内施釉。口径9.4、底径4.2、高3.2厘米（图九七，6）。

2007SYT1⑤：1264，残。敞口，圆唇，浅弧腹，圈足外撇，足内壁外斜。灰胎，含砂，胎质较疏松。玻璃质，有开片，釉层薄，器内底涩圈，器外口沿施釉，釉线不齐。器底有明显修胎切削痕迹，足底有弧面，足心有小凸起。口径10、底径4.8、高3.2厘米（图九七，7）。

2007SYT1⑤：1227，残。敞口，圆唇，浅弧腹，圈足外撇，足内壁外斜。灰黄胎，胎体较厚重，胎质较致密。玻璃质，有小开片，釉层薄，器内底涩圈，器外近口沿施釉，有积釉现象。器底有明显修胎切削痕迹，足底有斜弧面，足心有小凸起。口径10.7、底径4.9、高3.1厘米（图九七，8）。

2007SYT1⑤：1233，残。敞口，圆唇，浅斜弧腹，圈足外撇，足内壁外斜。灰胎，胎质较致密。莹润，釉层薄，器内底涩圈，器外半釉，有流釉现象。器底有明显修胎切削痕迹，足底有斜弧面，足心有小凸起。口径11、底径4.6、高3.4厘米（图九七，9）。

2007SYT1⑤：1198，残。敞口，圆唇，弧腹，圈足。土黄色胎，胎质较细净、致密。内外施半釉，外有流釉现象，釉层薄匀，釉质乳状，釉面玻璃光泽。内底有涩圈，涩圈内施釉，外底心隆起。口径11.5、底径5.1、高3.9厘米（图九七，10）。

2007SYT1⑤：1263，残。侈口，圆唇，弧腹，圈足。灰黄色胎，胎质较细净、致密。内外施半釉，开片，釉层较薄匀，釉质莹润，釉面玻璃光泽。内底有一涩圈，涩圈内施釉。口径10.8、底径4.8、高3.4厘米（图九七，11）。

2007SYT1⑤：1245，残。敞口，圆唇，弧腹，圈足。灰色胎，胎质较粗糙、致密。内外施半釉，外有流釉、积釉现象，釉层较薄匀，釉质乳状，釉面哑光。内底有一涩圈，涩圈内施釉。口径10.4、底径4.2、高3.3厘米（图九七，12）。

2007SYT1⑤：1234，残。敞口，圆唇，浅斜弧腹，浅圈足外撇，足内壁外斜。灰黄色胎，胎质较致密。莹润，釉层薄，器内底涩圈，器外半釉。器底有明显修胎切削痕迹，足底有斜弧面，足心有小凸起。口径10.8、底径4.3、高3.9厘米（图九七，13）。

2007SYT1⑤：1199，残。敞口，尖唇，浅弧腹，圈足微撇，足内壁外斜。灰胎，含砂，胎质较疏松。莹润，器内底涩圈，器外半釉，有流釉、积釉现象。器底有明显修胎切削痕迹，足底有斜弧面。口径10、底径4、高3.4厘米（图九七，14）。

2007SYT1⑤：1260，残。敞口，圆唇微撇，斜弧腹，圈足外撇，足内壁外斜。灰胎，含砂，胎质较致密。玻璃质，有开片，器内底涩圈，器外半釉，有积釉现象。器底有明显修胎切削痕迹，足底有斜面。口径11.2、底径4、高4厘米（图九七，15）。

2007SYT1⑤：1202，残。敞口，圆唇，浅弧腹，圈足外撇，足内壁外斜。灰黄色胎，胎质较致密。玻璃质，有开片，釉层薄，器内底涩圈，器外半釉，有流釉现象，釉线不齐。器底

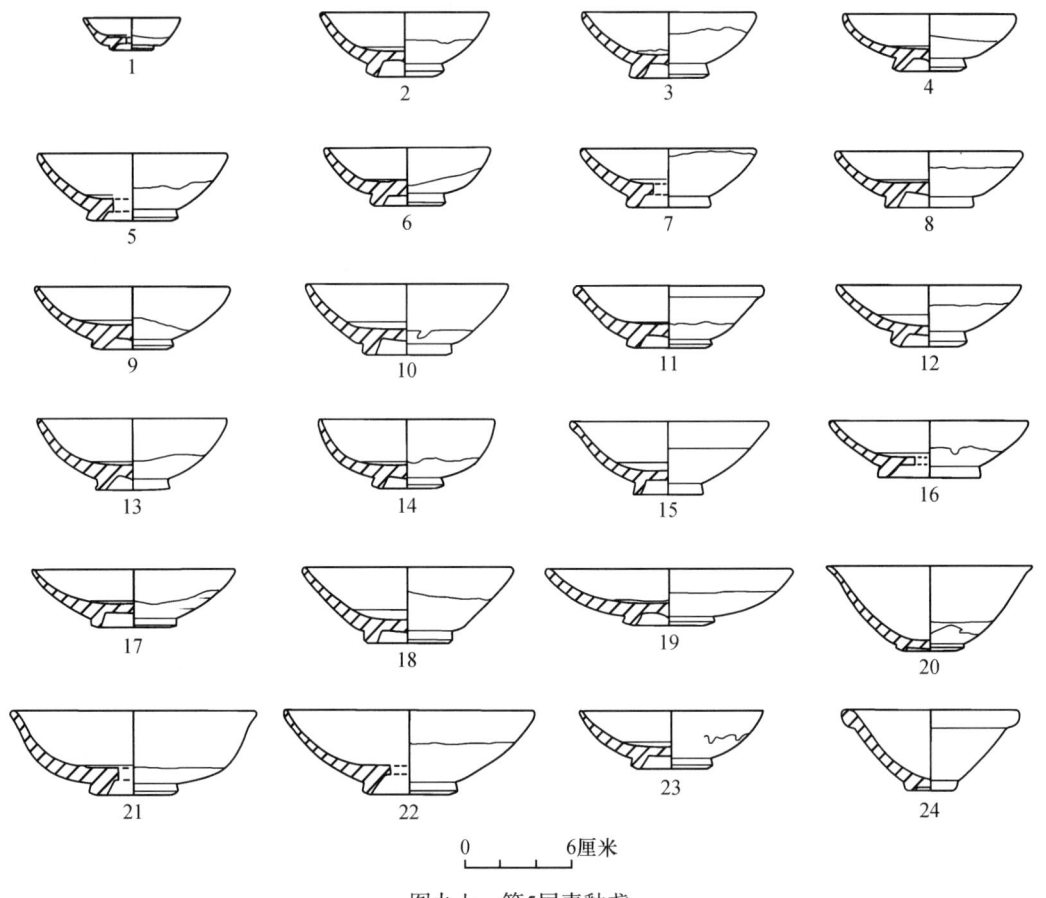

图九七　第5层青釉盏
1. 2007SYT1⑤：1200　2. 2007SYT1⑤：1210　3. 2007SYT1⑤：1209　4. 2007SYT1⑤：1224　5. 2007SYT1⑤：1226
6. 2007SYT1⑤：1253　7. 2007SYT1⑤：1264　8. 2007SYT1⑤：1227　9. 2007SYT1⑤：1233　10. 2007SYT1⑤：1198
11. 2007SYT1⑤：1263　12. 2007SYT1⑤：1245　13. 2007SYT1⑤：1234　14. 2007SYT1⑤：1199　15. 2007SYT1⑤：1260
16. 2007SYT1⑤：1202　17. 2007SYT1⑤：1239　18. 2007SYT1⑤：1191　19. 2007SYT1⑤：1254　20. 2007SYT1⑤：1201
21. 2007SYT1⑤：1193　22. 2007SYT1⑤：1194　23. 2007SYT1⑤：1178　24. 2007SYT1⑤：1289

有明显修胎切削痕迹，足底有弧面。口径11.2、底径5.8、高3.1厘米（图九七，16）。

2007SYT1⑤：1239，残。敞口，圆唇，弧腹，圈足。灰色胎，胎质较细净、致密。内底涩圈，外施釉不及底，有流釉、积釉现象，釉层较薄匀，釉质温润，釉面哑光。内底有支珠痕。口径11.4、底径4.8、高3.2厘米（图九七，17）。

2007ST1⑤：1191，残。敞口，圆唇，斜弧腹，圈足。灰黄色胎，胎质细净、较致密。内施釉不满，外施半釉，釉下施化妆土。内底有涩圈，涩圈内施釉。口径12、底径5、高4.2厘米（图九七，18）。

2007SYT1⑤：1254，残。敞口，圆唇，浅斜弧腹，圈足外撇，足内壁外斜，挖足较深。灰黄胎，胎体较厚，胎质较致密。莹润，釉层薄匀，器内底涩圈，器外半釉，有流釉现象。器底有明显修胎切削痕迹，足底有斜弧面，足心有小凸起。口径11、底径5.3、高3.1厘米（图九七，19）。

2007SYT1⑤：1201，残。敞口，圆唇外撇，弧腹，浅圈足。灰白胎，胎质致密。釉面莹润，釉层薄匀，器内满釉，器外施釉不及底，釉线不齐。器底有修胎旋切痕迹，足底斜弧面。口径11.6、底径3.8、高4.6厘米（图九七，20）。

2007SYT1⑤：1193，残。敞口，圆唇，弧腹，圈足。灰黄色胎，胎质较细净、致密。内外施半釉，外有流釉、积釉现象，釉层较薄匀，釉质温润，釉面玻璃光泽。内底有一涩圈，涩圈内施釉。口径14、底径5、高4.6厘米（图九七，21）。

2007SYT1⑤：1194，残。敞口，圆唇，弧腹，圈足。灰黄色胎，胎质较细净、致密。内外施半釉，釉层较薄匀，釉质温润，釉面玻璃光泽。内底有一涩圈，涩圈内施釉。口径14.2、底径5.4、高4.6厘米（图九七，22）。

2007SYT1⑤：1178，残。敞口，圆唇，斜弧腹，圈足斜削。灰黄色胎，胎质细净、较疏松。内施釉不满，外施半釉，有流釉、积釉现象，釉下施化妆土。内底有涩圈，外底心有垫砂痕。口径10.4、底径4.6、高3.2厘米（图九七，23）。

2007SYT1⑤：1289，残。斗笠形，敞口，圆唇微撇、加厚外凸，斜弧腹，浅圈足。浅灰胎，胎质细腻致密。青釉，莹润，有开片，有流釉现象，器内外满釉。内底略低于腹壁，外缘有一周凹槽。足底有隔砂痕。口径10、底径2.8、高4.4厘米（图九七，24；图版四九，1）。

盘　5件。

2007SYT1⑤：603，残。敞口，圆唇，折腹，圈足。淡灰色胎，胎质较细净、致密。内施满釉，外施半釉，外有流釉、积釉现象，釉下施化妆土，釉层薄匀，釉质莹润，釉面玻璃光泽。内底有支钉痕。口径16.8、底径6.4、高2.8厘米（图九八，1）。

2007SYT1⑤：608，残。芒口，圆唇，斜弧腹，圈足。青白色胎，胎质较疏松。内外施满釉，釉下施化妆土。外底有支钉痕。口径14.8、底径6、高3厘米（图九八，2）。

2007SYT1⑤：1072，残。敞口，圆唇，斜弧腹，圈足外撇，足内壁外斜。灰胎，胎质较致密。莹润，釉层薄，器内底涩圈，器外半釉呈酱色，有积釉现象，釉厚处有开片。器底有修胎切削痕迹，足底有斜弧面。口径16、底径5.6、高3.8厘米（图九八，3）。

图九八 第5层青釉瓷器

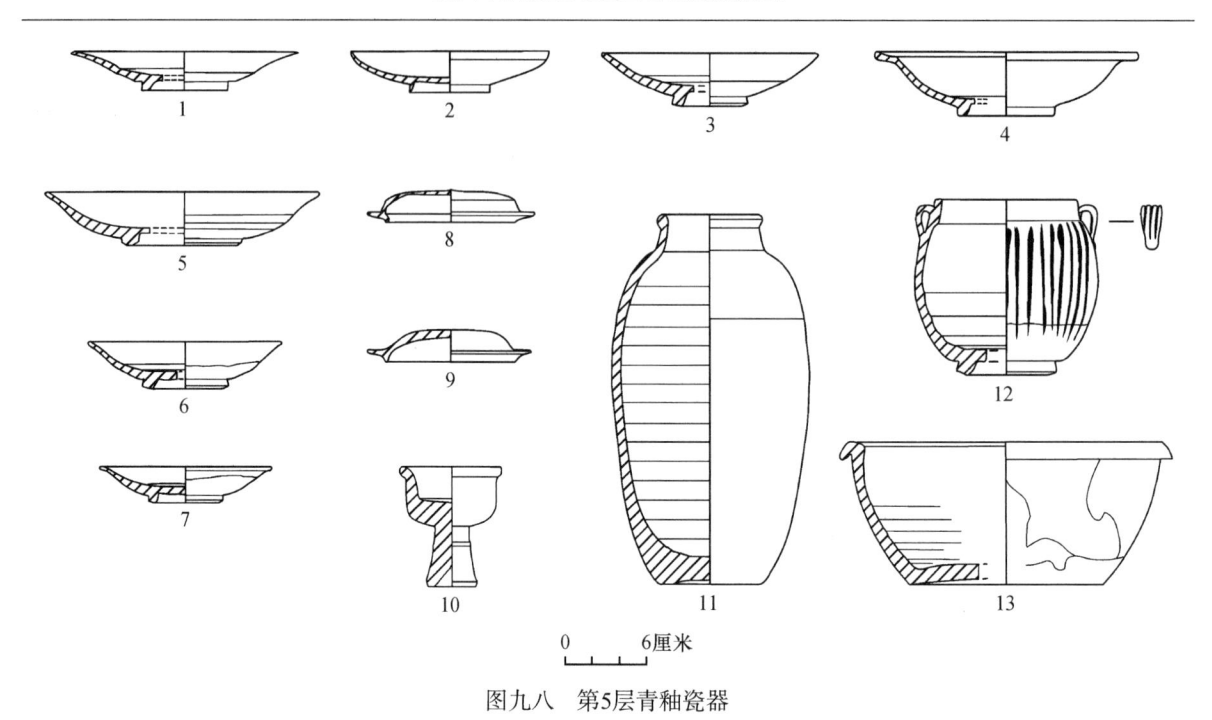

1~5.盘（2007SYT1⑤：603、2007SYT1⑤：608、2007SYT1⑤：1072、2007SYT1⑤：1073、2007SYT1⑤：1273）
6、7.碟（2007SYT1⑤：694、2007SYT1⑤：695） 8、9.器盖（2007SYT1⑤：1018、2007SYT1⑤：1019）
10.杯（2007SYT1⑤：1301） 11.瓶（2007SYT1⑤：963） 12.罐（2007SYT1⑤：1021） 13.盆（2007SYT1⑤：1014）

2007SYT1⑤：1073，残。敞口，圆唇，折沿，斜弧腹，圈足微撇，挖足较深。灰白胎，胎质细腻、致密。玻璃质，有开片，釉层较厚，器内外满釉，足底施护胎釉。口径19.6、底径7.2、高4.6厘米（图九八，4）。

2007SYT1⑤：1273，残。敞口，圆唇，折腹，圈足。灰黄色胎，胎质较细净、致密。内外施半釉，釉下施化妆土，釉层较薄匀，釉质温润，釉面玻璃光泽。内底有一涩圈，涩圈内施釉。口径20.4、底径8.2、高3.9厘米（图九八，5）。

碟 2件。

2007SYT1⑤：694，残。敞口，圆唇，斜弧腹，圈足。灰黄色胎，胎质较疏松。内施釉不满，外施半釉，釉下施化妆土。内底有垫圈痕。口径12.8、底径5.6、高2.6厘米（图九八，6）。

2007SYT1⑤：695，残。敞口，圆唇，弧腹，圈足。土黄色胎，胎质较细、致密。内外施半釉，外有流釉、积釉现象，釉层薄匀，釉质乳状，釉面玻璃光泽，釉下施化妆土。内底有一涩圈，涩圈内施釉。口径14.4、底径5.6、高3.4厘米（图九八，7）。

器盖 2件。

2007SYT1⑤：1018，残。弧面，宽缘，圆唇，面下端有一凸弦纹，缺钮，子母口。灰白色胎，胎质较细净、致密。面施满釉，内除母口外，其余施釉，釉层较薄匀，釉质温润，釉面玻璃光泽。口径11、直径12.4、高2.3厘米（图九八，8）。

2007SYT1⑤：1019，残。弧面，宽沿，圆唇，子母口。灰黄色胎，胎质较细净、致密。面施满釉，开片，釉下施化妆土，釉层较薄匀，釉质莹润，釉面玻璃光泽。口径9.6、直径

12.4、高2.3厘米（图九八，9）。

杯　1件。

2007SYT1⑤：1301，残。敞口，圆唇，口沿外撇，弧腹，竹节形长柄，圈足。灰胎，胎质较致密，胎体较厚重。青釉，莹润，玻璃质，有开片、小气泡，器内满釉，器外施釉不及底，釉线不齐，有积釉现象。口径7.5、底径8.6、高3.6厘米（图九八，10；图版五三，1）。

瓶　1件。

2007SYT1⑤：963，完整。敞口，圆唇，束颈，溜肩，鼓腹，平底。灰色胎，胎质较粗糙、疏松、夹砂。内施满釉，外施釉不及底，釉层薄，釉质温润，釉面哑玻璃光泽。口径7.8、底径7.8、腹径14.6、高26.5厘米（图九八，11；图版五二，1）。

罐　1件。

2007SYT1⑤：1021，残。敞口，平唇，鼓腹，双耳，圈足。灰色胎，胎质较细、疏松。内施满釉，外施釉不及底，釉层较薄匀，釉质莹润，釉面玻璃光泽。外有绿釉条形纹。口径10.4、底径7.4、腹径13.6、高12.6厘米（图九八，12；图版五一，2）。

盆　1件。

2007SYT1⑤：1014，残。折沿，圆唇，弧腹，平底。灰色胎，胎质较粗糙、疏松。内施满釉，外施釉不及底，外有漏釉、流釉、积釉现象，釉层较薄匀，釉质乳状，釉面哑光。口径20.8、底径14.4、高10.2厘米（图九八，13）。

9. 青釉印花

12件。

碗　4件。

2007SYT1⑤：178，残。敞口，圆唇外撇，深弧腹，圈足，足内壁微外斜，器内底内凹。灰胎，胎质致密。玻璃质，有开片，有小气泡，器内外满釉，有流釉、积釉现象。器内饰印花缠枝牡丹纹，足底有垫圈痕，器外有明显修胎旋切痕迹。口径19.2、底径6、高8.3厘米（图九九，1；图版五四，1、2）。

2007SYT1⑤：179，残。敞口，圆唇加厚微撇，弧腹，圈足，足内壁外斜。青灰胎，胎质较致密。玻璃质，有开片，器内满釉，器外施釉不及足，有流釉现象。器内壁饰印花缠枝菊纹，器外有明显修胎旋切痕迹，足心边缘有斜面，中间有小凸起。口径18.6、底径5.6、高8.1厘米（图九九，2；图版五四，5）。

2007SYT1⑤：180，残。侈口，圆唇，弧腹，圈足。灰色胎，胎质较细净、致密。内外施满釉，开片，釉层薄匀，釉质莹润，釉面玻璃光泽。内有缠枝菊印花纹饰。口径20、底径5.2、高7.8厘米（图九九，3；图版五四，6）。

2007SYT1⑤：1288，残。敞口，扁圆唇，唇沿加厚外凸，弧腹，近底切削斜沿，圈足。足底不平，有旋切削痕。灰褐胎，夹细砂，胎质致密，胎体厚重。青釉，莹润，釉层薄，透胎，器内外满釉，足底无釉。器内腹壁饰印花八宝纹，间以双竖线分栏。口径17、底径6.2、高7.5厘米（图九九，4；图版五四，3、4）。

盏　5件。

2007SYT1⑤：355，残。敞口，圆唇，弧腹，圈足。灰色胎，胎质较细净、致密。通体施釉，内外有开片现象，釉层薄匀，釉质莹润，釉面玻璃光泽。内有印花纹、支钉痕，外底有垫圈痕。口径12.3、底径5.6、高5.7厘米（图九九，7）。

2007SYT1⑤：359，残。敞口，圆唇，斜弧腹，圈足。淡灰色胎，胎质较细净、致密。内外施满釉，釉层薄匀，釉质莹润，釉面玻璃光泽。内有莲蓬、水波、鸟划花，外有垫砂痕，外

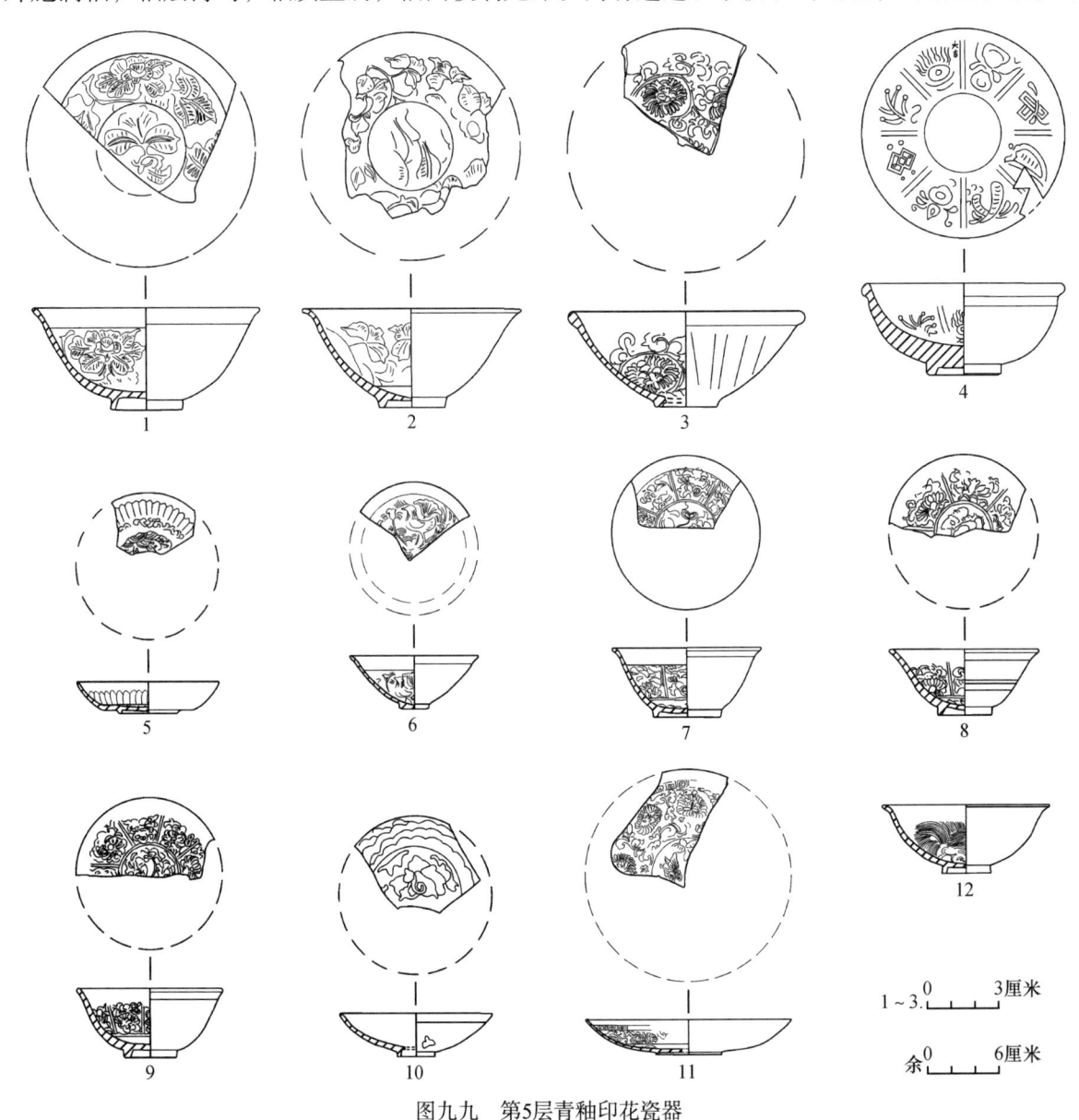

图九九　第5层青釉印花瓷器

1～4.碗（2007SYT1⑤：178、2007SYT1⑤：179、2007SYT1⑤：180、2007SYT1⑤：1288）　5.碟（2007SYT1⑤：663）
6～9、12.盏（2007SYT1⑤：359、2007SYT1⑤：355、2007SYT1⑤：1079、2007SYT1⑤：1281、2007SYT1⑤：1091）
10、11.盘（2007SYT1⑤：607、2007SYT1⑤：1005）

底心有墨书"邵耳"两字。口径11、底径2.6、高4.4厘米（图九九，6；图版五五，3）。

2007SYT1⑤：1079，残。敞口，圆唇外撇，弧腹，圈足，足内壁微外斜。灰胎，胎质致密。玻璃质，有开片，器内外满釉，足底无釉。器内饰印花缠枝菊纹。口径12.6、底径4.5、高5.4厘米（图九九，8；图版五五，1、2）。

2007SYT1⑤：1091，残。敞口，口外撇，圆唇，斜弧腹，圈足。灰色胎，胎质较细净、致密。内施满釉，外施釉不及底，开片，釉层薄匀，釉质莹润，釉面玻璃光泽。内有水草纹饰，外底有垫圈痕。口径14.1、底径4.1、高5.6厘米（图九九，12）。

2007SYT1⑤：1281，残。敞口，圆唇，斜弧腹，圈足。青白色胎，胎质细净、较致密。内外施满釉，有流釉现象，釉下施化妆土。外底有垫圈痕，内有回纹、缠枝菊花印花。口径12.4、底径4.4、高5.6厘米（图九九，9）。

盘　2件。

2007SYT1⑤：607，残。敞口，圆唇，弧腹，圈足。灰色胎，胎质较细净、致密。内外施满釉，开片，外有漏釉现象，釉层薄匀，釉质莹润，釉面玻璃光泽。器内有印花纹饰，外底有垫砂痕。口径13、底径3.2、高3.5厘米（图九九，10）。

2007SYT1⑤：1005，残。敞口，圆唇，弧腹，圈足。青白胎，胎质细净、致密。内施满釉，外施满釉，有流釉、积釉现象，釉层薄匀，釉质莹润，釉面玻璃光泽，釉下施化妆土。内底有支钉痕，内有缠枝菊印花纹饰。口径18.2、底径5.8、高3厘米（图九九，11）。

碟　1件。

2007SYT1⑤：663，残。敞口，唇，浅弧腹，浅圈足内收。灰白胎，胎体较轻薄，胎质细腻致密。莹润，器内外满釉，器外有泪痕。器内腹壁饰印花莲瓣纹，内底饰印花水波纹、缠枝花卉纹，足底有垫圈痕。口径12、底径5、高2.5厘米（图九九，5；图版五五，5、6）。

10. 青釉划花

8件。

碗　3件。

2007SYT1⑤：174，残。敞口，圆唇，弧腹，圈足。灰色胎，胎质细净、致密。内施满釉，外施釉不及底，釉层薄匀，釉质莹润，釉面玻璃光泽。内底有划花纹饰。口径18.4、底径7、高6厘米（图一〇〇，1）。

2007SYT1⑤：175，残。敞口，圆唇，弧腹，圈足。灰色胎，胎质细净、致密。通体施釉，釉面开片，釉层薄匀，釉质莹润，釉面玻璃光泽。器外有划花纹饰，外底有垫圈痕。口径17、底径6.2、高8.7厘米（图一〇〇，2）。

2007SYT1⑤：176，残。敞口，斜方唇外撇，窄折沿，弧腹，假圈足内收。灰黄胎，器底厚重，胎质较致密。莹润，有开片，器内外满釉，足底无釉。器内底缘饰凹弦纹，器外饰划花莲瓣纹。口径16.4、底径5.8、高5.2厘米（图一〇〇，3）。

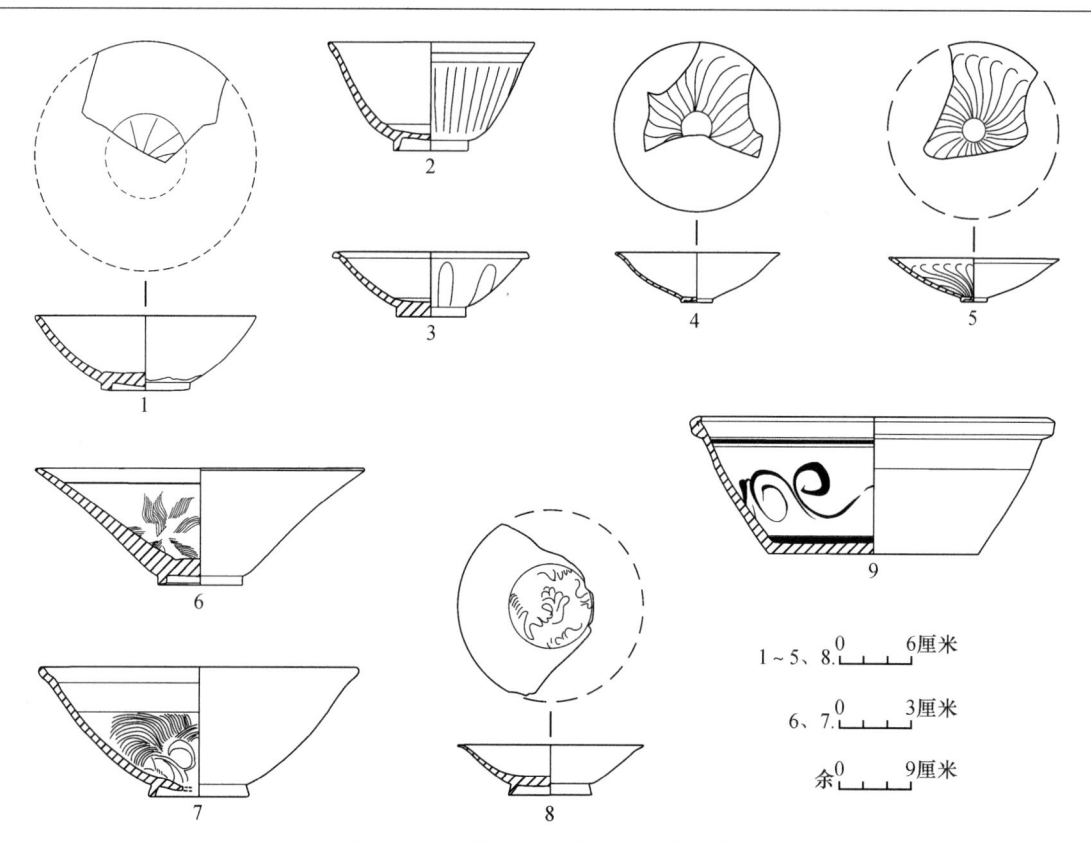

图一〇〇　第5层青釉划花、黑花瓷器

1~3. 划花碗（2007SYT1⑤：174、2007SYT1⑤：175、2007SYT1⑤：176）　4~7. 划花盏（2007SYT1⑤：302、2007SYT1⑤：303、2007SYT1⑤：309、2007SYT1⑤：1092）　8. 划花盘（2007SYT1⑤：581）　9. 黑花盆（2007SYT1⑤：1052）

盏　4件。

2007SYT1⑤：302，残。敞口，尖唇微撇，斜弧腹，小浅圈足内收，小凹内底。白胎，胎体轻薄，胎质细腻致密。莹润，釉层薄匀，芒口，器内外满釉，器外有泪痕。器内饰划花双线荷叶纹。口径13.6、底径2.6、高4厘米（图一〇〇，4）。

2007SYT1⑤：303，残。敞口，尖唇微撇，斜弧腹，小浅圈足内收，小凹内底。白胎，胎体轻薄，胎质细腻致密。莹润，釉层薄匀，芒口，器内外满釉，器外有泪痕。器内饰划花双线荷叶纹。口径14.2、底径2.2、高3厘米（图一〇〇，5）。

2007SYT1⑤：309，残。敞口，圆唇，斜弧腹，圈足。灰白色胎，胎质较细净、致密、夹砂。通体施釉，釉层薄匀，釉质温润，釉面玻璃光泽。内有划花纹饰，外底有垫圈痕。口径13.7、底径3.5、高4.7厘米（图一〇〇，6）。

2007SYT1⑤：1092，残。敞口，圆唇，斜弧腹，圈足。灰色胎，胎质较细净、致密。内外施满釉，釉层薄匀，釉质温润，釉面玻璃光泽。口径13.4、底径4.2、高5.2厘米（图一〇〇，7）。

盘　1件。

2007SYT1⑤：581，残。敞口，圆唇外撇，斜弧腹，圈足外撇。灰色胎，胎质细净、较致密。通体施釉，釉下施化妆土。内底有划花纹饰，外底有垫圈痕。口径15.4、底径6.8、高4厘米（图一〇〇，8；图版五六，5、6）。

11. 青釉黑花

盆　1件。

2007SYT1⑤：1052，残。侈口，圆唇，斜弧腹，平底。土黄色胎，胎质较粗糙、疏松、夹砂。内施满釉，外不施釉，釉下施化妆土，釉层薄匀，釉质乳状，釉面玻璃光泽。器内有黑花纹饰。口径45.4、底径26、高16.5厘米（图一〇〇，9）。

12. 青白釉

39件。

碗　14件。

2007SYT1⑤：235，残。敞口，尖唇外撇，折沿，浅弧腹，圈足内收，挖足浅。白胎，腹壁轻薄，近口沿处透光，胎质细腻致密。玻璃质，有开片，有小气泡，器内外满釉，足内无釉。足心有垫饼痕。口径15.8、底径4.7、高4.7厘米（图一〇一，1）。

2007SYT1⑤：232，残。敞口，尖唇微撇，斜弧腹，圈足内收，挖足浅。白胎，腹壁轻薄，透光，胎质细腻致密。玻璃质，釉层薄匀，器内外满釉，足心无釉。足心有垫饼痕。口径16、底径5、高4.6厘米（图一〇一，2）。

2007SYT1⑤：236，残。敞口，圆唇，弧腹，圈足。白色胎，胎质细净、致密。内外施满釉，釉层薄匀，釉质莹润，釉面玻璃光泽。外底有垫饼痕。口径15.4、底径5、高4.8厘米（图一〇一，3）。

2007SYT1⑤：224，残。敞口，微外撇，圆唇，斜弧腹，高圈足。白色胎，胎质细净、致密。内外施满釉，开片，釉层较薄匀，釉质莹润，釉面玻璃光泽。外底心有垫圈痕。口径15.2、底径4.2、高8厘米（图一〇一，4）。

2007SYT1⑤：231，残。敞口，圆唇，弧腹，圈足。青白色胎，胎质较细净、致密。内外施满釉，开片，釉层薄匀，釉质莹润，釉面玻璃光泽。外底有垫饼痕。口径16、底径7.1、高7.4厘米（图一〇一，5；图版五八，2）。

2007SYT1⑤：238，残。敞口，尖唇，窄折沿，弧腹，圈足。白胎，胎质细腻致密。莹润，有开片，釉层薄匀，器内满釉，器外施釉不及底，有流釉现象。口径15.2、底径5.6、高5.4厘米（图一〇一，6；图版五七，3）。

2007SYT1⑤：229，残。侈口，圆唇，弧腹，圈足。灰黄色胎，胎质较细净、致密。釉层较薄匀，釉质莹润，釉面玻璃光泽，外施釉不及底。内底有一涩圈，涩圈内施釉。口径16、底径5.6、高6.4厘米（图一〇一，7）。

2007SYT1⑤：237，残。敞口，圆唇，弧腹，高圈足。青白色胎，胎质细净、致密。内外施满釉，开片，釉层薄匀，釉质莹润，釉面玻璃光泽。外底有垫饼痕。口径15、底径6.2、高7.2厘米（图一〇一，8）。

2007SYT1⑤：222，残。敞口，圆唇，弧腹，圈足。白色胎，胎质细净、致密。内外施满釉，外有漏胎现象，釉层薄匀，釉质莹润，釉面玻璃光泽。外底有垫饼痕。口径16.5、底径4.8、高7.5厘米（图一〇一，9；图版五八，3）。

2007SYT1⑤：227，残。侈口，圆唇，弧腹，圈足。青灰色胎，胎质较细净、致密。内施满釉，外施釉不及底，釉层较薄匀，釉质温润，釉面玻璃光泽。外底有垫饼痕。口径16.8、底径5.6、高8.5厘米（图一〇一，10）。

2007SYT1⑤：225，残。敞口，卷唇，弧腹，高圈足微撇，器内外底心微凸。白胎，腹壁薄，胎质细腻致密。玻璃质，有小气泡，釉层薄匀，器内外满釉，足心无釉。口径12.6、底径5.1、高6厘米（图一〇一，11）。

2007SYT1⑤：226，残。侈口，尖圆唇，弧腹，高圈足。灰白胎，胎质较致密。莹润，

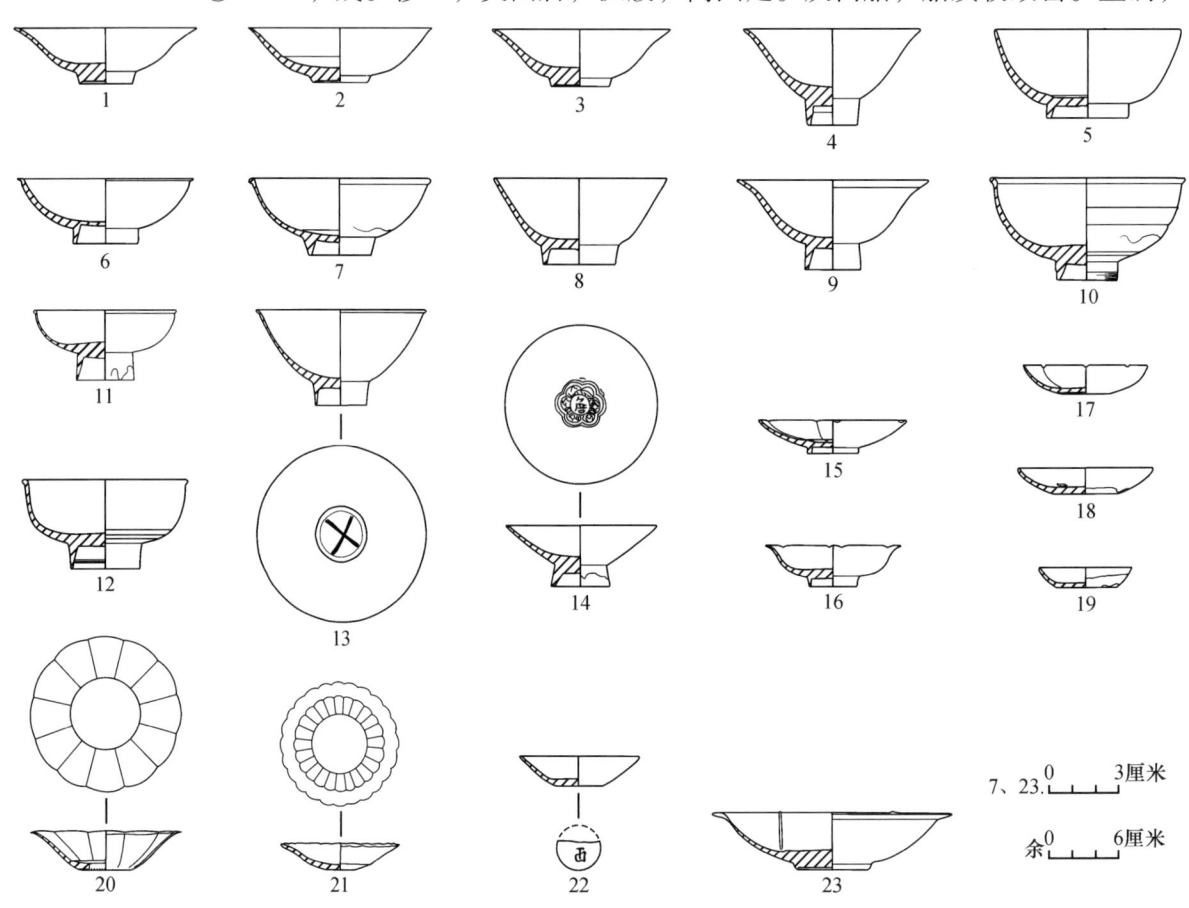

图一〇一　第5层青白釉碗、碟

1~14.碗（2007SYT1⑤：235、2007SYT1⑤：232、2007SYT1⑤：236、2007SYT1⑤：224、2007SYT1⑤：231、2007SYT1⑤：238、2007SYT1⑤：229、2007SYT1⑤：237、2007SYT1⑤：222、2007SYT1⑤：227、2007SYT1⑤：225、2007SYT1⑤：226、2007SYT1⑤：228、2007SYT1⑤：1283）　15~23.碟（2007SYT1⑤：601、2007SYT1⑤：639、2007SYT1⑤：643、2007SYT1⑤：648、2007SYT1⑤：683、2007SYT1⑤：640、2007SYT1⑤：641、2007SYT1⑤：1284、2007SYT1⑤：644）

满开片，器内外满釉，足无釉。器外有明显修胎旋切痕迹。口径14.4、底径6、高7.4厘米（图一〇一，12）。

2007SYT1⑤：228，残。侈口，圆唇，弧腹，高圈足。白色胎，胎质细净、致密。内外施满釉，开片，釉层薄匀，釉质温润，釉面玻璃光泽。外底有垫圈痕，外底心有墨书文字。口径14.8、底径4.6、高8厘米（图一〇一，13）。

2007SYT1⑤：1283，残。敞口，尖唇，斜弧腹，高圈足外撇，挖足较浅。白胎，腹壁薄，胎质细腻致密。釉面玻璃质，釉层薄匀，有气泡，器内满釉，器外施釉不及足。器内底饰印花葵花纹、"詹"字。足心有垫饼痕。口径13.2、底径5、高5.1厘米（图一〇一，14）。

碟　9件。

2007SYT1⑤：601，残。花口，圆唇，弧腹，圈足。灰黄色胎，胎质较细净。内外施满釉，釉下施化妆土，釉层较薄匀，釉质莹润，釉面玻璃光泽。内底有支钉痕，内有脊线。口径12.8、底径4.4、高2.8厘米（图一〇一，15）。

2007SYT1⑤：639，残。葵花形敞口，尖唇，折沿，浅弧腹，圈足斜内收，八出筋，八瓣葵花形。白胎，腹壁轻薄，口沿处透光，胎质致密。玻璃质，器内外满釉，足底无釉。口径11.8、底径4.4、高3.5厘米（图一〇一，16；图版六〇，6）。

2007SYT1⑤：643，残。花口，圆唇，弧腹，隐圈足。青白色胎，胎质细净、致密。内外施满釉，釉层薄匀，釉质莹润，釉面玻璃光泽。外底有垫饼痕，内有脊线。口径10.8、底径4.3、高2.4厘米（图一〇一，17）。

2007SYT1⑤：648，残。敞口，圆唇，斜弧腹，平底。灰白色胎，胎质细净、较致密。内外施满釉，有流釉、积釉现象，釉下施化妆土，外底有垫饼痕。口径11.6、底径5.2、高2.2厘米（图一〇一，18）。

2007SYT1⑤：683，残。敞口，圆唇，弧腹，圈足。灰黄色胎，胎质较细净、致密。内施满釉，外施釉不及底，有流釉、积釉现象，釉下施化妆土，釉层较薄匀，釉质莹润，釉面玻璃光泽。内底有支钉痕。口径8.5、底径6、高1.7厘米（图一〇一，19）。

2007SYT1⑤：640，残。葵花形敞口，尖唇，折沿，斜弧腹，平底微凹，器内出筋对应器外凹射线，呈葵花瓣。白胎，腹壁轻薄，口沿处透光，胎质细腻致密。玻璃质，器内外满釉，底心无釉。口径13、底径4.2、高3.3厘米（图一〇一，20）。

2007SYT1⑤：641，残。花口，圆唇，曲弧腹，平底，菊花形制。白色胎，胎质细净、致密。内施满釉，外施釉不及底，釉层薄匀，釉面玻璃光泽。外底有垫饼痕。口径10.4、底径2.4、高2.3厘米（图一〇一，21）。

2007SYT1⑤：1284，残。敞口，圆唇，斜弧腹，平底。白色胎，胎质细净、较致密。通体施釉，釉下施化妆土。外底有垫饼痕、有墨书文字。口径10.4、底径3.8、高2.5厘米（图一〇一，22）。

2007SYT1⑤：644，残。花口，圆唇，撇沿，弧腹，浅圈足。灰白色胎，胎质细净、致密。内外施满釉，釉层薄匀，釉质莹润，釉面玻璃光泽。外底有垫饼痕。口径10.4、底径3.2、高2.4厘米（图一〇一，23）。

盏 4件。

2007SYT1⑤：292，残。敞口，尖唇微撇，斜弧腹，圈足内收，足内壁外斜。白胎，腹壁轻薄，透光，胎质细腻致密。玻璃质，满开片，釉层薄匀，器内外满釉，足内无釉。足心有垫饼痕。口径11.7、底径3.7、高5.6厘米（图一〇二，1）。

2007SYT1⑤：293，残。敞口，尖唇外撇，弧腹，圈足内收。白胎，胎体轻薄，胎质细腻致密。玻璃质，有开片，釉层薄匀，器内满釉，器外施釉不及底，有流釉现象。足心有垫饼痕。口径12、底径4.1、高5厘米（图一〇二，2；图版五九，4）。

2007SYT1⑤：295，残。敞口，尖唇，斜弧腹，圈足微内收。白胎，腹壁轻薄，口沿透光，胎质细腻致密。玻璃质，有开片，釉层薄匀，器内外满釉。足心有垫饼痕。口径12.2、底径3.4、高4.4厘米（图一〇二，3；图版五九，3）。

2007SYT1⑤：1295，残。敞口，尖唇，弧腹，浅圈足。白胎，胎质细腻致密，胎体轻薄、透光。釉面莹润，玻璃质，有开片，釉层薄匀，器内外满釉。器底心有垫饼痕。口径

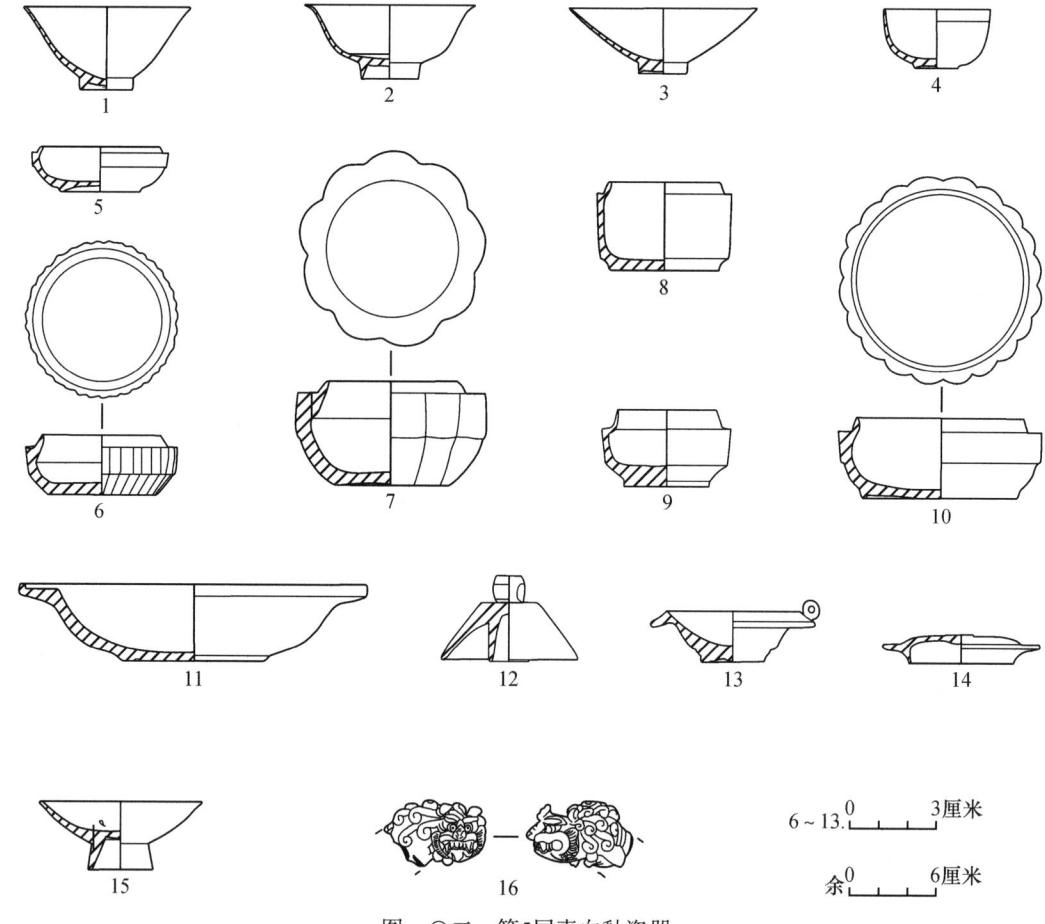

图一〇二 第5层青白釉瓷器

1~4. 盏（2007SYT1⑤：292、2007SYT1⑤：293、2007SYT1⑤：295、2007SYT1⑤：1295） 5~10. 盒（2007SYT1⑤：946、2007SYT1⑤：1024、2007SYT1⑤：942、2007SYT1⑤：951、2007SYT1⑤：935、2007SYT1⑤：1047） 11~14. 器盖（2007SYT1⑤：1011、2007SYT1⑤：943、2007SYT1⑤：944、2007SYT1⑤：949） 15. 盘（2007SYT1⑤：1074） 16. 兽首（2007SYT1⑤：970）

7.4、底径1.5、高4厘米（图一〇二，4；图版五九，6）。

盒 6件。

2007SYT1⑤：1024，残。子母口，子口圆唇，斜直墙，平底。白色胎，胎质细净、致密。内施满釉，外施釉不及底，釉层薄匀，釉质莹润，釉面玻璃光泽。外底有模印文字，盒体为团菊形。口径4.2、底径3.8、腹径5.3、高2.5厘米（图一〇二，6）。

2007SYT1⑤：942，残。子母口，子口尖唇，弧腹，平底。白色胎，胎质细净、致密。内外施满釉，外有开片现象，釉层薄匀，釉质莹润，釉面玻璃光泽，外底有支钉痕。盒体为团菊造型。口径4.6、底径4、腹径6.7、高3.5厘米（图一〇二，7；图版六一，3）。

2007SYT1⑤：951，残。子母口，子口尖唇，直腹，圈足。灰黄色胎，胎质较细净、致密。内外施满釉，开片，釉层薄匀，釉质莹润，釉面玻璃光泽。口径3.9、底径3.8、腹径4.7、高3厘米（图一〇二，8；图版六一，1）。

2007SYT1⑤：946，残。子母口，子口内敛、圆唇，母口平唇，弧腹，圈足。白色胎，胎质细净、致密。内外施满釉，釉层薄匀，釉质莹润，釉面玻璃光泽。口径8.4、底径5.6、腹径9.6、高3厘米（图一〇二，5）。

2007SYT1⑤：935，残。子母口，子口圆唇，直腹，圈足。灰白色胎，胎质较细净、致密。内外施满釉，釉层薄匀，釉质莹润，釉面玻璃光泽。口径3.5、底径3、腹径4.5、高2.6厘米（图一〇二，9；图版六一，2）。

2007SYT1⑤：1047，残。子母口，子口内敛，圆唇，弧腹，隐圈足。白色胎，胎质细净、致密。内外施满釉，釉层薄匀，釉质莹润，釉面玻璃光泽。盒体为团菊造型，底面有模印文字。口径5.9、底径5.4、腹径7.1、高2.7厘米（图一〇二，10；图版六一，5、6）。

器盖 4件。

2007SYT1⑤：943，残。外形似铃，平顶，顶上有一管状纽，弧面，圆唇，管状舌，舌中空。灰色胎，胎质较细净、致密。外施满釉，内不施釉，釉质薄匀，釉质莹润，釉面玻璃光泽。通径4.8、里径1.4、高2.9厘米（图一〇二，12；图版六〇，3、4）。

2007SYT1⑤：944，残。面内凹，形半圆状，沿面外斜，沿一侧有管状穿绳，内有子母口，舌为圆台状。灰色胎，胎质较细净。面施满釉，内无釉，釉下施化妆土，釉层薄匀，釉质莹润，釉面玻璃光泽。匣钵装烧。口径4.7、底径2.2、通径6.7、高2.1厘米（图一〇二，13）。

2007SYT1⑤：949，残。弧面，中有一"哑铃"状扁纽，无穿，宽沿，圆唇，子母口。淡灰色胎，胎质细净、致密。面施满釉，内无釉，釉面开片，釉层薄匀，釉质莹润，釉面玻璃光泽。底径7.4、通径11、高2厘米（图一〇二，14）。

2007SYT1⑤：1011，残。平顶，弧盖面，宽缘，直边，圆唇。白色胎，胎质细净、较致密。内施半釉，外施满釉，釉面有开片，釉下施化妆土。内有垫饼痕，盖顶有一道凸弦纹。口径12.3、底径5、高2.6厘米（图一〇二，11）。

盘 1件。

2007SYT1⑤：1074，残。敞口，圆唇，斜弧腹，高圈足。灰黄色胎，胎质较致密。内外施满釉，有流釉现象，釉下施化妆土。内底有支钉痕。口径11.4、底径4.6、高4.6厘米（图一〇二，15）。

兽首　1件。

2007SYT1⑤：970，狮，残存首、颈部。白色胎，胎质细净、致密。外施满釉，釉层薄匀，釉质莹润，釉面玻璃光泽。模制工艺。长7.4、宽7.1、高4.4厘米（图一〇二，16；图版六二，1、2）。

13. 青白釉划花

11件。

碗　4件。

2007SYT1⑤：230，残。敞口，尖唇，斜弧腹，圈足内收。白胎，腹壁轻薄，口沿透光，胎质细腻致密。玻璃质，有开片，釉层薄匀，芒口，器内外满釉，足内无釉。器内有划花蔓枝草叶纹，器外有一周划花叶片花瓣纹，足心有垫饼痕。口径17.5、底径5.4、高6.5厘米（图一〇三，1）。

2007SYT1⑤：233，残。花口，尖圆唇，斜弧腹，圈足。白色胎，胎质细净、致密。通体施釉，釉色匀，釉层薄，釉质莹润，釉面玻璃光泽。外底有垫饼痕，内腹底有牡丹划花纹饰。口径16.6、底径4.8、高5.2厘米（图一〇三，2）。

2007SYT1⑤：234，残。敞口，尖唇，弧腹，圈足内收。白胎，器底厚重，胎质细腻致密。玻璃质，有开片，釉层薄匀，器内外满釉，足内无釉。器内饰划花草叶纹，器外饰一周划花弦纹、辐射弧线纹。口径14、底径6.2、高5.9厘米（图一〇三，3）。

2007SYT1⑤：294，残。敞口，尖唇，弧腹，圈足，足内壁外斜，挖足浅，足底心微凸。白胎，腹壁薄，胎质致密。玻璃质，釉层薄匀，器内外满釉，足底无釉。器内饰划花花叶纹。口径10.4、底径3.3、高4.8厘米（图一〇三，4）。

盏　2件。

2007SYT1⑤：291，残。敞口，尖唇微撇，斜弧腹，圈足内收，挖足浅。白胎，腹壁轻薄，口沿透光，胎质细腻致密。玻璃质，有气泡，釉层薄匀，器内外满釉，足内无釉。器内壁有划花蔓草纹、弦纹，足心有垫饼痕。口径11.8、底径2.9、高3.9厘米（图一〇三，13；图版五九，1）。

2007SYT1⑤：1294，残。敞口，方唇，浅弧腹，浅圈足。白胎，胎质细腻致密，胎体轻薄。青白釉，莹润，玻璃质，有微气泡，除芒口外器内外满釉。器内底饰划花草叶纹。口径9、底径3.4、高3.4厘米（图一〇三，14；图版五九，5）。

碟　4件。

2007SYT1⑤：588，残。敞口，圆唇，浅弧腹，圈足微内收。白胎，胎体轻薄，胎质细腻致密。莹润，釉层薄匀，芒口，器内外满釉，器外有泪痕。盘内底有划花水波纹。口径11.4、底径8.4、高2.7厘米（图一〇三，5）。

第四章 出土器物

图一〇三 第5层青白釉划花、印花及刻划花瓷器

1~4. 划花碗（2007SYT1⑤：230、2007SYT1⑤：233、2007SYT1⑤：234、2007SYT1⑤：294） 5~8. 划花碟（2007SYT1⑤：588、2007SYT1⑤：642、2007SYT1⑤：646、2007SYT1⑤：647） 9. 印花杯（2007SYT1⑤：971） 10. 划花盘（2007SYT1⑤：596） 11. 印花器盖（2007SYT1⑤：1025） 12. 印花盏（2007SYT1⑤：296） 13、14. 划花盏（2007SYT1⑤：291、2007SYT1⑤：1294） 15. 刻划花碗（2007SYT1⑤：223）

2007SYT1⑤：642，残。敞口，圆唇，斜弧腹，平底。胎质细净、较致密。内施满釉，外施釉不及底。内底有划花纹饰，外底有垫饼痕。口径8.6、底径3.2、高1.8厘米（图一〇三，6）。

2007SYT1⑤：646，残。敞口，圆唇，斜弧腹，平底。白色胎，胎质细净、较致密。除足心外通体施釉，釉下施化妆土。外底有垫饼痕，内有划花牡丹纹。口径11.2、底径4.4、高2.3厘米（图一〇三，7；图版六四，1、2）。

2007SYT1⑤：647，残。敞口，尖唇，弧腹，平底。灰白色胎，胎质细净、较致密。除足心外通体施釉，釉下施化妆土。外底有垫饼痕，内有划花牡丹纹饰。口径10.8、底径4.8、高2.3厘米（图一〇三，8）。

盘 1件。

2007SYT1⑤：596，残。敞口，圆唇外撇，弧腹，圈足。灰黄色胎，胎质较细净、致密。内施满釉，外施半釉。釉下施化妆土，内外釉面开片，釉层较薄匀，釉质温润，釉面玻璃光泽。内底有支钉痕，内底有划花纹饰。口径18、底径5.9、高4.3厘米（图一〇三，10）。

14. 青白釉印花

3件。

盏 1件。

2007SYT1⑤：296，残。芒口，尖唇，弧腹，圈足。白色胎，胎质细净、较致密。内外施满釉，釉下施化妆土。外底有垫饼痕，碗心有印花纹饰。口径8.6、底径3.9、高3.1厘米（图一〇三，12）。

杯 1件。

2007SYT1⑤：971，残。敛口，圆唇，弧腹，高柄，平底，底内呈喇叭状。灰色胎，胎质较细净、致密。通体施釉，开片，釉层薄匀，釉质清亮莹润，釉面玻璃光泽。外杯体模印菊瓣纹饰。口径10.6、底径4.4、高8.7厘米（图一〇三，9；图版五三，4）。

器盖 1件。

2007SYT1⑤：1025，残。弧面，圆唇，弧墙。白色胎，胎质细净、致密。面施满釉，内施半釉，釉层薄匀，釉质莹润，釉面玻璃光泽。面有四瓣花、水波、菊印花纹饰。口径7.8、高1.9厘米（图一〇三，11）。

15. 青白釉刻划花

碗 1件。

2007SYT1⑤：223，残。敞口，尖唇，弧腹，高圈足外撇，挖足浅。白胎，腹壁薄，胎质细腻致密。玻璃质，釉层薄匀，有气泡，器内外满釉，足心无釉。器内饰刻划花牡丹纹，器外饰一周减地辐射弧线纹，足心有垫饼痕。口径18.2、底径5.6、高9.4厘米（图一〇三，15；图版六四，3、4）。

16. 黑釉

117件。

碗　18件。

2007SYT1⑤：256，残。敞口，尖唇微敛，斜弧腹，圈足，足内壁外斜。灰胎，胎质较致密。玻璃质，釉面有小气泡，器内满釉，器外施半釉，唇呈酱色，有鹧鸪斑。器底有修胎切削痕迹。口径15、底径6、高6厘米（图一〇四，1）。

2007SYT1⑤：380，残。敞口，圆唇，弧腹，圈足。灰黄色胎，胎质较细净、致密。内施满釉，外施半釉，有积釉现象，釉层薄匀，釉面玻璃光泽。外施护胎釉至底。口径12.4、底径4.4、高4.9厘米（图一〇四，2）。

2007SYT1⑤：394，残。敞口，圆唇，弧腹，圈足。灰黄色胎，胎质细净、较致密。内施满釉，外施釉不及底，釉质清润，玻璃光泽。口径12.4、底径4.3、高5.9厘米（图一〇四，3）。

2007SYT1⑤：257，残。敞口，圆唇，弧腹，平底。灰黄色胎，胎质较疏松。内施满釉，外施半釉，外有流釉、积釉现象，釉下施化妆土。外底有垫饼痕。口径12.2、底径4、高5.8厘米（图一〇四，4）。

2007SYT1⑤：998，残。深弧腹，大隐圈足，挖足浅。灰白胎，胎质致密。玻璃质，釉层薄匀，器内外满釉，足底无釉。底径7.8、残高6.5厘米（图一〇四，5）。

2007SYT1⑤：396，残。敞口，圆唇微撇，斜弧腹，圈足微撇，挖足较浅。灰白胎，胎质较致密。玻璃质，釉面有小气泡，器内满釉，器外施釉不及底，口沿呈酱色。器底有修胎切削痕迹，足底有弧面。口径12.8、底径4.4、高5.2厘米（图一〇四，6）。

2007SYT1⑤：385，残。敞口，圆唇，弧腹，圈足。灰黄色胎，胎质较细净、致密。内施满釉，外施釉不及底，釉层薄匀，釉质莹润，釉面玻璃光泽。口径12.5、底径4.5、高5.4厘米（图一〇四，7）。

2007SYT1⑤：381，残。敞口，圆唇，弧腹，圈足。灰色胎，胎质较细净、致密。内施满釉，外施釉不及底，釉层较薄匀，釉质莹润，釉面玻璃光泽，釉面呈橘皮状。口径13.5、底径4.2、高5.5厘米（图一〇四，8）。

2007SYT1⑤：363，残。敞口，圆唇，弧腹，圈足外撇，挖足浅。灰白胎，胎质较致密。玻璃质，釉面有小气泡，器内满釉，器外施釉不及底。器底有修胎切削痕迹。口径13.4、底径4.6、高6厘米（图一〇四，9）。

2007SYT1⑤：255，残。敞口，圆唇，弧腹，圈足外撇，挖足浅。灰胎，胎质较致密。玻璃质，釉面有小气泡，近口沿呈酱色，器内满釉，器外半釉，有流釉现象。器外下腹有墨书笔迹，器底有修胎切削痕迹，足底有斜弧面。口径13、底径4.8、高5.8厘米（图一〇四，11）。

2007SYT1⑤：364，残。敞口，圆唇，弧腹，圈足。青白色胎，胎质较细净、致密。内施满釉，外施釉不及底，有流釉、积釉现象，釉层薄匀，釉质莹润，釉面玻璃光泽。外底有垫砂

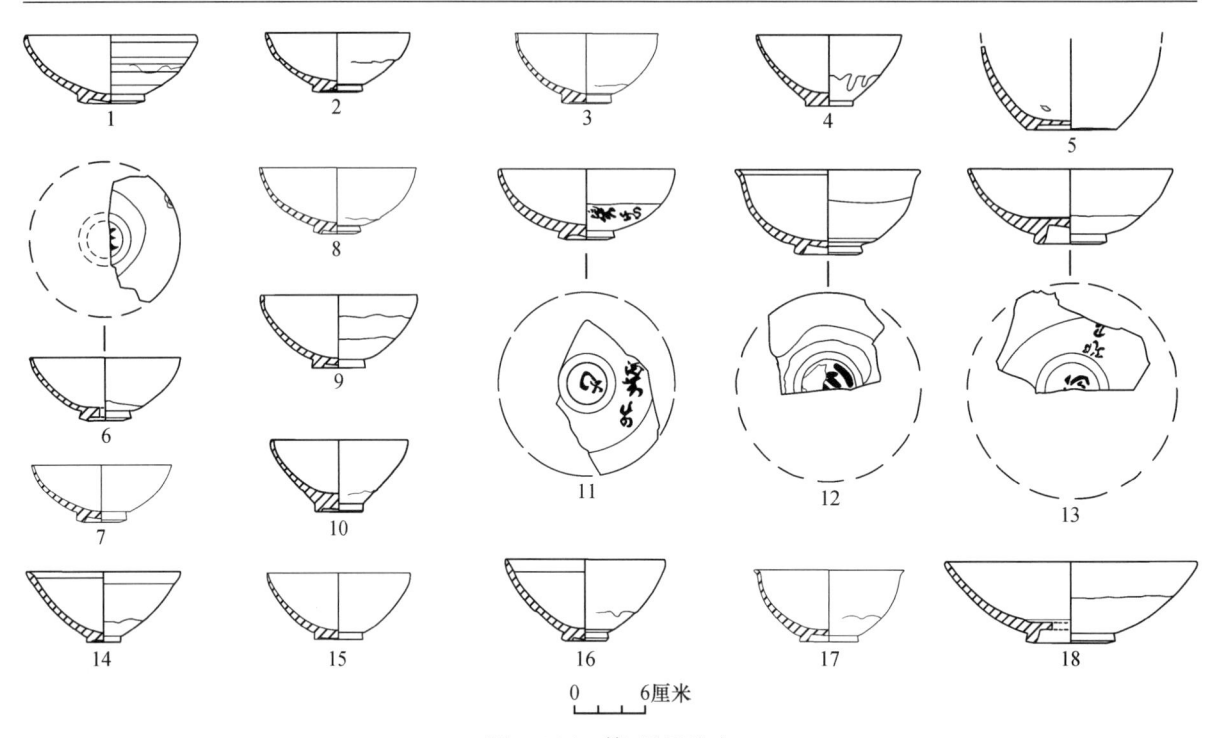

图一〇四　第5层黑釉碗

1. 2007SYT1⑤:256　2. 2007SYT1⑤:380　3. 2007SYT1⑤:394　4. 2007SYT1⑤:257　5. 2007SYT1⑤:998
6. 2007SYT1⑤:396　7. 2007SYT1⑤:385　8. 2007SYT1⑤:381　9. 2007SYT1⑤:363　10. 2007SYT1⑤:364
11. 2007SYT1⑤:255　12. 2007SYT1⑤:254　13. 2007SYT1⑤:259　14. 2007SYT1⑤:382　15. 2007SYT1⑤:391
16. 2007SYT1⑤:374　17. 2007SYT1⑤:471　18. 2007SYT1⑤:258

痕。口径12.4、底径4.4、高6.2厘米（图一〇四，10）。

2007SYT1⑤:382，残。敞口，圆唇，弧腹，圈足，挖足浅。灰白胎，胎质较致密。玻璃质，釉面有小气泡，有鹧鸪斑，器内满釉，器外施釉不及底，有流釉现象。外施黑色胎衣。口径13、底径3.9、高5.8厘米（图一〇四，14）。

2007SYT1⑤:254，残。敞口，圆唇，弧腹，圈足。黄白色胎，胎质较细净、疏松。内施满釉，外施釉不及底，釉质莹润，釉面玻璃光泽。外底心隆起，有墨书文字。口径15.6、底径5.8、高7厘米（图一〇四，12）。

2007SYT1⑤:391，残。敞口，圆唇，弧腹，圈足微撇，挖足浅。灰胎，胎质较致密。玻璃质，釉面有小气泡，口沿呈酱色，器内满釉，器外施釉不及底，有流釉现象。器底有修胎切削痕迹。口径13、底径4.5、高5.8厘米（图一〇四，15）。

2007SYT1⑤:374，残。敞口，圆唇，弧腹，圈足外撇，挖足浅，器内口沿下微凸。灰白胎，胎质较致密。玻璃质，釉面有小气泡，有兔毫斑，器内满釉，器外施釉不及底，有流釉现象。外施黑色胎衣，器底有修胎切削痕迹。口径13.6、底径4、高6.7厘米（图一〇四，16）。

2007SYT1⑤:259，残。敞口，圆唇微撇，弧腹，圈足外撇，足内壁外斜，挖足较深。灰胎，胎质较致密。玻璃质，器内涩圈，器外施半釉。器外下腹、足心有墨书字迹，器底有修胎旋切痕迹，足底有斜弧面。口径17.4、底径6.2、高6.2厘米（图一〇四，13）。

2007SYT1⑤：471，残。敞口，翻唇，弧腹，圈足微撇，内壁足外斜。灰黄胎，胎质较疏松。玻璃质，釉面有小气泡，器内满釉，器外施釉不及底，器外口部酱釉。器底有修胎切削痕迹。口径12.8、底径5、高6厘米（图一〇四，17）。

2007SYT1⑤：258，残。敞口，圆唇，斜弧腹，圈足外撇，足内壁外斜。灰胎，胎质较致密。莹润，釉层薄，器内底涩圈，器外半釉。器底有明显修胎切削痕迹，足底有斜弧面。口径21.4、底径7.6、高6.7厘米（图一〇四，18）。

盏 76件。

2007SYT1⑤：900，残。敞口，圆唇微撇，弧腹，圈足微撇，挖足浅。灰白胎，胎质致密。莹润，釉层薄匀，器内满釉，器外施釉不及底。器底有修胎切削痕迹。口径9.8、底径3.4、高4.2厘米（图一〇五，1）。

2007SYT1⑤：392，残。敞口，圆唇，直腹，圈足。灰黄色胎，胎质较细净、致密。内施满釉，外施半釉，釉下施化妆土，釉面呈橘皮状。黑色釉，外釉面点红彩纹条，釉层薄匀，釉质莹润，釉面玻璃光泽。口径8.6、底径5.4、高4.3厘米（图一〇五，2）。

2007SYT1⑤：406，残。敞口，圆唇，斜弧腹，圈足。灰色胎，胎质细净、致密。内施满釉，外施半釉，釉层薄匀，釉质莹润，釉面玻璃光泽。口径11.4、底径3.8、高4.2厘米（图一〇五，3）。

2007SYT1⑤：898，残。敞口，圆唇外撇，斜弧腹，隐圈足，挖足浅。灰褐胎，胎质较致密。莹润，釉层薄匀，器内满釉，器外施半釉。器底有修胎旋切痕迹。口径10.8、底径3.2、高4.6厘米（图一〇五，4）。

2007SYT1⑤：483，残。敞口，圆唇，弧腹，圈足外撇，挖足浅。灰白胎，胎质较致密。玻璃质，釉面有小气泡，器内满釉，器外施釉不及底，口沿呈酱色。器底有修胎切削痕迹，足底微斜。口径11.4、底径4.8、高4.7厘米（图一〇五，5）。

2007SYT1⑤：442，残。敞口，圆唇，斜弧腹，圈足。淡灰色胎，胎质较细净、致密。内施满釉，外施半釉，外有流釉、积釉现象，内外釉面呈橘皮状，釉层较薄匀，釉质温润，釉面玻璃光泽。外底有垫圈痕。口径11、底径4、高4厘米（图一〇五，6）。

2007SYT1⑤：402，残。敞口，卷唇，弧腹，圈足外撇，挖足浅，器内底呈凹弧面。灰白胎，胎质致密。莹润，釉层薄匀，器内满釉，器外施釉不及底，有流釉现象。器底有修胎旋切痕迹。口径12.1、底径4.2、高4.8厘米（图一〇五，7）。

2007SYT1⑤：387，残。敞口，圆唇，弧腹，圈足。青灰色胎，胎质较细净、致密。内施满釉，外施釉不及底，有流釉现象，釉层较薄匀，釉质莹润，釉面玻璃光泽。口径10.6、底径3.8、高5.1厘米（图一〇五，8）。

2007SYT1⑤：386，残。敞口，圆唇微敛，弧腹，圈足外撇。灰黄胎，胎质较致密。玻璃质，釉面有小气泡，器内满釉，器外施釉不及底，有流釉、积釉现象。器底有修胎切削痕迹。口径11.4、底径2.6、高5.4厘米（图一〇五，9）。

2007SYT1⑤：485，残。敞口，圆唇，斜弧腹，圈足。灰黄色胎，胎质较疏松。内施满釉，外施釉不及底，有飞釉现象，釉下施化妆土。内底有支钉痕。口径12.4、底径4、高5.1厘米（图一〇五，10）。

2007SYT1⑤：486，残。敞口，圆唇微撇，弧腹，器内底呈凹弧面，圈足外撇，挖足浅。灰白胎，胎质致密。莹润，釉层薄匀，器内满釉，器外施釉不及底。器底有修胎切削痕迹。口径11.8、底径4.6、高5厘米（图一〇五，11）。

2007SYT1⑤：400，残。敞口，尖唇外撇，窄折沿，斜弧腹，圈足微撇，挖足浅。褐胎，胎体较厚重，胎质较致密。玻璃质，釉面有小气泡，有鹧鸪斑，口沿及器外下端呈酱色，器内满釉，器外施釉不及底，有流釉、积釉现象。器底有修胎切削痕迹。口径12、底径4.1、高5.4厘米（图一〇五，12）。

2007SYT1⑤：437，残。敞口，圆唇外撇，斜弧腹，浅圈足微撇，挖足浅。灰白胎，胎质较致密。玻璃质，釉面有小气泡，器内满釉，器外施釉不及底，唇呈酱色。器底有明显修胎切

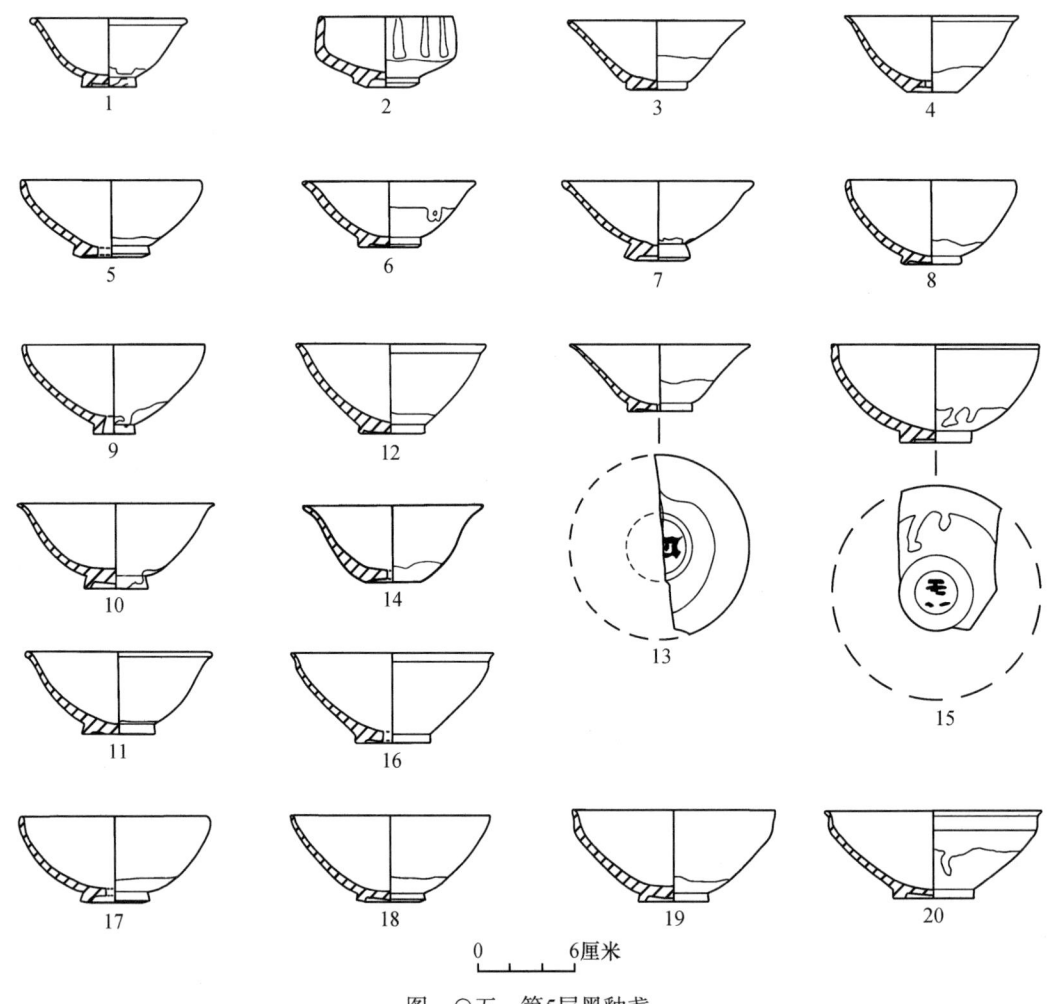

图一〇五　第5层黑釉盏

1. 2007SYT1⑤：900　2. 2007SYT1⑤：392　3. 2007SYT1⑤：406　4. 2007SYT1⑤：898　5. 2007SYT1⑤：483
6. 2007SYT1⑤：442　7. 2007SYT1⑤：402　8. 2007SYT1⑤：387　9. 2007SYT1⑤：386　10. 2007SYT1⑤：485
11. 2007SYT1⑤：486　12. 2007SYT1⑤：400　13. 2007SYT1⑤：437　14. 2007SYT1⑤：401　15. 2007SYT1⑤：899
16. 2007SYT1⑤：360　17. 2007SYT1⑤：368　18. 2007SYT1⑤：369　19. 2007SYT1⑤：372　20. 2007SYT1⑤：901

削痕迹，底心有墨书文字。口径11.2、底径4、高4厘米（图一〇五，13）。

2007SYT1⑤：401，残。敞口，圆唇，斜弧腹，平底（内凹）。灰白色胎，胎质较细净、疏松。内施满釉，外施釉不及底，釉层薄匀，釉质莹润。口径11.4、底径3.4、高4.8厘米（图一〇五，14）。

2007SYT1⑤：899，残。敞口，圆唇，弧腹，圈足。青灰色胎，胎质较细净、致密。内施满釉，外施半釉不及底，外有流釉、积釉现象，内外釉面呈橘皮状，内近口沿处呈红釉，釉层较薄匀，釉质莹润，釉面玻璃光泽。外底有垫饼痕。口径13、底径4.4、高5.9厘米（图一〇五，15）。

2007SYT1⑤：360，残。敞口，圆唇，斜弧腹，圈足。淡灰色胎，胎质较细净、致密。内施满釉，外施半釉，外有流釉、积釉现象，釉层较薄匀，釉质莹润，釉面玻璃光泽。外底有垫圈痕，外施护胎釉至底。口径12.8、底径4.8、高5.4厘米（图一〇五，16）。

2007SYT1⑤：368，残。敞口，圆唇，斜弧腹，圈足。灰色胎，胎质较细净。内施满釉，外施釉不及底，沿边红釉，沿下施黑釉，釉面呈橘皮状，釉层较薄匀，釉质莹润，釉面玻璃光泽。口径12、底径4.4、高5.2厘米（图一〇五，17）。

2007SYT1⑤：369，残。敞口，圆唇，斜弧腹，浅圈足外撇，挖足浅。灰白胎，胎质较致密。玻璃质，釉面有小气泡，器内满釉，器外施釉不及底，口沿呈酱色。器底有明显修胎切削痕迹。口径12.6、底径4.4、高2.6厘米（图一〇五，18）。

2007SYT1⑤：372，残。敞口，圆唇，曲腹，圈足外撇，挖足浅，器内口沿下微凸。灰胎，胎质较致密。玻璃质，釉面有小气泡，有兔毫斑，近口沿呈酱色，器内满釉，器外施釉不及底，有流釉现象。器底有修胎切削痕迹。口径12.6、底径4.4、高5.5厘米（图一〇五，19）。

2007SYT1⑤：901，残。敞口，圆唇微撇，曲腹，圈足微撇，挖足浅。灰胎，胎质较致密，外施褐色胎衣。玻璃质，釉面有小气泡，上腹有兔毫斑，口沿呈酱色，器内满釉，器外半釉，有流釉、积釉现象。器底有修胎切削痕迹。口径13.6、底径5、高5.3厘米（图一〇五，20）。

2007SYT1⑤：398，残。敞口，圆唇，弧腹，圈足。青白色胎，胎质较细净、致密。通体施釉，釉层薄匀，釉质莹润，釉面玻璃光泽。外底有支钉痕。口径8.5、底径2.8、高3.3厘米（图一〇六，1）。

2007SYT1⑤：361，残。侈口，圆唇，斜弧腹，圈足。淡灰色胎，胎质较细净、致密。内外施满釉，外有流釉现象，釉层薄匀，釉质温润，釉面哑玻璃光泽。口径12、底径4、高5厘米（图一〇六，2）。

2007SYT1⑤：362，残。敞口，圆唇，斜弧腹，圈足微撇，挖足浅。褐胎，含砂，胎质较致密。玻璃质，器内满釉，器外施釉不及底，有流釉、积釉现象，口沿呈酱色。器底有修胎切削痕迹。口径12.4、底径3.8、高4.9厘米（图一〇六，3）。

2007SYT1⑤：365，残。敞口，圆唇，弧腹，圈足。青白色胎，胎质较细净、致密。内施满釉，外施釉不及底，有流釉、积釉现象，釉层薄匀，釉质莹润，釉面玻璃光泽。内釉面有兔毫发丝。口径13.2、底径4、高6厘米（图一〇六，4）。

2007SYT1⑤：379，残。敞口，圆唇，弧腹，圈足。青白色胎，胎质较细净、致密。内施满釉，外施釉不及底，有流釉现象，釉层薄匀，釉质莹润，釉面玻璃光泽。口径12.4、底径4、高5.5厘米（图一〇六，5）。

2007SYT1⑤：367，残。敞口，圆唇，斜弧腹，圈足。淡灰色胎，胎质较细净、致密。内施满釉，外施半釉，有流釉、飞釉现象，釉层较薄匀，釉质莹润，釉面玻璃光泽。外底有垫圈痕。口径12.4、底径4、高4.5厘米（图一〇六，6）。

2007SYT1⑤：376，残。敞口，圆唇，斜弧腹，浅圈足。青白色胎，胎质较细净、致密。内施满釉，外施半釉，外有积釉现象，釉层薄匀、莹润，釉面玻璃光泽。口径13.6、底径4.4、高5.6厘米（图一〇六，7）。

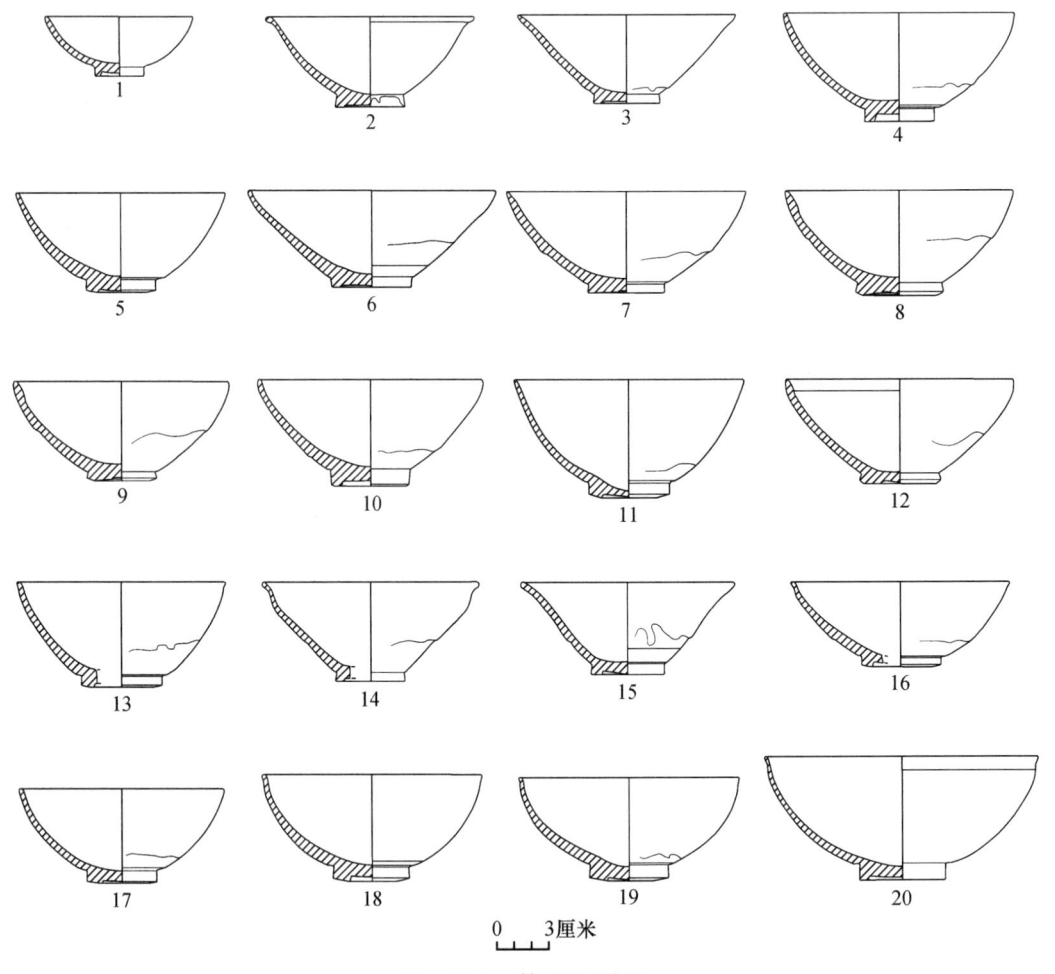

图一〇六　第5层黑釉盏
1.2007SYT1⑤：398　2.2007SYT1⑤：361　3.2007SYT1⑤：362　4.2007SYT1⑤：365　5.2007SYT1⑤：379
6.2007SYT1⑤：367　7.2007SYT1⑤：376　8.2007SYT1⑤：366　9.2007SYT1⑤：383　10.2007SYT1⑤：371
11.2007SYT1⑤：384　12.2007SYT1⑤：373　13.2007SYT1⑤：393　14.2007SYT1⑤：397　15.2007SYT1⑤：433
16.2007SYT1⑤：399　17.2007SYT1⑤：903　18.2007SYT1⑤：395　19.2007SYT1⑤：902　20.2007SYT1⑤：897

2007SYT1⑤：366，残。敞口，圆唇，斜弧腹，圈足。灰黄色胎，胎质细净、较致密。内施满釉，外施半釉，有积釉现象，釉层薄匀，釉面玻璃光泽。施护胎釉，削足，外底呈隆乳状，外底有垫圈痕。口径13、底径5、高5.8厘米（图一〇六，8）。

2007SYT1⑤：383，残。敞口，圆唇，斜弧腹，圈足。淡灰色胎，胎质较细净、致密。内施满釉，外施半釉，有流釉、积釉现象，釉层较薄匀，釉质莹润，釉面玻璃光泽。外露胎处至底施护胎釉。口径12.4、底径4、高5.5厘米（图一〇六，9）。

2007SYT1⑤：371，残。敞口，方唇，弧腹，圈足微撇，挖足浅。灰白胎，胎质致密。外施褐色胎衣。玻璃质，釉面有小气泡，器内满釉，器外施釉不及底，有流釉、积釉现象，有兔毫斑，口沿呈酱色。足底有支烧隔砂痕。口径13、底径4.5、高5.9厘米（图一〇六，10）。

2007SYT1⑤：384，残。敞口，圆唇，斜弧腹，圈足。灰黄色胎，胎质较细净、致密。内施满釉，外施釉不及底，釉面呈橘皮状，釉层较匀，釉质温润，釉面玻璃光泽。口径12.4、底径4、高5.5厘米（图一〇六，11）。

2007SYT1⑤：373，残。敞口，圆唇，斜弧腹，圈足。灰色胎，胎质较细净、致密。内施满釉，外施半釉，釉面呈橘皮状，釉层较薄匀，釉质莹润，釉面玻璃光泽。外底有垫圈痕。口径13、底径4.6、高5.8厘米（图一〇六，12）。

2007SYT1⑤：393，残。敞口，圆唇，弧腹，圈足。黄白色胎，胎质细净、较致密。内施满釉，外施半釉，有流釉现象，釉层薄匀，釉质莹润，釉面玻璃光泽。外局部现耀斑，外露胎处有墨书"周"字。口径12、底径4.6、高5.8厘米（图一〇六，13）。

2007SYT1⑤：397，残。敞口，圆唇微撇，弧腹，浅圈足微撇，挖足浅。灰白胎，胎质致密。外施褐色胎衣，玻璃质，釉面有小气泡，器内满釉，器外施半釉，有流釉、积釉现象，唇呈酱色。口径12、底径4、高5.5厘米（图一〇六，14）。

2007SYT1⑤：433，残。敞口，圆唇微撇，斜弧腹，圈足微撇，挖足浅。灰白胎，胎质致密，外施褐色胎衣。玻璃质，釉面有小气泡，器内满釉，器外施半釉，有流釉现象，近口部呈酱色。器底有修胎切削痕迹。口径12.2、底径4.2、高5.1厘米（图一〇六，15）。

2007SYT1⑤：399，残。敞口，圆唇，斜弧腹，圈足。青白色胎，胎质较细净、致密。内施满釉，外施釉不及底，釉层薄匀，釉质莹润，釉面玻璃光泽。外腹下露胎处有墨书"周"字。口径12、底径4.8、高4.2厘米（图一〇六，16）。

2007SYT1⑤：903，残。敞口，圆唇，弧腹，圈足。青白色胎，胎质细净、较致密。内施满釉，外施釉不及底，有飞釉现象，釉层薄匀，釉质莹润，釉面玻璃光泽。口径11.8、底径4、高5.2厘米（图一〇六，17）。

2007SYT1⑤：395，残。敞口，圆唇，弧腹，圈足微撇，挖足较浅。灰胎，胎质较致密。玻璃质，釉面有小气泡，器内满釉，器外施釉不及底，有银油滴斑，口沿呈酱色。器底有修胎切削痕迹，足底有斜面。口径12.7、底径4.4、高5.9厘米（图一〇六，18）。

2007SYT1⑤：902，残。微侈口，圆唇，弧腹，圈足。青白色胎，胎质较细净、致密。内施满釉，外施釉不及底，釉层薄匀，釉质莹润，釉面玻璃光泽。内外釉面呈橘皮状。口径

12.5、底径4.5、高5.7厘米（图一〇六，19）。

2007SYT1⑤：897，残。敞口，圆唇，斜弧腹，圈足。灰色胎，胎质较细净、致密。内施满釉，外施釉不及底，釉面呈橘皮状，外有流釉、积釉现象，沿边呈红色，釉层较薄匀，釉质莹润，釉面玻璃光泽。外底有垫圈痕。口径12.8、底径4、高5.6厘米（图一〇六，20）。

2007SYT1⑤：931，残。敞口，圆唇，斜弧腹，圈足。灰黄色胎，胎质较疏松。内施釉不满，外施半釉，釉下施化妆土。内底有垫圈痕。口径6.6、底径2.6、高2.2厘米（图一〇七，1）。

2007SYT1⑤：929，残。芒口，圆唇，斜弧腹，圈足。灰黄色胎，胎质较致密。内施釉不满，外施釉至腹下部，釉质润亮。内底有垫圈痕。口径7、底径2.8、高2.6厘米（图一〇七，2）。

2007SYT1⑤：975，残。侈口，圆唇，斜弧腹，隐圈足。灰黄色胎，胎质较疏松。内施满釉，外施釉至腹下部，口沿无釉，釉下施化妆土。外底有垫圈痕。口径7.6、底径3.6、高2.1厘米（图一〇七，3）。

2007SYT1⑤：932，残。敞口，圆唇，斜弧腹，圈足。灰黄色胎，胎质细净、较致密。内施釉不满，外施半釉，釉下施化妆土，釉质润亮。内底有涩圈，涩圈内施釉。口径8、底径3.4、高2.7厘米（图一〇七，4）。

2007SYT1⑤：933，残。敞口，圆唇，弧腹，圈足。土灰色胎，胎质较细净，致密。内外施半釉，釉层薄匀，釉质莹润，釉面玻璃光泽。内底有一涩圈，涩圈内施釉，削足。口径8.1、底径4、高2.8厘米（图一〇七，5）。

2007SYT1⑤：912，残。敞口，圆唇，斜弧腹，隐圈足。灰黄色胎，胎质较疏松。内施满釉，外施釉至腹下部，釉下施化妆土。外底有垫圈痕。口径10.8、底径3.2、高4.2厘米（图一〇七，6）。

2007SYT1⑤：914，残。敞口，圆唇外撇，弧腹，隐圈足，挖足浅。灰胎，胎质较致密。玻璃质，釉面有小气泡，釉层薄匀，器内满釉，器外施半釉。器底有修胎切削痕迹。口径10.4、口径3、高4.5厘米（图一〇七，7）。

2007SYT1⑤：922，残。敞口，圆唇，斜弧腹，隐圈足。灰白色胎，胎质较疏松。内施满釉，外施釉至腹下部，釉下施化妆土。外底有垫圈痕。口径10.6、底径3、高4.5厘米（图一〇七，8）。

2007SYT1⑤：921，残。敞口，圆唇外撇，斜弧腹，隐圈足，挖足浅。灰胎，胎质较致密。莹润，釉层薄匀，器内满釉，器外施釉不及底、下端呈酱色。器底有修胎旋切痕迹。口径10.4、底径3、高5.2厘米（图一〇七，9）。

2007SYT1⑤：927，残。敞口，圆唇，斜弧腹，隐圈足。灰色胎，胎质较细净、致密。内施满釉，外施釉不及底，釉层薄匀，釉质莹润，釉面玻璃光泽。口径10.8、底径3.4、高4.4厘米（图一〇七，10）。

2007SYT1⑤：906，残。敞口，圆唇外撇，弧腹，隐圈足，挖足浅。灰胎，胎质较致密。莹润，有开片，釉层薄匀，器内满釉，器外施釉不及底。器底有修胎切削痕迹。口径10.8、底径3、高4.4厘米（图一〇七，11）。

图一〇七 第5层黑釉盏

1. 2007SYT1⑤:931 2. 2007SYT1⑤:929 3. 2007SYT1⑤:975 4. 2007SYT1⑤:932 5. 2007SYT1⑤:933
6. 2007SYT1⑤:912 7. 2007SYT1⑤:914 8. 2007SYT1⑤:922 9. 2007SYT1⑤:921 10. 2007SYT1⑤:927
11. 2007SYT1⑤:906 12. 2007SYT1⑤:905 13. 2007SYT1⑤:1065 14. 2007SYT1⑤:904 15. 2007SYT1⑤:923
16. 2007SYT1⑤:918 17. 2007SYT1⑤:1068 18. 2007SYT1⑤:928 19. 2007SYT1⑤:909 20. 2007SYT1⑤:930
21. 2007SYT1⑤:924

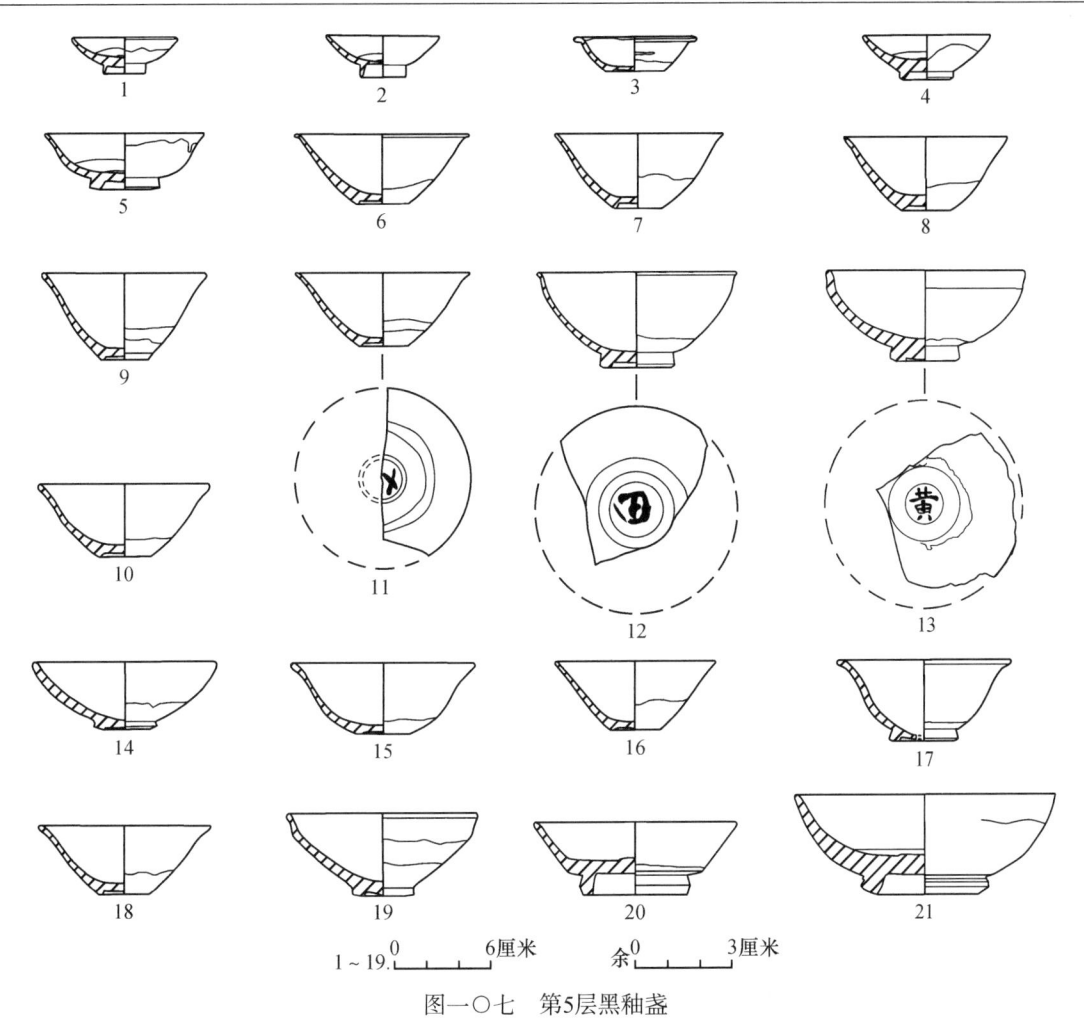

2007SYT1⑤:905，残。敞口，圆唇，弧腹，圈足。青黄色胎，胎质较疏松。内施满釉，外施釉至腹下部，釉下施化妆土。外底有垫圈痕，外底心有墨书文字。口径12.4、底径4.6、高5.8厘米（图一〇七，12）。

2007SYT1⑤:1065，残。微侈口，圆唇，弧腹，圈足。黄白色胎，胎质较粗、较致密。内施满釉，外施釉不及底，釉层薄匀，釉质莹润，釉面玻璃光泽，内釉面有橘皮纹。外底心有墨书"黄"字。口径12.5、底径4.4、高5.4厘米（图一〇七，13）。

2007SYT1⑤:904，残。敞口，圆唇，斜弧腹，圈足。灰色胎，胎质较细净、致密。内施满釉，外施釉不及底，外有流釉、积釉、飞釉现象，釉层较薄匀，釉质莹润，釉面玻璃光泽。内底有支钉痕。口径11.6、底径4、高4.1厘米（图一〇七，14）。

2007SYT1⑤:923，残。敞口，圆唇，斜弧腹，隐圈足。淡灰色胎，胎质细净、致密。

内施满釉，外施半釉，釉层薄匀，釉质莹润，釉面玻璃光泽。内底有支钉痕。口径11.4、底径3.4、高4.3厘米（图一〇七，15）。

2007SYT1⑤：918，残。敞口，圆唇外撇，弧腹，隐圈足，挖足浅。灰白胎，胎质致密。莹润，釉层薄匀，器内满釉，器外施半釉。器底有修胎切削痕迹。口径10、底径3.2、高4.1厘米（图一〇七，16）。

2007SYT1⑤：1068，残。敞口，口外撇，圆唇，斜弧腹，圈足。淡灰色胎，胎质较细净、致密。釉层较薄匀，釉质温润，釉面玻璃光泽。口径11、底径4.4、高4.9厘米（图一〇七，17）。

2007SYT1⑤：928，残。敞口，圆唇微撇，斜弧腹，隐圈足，挖足浅。灰白胎，胎质较致密。莹润，釉层薄匀，器内满釉，器外施釉不及底，釉线不齐，下端呈酱色。器底有修胎切削痕迹。口径10.8、底径3、高4.1厘米（图一〇七，18）。

2007SYT1⑤：909，残。敞口，圆唇，斜弧腹，圈足。灰色胎，胎质较细净、致密。内施满釉，外施半釉，外有流釉、积釉现象，釉面呈橘皮状，釉层薄匀，釉质莹润，釉面玻璃光泽。外底有垫砂痕，内有鹧鸪斑纹饰。口径11.7、底径3.9、高5厘米（图一〇七，19）。

2007SYT1⑤：930，残。敞口，圆唇，斜弧腹，圈足。灰黄色胎，胎质较疏松。内施釉不满，外施釉至腹下部，釉下施化妆土。口径6.3、底径3.3、高2.2厘米（图一〇七，20）。

2007SYT1⑤：924，残。敞口，尖唇，浅弧腹，浅圈足，挖足较深，足底内斜，足内壁微外斜。灰胎，含砂，胎质较致密。玻璃质，釉层薄，器内底涩圈，器外半釉。器底有明显修胎切削痕迹。口径8.2、底径4、高3厘米（图一〇七，21）。

2007SYT1⑤：1007，残。侈口，圆唇，斜弧腹，圈足。灰色胎，胎质较细净、致密。内施满釉，外施釉不及底，釉层较薄匀，釉质温润，釉面玻璃光泽。口径9.5、底径3.5、高4厘米（图一〇八，1）。

2007SYT1⑤：925，残。敞口，圆唇，斜弧腹，圈足。灰黄色胎，胎质较细净、致密。内外施半釉，釉层较薄匀，釉质莹润，釉面玻璃光泽。内底有一涩圈，涩圈内施釉。口径9.4、底径3、高3.9厘米（图一〇八，2）。

2007SYT1⑤：910，残。敞口，圆唇微撇，斜弧腹，浅圈足，挖足浅。灰胎，胎质较致密。玻璃质，釉面有小气泡，釉层薄匀，器内满釉，器外施半釉。器底有修胎切削痕迹。口径11.8、底径3.2、高4.5厘米（图一〇八，3）。

2007SYT1⑤：913，残。敞口，圆唇，斜弧腹，隐圈足。青白色胎，胎质较细净、致密。内施满釉，外施釉不及底，釉层薄匀，釉面玻璃光泽。口径11.4、底径2.8、高4.5厘米（图一〇八，4）。

2007SYT1⑤：919，残。敞口，圆唇外撇，弧腹，隐圈足，挖足浅。灰胎，胎质较致密。莹润，釉层薄匀，器内满釉，器外半釉，釉线不齐。器底有修胎旋切痕迹。口径11、底径3、高4.4厘米（图一〇八，5）。

2007SYT1⑤：917，残。敞口，圆唇外撇，斜弧腹，隐圈足，挖足浅。灰褐胎，胎质较致

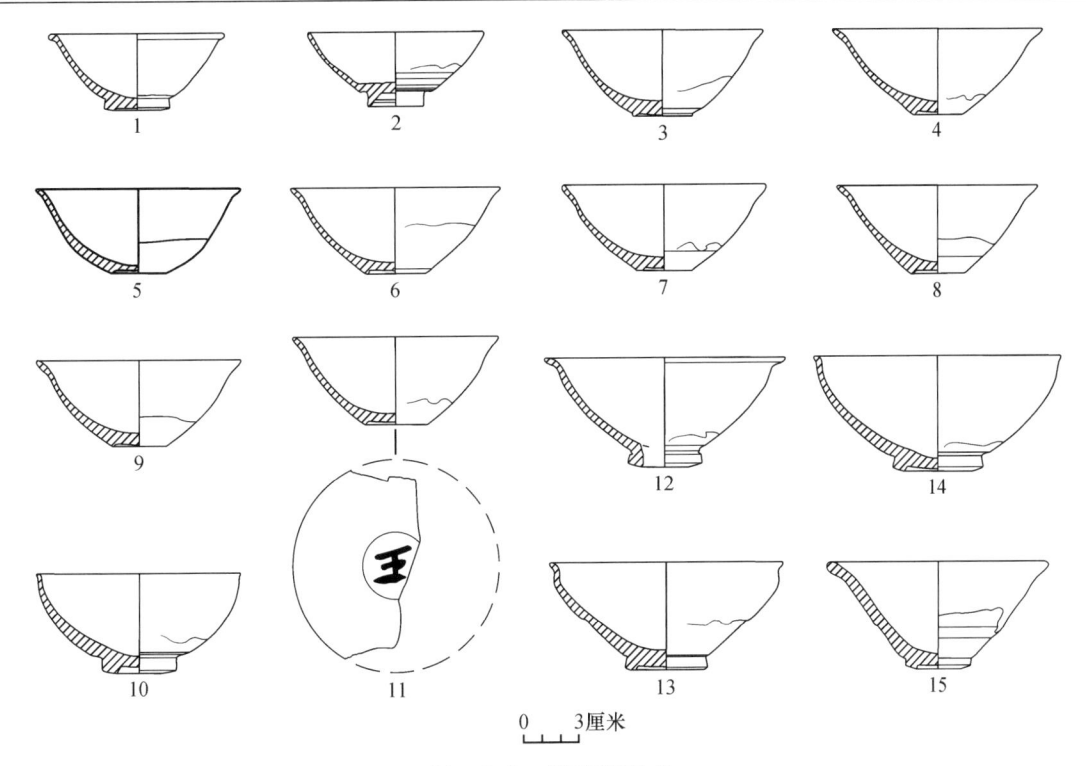

图一〇八 第5层黑釉盏

1. 2007SYT1⑤:1007 2. 2007SYT1⑤:925 3. 2007SYT1⑤:910 4. 2007SYT1⑤:913 5. 2007SYT1⑤:919
6. 2007SYT1⑤:917 7. 2007SYT1⑤:920 8. 2007SYT1⑤:915 9. 2007SYT1⑤:911 10. 2007SYT1⑤:916
11. 2007SYT1⑤:926 12. 2007SYT1⑤:1064 13. 2007SYT1⑤:908 14. 2007SYT1⑤:907 15. 2007SYT1⑤:1291

密。莹润，釉层薄匀，器内满釉，器外施半釉。器底有修胎旋切痕迹。口径11.2、底径3.2、高4.5厘米（图一〇八，6）。

2007SYT1⑤:920，残。敞口，圆唇，斜弧腹，隐圈足。青白色胎，胎质较细净、致密。内施满釉，外施釉不及底，外为赭色釉，内为黑色釉，釉层薄匀，釉质莹润，釉面呈银光状。口径11、底径3、高4.5厘米（图一〇八，7）。

2007SYT1⑤:915，残。敞口，圆唇外撇，弧腹，隐圈足，挖足浅。褐胎，胎质较致密。莹润，釉层薄匀，器内满釉，器外施釉不及底。器底有修胎切削痕迹。口径10.9、底径3.2、高4.6厘米（图一〇八，8）。

2007SYT1⑤:911，残。敞口，圆唇外撇，弧腹，隐圈足，挖足浅。灰白胎，胎质致密。莹润，釉层薄匀，器内满釉，器外施半釉，有流釉现象。器底有修胎切削痕迹。口径11、底径3、高4.5厘米（图一〇八，9）。

2007SYT1⑤:916，残。敞口，圆唇，弧腹，圈足。青白色胎，胎质细净、较致密。内施满釉，外施半釉，釉质莹润，釉面玻璃光泽。内釉面有橘皮纹。口径11、底径4、高5.2厘米（图一〇八，10）。

2007SYT1⑤:926，残。敞口，圆唇，斜弧腹，隐圈足。淡灰色胎，胎质细净、较疏松。内施满釉，外施半釉，外有流釉现象，釉面玻璃光泽。外底有墨书"王"字。口径11、底径

3.4、高4.6厘米（图一〇八，11）。

2007SYT1⑤：1064，残。敞口，撇沿，圆唇，斜弧腹，圈足。青白色胎，胎质细净、致密。内施满釉，外施釉不及底，有飞釉现象，釉层薄匀，釉质莹润，釉面玻璃光泽。口径13、底径4、高5.7厘米（图一〇八，12）。

2007SYT1⑤：908，残。侈口，圆唇，弧腹，浅圈足，挖足浅。灰白胎，胎质致密，外施褐色胎衣。莹润，器内满釉，器外施半釉，有流釉现象，釉面有气泡，有窑变褐色斑纹。圈足内壁有切削痕。口径12.6、底径4.4、高5.6厘米（图一〇八，13）。

2007SYT1⑤：907，残。微侈口，圆唇，弧腹，圈足。灰白色胎，胎质较细净、致密。内施满釉，外施釉不及底，釉层薄匀，釉质莹润，釉面玻璃光泽。内外釉面呈橘皮状。口径13.4、底径5、高6厘米（图一〇八，14）。

2007SYT1⑤：1291，残。敞口，圆唇外撇，斜弧腹，浅圈足，挖足浅。灰白胎，胎质较致密。外施褐色胎衣。黑釉，玻璃质，釉面有小气泡，器内满釉，器外施半釉，有流釉现象，器内呈细毫斑，器内外口沿部分呈酱釉。器外有修胎切削痕迹。足底微弧。口径12、底径3.8、高5.6厘米（图一〇八，15；图版七一，4）。

盘　14件。

2007SYT1⑤：621，残。敞口，圆唇，斜弧腹，圈足微撇，足内壁外斜。灰胎，含砂，胎质较致密。莹润，釉层薄，器内底涩圈，器外施釉不及底，下端透明呈胎色，有积釉现象。器底有修胎切削痕迹，足底有斜弧面。口径18.6、底径6.4、高4厘米（图一〇九，1）。

2007SYT1⑤：622，残。敞口，圆唇，斜弧腹，圈足。灰黄色胎，胎质较粗糙、致密。外施半釉，釉层较薄匀，釉质温润，釉面玻璃光泽。内底有一涩圈，涩圈内施釉。口径17.8、底径6、高5.8厘米（图一〇九，2）。

2007SYT1⑤：623，残。敞口，圆唇，斜弧腹，圈足。灰黄色胎，胎质较疏松。内施釉不满，外施半釉，釉下施化妆土。内底有垫圈痕。口径18.2、底径6.8、高4.4厘米（图一〇九，3）。

2007SYT1⑤：624，残。敞口，圆唇，折腹，圈足。灰黄色胎，胎质较细净、致密。内外施半釉，釉层薄匀，釉质温润，釉面玻璃光泽。内底有一涩圈，涩圈内施釉。口径21、底径7.2、高4.5厘米（图一〇九，4）。

2007SYT1⑤：625，残。敞口，圆唇，斜弧腹，圈足。黄色胎，胎质较细净、疏松。内外施半釉，釉下施化妆土，釉层薄匀，釉质莹润，釉面玻璃光泽。内底有一涩圈，涩圈内施釉。口径18、底径6.5、高4.1厘米（图一〇九，5）。

2007SYT1⑤：626，残。敞口，圆唇，折腹，圈足。黄白色胎，胎质较细净、致密、微夹砂。内施半釉，外近口沿施釉，釉层薄匀，釉面玻璃光泽。内底有一涩圈，涩圈内施釉。口径20、底径5.8、高4.6厘米（图一〇九，6）。

2007SYT1⑤：629，残。敞口，圆唇微撇，斜弧腹，圈足外撇，足内壁外斜。灰胎，胎质较致密。莹润，釉层薄，器内底涩圈，器外半釉，有积釉、流釉现象。器底有修胎切削痕迹，足底有斜弧面。口径17.6、底径5.6、高4.4厘米（图一〇九，7）。

第四章 出土器物

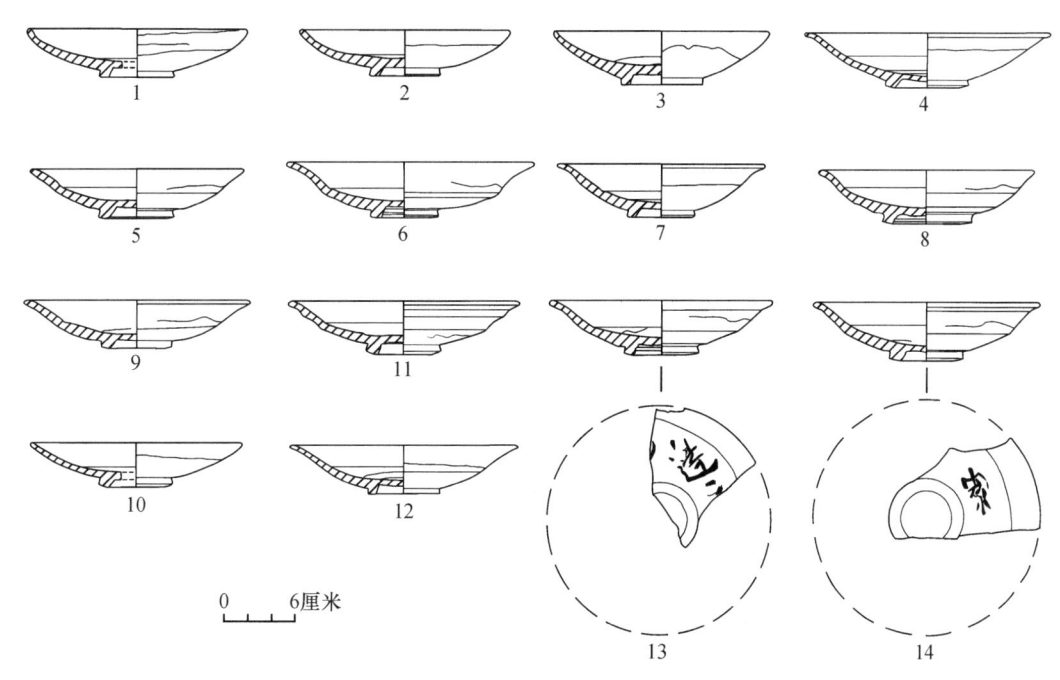

图一〇九 第5层黑釉盘
1. 2007SYT1⑤：621 2. 2007SYT1⑤：622 3. 2007SYT1⑤：623 4. 2007SYT1⑤：624 5. 2007SYT1⑤：625
6. 2007SYT1⑤：626 7. 2007SYT1⑤：629 8. 2007SYT1⑤：630 9. 2007SYT1⑤：633 10. 2007SYT1⑤：636
11. 2007SYT1⑤：637 12. 2007SYT1⑤：638 13. 2007SYT1⑤：632 14. 2007SYT1⑤：631

2007SYT1⑤：630，残。敞口，圆唇微撇，折腹，圈足。灰色胎，胎质较细净、致密。内外施半釉，釉层薄匀，釉质温润，釉面玻璃光泽。内底有涩圈，涩圈内施釉。口径18.4、底径5.8、高4.4厘米（图一〇九，8）。

2007SYT1⑤：633，残。敞口，圆唇，斜弧腹，圈足。灰黄色胎，胎质细净、致密。内外施半釉，釉层薄匀，釉质莹润，釉面玻璃光泽。口径18、底径6、高4厘米（图一〇九，9）。

2007SYT1⑤：636，残。敞口，圆唇，斜弧腹，圈足。灰色胎，胎质较细净、致密。内施釉不及底，外施半釉，釉层较薄匀，釉质莹润，釉面玻璃光泽。口径18、底径6.2、高3.7厘米（图一〇九，10）。

2007SYT1⑤：637，残。敞口，圆唇，折腹，圈足。灰黄色胎，胎质较细净、致密。内外施半釉，釉层较薄匀，釉质温润，釉面玻璃光泽。内底有一涩圈，涩圈内施釉。口径19.6、底径6.4、高4.4厘米（图一〇九，11）。

2007SYT1⑤：638，残。敞口，圆唇，斜弧腹，圈足。灰黄色胎，胎质疏松、夹砂。内施釉不满，外施半釉，釉下施化妆土。内底有垫圈痕。口径19.4、底径6、高4厘米（图一〇九，12）。

2007SYT1⑤：631，残。敞口，圆唇，折腹，圈足。姜黄色胎，胎质较细、致密。内外施半釉，釉层薄匀，釉质较莹润，釉面玻璃光泽。内底有一涩圈，涩圈内施釉，外腹下露胎处有一墨书文字。口径19.4、底径6.4、高4.8厘米（图一〇九，14）。

2007SYT1⑤：632，残。敞口，圆唇，折腹，圈足。土黄色胎，胎质较细净、致密、夹砂。内外施半釉，釉下施化妆土，釉层薄匀，釉质温润，釉面玻璃光泽。内底有一涩圈，涩圈内施釉。外腹露胎处有墨书文字。口径18.8、底径6.2、高4.5厘米（图一〇九，13）。

碟　2件。

2007SYT1⑤：627，残。敞口，圆唇，斜弧腹，圈足外撇。灰胎，胎质较致密。莹润，釉层薄，器内底涩圈，器外口沿施釉。器内底涩圈边缘有隔砂痕，器底有修胎切削痕迹，足底有二阶台面。口径13.5、底径5.9、高2.2厘米（图一一〇，1）。

2007SYT1⑤：692，残。敞口，圆唇，弧腹，平底内凹。青白色胎，胎质细净、较致密。除底外通体施釉，釉下施化妆土，釉层薄匀，釉质莹润。外底有垫饼痕。口径10.2、底径7、高1.9厘米（图一一〇，2）。

器盖　2件。

2007SYT1⑤：965，残。盖面呈碟状，沿口外撇，中有一莲蓬形纽，外腹弧形，底为圈状。青白色胎，胎质细净、致密。盖面满施黑釉，外腹、底不施釉，釉层薄匀，釉质莹润，釉面玻璃光泽，外腹、底有釉粘。口径11、底径4.3、高2.7厘米（图一一〇，4）。

2007SYT1⑤：1004，残。蘑菇形盖纽，小碟形盖顶，翘宽沿，盖底似圈足形，边外撇，底缘斜弧面，底心较浅。灰胎，胎体较厚重，胎质较致密。玻璃质，有开片，盖外满釉，盖内口沿施釉，有积釉现象，局部脱釉。口径10.6、底径5.6、高3厘米（图一一〇，3）。

罐　3件。

2007SYT1⑤：1023，残。敞口，圆唇，束颈，溜肩，敛腹，平底微内凹。灰色胎，胎质较细净、致密。内施满釉，外施半釉，釉层薄匀，釉质莹润，釉面玻璃光泽。口径6.4、底径3.2、高5.4厘米（图一一〇，5）。

2007SYT1⑤：1041，残。敛口，圆唇，鼓腹，平底。淡灰色胎，胎质细净、致密。内无釉，外施釉不及底，釉层薄匀，釉质莹润，釉面玻璃光泽。口径2.2、底径2.3、腹径4.2、高5.3厘米（图一一〇，6）。

2007SYT1⑤：1053，残。敞口，圆唇，溜肩，鼓腹，平底。灰色胎，胎质较细净。内外施半釉，釉层较薄匀，釉质温润，釉面哑玻璃光泽。口径13.6、底径9、腹径16.6、高9.3厘米

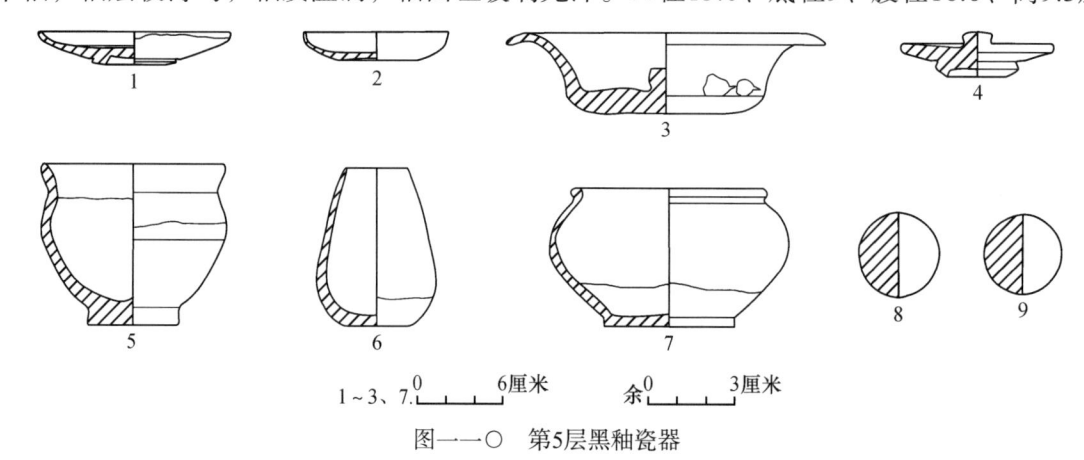

图一一〇　第5层黑釉瓷器
1、2. 碟（2007SYT1⑤：627、2007SYT1⑤：692）　3、4. 器盖（2007SYT1⑤：1004、2007SYT1⑤：965）
5~7. 罐（2007SYT1⑤：1023、2007SYT1⑤：1041、2007SYT1⑤：1053）　8、9. 弹丸（2007SYT1⑤：939、2007SYT1⑤：940）

（图一一〇，7）。

弹丸　2件。

2007SYT1⑤：939，完整。圆球体。灰白色胎，胎质较细净、致密。半施釉，黑色釉，釉层偏薄，釉质温润，釉面哑光。通径2.8厘米（图一一〇，8）。

2007SYT1⑤：940，完整。圆球体。灰白色瓷胎，胎质较细净、致密。半施釉，黑色釉，釉层较薄匀，釉质温润，釉面玻璃光泽。通径2.6厘米（图一一〇，9）。

17. 酱釉

129件。

碗　8件。

2007SYT1⑤：260，残。敞口，圆唇，弧腹，圈足。灰黄色胎，胎质较粗糙、疏松、夹砂。内外施半釉，釉层较薄匀，釉质莹润，釉面玻璃光泽。内底有一涩圈，涩圈内施釉。口径20、底径6.4、高6.6厘米（图一一一，1）。

2007SYT1⑤：267，残。敞口，圆唇，斜弧腹，圈足。土黄色胎，胎质较细净、致密。内外施半釉，釉下施化妆土，釉层薄匀，釉质莹润，釉面玻璃光泽。口径17、底径6.4、高4.2厘米（图一一一，2）。

2007SYT1⑤：634，残。敞口，圆唇外撇，斜弧腹，圈足外撇，足内壁外斜，挖足较深。灰胎，胎质较致密。莹润，有开片，釉层薄，器内底涩圈，器外半釉。器底有明显修胎切削痕迹，足底有斜弧面。口径20.4、底径8.2、高6.3厘米（图一一一，3）。

2007SYT1⑤：377，残。敞口，圆唇，斜弧腹，璧形底。灰色胎，胎质较细净、致密。内施满釉，外施半釉，釉层较薄匀，釉质莹润，釉面玻璃光泽。外底有垫砂痕，内釉面呈鹧鸪斑

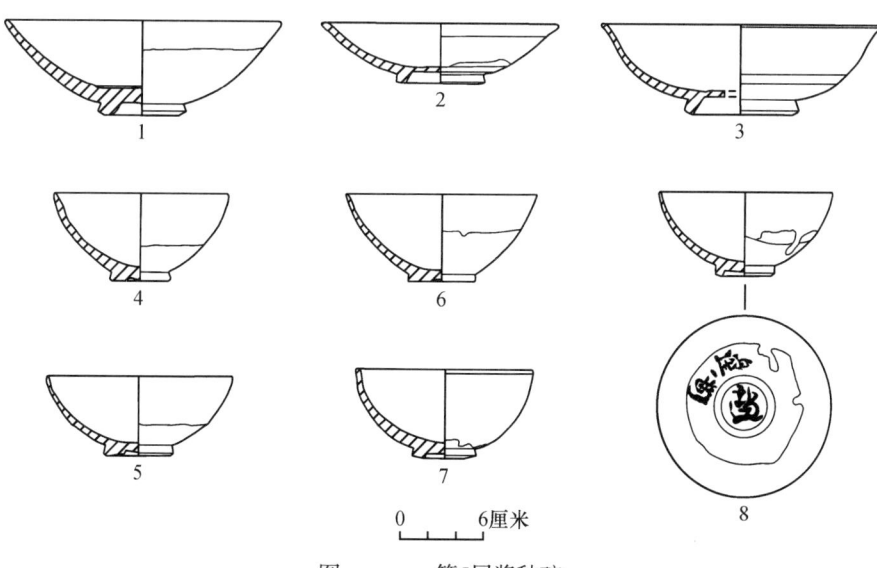

图一一一　第5层酱釉碗

1. 2007SYT1⑤：260　2. 2007SYT1⑤：267　3. 2007SYT1⑤：634　4. 2007SYT1⑤：377　5. 2007SYT1⑤：390
6. 2007SYT1⑤：270　7. 2007SYT1⑤：269　8. 2007SYT1⑤：388

纹。口径12.6、底径4.4、高6.1厘米（图一一一，4）。

2007SYT1⑤：390，残。敞口，圆唇，斜弧腹，圈足。灰色胎，胎质较致密。内施满釉，外施釉至腹下部，外有流釉、积釉现象。外底有垫圈痕。口径13.4、底径5、高5.6厘米（图一一一，5；图版六九，2）。

2007SYT1⑤：270，残。敞口，圆唇，斜弧腹，平底，外底心旋削一凹环。灰色胎，胎质较疏松。内施满釉，外施半釉，外有流釉、积釉现象，釉下施化妆土。外底有垫饼痕。口径13.6、底径4.8、高6.1厘米（图一一一，6）。

2007SYT1⑤：269，残。敞口，圆唇微撇，弧腹，圈足外撇，足内壁外斜，挖足较浅。灰胎，胎质较致密。玻璃质，釉面有小气泡，器内满釉，器外施釉不及底，下部有黑色兔毫斑。器底有修胎切削痕迹，足底有弧面。口径12.8、底径4.7、高6.2厘米（图一一一，7）。

2007SYT1⑤：388，残。微侈口，圆唇，斜弧腹，圈足。灰黄色胎，胎质较致密。内施满釉，外施釉至腹下部，有流釉、积釉现象，釉下施化妆土。外底有垫圈痕，外腹、底心有墨书文字。口径12.6、底径4.2、高5.9厘米（图一一一，8；图版七〇，1）。

盏 110件。

2007SYT1⑤：375，残。敞口，圆唇，斜弧腹，圈足。淡灰色胎，胎质较细净、致密。内施满釉，外施半釉，釉层较薄匀，釉质莹润，釉面玻璃光泽。内底有支钉痕，外底有垫圈痕。口径12.4、底径4、高5.6厘米（图一一二，1）。

2007SYT1⑤：378，残。敞口，圆唇，弧腹，璧形底。淡灰色胎，胎质较细净、致密。内施满釉，外施半釉，外有流釉积釉现象，釉层薄匀，釉质莹润，釉面玻璃光泽。外底削足，外施护胎釉。口径13.4、底径5、高6厘米（图一一二，2）。

2007SYT1⑤：407，残。敞口，圆唇外撇，斜弧腹，圈足微撇，挖足浅。灰白胎，胎质较致密，外施褐色胎衣。玻璃质，釉面有小气泡，有兔毫斑，器内满釉，器外半釉，口沿及器外下端釉呈酱色，有积釉现象。足底有支烧隔砂痕，器底有修胎切削痕迹。口径12、底径3.9、高5厘米（图一一二，3）。

2007SYT1⑤：411，残。敞口，圆唇，斜弧腹，圈足。灰色胎，胎质较细净、致密。内施满釉，外施釉不及底，外有流釉、积釉现象，釉层较薄匀，釉质莹润，釉面玻璃光泽。外露胎处腹至底施护胎釉。口径11.8、底径4.2、高5.2厘米（图一一二，4）。

2007SYT1⑤：413，残。敞口，圆唇，斜弧腹，圈足。灰色胎，胎质较细净、致密。内施满釉，外施半釉，釉层较薄匀，釉质莹润，釉面玻璃光泽。内外底有垫砂痕。口径11.9、底径3.9、高4.9厘米（图一一二，5）。

2007SYT1⑤：416，残。敞口，圆唇微撇，斜弧腹，器内底呈浅凹弧面，小圈足微撇，挖足浅，斗笠状。灰白胎，胎质致密，外施褐色胎衣。玻璃质，釉面有小气泡，器内满釉，有兔毫斑，器外施釉不及底，有流釉现象，口沿呈酱色。足底有支烧隔砂痕，器底有修胎切削痕迹。口径11.4、底径3.6、高4.8厘米（图一一二，6）。

2007SYT1⑤：417，残。敞口，圆唇外撇，斜弧腹，圈足微撇，挖足浅。灰白胎，胎质较

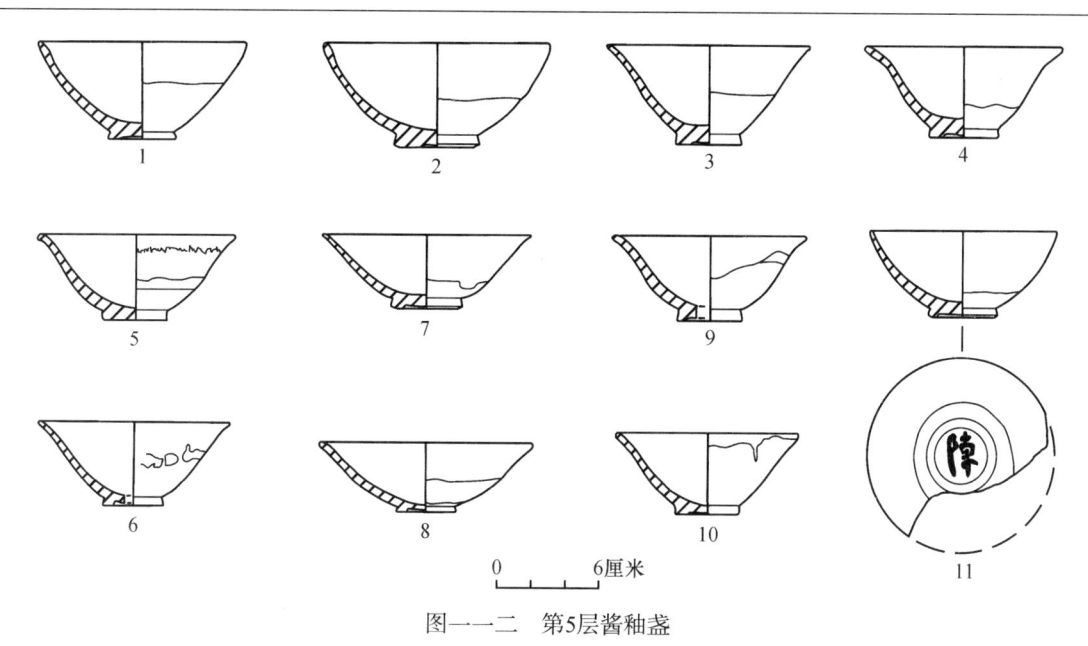

图一一二 第5层酱釉盏

1. 2007SYT1⑤：375　2. 2007SYT1⑤：378　3. 2007SYT1⑤：407　4. 2007SYT1⑤：411　5. 2007SYT1⑤：413
6. 2007SYT1⑤：416　7. 2007SYT1⑤：417　8. 2007SYT1⑤：424　9. 2007SYT1⑤：431　10. 2007SYT1⑤：443
11. 2007SYT1⑤：389

致密，外施褐色胎衣。玻璃质，釉面有小气泡，有兔毫斑，釉面有荧光斑，口沿及器外下端釉呈酱色，器内满釉，器外半釉，有流釉、积釉现象。足底弧面，足底有支烧隔砂痕，器底有修胎切削痕迹。口径12.4、底径4、高4.2厘米（图一一二，7）。

2007SYT1⑤：424，残。敞口，圆唇，斜弧腹，圈足。灰黄色胎，胎质较细净、致密。内施满釉，外施釉不及底，釉层较薄匀，釉质莹润，釉面玻璃光泽。口径12.6、底径3.7、高4.2厘米（图一一二，8）。

2007SYT1⑤：431，残。敞口，圆唇，斜弧腹，圈足。灰色胎，胎质较粗糙、疏松、夹砂。内施满釉，外施半釉，釉层较薄匀，釉质莹润，釉面玻璃光泽。外底有垫砂痕，外露胎处腹、底施护胎釉。口径11.4、底径3.8、高4.9厘米（图一一二，9）。

2007SYT1⑤：443，残。敞口，圆唇，斜弧腹，圈足。淡灰色胎，胎质较细净、致密。内外施满釉，釉层薄匀，釉质莹润，釉面玻璃光泽。外底有垫砂痕。口径10.8、底径3.8、高4.7厘米（图一一二，10）。

2007SYT1⑤：389，残。敞口，圆唇，斜弧腹，圈足。灰黄色胎，胎质较致密。内施满釉，外施釉至腹下部，釉下施化妆土。外底有垫圈痕，外底心有墨书"陈"字。口径11.2、底径4.2、高4.9厘米（图一一二，11）。

2007SYT1⑤：370，残。敞口，圆唇，弧腹，圈足，挖足浅、呈环形。灰胎，胎质致密。玻璃质，釉面有小气泡，器内满釉，器外施釉不及底，口沿呈酱色。口径12.5、底径3.9、高5.5厘米（图一一三，1）。

2007SYT1⑤：403，残。敞口，斜方唇微撇，斜弧腹，圈足微撇，挖足浅。灰白胎，胎质较致密。外施褐色胎衣，玻璃质，釉面有小气泡，口沿及器外下端釉呈酱色，器内满釉，器外半釉，有流釉、积釉现象。器底有修胎切削痕迹。口径10.8、底径4、高5厘米（图一一三，2）。

2007SYT1⑤：404，残。敞口，圆唇，斜弧腹，圈足。青白色胎，胎质较细净、致密。内施满釉，外施半釉，有流釉积釉现象，釉层薄匀，釉质莹润，釉面玻璃光泽。外施护胎釉至底。口径11.4、底径3.9、高4.2厘米（图一一三，3）。

2007SYT1⑤：405，残。敞口，圆唇微撇，斜弧腹，圈足，挖足浅。灰白胎，胎质较致密。玻璃质，釉面有小气泡，器内满釉，器外施半釉，下端积釉。器底有修胎切削痕迹。口径12、底径4.2、高4.8厘米（图一一三，4）。

2007SYT1⑤：408，残。敞口，圆唇，斜弧腹，圈足。青白色胎，胎质较细净、致密。内施满釉，外施半釉，有流釉积釉现象，釉层薄匀，釉质莹润，釉面玻璃光泽。外施护胎釉至底。口径11.2、底径3.6、高4.2厘米（图一一三，5）。

2007SYT1⑤：409，残。敞口，圆唇，斜弧腹，圈足。青白色胎，胎质较细净、致密。内施满釉，外施半釉，釉层薄匀，釉质莹润，釉面玻璃光泽。外施护胎釉至底。口径11.5、底径4、高4.3厘米（图一一三，6）。

2007SYT1⑤：410，残。敞口，圆唇，斜弧腹，圈足。青白胎，胎质细净、较致密。内施满釉，外施半釉，内釉面呈橘皮状，玻璃光泽。内外釉面有鹧鸪斑纹。口径10.6、底径3.5、高4.4厘米（图一一三，7）。

2007SYT1⑤：412，残。敞口，圆唇外撇，弧腹，圈足微撇，挖足浅。灰胎，胎质较致密，外施褐色胎衣。玻璃质，釉面有小气泡，有兔毫斑，器内满釉，器外半釉，口沿及器外下端釉呈酱色。足底有支烧隔砂痕，器底有修胎切削痕迹。口径11.4、底径3.7、高4.8厘米（图一一三，8）。

2007SYT1⑤：414，残。敞口，圆唇，斜弧腹，圈足。淡灰色胎，胎质较细净、致密。内施满釉，外施半釉，有流釉、积釉现象，釉层较薄匀，釉质莹润，釉面玻璃光泽。外底有垫圈痕，外露胎至底施护胎釉。口径11.4、底径3.9、高4.7厘米（图一一三，9）。

2007SYT1⑤：415，残。敞口，圆唇，斜弧腹，圈足。灰黄色胎，胎质较细净、致密。内施满釉，外施半釉，釉层薄匀，釉质莹润，釉面玻璃光泽。外施护胎釉至底。口径12.2、底径4、高4.6厘米（图一一三，10）。

2007SYT1⑤：418，残。敞口，圆唇，斜弧腹，圈足。青白色胎，胎质细净、较致密。内施满釉，外施釉不及底，外有流釉、积釉现象，釉层薄匀，釉质莹润，釉面玻璃光泽。外施护胎釉至底。口径11.6、底径4.6、高4.6厘米（图一一三，11）。

2007SYT1⑤：419，残。敞口，圆唇，斜弧腹，圈足。灰色胎，胎质较细净、致密。内施满釉，外施釉不及底，外有流釉、积釉现象，釉层较薄匀，釉质莹润，釉面玻璃光泽。外底有垫砂痕。口径11、底径3.7、高4.8厘米（图一一三，12）。

2007SYT1⑤：420，残。敞口，圆唇，斜弧腹，圈足。淡灰色胎，胎质较细净、致密。内施满釉，外施釉不及底，外有流釉、积釉现象，釉层较薄匀，釉质莹润，釉面玻璃光泽。外底有垫饼痕，外露胎处至底施护胎釉。口径11.6、底径4、高4厘米（图一一三，13）。

2007SYT1⑤：421，残。敞口，圆唇，斜弧腹，圈足。青白色胎，胎质较细，夹砂、较致密。内施满釉，外施半釉，釉下施化妆土，玻璃光泽。外化妆土以下至底部施护胎釉。口径12.2、底径4、高5.5厘米（图一一三，14）。

2007SYT1⑤：422，残。敞口，圆唇外撇，斜弧腹，圈足微撇，挖足浅。灰白胎，胎质致密，外施褐色胎衣。玻璃质，釉面有小气泡，器内满釉，器外施半釉，有流釉、积釉现象，有兔毫斑，唇呈酱色，器外下部釉呈酱色。器底有修胎旋切痕迹。口径11.8、底径4、高5厘米（图一一三，15）。

2007SYT1⑤：423，残。侈口，圆唇，弧腹，圈足。灰黄色胎，胎质较细净、致密。内外施满釉、开片，釉层薄匀，釉质乳状，釉面玻璃光泽。口径12.4、底径4、高4.9厘米（图一一三，16）。

2007SYT1⑤：425，残。敞口，圆唇外撇，斜弧腹，圈足微撇，挖足浅。灰白胎，胎质致密，外施褐色胎衣。玻璃质，釉面有小气泡，器内满釉，器外施半釉，有流釉、积釉现象，有兔毫斑，口沿呈酱色，器外下部釉呈酱色。口径12、底径3.8、高5.2厘米（图一一三，17）。

2007SYT1⑤：426，残。敞口，圆唇，斜弧腹，圈足。青白色胎，胎质较致密。内施满釉，外施半釉，外釉有积釉现象，釉层薄匀，釉面玻璃光泽。施胎护釉，外底有垫砂痕。口径11.4、底径3.7、高4.8厘米（图一一三，18）。

2007SYT1⑤：427，残。敞口，圆唇，斜弧腹，圈足。青白色胎，胎质较细净、致密。内施满釉，外施半釉，釉下施化妆土，釉层薄匀，釉质莹润，釉面玻璃光泽，外施护胎釉。削足。口径14.1、底径4、高4.2厘米（图一一三，19）。

2007SYT1⑤：428，残。敞口，圆唇，斜弧腹，圈足。青白色胎，胎质较细净、致密。内施满釉，外施半釉，有流釉现象，釉层薄匀，釉质莹润，釉面玻璃光泽。内外釉面有兔毫发丝，外施护胎釉。口径11、底径4.2、高3厘米（图一一三，20）。

2007SYT1⑤：429，残。敞口，圆唇外撇，斜弧腹，圈足微撇，挖足浅。灰白胎，胎质较致密，外施褐色胎衣。玻璃质，釉面有小气泡，有兔毫斑，器内满釉，器外半釉，口沿及器外下端釉呈酱色，有流釉、积釉现象。足底有支烧隔砂痕，器底有修胎切削痕迹。口径11.8、底径3.8、高5.4厘米（图一一三，21）。

2007SYT1⑤：430，残。敞口，圆唇，斜弧腹，圈足。黄白色胎，胎质细净、较致密。内施满釉，外施半釉，釉层薄匀，釉面玻璃光泽。外施护胎釉。口径12、底径4、高5.1厘米（图一一三，22）。

2007SYT1⑤：432，残。敞口，圆唇外撇，斜弧腹，圈足微撇，挖足浅。灰白胎，胎质较致密，外施褐色胎衣。玻璃质，釉面有小气泡，器内满釉，器外半釉，口沿及器外下端釉呈酱色，有流釉、积釉现象。足底有支烧隔砂痕，器底有修胎切削痕迹。口径12.2、底径4、高5厘米（图一一三，23）。

2007SYT1⑤：434，残。敞口，斜方唇微撇，斜弧腹，圈足微撇，挖足浅。灰白胎，胎质

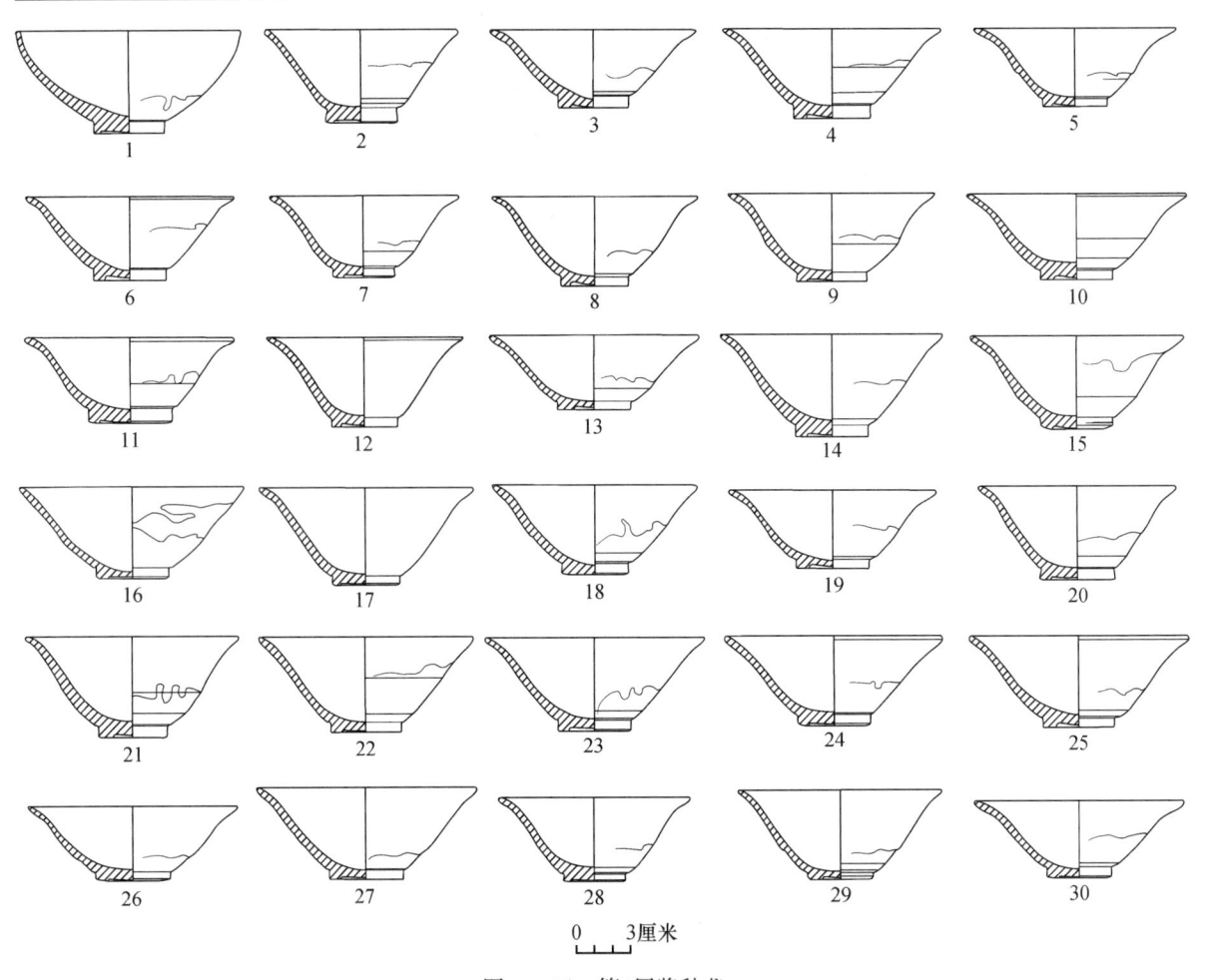

图一一三　第5层酱釉盏

1. 2007SYT1⑤：370　2. 2007SYT1⑤：403　3. 2007SYT1⑤：404　4. 2007SYT1⑤：405　5. 2007SYT1⑤：408
6. 2007SYT1⑤：409　7. 2007SYT1⑤：410　8. 2007SYT1⑤：412　9. 2007SYT1⑤：414　10. 2007SYT1⑤：415
11. 2007SYT1⑤：418　12. 2007SYT1⑤：419　13. 2007SYT1⑤：420　14. 2007SYT1⑤：421　15. 2007SYT1⑤：422
16. 2007SYT1⑤：423　17. 2007SYT1⑤：425　18. 2007SYT1⑤：426　19. 2007SYT1⑤：427　20. 2007SYT1⑤：428
21. 2007SYT1⑤：429　22. 2007SYT1⑤：430　23. 2007SYT1⑤：432　24. 2007SYT1⑤：434　25. 2007SYT1⑤：435
26. 2007SYT1⑤：436　27. 2007SYT1⑤：438　28. 2007SYT1⑤：439　29. 2007SYT1⑤：440　30. 2007SYT1⑤：441

较致密，外施褐色胎衣。玻璃质，釉面有小气泡，器内满釉，器外施半釉，有流釉、积釉现象，有兔毫斑，口沿呈酱色，器外呈黑、酱两色。器底有修胎切削痕迹，足底有支烧隔砂痕。口径12、底径4、高8厘米（图一一三，24）。

2007SYT1⑤：435，残。敞口，圆唇，斜弧腹，圈足。淡灰色胎，胎质较细净、致密。内施满釉，外施半釉，釉层较薄匀，釉质莹润，釉面玻璃光泽。外底有垫饼痕，外露胎处至底施护胎釉。口径12.7、底径4.2、高4.9厘米（图一一三，25）。

2007SYT1⑤：436，残。敞口，圆唇微撇，斜弧腹，浅圈足外撇，挖足浅。灰胎，胎质较致密。玻璃质，釉面有小气泡，器内满釉，器外施釉不及底，下端积釉，器内呈黑毫斑，器内口沿和器外有窑变酱釉。器底有修胎切削痕迹。口径11.6、底径4.1、高4厘米（图一一三，26）。

2007SYT1⑤：438，残。敞口，圆唇微撇，斜弧腹，圈足微撇，挖足浅。灰白胎，胎质致密，外施褐色胎衣。玻璃质，釉面有小气泡，器内满釉，器外施半釉，有流釉现象，器外呈酱、黑杂色。器底有修胎切削痕迹。口径10.3、底径4.2、高4.9厘米（图一一三，27）。

2007SYT1⑤：439，残。敞口，圆唇，斜弧腹，圈足。青白色胎，胎质细净、较致密。内施满釉，外施釉不及底，釉面玻璃光泽。施护胎釉，内外有兔毫纹饰，外底有支钉痕。口径11、底径3.4、高4.5厘米（图一一三，28）。

2007SYT1⑤：440，残。敞口，圆唇，斜弧腹，圈足。青白色胎，胎质细净、较致密。内施满釉，外施半釉，釉层薄匀，釉质莹润，釉面玻璃光泽。外施护胎釉及底，削足。口径11.2、底径3.6、高4.8厘米（图一一三，29）。

2007SYT1⑤：441，残。敞口，圆唇微撇，斜弧腹，圈足，挖足浅，器内底呈凹弧面。灰胎，胎质较致密，外施褐色胎衣。玻璃质，釉面有小气泡，器内满釉，器外半釉，有兔毫斑，唇呈酱色，器外下部釉呈酱色。足底有支烧隔砂痕，器底有修胎旋切痕迹。口径11.6、底径3.6、高4.15厘米（图一一三，30）。

2007SYT1⑤：466，残。敞口，圆唇，斜弧腹，圈足。灰黄色胎，胎质较致密。内施满釉，外施釉至腹下部，外有流釉现象，釉下施化妆土。外底有垫圈痕。口径9.2、底径3.6、高3.9厘米（图一一四，1）。

2007SYT1⑤：447，残。敞口，圆唇外撇，斜弧腹，圈足微撇，挖足浅。灰白胎，胎质较致密，外施褐色胎衣。玻璃质，釉面有小气泡，有兔毫斑，釉面有荧光斑，口沿及器外下端釉呈酱色，器内满釉，器外半釉，有流釉、积釉现象。足底有支烧隔砂痕，器底有修胎切削痕迹。口径10.6、底径2.6、高4.8厘米（图一一四，2）。

2007SYT1⑤：452，残。敞口，圆唇，斜弧腹，圈足。青灰色胎，胎质较细净、致密。内施满釉，外施半釉，外有流釉现象，内釉面有鹧鸪斑，釉层较薄匀，釉质莹润，釉面玻璃光泽。外露胎处至底施护胎釉。口径12、底径4.8、高3.9厘米（图一一四，3）。

2007SYT1⑤：456，残。敞口，圆唇，斜弧腹，圈足。灰黄色胎，胎质较细净、致密。内施满釉，外施半釉，内釉面呈鹧鸪斑纹，釉层较薄匀，釉质莹润，釉面玻璃光泽。外露胎处至底施护胎釉。口径11、底径3.8、高4.6厘米（图一一四，4）。

2007SYT1⑤：464，残。敞口，圆唇外撇，斜弧腹，圈足微撇，挖足浅。灰胎，胎质较致密，外施褐色胎衣。玻璃质，釉面有小气泡，有兔毫斑，口沿及器外下端呈酱色，器内满釉，器外半釉，有流釉、积釉现象。足底有支烧隔砂痕，器底有修胎切削痕迹。口径10.2、底径3.4、高3.9厘米（图一一四，5）。

2007SYT1⑤：465，残。敞口，圆唇，斜弧腹，小浅圈足。青灰色胎，胎质较疏松。内施满釉，外施半釉，外有流釉、积釉现象，釉下施化妆土。外底有垫饼痕。口径11.4、底径4、高3.6厘米（图一一四，6）。

2007SYT1⑤：459，残。敞口，圆唇，斜弧腹，小浅圈足。灰黄色胎，胎质较疏松。内施满釉，外施半釉，有流釉、积釉现象，釉下施化妆土。外底有垫饼痕。口径11.6、底径4、高5.4厘米（图一一四，7）。

2007SYT1⑤：461，残。敞口，圆唇外撇，斜弧腹，圈足微撇，挖足浅。灰白胎，胎质致密。外施褐色胎衣。釉面玻璃质，釉面有气泡，器内满釉，器外施半釉，有流釉现象。器底有修胎切削痕迹。口径12.4、底径4.2、高4.7厘米（图一一四，8）。

2007SYT1⑤：462，残。敞口，圆唇，斜弧腹，圈足，外底心隆起。灰黄色胎，胎质较疏松。内施满釉，外施半釉，有流釉、积釉现象，釉下施化妆土。外底有垫饼痕。口径12.4、底径3.8、高5.6厘米（图一一四，9）。

2007SYT1⑤：463，残。敞口，圆唇，斜弧腹，小浅圈足。青灰色胎，胎质较致密。内施满釉，外施釉至腹下部，外有流釉、积釉现象，釉下施化妆土，内釉有发丝似兔毫。外底有垫圈痕。口径12.6、底径3.4、高5.7厘米（图一一四，10）。

2007SYT1⑤：457，残。敞口，圆唇外撇，弧腹，浅圈足微撇，挖足浅。灰白胎，胎质致密，外施褐色胎衣。玻璃质，釉面有气泡，器内满釉，器外施釉不及底，有流釉、积釉现象，有兔毫斑，唇呈酱色，器外呈酱、黑两色。器底有修胎切削痕迹。口径12、底径3.6、高4.9厘米（图一一四，11）。

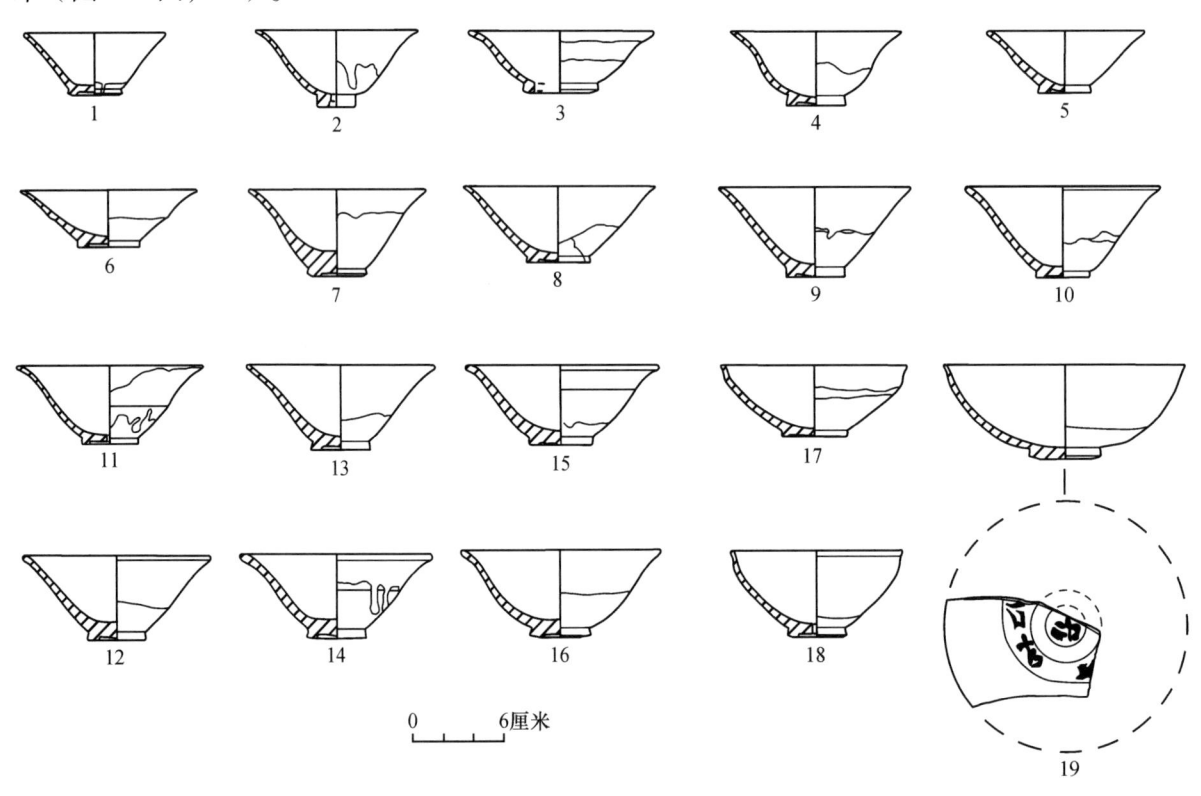

图一一四　第5层酱釉盏
1. 2007SYT1⑤：466　2. 2007SYT1⑤：447　3. 2007SYT1⑤：452　4. 2007SYT1⑤：456　5. 2007SYT1⑤：464　6. 2007SYT1⑤：465　7. 2007SYT1⑤：459　8. 2007SYT1⑤：461　9. 2007SYT1⑤：462　10. 2007SYT1⑤：463　11. 2007SYT1⑤：457　12. 2007SYT1⑤：458　13. 2007SYT1⑤：444　14. 2007SYT1⑤：467　15. 2007SYT1⑤：468　16. 2007SYT1⑤：469　17. 2007SYT1⑤：476　18. 2007SYT1⑤：482　19. 2007SYT1⑤：479

2007SYT1⑤：458，残。敞口，圆唇外撇，斜弧腹，圈足微撇，挖足浅，足心微凸。灰胎，胎质致密，外施褐色胎衣。玻璃质，釉面有气泡，器内满釉，器外施釉不及底，有流釉、积釉现象，近口沿有兔毫斑，唇呈酱色，器外下端呈酱色。器底有修胎切削痕迹。口径12.2、底径3.7、高5.3厘米（图一一四，12）。

2007SYT1⑤：444，残。敞口，圆唇外撇，弧腹，浅圈足外撇，挖足浅。灰白胎，胎质较致密。玻璃质，釉面有小气泡，有兔毫斑，口沿和器外下部呈酱色，器内满釉，器外施半釉，釉线不齐，有积釉现象。器底有修胎切削痕迹。口径12.4、底径4、高5.3厘米（图一一四，13）。

2007SYT1⑤：467，残。敞口，圆唇外撇，斜弧腹，圈足微撇，挖足浅。灰胎，胎质较致密，外施褐色胎衣。玻璃质，釉面有小气泡，有兔毫斑，口沿及器外下端呈酱色，器内满釉，器外半釉，有流釉、积釉现象。足底有支烧隔砂痕，器底有修胎切削痕迹。口径12.5、底径4、高5.3厘米（图一一四，14）。

2007SYT1⑤：468，残。敞口，圆唇外撇，斜弧腹，器内底呈凹弧面，圈足，挖足浅。灰胎，胎质致密，外施褐色胎衣。莹润，釉面有小气泡，器内满釉，器外施釉不及底，有流釉现象，器外呈黑、酱两色。器底有修胎切削痕迹。口径12.5、底径4.1、高5厘米（图一一四，15）。

2007SYT1⑤：469，残。敞口，圆唇外撇，弧腹，器内底呈浅凹弧面，圈足，挖足浅。灰胎，胎质较致密，外施褐色胎衣。玻璃质，釉面有小气泡，器内满釉，有兔毫斑，器外半釉，口沿及器外下端釉呈酱色。足底有支烧隔砂痕，器底有修胎切削痕迹。口径13、底径4、高5.5厘米（图一一四，16）。

2007SYT1⑤：476，残。敞口，圆唇外撇，曲腹，器内底呈浅凹弧面，圈足，挖足浅。灰白胎，胎质较致密，外施褐色胎衣。玻璃质，釉面有小气泡，器内满釉，器外半釉，有鹧鸪斑，口沿呈酱色。足底有支烧隔砂痕，器底有修胎切削痕迹。口径12、底径4.2、高4.5厘米（图一一四，17）。

2007SYT1⑤：482，残。敞口，圆唇微撇，弧腹，圈足外撇，挖足浅。灰胎，胎质较致密。玻璃质，釉面有小气泡，器内上腹有兔毫斑，器内口沿、下腹和器外呈酱色，器内满釉，器外施釉不及底，有积釉现象。器底有修胎切削痕迹，足底有斜弧面。口径11、底径3.8、高5.4厘米（图一一四，18）。

2007SYT1⑤：479，残。敞口，圆唇，斜弧腹，圈足。灰黄色胎，胎质较细净、致密。内施满釉，外施釉不及底，釉色斑驳，釉层较薄匀，釉质莹润，釉面玻璃光泽。器底有墨书文字。口径15.6、底径4.9、高5.9厘米（图一一四，19）。

2007SYT1⑤：445，残。敞口，圆唇，斜弧腹，圈足。青白色胎，胎质较细净、致密。内施满釉，外施釉不及底，有流釉、积釉现象，釉层薄匀，釉质莹润，釉面玻璃光泽。口径11.4、底径4、高4.2厘米（图一一五，1）。

2007SYT1⑤：446，残。敞口，圆唇，斜弧腹，圈足。青白色胎，胎质较细净、致密。内施满釉，外施半釉，釉层薄匀，釉质莹润，釉面玻璃光泽。内外釉面有兔毫发丝，外施护胎釉至底。口径10.6、底径3.7、高4.2厘米（图一一五，2）。

2007SYT1⑤：451，残。敞口，圆唇，斜弧腹，圈足。淡灰色胎，胎质较细净、致密。内施满釉，外施釉不及底，外有流釉现象，釉层较薄匀，釉质莹润，釉面玻璃光泽。口径10、底径3.6、高4.4厘米（图一一五，3）。

2007SYT1⑤：472，残。敞口，圆唇，斜弧腹，圈足。青白色胎，胎质较细净、致密。内施满釉，外施半釉，外有流釉现象，釉层薄匀，釉质莹润，釉面玻璃光泽。外露胎处施护胎釉。底径3.5、残高4.6厘米（图一一五，4）。

2007SYT1⑤：450，残。敞口，圆唇，斜弧腹，圈足。青白色胎，胎质细净、致密。内施满釉，外施半釉，釉层薄匀，釉质莹润，釉面玻璃光泽。外施护胎釉至底。口径12.2、底径4、高5.5厘米（图一一五，5）。

2007SYT1⑤：460，残。敞口，圆唇外撇，弧腹，器内底呈浅凹弧面，圈足微撇，挖足浅。灰白胎，胎质较致密，外施褐色胎衣。玻璃质，釉面有小气泡，有兔毫斑，口沿及器外下端呈酱色，器内满釉，器外半釉，有流釉、积釉现象。足底有支烧隔砂痕，器底有修胎切削痕迹。口径12、底径4、高5.2厘米（图一一五，6；图版六九，6）。

2007SYT1⑤：454，残。敞口，圆唇，斜弧腹，圈足。淡灰色胎，胎质较细净、致密。内施满釉，外施半釉，有流釉、积釉、飞釉现象，内釉面呈兔毫状，闪银光，釉层较薄匀，釉质莹润，釉面玻璃光泽。外露胎处至底施护胎釉。口径12、底径4、高5厘米（图一一五，7）。

2007SYT1⑤：455，残。敞口，圆唇外撇，斜弧腹，圈足微撇、挖足浅。灰胎，胎质致

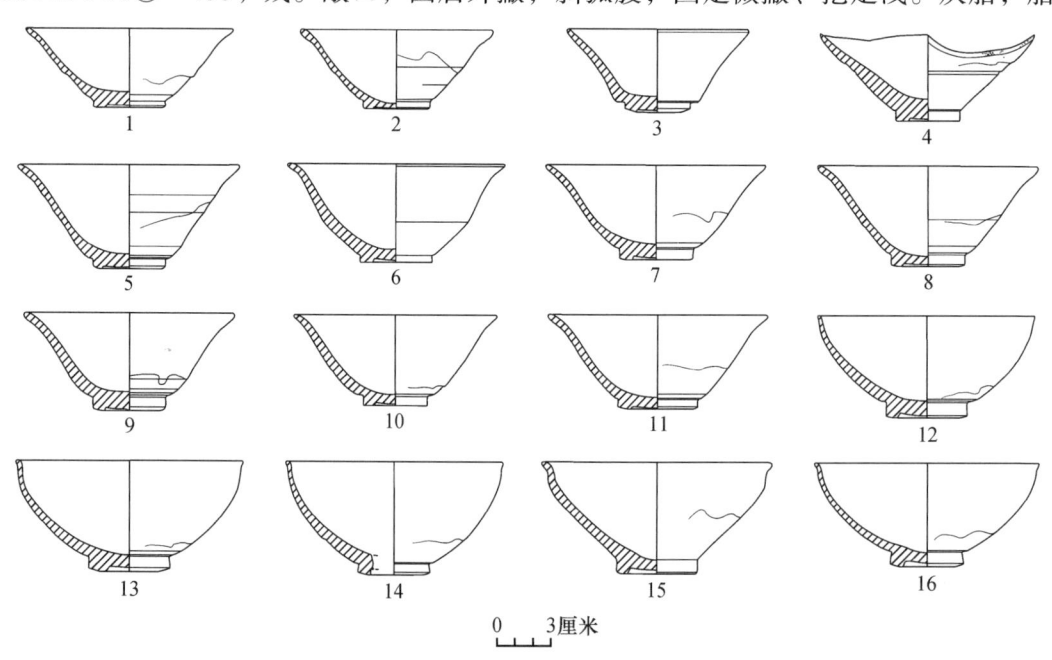

图一一五 第5层酱釉盏
1.2007SYT1⑤：445　2.2007SYT1⑤：446　3.2007SYT1⑤：451　4.2007SYT1⑤：472　5.2007SYT1⑤：450　6.2007SYT1⑤：460　7.2007SYT1⑤：454　8.2007SYT1⑤：455　9.2007SYT1⑤：448　10.2007SYT1⑤：453　11.2007SYT1⑤：449　12.2007SYT1⑤：475　13.2007SYT1⑤：473　14.2007SYT1⑤：474　15.2007SYT1⑤：470　16.2007SYT1⑤：477

密。玻璃质，釉面有小气泡，器内满釉，器外施半釉，有流釉现象，满器内呈油滴釉，唇呈酱色。器底有修胎旋切痕迹。口径13、底径4、高5.3厘米（图一一五，8）。

2007SYT1⑤：448，残。敞口，圆唇外撇，斜弧腹，圈足微撇，挖足浅。灰白胎，胎质较致密，外施褐色胎衣。玻璃质，釉面有小气泡，器内满釉，器外施釉不及底，有流釉、积釉现象，有兔毫斑，口沿呈酱色，器外呈黑、酱两色。器底有修胎切削痕迹，足底有支烧隔砂痕。口径11.6、底径4、高5.2厘米（图一一五，9）。

2007SYT1⑤：453，残。敞口，圆唇，斜弧腹，圈足。淡灰色胎，胎质较细净、致密。内施满釉，外施釉不及底，釉层薄匀，釉质莹润，釉面玻璃光泽。外底有垫砂痕，外施护胎釉至底。口径11.2、底径3.6、高4.8厘米（图一一五，10）。

2007SYT1⑤：449，残。敞口，圆唇外撇，斜弧腹，圈足微撇，挖足浅。灰白胎，胎质致密，外施褐色胎衣。玻璃质，釉面有小气泡，器内满釉，器外施半釉，有流釉、积釉现象，有兔毫斑，口沿呈酱色，器外下部釉呈酱色。器底有修胎旋切痕迹。口径12、底径4.4、高5厘米（图一一五，11）。

2007SYT1⑤：475，残。微侈口，圆唇，斜弧腹，圈足。黄白色胎，胎质较细净、致密。内施满釉，外施釉不及底，外有飞釉现象，釉层薄匀，釉质莹润，釉面玻璃光泽，内釉面有橘皮纹，外有流釉现象。口径11.8、底径4.4、高5.4厘米（图一一五，12）。

2007SYT1⑤：473，残。敞口，方唇，弧腹，圈足外撇，挖足浅。灰白胎，胎质较致密。玻璃质，荧光，釉面有小气泡，器内满釉，器外施釉不及底，呈色黑、酱杂色。器底有修胎切削痕迹，足底有斜弧面。口径12.5、底径4.5、高5.9厘米（图一一五，13）。

2007SYT1⑤：474，残。敞口，圆唇，弧腹，圈足外撇，挖足较浅。灰白胎，胎质致密。玻璃质，釉面有小气泡，器内满釉，器外半釉，有兔毫斑，器内上部和器外部分呈酱釉，有积釉现象。器底有修胎旋切痕迹，足底有斜弧面。口径12、底径4、高6厘米（图一一五，14）。

2007SYT1⑤：470，残。敞口，尖唇微撇，曲腹，圈足微撇，挖足浅，器内底呈凹弧面。灰白胎，胎质致密，外施褐色胎衣。玻璃质，釉面有小气泡，器内满釉，器外半釉，有流釉现象，唇呈酱色。足底有支烧隔砂痕。口径12.6、底径4.4、高5.9厘米（图一一五，15）。

2007SYT1⑤：477，残。敞口，圆唇，斜弧腹，圈足。淡灰色胎，胎质较细净、致密。内施满釉，外施半釉，内外釉面呈橘皮状，釉层较薄匀，釉质莹润，釉面玻璃光泽。外底有垫圈痕。口径12.2、底径4、高5.5厘米（图一一五，16）。

2007SYT1⑤：893，残。敞口，圆唇，斜弧腹，圈足。灰黄色胎，胎质较疏松。内施釉不满，外施釉至腹下部，釉下施化妆土。内底有垫圈痕。口径6.6、底径2.8、高2.4厘米（图一一六，9）。

2007SYT1⑤：887，残。敞口，圆唇，斜弧腹，平底。灰黄色胎，胎质细净、较致密。内施满釉，外施半釉，釉下施化妆土。外底有垫饼痕。口径10、底径4.3、高3.2厘米（图一一六，6）。

2007SYT1⑤：888，残。敞口，圆唇，斜弧腹，圈足。灰黄色胎，胎质较疏松。内施釉不满，外施半釉，釉下施化妆土。内底有涩圈，涩圈内施釉。口径9、底径4、高3.1厘米（图一一六，7）。

2007SYT1⑤：889，残。敞口，圆唇，弧腹，圈足。灰黄色胎，胎质细净、较致密。内施釉不满，外施半釉，釉下施化妆土。内底有涩圈，涩圈内施釉。口径9、底径3.8、高3.1厘米（图一一六，8）。

2007SYT1⑤：896，残。敞口，圆唇，弧腹，圈足，足外撇，足心凸形成乳钉状。灰黄色胎，胎质较粗糙、夹砂。内外施半釉，釉层薄匀，釉质温润，釉面玻璃光泽。内底有一涩圈，涩圈内施釉。口径9.2、底径4.6、高3.2厘米（图一一六，11）。

2007SYT1⑤：882，残。侈口，圆唇，弧腹，平底。姜黄色胎，胎质较细净、疏松。内外口沿处施釉，釉层偏厚，釉质莹润，釉面玻璃光泽。口径9.8、底径3.8、高3.4厘米（图

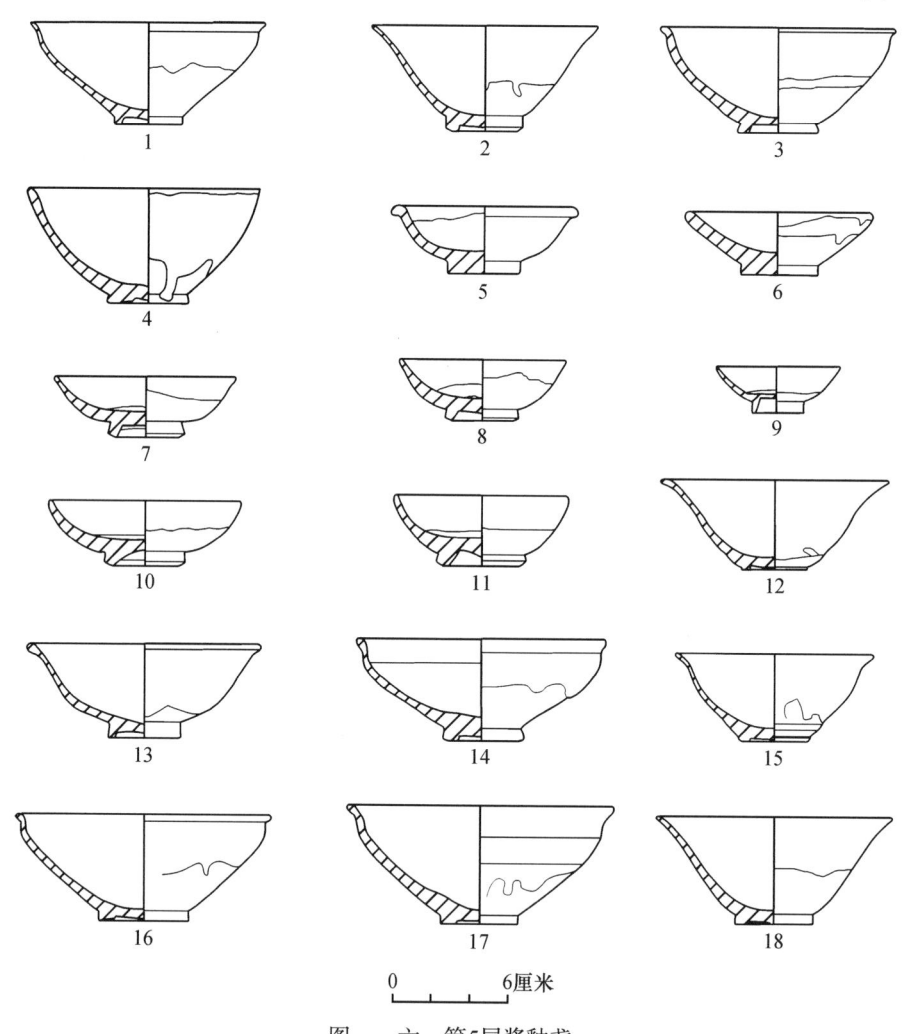

图一一六　第5层酱釉盏

1. 2007SYT1⑤：484　2. 2007SYT1⑤：487　3. 2007SYT1⑤：488　4. 2007SYT1⑤：881　5. 2007SYT1⑤：882
6. 2007SYT1⑤：887　7. 2007SYT1⑤：888　8. 2007SYT1⑤：889　9. 2007SYT1⑤：893　10. 2007SYT1⑤：895
11. 2007SYT1⑤：896　12. 2007SYT1⑤：1059　13. 2007SYT1⑤：1060　14. 2007SYT1⑤：1062　15. 2007SYT1⑤：1063
16. 2007SYT1⑤：1066　17. 2007SYT1⑤：1070　18. 2007SYT1⑤：1071

一一六，5）。

2007SYT1⑤：895，残。敞口，圆唇，弧腹，圈足。灰黄色胎，胎质较细净、致密。内外施半釉，釉层薄匀，釉质温润，釉面玻璃光泽，外有流釉现象。内有一涩圈，涩圈内施釉。口径10.2、底径4.2、高3.3厘米（图一一六，10）。

2007SYT1⑤：1063，残。敞口，圆唇，弧腹，圈足。灰色胎，胎质较细净、致密。内施满釉，外施釉不及底。外有流釉现象，釉层薄匀，釉质莹润，釉面玻璃光泽。外底削足。口径10.4、底径3.5、高4.5厘米（图一一六，15）。

2007SYT1⑤：1059，残。敞口，圆唇外撇，斜弧腹，隐圈足，挖足浅。灰白胎，胎质较致密。莹润，釉层薄匀，器内满釉，器外施釉不及底。器底有修胎切削痕迹。口径11.8、底径3.4、高4.5厘米（图一一六，12）。

2007SYT1⑤：1060，残。侈口，圆唇，斜弧腹，圈足。淡灰色胎，胎质较细净、致密。内施满釉，外施釉不及底，釉层较薄匀，釉质温润，釉面哑光。口径12.4、底径3.8、高4.8厘米（图一一六，13）。

2007SYT1⑤：484，残。微侈口，圆唇，弧腹，小浅圈足。灰黄色胎，胎质较疏松。内施满釉，外施釉至腹下部，外有流釉、积釉现象，釉下施化妆土。外底有垫饼痕。口径12.4、底径3.6、高5.2厘米（图一一六，1）。

2007SYT1⑤：487，残。侈口，圆唇，斜弧腹，圈足。灰黄色胎，胎质细净、较致密。内施满釉，外施釉至腹下部，外有流釉现象，釉下施化妆土。口径11.8、底径4、高5.4厘米（图一一六，2）。

2007SYT1⑤：1071，残。敞口，圆唇，斜弧腹，圈足。灰黄色胎，胎质较致密。内施满釉，外施半釉，外有流釉、积釉现象，釉下施化妆土，内釉面有鹧鸪斑纹。外底有垫圈痕。口径12.2、底径4、高5.4厘米（图一一六，18）。

2007SYT1⑤：488，残。微侈口，圆唇，斜弧腹，圈足。灰黄色胎，胎质较疏松。内施满釉，外施半釉，釉下施化妆土。外底有垫圈痕。口径12.2、底径4.1、高5.3厘米（图一一六，3）。

2007SYT1⑤：881，残。敞口，圆唇，斜弧腹，壁形底。灰色胎，胎质较细净、致密。内施满釉，外施釉不及底，外有流釉、积釉现象，釉层较薄，釉质莹润，釉面玻璃光泽。外底有垫砂痕。口径12.6、底径4.2、高5.8厘米（图一一六，4）。

2007SYT1⑤：1062，残。敞口，圆唇，折腹，圈足。青白色胎，胎质细净、较致密。内施满釉，外施半釉，外有流釉、积釉现象，釉层薄匀，釉质莹润，釉面玻璃光泽，外露胎处施护胎釉（图一一六，14）。

2007SYT1⑤：1066，残。敞口，圆唇外撇，斜弧腹，浅圈足微撇，挖足浅。灰白胎，胎质致密，外施褐色胎衣。玻璃质，釉面有气泡，器内满釉，器外施半釉，有流釉、积釉现象，器内有兔毫斑。器底有修胎切削痕迹。口径13.6、底径4.8、高5.4厘米（图一一六，16）。

2007SYT1⑤：1070，残。敞口，圆唇外撇，曲腹，圈足微撇，挖足浅。灰白胎，胎质较致密，外施褐色胎衣。玻璃质，釉面有小气泡，有荧光斑，器内满釉，器外半釉，有流釉、积釉现象。足底有支烧隔砂痕，器底有修胎切削痕迹。口径14、底径4、高6厘米（图一一六，17）。

2007SYT1⑤：894，残。敞口，圆唇，弧腹，圈足。黄白色胎，胎质较细净、致密。内外施半釉，釉层薄匀，釉面玻璃光泽。内有一涩圈，涩圈内施釉，削足。口径9.2、底径4、高3.2厘米（图一一七，13）。

2007SYT1⑤：886，残。敞口，圆唇，弧腹，圈足。黄白色胎，胎质较细净、致密、微夹砂。内外施半釉，釉层薄匀，釉质莹润，釉面玻璃光泽。内有一涩圈，涩圈内施釉。口径9.8、底径4.5、高4.5厘米（图一一七，9）。

2007SYT1⑤：891，残。敞口，方唇微敛，斜弧腹，平底内凹。褐胎，胎质较致密。器内施釉不及口，器外无釉。口径10、底径4.5、高3厘米（图一一七，11）。

2007SYT1⑤：481，残。敞口，圆唇，斜弧腹，隐圈足。青白色胎，胎质较细净、致密。内施满釉，外施釉不及底，有飞釉现象，釉层薄匀，釉面玻璃光泽。内底有窑粘。口径10、底径2.5、高4厘米（图一一七，3）。

2007SYT1⑤：1067，残。敞口，圆唇外撇，斜弧腹，圈足微撇，挖足浅。灰白胎，胎质较致密，外施褐色胎衣。玻璃质，釉面有小气泡，有兔毫斑，器内满釉，器外半釉，有流釉、积釉现象。足底有支烧隔砂痕，器底有修胎切削痕迹。口径12、底径2.8、高5厘米（图一一七，15）。

2007SYT1⑤：1069，残。敞口，圆唇，斜弧腹，浅圈足微撇，挖足浅。灰白胎，胎质较

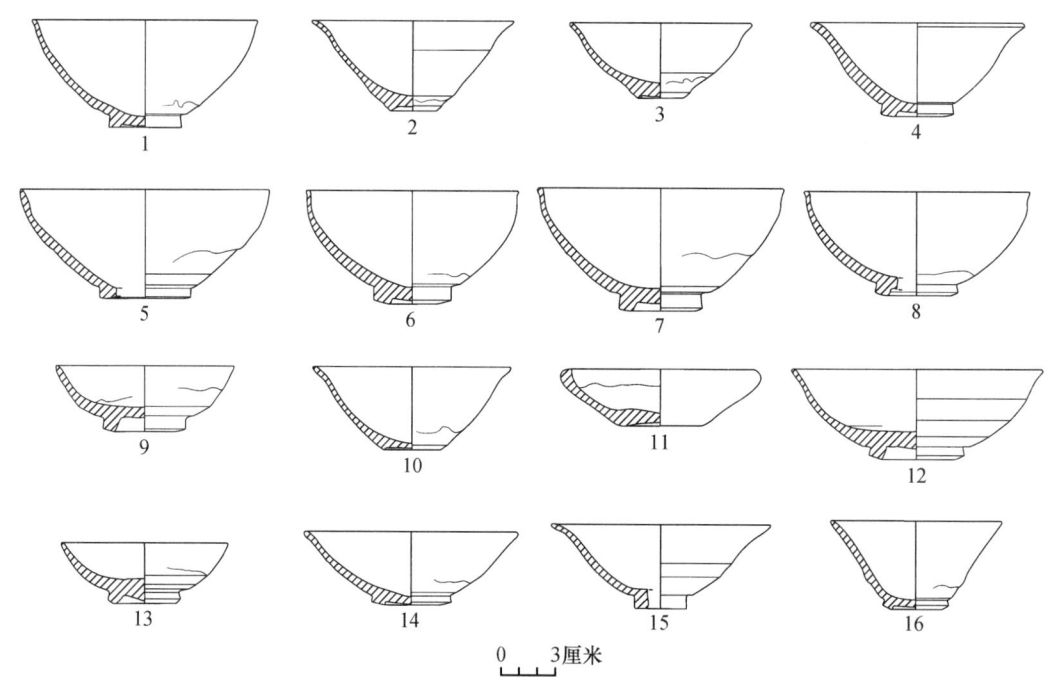

图一一七　第5层酱釉盏

1. 2007SYT1⑤：478　2. 2007SYT1⑤：480　3. 2007SYT1⑤：481　4. 2007SYT1⑤：489　5. 2007SYT1⑤：880
6. 2007SYT1⑤：883　7. 2007SYT1⑤：884　8. 2007SYT1⑤：885　9. 2007SYT1⑤：886　10. 2007SYT1⑤：890
11. 2007SYT1⑤：891　12. 2007SYT1⑤：892　13. 2007SYT1⑤：894　14. 2007SYT1⑤：1061　15. 2007SYT1⑤：1067
16. 2007SYT1⑤：1069

致密。玻璃质，釉面有小气泡，器内满釉，器外施釉不及底，下端积釉。器底有修胎切削痕迹，足底有内斜弧面。口径9.4、底径3.6、高4.7厘米（图一一七，16）。

2007SYT1⑤：890，残。敞口，圆唇，斜弧腹，隐圈足。黄灰色胎，胎质较细净、致密。内施满釉，外施半釉，有粘釉现象，釉层薄匀，釉面哑光。口径11、底径3.2、高4.4厘米（图一一七，10）。

2007SYT1⑤：480，残。敞口，圆唇，斜弧腹，隐圈足。青白色胎，胎质较细净、致密。内施满釉，外施釉不及底，有飞釉现象，釉层薄匀，釉面哑光。口径11.2、底径2.5、高4.8厘米（图一一七，2）。

2007SYT1⑤：1061，残。敞口，圆唇微撇，斜弧腹，浅圈足外撇，挖足浅。灰胎，胎质较致密。玻璃质，釉面有小气泡，器内满釉，器外施半釉，下端积釉，器内外近口部呈黑、银毫斑。器底有修胎切削痕迹，足底有弧面。口径11.9、底径4.5、高3.9厘米（图一一七，14）。

2007SYT1⑤：489，残。敞口，圆唇，斜弧腹，圈足。灰色胎，胎质较细净、致密。内施满釉，外施釉不及底，外有流釉、积釉现象，釉层较薄匀，釉质莹润，釉面玻璃光泽。外底有垫圈痕。口径11.8、底径4、高5厘米（图一一七，4）。

2007SYT1⑤：880，残。敞口，尖唇，弧腹，圈足微撇，挖足浅。灰胎，胎质较致密。玻璃质，釉面有小气泡，器内满釉，器外施半釉，有流釉、积釉现象，有兔毫斑，口沿至上腹呈酱色。器底有修胎切削痕迹。口径13.8、底径5、高5.9厘米（图一一七，5）。

2007SYT1⑤：892，残。敞口，圆唇，折腹，圈足微撇。灰胎，胎质较致密。莹润，釉层薄，器内底涩圈，器外半釉。器底有明显修胎切削痕迹。足内壁微外斜，足底有斜弧面，足心有小凸起。口径13.8、底径5.2、高4.8厘米（图一一七，12）。

2007SYT1⑤：478，残。敞口，圆唇，斜弧腹，圈足。淡灰色胎，胎质细净、致密。内施满釉，外施釉不及底，釉面呈橘皮状，釉层薄匀，釉质莹润，釉面玻璃光泽。内底有支钉痕。口径12.4、底径4、高5.7厘米（图一一七，1）。

2007SYT1⑤：883，残。敞口，圆唇，弧腹，小圈足。青白色胎，胎质较细净、致密。内施满釉，外施釉不及底，釉层薄匀，釉面玻璃光泽。内外釉面有兔毫发丝纹。口径11.6、底径4.3、高6厘米（图一一七，6）。

2007SYT1⑤：885，残。敞口，圆唇，弧腹，圈足外撇，挖足浅，足底有弧面。灰白胎，胎质较致密。玻璃质，釉面有小气泡，器内满釉，器外施釉不及底，器内口沿和器外有窑变。器底有修胎切削痕迹。口径12.4、底径4.6、高5.5厘米（图一一七，8）。

2007SYT1⑤：884，残。敞口，圆唇微撇，弧腹，圈足外撇，挖足较浅，足底有弧面，足内壁外斜。灰胎，胎质较致密。玻璃质，釉面有小气泡，器内满釉，器外施釉不及底，有兔毫斑，器内口沿和器外部分呈酱釉。器底有修胎切削痕迹。口径13.5、底径4.5、高6.5厘米（图一一七，7）。

盘 5件。

2007SYT1⑤：584，残。敞口，圆唇，弧腹，圈足。灰黄色胎，胎质较细净、致密。内外施半釉，釉层薄匀，釉质温润，釉面玻璃光泽。内底有一涩圈，涩圈内施釉。口径17.5、底径6.5、高4.5厘米（图一一八，1）。

2007SYT1⑤：619，残。敞口，圆唇，浅弧腹，圈足外撇，足内壁外斜。灰胎，含砂，胎质较致密。莹润，器内底涩圈，器外近口沿施釉。器底有明显修胎切削痕迹，足底有斜弧面，足心有小凸起。口径18.6、底径6.6、高3厘米（图一一八，2）。

2007SYT1⑤：620，残。芒口，圆唇，弧腹，平底。灰黄色胎，胎质细净、较疏松。口沿处施白釉，釉下施化妆土。口径16.4、底径10.8、高2.8厘米（图一一八，3）。

2007SYT1⑤：628，残。敞口，圆唇，折腹，圈足。灰色胎，胎质较细净、致密。内外施半釉，釉层薄匀，釉质温润，釉面玻璃光泽。内底有一涩圈，涩圈内施釉。口径19.2、底径6.2、高4.2厘米（图一一八，4）。

2007SYT1⑤：635，残。敞口，圆唇微撇，折腹，圈足微撇。灰胎，胎质较致密。釉面玻璃光泽，器内底涩圈，器外近口沿施釉。盘外壁和底有墨书"孟"字，器底有明显修胎切削痕迹。口径19.4、底径6.8、高3.4厘米（图一一八，5）。

碟　1件。

2007SYT1⑤：693，残。敞口，圆唇，弧腹，圈足。灰黄色胎，胎质较细净、致密。内外施半釉，釉层薄匀，釉质温润，釉面玻璃光泽。内底有一涩圈，涩圈内施釉。口径12.2、底径5.6、高3厘米（图一一八，8）。

罐　2件。

2007SYT1⑤：977，完整。敞口，圆唇，耸肩，鼓腹，平底内凹。灰黄色胎，胎质较细净。内无釉，外施釉不及底，釉层薄匀，釉质莹润，釉面玻璃光泽。匣钵装烧。口径2.6、底径2.6、腹径3.7、高3.9厘米（图一一八，6；图版七〇，2）。

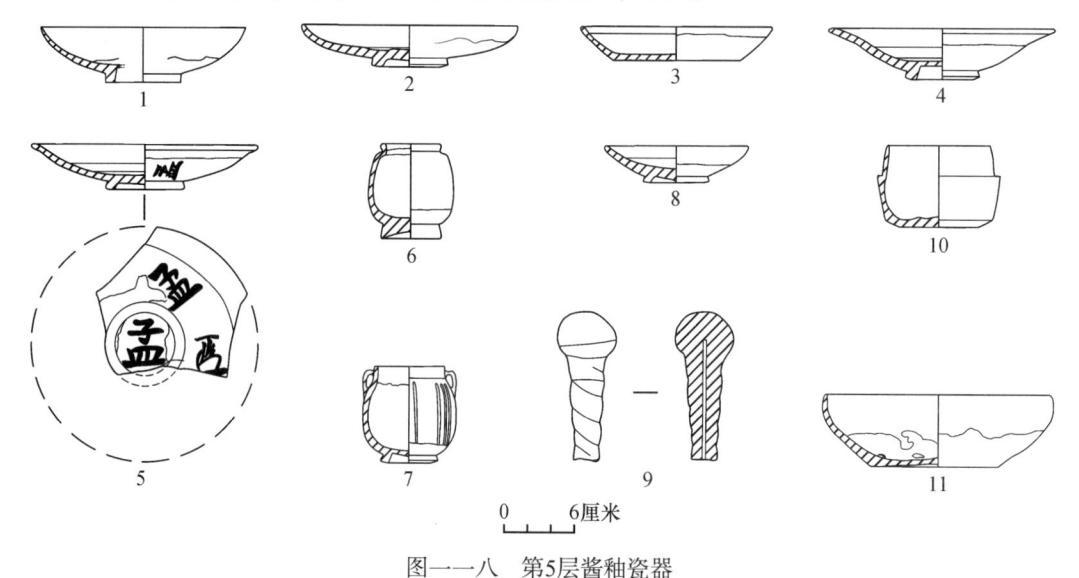

图一一八　第5层酱釉瓷器

1~5. 盘（2007SYT1⑤：584、2007SYT1⑤：619、2007SYT1⑤：620、2007SYT1⑤：628、2007SYT1⑤：635）　6、7. 罐（2007SYT1⑤：977、2007SYT1⑤：1300）　8. 碟（2007SYT1⑤：693）　9. 臼杵（2007SYT1⑤：985）　10. 盒（2007SYT1⑤：948）　11. 钵（2007SYT1⑤：1002）

2007SYT1⑤：1300，残。侈口，圆唇、短束颈，竖装对称双条形系，溜肩，弧腹，圈足微撇。灰胎，含细砂，胎质较致密。器底有切削痕，足底微弧，足墙外斜，底心凸起。黑釉，莹润，口沿呈酱色，器内满釉，器外施釉不及底，釉线不齐，有积釉现象。器外肩至下腹部饰6组3个竖凸线条，其上施白釉。口径6、底径5、高8、腹径8厘米（图一一八，7；图版七〇，4）。

臼杵 1件。

2007SYT1⑤：985，残。柱状柄，上端螺旋形，杵头半球体，杵末端平。灰黄色胎，胎质较粗糙、疏松、夹砂。柄大半施釉，釉质莹润，釉面玻璃光泽。通长12.3、上宽5、下宽2.2、孔长10、宽3厘米（图一一八，9）。

盒 1件。

2007SYT1⑤：948，残。敛口，圆唇，折腹，平底，子母口，素胎。青灰色胎，胎质细净、疏松，胎壁偏薄。口径8.8、底径6.6、腹径10.4、高6.7厘米（图一一八，10）。

钵 1件。

2007SYT1⑤：1002，残。敞口，斜方唇，窄沿，弧腹，平底微凹。泥质褐陶，含砂，陶质较粗，厚重。口径19、底径10.5、高6厘米（图一一八，11）。

18. 钧釉

13件。

碟 8件。

2007SYT1⑤：699，残。敞口，圆唇外撇，斜弧腹，圈足。灰胎，胎质较细净、致密。通体施釉，内外釉面开片，釉层厚匀，釉质莹润，釉面玻璃光泽。口径13.2、底径4.4、高2.8厘米（图一一九，6）。

2007SYT1⑤：700，残。敞口，圆唇，斜弧腹，圈足。灰色胎，胎质细净、较疏松。除外底沿通体施釉，釉下施化妆土。外底有垫圈痕。口径11.6、底径4.4、高2.1厘米（图一一九，7）。

2007SYT1⑤：701，残。敞口，圆唇，斜弧腹，圈足。灰黄色胎，胎质细净、较致密。内外施满釉，釉下施化妆土。外底有垫圈痕。口径12.2、底径4.8、高2.2厘米（图一一九，8）。

2007SYT1⑤：702，残。敛口，圆唇，浅弧腹，圈足微撇。灰胎，胎质细腻、致密。玻璃质，器内外满釉，足底施护胎釉。口径13.2、底径7.6、高2.8厘米（图一一九，9）。

2007SYT1⑤：703，残。敞口，宽沿，圆唇外撇，圈足。灰黄色胎，胎质细净、较致密。除足底外通体施釉。外底有垫圈痕。口径11.8、底径4.6、高3.1厘米（图一一九，10）。

2007SYT1⑤：704，残。敞口，圆唇，斜弧腹，圈足。灰黄色胎，胎质细净、较致密。通体施釉，釉下施化妆土，足施护胎釉。外底有垫圈痕。口径12.2、底径4.6、高2.6厘米（图一一九，11）。

2007SYT1⑤：705，残。敞口，圆唇，弧腹，圈足。灰色胎，胎质细净、较致密。足施护胎釉，通体施釉，釉下施化妆土。外底有垫圈痕。口径13.2、底径7.6、高2.8厘米（图

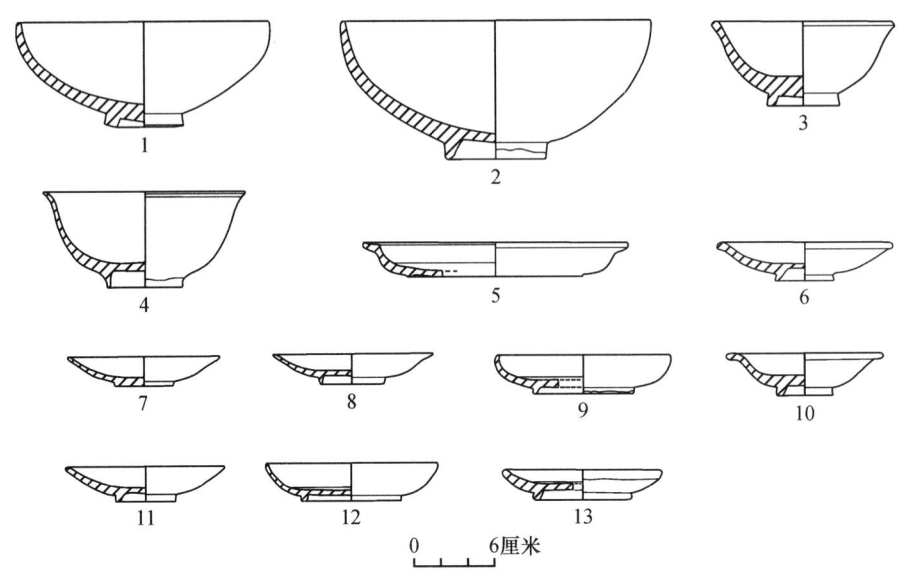

图一一九　第5层钧釉瓷器

1~4.碗（2007SYT1⑤:1298、2007SYT1⑤:1299、2007SYT1⑤:271、2007SYT1⑤:272）　5.盘（2007SYT1⑤:698）
6~13.碟（2007SYT1⑤:699、2007SYT1⑤:700、2007SYT1⑤:701、2007SYT1⑤:702、2007SYT1⑤:703、
2007SYT1⑤:704、2007SYT1⑤:705、2007SYT1⑤:706）

一一九，12）。

2007SYT1⑤:706，残。敞口，圆唇，浅弧腹，浅圈足微撇，挖足较深，盘心略低于腹壁。灰胎，胎质较致密。荧光，釉层薄匀，器内满釉，器外施半釉。口径12、底径7.4、高2.2厘米（图一一九，13）。

盘　1件。

2007SYT1⑤:698，残。敞口，宽沿，圆唇，弧腹，圈足。灰色胎，胎质细净、致密。通体施釉，釉层偏厚匀，釉质温润，釉面玻璃光泽，开片。口径20、底径13、高2.5厘米（图一一九，5）。

碗　4件。

2007SYT1⑤:272，残。敞口，圆唇外撇，窄折沿，弧腹，圈足内收。灰胎，胎质较致密。玻璃质，有小气泡，器内满釉，器外施釉不及足，足心施釉，有流釉、积釉现象。口径15.4、底径5.9、高7厘米（图一一九，4）。

2007SYT1⑤:271，残。敞口，圆唇微撇，弧腹，圈足微撇。灰胎，胎质较致密。玻璃质，有开片，有小气泡，器内外满釉，足底、足心无釉。口径13.8、底径5.4、高6.2厘米（图一一九，3）。

2007SYT1⑤:1298，残。敞口，圆唇微敛，弧腹，圈足外撇。器外有切削痕，足底微弧，足墙外斜，底心凸起。灰褐胎，胎质较致密，胎体较厚重。月白釉，莹润，玻璃质，釉层较厚，有开片、小气泡，口沿呈褐色，器内满釉，器外施釉不及底，釉线不齐。器内近口沿处有一不规则窑变紫斑。口径19、底径6、高7.8厘米（图一一九，1；图版六七，6）。

2007SYT1⑤：1299，残。敞口，圆唇微敛，弧腹，圈足微撇。器底有切削痕，足墙外斜，足心微鼓。灰胎，胎质较致密，胎体较厚重。天青釉，莹润，玻璃质，釉层较厚，有开片、小气泡，口沿呈绿色，器内满釉，器外施釉不及底，有流釉现象，足心施釉。口径23、底径7.4、高10.2厘米（图一一九，2）。

19. 内白外黑釉

17件。

碗　9件。

2007SYT1⑤：261，残。敞口，圆唇，弧腹，圈足。灰黄色胎，胎质较细净、致密。内施满釉，外施半釉，釉下施化妆土，外施黑釉至口沿，内施白釉，釉层薄匀，釉质莹润，釉面玻璃光泽。内底有支钉痕。口径18.4、底径7.8、高6.1厘米（图一二〇，1）。

2007SYT1⑤：262，残。敞口，圆唇，折腹，圈足。灰色胎，胎质细净、致密。内施满釉，外施半釉，釉下施化妆土，釉层薄匀，釉质莹润，釉面玻璃光泽。内底有支钉痕，外底有支珠痕，口沿处有黑釉。口径19.2、底径8.2、高4.8厘米（图一二〇，2）。

2007SYT1⑤：263，残。敞口，圆唇，斜弧腹，圈足。灰色胎，胎质较细净、致密。内施满釉，外施半釉，釉下施化妆土，沿口施黑色釉，沿以下施白釉，釉层薄匀，釉质莹润，釉面玻璃光泽。内底有支钉痕，外底有支珠痕。口径15、底径5.4、高4.6厘米（图一二〇，3）。

2007SYT1⑤：264，残。敞口，圆唇，浅弧腹，圈足微撇。灰胎，胎质较致密。器内满釉，器外半釉，口沿施黑釉，莹润，有流釉、积釉现象，白釉釉厚处有开片，黑釉釉面有小气泡，白釉下施化妆土。口径14.3、底径6、高4.2厘米（图一二〇，4；图版七三，3）。

2007SYT1⑤：265，残。敞口，圆唇，斜弧腹，圈足。灰黄色胎，胎质较细净、致密。内施满釉，外施半釉，釉下施化妆土，口沿处黑釉，釉层薄匀，釉质莹润，釉面玻璃光泽。内底有支钉痕。口径16.2、底径7、高5.1厘米（图一二〇，5）。

2007SYT1⑤：266，残。敞口，卷唇，深弧腹，圈足微内收。灰胎，胎体轻薄，胎质致密。芒口，内白釉，莹润，有开片。外黑釉，玻璃质，釉层薄匀。口径13.2、底径3、高6.5厘米（图一二〇，6）。

2007SYT1⑤：868，残。敞口，圆唇，弧腹，圈足。灰黄色胎，胎质较细净。内施满釉，外施釉不及底，釉下施化妆土，内施白釉，外施黑釉及内沿，釉层较薄匀，釉质莹润，釉面玻璃光泽。内底有支钉痕。口径13.2、底径5.8、高4.1厘米（图一二〇，7；图版七三，4）。

2007SYT1⑤：869，残。敞口，圆唇，弧腹，圈足。灰色胎，胎质较细净、致密。内施满釉，外施半釉，釉下施化妆土，内为白色釉，外为黑色釉，釉层薄匀，釉质温润，釉面玻璃光泽。内底有支钉痕。口径13.2、底径6.6、高4.4厘米（图一二〇，8）。

2007SYT1⑤：870，残。敞口，圆唇，弧腹，圈足。灰色胎，胎质较细净、致密。内施满釉，外施半釉，内施白釉，外施黑釉，黑釉施至内沿口，釉层薄匀，釉质莹润，釉面玻璃光

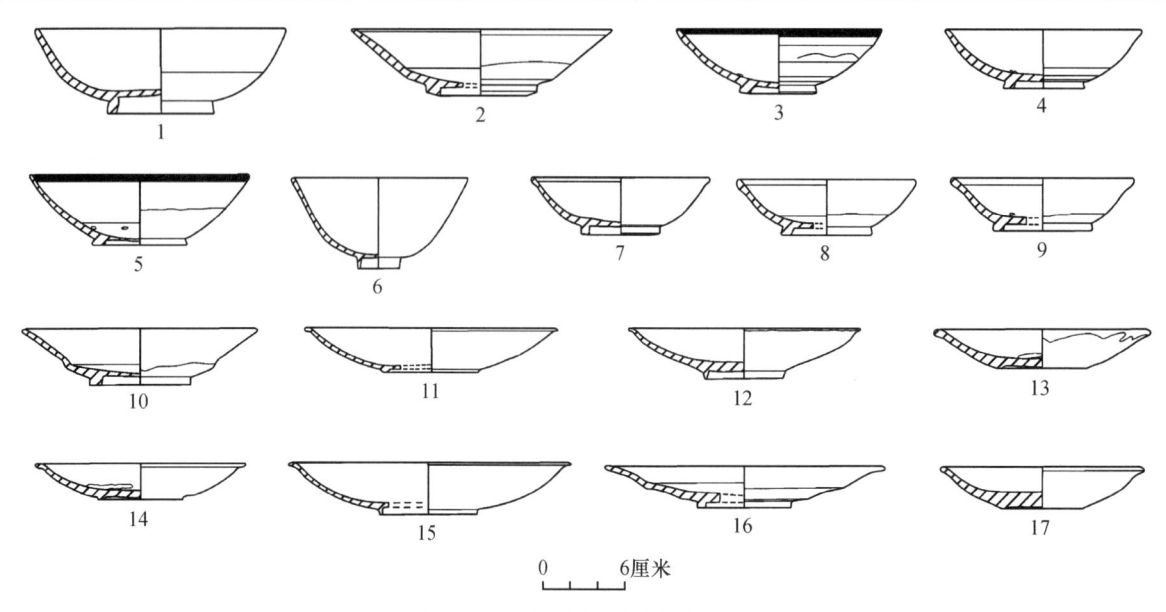

图一二〇 第5层内白外黑釉瓷器

1~9. 碗（2007SYT1⑤：261、2007SYT1⑤：262、2007SYT1⑤：263、2007SYT1⑤：264、2007SYT1⑤：265、2007SYT1⑤：266、2007SYT1⑤：868、2007SYT1⑤：869、2007SYT1⑤：870） 10~17. 盘（2007SYT1⑤：609、2007SYT1⑤：613、2007SYT1⑤：614、2007SYT1⑤：615、2007SYT1⑤：617、2007SYT1⑤：616、2007SYT1⑤：610、2007SYT1⑤：618）

泽。内底有支钉痕。口径13.6、底径5.4、高3.8厘米（图一二〇，9）。

盘　8件。

2007SYT1⑤：609，残。敞口，圆唇，折腹，圈足。灰黄色胎，胎质较细净、致密。内施满釉，外施釉不及底，釉下施化妆土，釉层薄匀，釉质莹润，釉面玻璃光泽。内底有支钉痕，口沿边施黑釉。口径17.4、底径7.4、高4.1厘米（图一二〇，10）。

2007SYT1⑤：618，残。敞口，圆唇，斜弧腹，隐圈足。灰黄色胎，胎质较疏松。通体施釉，釉下施化妆土。外底有垫圈痕。口径15、底径5.8、高3厘米（图一二〇，17）。

2007SYT1⑤：610，残。敞口，圆唇，折腹，圈足。灰色胎，胎质较细净、致密。内施满釉，外施釉不及底，釉下施化妆土，口沿施黑釉，除口沿施白釉，釉层薄匀，釉质莹润，釉面玻璃光泽。内底有支钉痕。口径20.6、底径6.8、高3厘米（图一二〇，16）。

2007SYT1⑤：615，残。圆唇微撇，弧腹，隐圈足。灰黄色胎，胎质较细净、致密。器外施釉不及边，有流釉现象，内施满釉，釉层较薄匀，釉质莹润，釉面玻璃光泽。口径16、底径6.6、高2.8厘米（图一二〇，13）。

2007SYT1⑤：617，残。敞口，圆唇外撇，斜弧腹，隐圈足。灰黄色胎，胎质较细净、致密。内外施满釉，釉层较薄匀，釉质莹润，釉面玻璃光泽。口径15.6、底径6.2、高2.6厘米（图一二〇，14）。

2007SYT1⑤：613，残。芒口，圆唇，斜弧腹，圈足。淡灰色胎，胎质较细净、致密。内外施满釉，釉层薄匀，釉质莹润，釉面玻璃光泽。口径18.6、底径7、高3.2厘米（图一二〇，11）。

2007SYT1⑤：614，残。敞口，圆唇，斜弧腹，圈足。灰黄色胎，胎质细净、较致密。通

第四章 出土器物

体施釉，釉下施化妆土。外底有垫饼痕。口径17、底径5.8、高3.6厘米（图一二〇，12）。

2007SYT1⑤：616，残。敞口，圆唇外撇，斜弧腹，圈足。灰色胎，胎质较细净。内外施满釉，釉层偏薄，釉质温润，釉面玻璃光泽。口径20.8、底径7.2、高3.7厘米（图一二〇，15）。

20. 红绿彩

10件。

碗　6件。

2007SYT1⑤：286，残。敞口，圆唇微撇，斜弧腹，圈足微撇。灰胎，胎质较致密。莹润，釉层薄匀，器内满釉，器外施釉不及底，釉下施化妆土。口沿饰金黄彩，器内饰红绿彩弦纹两周，内底红绿彩书"二三……书"等字，器底有明显修胎旋切痕。口径14.6、底径5.6、高5厘米（图一二一，2）。

2007SYT1⑤：285，残。敞口，圆唇，弧腹，圈足。灰色胎，胎质较细净、致密。内施满釉，外施釉不及底，开片，釉下施化妆土，釉层薄匀，釉质莹润，釉面玻璃光泽。内底有支钉痕，内有红、绿彩绘纹饰。口径14.5、底径4.8、高5厘米（图一二一，1）。

2007SYT1⑤：612，残。敞口，圆唇，弧腹，圈足。灰黄色胎，胎质较细净、致密。内施满釉，外施半釉，釉下施化妆土，釉层较薄匀，釉质温润，釉面玻璃光泽。内底有支钉痕，外底有垫圈痕，内有两道红绿彩纹饰，红绿彩墨书文字。口径16.2、底径5.8、高4.7厘米（图一二一，4）。

2007SYT1⑤：289，残。敞口，圆唇，弧腹，圈足。灰黄色胎，胎质较细净、致密。内施满釉，外施釉不及底，开片，釉下施化妆土，外有流釉现象，釉层薄匀，釉质温润，釉面玻璃光泽。内底褐彩纹饰。口径16.4、底径6、高6.8厘米（图一二一，3）。

2007SYT1⑤：288，残。敞口，圆唇，弧腹，圈足外撇。灰胎，胎质较疏松。莹润，釉层薄匀，器内满釉，器外施半釉，釉下施化妆土。器内饰红绿彩弦纹6周和"玖"等字，器底有明显修胎切削痕。口径18.6、底径8、高7厘米（图一二一，10）。

2007SYT1⑤：287，残。敞口，圆唇，弧腹，圈足。土黄色胎，胎质较细净、致密。内施满釉，外施半釉，釉下施化妆土，釉层薄匀，釉质莹润，釉面玻璃光泽。内底有支钉痕，外底有垫圈痕，内有褐彩花纹。口径12.2、底径5.8、高3.5厘米（图一二一，5）。

盏　2件。

2007SYT1⑤：855，残。敞口，圆唇，曲弧腹，圈足。灰黄色胎，胎质较细净。内施满釉，外施半釉，有流釉、开片现象，釉下施化妆土，釉层薄匀，釉质莹润，釉面玻璃光泽。口沿处绘赭红彩，内腹中部绘两道赭红彩弦纹，内底有赭红彩书文字。口径13.4、底径5.2、高5.6厘米（图一二一，7）。

2007SYT1⑤：1290，残。敞口，圆唇，弧腹，圈足微撇。灰白胎，胎质较细腻致密。白釉，莹润，有流釉、积釉现象，釉厚处有开片，器内满釉，器外施釉不及底。器内腹壁中

图一二一 第5层红绿彩器

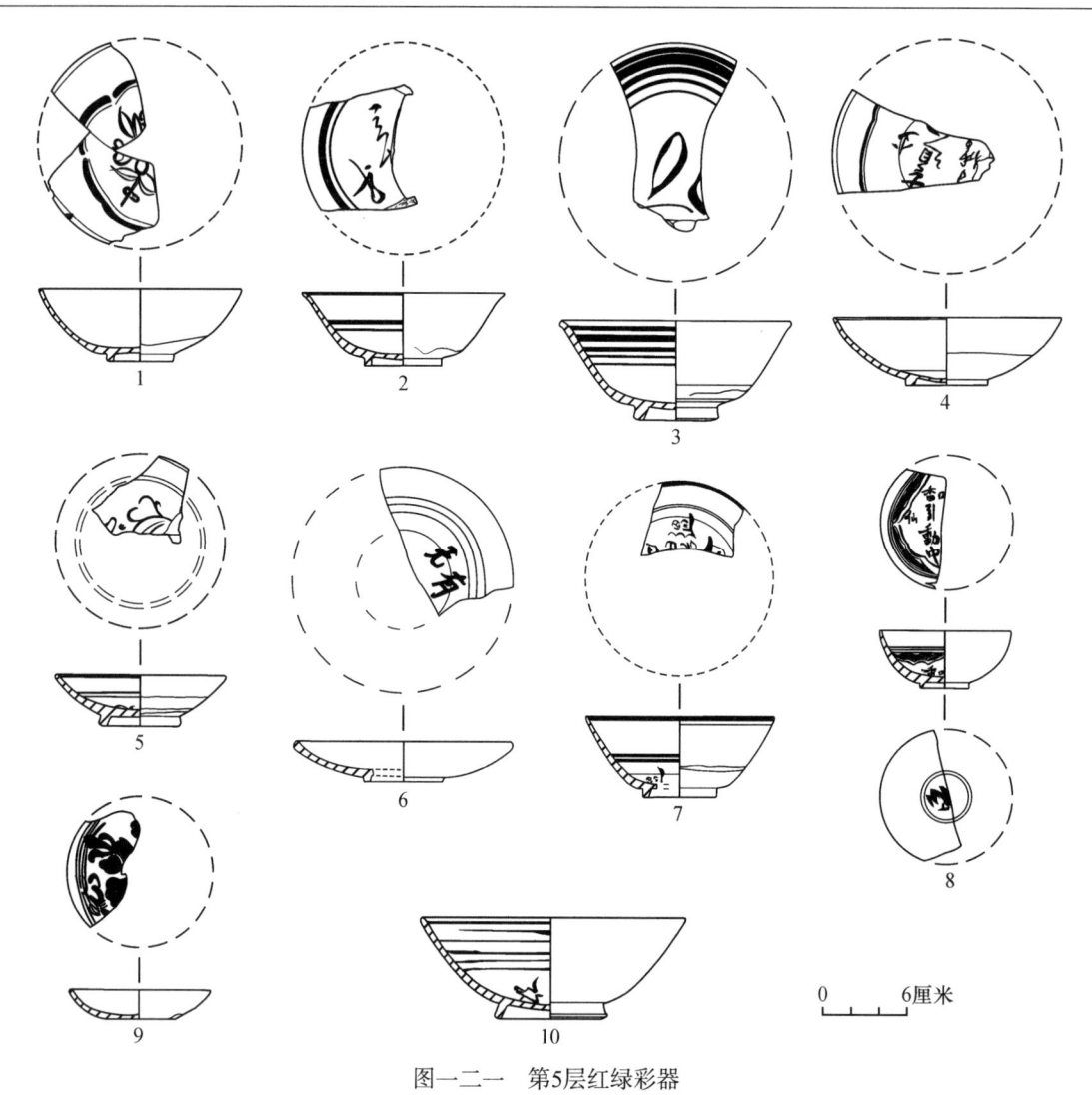

1~5、10.碗（2007SYT1⑤：285、2007SYT1⑤：286、2007SYT1⑤：289、2007SYT1⑤：612、2007SYT1⑤：287、2007SYT1⑤：288）
6.盘（2007SYT1⑤：611） 7、8.盏（2007SYT1⑤：855、2007SYT1⑤：1290） 9.碟（2007SYT1⑤：696）

部至底饰红绿彩，上部饰红彩弦纹三周，其内双线波浪红彩围成菱形开光，菱形与圆周间绿彩填涂，开光内红彩题句"香引动中仙"。器底有墨书笔画。口径9.2、底径3.4、高4厘米（图一二一，8；图版四〇，1、2）。

盘 1件。

2007SYT1⑤：611，残。敞口，圆唇，浅弧腹，浅圈足。灰胎，胎质较疏松。莹润，釉层薄，器内满釉，器外施釉不及底，有流釉现象。通体施化妆土。口沿施红绿彩，器内饰红绿彩弦纹三周和"无、有"等字。口径15.8、底径5.6、高2.8厘米（图一二一，6；图版六五，6）。

碟 1件。

2007SYT1⑤：696，残。敞口，圆唇，弧腹，平底。灰色胎，胎质细净、致密。内外施满釉，开片，釉下施化妆土，釉层较薄匀，釉质莹润，釉面玻璃光泽。内底有支钉痕，内有红、绿彩绘弦纹、牡丹。口径10.4、底径5、高2厘米（图一二一，9；图版六五，5）。

21. 素胎

20件。

弹丸　12件。

2007SYT1⑤：956，完整。圆球体。瓷质，灰黄色胎，胎质较细净。外施一层化妆土。通径3.6厘米（图一二二，1）。

2007SYT1⑤：957，微残。圆球体，实心。瓷质，灰黄色胎，胎质细净、致密。外面施一层化妆土。通径3.1厘米（图一二二，2）。

2007SYT1⑤：958，完整。圆球体，实心。瓷质，胎质细净、致密，胎色灰黄。不施釉，光面。通径2.3厘米（图一二二，3）。

2007SYT1⑤：959，完整。圆球体，素面。泥质灰陶，胎质较细净。通径2.9厘米（图一二二，4）。

2007SYT1⑤：960，完整。圆球体，实心，面不平滑。泥质灰陶，胎质细净。通径3.4厘米（图一二二，5）。

2007SYT1⑤：961，完整。圆球体，实心。瓷质，灰黄色胎，质较细净、致密。面局部施化妆土。通径3.2厘米（图一二二，6）。

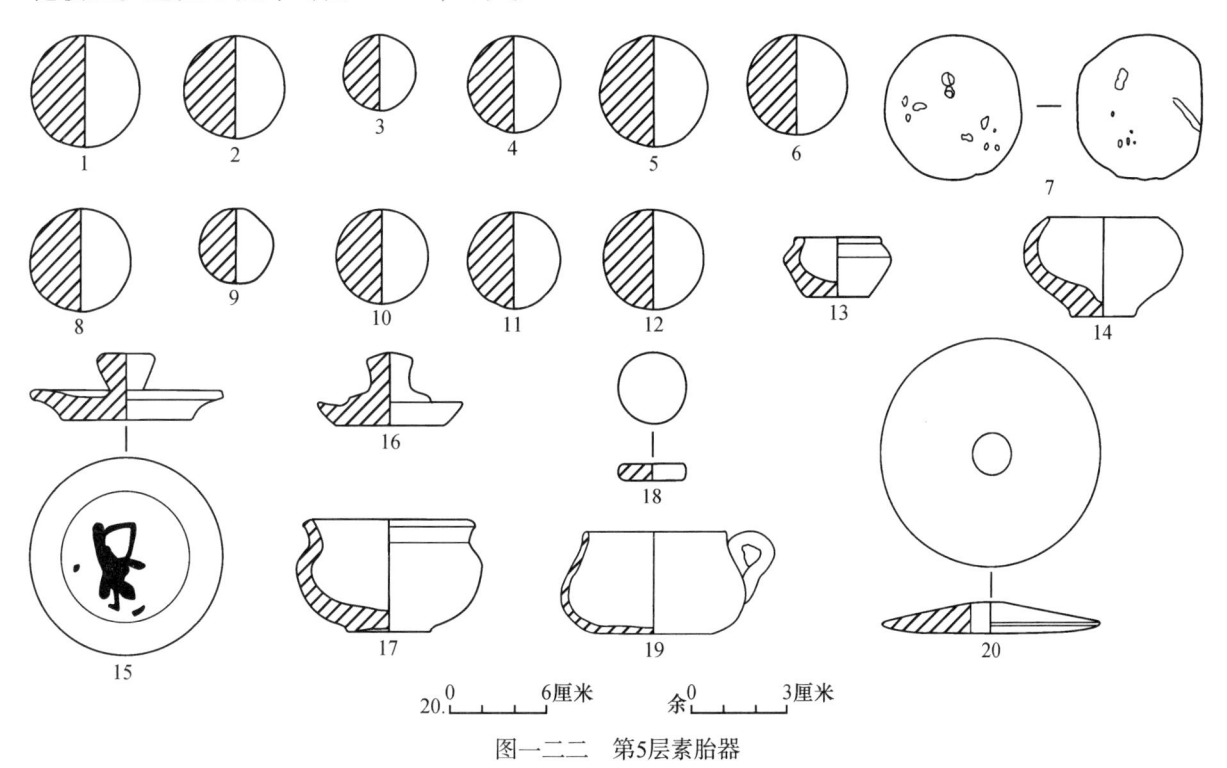

图一二二　第5层素胎器

1~12.弹丸（2007SYT1⑤：956、2007SYT1⑤：957、2007SYT1⑤：958、2007SYT1⑤：959、2007SYT1⑤：960、2007SYT1⑤：961、2007SYT1⑤：1003、2007SYT1⑤：1027、2007SYT1⑤：1028、2007SYT1⑤：1029、2007SYT1⑤：1030、2007SYT1⑤：1049）　13、14.水盂（2007SYT1⑤：962、2007SYT1⑤：976）　15、16.器盖（2007SYT1⑤：1012、2007SYT1⑤：1015）　17.罐（2007SYT1⑤：1034）　18.棋子（2007SYT1⑤：1268）　19.壶（2007SYT1⑤：1048）　20.碾轮（2007SYT1⑤：1275）

2007SYT1⑤：1003，完整。不规则圆球形，实心，表面不平滑。泥质红陶，胎质较细净。直径4厘米（图一二二，7）。

2007SYT1⑤：1027，完整。圆球体，实心。素胎，灰黄色胎，胎质较细。通径3.1厘米（图一二二，8）。

2007SYT1⑤：1028，完整。不规则圆球形，实心。素胎，瓷质，灰黄色胎，胎质较细净。烧成火候偏低，弹丸面一侧有因火烧留下的乌黑色斑面。通径2.3厘米（图一二二，9）。

2007SYT1⑤：1029，完整。圆球形，实心。素胎，瓷质，灰色胎，胎质较细。烧成火候较高，弹丸面一侧有因火烧留下的乌黑色斑面。通径2.8厘米（图一二二，10）。

2007SYT1⑤：1030，完整。圆球形，实心。素胎，瓷质，胎色灰黄，胎质较细，致密。通径2.9厘米（图一二二，11）。

2007SYT1⑤：1049，完整。不规则圆球形，实心。铅质。通径3.2厘米（图一二二，12）。

水盂　2件。

2007SYT1⑤：962，完整。敞口，圆唇，敛腹，平底。素胎，泥质红陶，胎质细净。口径2.7、底径2、腹径3.4、高1.8厘米（图一二二，13）。

2007SYT1⑤：976，残。敛口，圆唇，鼓腹，小平底。素胎。灰色胎，胎质较细净。口径3.5、底径2、腹径5、高3厘米（图一二二，14）。

器盖　2件。

2007SYT1⑤：1012，完整。凹弧面，中有一圆台体纽，子母口，舌面平。泥质红陶，胎质较细净。舌面上有一墨书文字。底径4、通径6、高2厘米（图一二二，15）。

2007SYT1⑤：1015，完整。弧面，翘沿，中有一圆形纽座，座中有一倒置圆台形纽，纽弧面，内平面，沿外斜。泥质红陶，胎质细净，胎色铁锈红。通径4.5、高2.2厘米（图一二二，16；图版七五，1）。

罐　1件。

2007SYT1⑤：1034，残。敞口，圆唇，束颈，溜肩，敛腹，平底。素胎，灰黄色胎，胎质较细净、致密。口径5.4、底径2.6、腹径5.8、高3.4厘米（图一二二，17）。

壶　1件。

2007SYT1⑤：1048，残。敛口，圆唇，鼓腹，平底。腹沿间一侧有耳形柄。泥质红陶，胎质较细净、致密。口径4.5、底径3.6、腹径5.8、通宽6.7、高3.1厘米（图一二二，19；图版七五，6）。

碾轮　1件。

2007SYT1⑤：1275，残。圆饼形，弧面，中有一圆孔，截面呈梭形。素胎，胎色灰中泛黄，胎质较粗糙、夹砂。通径13.6、高1.9厘米（图一二二，20）。

棋子　1件。

2007SYT1⑤：1268，完整。圆饼状，实心，素面。瓷质，胎质细净，胎色灰。通径2.1、高0.5厘米（图一二二，18）。

22. 柿釉

4件。

盏　3件。

2007SYT1⑤：877，残。微侈口，圆唇，斜弧腹，圈足。黄白色胎，胎质较细净、致密。内施满釉，外施釉不及底，内外釉面有兔毫发丝，釉质莹润，釉面玻璃光泽。外底有一墨书文字。口径11、底径4.4、高5.6厘米（图一二三，1）。

2007SYT1⑤：879，残。敞口，圆唇，斜弧腹，圈足。内施满釉，外施半釉，有流釉、积釉现象。灰黄色胎，胎质较细净、致密。釉质莹润，釉面玻璃光泽。外施护胎釉至底。口径12.4、底径4.8、高5厘米（图一二三，3）。

2007SYT1⑤：878，残。敞口，圆唇，斜弧腹，圈足。内施满釉，外施釉不及底。灰色胎，胎质较细净、致密。釉层薄匀，釉质温润，釉面玻璃光泽，外有飞釉现象。内底有紫色点彩。口径11.3、底径4.1、高5.2厘米（图一二三，2）。

器盖　1件。

2007SYT1⑤：972，残。凹弧面，宽沿，圆唇。灰黄色胎，胎质较细净、致密。外施满釉，内不施釉，釉层薄匀，釉质温润，釉面玻璃光泽。底径1.4、通径4.4、高0.7厘米（图一二三，18）。

23. 黄釉

3件。

钵　2件。

2007SYT1⑤：1056，残。敛口，斜方唇，附沿，弧腹，圈足微撇，足内壁外斜。灰胎，胎体厚重，胎质致密。莹润，釉层薄，器内满釉，器外施釉不及底。器底有明显修胎切削痕迹，足底有弧面。口径11.8、底径7、通径13.4、高6.4厘米（图一二三，6；图版六六，5）。

2007SYT1⑤：1057，残。敛口，斜方唇，附沿，弧腹，圈足微撇，足内壁外斜。灰胎，胎体厚重，胎质致密。莹润，釉层薄，器内满釉，器外施釉不及底，有流釉现象。器底有明显修胎切削痕迹，足底有斜弧面。口径13.4、底径7.4、高6.4厘米（图一二三，8；图版六六，6）。

碗　1件。

2007SYT1⑤：268，残。敞口，圆唇，弧腹，圈足。灰色胎，胎质较细净。内外施半釉，釉下施化妆土，釉层较薄匀，釉质温润，釉面玻璃光泽。内底有一涩圈，涩圈内施釉。口径22.3、底径6.7、高7.3厘米（图一二三，5）。

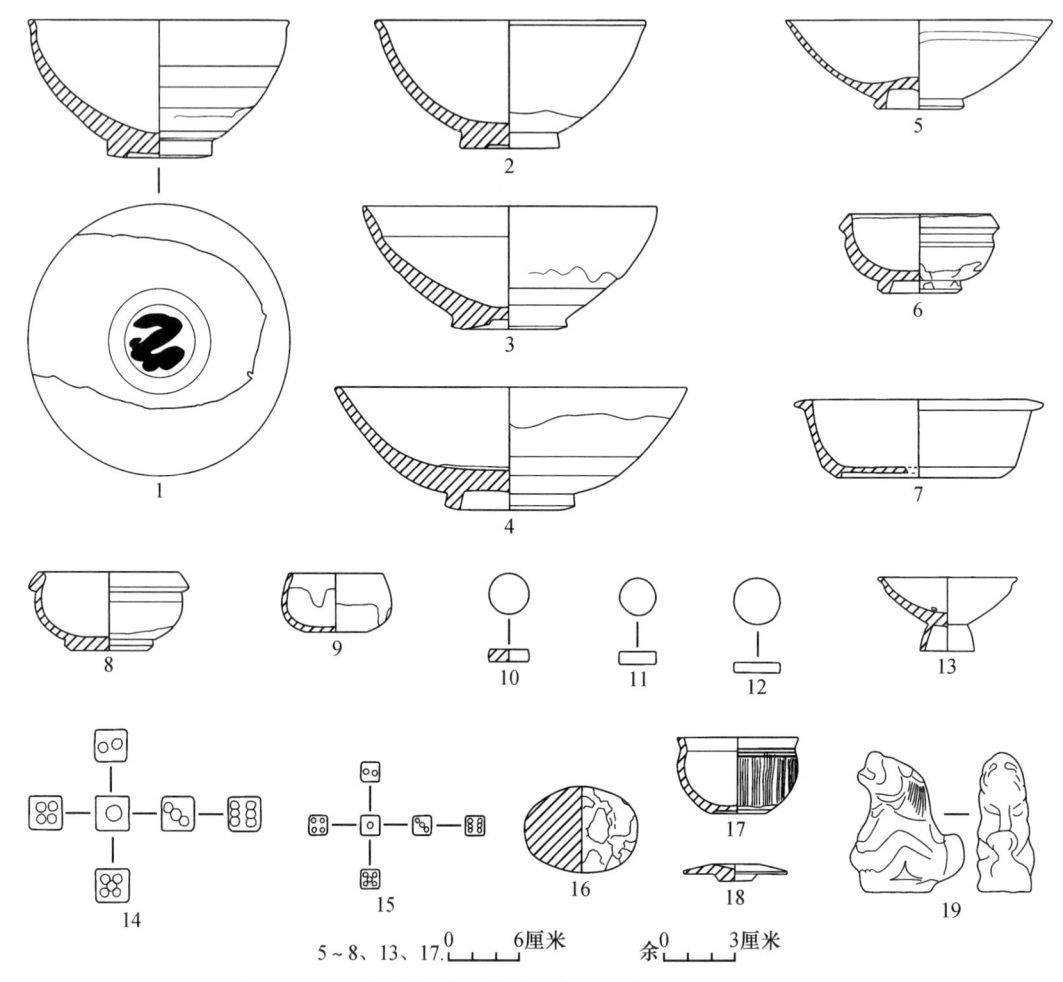

图一二三　第5层柿釉、黄釉、绿釉、茶叶末釉瓷器及杂件

1～3. 柿釉盏（2007SYT1⑤：877、2007SYT1⑤：878、2007SYT1⑤：879）　4. 茶叶末釉碗（2007SYT1⑤：934）　5. 黄釉碗（2007SYT1⑤：268）　6、8. 黄釉钵（2007SYT1⑤：1056、2007SYT1⑤：1057）　7. 绿釉盆（2007SYT1⑤：1013）　9. 绿釉水盂（2007SYT1⑤：1040）　10. 白瓷棋子（2007SYT1⑤：1267）　11、12. 黑瓷棋子（2007SYT1⑤：1271-1、2007SYT1⑤：1271-2）　13. 绿釉盏（2007SYT1⑤：1297）　14、15. 色子（2007SYT1⑤：1009-1、2007SYT1⑤：1009-2）　16. 蛋（2007SYT1⑤：938）　17. 绿釉罐（2007SYT1⑤：1033）　18. 柿釉器盖（2007SYT1⑤：972）　19. 瓷狮（2007SYT1⑤：1287）

24. 绿釉

4件。

盆　1件。

2007SYT1⑤：1013，残。敞口，宽沿，圆唇，斜直腹，隐圈足。青白色胎，胎质较细净、致密。内施满釉，外施半釉，釉层较薄匀，釉质温润，釉面玻璃光泽。口径20.8、底径13.6、高6.4厘米（图一二三，7）。

罐　1件。

2007SYT1⑤：1033，残。敞口，平唇，鼓腹，隐圈足。灰黄色胎，胎质较细净。内外施釉不及底，釉层偏薄，釉质清亮，釉面玻璃光泽。外底有支珠痕，外有三道凹弦纹、斜线纹划花纹饰。口径10.2、底径4.5、高6.2厘米（图一二三，17；图版六八，3）。

水盂　1件。

2007SYT1⑤：1040，残。敛口，圆唇，鼓腹，平底。灰黄色胎，胎质细净、致密。内施满釉，外施半釉，外有流釉、积釉现象，釉下施化妆土，釉层薄匀，釉质清亮莹润，釉面玻璃光泽。口径4、底径2.6、高2.4厘米（图一二三，9）。

盏　1件。

2007SYT1⑤：1297，残。敞口，圆唇外撇，弧腹，喇叭形高圈足。灰白胎，胎质致密。绿釉，莹润，有开片，器内满釉，器外施釉不及底，有流釉、积釉现象。口径11.6、底径4.4、高6厘米（图一二三，13；图版六八，6）。

25. 茶叶末釉

1件。

碗　1件。

2007SYT1⑤：934，残。敞口，圆唇，斜弧腹，浅圈足微撇，足内壁外斜。灰胎，含砂，胎体较厚，胎质较致密。莹润，釉层薄匀，器内底涩圈，器外半釉。器底有修胎切削痕迹。口径14.8、底径5.4、高5厘米（图一二三，4）。

26. 杂件

7件。

蛋　1件。

2007SYT1⑤：938，残。鸡卵形，实心，面斑驳，有裂纹，多处片状脱落。瓷质，胎质细净，灰白色胎。通长4.7、通高3.5厘米（图一二三，16）。

色子　2件。

2007SYT1⑤：1009-1、2007SYT1⑤：1009-2，完整。正方体。瓷胎，胎质较细，致密。六面分别有1、2、3、4、5、6凹圆点。1009-1边长1.4厘米；1009-2边长0.8厘米（图一二三，14、15；图版七六，4）。

白瓷棋子　1件。

2007SYT1⑤：1267，完整。圆饼状。面为阴刻"砲"字，背无纹。瓷质，色青白，质细净。通径1.7、高0.5厘米（图一二三，10）。

黑瓷棋子　2件。

2007SYT1⑤：1271-1、2007SYT1⑤：1271-2，共2件，完整。圆饼状，无纹饰，瓷质，黑色。1271-1直径1.55、厚0.5厘米；1271-2直径1.95、厚0.4厘米（图一二三，11、12）。

瓷狮　1件。

2007SYT1⑤：1287，张口，昂首，虎目圆睁，眼、耳后有鬃毛，卷尾，后肢蹲伏，前肢交于身前。底部有近椭圆形凹槽。灰白胎，胎质致密。脱釉。通高5.7厘米（图一二三，19；图版七六，1、2）。

（二）陶器

15件。

纺轮 1件。

2007SYT1⑤：945，完整。不规则圆饼形，平面，周侧弧面，中有一圆孔。泥质灰陶，胎质较细净。通径4.4、厚1.1厘米（图一二四，1）。

砖 1件。

2007SYT1⑤：964，残。长方体青砖，含砂，陶质较粗，厚重。正面一面有凸起线条花格纹。长11.7、宽12.3、高3.6厘米（图一二四，2；图版八四，3）。

瓦 2件。

2007SYT1⑤：966，残。弧面，长方形，有模印纹饰、划花纹饰，模印纹为鳞，划花纹为腮、鱼腹，整个鱼形由多块板瓦组合而成。灰陶泥质胎，胎质较细，烧成温度偏高，面无釉。残长12、残宽11.6厘米（图一二四，3；图版八四，4）。

2007SYT1⑤：1001，残。缺底瓦，仅余下垂瓦头。如意形，面饰菊纹。泥质灰陶，陶质较细。长11.8、宽1.6、高10.6厘米（图一二四，4）。

印模 4件。

2007SYT1⑤：978，完整。弧面，不平滑，圆饼状，沿边不匀齐，内中空，弧形印面，凹纹，内沿呈斜面。通径4.5、高1.6厘米（图一二四，5）。

2007SYT1⑤：979，完整。近乎半球形体，中空，内为梅花纹饰凸纹，沿面为日光辐射线凸纹。泥质红陶，胎质细净。通径4.2、高1.4厘米（图一二四，6；图版八〇，4）。

2007SYT1⑤：980，完整。弧面，海棠形，内有海棠形凹面，凹面有凸模纹饰。泥质红陶，胎质细净。通长5.1、宽3.25、高0.9厘米（图一二四，7；图版八〇，5）。

2007SYT1⑤：981，完整。面为不规则圆形，饼状，弧面，内有一圆形凹面，凹面平，有团菊、回纹，沿为双线日光辐射纹。泥质红陶，胎质细净。通径4.9、高1厘米（图一二四，8）。

器盖 1件。

2007SYT1⑤：984，残。平顶，有凹凸弦纹，斜弧面，底内凹弧状。泥质灰陶，陶质较细。直径18.4厘米（图一二四，9）。

瓦当 2件。

2007SYT1⑤：1008，残。圆饼状，弧面，宽沿，直边，沿内侧有凹弦纹。泥质灰陶，泥质较细净。中为模制仰莲。通径13.8、高2.2厘米（图一二四，14）。

2007SYT1⑤：1016，残。缺底瓦，仅余下垂瓦头。圆饼形，面饰重瓣莲花、连珠纹。泥质灰陶，陶质较粗，较厚重。长10.6、宽2.2、高15.4厘米（图一二四，13；图版八四，5）。

盆 1件。

2007SYT1⑤：1020，残。敛口，卷唇，折沿，弧腹，平底微凹。泥质灰陶，陶质较粗，厚重。口径18、底径9.6、高6.5厘米（图一二四，10）。

釜　2件。

2007SYT1⑤：1031，残。敛口，圆唇，弧腹，腹中侧有四组爪托，平底。素胎，灰色胎，胎质较细净、致密。口径4.3、底径2.8、通径6.7、高3厘米（图一二四，11）。

2007SYT1⑤：1039，残。敛口，尖唇，敛腹，平底。素胎，灰黄色胎，胎质细净。釜周边有4个对称的托爪。口径3.1、底径2.2、通径5、高3.1厘米（图一二四，12）。

扑满　1件。

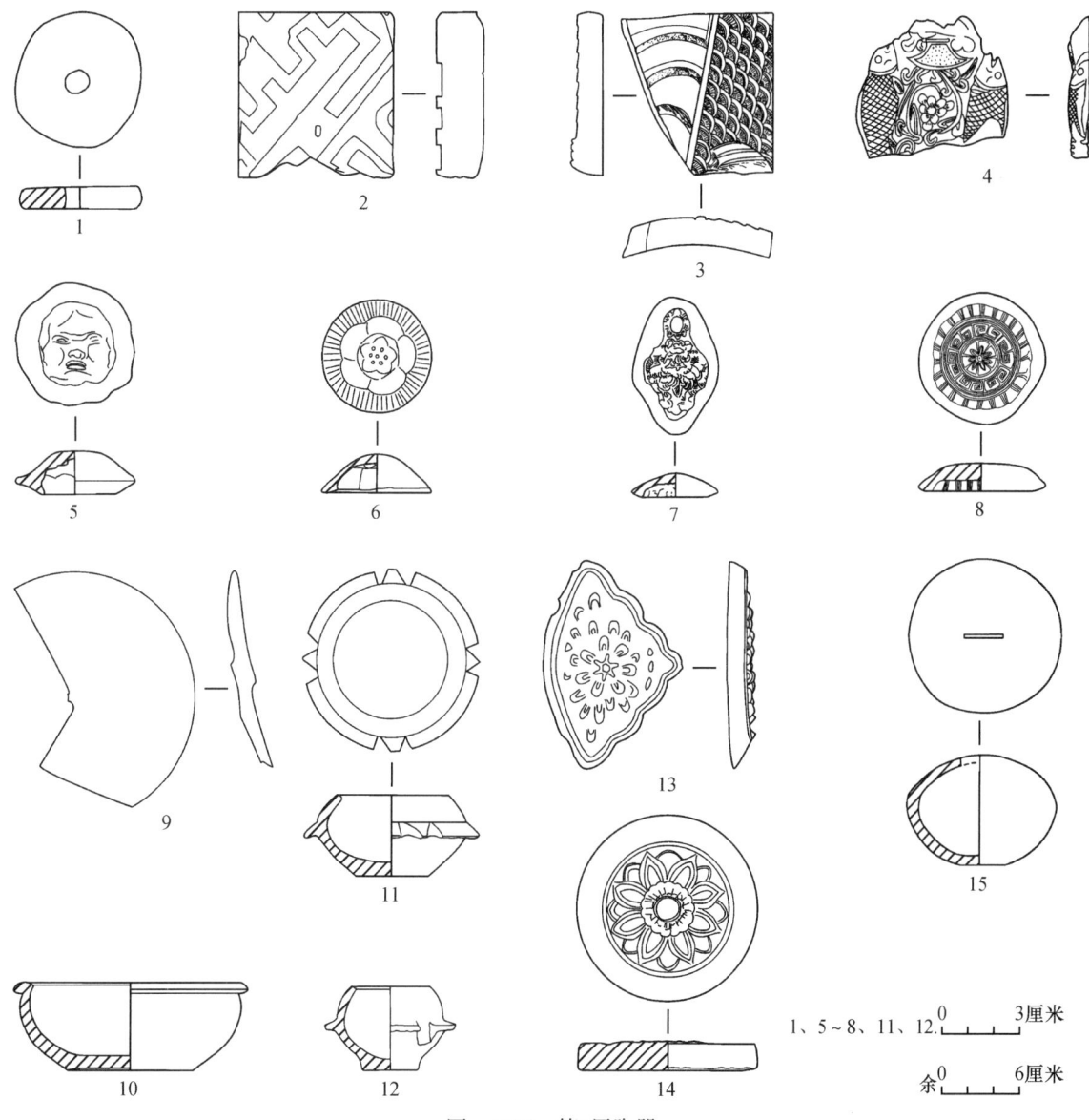

图一二四　第5层陶器

1. 纺轮（2007SYT1⑤：945）　2. 砖（2007SYT1⑤：964）　3. 板瓦（2007SYT1⑤：966）　4. 滴水瓦（2007SYT1⑤：1001）
5～8. 印模（2007SYT1⑤：978、2007SYT1⑤：979、2007SYT1⑤：980、2007SYT1⑤：981）　9. 器盖（2007SYT1⑤：984）
10. 盆（2007SYT1⑤：1020）　11、12. 釜（2007SYT1⑤：1031、2007SYT1⑤：1039）　13、14. 瓦当（2007SYT1⑤：1016、2007SYT1⑤：1008）　15. 扑满（2007SYT1⑤：1302）

2007SYT1⑤：1302，泥质黑衣灰陶，陶质较粗。弧顶，圆弧腹，圜底。顶中间开一长条形投钱孔，腹中部对穿两个圆孔。高8.2、底径4、宽11.6厘米（图一二四，15；图版八〇，2）。

（三）玉器

共5件。

饰玉　2件。

2007SYT1⑤：954，完整。圆饼状，弧面，无纹饰。玛瑙（石灰）质，质致密，墨绿色。通径1.8、高0.8厘米（图一二五，1）。

2007SYT1⑤：955，完整。环形，面为平面，背为弧面。青玉质。通径1.7、厚0.45厘米（图一二五，2）。

棋子　2件。

2007SYT1⑤：1269，完整。圆饼状，无纹饰。玉质，白色，侧面弧形，经加工打磨。通径1.7、高0.4厘米（图一二五，3）。

2007SYT1⑤：1270，完整。圆饼状，无纹饰。玉质，青白色，侧面弧形，经加工打磨。直径1.75、厚0.3厘米（图一二五，4；图版八三，3）。

扶手　1件。

2007SYT1⑤：1285，扶手，残。头为十三面菱形体，柄为空心管状，柄末端有一箍。玉石质，棕色。长4.3、宽3.1、高7.9厘米（图一二五，10）。

（四）石器

共3件。

礌石　2件。

2007SYT1⑤：1276-1、2007SYT1⑤：1276-2，共2件。不规则圆球体，打制，面粗糙不平。石灰石质。2007SYT1⑤：1276-1直径11厘米；2007SYT1⑤：1276-2直径10厘米（图一二五，7，8）。

碓头　1件。

2007SYT1⑤：1277，椭圆体，一端为平面，平面中有一穿孔。凿制。石灰石质。面粗糙不平。直径13、高16厘米（图一二五，6）。

（五）骨器

2件。

簪　1件。

2007SYT1⑤：983，残。梭形，截面为椭圆，素面，两端翘起，面经过打磨，骨质。长

第四章 出土器物

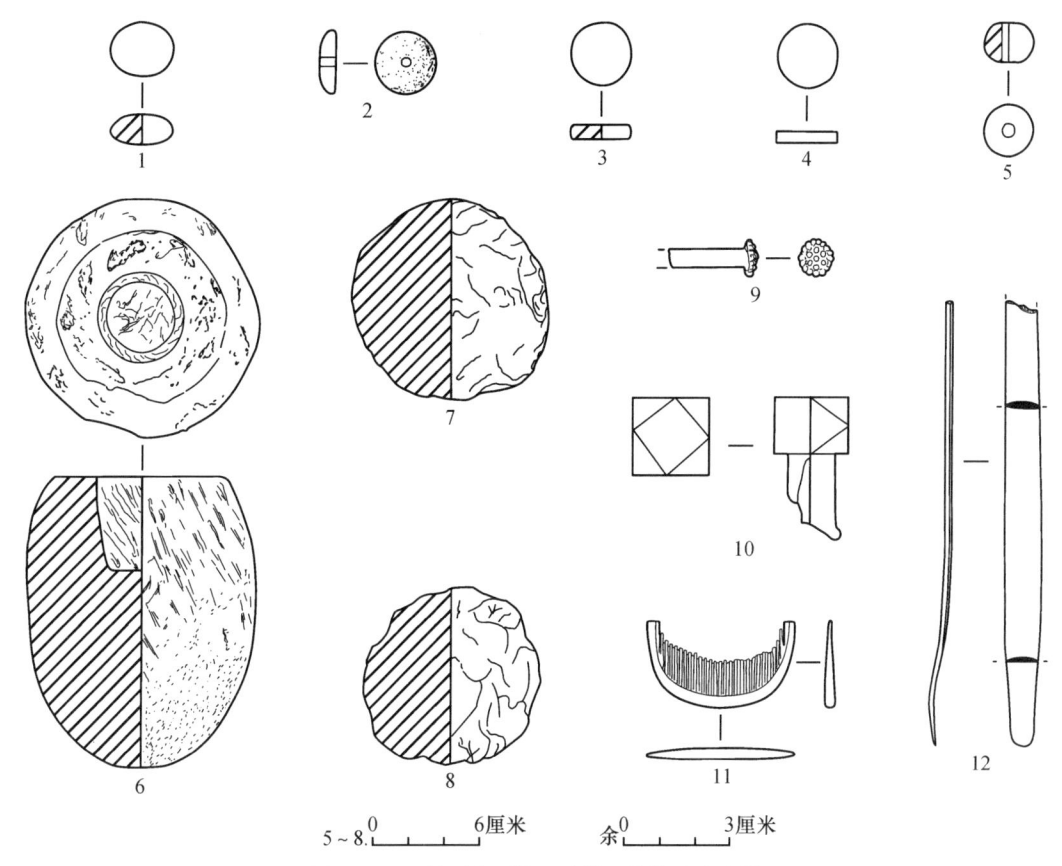

图一二五 第5层玉器、石器、骨器及琉璃器
1、2. 饰玉（2007SYT1⑤：954、2007SYT1⑤：955） 3. 白玉棋子（2007SYT1⑤：1269） 4. 青白玉棋子（2007SYT1⑤：1270）
5. 琉璃珠（2007SYT1⑤：968） 6. 碓头（2007SYT1⑤：1277） 7、8. 礌石（2007SYT1⑤：1276-1、2007SYT1⑤：1276-2）
9. 琉璃簪（2007SYT1⑤：1022） 10. 扶手（2007SYT1⑤：1285） 11. 骨梳（2007SYT1⑤：1026） 12. 骨簪
（2007SYT1⑤：983）

12.2、宽5、厚0.2厘米（图一二五，12；图版八二，3）。

梳 1件。

2007SYT1⑤：1026，残。架恒弧拱形，由上而下渐薄。梳齿均残断，齿数29。骨质。长4.2、宽2.4、厚0.3厘米（图一二五，11）。

（六）琉璃器

2件。

珠 1件。

2007SYT1⑤：968，完整。不规则圆球状，面背平（微弧），透明清亮。密度偏大。通径1.4、高1.1厘米（图一二五，5；图版八三，1）。

簪 1件。

2007SYT1⑤：1022，残。仅存上部，簪首为莲蓬形，弧面，体由上而下渐细，截面圆形。琉璃质，海蓝色。通径1厘米（图一二五，9；图版七六，5）。

七、第 4 层

（一）瓷器

1. 白釉

共45件。

碗 10件。

2007SYT1④：1，残。敞口，圆唇，弧腹，圈足。灰黄色胎，胎质较细净、致密。内施满釉，外施釉不及底，外有流釉、积釉现象，釉下施化妆土。釉层较薄匀，釉质莹润，釉面玻璃光泽。内底有支钉痕，外底有垫圈痕。口径17.3、底径6.7、高6.3厘米（图一二六，1）。

2007SYT1④：2，残。敞口，圆唇，弧腹，圈足。灰黄色胎，胎质较细净、致密。内施满釉，外施半釉，外有流釉、积釉现象，釉下施化妆土。釉层较薄匀，釉质温润，釉面玻璃光泽。内底有支钉痕，外底有垫圈痕。口径13、底径5.6、高6.2厘米（图一二六，5）。

2007SYT1④：4，残。敞口，圆唇，弧腹，圈足外撇，足内壁外斜。灰胎，含砂，胎质较疏松。莹润，釉层薄，口沿釉厚处有小开片，器内底涩圈，器外半釉，有积釉、流釉现象，釉下施化妆土。底有修胎切削痕迹，足底有斜弧面。口径20.6、底径7.2、高6.1厘米（图一二六，2）。

2007SYT1④：7，残。敞口，圆唇，弧腹，圈足。灰黄色胎，胎质较细净、致密。内施满釉，外施半釉，釉下施化妆土。釉层薄匀，釉质乳状，釉面玻璃光泽。内底有支钉痕。口径19.2、底径7.2、高7.8厘米（图一二六，9）。

2007SYT1④：8，残。敞口，圆唇微撇，深弧腹，圈足外撇。灰胎，胎质较致密。莹润，有细开片，釉层薄匀，器内满釉，器外半釉、釉线不齐，釉下施化妆土。器底有修胎切削痕迹，器内底有支钉痕。口径19.4、底径4.6、高7.6厘米（图一二六，3）。

2007SYT1④：9，残。侈口，圆唇，弧腹，圈足。灰色胎，胎质较细净、致密。内施满釉，外施半釉，外有流釉、积釉、飞釉现象，釉下施化妆土，釉层较薄匀，釉质莹润，釉面玻璃光泽。内底有支钉痕。口径15、底径6、高5.5厘米（图一二六，6）。

2007SYT1④：10，残。敞口，圆唇，弧腹，圈足。灰黄色胎，胎质较细净、致密。内施满釉，外施半釉，釉下施化妆土。釉层较薄匀，釉质乳状，釉面玻璃光泽。内底有支钉痕，外底有支珠痕。口径15、底径7.2、高6.1厘米（图一二六，7）。

2007SYT1④：11，残。敞口，圆唇微撇，深弧腹，圈足外撇。灰胎，胎质较致密。莹润，釉层薄匀，器内满釉，器外半釉，釉线不齐，有流釉现象，足心施酱釉，釉下施化妆土。器内底有支钉痕，器底有修胎切削痕迹，足心有小凸起。口径19.2、底径7.8、高7.2厘米（图一二六，10）。

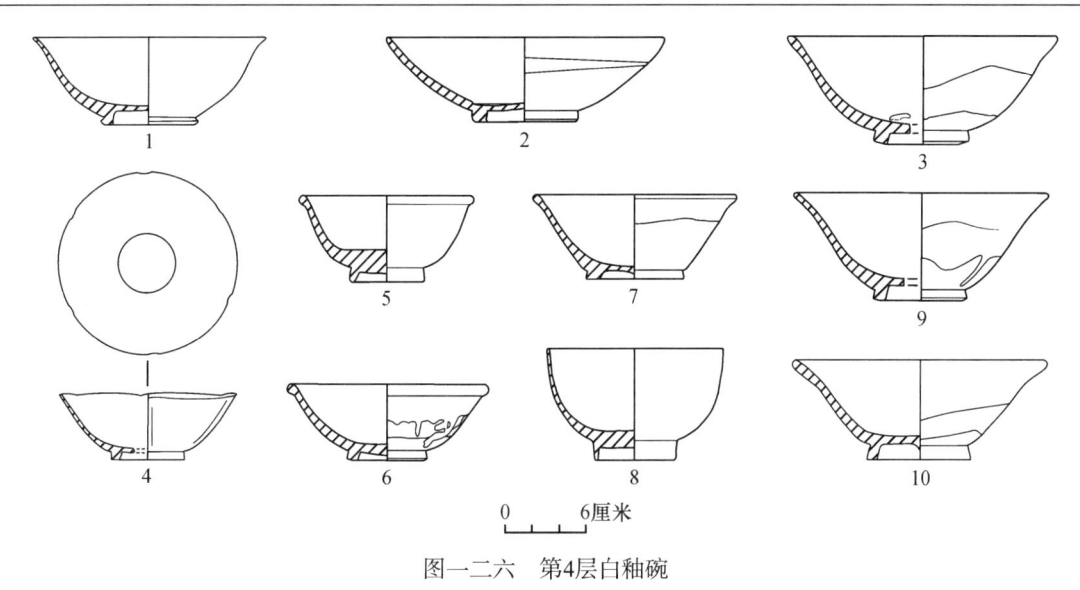

图一二六 第4层白釉碗

1. 2007SYT1④:1 2. 2007SYT1④:4 3. 200SYT1④:8 4. 2007SYT1④:17 5. 2007SYT1④:2 6. 2007SYT1④:9
7. 2007SYT1④:10 8. 2007SYT1④:20 9. 2007SYT1④:7 10. 2007SYT1④:11

2007SYT1④:17，残。花口，圆唇，弧腹，圈足。灰黄色胎，胎质较细净、致密。内施满釉，外施釉不及底，釉下施化妆土，釉层较薄匀，釉质温润，釉面玻璃光泽。内底有支钉痕，外有垫圈痕，外腹有凹弦纹。口径13.2、底径5.4、高4.8厘米（图一二六，4）。

2007SYT1④:20，残。敞口，圆唇，弧腹，圈足。白色胎，胎质细净、致密。内外施满釉，开片，釉层薄匀，釉质莹润，釉面玻璃光泽。外底有垫饼痕。口径13、底径5.9、高8厘米（图一二六，8）。

盏 10件。

2007SYT1④:31，残。敞口，圆唇，弧腹，平底。灰黄色胎，胎质细净、较致密。内施满釉，外施半釉，外有流釉、积釉现象，釉下施化妆土。内底有支钉痕。口径9、底径4.2、高3.2厘米（图一二七，1）。

2007SYT1④:33，残，敞口，圆唇，弧腹，圈足。灰黄色胎，胎质较粗糙、疏松、夹砂。内外施半釉，外有流釉、积釉现象，釉下施化妆土，釉层较薄匀，釉质温润，釉面玻璃光泽。内有一涩圈，涩圈内施釉。口径11.2、底径4.8、高3.5厘米（图一二七，2）。

2007SYT1④:36，残。敞口，斜方唇，浅弧腹，平底。褐胎，胎体较厚重，胎质较致密。脱釉，釉层薄，器内满釉，器外口沿施釉，釉线不齐，有流釉现象，釉下施化妆土。内底有支钉痕。口径9、底径3.2、高3.5厘米（图一二七，3）。

2007SYT1④:252，残。敞口，圆唇，弧腹，圈足。灰白色胎，胎质细净、较致密。内外施满釉，釉下施化妆土。外底有垫圈痕。口径9.6、底径3.2、高4.1厘米（图一二七，4）。

2007SYT1④:255，残。敞口，圆唇，弧腹，圈足。青白色胎，胎质细净、较疏松。通体施釉，釉下施化妆土。内底有支钉痕。口径8、底径3.4、高2.7厘米（图一二七，5）。

2007SYT1④:256，残。敞口，圆唇，弧腹，圈足。白色胎，胎体薄，胎质细净、致密。

图一二七　第4层白釉盏
1. 2007SYT1④：31　2. 2007SYT1④：33　3. 2007SYT1④：36　4. 2007SYT1④：252　5. 2007SYT1④：255　6. 2007SYT1④：256
7. 2007SYT1④：257　8. 2007SYT1④：259　9. 2007SYT1④：261　10. 2007SYT1④：264

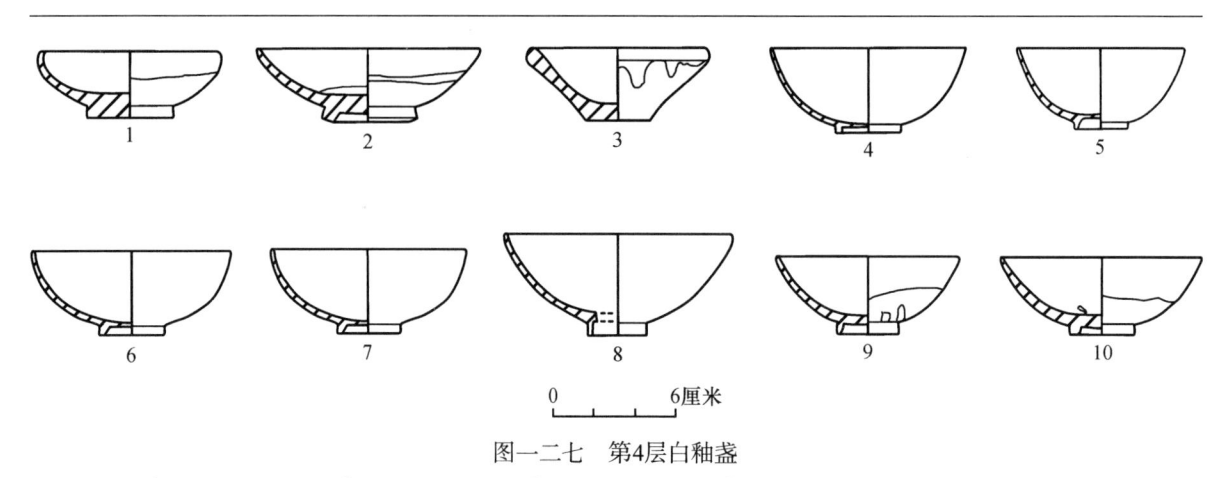

内外施满釉，开片，釉层薄匀，釉质莹润，釉面玻璃光泽。内底有支钉痕。口径9.8、底径3.2、高4厘米（图一二七，6）。

2007SYT1④：257，残。敞口，圆唇，浅弧腹，小圈足外撇。灰白胎，胎体轻薄，胎质致密。莹润，釉层薄匀，器内外满釉，除足与下腹之间外满施化妆土。器内底有4个支钉痕。口径9.2、底径2.8、高3.7厘米（图一二七，7）。

2007SYT1④：259，残。敞口，圆唇，弧腹，圈足外撇。灰胎，胎体轻薄，胎质较致密。莹润，有开片，釉层薄匀，器内满釉，器外施釉不及底，有流釉现象，釉下施化妆土。器内底有支钉痕，器底有修胎旋切痕迹。口径11.2、底径2.8、高4.9厘米（图一二七，8）。

2007SYT1④：261，残。敞口，圆唇，弧腹，圈足。灰白色胎，胎质细净、较致密。内外施满釉，釉下施化妆土。内底有支钉痕，外底有垫圈痕。口径9、底径3、高3.7厘米（图一二七，9）。

2007SYT1④：264，残。敞口，圆唇，弧腹，圈足。灰黄色胎，胎质较致密。内外施满釉，釉下施化妆土。内底有支钉痕。口径9.8、底径3.2、高3.7厘米（图一二七，10）。

盘　8件。

2007SYT1④：21，残。敞口，圆唇，斜弧腹，圈足。灰黄色胎，胎质较疏松。内施满釉，外施釉至腹下部，釉下施化妆土。外底有垫圈痕。口径15.4、底径5.6、高3.5厘米（图一二八，1）。

2007SYT1④：22，残。敞口，圆唇，斜弧腹，圈足。灰黄色胎，胎质较细净、致密。内施满釉，外施半釉，釉下施化妆土，釉层较薄匀，釉质莹润，釉面玻璃光泽。内底有支钉痕，外底有垫圈痕。口径21.2、底径10.8、高4.4厘米（图一二八，2）。

2007SYT1④：23，残。敞口，圆唇，斜弧腹，圈足。灰黄色胎，胎质较细净、致密。内施满釉，外施半釉，开片，外有流釉、积釉现象，釉下施化妆土，釉层较薄匀，釉质莹润，釉面玻璃光泽。内底有支钉痕，外底有支珠痕。口径19.6、底径8.2、高3.7厘米（图

第四章 出土器物

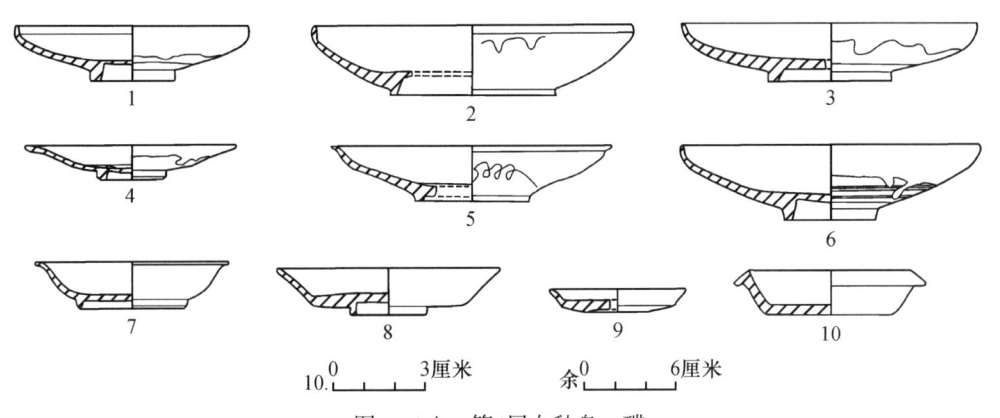

图一二八 第4层白釉盘、碟

1~8. 盘（2007SYT1④：21、2007SYT1④：22、2007SYT1④：23、2007SYT1④：24、2007SYT1④：25、2007SYT1④：27、2007SYT1④：28、2007SYT1④：30） 9、10. 碟（2007SYT1④：35、2007SYT1④：37）

一二八，3）。

2007SYT1④：24，残。敞口，圆唇，斜弧腹，圈足。灰黄色胎，胎质细净、较疏松。内施满釉，外施半釉，外有流釉、积釉现象，釉下施化妆土。内底有支钉痕。口径14、底径4.6、高2.2厘米（图一二八，4）。

2007SYT1④：25，残。敞口，平折沿，圆唇，斜弧腹，圈足。青白色胎，胎质细净、较致密。通体施釉，釉下施化妆土。内底有支钉痕。口径12.8、底径7.2、高3厘米（图一二八，5）。

2007SYT1④：27，残。敞口，圆唇，斜弧腹，圈足。灰胎，胎质较致密。莹润，有开片，釉层薄匀，器内满釉，器外半釉，有流釉现象，釉下施化妆土。内底有支钉痕，器底有修胎旋切痕迹。口径20、底径6、高4.8厘米（图一二八，6）。

2007SYT1④：28，残。敞口，圆唇，弧腹，圈足。灰色胎，胎质较细净、致密。内施满釉，外施半釉，外有流釉、积釉现象，釉下施化妆土，釉层较薄匀，釉质莹润，釉面玻璃光泽。内底有支钉痕。口径18.4、底径7.4、高3.6厘米（图一二八，7）。

2007SYT1④：30，残。敞口，圆唇，折腹，圈足。灰黄色胎，胎质较细净、致密。内外施满釉，釉下施化妆土，釉层较薄匀，釉质莹润，釉面玻璃光泽。内底有支钉痕。口径14.6、底径5、高3厘米（图一二八，8；图版一五，1）。

碟 2件。

2007SYT1④：35，残。敞口，圆唇，浅折腹，平底。灰胎，胎体较轻薄，胎质致密。玻璃质，有开片，器内满釉，器外施釉不及底，有积釉现象，釉下施化妆土。口径9、底径4、高1.5厘米（图一二八，9）。

2007SYT1④：37，残。凹平面，斜沿，尖唇，子母口。白色胎，胎质细净、致密。面施满釉，内不施釉，釉层薄匀，釉质莹润，釉面玻璃光泽。口径5.4、底径4.2、通径6.4、高1.4厘米（图一二八，10；图版一七，1）。

盒 3件。

2007SYT1④：40，残。子母口，子口夹唇，直腹，圈足。灰黄色胎，胎质较细净、致密。内外施满釉，釉下施化妆土，釉层较薄匀，釉质莹润，釉面玻璃光泽。口径8.7、底径7.5、腹径10.1、高7.3厘米（图一二九，1；图版二〇，4）。

2007SYT1④：41，残，子母口，近直腹，矮圈足。灰白色胎体，胎质细腻。通体施白釉，施釉均匀，釉面光滑。器内底有涩圈。口径8.6、底径4.2、腹径9.5、高3.4厘米（图一二九，2；图版二〇，3）。

2007SYT1④：42，残。子母口，子口圆唇，斜直腹，圈足。灰黄色胎，胎质细净、致密。内外施满釉，内有流釉、开片现象，釉下施化妆土，釉层薄匀，釉质莹润，釉面玻璃光泽。口径4.2、底径3.2、通径5、高2.6厘米（图一二九，3；图版二〇，1）。

罐　2件。

2007SYT1④：45，残。敞口，圆唇，束颈，溜肩，敛腹，平底。灰黄色胎，胎质较细净、致密。内外施半釉，釉下施化妆土，釉层较薄匀，釉质清亮莹润，釉面玻璃光泽。口径4.8、底径2.1、高4厘米（图一二九，4；图版二一，5）。

2007SYT1④：46，残。敞口，圆唇，直颈，溜肩，敛腹，平底。灰黄色胎，胎质较细净、致密。内施满釉，外施半釉，釉下施化妆土，釉层薄匀，釉质莹润，釉面玻璃光泽。口径2.2、底径1.4、腹径2.6、高1.7厘米（图一二九，5；图版二二，2）。

钵　1件。

2007SYT1④：38，残。敞口，圆唇，直腹，圈足。灰色胎，胎质较粗糙、疏松、夹砂。内施半釉，外施釉不及底，釉下施化妆土，釉层较薄匀，釉质莹润，釉面玻璃光泽。内底有一涩圈，涩圈内施釉。口径16、底径7.8、高12厘米（图一二九，6）。

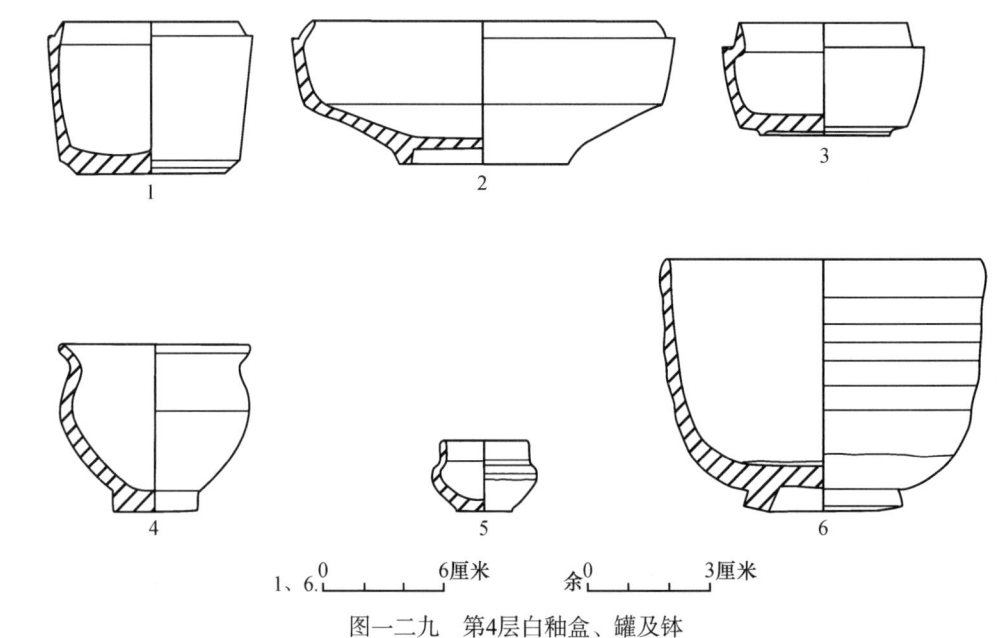

图一二九　第4层白釉盒、罐及钵

1～3.盒（2007SYT1④：40、207SYT1④：41、2007SYT1④：42）　4、5.罐（2007SYT1④：45、2007SYT1④：46）　6.钵（2007SYT1④：38）

第四章 出土器物

器盖 4件。

2007SYT1④：43，残。盝顶面，直墙，平唇。淡灰色胎，胎质较细净、致密。面内施满釉，开片，釉层薄匀，釉质温润，釉面玻璃光泽。通径4.9、高1.6厘米（图一三〇，1；图版一九，3）。

2007SYT1④：44，完整。弧面，斜直墙，圆唇。灰色胎，胎质细净、致密。内外施满釉，釉层薄匀，釉质莹润，釉面玻璃光泽。底径4.4、高1.2厘米（图一三〇，2）。

2007SYT1④：274，残，缺纽。弦面，上侧有一凸弦纹，宽沿，圆唇。灰色胎，胎质较粗糙、疏松、夹砂。面施满釉，内无釉，施化妆土，釉层较薄匀，釉质乳状，釉面玻璃光泽。内有子母口。外口径20、内口径16.6、高3.4厘米（图一三〇，3）。

2007SYT1④：275，残。圆盔形盖体，宽边沿微垂，盖底口圆唇微敛。灰胎，胎质较致密，乳浊，盖外满釉，盖内无釉，有积釉现象，釉下施化妆土。宽12.8、高2.5厘米（图一三〇，4）。

水盂 5件。

2007SYT1④：39，残。敛口，圆唇，鼓腹，平底。灰黄色胎，胎质较细净、致密。内外施满釉，釉下施化妆土，釉层较薄匀，釉质莹润，釉面玻璃光泽。口径3.8、底径2.2、腹径5、高2.5厘米（图一三〇，5）。

2007SYT1④：47，残。敞口，圆唇，耸肩，敛腹，圈足。灰黄色胎，胎质较细净、致密。内施满釉，外施釉不及底，釉层薄匀，釉质温润，釉面玻璃光泽。外底足面平。口径3.5、底径2.6、腹径5.2、高3.2厘米（图一三〇，6）。

2007SYT1④：48，残。敛口，翻唇，弧腹，平底。灰白色胎，胎质较细净、致密。内施满釉，外仅口沿处施釉，内有开片现象，釉质莹润，釉面玻璃光泽。口径4.2、底径2.1、腹径5.1、高2.1厘米（图一三〇，7）。

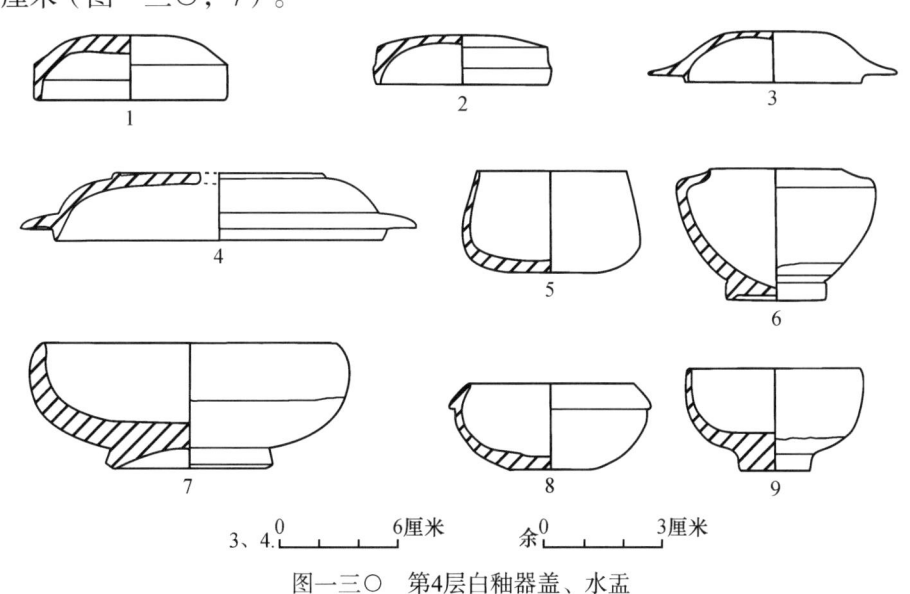

图一三〇 第4层白釉器盖、水盂

1~4.器盖（2007SYT1④：43、2007SYT1④：44、2007SYT1④：274、2007SYT1④：275） 5~9.水盂（2007SYT1④：39、2007SYT1④：47、2007SYT1④：48、2007SYT1④：49、2007SYT1④：50）

2007SYT1④：49，残。敛口，圆唇，弧腹，圈足。灰黄色胎，胎质较细净、致密。内施满釉，外施半釉，釉下施化妆土，釉层薄匀，釉质莹润，釉面玻璃光泽。内底有支钉痕。口径7.5、底径4.2、高3.1厘米（图一三〇，8）。

2007SYT1④：50，残。敞口，圆唇，弧腹，平底。灰黄色胎，胎质较细净、致密。内施满釉，外施釉不及底，釉下施化妆土，釉层偏薄，釉质莹润，釉面玻璃光泽。口径4.6、底径1.8、高2.5厘米（图一三〇，9）。

2. 白釉印花

碗　1件。

2007SYT1④：3，残。敞口，圆唇，弧腹，圈足。淡灰色胎，胎质较细净、致密。内施满釉，外施釉不及底，外有流釉、积釉现象，釉下施化妆土。釉层薄匀，釉质温润，釉面玻璃光泽。内底有支钉痕、草叶纹划花纹饰。口径23、底径7.2、高9厘米（图一三一，1；图版二三，1、2）。

3. 白釉划花

共10件。

碗　2件。

2007SYT1④：5，残。敞口，圆唇，弧腹，圈足。灰黄色胎，胎质较细净、致密。内施满釉，外施釉不及底。釉层较薄匀，釉质温润，釉面玻璃光泽。内底有支钉痕，内腹有划花纹饰。口径15.4、底径5.6、高6.1厘米（图一三一，2）。

2007SYT1④：258，残。敞口，圆唇，斜弧腹，浅圈足，挖足较深，足内壁微外斜。灰白胎，胎质致密。莹润，有开片，釉层薄匀，器内满釉，器外施釉不及底，近底有积釉现象。内壁饰划花草叶纹，器底有修胎切削痕迹。口径13.5、底径5.5、高5.3厘米（图一三一，7）。

盏　6件。

2007SYT1④：34，残。敞口，圆唇，弧腹，圈足。淡灰色胎，胎质较细净、致密。内外施满釉，釉下施化妆土，釉层薄匀，釉质莹润，釉面玻璃光泽。器内有划花草叶纹，内底有支钉痕。口径10.2、底径3.2、高4厘米（图一三一，4）。

2007SYT1④：253，残。敞口，尖唇，浅弧腹，浅圈足。灰白胎，胎体轻薄，胎质细腻致密。莹润，釉层薄匀，器内外满釉。除足与下腹之间外通体施化妆土。器内饰划花草叶纹，内底有支钉痕。口径9、底径3.2、高3.9厘米（图一三一，9）。

2007SYT1④：254，残。敞口，圆唇，弧腹，圈足。灰黄色胎，胎质细净、较致密，胎体偏薄。内外施满釉，外有流釉、积釉现象，釉下施化妆土。内底有支钉痕、划花荷花纹饰。口径10.2、底径3.3、高4.3厘米（图一三一，3；图版二九，1、2）。

2007SYT1④：260，残。敞口，圆唇，弧腹，圈足。灰黄色胎，胎质细净、较致密，胎体薄。内外施满釉，外有流釉、积釉现象，釉下施化妆土。内外底有支钉痕，内有划花荷花纹饰。口径8.8、底径2.9、高3.5厘米（图一三一，8；图版二九，3、4）。

2007SYT1④：262，残。敞口，圆唇，弧腹，浅圈足。灰白胎，胎质致密。莹润，有开片，釉层薄匀，器内外满釉，足部有流釉现象。内壁饰划花草叶纹。口径10.5、底径3.5、高4厘米（图一三一，11）。

2007SYT1④：263，残。敞口，圆唇，弧腹，圈足。灰黄色胎，胎质较细净、致密。内施满釉，外施半釉，外有流釉、积釉现象，釉下施化妆土，釉层薄匀，釉质温润，釉面玻璃光泽。内有划花纹饰、支钉痕。口径10.5、底径3.4、高4厘米（图一三一，6）。

盘　2件。

2007SYT1④：26，残。敞口，圆唇，弧腹，圈足。灰黄色胎，胎质较疏松。内外施满釉，釉下施化妆土。外底有垫圈痕，内有弦纹、斜线纹铺地菊纹划花。口径19.4、底径7.4、高4.6厘米（图一三一，10）。

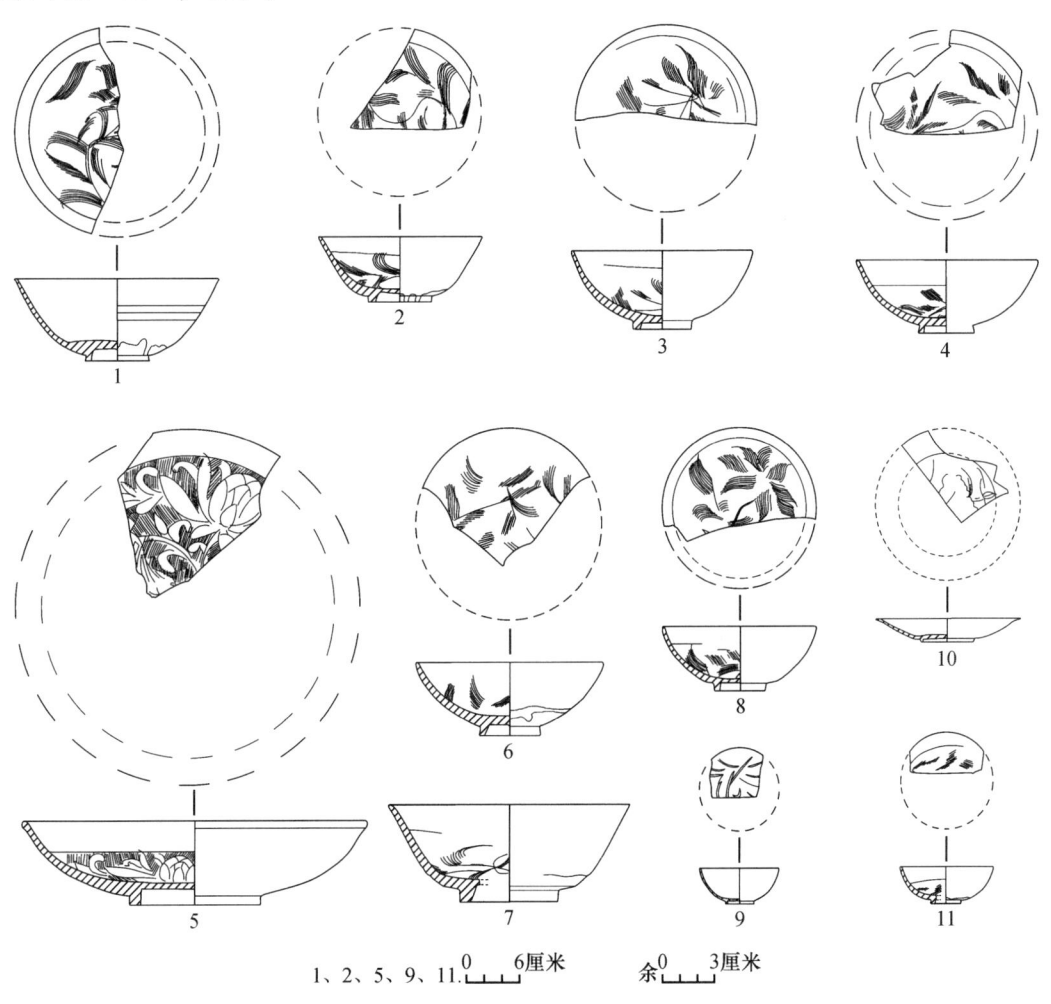

图一三一　第4层白釉印花、划花瓷器

1. 印花碗（2007SYT1④：3）　2、7. 划花碗（2007SYT1④：5、2007SYT1④：258）　3、4、6、8、9、11. 划花盏（2007SYT1④：254、2007SYT1④：34、2007SYT1④：263、2007SYT1④：260、2007SYT1④：253、2007SYT1④：262）
5、10. 划花盘（2007SYT1④：29、2007SYT1④：26）

2007SYT1④：29，残。芒口，圆唇，斜弧腹，圈足。青白色胎，胎质细净、致密。内外施满釉，外有流釉、积釉现象，釉层薄匀，釉质莹润，釉面玻璃光泽。内有牡丹划花纹饰。口径16.6、底径5.8、高2.6厘米（图一三一，5）。

4. 白釉褐彩

共9件。

碗　7件。

2007SYT1④：6，残。敞口，圆唇，加厚唇沿，弧腹，圈足外撇，足内壁外斜。灰胎，胎体较厚重，胎质较致密。莹润，有开片，釉层薄匀，器内满釉，器外施半釉，釉下施化妆土。器内底饰褐彩草叶纹，器底有明显修胎旋切痕，足底有斜弧面，足心有凸起。口径16.3、底径5.9、高6.8厘米（图一三二，1）。

2007SYT1④：13，残。敞口，圆唇，弧腹，圈足。灰黄色胎，胎质较细净、致密。内施满釉，外施半釉，有流釉现象，釉下施化妆土，釉层较薄匀，釉质温润，釉面玻璃光泽。内底有垫砂痕，有一褐彩书文字，腹有褐彩两道弦纹，外底有垫砂痕。口径21.2、底径8.2、高8.2厘米（图一三二，2）。

2007SYT1④：12，残。敞口，圆唇，弧腹，圈足。灰黄色胎，胎质较细净、致密。内施满釉，外施半釉，有流釉、积釉现象，釉下施化妆土，釉层较薄匀，釉质乳状，釉面玻璃光泽。内有支钉痕、褐彩纹饰。口径15.2、底径5.8、高6.1厘米（图一三二，3）。

2007SYT1④：14，残。敞口，圆唇，弧腹，圈足。灰黄色胎，胎质较细净、致密。内施满釉，外施釉不及底，外有流釉、积釉现象，釉下施化妆土，釉层较薄匀，釉质莹润，釉面玻璃光泽。内底有支钉痕、墨书"王"字，内腹有两道褐彩弦纹，外底有支珠痕。口径19.6、底径8、高7.7厘米（图一三二，4）。

2007SYT1④：15，残。敞口，圆唇，弧腹，圈足。灰黄色胎，胎质较粗糙、疏松。内施满釉，外施半釉，釉下施化妆土，釉层较薄匀，釉质温润，釉面玻璃光泽。内底有垫砂痕，内腹有一褐彩弦纹，内底有褐彩书文字。口径21.8、底径8、高7.8厘米（图一三二，5）。

2007SYT1④：16，残。敞口，圆唇，弧腹，圈足。灰黄色胎，胎质较细净、致密。内施满釉，外施釉不及底，外有飞釉现象，釉下施化妆土，釉层薄匀，釉质乳状，釉面玻璃光泽。内有褐彩纹饰，支钉痕，外底有支珠痕。口径14.6、底径6.6、高5.8厘米（图一三二，6）。

2007SYT1④：32，残。敞口，圆唇微撇，弧腹，圈足外撇、挖足浅。灰胎，胎质较致密。莹润，有开片，器内满釉，器外施半釉，有流釉现象，釉下施化妆土。器内壁饰两周褐彩弦纹，内底书褐彩"南"字，器底有明显修胎旋切痕，足底有斜弧面，足心微凸。口径13、底径5.6、高4.2厘米（图一三二，7）。

盘　1件。

2007SYT1④：247，残。敞口，圆唇，浅弧腹，圈足微撇。灰胎，胎质较疏松。莹润，有开片，釉层薄，器内满釉，器外半釉，有流釉现象，釉下施化妆土。器内壁饰褐彩双弦纹，器内底饰褐彩草叶纹，器底有明显修胎切削痕迹，足底有斜弧面，足心微凸。口径14、底径6.8、高3.4厘米（图一三二，8）。

罐 1件。

2007SYT1④：51，残。直口，圆唇，鼓腹，隐圈足。灰黄色胎，胎质较粗糙、疏松。内外施满釉，釉下施化妆土，内施墨绿釉，外施青绿釉，釉层偏薄，釉质温润，釉面玻璃光泽。外腹有红、绿彩绘弦纹、牡丹、草叶。口径13、底径10、腹径23.6、高19.6厘米（图一三二，9；图版三七，2）。

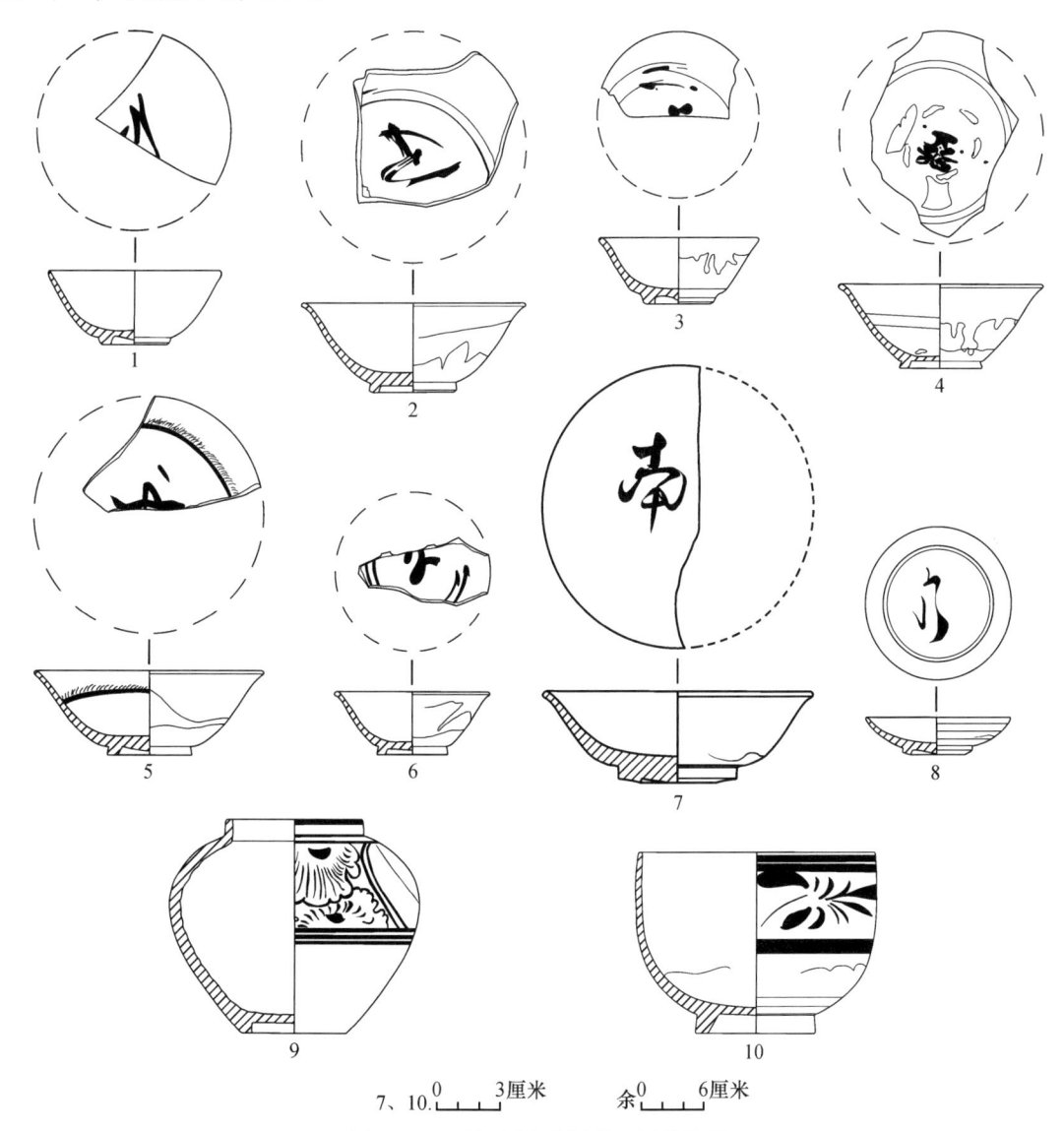

图一三二 第4层白釉褐彩、黑花瓷器

1～7.褐彩碗（2007SYT1④：6、2007SYT1④：13、2007SYT1④：12、2007SYT1④：14、2007SYT1④：15、2007SYT1④：16、2007SYT1④：32） 8.褐彩盘（2007SYT1④：247） 9.褐彩罐（2007SYT1④：51） 10.黑花碗（2007SYT1④：19）

5. 白地黑花

1件。

碗　1件。

2007SYT1④：19，残。敞口，圆唇，弧腹，圈足。灰色胎，胎质细净、致密。内施满釉，外施釉不及底，釉下施化妆土，内外釉面开片，釉层较薄匀，釉质莹润，釉面玻璃光泽。外有黑彩草叶纹饰。口径11、底径3.6、高8.1厘米（图一三二，10）。

6. 青釉

共78件。

碗　22件。

2007SYT1④：52，残。敞口，卷唇，弧腹，圈足外撇，足内壁外斜。灰褐胎，胎体厚重，胎质较致密。莹润，有气泡，器内施釉不及底，器外满釉，足内无釉，有流釉、积釉现象。器外有明显修胎旋切痕迹。口径15.8、底径5.8、高7.4厘米（图一三三，1；图版四六，1）。

2007SYT1④：53，残。敞口，圆唇，弧腹，圈足内收，足底内斜。灰胎，胎体较厚重，胎质较致密。玻璃质，有开片，器内外施釉不及底，有流釉、积釉现象。器外有明显修胎旋切痕迹。口径14、底径5.6、高6.4厘米（图一三三，2；图版四七，1）。

2007SYT1④：54，残。敞口，圆唇，弧腹，圈足。灰色胎，胎质较细净、致密。内外施满釉，釉下施化妆土，釉层较薄匀，釉质莹润，釉面玻璃光泽。内底有支钉痕。口径15、底径5、高7.8厘米（图一三三，3）。

2007SYT1④：55，残。敞口，圆唇，弧腹，圈足。灰色胎，胎质较细净、致密。内外施满釉，外有流釉现象，釉层厚匀，釉质莹润，釉面玻璃光泽，外底施护胎釉。口径15.4、高7.9厘米（图一三三，4）。

2007SYT1④：56，残。敞口，圆唇，弧腹，圈足。灰色胎，胎质较细净、致密。内施釉不及底，内施满釉，釉层薄匀，釉质莹润，釉面玻璃光泽。口径18.1、底径7.1、高8.1厘米（图一三三，5）。

2007SYT1④：57，残。敞口，圆唇外撇，弧腹，圈足内收。青灰胎，胎体厚重，胎质致密，玻璃质，有开片，有小气泡，器内施釉不及底，器外满釉，足内无釉。器底有明显修胎切削痕迹，足内壁外斜。口径17、底径6、高7.2厘米（图一三三，6）。

2007SYT1④：58，残。敞口，圆唇、微敛，唇沿加厚外凸，弧腹，圈足微撇，足内壁外斜。灰褐胎，胎体较厚重，胎质较致密。莹润，有细开片，器内外底无釉。口径15.8、底径5.8、高7.4厘米（图一三三，7；图版四七，2）。

2007SYT1④：59，残。敞口，卷唇，弧腹，圈足微撇，足底微内斜。灰褐胎，含砂，胎体较厚重，胎质较致密。乳浊，器内外施釉不及底，有流釉现象。器底有明显修胎切削痕迹。

口径16.4、底径6.2、高7.9厘米（图一三三，8）。

2007SYT1④：60，残。敞口，卷唇，弧腹，圈足微撇。灰褐胎，胎体厚重，胎质较致密。玻璃质，釉面侵蚀，有开片，器内外满釉，足内无釉，有流釉现象。器外上腹有覆烧粘连痕，器底有修胎旋切痕迹。口径15、底径6.4、高7.9厘米（图一三三，9）。

2007SYT1④：61，残。侈口，圆唇，弧腹，圈足。灰色胎，胎质细净、致密。外施满釉，内施釉不及底，釉层偏厚，釉质莹润，釉面玻璃光泽。口径16.2、底径5.4、高7.8厘米（图一三三，10）。

2007SYT1④：62，残。敞口，斜方唇、唇沿加厚外凸，弧腹，圈足，挖足较浅，足内壁外斜。灰褐胎，胎体厚重，胎质较致密。玻璃质，有开片，器内底心无釉，器外满釉，底部有流釉现象，足无釉。口径15.8、底径5.8、高8厘米（图一三三，11）。

2007SYT1④：63，残。敞口，圆唇，弧腹，圈足。青灰色胎，胎质叫细净、致密。内施半釉，外施满釉，釉层薄匀，釉质温润，釉面开片、玻璃光泽，内底有一道弦纹、一涩圈。口径16、底径6、高7.5厘米（图一三三，12）。

2007SYT1④：64，残。侈口，圆唇，弧腹，圈足。灰色胎，胎质较细净、致密。内施釉不及底，外施满釉，开片，釉层厚匀，釉质莹润，釉面玻璃光泽。口径16.5、底径5.5、高7.8厘米（图一三三，13）。

2007SYT1④：65，残。侈口，圆唇，弧腹，圈足。灰色胎，胎质较细净、致密。内外施满釉，釉层较薄匀，釉质莹润，釉面玻璃光泽。内底有支钉痕，外腹下端有斜条纹划花。口径13、底径5.6、高6.2厘米（图一三三，14）。

2007SYT1④：67，残。敞口，圆唇，弧腹，小圈足。灰色胎，胎质细净、致密。内外施满釉，釉层偏厚，釉质温润如玉，釉面玻璃光泽，外底施护胎釉。口径18、底径6、高8厘米（图一三三，15）。

2007SYT1④：68，残。敞口，圆唇，弧腹，圈足。灰色胎，胎质细净、致密。通体施釉，釉层厚匀，釉质莹润，釉面玻璃光泽。口径18.8、底径6.4、高7.9厘米（图一三三，16）。

2007SYT1④：70，残。敞口，圆唇微敛，深弧腹，圈足微撇、足内壁外斜。灰胎，胎质致密。玻璃质，有小气泡，器内外满釉，足底施护胎釉。口径20.6、底径7.4、高8厘米（图一三三，17）。

2007SYT1④：71，残。敞口，圆唇微敛，弧腹，圈足微撇。青灰胎，胎质细腻致密。玻璃质，有开片，有小气泡，器内外满釉，足底施护胎釉。口径18.7、底径6.1、高8.4厘米（图一三三，18；图版四六，2）。

2007SYT1④：72，残。敞口，圆唇微敛，弧腹，圈足微撇。香灰胎，胎质细腻致密。玻璃质，有小气泡，器内外满釉，足底施护胎釉。口径19、底径5.8、高7.8厘米（图一三三，19）。

2007SYT1④：73，残。敞口，圆唇，弧腹，圈足外撇、足内壁外斜。灰黄胎，胎质较疏松。玻璃质，有开片，有小气泡，器内满釉，器外施釉不及底。器底有明显修胎切削痕迹，足底有斜弧面，足心微凸。口径18.1、底径5.7、高7.8厘米（图一三三，20）。

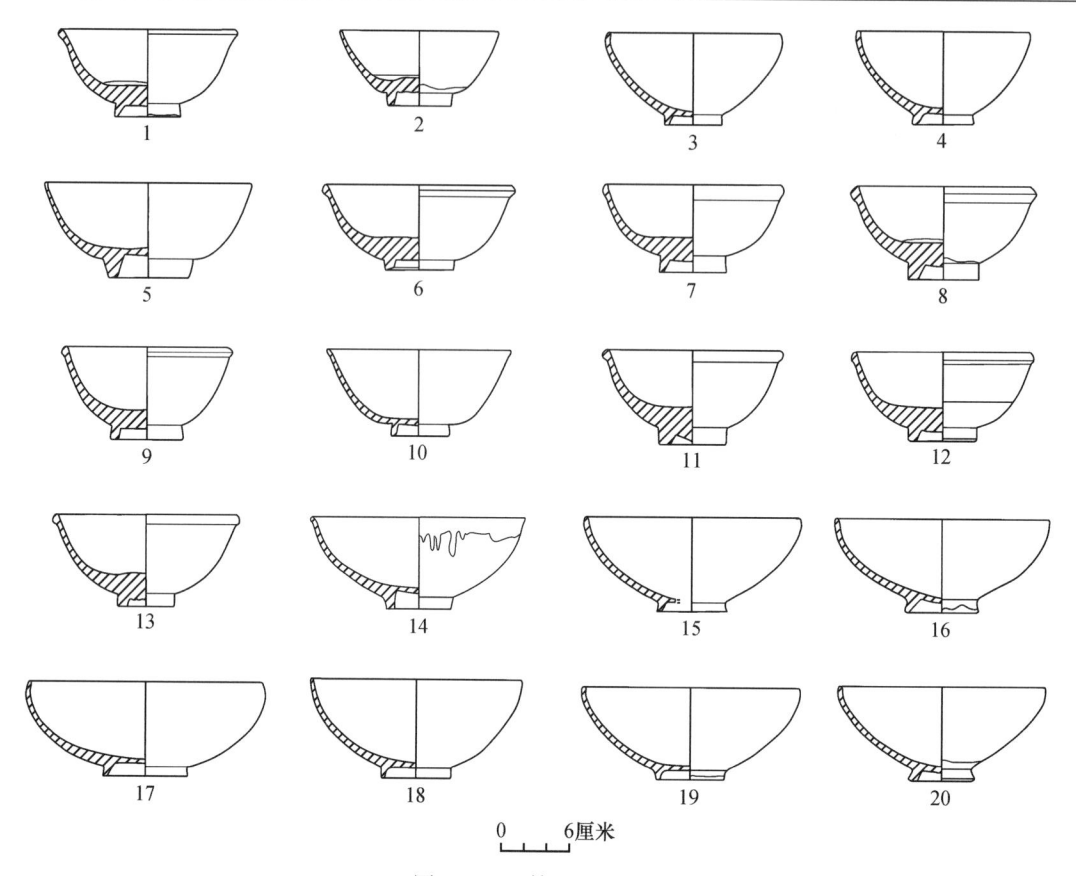

图一三三 第4层青釉碗

1. 2007SYT1④∶52　2. 2007SYT1④∶53　3. 2007SYT1④∶54　4. 2007SYT1④∶55　5. 2007SYT1④∶56　6. 2007SYT1④∶57　7. 2007SYT1④∶58　8. 2007SYT1④∶59　9. 2007SYT1④∶60　10. 2007SYT1④∶61　11. 2007SYT1④∶62　12. 2007SYT1④∶63　13. 2007SYT1④∶64　14. 2007SYT1④∶65　15. 2007SYT1④∶67　16. 2007SYT1④∶68　17. 2007SYT1④∶70　18. 2007SYT1④∶71　19. 2007SYT1④∶72　20. 2007SYT1④∶73

2007SYT1④∶74，残。敞口，圆唇微敛，深弧腹，圈足微撇。香灰胎，胎质细腻致密。玻璃质，有小气泡，器内外满釉，底部有积釉现象，足底施护胎釉。口径20、底径6、高9厘米（图一三四，1）。

2007SYT1④∶75，残。敛口，圆唇，弧腹，圈足。灰色胎，胎质细净、致密。通体施釉，釉层厚匀，釉质莹润，釉面玻璃光泽。口径18.4、底径6.4、高7.8厘米（图一三四，2）。

盏　10件。

2007SYT1④∶76，残。敞口，圆唇，弧腹，圈足。灰黄色胎，胎质较细净、致密。内外施半釉，外有流釉、积釉现象，釉层薄匀，釉质清亮莹润，釉面玻璃光泽。内有一涩圈，涩圈内施釉。口径9.6、底径4.6、高3.2厘米（图一三四，10）。

2007SYT1④∶77，残。敞口，圆唇，折腹，圈足。灰色胎，胎质细净、致密。通体施釉，釉层厚匀，釉质莹润，釉面玻璃光泽。口径12.4、底径4.4、高3.4厘米（图一三四，3）。

2007SYT1④∶80，残。敛口，圆唇，鼓腹，圈足。灰色胎，胎质细净、致密。内外施满釉，开片，釉层偏厚匀，釉质莹润，釉面玻璃光泽。底沿面平整，胎体最薄处在碗底。口径

10.3、底径4.4、高6厘米（图一三四，5）。

2007SYT1④：81，残。敞口，圆唇，斜弧腹，小圈足。灰色胎，胎质细净、致密。通体施釉，内外釉面开片，釉层厚匀，釉质莹润，釉面玻璃光泽，外底足面施护胎釉。口径12.6、底径4.3、高5.8厘米（图一三四，6）。

2007SYT1④：82，残。敛口，圆唇，弧腹，圈足微撇。灰胎，胎质较致密。玻璃质，有小气泡，器内外满釉，足底无釉。釉面受运河泥沙侵蚀。口径9、底径3.4、高4.6厘米（图一三四，11）。

2007SYT1④：226，残。敛口，圆唇，弧腹，圈足。淡灰色胎，胎质较细净、致密。内外施满釉，开片，釉层薄匀，釉质莹润，釉面玻璃光泽。口径11.8、底径4.8、高5厘米（图一三四，7）。

2007SYT1④：227，残。敞口，圆唇微撇，斜弧腹，浅圈足微撇，挖足浅，器内底呈凹弧面。灰白胎，胎质致密。外施褐色胎衣。黑釉，玻璃质，釉面有小气泡，器内满釉，器外半釉，有积釉现象，唇及器外下端釉呈酱色。器底有修胎切削痕迹，足底有支烧隔砂痕（图一三四，8）。

2007SYT1④：228，残。敞口，圆唇，弧腹，圈足。灰黄色胎，胎质较细净、致密。内外施半釉，外有流釉、积釉现象，釉层较薄匀，釉质温润，釉面玻璃光泽。内底有一涩圈，涩圈内施釉。口径10.6、底径4.2、高3厘米（图一三四，12）。

2007SYT1④：229，残。侈口，圆唇，弧腹，圈足。青黄色胎，胎质较细、夹砂。内施半釉，外施釉不及底，有流釉积釉现象，釉层较薄匀，釉质乳状温润，釉面玻璃光泽。胎体偏厚

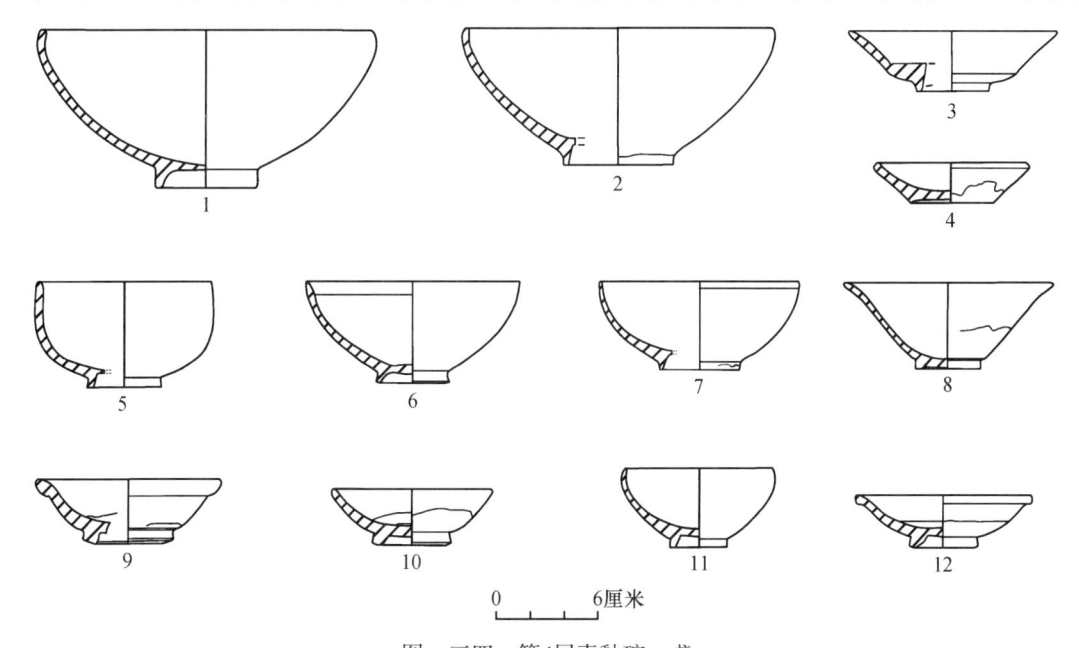

图一三四 第4层青釉碗、盏

1、2.碗（2007SYT1④：74、2007SYT1④：75） 3~12.盏（2007SYT1④：77、2007SYT1④：230、2007SYT1④：80、2007SYT1④：81、2007SYT1④：226、2007SYT1④：227、2007SYT1④：229、2007SYT1④：76、2007SYT1④：82、2007SYT1④：228）

重。口径11、底径5.4、高3.7厘米（图一三四，9）。

2007SYT1④：230，残。敞口，圆唇，斜弧腹，隐圈足。灰黄色胎，胎质细净、较致密。内施满釉，外施半釉，有流釉、积釉现象，釉下施化妆土。外底有垫饼痕。口径9.4、底径5.2、高2.3厘米（图一三四，4）。

碟　15件。

2007SYT1④：83，残。敞口，翻唇，窄折沿，浅弧腹，浅圈足内收。青灰胎，胎质致密。莹润，有开片，器内涩圈，器外满釉，足内无釉，有流釉、积釉现象。器底有修胎旋切痕迹，足底斜弧面。口径13、底径5、高3厘米（图一三五，15）。

2007SYT1④：84，残。撇口，圆唇，斜弧腹，圈足。灰黄色胎，胎质细净、较致密。通体施釉，釉下施化妆土。外底有垫圈痕。口径11.4、底径4.4、高1.9厘米（图一三五，1）。

2007SYT1④：85，残。敞口，圆唇，折沿，浅斜弧腹，浅圈足，挖足较深，足内壁外斜。青灰胎，胎质致密。玻璃质，有开片，有微气泡，器内外满釉，足底施护胎釉。口径12、底径4.4、高2.1厘米（图一三五，4）。

2007SYT1④：86，残。敞口，圆唇，折沿，浅弧腹，圈足微外撇、挖足较深。灰胎，胎质较致密。玻璃质，有小气泡，器内外满釉，足底施护胎釉。口径12.6、底径4.2、高2.8厘米（图一三五，3）。

2007SYT1④：87，残。敞口，圆唇，折沿，浅斜弧腹，浅圈足微撇，挖足较深，足内壁外斜。灰胎，胎质致密。玻璃质，有开片，器内外满釉，近足部积釉，足底施护胎釉。口径12、底径4.4、高2.5厘米（图一三五，6）。

2007SYT1④：88，残。敞口，圆唇，折沿，浅斜弧腹，浅圈足，挖足较深。灰胎，胎质致密。玻璃质，有开片，器内满釉，有紫色小斑点，器外施釉不及底。口径12、底径4、高2.3厘米（图一三五，5）。

2007SYT1④：89，残。敞口，圆唇，折沿，浅斜弧腹，浅圈足微撇、挖足较深，足内壁外斜。灰胎，胎质致密。玻璃质，有开片，有紫色斑点，器内外满釉，近足部积釉，足底施护胎釉。口径12.9、底径4.8、高2.4厘米（图一三五，9）。

2007SYT1④：90，残。敞口，圆唇，斜弧腹，圈足。通体施釉。灰色胎，胎质较细净、致密。釉质温润，釉面玻璃光泽。外底有垫圈痕。口径10.8、底径3.8、高2.4厘米（图一三五，8）。

2007SYT1④：91，残。敞口，圆唇，弧腹，圈足。内施满釉，外施釉不及底。灰色胎，胎质较细净、致密。釉层偏厚，釉质莹润，釉面玻璃光泽。口径12.4、底径4、高2.5厘米（图一三五，7）。

2007SYT1④：92，残。敞口，圆唇，斜弧腹，圈足。灰色胎，胎质较细净、致密。内外施满釉，釉面有开片，釉层厚匀，釉质乳状，釉面玻璃光泽。外底有垫砂痕。口径13.6、底径5.2、高2.7厘米（图一三五，14）。

2007SYT1④：93，残。敞口，圆唇，斜弧腹，圈足。灰色胎，胎质较细净、致密。内外

图一三五　第4层青釉碟

1. 2007SYT1④:84　2. 2007SYT1④:95　3. 2007SYT1④:86　4. 2007SYT1④:85　5. 2007SYT1④:88　6. 2007SYT1④:87
7. 2007SYT1④:91　8. 2007SYT1④:90　9. 2007SYT1④:89　10. 2007SYT1④:93　11. 2007SYT1④:97　12. 2007SYT1④:94
13. 2007SYT1④:96　14. 2007SYT1④:92　15. 2007SYT1④:83

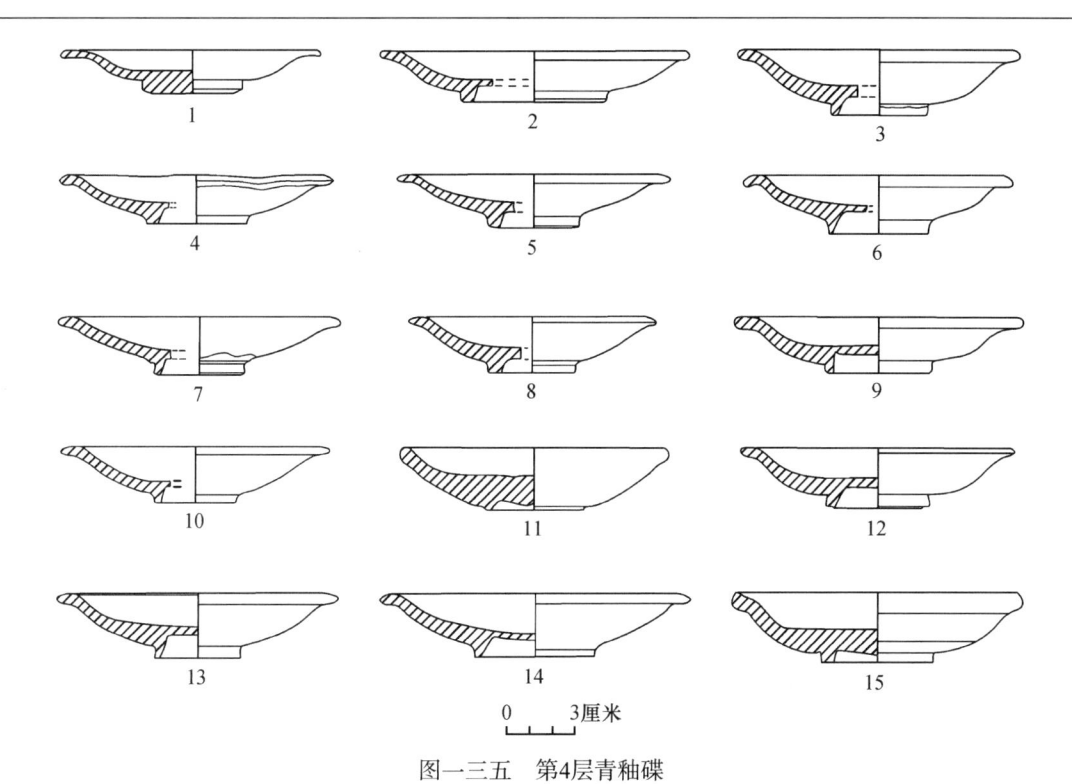

施满釉，釉层厚匀，釉质莹润，釉面玻璃光泽，外底足面施护胎釉。口径11.8、底径3.6、高2.4厘米（图一三五，10）。

2007SYT1④:94，残。敞口，圆唇，斜弧腹，圈足。灰色胎，胎质较细净、致密。内外施满釉，开片，釉层偏厚，釉质莹润，釉面玻璃光泽。口径12.2、底径4.6、高2.6厘米（图一三五，12）。

2007SYT1④:95，残。敞口，圆唇，折沿，浅斜弧腹，圈足外撇，挖足较深，足内壁外斜。香灰胎，胎质致密。玻璃质，有微气泡，器内外满釉，足底施护胎釉。口径13.6、底径6.4、高2.2厘米（图一三五，2）。

2007SYT1④:96，残。敞口，圆唇，斜弧腹，圈足。灰色胎，胎质较细净、致密。通体施釉，釉层厚匀，釉质温润，釉面玻璃光泽，外底施护胎釉。口径12.4、底径3.8、高2.8厘米（图一三五，13）。

2007SYT1④:97，残。敞口，圆唇，弧腹，圈足。灰色胎，胎质较细净、致密。内外施满釉，釉层偏厚，釉质温润，釉面玻璃光泽。口径12.4、底径4.5、高2.8厘米（图一三五，11）。

盘　29件。

2007SYT1④:69，残。侈口，圆唇，弧腹，圈足。灰色胎，胎质较细净、致密。内施釉不及底，外施满釉，开片，釉层较薄匀，釉质清亮莹润，釉面玻璃光泽。口径16.4、底径4.8、高4.2厘米（图一三六，1）。

2007SYT1④：125，残。敞口，圆唇，斜弧腹，圈足。灰色胎，胎质较细净、致密。内施满釉，外施半釉，外积釉，釉层薄匀，釉质温润，釉面哑光。内有支珠痕。口径16.9、底径10.8、高3厘米（图一三六，2）。

2007SYT1④：99，残。侈口，圆唇，斜弧腹，圈足。灰色胎，胎质较疏松。内施釉不满，外施满釉，釉面有开片，釉下施化妆土。内底有垫饼痕。口径16.4、底径5.8、高3.7厘米（图一三六，3）。

2007SYT1④：100，残。侈口，圆唇，弧腹，圈足。灰黄色胎，胎质较细净、致密。内施半釉，外施满釉，釉层偏厚，釉质温润，釉面玻璃光泽。内底有一涩圈，涩圈内施釉。口径14.4、底径7.6、高3.4厘米（图一三六，4）。

2007SYT1④：101，残。敞口，圆唇，斜弧腹，腹下内收，圈足。灰黄色胎，胎质较疏松。内施满釉，外施半釉，有流釉、积釉现象，釉下施化妆土。外底有垫圈痕。口径15.6、底径6.4、高3.7厘米（图一三六，5）。

2007SYT1④：102，残。敞口，圆唇，斜弧腹，腹下内收，圈足。灰色胎，胎质细净、较致密。通体施釉，釉下施化妆土。外底有垫圈痕。口径15.8、底径6、高3.8厘米（图一三六，6）。

2007SYT1④：103，残。敛口，圆唇，弧腹折收，圈足。灰黄色胎，胎质细净、较致密。内施满釉，外施釉至腹下部，釉下施化妆土。外底有垫圈痕。口径16、底径5.6、高4厘米（图一三六，7）。

2007SYT1④：104，残。敞口，圆唇，斜弧腹，圈足。灰色胎，胎质细净、较致密。通体施釉，釉下施化妆土。外底有垫圈痕。口径17.4、底径6、高3.9厘米（图一三六，8）。

2007SYT1④：105，盘，敞口，圆唇。斜弧腹，矮圈足。灰褐色胎底，胎质致密。通体施青釉，釉层厚，釉面光滑。口径16.8、底径5.8、高3.8厘米（图一三六，9；图版五〇，5）。

2007SYT1④：106，残。敞口，圆唇，斜弧腹，圈足。灰色胎，胎质细净、较致密。通体施釉，釉下施化妆土。外底有垫圈痕。口径17、底径5.2、高3.6厘米（图一三六，10）。

2007SYT1④：107，残。敞口，圆唇，折腹，圈足。灰白色胎，胎质较疏松。内外施满釉，外有流釉、积釉、漏釉现象，外釉面部分有橘皮现象。外底有支钉痕。口径18、底径6、高3.8厘米（图一三六，11）。

2007SYT1④：108，残。敞口，圆唇，弧腹，腹下折收，圈足。灰色胎，胎质细净、较致密。内外施满釉，釉下施化妆土。外底有垫饼痕。口径16.6、底径6.2、高4.2厘米（图一三六，12）。

2007SYT1④：109，残。敞口，圆唇，折腹，圈足。黄白色胎，胎质较细净、疏松。内外施满釉，外有流釉现象，釉层较薄匀，釉质乳状，釉面玻璃光泽。外底有支珠痕。口径17.6、底径6.2、高4.5厘米（图一三六，13）。

2007SYT1④：110，残。敞口，圆唇，浅弧腹，圈足外撇。香灰胎，胎体较厚，胎质致密。玻璃质，釉层较厚，有小气泡，器内满釉，器外施釉不及底。口径16.8、底径6.4、高3.7

第四章 出土器物

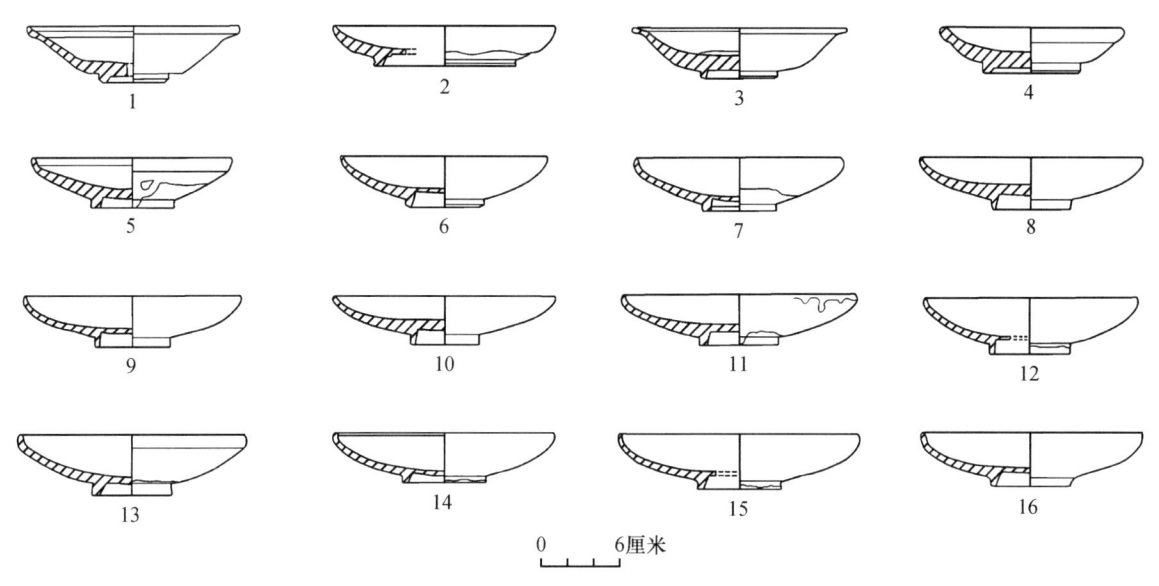

图一三六 第4层青釉盘
1. 2007SYT1④:69 2. 2007SYT1④:125 3. 2007SYT1④:99 4. 2007SYT1④:100 5. 2007SYT1④:101
6. 2007SYT1④:102 7. 2007SYT1④:103 8. 2007SYT1④:104 9. 2007SYT1④:105 10. 2007SYT1④:106
11. 2007SYT1④:107 12. 2007SYT1④:108 13. 2007SYT1④:109 14. 2007SYT1④:110 15. 2007SYT1④:111
16. 2007SYT1④:112

厘米（图一三六，14）。

2007SYT1④:111，残。敞口，圆唇，斜弧腹，圈足。灰色胎，胎质细净、致密。通体施釉，釉层偏厚匀，釉质莹润，釉面玻璃光泽，外底施护胎釉。口径18.4、底径6.4、高4.1厘米（图一三六，15）。

2007SYT1④:112，残。敞口，圆唇，折腹，圈足。灰色胎，胎质细净、致密。内外施满釉，釉层厚匀，釉质温润如玉，釉面玻璃光泽，外底足施护胎釉。口径17.2、底径6、高4厘米（图一三六，16）。

2007SYT1④:113，残。敞口，圆唇，浅斜弧腹，圈足微外撇，挖足较深，足内壁外斜。香灰胎，胎质致密。玻璃质，釉层较厚，有开片，有小气泡，器内外满釉，足底施护胎釉。口径20.2、底径7、高4.6厘米（图一三七，1）。

2007SYT1④:114，残。敞口，圆唇，浅斜弧腹，圈足外撇，挖足较深，足内壁外斜。灰胎，胎质致密。玻璃质，有小气泡，有紫色斑点，器内外满釉，足底施护胎釉。口径17.6、底径6.6、高3.8厘米（图一三七，2）。

2007SYT1④:115，残。敞口，圆唇，浅斜弧腹，浅圈足，挖足较深，足内壁微撇。香灰胎，胎质致密。玻璃质，有开片，器内外满釉，足部积釉，足底施护胎釉。口径18、底径6.3、残高3.5厘米（图一三七，3）。

2007SYT1④:116，残。敞口，圆唇，斜弧腹，圈足。淡灰色胎，胎质细净、较致密。内外施满釉，开片，釉层厚匀，釉质温莹若玉，釉面玻璃光泽，外底沿面施护胎釉。口径18、底径6.6、高3.6厘米（图一三七，4）。

2007SYT1④：117，残。敞口，圆唇，斜弧腹，圈足。灰色胎，胎质细净、较致密。通体施釉，釉下施化妆土。外底有垫圈痕。口径17.4、底径6.6、高3.3厘米（图一三七，5）。

2007SYT1④：118，残。敞口，圆唇，浅斜弧腹，浅圈足微外撇，挖足较深，足内壁外斜。灰胎，胎质致密。玻璃质，釉层较厚，有开片，有小气泡，有紫、蓝色珍珠斑，器内外满釉，足底施护胎釉。口径17、底径6.4、高3.3厘米（图一三七，6）。

2007SYT1④：119，残。敞口，圆唇，折腹，圈足。灰色胎，胎质细净、致密。内外施满釉，外有流釉、积釉现象，釉下施化妆土，釉层较薄匀，釉质温润，釉面玻璃光泽，外底施护胎釉。口径21.4、底径8.2、高4.9厘米（图一三七，7）。

2007SYT1④：120，残。敞口，圆唇，斜弧腹，圈足。灰色胎，胎质较细净、致密。内外施满釉，开片，釉层偏厚匀，釉质莹润，釉面玻璃光泽，外底施护胎釉。有垫圈痕。口径14.6、底径5.2、高3.2厘米（图一三七，8）。

2007SYT1④：121，残。敞口，圆唇，斜弧腹，圈足。灰色胎，胎质细净、致密。通体施釉，釉色斑驳，釉层厚匀，釉质莹润，釉面玻璃光泽，外底有护胎釉。内底有支钉痕，外底有支珠痕。口径16.4、底径5.8、高3.4厘米（图一三七，9）。

2007SYT1④：122，残。敞口，圆唇，斜弧腹，圈足。灰黄色胎，胎质较细净、致密。外施半釉，开片，釉层薄匀，釉质莹润，釉面玻璃光泽。内底有一涩圈，涩圈内施釉。口径21.6、底径8.2、高4.4厘米（图一三七，10）。

2007SYT1④：123，残。敞口，圆唇，浅斜弧腹，圈足微外撇，挖足较深，足内壁外斜。香灰胎，胎质致密，足底施护胎釉。口径16.8、底径6.6、高3.1厘米（图一三七，11）。

2007SYT1④：124，残。敞口，圆唇，浅弧腹，圈足外撇，足内壁外斜。灰白胎，胎体较

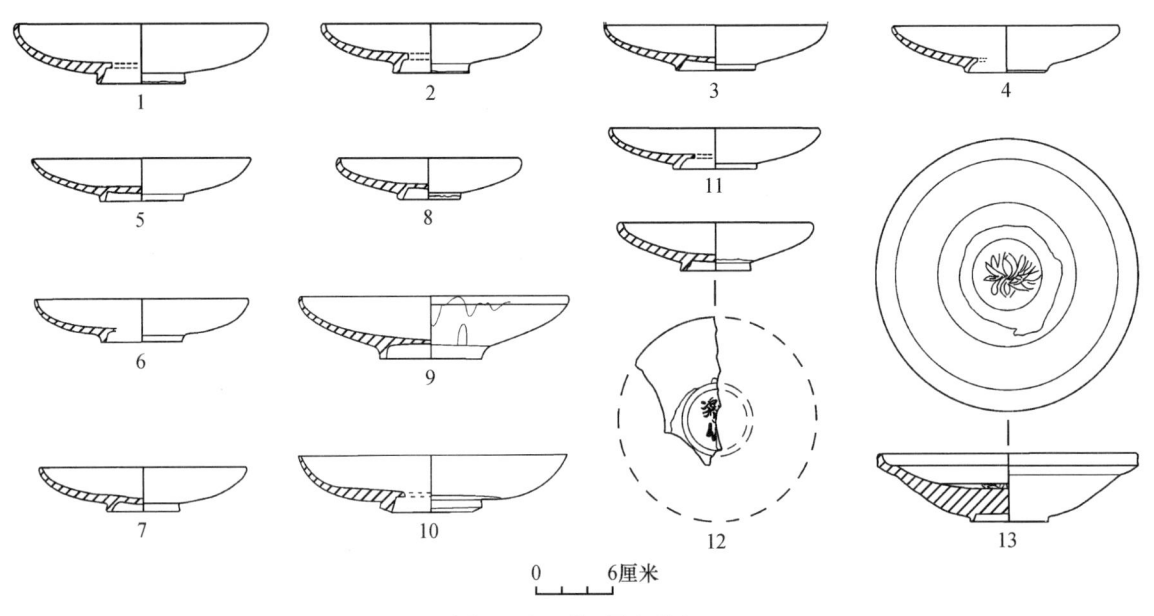

图一三七　第4层青釉盘

1. 2007SYT1④：113　2. 2007SYT1④：114　3. 2007SYT1④：115　4. 2007SYT1④：116　5. 2007SYT1④：117
6. 2007SYT1④：118　7. 2007SYT1④：119　8. 2007SYT1④：120　9. 2007SYT1④：121　10. 2007SYT1④：122
11. 2007SYT1④：123　12. 2007SYT1④：124　13. 2007SYT1④：98

厚，胎质较致密。玻璃质，釉层较厚，有开片，有小气泡，有紫色斑点，器内满釉，器外施釉不及底。足心有墨书字迹，器底有明显修胎切削痕迹，足底有斜弧面。口径15.6、底径5.6、高3.7厘米（图一三七，12）。

2007SYT1④∶98，残。敞口，斜折沿，圆唇，弧腹，小圈足。灰色胎，胎质细净、较疏松。内施釉不满，外施满釉，釉下施化妆土。内底有垫饼痕。口径20.8、底径6.2、高5.2厘米（图一三七，13；图版五〇，3）。

杯　1件。

2007SYT1④∶126，残。敞口，圆唇，弧腹，高圆柄，平底内凹。灰色胎，胎质较细净、致密。通体施釉，釉层偏厚匀，釉质莹润，釉面玻璃光泽，有开片现象。口径9.4、底径3、高8.5厘米（图一三八，1；图版五三，2）。

盆　1件。

2007SYT1④∶127，残。敞口，翻唇，弧腹，平底。灰色胎，胎质较细净。内外施满釉，开片，釉下施化妆土，釉层较薄匀，釉质莹润，釉面玻璃光泽。沿边点彩。口径30.8、底径19.9、高11厘米（图一三八，2）。

7. 青釉印花

共2件。

碗　1件。

2007SYT1④∶66，残。侈口，圆唇，弧腹，圈足。灰色胎，胎质较细净、致密。内施半釉，外施满釉，釉层厚匀，釉质温润，釉面玻璃光泽。器内有印花纹饰，内底有一涩圈，涩圈内施釉。口径16.2、底径6.4、高8.2厘米（图一三九，1）。

盏　1件。

2007SYT1④∶270，残。敞口，圆唇，弧腹，小浅圈足。灰白色胎，胎质细净、较致密。通体施釉，有流釉现象，釉下施化妆土。内底有支钉痕，内有缠枝菊印花纹饰。口径9.4、底径2.8、高4.1厘米（图一三九，2）。

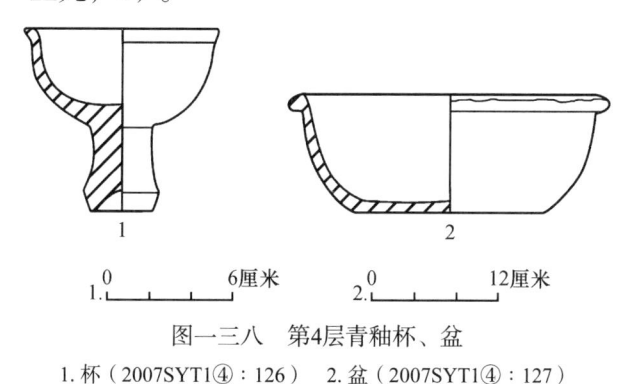

图一三八　第4层青釉杯、盆
1. 杯（2007SYT1④∶126）　2. 盆（2007SYT1④∶127）

8. 青釉划花

共8件。

盏　8件。

2007SYT1④：265，残。敞口，圆唇，弧腹，圈足。灰黄色胎，胎质较疏松。内外施满釉，外有露胎现象，釉下施化妆土。内底有支钉痕，内有弦纹、兰花划花纹饰。口径10.3、底径3.2、高4.3厘米（图一三九，4；图版五六，3、4）。

2007SYT1④：266，残。敞口，圆唇，弧腹，圈足。灰白色胎，胎质细净、较致密。内外施满釉，釉下施化妆土。内底有支钉痕，有划花纹饰。口径10、底径3.8、高3.9厘米（图一三九，3）。

2007SYT1④：267，残。敞口，翻唇，弧腹，圈足。青黄色胎，胎质较细净、致密。内外施满釉，釉下施化妆土，釉层薄匀，釉质莹润，釉面玻璃光泽。内底有支钉痕，外底有支珠痕，内有划花纹。口径8.6、底径3.4、高3.9厘米（图一三九，5）。

2007SYT1④：268，残。敞口，圆唇，弧腹，圈足。灰黄色胎，胎质细净、较致密，胎体薄。内外施满釉，釉下施化妆土，釉质薄匀、莹润。器内饰划花草叶纹，外底有垫圈痕。口径10.4、底径3、高4.2厘米（图一三九，6）。

2007SYT1④：269，残。敞口，圆唇，弧腹，圈足。灰黄色胎，胎质细净、较致密，胎体薄匀。内外施满釉，外有流釉、积釉、漏釉现象，釉下施化妆土，釉层薄，釉质莹润。内有划花荷花纹饰，外底有垫圈痕。口径10.5、底径3.2、高4.1厘米（图一三九，7）。

2007SYT1④：271，残。敞口，圆唇，弧腹，圈足。灰色胎，胎质较细净。内外施满釉，釉下施化妆土，釉层薄匀，釉质莹润，釉面玻璃光泽。内底有支钉痕，内腹底有弦纹、草叶纹划花。口径9.8、底径3、高4.4厘米（图一三九，8）。

2007SYT1④：272，残。敞口，圆唇，弧腹，圈足。灰白色胎，胎质细净、较致密。内外施满釉，有流釉现象，釉下施化妆土。内底有支钉痕，内有牡丹纹划花。口径9.8、底径3.8、高3.9厘米（图一三九，9）。

2007SYT1④：273，残。敞口，圆唇，斜弧腹，圈足。灰白色胎，胎质较疏松。内外施满釉，外有流釉、积釉现象，釉下施化妆土。内底有支钉痕，内有牡丹纹划花。口径10.6、底径3.8、高4.2厘米（图一三九，10）。

9. 青白釉

共6件。

盘　4件。

2007SYT1④：128，残。敞口，圆唇，弧腹，圈足。灰色胎，胎质细净、较疏松。内外施满釉，釉下施化妆土。外底有垫圈痕。口径16.4、底径6.4、高3.6厘米（图一四〇，1）。

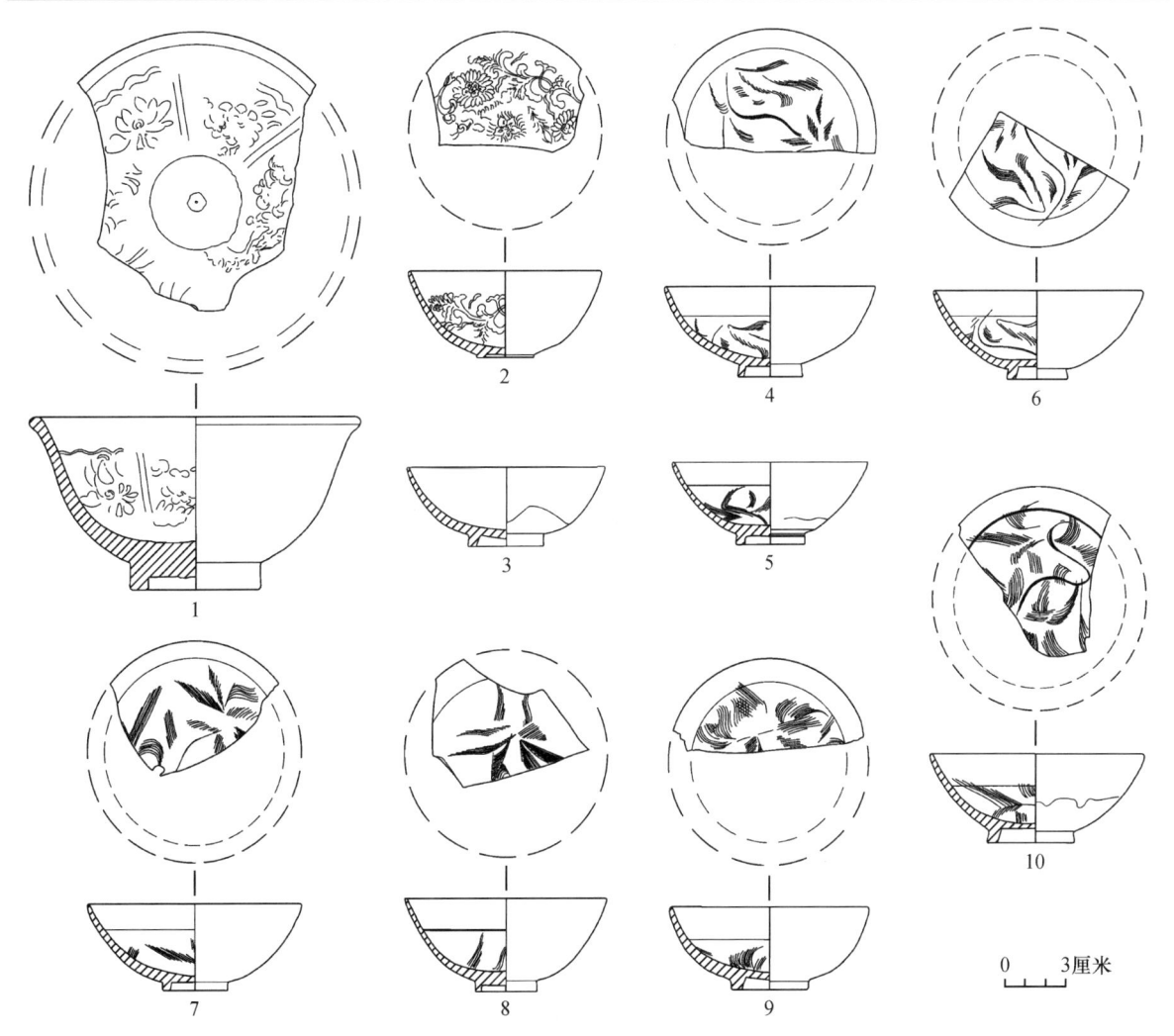

图一三九　第4层青釉印花、划花瓷器

1.印花碗（2007SYT1④：66）　2.印花盏（2007SYT1④：270）　3~10.划花盏（2007SYT1④：266、2007SYT1④：265、2007SYT1④：267、2007SYT1④：268、2007SYT1④：269、2007SYT1④：271、2007SYT1④：272、2007SYT1④：273）

2007SYT1④：129，残。直口，圆唇，斜弧腹，圈足。灰黄色胎，胎质较细净、致密。内施满釉，外施釉不及底，釉层偏厚，釉质温润，釉面哑光。外底心隆起。口径15、底径6、高3.6厘米（图一四〇，2）。

2007SYT1④：130，残。敞口，尖唇，斜弧腹，平底。白色胎，胎质细净、致密。内外施满釉，釉面有开片，釉下施化妆土。外底有垫饼痕。口径12.2、底径5、高3厘米（图一四〇，3）。

2007SYT1④：131，残。侈口，圆唇，斜弧腹，圈足。灰黄色胎，胎质细净、较致密。通体施釉，釉下施化妆土。内底有支钉痕。口径12.6、底径7、高2.8厘米（图一四〇，4）。

盒　1件。

2007SYT1④：132，残。子母口，子口内敛，圆唇，折腹，平底内凹。白色胎，胎质细净、致密。内外施满釉，釉层薄匀，釉质莹润，釉面玻璃光泽。盒体为团菊形状。口径6.6、底径5.7、腹径7.6、高2.8厘米（图一四〇，5；图版六一，4）。

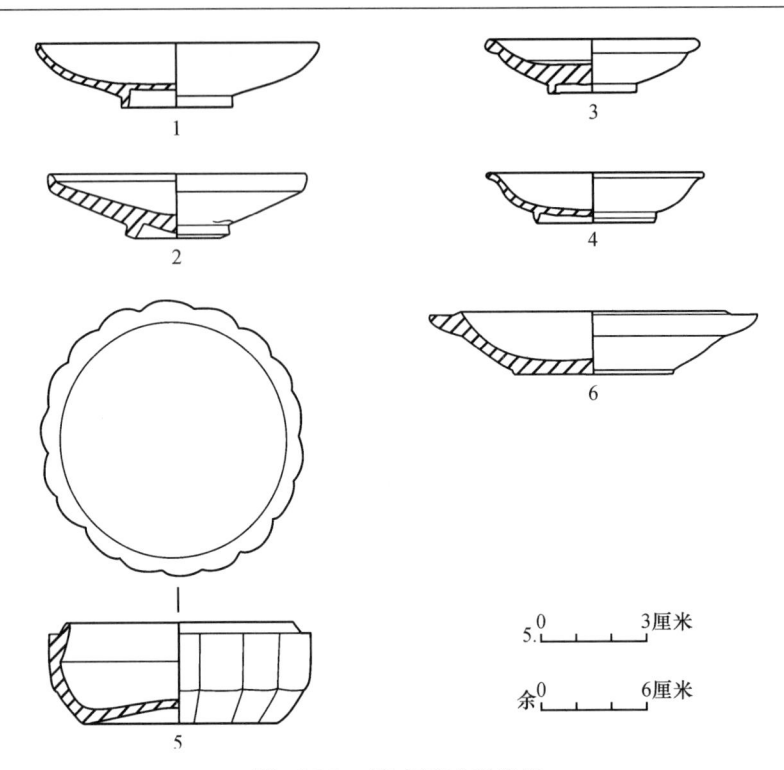

图一四〇　第4层青白釉瓷器

1~4.盘（2007SYT1④:128、2007SYT1④:129、2007SYT1④:130、2007SYT1④:131）　5.盒（2007SYT1④:132）
6.器盖（2007SYT1④:133）

器盖　1件。

2007SYT1④:133，残。盝顶面，宽沿，圆唇，子母口。灰色胎，胎质较细净。面施满釉，内不施釉，釉下施化妆土，釉层较薄匀，釉质莹润，釉面玻璃光泽。口径15、底径9、通径18.8、高3.5厘米（图一四〇，6；图版六〇，5）。

10. 酱釉

共16件。

碗　1件。

2007SYT1④:171，残。敞口，卷唇，弧腹，圈足微内收、挖足浅、足内壁外斜。灰褐胎，胎体厚重，胎质较致密。莹润，釉层薄，器内外施釉不及底，有流釉现象。器底有明显修胎切削痕迹。口径18.8、底径6.8、高7.1厘米（图一四一，1）。

盏　8件。

2007SYT1④:172，残。直口，圆唇，弧腹，圈足微撇，足内壁外斜。灰褐胎，胎质较致密。莹润，口沿呈酱色，器内满釉，器外半釉，有流釉现象，釉下施化妆土。器底有修胎切削痕迹。口径10、底径5.6、高4.6厘米（图一四一，2；图版六九，5）。

2007SYT1④:174，残。敛口，圆唇，鼓弧腹，圈足、足内壁外斜。灰胎，胎质较致密。

莹润，釉层薄，芒口，器内满釉，器外半釉。器底有明显修胎旋切痕迹。口径10、底径4.2、高4.5厘米（图一四一，3）。

2007SYT1④：176，残。敞口，圆唇，斜弧腹，平底。灰黄色胎，胎质细净、较致密。内外施满釉，釉下施化妆土。内底有支钉痕。口径9.2、底径3、高3.8厘米（图一四一，4）。

2007SYT1④：177，残。敞口，圆唇，弧腹，圈足。内外施半釉，外有流釉、积釉现象。土黄色胎，胎质较细净、致密。釉层薄匀，釉质乳状，釉面玻璃光泽。内底有一涩圈，涩圈内施釉。口径13、底径5.2、高4.6厘米（图一四一，6）。

2007SYT1④：179，残。敞口，圆唇，弧腹，平底。姜黄色胎，胎质较粗糙、疏松、夹砂。内施满釉，有流釉、积釉现象，内外釉面开片，釉下施化妆土，釉层偏厚，釉质莹润，釉面玻璃光泽。内底有支钉痕。口径9.1、底径3.8、高3.1厘米（图一四一，7）。

2007SYT1④：180，残。敞口，翻唇，斜直腹，圈足。灰色胎，胎质较细净、致密。内外施满釉，外有露胎现象，釉层薄匀，釉面玻璃光泽。内外底有支钉痕。口径7.4、底径4.3厘米、高2.8厘米（图一四一，5）。

2007SYT1④：224，残。敞口，圆唇，斜弧腹，圈足。灰色胎，胎质细净、致密。内施满釉，外施釉不及底，内外釉面发银光，釉层薄匀。外底足面外斜，底心有墨书文字。口径10.8、底径3.8、高5.2厘米（图一四一，8）。

2007SYT1④：250，残。敞口，圆唇，弧腹，圈足。青白色胎，胎质较疏松。内施满釉，外施釉至腹下部，釉下施化妆土。外底有垫饼痕。口径11.4、底径4.2、高5.8厘米（图一四一，9）。

碟　1件。

2007SYT1④：178，残。敞口，平唇，斜腹折收，圈足。灰黄色胎，胎质较致密。内施满釉，外仅口沿处施釉，外有流釉、积釉现象，釉下施化妆土。外底有支珠痕。口径9.8、底径5.2、高2.3厘米（图一四一，12）。

盘　5件。

2007SYT1④：181，残。敞口，圆唇，折腹，圈足。灰黄色胎，胎质较细净、致密。内外施半釉，内有开片现象，釉层较薄匀，釉质温润，釉面玻璃光泽。内底有一涩圈，涩圈内施釉。口径14.4、底径5.4、高3.4厘米（图一四一，13）。

2007SYT1④：182，残。敞口，圆唇，浅弧腹，圈足微撇，足内壁外斜。灰胎，胎质较疏松。莹润，器内底涩圈，器外近口沿施釉。器底有明显修胎切削痕迹，足底有斜弧面，足心有小凸起。口径18.4、底径6.4、高3.6厘米（图一四一，10）。

2007SYT1④：183，残。敞口，圆唇，斜弧腹，圈足。灰黄色胎，胎质较疏松。内施釉不满，外施半釉，釉下施化妆土。内底有垫圈痕。口径18.4、底径6.4、高4.8厘米（图一四一，11）。

2007SYT1④：184，残。敞口，圆唇，斜弧腹，圈足。灰色胎，胎质较粗糙、疏松、夹砂。内外施半釉，釉层薄匀，釉质莹润，釉面玻璃光泽。内底有一涩圈，涩圈内施釉。口径19.6、底径6、高4.4厘米（图一四一，14）。

2007SYT1④：185，残。敞口，圆唇，斜弧腹，圈足。黄白色胎，胎质较细净、致密。内

图一四一 第4层酱釉瓷器

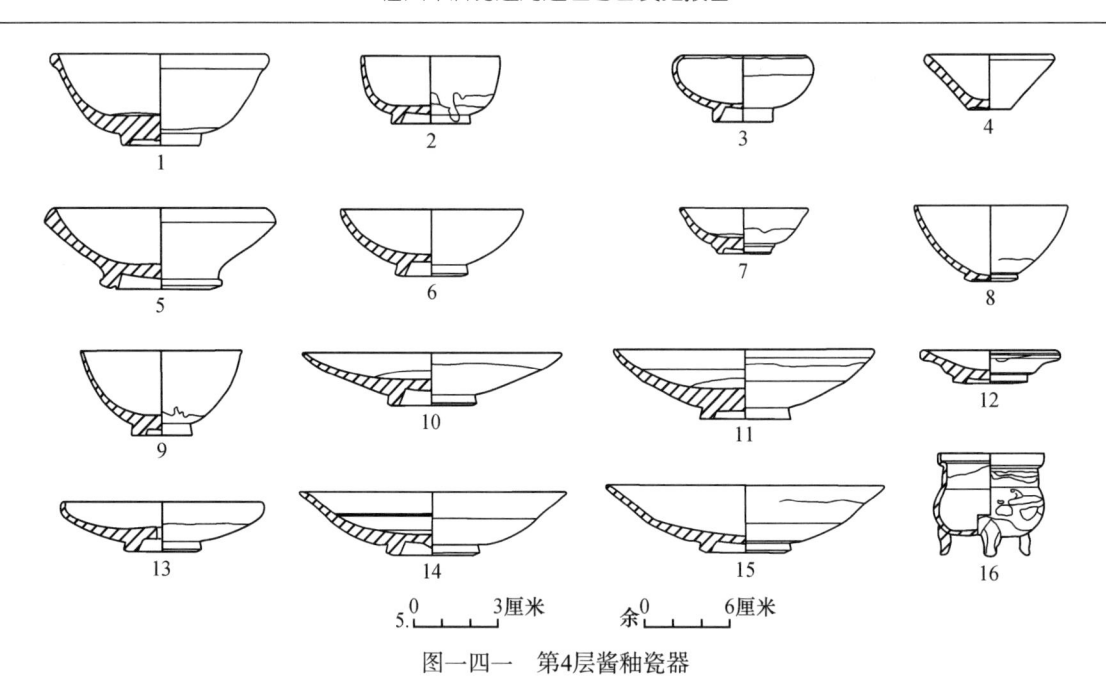

1. 碗（2007SYT1④：171） 2~9. 盏（2007SYT1④：172、2007SYT1④：174、2007SYT1④：176、2007SYT1④：180、2007SYT1④：177、2007SYT1④：179、2007SYT1④：224、2007SYT1④：250） 10、11、13~15. 盘（2007SYT1④：182、2007SYT1④：183、2007SYT1④：181、2007SYT1④：184、2007SYT1④：185） 12. 碟（2007SYT1④：178） 16. 炉（2007SYT1④：279）

施半釉，外近口沿施釉，釉层薄匀，釉面玻璃光泽。内底有一涩圈，涩圈内施釉，外底有支钉痕。口径19.6、底径6.5、高4.6厘米（图一四一，15）。

炉　1件。

2007SYT1④：279，残。盘口，圆唇，颈外撇，鼓腹，圆底，三个象鼻足。灰色胎，胎质较细净。内体不施釉，内口至外腹施釉，釉层偏薄，釉质清亮莹润，釉面玻璃光泽。外釉下有橘黄色彩绘纹饰。口径7.4、高7厘米（图一四一，16；图版七〇，5）。

11. 黑釉

共32件。

碗　8件。

2007SYT1④：186，残。敞口，圆唇，弧腹，圈足。青白色胎，胎质较细净、致密。内施满釉，外施釉不及底，有流釉、积釉现象，釉层薄匀，釉质莹润，釉面玻璃光泽。内外釉面有兔毫发丝纹，腹下露胎处有墨书"王友亮"文字，外底心有墨书"王"字。口径12.8、底径4.4、高6.7厘米（图一四二，1）。

2007SYT1④：187，残。侈口，圆唇，弧腹，圈足。青灰色胎，胎质较疏松。内施满釉，外施釉至腹下部，外有流釉、积釉现象，釉下施化妆土。外底有垫圈痕。口径13.8、底径4.6、高5.9厘米（图一四二，2）。

2007SYT1④：188，残。敞口，圆唇，弧腹，圈足外撇，挖足较浅。灰黄胎，胎质较疏松。莹润，器内满釉，器外施釉不及底，有银油滴斑。器底有修胎切削痕迹，足底有斜弧面，足心微凸。口径13.2、底径4.6、高6.7厘米（图一四二，3）。

2007SYT1④：189，残。敞口，尖唇，弧腹，圈足外撇，挖足浅，呈璧形。灰白胎，胎质致密。外罩褐色胎衣。玻璃质，釉面有小气泡，器内满釉，器外施半釉，釉线不齐，有积釉现象，口沿呈酱色。器底有修胎切削痕迹。口径14、底径5.2、高6.2厘米（图一四二，4）。

2007SYT1④：190，残。敞口，圆唇微敛，弧腹，圈足外撇，挖足较浅。灰黄胎，胎质较疏松。玻璃质，釉面有小气泡，器内近口沿和器外呈酱色，有兔毫斑，器内满釉，器外近口沿施釉，有流釉现象。器底有修胎切削痕迹，足底有斜弧面。口径14、底径5、高6.5厘米（图一四二，5）。

2007SYT1④：191，残。敞口，圆唇微撇，弧腹，圈足外撇。灰黄胎，胎质较致密。玻璃质，釉面有小气泡，器内近口沿和器外下端呈酱色，器内满釉，器外施釉不及底，有流釉现象。器底有修胎切削痕迹，足底有斜弧面，足心微凸。口径15.6、底径6.2、高6.8厘米（图一四二，6）。

2007SYT1④：192，残。敛口，圆唇，曲弧腹，圈足。灰黄色胎，胎质较细净、致密。内施满釉，外施半釉，有流釉、积釉现象，内釉面有银色耀斑，釉层较薄，釉质乳状，釉面玻璃光泽。口径15、底径5.6、高5.7厘米（图一四二，7）。

2007SYT1④：206，残。敞口，圆唇微撇，弧腹，圈足微撇，足心小凸起。灰胎，胎质较致密。通体施釉，莹润，釉层薄匀，内白釉，外口沿至上腹白釉，下腹至足心酱釉，白釉有开

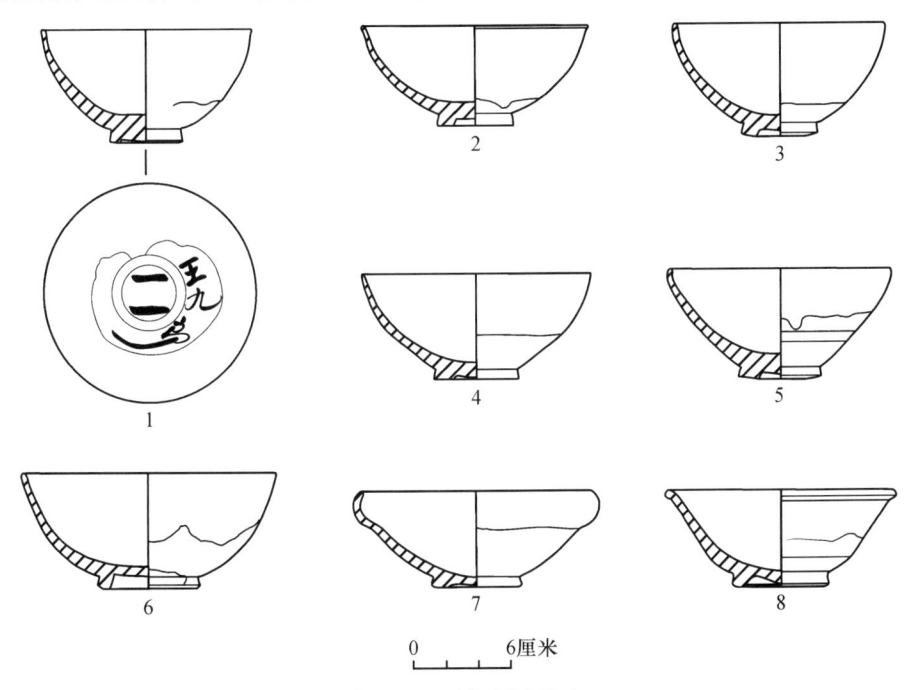

图一四二　第4层黑釉碗
1. 2007SYT1④：186　2. 2007SYT1④：187　3. 2007SYT1④：188　4. 2007SYT1④：189　5. 2007SYT1④：190　6. 2007SYT1④：191
7. 2007SYT1④：192　8. 2007SYT1④：206

片，釉面有小气泡，白釉下施化妆土。口径14.4、底径6、高5.8厘米（图一四二，8）。

盏　24件。

2007SYT1④：195，残。敞口，卷唇，弧腹，器内底呈浅凹弧面，圈足微撇，挖足浅。灰胎，胎质较致密。外施褐色胎衣。玻璃质，釉面有小气泡，有兔毫斑，口沿呈酱色，器内满釉，器外半釉，有流釉、积釉现象。足底有支烧隔砂痕，器底有修胎切削痕迹。口径12.5、底径3.8、高5.2厘米（图一四三，5）。

2007SYT1④：197，残。敞口，圆唇微撇，弧腹，圈足，挖足较浅，足底微斜。灰白胎，胎质较致密。玻璃质，釉面有小气泡，口沿呈酱色，器内满釉，器外施釉不及底，有流釉、积釉现象，有油滴斑。器底有修胎切削痕迹。口径12.5、底径5、高5.9厘米（图一四三，1）。

2007SYT1④：198，残。微侈口，圆唇，弧腹，圈足。青白色胎，胎质较细净、致密。内施满釉，外施釉不及底，釉层薄匀，釉质莹润，釉面玻璃光泽。内釉面呈橘皮状。口径14、底径4.4、高5.8厘米（图一四三，2）。

2007SYT1④：201，残。敞口，圆唇微撇，弧腹，圈足外撇、挖足浅。灰白胎，胎质较致密。玻璃质，釉面有小气泡，有兔毫斑，近口沿及器外下端呈酱色，器内满釉，器外施釉不及底，有流釉现象。器底有修胎切削痕迹，足底有斜弧面。口径12.2、底径4.2、高5.8厘米（图一四三，3）。

2007SYT1④：203，残。敞口，尖唇，弧腹，圈足外撇，挖足浅。灰胎，胎质致密。外罩褐色胎衣。玻璃质，釉面有小气泡，器内满釉，器外施半釉，有流釉、积釉现象，口沿呈酱色。器底有修胎旋切痕迹，足底缘有斜面。口径13.4、底径4、高5.5厘米（图一四三，4）。

2007SYT1④：218，残。微侈口，圆唇，弧腹，圈足。黄白色胎，胎质细净、较致密。内施满釉，外施半釉，有流釉现象，釉层薄匀，釉面玻璃光泽，内釉面呈橘皮状。口径12.6、底径4、高5.8厘米（图一四三，6）。

2007SYT1④：220，残。敞口，圆唇，弧腹，圈足外撇。灰白胎，胎质致密。玻璃质，釉面有小气泡，器内满釉，器外施釉不及底，有流釉、积釉现象，口沿呈酱色，器外呈黑、酱杂色。器底有修胎切削痕迹。口径12.8、底径4.6、高5.6厘米（图一四三，7）。

2007SYT1④：219，残。敞口，圆唇，斜弧腹，圈足外撇，挖足浅。灰白胎，胎质致密。玻璃质，釉面有小气泡，器内满釉，器外施釉不及底，口沿呈黑酱色。器底有修胎切削痕迹，足底有弧面，足心有小凸起。口径12、底径4、高5厘米（图一四三，8）。

2007SYT1④：221，残。敞口，圆唇，弧腹，圈足微撇。灰胎，胎质较致密，外施黑色胎衣。玻璃质，釉面有小气泡，器内满釉，器外半釉，有流釉、积釉现象，口沿及器外下端呈酱色。器底有修胎切削痕迹。口径13、底径4、高5.3厘米（图一四三，9）。

2007SYT1④：222，残。敞口，圆唇，弧腹，圈足。灰色胎，胎质较细净、致密。内施满釉，外施釉不及底，釉层薄匀，釉质莹润，釉面玻璃光泽。内外釉面有兔毫发丝，外施护胎釉至底，削足。口径14、底径4.6、高5.8厘米（图一四三，10）。

2007SYT1④：173，残。直口，圆唇，弧腹，圈足微撇，足内壁外斜。灰胎，胎质较致

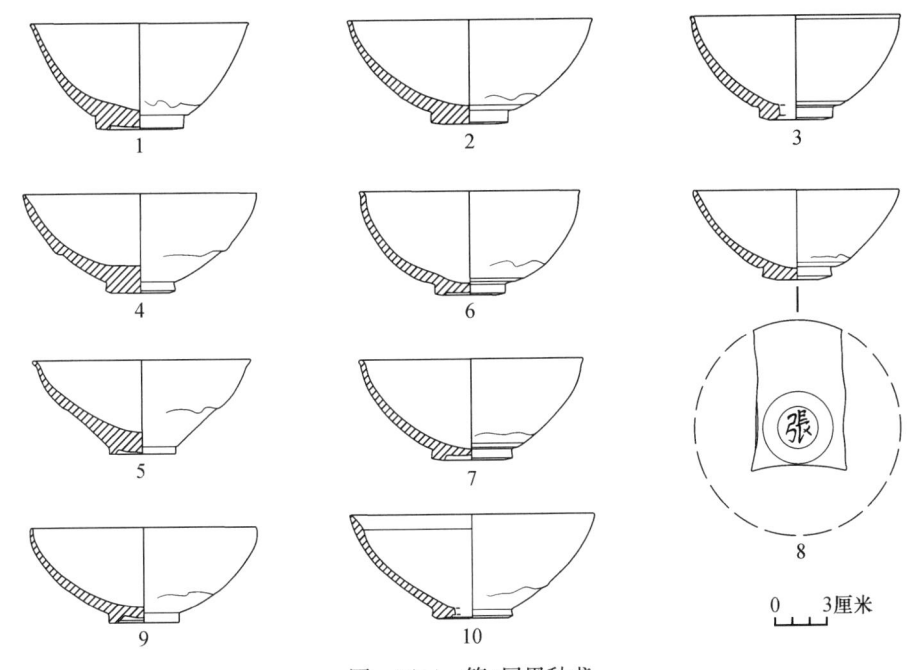

图一四三　第4层黑釉盏

1. 2007SYT1④:197　2. 2007SYT1④:198　3. 2007SYT1④:201　4. 2007SYT1④:203　5. 2007SYT1④:195
6. 2007SYT1④:218　7. 2007SYT1④:220　8. 2007SYT1④:219　9. 2007SYT1④:221　10. 2007SYT1④:222

密。莹润，芒口，器内满釉，器外施釉不及底，有流釉现象。器底有修胎切削痕迹。口径10.2、底径4.4、高5厘米（图一四四，1）。

2007SYT1④:175，残。直口，圆唇，直腹至底斜内收，圈足微撇。灰黄胎，胎体较厚重，胎质较致密。玻璃质，器内满釉，器外施釉不及底，有积釉现象。器底有修胎切削痕迹，足底缘有斜面，足心有小凸起。口径11、底径6.4、高4.5厘米（图一四四，2）。

2007SYT1④:193，残。侈口，圆唇，弧腹，圈足。灰白色胎，胎质较致密。内施满釉，外施釉至腹下部，釉下施化妆土。外底有垫圈痕。口径12.8、底径4.4、高5.5厘米（图一四四，3）。

2007SYT1④:194，残。敞口，圆唇，弧腹，圈足。灰色胎，胎质较细净、致密。内施满釉，外施釉不及底，釉层较薄匀，釉质莹润，釉面玻璃光泽。口径11.3、底径4.4、高5.4厘米（图一四四，4）。

2007SYT1④:196，残。敞口，圆唇微撇，弧腹，圈足外撇、挖足浅，足底微斜。灰白胎，胎质较致密。玻璃质，釉面有小气泡，器内满釉，器外施釉不及底，下端积釉，口沿呈酱色，有油滴斑。器底有修胎切削痕迹。口径13、底径4.8、高5.9厘米（图一四四，6）。

2007SYT1④:199，残。敞口，圆唇，弧腹，圈足外撇，挖足浅。灰白胎，胎质较致密。玻璃质，釉面有小气泡，器内满釉，器外施釉不及底，口沿呈黑酱色。器底有修胎切削痕迹，足底有斜面。口径13.2、底径4.4、高6.2厘米（图一四四，7）。

2007SYT1④:200，残。敞口，圆唇，斜弧腹，圈足。淡灰色胎，胎质较细净、致密。内施满釉，外施半釉，釉面呈橘皮状，釉层较薄匀，釉质莹润，釉面玻璃光泽。口径13.7、底径4.5、高6厘米（图一四四，8）。

2007SYT1④：202，残。敞口，圆唇微撇，弧腹，圈足外撇、挖足浅。灰白胎，胎质较致密。玻璃质，釉面有小气泡，有兔毫斑，近口沿及器外下端呈酱色，器内满釉，器外施釉不及底，有流釉现象。器底有修胎切削痕迹，足底有斜弧面。口径11.6、底径6.8、高3.8厘米（图一四四，10）。

2007SYT1④：207，残。敞口，圆唇微撇，弧腹，圈足微撇、足心微凸。灰胎，胎质较致密。通体施釉，莹润，釉层薄匀，内白釉，外口沿至上腹白釉，下腹至足心黑釉。口径10.8、底径4.4、高4.6厘米（图一四四，5）。

2007SYT1④：223，残。敞口，圆唇，斜弧腹，圈足。灰黄色胎，胎质较疏松。内施满釉，外施釉至腹下部，釉下施化妆土。外底有垫圈痕。口径11.8、底径4.8、高5.2厘米（图一四四，11）。

2007SYT1④：225，残。敞口，圆唇，弧腹，圈足。灰黄色胎，胎质较疏松。内施满釉，外施釉至腹下部，外有流釉、积釉现象，釉下施化妆土。外底有垫饼痕，外底心有墨书文字。口径10.4、底径3.6、高4.7厘米（图一四四，9）。

2007SYT1④：251，残。侈口，圆唇，弧腹，圈足。黄白色胎，胎质较疏松。内施满釉，外施釉至腹下部，釉下施化妆土。外底有垫圈痕。口径10.8、底径4.6、高5.6厘米（图一四四，12）。

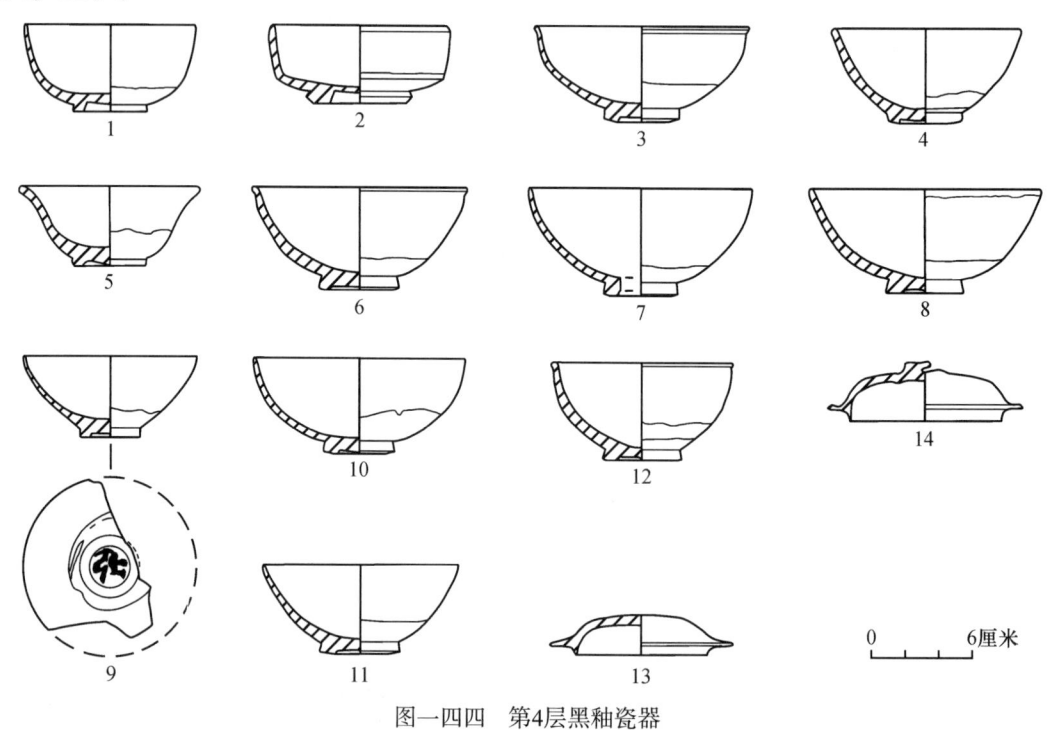

图一四四　第4层黑釉瓷器

1~12.盏（2007SYT1④：173、2007SYT1④：175、2007SYT1④：193、2007SYT1④：194、2007SYT1④：207、2007SYT1④：196、2007SYT1④：199、2007SYT1④：200、2007SYT1④：225、2007SYT1④：202、2007SYT1④：223、2007SYT1④：251）　13、14.器盖（2007SYT1④：276、2007SYT1④：204）

器盖　2件。

2007SYT1④：276，残。弧面，宽沿，圆唇，子母口。灰白色胎，胎质较细净、致密。面施满釉，釉层厚薄不匀，釉质莹润，釉面玻璃光泽。口径7.6、外直径10.8、高2.3厘米（图一四四，13）。

2007SYT1④：204，残。小圆柱形盖纽、边有条形系，圆盔型盖体，宽边沿微翘，盖底口圆唇微敛，将军盖。灰白胎，胎质细腻、致密。玻璃质，盖外满釉，盖内无釉，有积釉现象，边沿和盖纽边缘呈酱色。口径8、外直径11.6、高3.5厘米（图一四四，14）。

12. 钧釉

共53件。

碗　6件。

2007SYT1④：134，残。敞口，圆唇，弧腹，圈足。灰黄色胎，胎质较疏松。内施满釉，外施釉不及底，开片，外有流釉、积釉现象，釉层偏厚，釉质莹润，釉面玻璃光泽。外底心隆起。口径21、底径6.4、高9.6厘米（图一四五，1）。

2007SYT1④：135，残。敞口，圆唇，斜弧腹，圈足微撇，足内壁微外撇。香灰胎，胎质致密。玻璃质，有小气泡，釉层较厚，器内外满釉，足底无釉。口径23.2、底径7.5、高8.6厘米（图一四五，2）。

2007SYT1④：136，残，缺口沿。弧腹，圈足。灰色胎，胎质较细净、致密。内外施釉不及底，有积釉现象，釉层偏厚，釉质莹润若玉，釉面玻璃光泽。口径19.2、底径7.2、高7.8厘米（图一四五，3）。

2007SYT1④：137，残。敞口，圆唇，深弧腹，圈足微外撇、挖足较深，足内壁外斜。青灰胎，胎质致密。玻璃质，有开片，有小气泡，釉层较厚，器内满釉，器外施釉不及底，有流釉现象。器外有窑变色斑。口径21.4、底径6、高9.6厘米（图一四五，4）。

2007SYT1④：138，残。敞口，圆唇，深弧腹，圈足外撇、足内壁外斜。灰褐胎，胎质较致密。近口沿为孔雀绿釉，下部为孔雀蓝釉，玻璃质，有开片，有气泡，器内满釉，器外施釉不及底，下端有积釉现象。器底有明显修胎旋切痕迹。口径20.6、底径6.2、高8.4厘米（图一四五，5）。

2007SYT1④：139，残。敞口，圆唇，深弧腹，圈足外撇、足内壁外斜。灰褐胎，胎质较致密。近口沿为孔雀绿釉，下部为孔雀蓝釉，玻璃质，有开片，有气泡，器内满釉，器外施釉不及底，下端有积釉现象。器底有明显修胎旋切痕迹。口径20.2、底径6.1、高8.5厘米（图一四五，6）。

盏　16件。

2007SYT1④：78，残。敞口，圆唇，直弧腹，圈足、挖足较深，足内壁外斜，足底心微凸。灰胎，胎质致密。玻璃质，有开片，器内满釉，器外施釉不及底。口径10.6、底径4.8、高

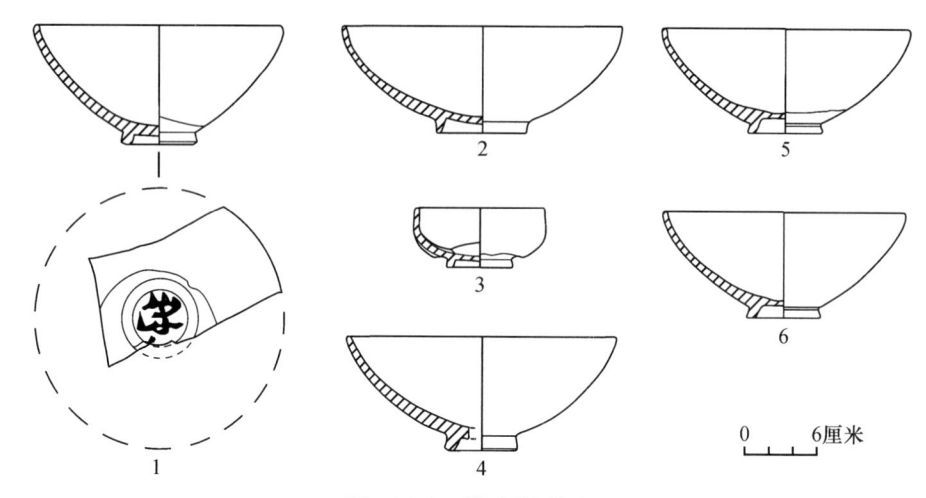

图一四五　第4层钧釉碗
1.2007SYT1④∶134　2.2007SYT1④∶135　3.2007SYT1④∶136　4.2007SYT1④∶137　5.2007SYT1④∶138
6.2007SYT1④∶139

5厘米（图一四六，1）。

2007SYT1④∶79，残。直口，圆唇微敛，鼓弧腹，圈足外撇。香灰胎，胎质致密。玻璃质，有开片，器内外满釉，底部有积釉现象，足底施护胎釉。口径10.1、底径4.8、高4.7厘米（图一四七，1）。

2007SYT1④∶140，残。敛口，圆唇，弧腹，圈足，足外撇，底心凸形成乳钉状。灰色胎，胎质较细净、疏松。内施满釉，外施釉不及底，釉层偏厚匀，釉质莹润，釉面玻璃光泽。匣钵装烧。口径9.4、底径3.2、高4.1厘米（图一四七，2）。

2007SYT1④∶141，残。敞口，圆唇，直弧腹，浅圈足微外撇，挖足较深，足内壁外斜。灰胎，胎质致密。玻璃质，有开片，有小气泡，器内外满釉，足底施护胎釉。口径11、底径4.8、高6.3厘米（图一四六，2）。

2007SYT1④∶142，残。敞口，圆唇，直弧腹，浅圈足微撇，挖足较深，足内壁外斜。青灰胎，胎质致密。玻璃质，有小气泡，器内外满釉，足部积釉，足底施护胎釉。口径11、底径5、高6.5厘米（图一四六，3）。

2007SYT1④∶231，残。敞口，圆唇，鼓腹，小圈足。淡灰色胎，胎质细净、较致密。内外施满釉，釉层薄匀，釉质莹润，釉面玻璃光泽。口径13、底径5.6、高7.6厘米（图一四七，3）。

2007SYT1④∶232，残。敛口，圆唇，鼓弧腹，圈足微撇。灰褐胎，胎体较厚重，胎质较致密。玻璃质，有小气泡，釉层较厚，有窑变紫斑，器内外施釉不及底，近底处有积釉现象。口径12.6、底径5.4、高5.1厘米（图一四七，4）。

2007SYT1④∶233，残。直口，圆唇，直弧腹，圈足微撇，足内壁外斜。灰胎，胎质较致密。玻璃质，有开片，有小气泡，器内外满釉，底部有积釉现象。器底有明显修胎旋切痕迹。口径11、底径5.4、高5厘米（图一四七，5；图版六七，2）。

2007SYT1④∶234，残。直口，尖唇，鼓弧腹，浅圈足。香灰胎，胎质致密。玻璃质，有开片，有小气泡，器内底心无釉，器外满釉，底部有积釉现象，足内无釉，足底施护胎釉。口径10.8、底径4.5、高5.8厘米（图一四六，4）。

2007SYT1④：235，残。敛口，尖圆唇，鼓腹，圈足。灰色胎，胎质细净、致密。内外施满釉，开片，釉层偏厚匀，釉质莹润，釉面玻璃光泽。圈足偏小，胎体最薄处在碗底，足施护胎釉。口径13.5、底径6.5、高7.2厘米（图一四六，5）。

2007SYT1④：236，残。敞口，圆唇，浅弧腹，圈足外撇。灰胎，胎质较疏松。玻璃质，有小开片，釉层薄，器内底涩圈，器外半釉，有积釉现象。器底有明显修胎切削痕迹，足底有斜面，足内壁外斜，足心有小凸起。口径9.2、底径3.8、高4.3厘米（图一四七，6）。

2007SYT1④：237，残。敞口，圆唇，浅斜弧腹，浅圈足，足内壁外斜。灰胎，胎质致密。玻璃质，有开片，有小气泡，器内满釉，器外施釉不及底，有流釉现象。口径9.2、底径3.3、高4厘米（图一四六，8）。

2007SYT1④：238，残。敞口，圆唇，弧腹，圈足微撇，足内壁外斜。灰胎，胎质较致密。玻璃质，有小气泡，器内满釉，器外施釉不及底，口沿呈绿色。口径11.2、底径3.6、高5厘米（图一四七，7）。

2007SYT1④：239，残。直口，尖唇，鼓弧腹，圈足外撇。香灰胎，胎质致密。玻璃质，有开片，有小气泡，器内底心无釉，器外满釉，底部有积釉现象，足底施护胎釉。口径10.2、底径5.5、高5.9厘米（图一四六，6）。

2007SYT1④：240，残。敞口，圆唇，直弧腹，浅圈足微外撇，足内壁外斜。灰褐胎，胎质致密。玻璃质，有开片，有小气泡，器内外施釉不及底，近底处积釉。口径10、底径4.8、高5.2厘米（图一四六，7）。

2007SYT1④：241，残。直口，圆唇，直弧腹，圈足微撇，足内壁外斜。香灰胎，胎质致密。玻璃质，有开片，有小气泡，器内外施釉不及底，下端有流釉、积釉现象。足底、墙施护胎釉。口径11.2、底径5.8、高6.2厘米（图一四七，8；图版六七，1）。

碟　8件。

2007SYT1④：143，残。敞口，圆唇，弧腹，圈足。灰色胎，胎质较细净、致密。内施满

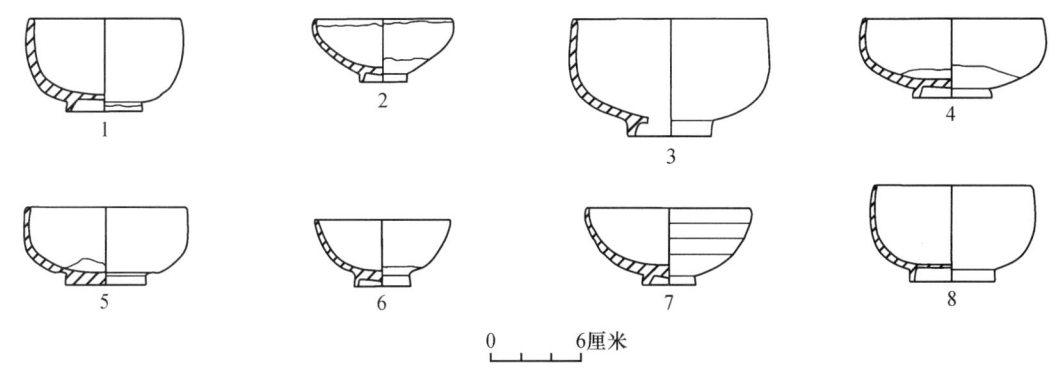

图一四六　第4层钧釉盏
1. 2007SYT1④：78　2. 2007SYT1④：141　3. 2007SYT1④：142　4. 2007SYT1④：234　5. 2007SYT1④：235　6. 2007SYT1④：239　7. 2007SYT1④：240　8. 2007SYT1④：237

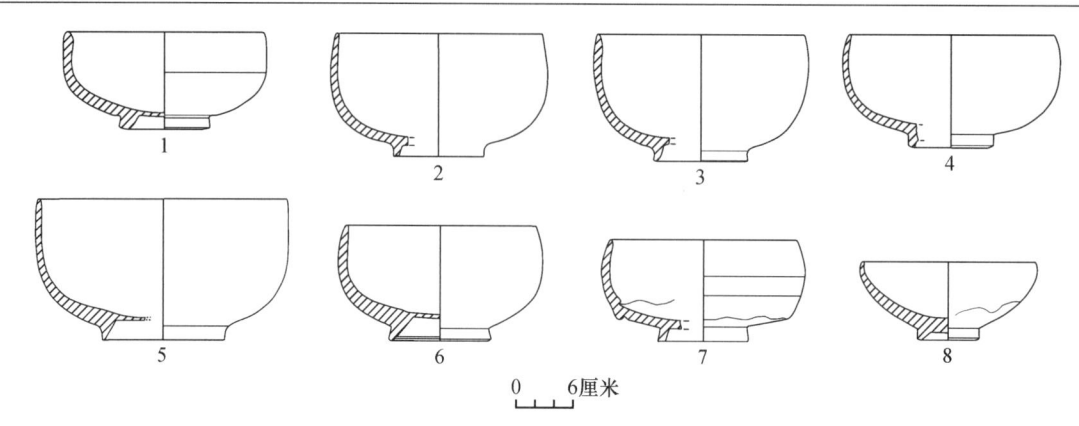

图一四七 第4层钧釉盏
1. 2007SYT1④:79 2. 2007SYT1④:140 3. 2007SYT1④:231 4. 2007SYT1④:232 5. 2007SYT1④:233
6. 2007SYT1④:236 7. 2007SYT1④:238 8. 2007SYT1④:241

釉，外施半釉，开片，釉层厚匀，釉质莹润，釉面玻璃光泽。内底有支钉痕。口径10.2、底径4.6、高2.1厘米（图一四八，1）。

2007SYT1④:144，残。敞口，圆唇，斜弧腹，圈足。灰色胎，胎质细净、致密。内施满釉，外施釉不及底，有开片现象，釉层厚匀，釉质温润，釉面玻璃光泽。口径10.2、底径4.2、高2.1厘米（图一四八，2）。

2007SYT1④:145，残。敞口，圆唇，斜浅弧腹，浅圈足，挖足较深，足内壁外斜。灰胎，胎质致密。玻璃质，釉层较厚，有开片，有小气泡，有紫、蓝色珍珠斑，器内外满釉，圈足内无釉。口径11.8、底径4、高2.5厘米（图一四八，3）。

2007SYT1④:146，残。敞口，翻唇，窄折沿，浅弧腹，圈足微撇、足内壁外斜、足底微弧、挖足较深。灰胎，胎质细腻致密。杂有月白色，玻璃质，有开片，有小气泡，釉层较厚，器内外满釉，足底无釉，有积釉现象。口径13、底径4.5、高3厘米（图一四八，4）。

2007SYT1④:147，残。敞口，翻唇，浅斜弧腹，圈足微撇、挖足较深、足内壁微外斜。香灰胎，胎质细腻致密。莹润，有开片，有气泡，器内外满釉，有积釉现象，足底施护胎釉。口径12.5、底径4.6、高2.4厘米（图一四八，5）。

2007SYT1④:148，残。敞口，尖唇，折沿，浅斜弧腹，浅圈足微撇，挖足较深，足内壁外斜。香灰胎，胎质致密。玻璃质，有开片，有小气泡，釉层较厚，器内外满釉，足底施护胎釉。口径12、底径4.4、高2.5厘米（图一四八，6）。

2007SYT1④:149，残。敞口，尖唇微外撇，斜浅弧腹，浅圈足微撇，挖足较深，足内壁外斜。青灰胎，胎质致密。玻璃质，有开片，有小气泡，器内外满釉，足底施护胎釉。口径12、底径4.5、高2.6厘米（图一四八，7）。

2007SYT1④:150，残。敞口，圆唇，折沿，浅斜弧腹，浅圈足，挖足较深，足内壁微外斜。青灰胎，胎质致密。玻璃质，有小气泡，器内外满釉，足底施护胎釉。口径12.6、底径5、高2.5厘米（图一四八，8）。

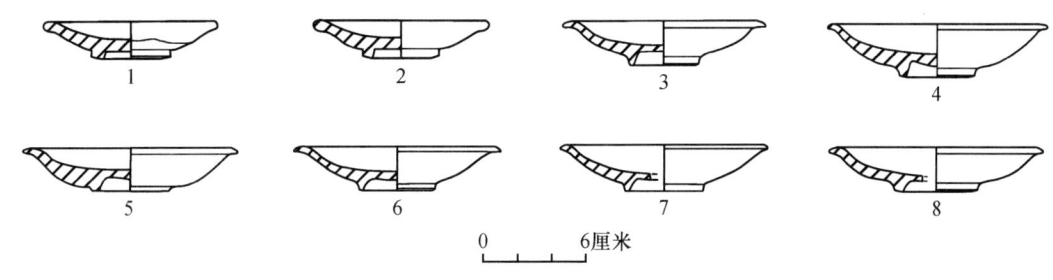

图一四八 第4层钧釉碟
1. 2007SYT1④：143 2. 2007SYT1④：144 3. 2007SYT1④：145 4. 2007SYT1④：146 5. 2007SYT1④：147 6. 2007SYT1④：148
7. 2007SYT1④：149 8. 2007SYT1④：150

盘 22件。

2007SYT1④：151，残。侈口，圆唇，弧腹，圈足。灰黄色胎，胎质较细净。内施满釉，外施釉不及底，釉层偏厚，釉质莹润，釉面玻璃光泽，呈橘皮皱纹状。内腹一侧有紫罗兰点彩。口径25.4、底径19.4、高5厘米（图一四九，1；图版六七，4）。

2007SYT1④：152，残。敞口，圆唇，折沿，浅弧腹，圈足，挖足较深。灰胎，胎体较厚，胎质较致密。玻璃质，釉层较厚，有开片，有小气泡，器内满釉，器外施釉不及底。口径16.7、底径7、高3.4厘米（图一四九，2）。

2007SYT1④：153，残。敞口，圆唇，斜弧腹，圈足。灰黄色胎，胎质细净、较致密。内外施满釉，釉下施化妆土。外底有支珠痕。口径19.6、底径7.6、高4厘米（图一四九，3）。

2007SYT1④：154，残。敞口，圆唇，斜弧腹，腹下内收，圈足。灰黄色胎，胎质较疏松。通体施釉，釉面有开片，釉下施化妆土。外底有支珠痕。口径20.4、底径7.6、高4.3厘米（图一四九，4）。

2007SYT1④：155，残。敞口，弧腹，腹下折收，圈足。黄色胎，胎质细净、较疏松。内施满釉，外施釉至腹下部，釉面有开片，釉下施化妆土。灰外底有垫圈痕，有窑粘现象。口径16.4、底径6、高3.2厘米（图一四九，5）。

2007SYT1④：156，残。敞口，圆唇，弧腹折收，圈足。灰黄色胎，胎质较疏松。内施满釉，外施釉至腹下部。外底有垫饼痕。口径16.8、底径6.2、高3.4厘米（图一四九，6）。

2007SYT1④：157，残。敞口，圆唇，斜弧腹，圈足。灰黄色胎，胎质细净、较疏松。内外施满釉，釉下施化妆土。外底有垫圈痕。口径18、底径6、高3.6厘米（图一四九，7）。

2007SYT1④：158，残。敞口，圆唇，浅斜弧腹，浅圈足微撇，足内壁外斜。灰胎，胎质致密。玻璃质，釉层较厚，有小气泡，有紫斑，器内外满釉，足底施护胎釉。口径18.6、底径6.8、高3.8厘米（图一四九，8）。

2007SYT1④：159，残。敞口，圆唇，浅弧腹，圈足微外撇，挖足较深。青灰胎，胎质致密。玻璃质，有小气泡，器内外满釉，足底施护胎釉。口径17、底径6.5、高3.5厘米（图一四九，9）。

2007SYT1④：160，残。敞口，圆唇，浅弧腹，浅圈足微外撇，挖足较深，足内壁外斜。

灰胎，胎质致密。玻璃质，有开片，有小气泡，器内外满釉，足底施护胎釉。器外壁有窑变紫斑。口径20、底径8、高4厘米（图一四九，10）。

2007SYT1④：161，残。敞口，圆唇，浅弧腹，浅圈足微外撇。青灰胎，胎质致密。玻璃质，有小气泡，器内外满釉，足底施护胎釉。器外腹壁有窑变紫色线条。口径20、底径8、高4.3厘米（图一四九，11）。

2007SYT1④：162，残。敞口，圆唇，斜浅弧腹，圈足外撇。青灰胎，胎质致密。玻璃质，有开片，有小气泡，器内外满釉，足底施护胎釉。口径17.8、底径7、高4厘米（图一四九，12）。

2007SYT1④：163，残。敞口，圆唇，浅弧腹，浅圈足微外撇，挖足较深。香灰胎，胎质致密。玻璃质，有开片，有小气泡，器内外满釉，足底施护胎釉。口径20、底径6.6、高5厘米（图一四九，13）。

2007SYT1④：164，残。敞口，尖唇，浅弧腹，浅圈足。灰胎，胎体较厚重，胎质致密。玻璃质，有开片，有小气泡，器内外施釉不及底，近底处有流釉、积釉现象。器内有窑变紫色斑块。口径17.6、底径6.6、高3.3厘米（图一四九，14）。

2007SYT1④：165，残。敞口，圆唇，浅弧腹，浅圈足微外撇，足底微弧。灰胎，胎质致密。玻璃质，有开片，有小气泡，器内外满釉，足底施护胎釉。器内底有窑变紫色长条斑。口径25、底径15.6、高5.2厘米（图一四九，15）。

2007SYT1④：166，残。敞口，圆唇，浅斜弧腹，圈足外撇，挖足较深，足内壁外斜。青灰胎，胎质致密。玻璃质，有开片，有小气泡，有紫色斑点，器内外满釉，足底施护胎釉。口径15.4、底径5.6、高3.2厘米（图一四九，16）。

2007SYT1④：167，残。敞口，圆唇，浅折腹，圈足微撇，挖足较深，足内壁外斜。灰胎，胎质较致密。玻璃质，釉层较厚，有小开片，有小气泡，器内满釉，器外施半釉，积釉。口径16、底径6.8、高3.5厘米（图一四九，17）。

2007SYT1④：168，残。敞口，圆唇，斜浅弧腹，浅圈足，足内壁外斜。灰胎，胎质致密。玻璃质，有小气泡，器内外满釉，足底施护胎釉。口径19、底径8、高4厘米（图一四九，18）。

2007SYT1④：242，残。敞口，斜折沿，圆唇，斜弧腹，隐圈足。灰色胎，胎质细净、较致密。通体施釉，釉下施化妆土。外底有支钉痕。口径17.6、底径9.8、高2.6厘米（图一四九，19；图版六七，3）。

2007SYT1④：243，残。敞口，圆唇，斜弧腹，圈足。淡灰色胎，胎质细净、较致密。内外施满釉，釉层薄匀，釉质莹润如玉，釉面玻璃光泽。口径18.8、底径5.8、高3.6厘米（图一四九，20）。

2007SYT1④：244，残。敞口，圆唇，斜弧腹，圈足外撇，足内壁外斜。灰胎，胎质较致密。乳浊，釉层薄，器内底涩圈，器外半釉，有流釉、积釉现象，釉下施化妆土。器底有明显修胎切削痕迹，足底有斜弧面。口径16、底径6、高3.3厘米（图一四九，21）。

2007SYT1④：245，残。敞口，圆唇，浅折腹，圈足微撇，挖足较深，足内壁外斜。青灰

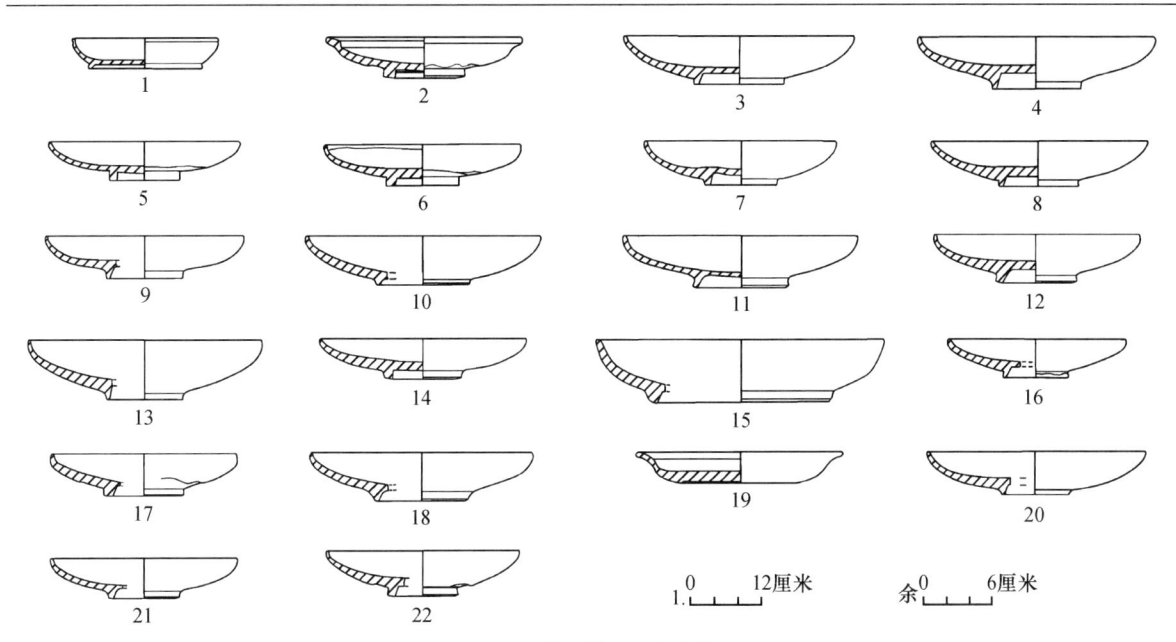

图一四九　第4层钧釉盘

1. 2007SYT1④：151　2. 2007SYT1④：152　3. 2007SYT1④：153　4. 2007SYT1④：154　5. 2007SYT1④：155
6. 2007SYT1④：156　7. 2007SYT1④：157　8. 2007SYT1④：158　9. 2007SYT1④：159　10. 2007SYT1④：160
11. 2007SYT1④：161　12. 2007SYT1④：162　13. 2007SYT1④：163　14. 2007SYT1④：164　15. 2007SYT1④：165
16. 2007SYT1④：166　17. 2007SYT1④：167　18. 2007SYT1④：168　19. 2007SYT1④：242　20. 2007SYT1④：243
21. 2007SYT1④：244　22. 2007SYT1④：245

胎，胎质致密。玻璃质，釉层较厚，有开片，有小气泡，器内满釉，器外施釉不及底，近底处积釉。口径16.4、底径6、高3.7厘米（图一四九，22）。

盅　1件。

2007SYT1④：246，残。直口，圆唇，小鼓腹，浅圈足微外撇，足内壁外斜。青灰胎，胎质细腻致密。玻璃质，有开片，有小气泡，釉层较厚，器内外满釉，足底施护胎釉。口径6、底径2、高3.7厘米（图一五〇，1）。

13. 茶叶末釉

共2件。

盏　2件。

2007SYT1④：248，残。敛口，圆唇，曲腹，圈足微撇。灰褐胎，胎体厚重，胎质较致密。玻璃质，有开片，有小气泡，器内外施釉不及底，釉线不齐。口径12.8、底径4.6、高4.8厘米（图一五〇，5）。

2007SYT1④：249，残。敞口，圆唇，折沿，斜弧腹，圈足斜削。灰黄色胎，胎质细净、较致密。内施釉不满，外施半釉，釉下施化妆土。内底有垫圈痕。口径11.2、底径5.2、高3.6厘米（图一五〇，6）。

14. 绿釉

共2件

炉　1件。

2007SYT1④：169，残。敞口，宽沿，圆唇，鼓腹，平底，底有3个等距矮足。灰黄色胎，胎质细净。内无釉，外施半釉，釉层薄，釉质清亮莹润，釉面玻璃光泽。口径8.4、底径5.4、高6.1厘米（图一五〇，2；图版六八，4）。

器盖　1件。

2007SYT1④：170，残。弧面，直墙，平唇。灰色胎，胎质较细净。外施满釉，内不施釉，釉层薄匀，釉质莹润，釉面玻璃光泽。面上有荷叶、水草刻花纹饰。底径10、通径10.1、高2.7厘米（图一五〇，4；图版六八，1）。

15. 柿红釉

共2件。

器盖　1件。

2007SYT1④：277，残。外弧面，荷叶形，上端中有一荷蒂纽，形类于"如意"，内有子母口，子口内敛，尖唇。青白色胎，胎质较细净、致密。子母口无釉，釉层薄匀，釉质莹润，内釉玻璃质光，外釉哑光。盖直径11.8、盖口径9.4、高3.7厘米（图一五〇，3；图版七四，1）。

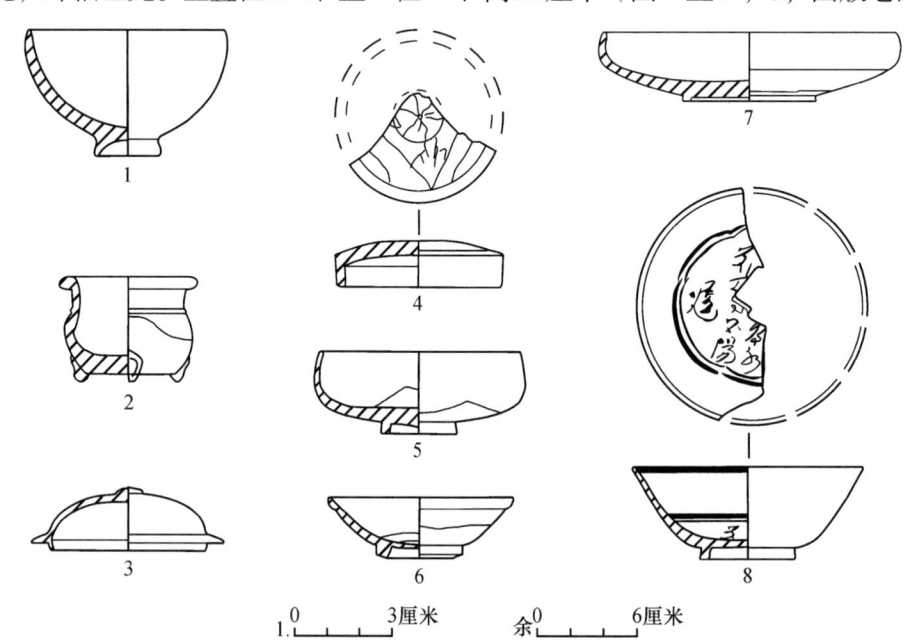

图一五〇　第4层钧釉、绿釉、茶叶末釉、柿红釉及红绿彩瓷器

1.钧釉盅（2007SYT1④：246）　2.绿釉炉（2007SYT1④：169）　3.柿红釉器盖（2007SYT1④：277）　4.绿釉器盖（2007SYT1④：170）　5、6.茶叶末釉盏（2007SYT1④：248、2007SYT1④：249）　7.柿红釉盘（2007SYT1④：278）
8.红绿彩碗（2007SYT1④：18）

盘　1件。

2007SYT1④：278，残。敞口，圆唇，折腹，浅圈足。胎质较细净、致密、微夹砂。内外施满釉，外腹下露胎，釉层薄匀，釉质莹润，釉面玻璃光泽。口径18.2、底径8、高4厘米（图一五〇，7）。

16. 红绿彩

碗　1件。

2007SYT1④：18，残。敞口，圆唇，弧腹，圈足。灰黄色胎，胎质较细净、致密。内施满釉，外施釉不及底，釉下施化妆土，釉层偏薄，釉质莹润，釉面玻璃光泽。内底有支钉痕，外底有垫圈痕，内有红、彩纹饰、文字。口径15、底径5.7、高5.4厘米（图一五〇，8）。

17. 外酱内白釉

盘　1件。

2007SYT1④：208，残。敞口，斜方唇，折沿，弧腹，浅圈足微撇。灰胎，胎质较致密。莹润，有开片，器内满釉，器外上腹部施白釉，下腹部至底施酱釉，釉面有小气泡，有积釉现象，白釉下施化妆土。内底有褐彩书写字迹笔画。口径18.4、底径9、高3.6厘米（图一五一，2）。

18. 酱白二色釉

罐　1件。

2007SYT1④：209，残。敞口，翻唇，束颈，颈肩处有4个对称系，溜肩，鼓腹，圈足。灰黄色胎，胎质较细净。有开片、流釉现象，釉层偏薄，釉质莹润，釉面玻璃光泽。口径4.6、底径7.8、腹径10.6、高23.8厘米（图一五一，1；图版七三，5）。

19. 黑白双色釉

盏　1件。

2007SYT1④：281，残。敞口，圆唇，斜弧腹，圈足，微外撇。灰黄色胎，胎质较致密。内外施满釉，外腹及底部施黑釉，其余部分施白釉。足心有小凸起。口径10.6、底径4、高4.8厘米（图一五一，3）。

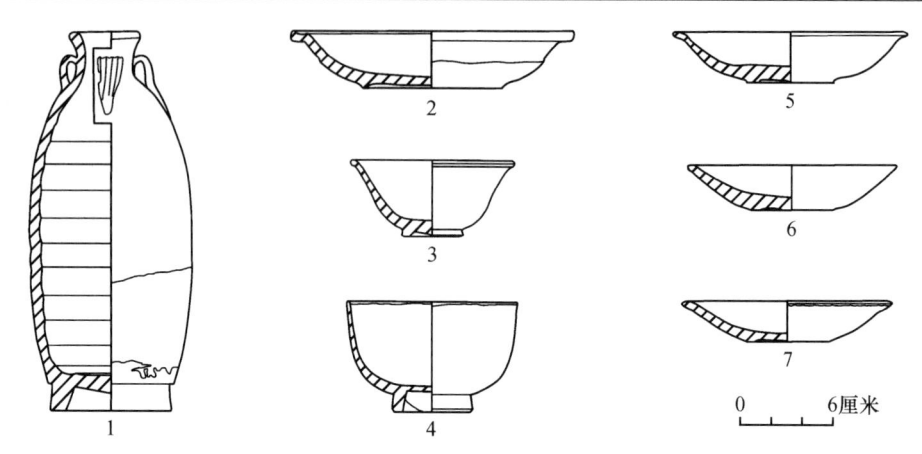

图一五一　第4层二色釉瓷器

1. 酱白二色釉罐（2007SYT1④：209）　2. 外酱内白釉盘（2007SYT1④：208）　3. 黑白双色釉盏（2007SYT1④：281）
4. 外黑内白釉碗（2007SYT1④：205）　5～7. 外黑内白釉器盖（2007SYT1④：210、2007SYT1④：211、2007SYT1④：212）

20. 外黑内白釉

共4件。

碗　1件。

2007SYT1④：205，残。直口，圆唇，直弧腹，圈足微撇。灰胎，胎质致密。芒口，内白釉，外黑釉，足底无釉，莹润，釉层薄匀。口径11、底径5.2、高6.9厘米（图一五一，4；图版七三，1）。

器盖　3件。

2007SYT1④：210，残。敞口，圆唇微撇，浅弧腹，隐圈足。灰胎，胎质较致密。芒口，内白釉，外黑釉，足底无釉，莹润，满开片，釉层薄匀。口径15.2、底径6.4、高3.2厘米（图一五一，5；图版七三，2）。

2007SYT1④：211，残。弧面，顶端有一凸弦纹，圆唇。灰黄色胎，胎质较细净、致密。内外施满釉，外施黑色釉，内施黄青釉，釉层较薄匀，釉质莹润，釉面玻璃光泽。口径13.6、底径5.2、高2.9厘米（图一五一，6）。

2007SYT1④：212，残。弧面，顶端有一凸弦纹，中无纽，圆唇。灰黄色胎，胎质较细净、致密。内外施满釉，釉下施化妆土，面施黑色釉，内施青白色釉，釉层薄匀，釉质莹润，釉面玻璃光泽。口径13.6、底径5.2、高2.6厘米（图一五一，7）。

（二）陶器

共6件。

陶盆　1件。

2007SYT1④：213，残。敞口，卷沿，圆唇，弧腹，平底。泥质灰陶，胎质细净。口径

32、底径18、高11厘米（图一五二，1）。

坩埚　2件。

2007SYT1④：214，残。敞口，圆唇，七棱直腹，圈底。素胎。胎色灰，胎质较粗糙，夹砂。底径4.7、高7.4厘米（图一五二，2）。

2007SYT1④：215，完整。敞口，圆唇，七棱直腹，圆底。素胎。灰红色胎，胎质粗糙，夹砂。通径3.8、高5.5厘米（图一五二，3）。

绞胎丸　1件。

2007SYT1④：216，残，圆形。素烧无釉，黄褐两色绞胎，纹理自然流畅。直径5.5厘米（图一五二，4；图版七四，5）。

印模　1件。

2007SYT1④：217，完整。椭圆形，饼状，外弧面，内有椭圆形凹面，面有凸纹饰，沿偏宽，为斜面。泥质红陶，胎质细净。通径4.3、高0.9厘米（图一五二，5）。

器盖　1件。

2007SYT1④：280，完整。弧面，乳状纽，沿口至内为斜弧面，内中空。泥质红陶，胎质细净。底径1.8、宽3.7、高2.5厘米（图一五二，6）。

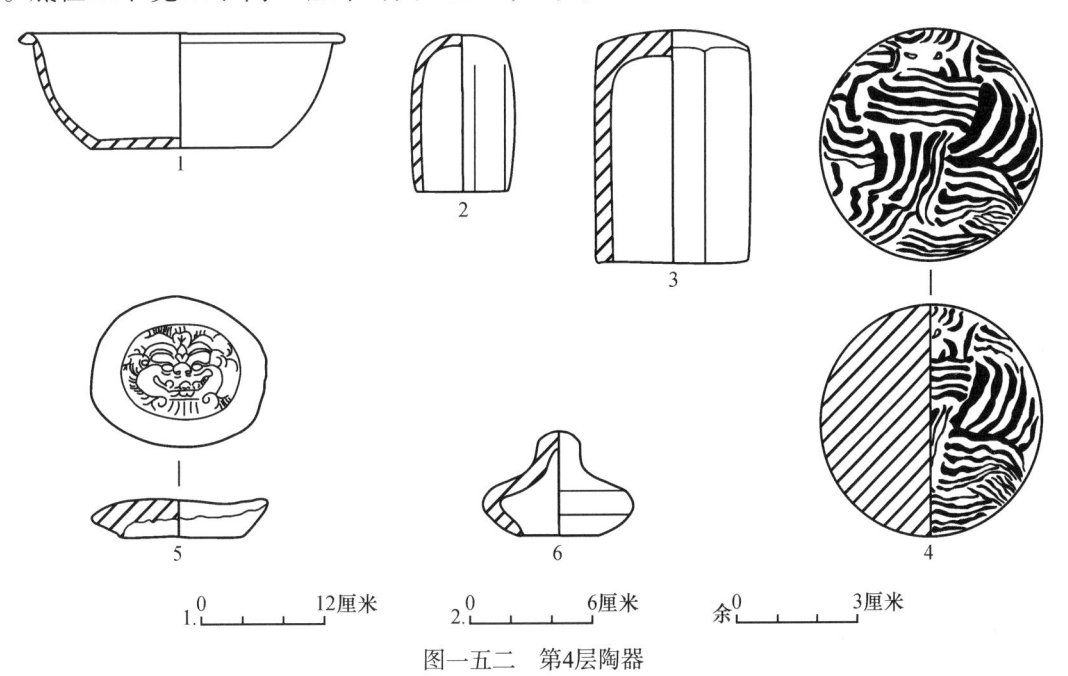

图一五二　第4层陶器

1.陶盆（2007SYT1④：213）　2、3.坩埚（2007SYT1④：214、2007SYT1④：215）　4.绞胎丸（2007SYT1④：216）　5.印模（2007SYT1④：217）　6.器盖（2007SYT1④：280）

八、第 3 层

（一）瓷器

1. 白釉

15件。

罐　4件。

2007SYT1③：3，残。敛口，圆唇，直颈，溜肩，鼓腹，小平底，腹颈间有两个对称的条形系。灰黄色胎，胎质粗糙。内施满釉，外施半釉，釉层偏薄，釉质温润，釉面玻璃光泽，外釉下施化妆土。口径4.5、底径2.9、腹径7.4、高6.5厘米（图一五三，1；图版二一，1）。

2007SYT1③：4，残。敛口，圆唇，束颈，溜肩，鼓腹，平底，腹颈肩两侧各有一条形系。灰黄色胎，胎质较细净。内不施釉，外施釉不及底，釉层薄匀，釉质温润，釉下施化妆土。外底有垫饼痕。口径3.8、底径2.9、腹径6.3、高4.9厘米（图一五三，2；图版二一，2）。

2007SYT1③：6，残。敛口，圆唇，鼓腹，圈足，腹沿间有两个对称条形系。灰色胎，胎质较细净、致密。内施满釉，外施半釉，外有流釉、积釉现象，釉层偏薄，釉质莹润，釉下施化妆土。口径5.3、底径3.8、腹径7.4、高5.1厘米（图一五三，3）。

2007SYT1③：19，残。敞口，圆唇，溜肩，鼓腹，平底。灰黄色胎，胎质较细净。外施半釉，釉层偏薄，釉质莹润，釉面玻璃光泽釉下施化妆土。口径2.5、底径1.8、腹径3、高1.9厘米（图一五三，4；图版二一，4）。

水盂　2件。

2007SYT1③：7，残。敞口，圆唇，鼓腹，圈足。灰黄色胎，胎质较细净。内无釉，外施釉不及底，釉层较薄，釉质莹润，釉面玻璃光泽，釉下施化妆土。外底心凸起，有一小乳钉。口径4.9、底径2.4、腹径5.1、高4.3厘米（图一五三，5）。

2007SYT1③：8，残。敞口，圆唇，束颈，溜肩，鼓腹，平底。灰黄色胎，胎质较细净。内不施釉，外施釉不及底，釉层偏薄匀，釉质莹润，釉面玻璃光泽，釉下施化妆土。口径5、底径2.5、腹径5.1、高4.1厘米（图一五三，6；图版二二，5）。

器盖　9件。

2007SYT1③：16，残。盖面近平，中有一圆形纽，圆唇，圆饼形盖底。灰色胎，胎质细净、较致密。面施满釉，内不施釉，开片，釉层偏薄，釉质莹润，釉面玻璃光泽，釉下施化妆土。底径2.5、通径7.7、上顶1.6、高3.1厘米（图一五三，7；图版一八，1）。

2007SYT1③：9，残。弧面，尖唇。盖顶部置圆饼状纽，纽外有一道弧纹，盖面中部有一道凸棱。青灰色胎，胎质细腻。内外通体施白釉，釉面光亮、温润。通径12、高3.2厘米（图

图一五三　第3层白釉瓷器

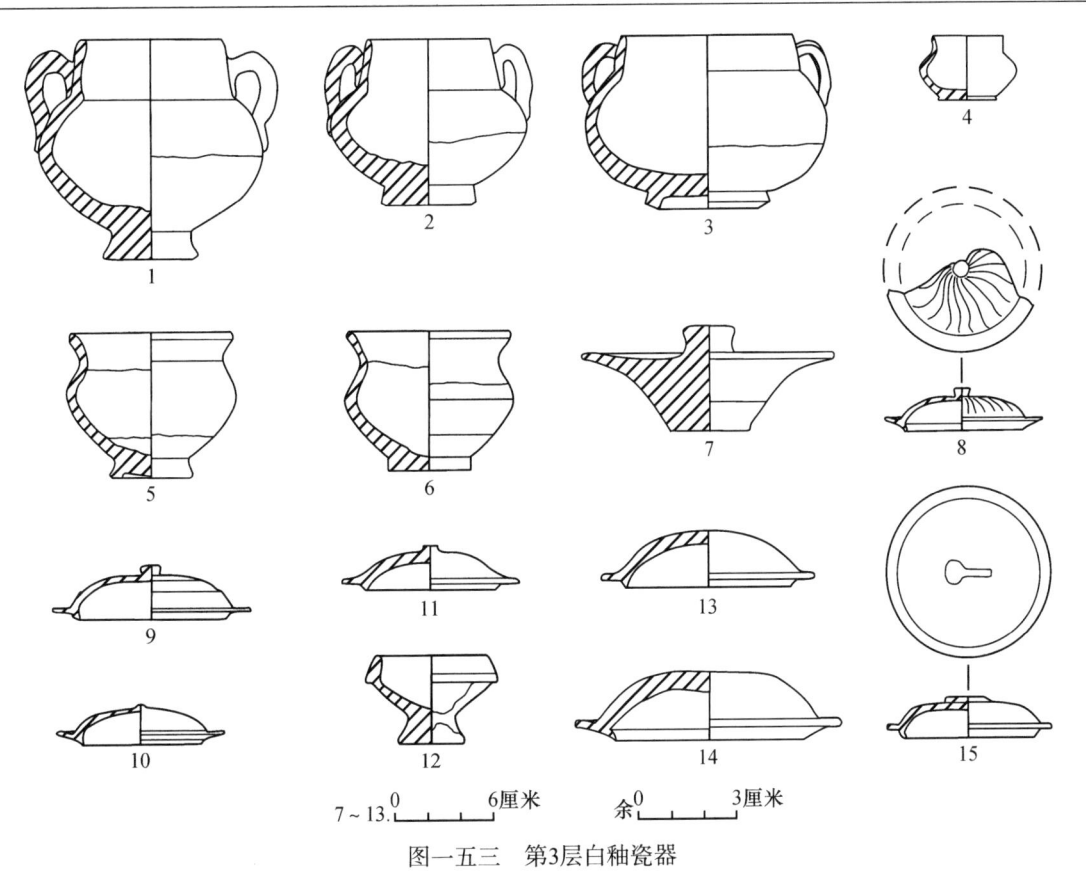

1~4.罐（2007SYT1③：3、2007SYT1③：4、2007SYT1③：6、2007SYT1③：19）　5、6.水盂（2007SYT1③：7、2007SYT1③：8）
7~15.器盖（2007SYT1③：16、2007SYT1③：13、2007SYT1③：9、2007SYT1③：10、2007SYT1③：11、2007SYT1③：17、2007SYT1③：14、2007SYT1③：15、2007SYT1③：12）

一五三，9；图版一九，1）。

2007SYT1③：10，残。弧面，中有一小圆饼纽，宽沿，圆唇，子母口，子口圆唇。灰色胎，胎质较细净。除沿下外均施釉，釉层较薄匀，釉质温润，釉面玻璃光泽，釉下施化妆土。通径10.2、高2.4厘米（图一五三，10）。

2007SYT1③：11，残。弧面，中有一圆台状小纽，宽沿，圆唇，子母口。灰黄色胎，胎质较细净、致密。面施满釉，内不施釉，釉层较薄，釉质温润，釉面玻璃光泽，釉下施化妆土。通径10.8、高2.6厘米（图一五三，11）。

2007SYT1③：17，残。敛口，圆唇，折腹，平底。灰黄色胎，胎质细净。外施半釉，釉层不匀，釉质莹润，釉面玻璃光泽，有开片现象。口径3.4、底径2、腹径4、高2.6厘米（图一五三，12；图版一八，2）。

2007SYT1③：14，残。弧面，宽沿，圆唇，子母口，子口尖唇。灰黄色胎，胎质较细净、致密。面施满釉，釉层较薄匀，釉质莹润，釉面玻璃光泽，釉下施化妆土，有开片现象。通径13.1、高3.3厘米（图一五三，13；图版一八，6）。

2007SYT1③：15，残。弧面，宽沿，圆唇，子母口，子口圆唇。灰色胎，胎质较细净、致密。面施满釉，开片，内不施釉，釉质薄匀，釉质莹润，釉面玻璃光泽。盖面有刻划花纹。通径8.2、高2厘米（图一五三，14）。

2007SYT1③：12，残。弧面，中有一象鼻形纽，有穿，宽沿，圆唇，子母口。淡灰色胎，胎质较细净、致密。面施满釉，釉质薄匀，釉质温润，釉面玻璃光泽，釉下施化妆土。通径10.2、高2.4厘米（图一五三，15；图版一九，2）。

2007SYT1③：13，残。弧面，中有一倒圆台体纽，宽沿，子母口，子口圆唇。青白色胎，胎质较细净、致密。除沿下外均施釉，釉层薄匀，釉质莹润，釉面玻璃光泽。面上有荷叶印花纹饰，内沿下有墨书文字"□水郡，大定二十年"。通径9.7、高2.5厘米（图一五三，8；图版一八，5）。

2. 白釉褐彩

2件。

碗　1件。

2007SYT1③：1，残。敞口，圆唇，弧腹，圈足。灰黄色胎，胎质较细净、致密。内施满釉，外施半釉，釉下施化妆土，釉层较薄匀，釉质温润，釉面玻璃光泽。内底有支钉痕，内底以褐彩饰花绘纹。口径13.6、底径5.4、高4.8厘米（图一五四，1；图版三二，1、2）。

罐　1件。

2007SYT1③：22，残。敞口，圆唇，溜肩，鼓腹，平底。灰黄色胎，胎质较细净、致密。内不施釉，外施半釉，釉层薄匀，釉质莹润，釉面玻璃光泽，釉下施化妆土。腹上近沿有褐彩绘卷云纹。口径2.2、底径1.8、腹径3、高4厘米（图一五四，7；图版三八，1）。

3. 白地黑花

3件。

水盂　1件。

2007SYT1③：21，残。敛口，圆唇，鼓腹，平底。淡灰色胎，胎质较细净、致密。内施满釉，外施半釉，釉层较薄匀，釉质莹润，釉面玻璃光泽，釉下施化妆土。内底有黑色彩绘纹饰。口径4.6、底径2.8、高2.1厘米（图一五四，2）。

罐　2件。

2007SYT1③：5，残。敞口，圆唇，直颈，鼓腹，圈足，腹颈两侧各有一条形系。灰黄色胎，胎质较细、致密。内外均施半釉，釉层较薄，釉质莹润，釉面玻璃光泽，釉下施化妆土。外腹有黑彩绘花瓣纹饰。口径3.8、底径2.9、腹径5、高4厘米（图一五四，3；图版二二，3）。

2007SYT1③：18，残。敞口，圆唇，溜肩，鼓腹，平底。灰色胎，胎质较细净。外施半釉，釉层较薄匀，釉质莹润，釉面玻璃光泽，釉下施化妆土。外腹沿间有黑彩绘纹。口径3.8、底径3.1、腹径5.2、高3.2厘米（图一五四，5；图版二一，3）。

4. 红绿彩

2件。

碗 1件。

2007SYT1③：2，残。敞口，圆唇，弧腹，圈足。灰白色胎，胎质较细净、致密。除底外施满釉，釉层偏薄，釉质温润，釉面玻璃光泽。器内以红绿彩饰花卉纹、弦纹。口径17.2、底径6.2、高7厘米（图一五四，4；图版六五，1、2）。

盏 1件。

2007SYT1③：20，残。敞口，圆唇，弧腹，圈足。灰黄色胎，胎质较细净、致密。除外底施满釉、有积釉现象，釉层偏薄，釉质莹润，釉面玻璃光泽，釉下施化妆土。内有红、绿彩绘弦纹、牡丹纹。口径9.2、底径3.2、高4.2厘米（图一五四，6；图版六五，3、4）。

5. 青釉

11件。

碗 3件。

2007SYT1③：23，残。敞口，卷唇，弧腹，圈足内收。灰褐色胎，含砂，胎体较厚重，

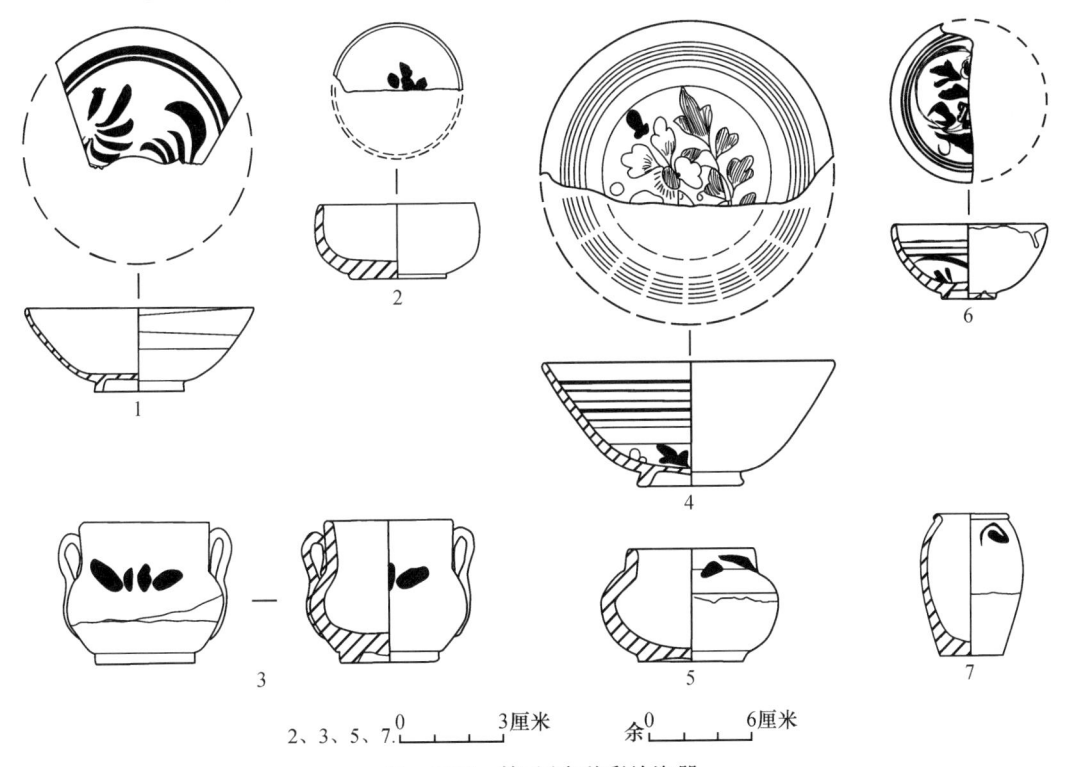

图一五四 第3层白釉彩绘瓷器

1. 褐彩碗（2007SYT1③：1） 2. 黑花水盂（2007SYT1③：21） 3、5. 黑花罐（2007SYT1③：5、2007SYT1③：18）
4. 红绿彩碗（2007SYT1③：2） 6. 红绿彩盏（2007SYT1③：20） 7. 褐彩罐（2007SYT1③：22）

胎质较疏松。釉质莹润，器内外施釉不及底，有流釉现象。器底有明显修胎切削痕迹，足底微内斜。口径14、底径5.6、高5.8厘米（图一五五，1）。

2007SYT1③：25，残。侈口，圆唇，弧腹，圈足。灰色胎，胎质细净、致密。内施半釉，外施满釉，内底不施釉，釉层厚匀，釉质温润，釉面玻璃光泽，釉面开片。口径14.4、底径5.6、高7.3厘米（图一五五，2）。

2007SYT1③：26，残。侈口，圆唇，弧腹，圈足。灰色胎，胎质较细净、致密。内施半釉，外施满釉，釉层较薄匀，釉质莹润，釉面玻璃光泽。口径14.8、底径6.2、高7.6厘米（图一五五，3）。

盘　5件。

2007SYT1③：27，残。侈口，卷沿，圆唇，斜弧腹，圈足。灰色胎，胎质细净、较致密。内外施满釉，釉下施化妆土。外底有垫饼痕。口径13.2、底径5、高2.8厘米（图一五五，4；图版五〇，1）。

2007SYT1③：28，残。敞口，圆唇，斜弧腹，圈足。灰色胎，胎质细净、较致密。除内外底心外施满釉，釉下妆土。内底有垫饼痕。口径13.4、底径5.4、高3.1厘米（图一五五，5）。

2007SYT1③：29，残。敞口，圆唇，斜弧腹，圈足。灰色胎，胎质细净、较致密。除内外底心外施满釉，釉下施化妆土。内外底有垫饼痕。口径12.6、底径5.4、高3厘米（图一五五，6）。

2007SYT1③：30，残。侈口，圆唇，弧腹，圈足。灰黄色胎，胎质细净、较疏松。除内外底心外施满釉，釉下施化妆土。内底有垫圈痕，外底有垫饼痕。口径12、底径6.8、高3.5厘米（图一五五，8；图版五〇，2）。

2007SYT1③：31，残。敞口，圆唇，斜弧腹，圈足。土黄色胎，胎质较细净、致密。内施满釉，外施釉不及底，开片，外有流釉、积釉现象，釉层薄匀，釉质乳状，釉面玻璃光泽。内底有支钉痕。口径11.8、底径4.8、高2.2厘米（图一五五，7）。

碟　1件。

2007SYT1③：32，残。敞口，圆唇，折沿，浅斜弧腹，圈足微撇，挖足较深，足内壁外斜。灰黄胎，胎质较致密。釉质莹润，有气泡，器内满釉，器外施釉不及底，有流釉现象。口径12、底径5、高2.2厘米（图一五五，9）。

三足炉　2件。

2007SYT1③：33，残。敞口，平唇，斜直腹，圈足，另腹下侧有3个等距小象蹄足。灰色胎，胎质较细净、致密。内无釉，外施釉不及底，有开片现象，釉层薄匀，釉质清亮莹润，釉面玻璃光泽。口径12.4、底径5、高7.2厘米（图一五五，10）。

2007SYT1③：34，残。敞口，平唇，斜直腹，圈足，下腹侧有3个等距象鼻短足。灰色胎，胎质较细净。内施半釉，外施釉不及底，开片，釉层偏厚，釉质莹润，釉面玻璃光泽。口径14、底径5.3、高8.1厘米（图一五五，11）。

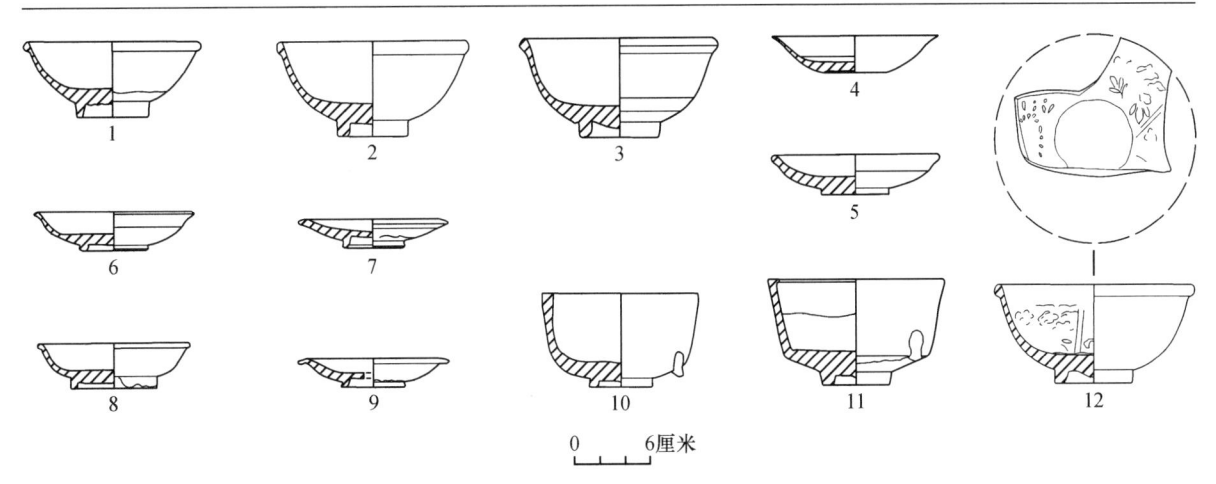

图一五五　第3层青釉、青釉印花瓷器

1~3. 碗（2007SYT1③：23、2007SYT1③：25、2007SYT1③：26）　4~8. 盘（2007SYT1③：27、2007SYT1③：28、2007SYT1③：29、2007SYT1③：31、2007SYT1③：30）　9. 碟（2007SYT1③：32）　10、11. 三足炉（2007SYT1③：33、2007SYT1③：34）　12. 印花碗（2007SYT1③：24）

6. 青釉印花

碗　1件。

2007SYT1③：24，残。敞口，斜方唇、唇沿加厚外凸，弧腹，圈足。青灰胎，器底胎体厚重，胎质致密。玻璃质，器内底心无釉，器外满釉，底部有流釉现象，足内无釉。器内壁有印花缠枝花卉。口径16、底径6、高7.5厘米（图一五五，12）。

7. 外白内黑釉

粉盒底　1件。

2007SYT1③：35，残。子母口，子口平唇，折腹，平底。灰白色胎，胎质细净、致密。内施满釉，外施半釉，釉层薄匀，釉质温润，釉面玻璃光泽。外釉面点彩，外底微削足。口径5.6、底径3.8、腹径6.6、高2.8厘米（图一五六，1）。

8. 酱釉

4件。

罐　2件。

2007SYT1③：41，残，敞口，翻唇，鼓腹，腹沿间一侧有耳，平底。姜黄色胎，胎质较粗糙，疏松、夹砂。内施满釉，外施半釉，釉下施化妆土，外釉脱落较多，釉层偏薄，釉质莹润，釉面玻璃光泽。口径2.8、底径3.8、腹径5、高4.1厘米（图一五六，3）。

2007SYT1③：42，残。敞口，圆唇，耸肩，鼓腹，圈足。灰白色胎，胎质较细净、致密。内不施釉，外施釉不及底。釉层较厚匀，釉质温润，釉面玻璃光泽。口径6.6、底径4.4、腹径7.6、高8.2厘米（图一五六，2）。

器盖　2件。

2007SYT1③：43，残。凹平面，宽弧沿，圆唇，舌平面。黄色胎，胎质细净、致密。面施满釉，釉层薄匀，釉质莹润，釉面玻璃光泽。通径11、底径6.6、高1.8厘米（图一五六，4）。

2007SYT1③：44，残。平面，有二道凹弦纹，宽沿，圆唇，子母口。灰色胎，胎质较细净。面施满釉，内不施釉，釉层较薄匀，釉质温润，釉面玻璃光泽。通径11.3、底径10.2、高1.1厘米（图一五六，5；图版六九，1）。

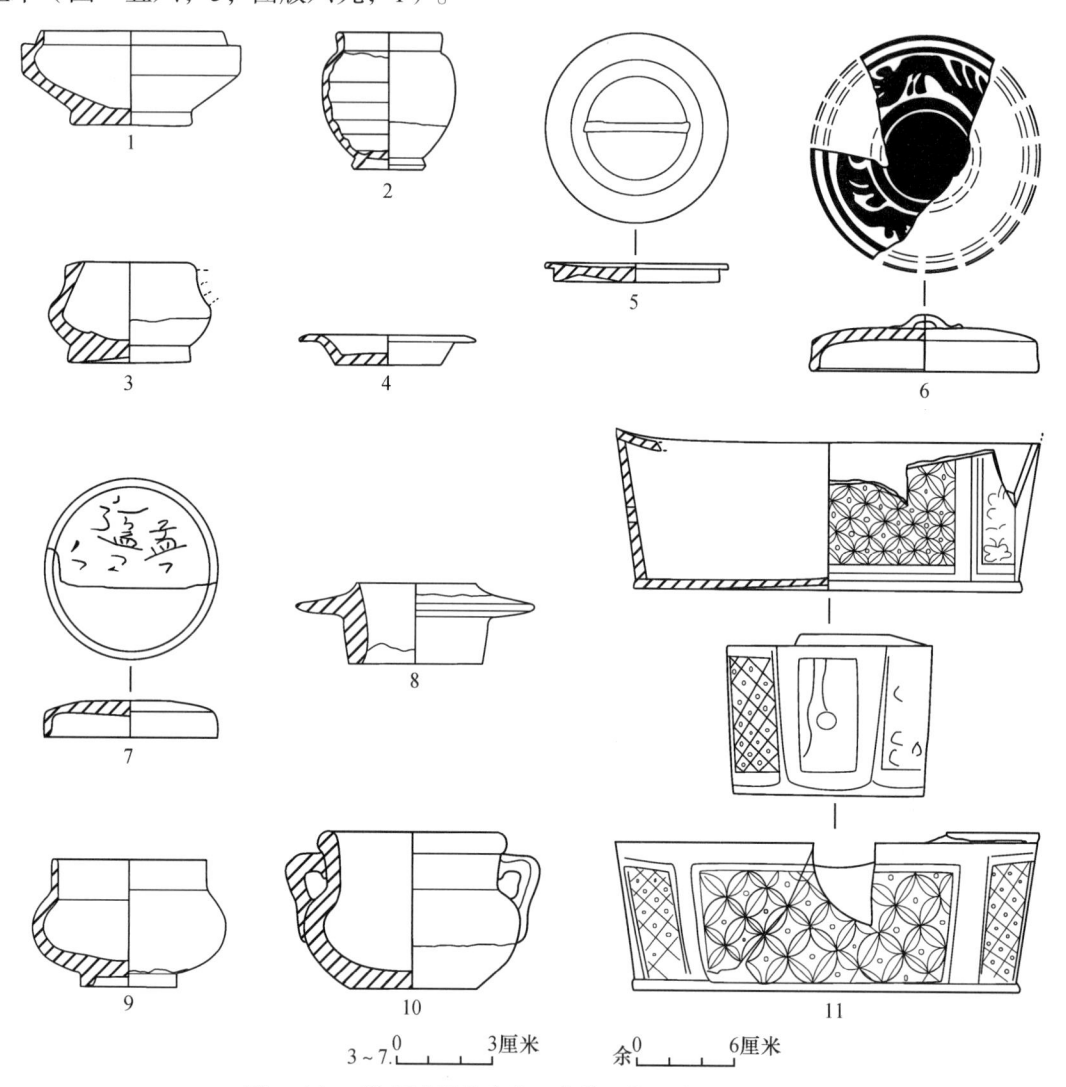

图一五六　第3层内黑外白釉、酱釉、酱黑釉及绿釉瓷器

1. 外白内黑釉粉盒底（2007SYT1③：35）　2、3. 酱釉罐（2007SYT1③：42、2007SYT1③：41）　4、5. 酱釉器盖（2007SYT1③：43、2007SYT1③：44）　6~8. 酱黑釉器盖（2007SYT1③：36、2007SYT1③：37、2007SYT1③：38）　9、10. 酱黑釉壶（2007SYT1③：39、2007SYT1③：40）　11. 绿釉枕（2007SYT1③：45）

9. 酱黑釉

5件。

器盖 3件。

2007SYT1③：36，残。平唇，弧面，面上有两道弦纹，中有1个三弦扁条纽，墙外撇。灰黄色胎，胎质较细净、致密。外施满釉，内无釉，釉层偏厚，釉质温润，釉面玻璃光泽。面上刻有两条龙。通径14.2、高3.4厘米（图一五六，6；图版七二，4）。

2007SYT1③：37，残。平唇，弧面，直墙。灰色胎，胎质较细净。面施满釉，内不施釉。釉层较薄匀，釉质温润，釉面玻璃光泽。盖内有墨书文字"孟"。通径10.8、高2.2厘米（图一五六，7；图版七二，5）。

2007SYT1③：38，残。圆唇，舌为管状。弧面，中有孔。灰色胎，胎质较细净、致密。面施满釉，内少部施釉，釉层偏薄匀，釉质莹润，釉面玻璃光泽。舌面有垫砂痕。口径3.8、底径4.2、通径7.4、高2.4厘米（图一五六，8；图版七二，3）。

壶 2件。

2007SYT1③：39，残。直口，圆唇，溜肩。扁鼓腹，假圈足。青灰色胎。内外通体施酱黑釉，釉不及底，釉层薄匀，釉面玻璃光泽。口径4.8、底径3、腹径6、高3.8厘米（图一五六，9；图版七二，1）。

2007SYT1③：40，残。敞口，圆唇，直颈，溜肩，鼓腹，腹颈间两侧各有一扁条形系，平底。灰色胎，胎质较细净、致密。内施满釉，外施半釉，外有流釉、积釉现象，釉层薄匀，釉质莹润，釉面玻璃光泽。外底有垫砂痕。口径5.9、底径4、通径7.9、高4.7厘米（图一五六，10；图版七二，2）。

10. 绿釉

枕 1件。

2007SYT1③：45，残。缺面。弧面，两端翘，八棱形，墙面分8块，每块均有模印菱形纹饰，平底内凹。铁锈红色胎，胎质较细净、疏松。面、墙施满釉，釉面已脱落殆尽，釉层薄匀，釉面哑玻璃光泽。短墙一端中部有一孔，孔为不规则椭圆形，胎壁偏薄。长26.4、宽12.6、底23.9、高9.6厘米（图一五六，11；图版六八，5）。

（二）陶器

瓦当 2件。

2007SYT1③：46，残。圆饼状，弧面，宽沿，直边，沿内侧有凹弦纹，中为模制仰莲。泥质灰陶，泥质较细净。通径13.8、高2.2厘米（图一五七，1；图版八四，1）。

2007SYT1③：47，残。缺底瓦，仅余下垂瓦头。圆饼形，面饰重瓣莲花、连珠纹。泥质灰陶，陶质较粗，较厚重。通径15、高1.8厘米（图一五七，2）。

器盖　2件。

2007SYT1③：48，残。凹弧面，中有一圆台体纽，子母口，舌面平。素胎，胎色灰，胎质较细净、致密。底径3.3、通径4.7、顶1.1、高2.1厘米（图一五七，3）。

2007SYT1③：49，完整。凹弧面，中有一蘑菇状纽，宽沿，圆唇，子母口。素胎，灰黄色胎，胎质较细净、致密。底径3、通径7、高2.6厘米（图一五七，4）。

印模　3件。

2007SYT1③：50，残。圆饼形，弧面，内有缘，圆形凹印面，凸菊花纹。泥质灰陶，胎质细净。通径4.6、高1厘米（图一五七，5）。

2007SYT1③：51，完整。蝉形，弧面，内面弧，凹印面，印文不详。泥质红陶，胎质较细净。长4.5、宽3、厚1.1厘米（图一五七，6）。

2007SYT1③：52，残。圆饼状，平面，面上有文字，印面为方形，朱文（凸）。4个篆字。烟灰色陶，陶质细净。通径5.6、高2.3厘米（图一五七，7；图版八四，2）。

纺轮　2件。

2007SYT1③：55，残。饼状宽沿，素胎，胎体泛红，中印凸起，呈齿状，背部素面。通径5.4、高0.9厘米（图一五七，8）。

2007SYT1③：56，完整。不规则圆饼形，平面，周侧弧面，中有一圆孔。泥质红陶，胎质较细净。通径4.4、厚1.1厘米（图一五七，9）。

碾轮　1件。

2007SYT1③：57，残。圆饼状，中有一圆孔，弧缘，截面呈梭形。素胎，胎泛红，胎质较粗糙、致密。通径11.2、高2厘米（图一五七，10）。

灰陶盆　1件。

2007SYT1③：58，完整。敞口，宽沿，圆唇，弧腹，平底，底心有一孔。素胎。灰色胎，胎质较细净。上底6.4、下底14.1、高4.4厘米（图一五七，11；图版八一，3）。

（三）铜器

铜环　1件。

2007SYT1③：53，完整。截面为圆形，面无纹饰。铜质，锈蚀较严重。通径3.8、厚0.25厘米（图一五七，12；图版八三，4）。

（四）骨器

梳　1件。

2007SYT1③：54，残。上端弧边，两侧直，由上而下外撇，梳面为半月形，梳齿为松针状，梳截面为"梭形"，三十五齿。象牙质。长5.15、宽4.15、厚0.1厘米（图一五七，13；图版八二，2）。

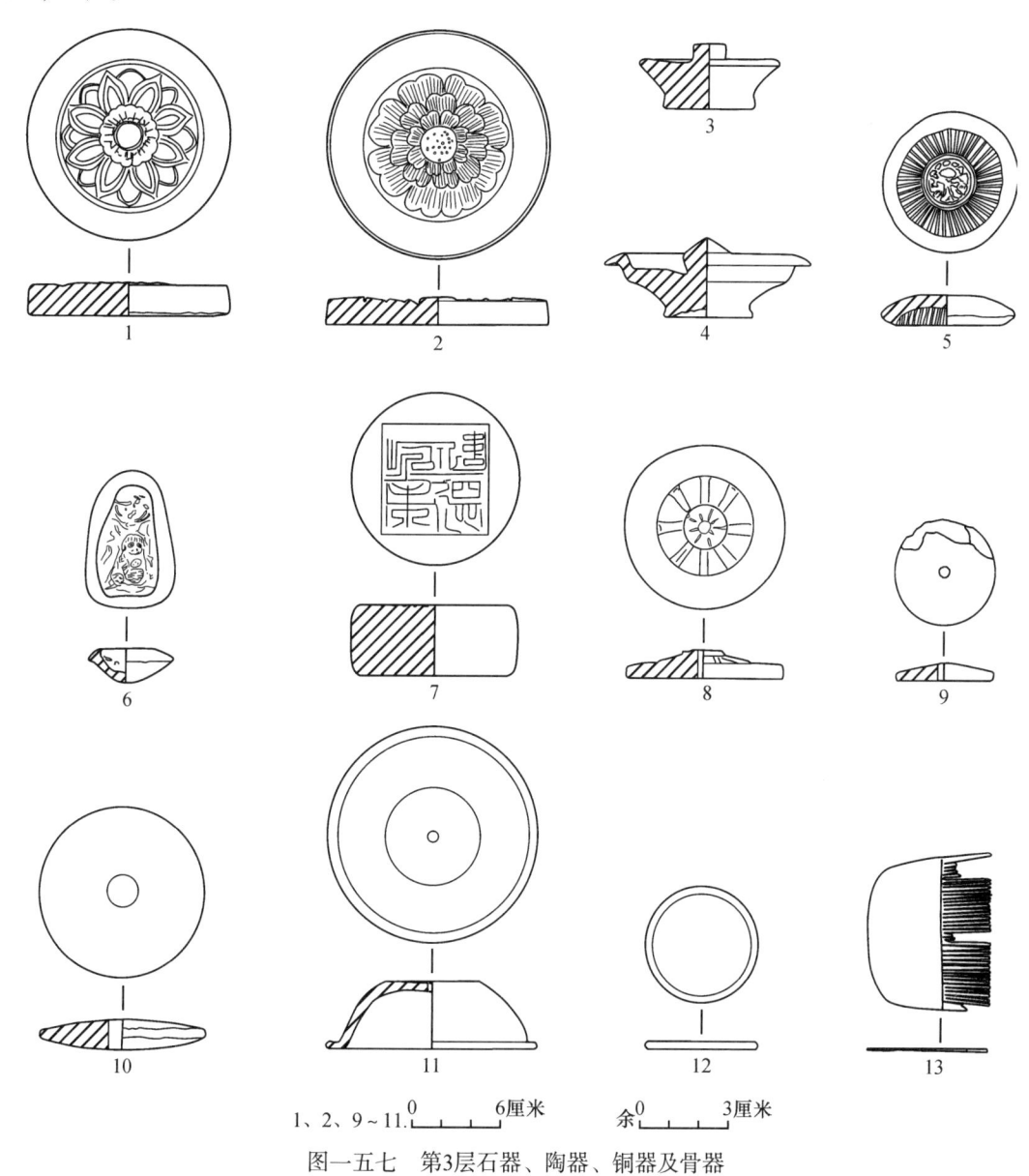

图一五七　第3层石器、陶器、铜器及骨器

1、2.瓦当（2007SYT1③：46、2007SYT1③：47）　3、4.陶器盖（2007SYT1③：48、2007SYT1③：49）
5~7.印模（2007SYT1③：50、2007SYT1③：51、2007SYT1③：52）　8、9.纺轮（2007SYT1③：55、2007SYT1③：56）
10.碾轮（2007SYT1③：57）　11.灰陶盆（2007SYT1③：58）　12.铜环（2007SYT1③：53）　13.骨梳（2007SYT1③：54）

九、灰　　坑

（一）T2H1出土文物

1. 青釉

碗　2件。

2007SYT2H1：4，残。敞口，圆唇，弧腹，平底。内施满釉，外施釉不及底，开片，釉下施化妆土。灰黄色胎，胎质较粗糙、疏松、夹砂。青釉，釉层偏薄，釉质莹润，釉面玻璃光泽。内底有支钉痕。口径12.8、底4.6、高4.7厘米（图一五八，2）。

2007SYT2H1：16，青釉碗，残。侈口，圆唇，弧腹，平底。内施满釉，外施半釉，开片，流釉，积釉。灰黄色胎，胎质粗糙、疏松、夹砂。黄绿色釉，釉层偏厚，釉质莹润，釉面玻璃光泽。内底有支钉痕。削足。口径16.6、底7.6、高6.9厘米（图一五九，11）。

2. 青釉印花

碗　1件。

2007SYT2H1：5，青釉印花碗，残。侈口，圆唇，弧腹，圈足。内外施满釉。灰色胎，胎质较细净、致密。青色釉，釉层较薄匀，釉质莹润，釉面玻璃光泽。内腹有牡丹印花，外腹下部有斜条纹划花纹饰。口径17.4、底6、高7.4厘米（图一五八，11）。

3. 青釉划花

碗　3件。

2007SYT2H1：6，残。敞口，圆唇微撇，弧腹，圈足内收。青灰胎，胎体较厚重，胎质致密。青釉，玻璃质，有开片，有小气泡，器内施釉不及底，器外满釉，足内无釉。器外饰两周辐射斜线划线。器底有明显修胎切削痕迹，足内壁外斜。口径16.2、底6、高5.8厘米（图一五八，4）。

2007SYT2H1：8，残。敞口，圆唇微撇，弧腹，圈足、足内壁微外斜。青灰胎，胎质致密。青釉，玻璃质，有开片，器内外满釉，足底无釉。器内底饰缠枝菊纹，腹壁饰八分栏菊纹。口径17、底6.3、7.4厘米（图一五八，10）。

2007SYT2H1：9，残。侈口，圆唇，弧腹，圈足。内施釉不及底，外施满釉，有露胎现象。灰色胎，胎质较细净、致密。粉青色釉，釉层偏厚，釉质温润，釉面玻璃光泽。内腹有菊花印纹。口径18、底5.8、高7厘米（图一五八，12；图版五六，1、2）。

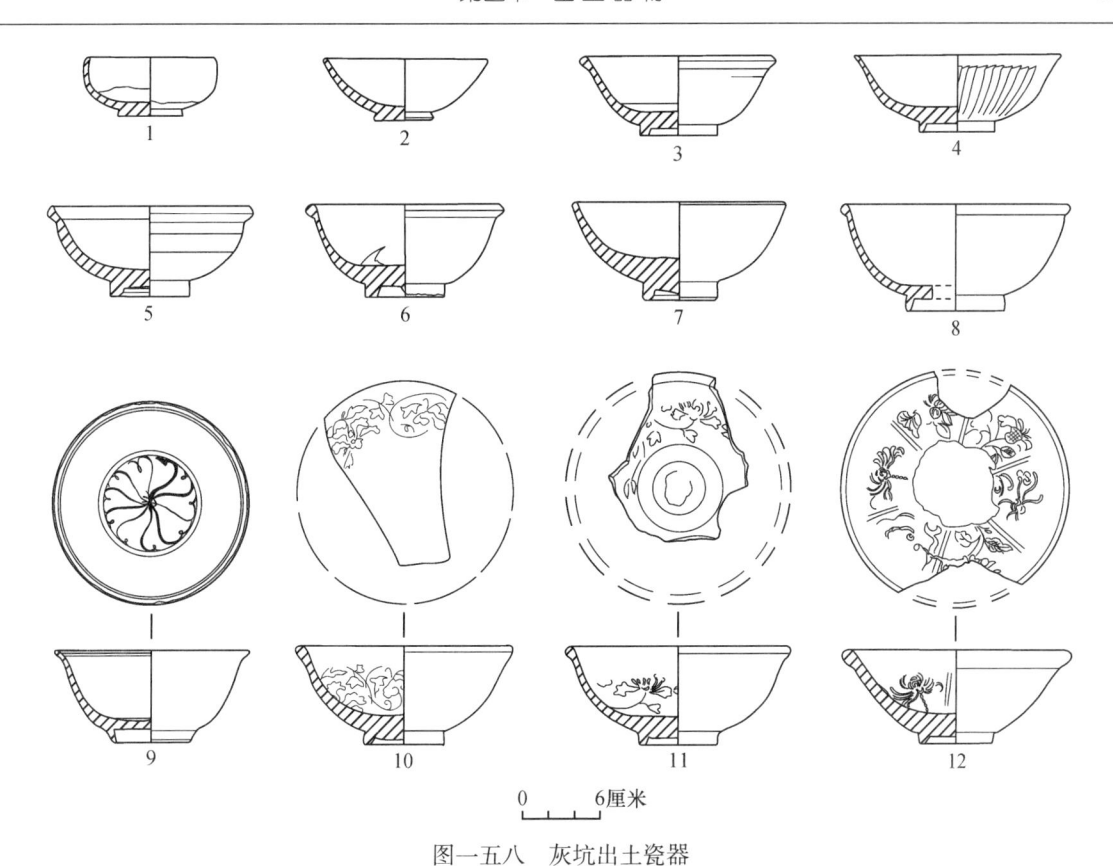

第四章 出土器物

图一五八 灰坑出土瓷器

1. 钧釉钵（2007SYT2H1∶1） 2、7. 青釉碗（2007SYT2H1∶4、2007SYT1H3∶1） 3、5、6、8. 钧釉碗（2007SYT2H1∶2、2007SYT2H1∶7、2007SYT2H1∶3、2007SYT2H1∶10） 4、10、12. 青釉划花碗（2007SYT2H1∶6、2007SYT2H1∶8、2007SYT2H1∶9） 9. 青花碗（2007SYT4H3∶2） 11. 青釉印花碗（2007SYT2H1∶5）

4. 钧釉

碗 4件。

2007SYT2H1∶2，残。侈口，圆唇，弧腹，圈足。内施釉不及底，外施满釉。灰色胎，胎质较粗糙、疏松。均釉，釉层较薄，釉质温润，釉面玻璃光泽。口径15.2、底6、高6厘米（图一五八，3）。

2007SYT2H1∶3，残。侈口，圆唇，弧腹，圈足。内施釉不及底，外施满釉。灰色胎，胎质细净、致密。钧釉，釉层偏薄，釉质莹润，釉面玻璃光泽。外底心有一隆乳钉。口径15.4、底6.2、高7厘米（图一五八，6）。

2007SYT2H1∶7，残。敞口，圆唇，折沿，弧腹，圈足。灰胎，厚重，含砂粒。青釉，透胎，器内外底无釉。圈足内底有轮制痕迹，圈足内壁有切削斜面。口径16、底6.1、高6.8厘米（图一五八，5）。

2007SYT2H1∶10，残。侈口，圆唇，弧腹，圈足。内施釉不及底，外施满釉，开片。灰色胎，胎质较细净、致密。梅子青釉，釉层偏厚，釉质清亮莹润，釉面玻璃光泽。口径18、底7.8、高8厘米（图一五八，8）。

盘　2件。

2007SYT2H1：13，残。敞口，圆唇，弧腹，圈足。内外施满釉。灰色胎，胎质较细净、致密。粉青釉，釉层厚匀，釉质温润，釉面玻璃光泽。外底有支珠痕。口径17.2、底10.8、高4.2厘米（图一五九，5）。

2007SYT2H1：14，残。敞口，圆唇微撇，浅弧腹，圈足内收。浅灰胎，胎体厚重，胎质细腻致密。粉青釉，玻璃质，釉层较厚，开片，器内外满釉，足心涩圈。器内壁饰一周辐射划线。足底弧状。足心有垫圈痕。口径19.2、底11.4、高4.7厘米（图一五九，6）。

钵　1件。

2007SYT2H1：1，残。敛口，圆唇，鼓弧腹，圈足微撇。灰胎，胎体较厚重，胎质致密。釉面玻璃质，有开片，有小气泡，釉层较厚，有窑变紫色斑块，器内外施釉不及底，近底处有积釉现象。口径10.4、底5、高4.4厘米（图一五八，1）。

杯　1件。

2007SYT2H1：15，钧釉杯，残。侈口，圆唇，弧腹，高柄，平底内凹呈喇叭状。通体施釉。灰色胎，胎质细净、致密。粉青色釉，釉层偏厚，釉质莹润，釉面玻璃光泽。口径10、底3.6、高8.9厘米（图一五九，7；图版六七，5）。

5. 白釉

碟　1件。

2007SYT2H1：11，白釉碟，残。敞口，圆唇，弧腹，平底。通体施釉，釉下施化妆土。灰黄色胎，胎质细净、较致密。内底有支钉痕。口径12.2、底7.6、高2厘米（图一五九，1）。

盏　1件。

2007SYT2H1：17，白釉盏，残。敞口，翻唇，弧腹，圈足。内腹施釉，外施满釉。淡灰胎，胎质较致密。青釉，釉面玻璃光泽。内底露胎，外底有垫圈痕。口径13.4、底5.2、高4.4厘米（图一五九，4）。

6. 白地黑花

盏　1件。

2007SYT2H1：18，白地黑花盏，残。敞口，圆唇，弧腹，圈足。内施满釉，外施半釉，釉下施化妆土。灰色胎，胎质较细净、致密。白色釉，釉层较薄匀，釉质温润，釉面玻璃光泽。内底有支钉痕。内外有墨彩绘纹饰。口径11.8、底径4.8、高4.3厘米（图一五九，10；图版四四，3、4）。

7. 黑釉

盏 1件。

2007SYT2H1：12，黑釉盏，残。敞口，圆唇，斜弧腹，圈足。通体施釉，外腹下部施黑釉，其余施白釉，釉面有小开片，釉下施化妆土。灰黄色胎，胎质细净、较致密。口径10.6、底4、高4.4厘米（图一五九，2）。

（二）T1H2出土文物

白地黑花

盏 1件。

2007SYT1H2：1，残。敞口，圆唇，弧腹，圈足。内施满釉，外施半釉，外有流釉、积釉现象，釉下施化妆土。灰黄色胎，胎质较细净、致密。青白色釉，釉层较薄匀，釉质莹润，釉面玻璃光泽。内底有支钉痕，外底有支珠痕。口径12.8、底径6.4、高3厘米（图一五九，9）。

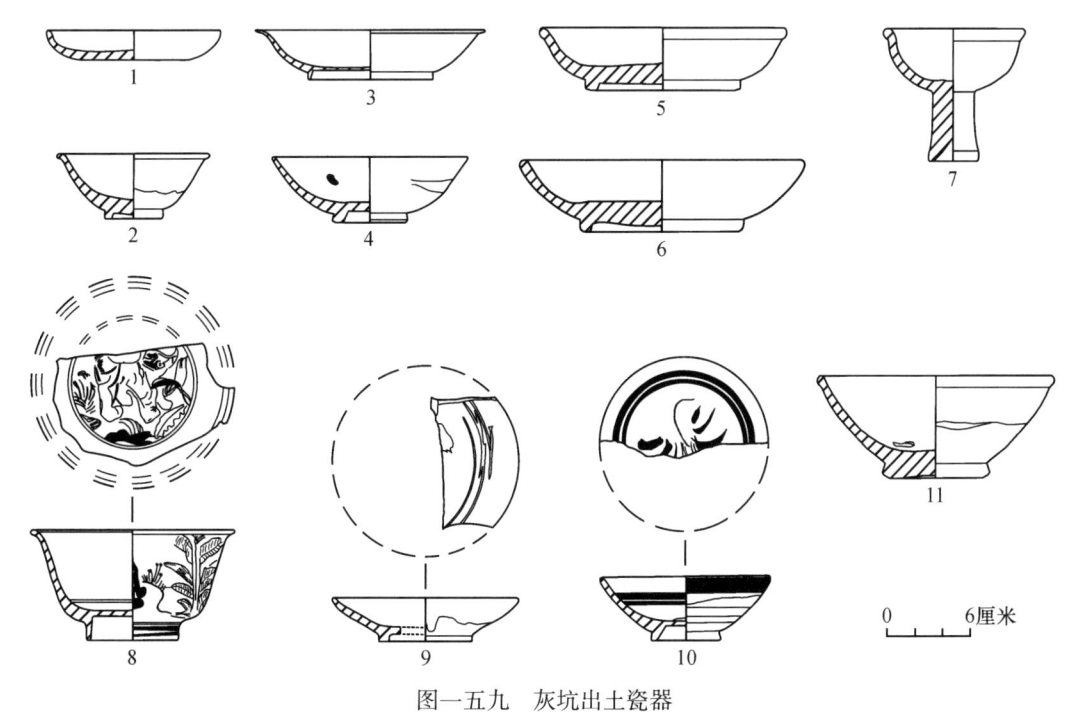

图一五九 灰坑出土瓷器

1. 白釉碟（2007SYT2H1：11） 2. 黑釉盏（2007SYT2H1：12） 3. 白釉盘（2007SYT3H2：1） 4. 白釉盏（2007SYT2H1：17）
5、6. 钧釉盘（2007SYT2H1：13、2007SYT2H1：14） 7. 钧釉杯（2007SYT2H1：15） 8. 青花碗（2007SYT4H3：1）
9、10. 白地黑花盏（2007SYT1H2：1、2007SYT2H1：18） 11. 青釉碗（2007SYT2H1：16）

（三）T1H3出土文物

青釉

碗　1件。

2007SYT1H3∶1，残。敞口，圆唇，弧腹，圈足微撇。灰褐胎，胎质较致密。莹润，有开片，釉层薄，器内底涩圈，器外满釉，足无釉，有流釉、积釉现象。器底有明显修胎切削痕迹。足内壁微外斜，足心有小凸起。口径16.6、底5.8、高7.4厘米（图一五八，7）。

（四）T3H2出土文物

白釉

盘　1件。

2007SYT3H2∶1，残。敞口，圆唇，斜折沿，斜弧腹，圈足。内外施满釉，釉下施化妆土。灰黄色胎，胎质细净、较致密。外底有支钉痕。口径16、底8.6、高3.3厘米（图一五九，3）。

（五）T4H3出土文物

青花

碗　2件。

2007SYT4H3∶1，残。敞口，窄沿，圆唇，弧腹，圈足。通体施釉。白色胎，胎质细净、致密。釉色青白，釉层薄匀，釉质莹润，釉面玻璃光泽。内底有青花纹饰，口沿有一青花弦纹，外由腹至足有青花纹饰。口径14.2、底6.4、高7.4厘米（图一五九，8；图版四八，5）。

2007SYT4H3∶2，残。敞口，圆唇，弧腹，圈足。内外施满釉。青白色胎，胎质较细净，致密。青色釉，釉层薄匀，釉质温润，釉面玻璃光泽。削足。内有青花菊、弦纹，沿边有红褐彩弦纹。口径15.2、底5.8、高6.9厘米（图一五八，9；图版四八，6）。

第五章　出土器物研究

木牌坊运河遗址出土大量瓷器，釉色丰富，窑口多样，其釉色主要有青釉、青白釉、白釉、黄釉、酱釉、黑釉、绿釉等，涉及南北方各大名窑，如南方越窑、长沙窑、宜兴窑、宣州窑、寿州窑、景德镇窑、繁昌窑、龙泉窑、吉州窑、建窑等，北方定窑、邢窑、巩义窑、磁州窑、萧窑、钧窑、汝窑、耀州窑等。在室内整理时对瓷器进行了大量的拼对与修复工作，并对出土瓷器标本进行了统计。

一、分　　型

根据釉色不同，我们将木牌坊运河瓷器分为青釉、青白釉、白釉、黄釉、酱釉、黑釉、绿釉、天蓝釉、茶叶末釉、柿釉（柿红釉）等。因本次发掘出土的瓷器数量巨大，达2000件左右，若依器物口腹底整体分型将会出现大量的形制数，较为零乱，亦没有规律性。为了更有规律地对瓷器进行分型分式，现在釉色分类的基础上依器形进行分类（碗、盏等），然后将数量较大、较复杂的器形按器底不同分为饼足底类、平底类、圈足底类及玉璧底类，在此基础上依口腹不同进行分型分式。一般器形则按常规进行分型分式。下面以部分典型器举例说明。

（一）青釉系列

此系列瓷器较多，时代跨度大，唐—明清均有。窑口众多，南北方窑均有。釉色可细分青釉、青釉黑花、青釉划花、青釉印花。器类主要有碗、盏、钵、碟、罐、盘、盆、罐、瓶、杯、炉、器盖等。胎体有厚薄之分，粗细之别。

1. 青釉

碗　依底部不同分为四类。
（1）饼足底类。依腹部不同分为四型。
A型　3件。斜直腹。依口沿不同分为两式。
Ⅰ式：2件。敞口、圆唇。
2007SYT1⑪：13，口径18、底径10.8、高4.7厘米。

2007SYT1⑪：15，口径18.6、底径11.8、高6厘米（图一六〇，1，2）。

Ⅱ式：1件。敞口、宽平沿。

2007SYT1⑩：15，口径20.6、底径10、高5.4厘米（图一六〇，3）。

B型　2件。垂腹。圆唇外侈。依饼足不同分为两式。

Ⅰ式：1件。饼足较厚。

2007SYT1⑪：21，口径16.2、底径8.2、高7.1厘米（图一六〇，4）。

Ⅱ式：1件。饼足较薄。

2007SYT1⑪：20，饼足较薄。口径17.7、底径8.8、高7.2厘米（图一六〇，5）。

C型　6件。弧腹。依口沿不同分为两亚型。

Ca型　1件。敛口、圆唇。

2007SYT1⑩：10，口径15.8、底径7.4、高6.8厘米（残）（图一六〇，6）。

Cb型　5件。敞口、圆唇。依饼足变化分为两式。

Ⅰ式：4件。饼足较宽。

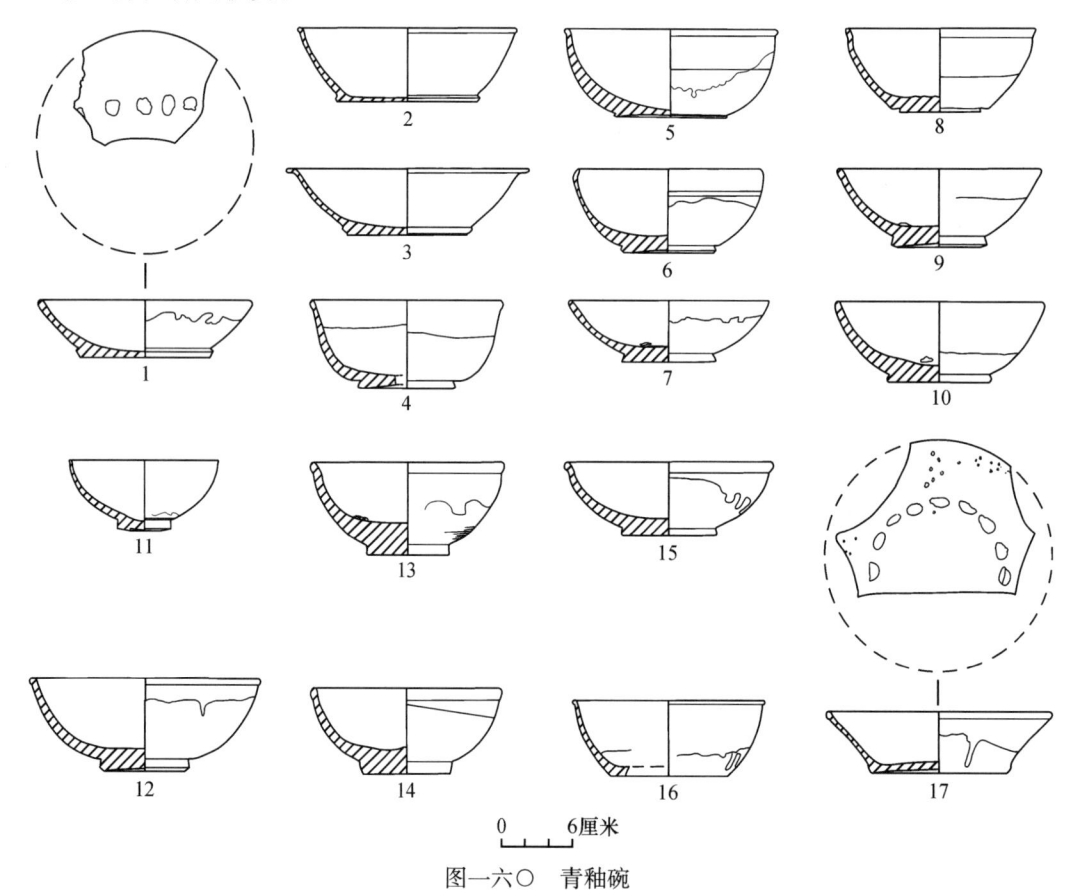

图一六〇　青釉碗

1、2. 饼足底类A型Ⅰ式（2007SYT1⑪：13、2007SYT1⑪：15）　3. 饼足底类A型Ⅱ式（2007SYT1⑩：15）　4. 饼足底类B型Ⅰ式（2007SYT1⑪：21）　5. 饼足底类B型Ⅱ式（2007SYT1⑪：20）　6. 饼足底类Ca型（2007SYT1⑩：10）　7~10. 饼足底类Cb型Ⅰ式（2007SYT1⑪：17、2007SYT1⑪：18、2007SYT1⑪：52、2007SYT1⑪：60）　11. 饼足底类Cb型Ⅱ式（2007SYT1⑪：53）　12~15. 饼足底类D型（2007SYT1⑩：6、2007SYT1⑪：16、2007SYT1⑪：38、2007SYT1⑪：39）　16. 平底类B型（2007SYT1⑪：19）　17. 平底类A型（2007SYT1⑪：14）

2007SYT1⑪：17，口径16.8、底径7.9、高5厘米（图一六〇，7）。
2007SYT1⑪：18，饼足稍内陷。口径16、底径6.8、高6.8厘米（图一六〇，8）。
2007SYT1⑪：52，饼足稍内凹。口径17.2、底径8、高6.4厘米（图一六〇，9）。
2007SYT1⑪：60，口径17.5、底径8.5、高6.5厘米（图一六〇，10）。
Ⅱ式：1件。饼足稍窄。
2007SYT1⑪：53，口径12.5、底径4.5、高5.7厘米（图一六〇，11）。
D型　4件。微鼓腹。敞口，翻唇。
2007SYT1⑩：6，饼足微内凹。口径19.4、底径7.6、高7.5厘米（图一六〇，12）。
2007SYT1⑪：16，口径16.4、底径7、高7.5厘米（图一六〇，13）。
2007SYT1⑪：38，口径16.2、底径7.4、高7厘米（图一六〇，14）。
2007SYT1⑪：39，口径17.4、底径7.8、高6厘米（图一六〇，15）。
（2）平底类。依腹部不同分为二型。
A型　1件。斜直腹。敞口，圆唇。
2007SYT1⑪：14，平底内凹。口径19、底径11.4、高5厘米（图一六〇，17）。
B型　1件。弧腹。敞口，翻唇。
2007SYT1⑪：19，口径16、底径9.6、高6.1厘米（图一六〇，16）。
（3）圈足底类。依圈足不同分为两亚类。
高圈足底类　足部削尖。依腹部不同分为四型。
A型　4件。鼓腹。依口沿不同分为两亚型。
Aa型　3件。翻唇，敞口。
2007SYT1⑨：41，口径15、底径6.6、高7.8厘米（图一六一，3）。
2007SYT1⑨：39，足心墨书"曹桠"。口径15.2、底径6.2、高7.8厘米（图一六一，1）。
2007SYT1⑨：40，口径15.3、底径6、高7.5厘米（图一六一，2）。
Ab型　1件。尖唇，敞口。
2007SYT1⑨：38，口径15.2、底径5.9、高5.8厘米（图一六一，4）。
B型　19件。弧腹。依口沿不同分为两亚型。
Ba型　4件。侈口外撇，圆唇。
2007SYT1⑧：13，口径11.5、底径4.5、高5.4厘米。
2007SYT1⑧：19，口径18.2、底径7.2、高8.6厘米（图一六一，7）。
2007SYT1⑤：273，口径16.7、底径6.6、高7.9厘米（图一六一，5）。
2007SYT1⑤：274，口径16.8、底径6、高8厘米（图一六一，6）。
Bb型　15件。凹唇口。
2007SYT1⑤：283，口径11.2、底径2.8、高3.2厘米。
2007SYT1⑤：1282，口径16.8、底径5.2、高8厘米（图一六一，8）。
2007SYT1⑧：1，口径14.6、底径4.6、高7.3厘米（残）。

图一六一 青釉碗

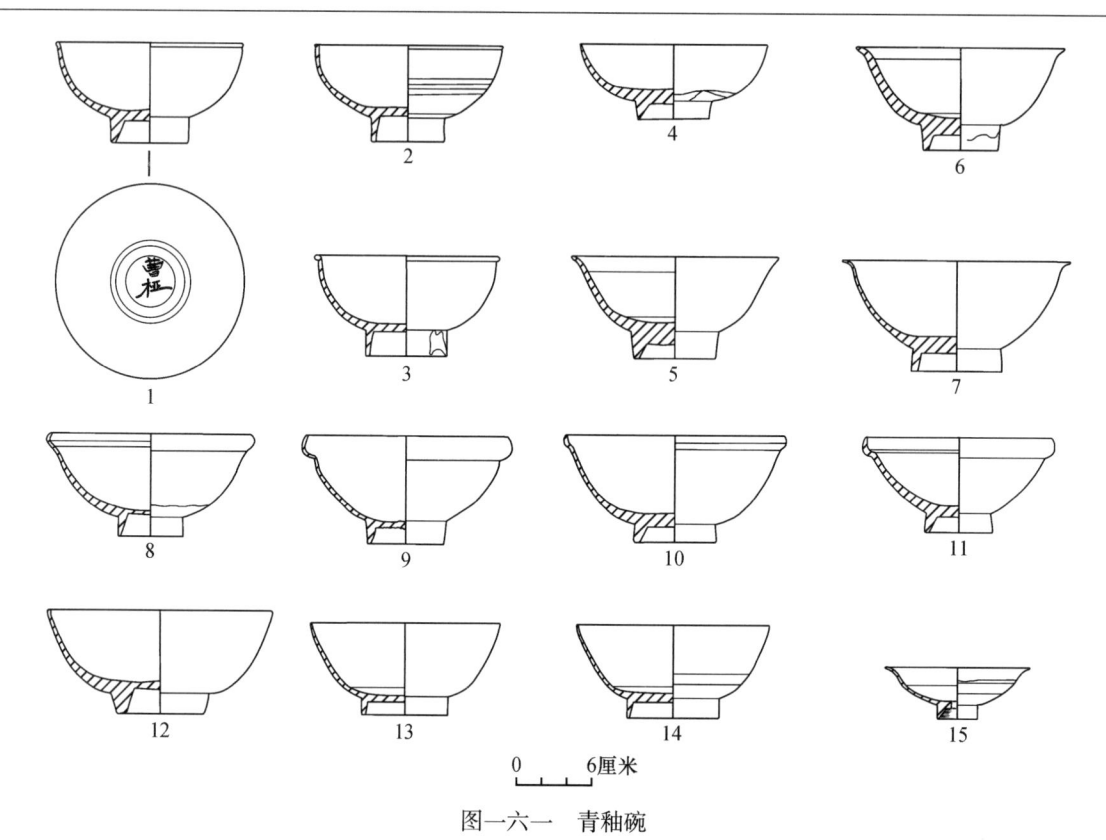

1~3. 高圈足底类Aa型（2007SYT1⑨：39、2007SYT1⑨：40、2007SYT1⑨：41） 4. 高圈足底类Ab型（2007SYT1⑨：38）
5~7. 高圈足底类Ba型（2007SYT1⑤：273、2007SYT1⑤：274、2007SYT1⑧：19） 8~11. 高圈足底类Bb型
（2007SYT1⑤：1282、2007SYT1⑧：4、2007SYT1⑧：9、2007SYT1⑨：33） 12. 高圈足底类Ca型（2007SYT1④：56）
13、14. 高圈足底类Cb型（2007SYT1⑨：42、2007SYT1⑨：43） 15. 高圈足底类D型（2007SYT1⑧：14）

2007SYT1⑧：2，口径15.4、底径5.8、高8.5厘米。

2007SYT1⑧：3，口径14.8、底径4.8、高7.5厘米（图版四八，3）。

2007SYT1⑧：4，口径17、底径6.2、高8.4厘米（残）（图一六一，9）。

2007SYT1⑧：5，口径16、底径5.6、高8.3厘米。

2007SYT1⑧：6，口径15、底径5.5、高7.6厘米。

2007SYT1⑧：9，口径12.8、底径6.6、高8.3厘米（图一六一，10）。

2007SYT1⑧：12，口径11.8、底径4.4、高6厘米。

2007SYT1⑧：31，口径11.6、底径2.8、高5.1厘米。

2007SYT1⑧：32，口径11.6、底径3、高5.3厘米。

2007SYT1⑨：33，口径11.1、底径3.3、高5厘米（图一六一，11）。

2007SYT1⑨：35，口径10、底径3、高5厘米。

2007SYT1⑨：36，口径11.2、底径3.2、高4.9厘米。

C型 3件。斜弧腹。依口沿不同分为两亚型。

Ca型 1件。圆唇，敞口。

2007SYT1④：56，口径18.1、底径7.1、高8.1厘米（图一六一，12）。

Cb型　2件。尖唇，敞口。

2007SYT1⑨：42，足心有墨书字迹。口径15.4、底径7、高7.1厘米（图一六一，13）。

2007SYT1⑨：43，口径15.6、底径7.4、高7.2厘米（图一六一，14）。

D型　1件。折腹。

2007SYT1⑧：14，侈口外撇，圆唇。口径11.6、底径3.2、高4厘米（图一六一，15）。

普通圈足底类　足部微削尖。依腹部不同分为四型。

A型　26件。弧腹。依口沿不同分为四亚型。

Aa型　10件。口微敛，圆唇。

2007SYT1④：54，口径15、底径5、高7.8厘米（图一六二，3）。

2007SYT1④：55，口径15.4、高7.9厘米。

2007SYT1④：67，口径18、底径6、高8厘米（图一六二，2）。

2007SYT1④：68，口径18.8、底径6.4、高7.9厘米。

2007SYT1④：70，口径20.6、底径7.4、高8厘米（图一六二，1）。

2007SYT1④：71，口径18.7、底径6.1、高8.4厘米（图版四六，2）。

2007SYT1④：72，口径19、底径5.8、高7.8厘米。

2007SYT1④：73，口径18.1、底径5.7、高7.8厘米（图一六二，4）。

2007SYT1④：74，口径20、底径6、高9厘米。

2007SYT1④：75，口径18.4、底径6.4、高7.8厘米。

Ab型　14件。敞口，圆唇。依挖足深浅不同分为两式。

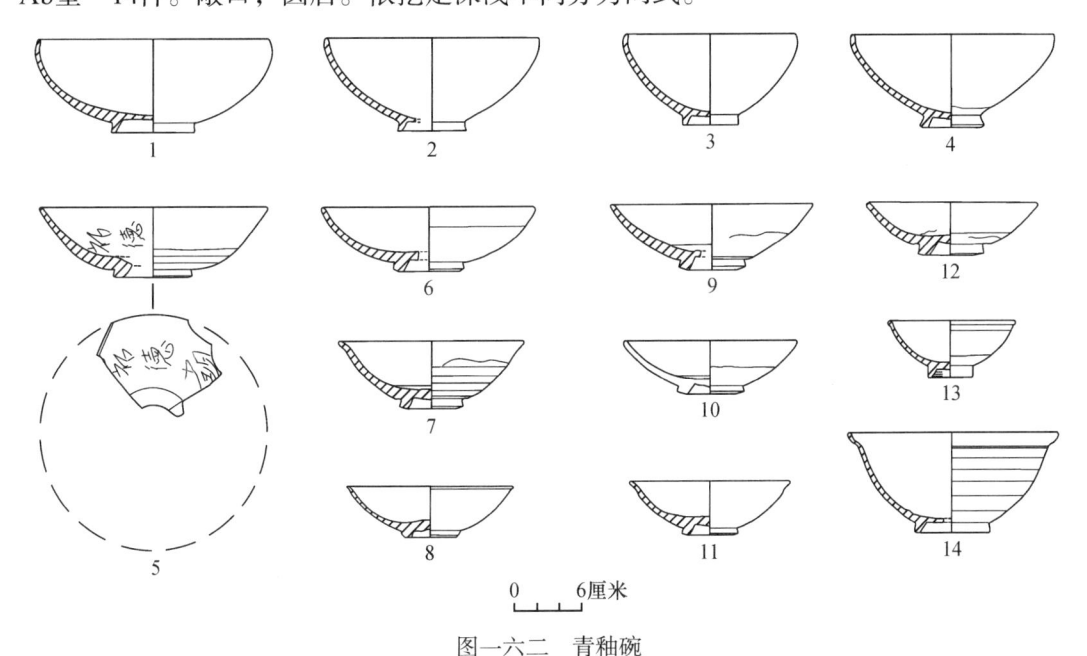

图一六二　青釉碗

1～4.普通圈足底类Aa型（2007SYT1④：70、2007SYT1④：67、2007SYT1④：54、2007SYT1④：73）　5～9.普通圈足底类Ab型Ⅰ式（2007SYT1⑤：247、2007SYT1⑤：246、2007SYT1⑤：251、2007SYT1⑤：240、2007SYT1⑤：245）　10～12.普通圈足底类Ab型Ⅱ式（2007SYT1⑤：241、2007SYT1⑤：239、2007SYT1⑤：242）　13.普通圈足底类Ac型（2007SYT1⑤：311）　14.普通圈足底类Ad型（2007SYT1⑦：10）

Ⅰ式：8件。挖足较浅，外底平。

2007SYT1⑤：240，口径14.7、底径4.5、高4.4厘米（图一六二，8）。

2007SYT1⑤：244，口径14.6、底径5、高4.5厘米。

2007SYT1⑤：245，口径18、底径6、高5.7厘米（图一六二，9）。

2007SYT1⑤：246，口径18.8、底径6.2、高5.5厘米（图一六二，6）。

2007SYT1⑤：247，内腹刻有"祜德观"三字。口径20.2、底径7、高6厘米（图一六二，5）。

2007SYT1⑤：248，口径21、底径6.2、高7厘米（图版四八，2）。

2007SYT1⑤：251，口径16.4、底径5.6、高5.8厘米（图一六二，7）。

2007SYT1⑤：275，口径21.9、底径7.1、高7.4厘米。

Ⅱ式：6件。挖足较深，外底弧面，足心凸起。

2007SYT1⑤：239，口径14.2、底径5、高4.7厘米（图一六二，11）。

2007SYT1⑤：241，口径15.4、底径6、高4.6厘米（图一六二，10）。

2007SYT1⑤：1082，口径15.2、底径6.2、高4.6厘米。

2007SYT1⑤：252，口径22、底径6.3、高7.3厘米。

2007SYT1⑤：242，口径15.4、底径6、高4.6厘米（图一六二，12）。

2007SYT1⑤：243，口径15、底径5、高4.8厘米。

Ac型　1件。敞口，翻唇。

2007SYT1⑤：311，口径11.4、底径4、高4.9厘米（图一六二，13）。

Ad型　1件。凹口唇，圆唇。

2007SYT1⑦：10，口径19、底径6.8、通高8.6厘米（图一六二，14）。

B型　14件。微鼓腹。翻唇，敞口。依翻唇不同分为两式。

Ⅰ式：3件。翻唇较圆。

2007SYT1⑧：8，外底心有墨书文字。口径15.6、底径5.8、高6厘米（图一六三，1）。

2007SYT1⑨：45，口径14.8、底径6.6、高6.4厘米（图一六三，3）。

2007SYT1⑧：9，口径12.8、底径6.6、高8.3厘米（图一六三，2）。

Ⅱ式：11件。翻唇较尖。

2007SYT1③：23，口径14、底径5.6、高5.8厘米（图一六三，4）。

2007SYT1③：25，口径14.4、底径5.6、高7.3厘米。

2007SYT1③：26，口径14.8、底径6.2、高7.6厘米（图一六三，5）。

2007SYT1④：52，口径15.8、底径5.8、高7.4厘米（图一六三，6）。

2007SYT1④：57，口径17、底径6、高7.2厘米（图一六三，7）。

2007SYT1④：58，口径15.8、底径5.8、高7.4厘米（图版四七，2）。

2007SYT1④：59，口径16.4、底径6.2、高7.9厘米。

2007SYT1④：60，口径15、底径6.4、高7.9厘米（图一六三，8）。

2007SYT1④：62，口径15.8、底径5.8、高8厘米。

2007SYT1④：63，口径16、底径6、高7.5厘米（图一六三，9）。

2007SYT1④：64，口径16.5、底径5.5、高7.8厘米。

C型　斜弧（直）腹。依器形不同分为两亚型。

Ca型　8件。斗笠形碗。敞口，尖圆唇。

2007SYT1⑤：249，口径21、底径6.7、高6.6厘米。

2007SYT1⑤：250，口径21.6、底径6.8、高6.8厘米（图一六三，10）。

2007SYT1⑤：253，器外下腹有墨书字迹。口径20、底径6.4、高6.5厘米。

2007SYT1⑤：277，口径20.6、底径7.6、高6.5厘米。

2007SYT1⑤：278，口径20、底径6.8、高5.6厘米（图一六三，11）。

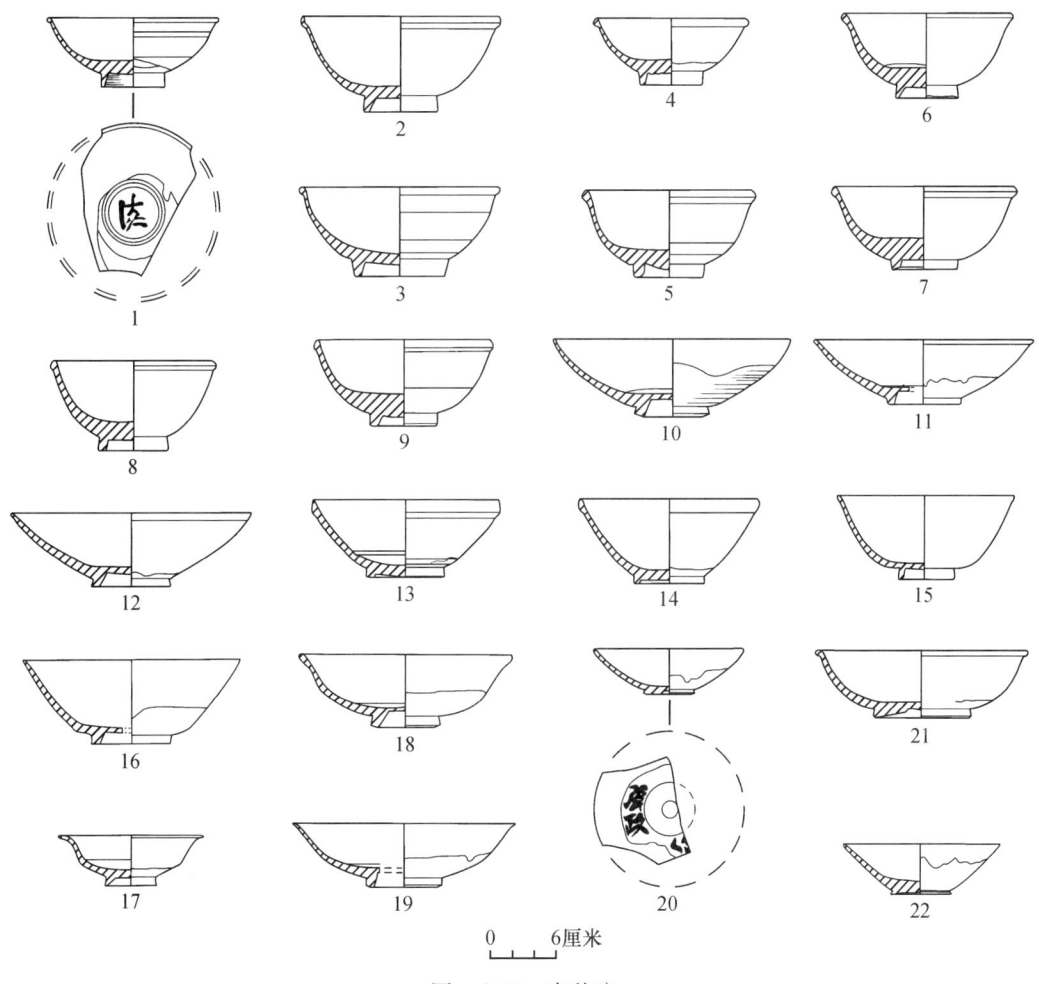

图一六三　青釉碗

1~3. 普通圈足底类B型Ⅰ式（2007SYT1⑧：8、2007SYT1⑧：9、2007SYT1⑨：45）　4~9. 普通圈足底类B型Ⅱ式（2007SYT1③：23、2007SYT1③：26、2007SYT1④：52、2007SYT1④：57、2007SYT1④：60、2007SYT1④：63）
10~12. 普通圈足底类Ca型（2007SYT1⑤：250、2007SYT1⑤：278、2007SYT1⑤：282）　13、14. 普通圈足底类Cb型Ⅰ式（2007SYT1⑧：10、2007SYT1⑨：37）　15、16. 普通圈足底类Cb型Ⅱ式（2007SYT1④：61、2007SYT1⑤：276）
17. 普通圈足底类D型Ⅰ式（2007SYT1⑨：34）　18、19. 普通圈足底类D型Ⅱ式（2007SYT1⑤：118、2007SYT1⑤：604）
20. 玉璧底类A型（2007SYT1⑪：23）　21. 玉璧底类B型（2007SYT1⑪：41）　22. 玉璧底类C型（2007SYT1⑪：22）

2007SYT1⑤：279，口径26.6、底径8.6、高7.4厘米。

2007SYT1⑤：280，口径20.6、底径6、高6.6厘米。

2007SYT1⑤：282，口径21.8、底径6.4、高6.5厘米（图一六三，12）。

Cb型　5件。钵形碗。依口沿不同分为两式。

Ⅰ式：2件。尖唇外凸，敞口。

2007SYT1⑧：10，口径17、底径7、高6.8厘米（图一六三，13）。

2007SYT1⑨：37，口径16.4、底径6.4、高7.4厘米（图一六三，14）。

Ⅱ式：3件。圆唇，敞口。

2007SYT1④：53，口径14、底径5.6、高6.4厘米（图版四七，1）。

2007SYT1④：61，口径16.2、底径5.4、高7.8厘米（图一六三，15）。

2007SYT1⑤：276，口径19.6、底径7.2、高7.4厘米（图一六三，16）。

D型　3件。折腹，依口沿不同分为两式。

Ⅰ式：1件。喇叭口，宽平沿。

2007SYT1⑨：34，口径13.2、底径4.7、高4.4厘米（图一六三，17）。

Ⅱ式：2件。敞口，圆唇。

2007SYT1⑤：118，口径19.2、底径6.1、高6.4厘米（图一六三，18）。

2007SYT1⑤：604，口径20、底径6.8、高5.6厘米（图一六三，19）。

（4）玉璧底类。依腹部不同分为三型。

A型　2件。弧腹。敞口，圆唇。

2007SYT1⑪：23，外腹下有墨书"张政"二字。口径13.6、底径4.6、高4厘米（图一六三，20）。

2007SYT1⑪：62，口径13.8、底径4.6、高5.1厘米。

B型　1件。鼓腹。敞口，翻唇。

2007SYT1⑪：41，口径19.4、底径9、高5.9厘米（图一六三，21）。

C型　2件。斜直腹。敞口，圆唇。玉璧底较薄。

2007SYT1⑪：22，口径14.4、底径5.6、高4.5厘米（图一六三，22；图版四七，6）。

2007SYT1⑪：24，口径14、底径6、高4.2厘米。

盏　依底部不同分为四类。

（1）饼足底类。依腹部不同分为四型。

A型　9件。斜直腹，依口沿不同分为两亚型。

Aa型　7件。翻唇，敞口。依饼足不同分为两式。

Ⅰ式：2件。饼足较薄。

2007SYT1⑤：320，口径10.4、底径3、高4.6厘米（图一六四，3）。

2007SYT1⑤：354，口径9.4、底径3.4、高4.1厘米（图一六四，4）。

Ⅱ式：5件。饼足稍厚。

2007SYT1⑧：30，口径11.8、底径3、高5厘米（图一六四，1）。

图一六四　青釉盏

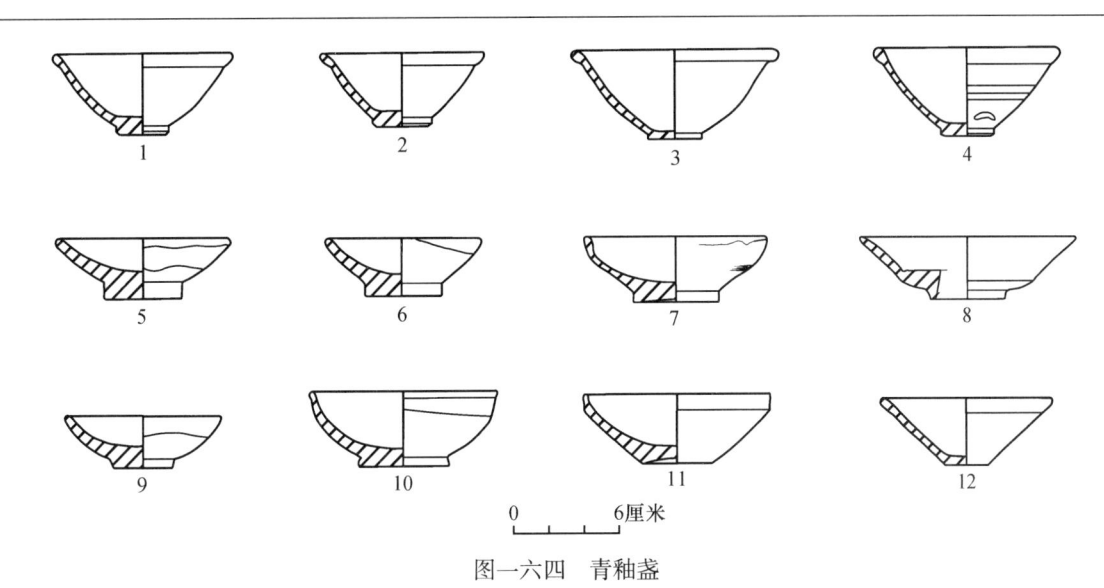

1、2.饼足底类Aa型Ⅱ式（2007SYT1⑧：30、2007SYT1⑨：15）　3、4.饼足底类Aa型Ⅰ式（2007SYT1⑤：320、2007SYT1⑤：354）
5、6.饼足底类Ab型（2007SYT1⑤：1184、2007SYT1⑤：1192）　7.饼足底类B型Ⅰ式（2007SYT1⑤：1185）　8.饼足底类B型Ⅱ式
（2007SYT1④：77）　9.饼足底类C型（2007SYT1⑩：36）　10.饼足底类D型（2007SYT1⑪：34）　11.平底类A型
（2007SYT1⑩：16）　12.平底类B型（2007SYT1⑤：333）

2007SYT1⑧：42，口径11.8、底径3.2、高5.4厘米。

2007SYT1⑧：45，口径10.4、底径3、高4.8厘米。

2007SYT1⑧：75，口径10.2、底径2.8、高4.3厘米。

2007SYT1⑨：15，口径10.8、底径3.2、高4.9厘米（图一六四，2）。

Ab型　2件。圆唇，敞口。

2007SYT1⑤：1184，口径10、底径4.4、高3.3厘米（图一六四，5）。

2007SYT1⑤：1192，口径9.2、底径4.6、高3.2厘米（图一六四，6）。

B型　2件。折腹。敞口，圆唇。依腹部变化分为两式。

Ⅰ式：1件。折腹偏上。

2007SYT1⑤：1185，口径10.4、底径4.8、高3.6厘米（图一六四，7）。

Ⅱ式：1件。折腹偏下。

2007SYT1④：77，口径12.4、底径4.4、高3.4厘米（图一六四，8）。

C型　1件。弧腹。敞口，圆唇。

2007SYT1⑩：36，残。口径9、底径3.4、高2.9厘米（图一六四，9）。

D型　1件。鼓腹。敞口，圆唇。

2007SYT1⑪：34，口径10.8、底径5.2、高4.2厘米（图一六四，10）。

（2）平底类。2件。斗笠形。依口沿不同分为两型。

A型　1件。直口，圆唇，折沿，斜直腹。

2007SYT1⑩：16，平底内凹。口径10.6、底径3.8、高3.9厘米（图一六四，11）。

B型　1件。敞口，圆唇，斜直腹。

2007SYT1⑤：333，口径10、底径2.6、高3.7厘米（图一六四，12）。

（3）圈足底类，依圈足不同分为二亚类。

普通圈足底类　依腹部不同分为四型。

A型　129件。斜直（弧）腹。依口沿不同分三亚型。

Aa型　113件。斗笠形。翻唇，微侈口，择代表器物介绍如下，后同。

2007SYT1⑤：312，口径10.8、底径3、高4.3厘米（图一六五，1）。

2007SYT1⑤：313，口径12.2、底径3.6、高5.4厘米（图一六五，2）。

2007SYT1⑤：315，口径10.8、底径3、高4厘米。

2007SYT1⑤：316，口径11、底径3.4、高5.9厘米。

2007SYT1⑤：317，口径10.8、底径2.6、高4厘米。

2007SYT1⑤：318，口径10.8、底径2.8、高5厘米。

2007SYT1⑤：319，口径12.2、底径3、高6厘米（图版四九，4）。

2007SYT1⑤：325，口径10.2、底径3、高4.2厘米。

2007SYT1⑤：326，口径11、底径3、高3.8厘米。

2007SYT1⑤：327，口径10.2、底径3、高4.2厘米。

2007SYT1⑤：328，口径10.4、底径2.8、高3.9厘米。

2007SYT1⑤：330，口径9.8、底径3、高4厘米。

2007SYT1⑤：331，口径10.4、底径2.8、高3.8厘米。

2007SYT1⑧：50，口径12、底径3.2、高5厘米（图一六五，3）。

2007SYT1⑧：51，口径11.2、底径3、高5.1厘米（图一六五，4）。

2007SYT1⑧：52，口径12.4、底径2.8、高5.3厘米。

2007SYT1⑧：53，口径10.8、底径2.4、高4.1厘米（图一六五，5）。

2007SYT1⑧：54，口径10、底径2.4、高4.5厘米。

2007SYT1⑧：56，口径9.6、底径3、高5.2厘米（图一六五，6）。

2007SYT1⑧：57，口径11、底径2.8、高4厘米。

2007SYT1⑧：58，口径10.4、底径2.4、高5厘米。

2007SYT1⑧：59，口径11.6、底径3.2、高4.8厘米。

2007SYT1⑧：60，口径10.8、底径3、高4.6厘米。

2007SYT1⑧：61，口径11、底径3.2、高5厘米。

2007SYT1⑧：62，口径12、底径3.2、高5.4厘米。

2007SYT1⑧：63，口径11.8、底径3.4、高5.2厘米。

2007SYT1⑧：64，口径11.8、底径3.4、高4.7厘米。

2007SYT1⑧：65，口径12、底径3.6、高4.8厘米。

2007SYT1⑧：66，口径10.8、底径3、高4.9厘米。

2007SYT1⑧：67，口径11.2、底径3.4、高5厘米。

2007SYT1⑧：68，口径11.6、底径3.6、高4.8厘米。

2007SYT1⑧：69，口径11、底径3.4、高5.2厘米。

2007SYT1⑧：70，口径10、底径2.4、高4厘米。

2007SYT1⑧：71，口径12、底径3、高5.5厘米。

2007SYT1⑧：72，口径10.4、底径3、高4.2厘米。

2007SYT1⑧：73，口径11.4、底径3.6、高5.4厘米。

2007SYT1⑧：74，口径11.2、底径3、高5.6厘米。

2007SYT1⑧：75，口径10.2、底径2.8、高4.3厘米。

2007SYT1⑧：76，口径11.8、底径3.6、高5.8厘米。

2007SYT1⑧：77，口径12.3、底径3.2、高5.6厘米。

2007SYT1⑧：78，口径11.6、底径3、高5.4厘米。

2007SYT1⑧：79，口径11.2、底径3、高5厘米。

2007SYT1⑧：80，口径11.2、底径3.2、高5.1厘米。

2007SYT1⑨：5，口径11.6、底径2.8、高5.1厘米。

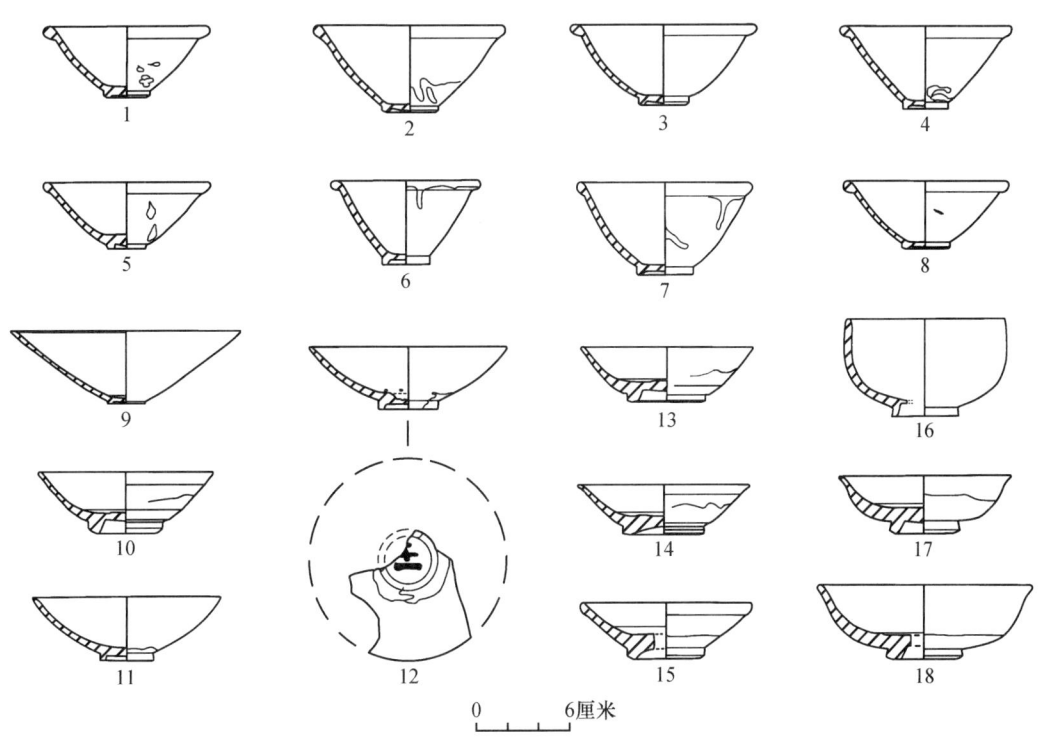

图一六五 青釉盏

1~8. 普通圈足底类Aa型（2007SYT1⑤：312、2007SYT1⑤：313、2007SYT1⑧：50、2007SYT1⑧：51、2007SYT1⑧：53、2007SYT1⑧：56、2007SYT1⑨：7、2007SYT1⑨：14） 9. 普通圈足底类Ab型Ⅰ式（2007SYT1⑤：301） 10、13. 普通圈足底类Ac型Ⅰ式（2007SYT1⑤：1217、2007SYT1⑤：1248） 11、12. 普通圈足底类Ab型Ⅱ式（2007SYT1⑤：304、2007SYT1⑤：310） 14、15. 普通圈足底类Ac型Ⅱ式（2007SYT1⑤：1149、2007SYT1⑤：1156） 16. 普通圈足底类B型（2007SYT1④：80） 17、18. 普通圈足底类C型（2007SYT1⑤：1211、2007SYT1⑤：1193）

2007SYT1⑨：6，口径11、底径2.8、高5厘米。

2007SYT1⑨：7，口径11.2、底径3.6、高5.7厘米（图一六五，7）。

2007SYT1⑨：8，口径11.6、底径3.4、高5.6厘米。

2007SYT1⑨：9，口径10.8、底径3.2、高4.8厘米。

2007SYT1⑨：10，口径11.2、底径3.2、高5厘米。

2007SYT1⑨：11，口径10.8、底径2.8、高5厘米。

2007SYT1⑨：12，口径11、底径3、高5.4厘米。

2007SYT1⑨：13，口径11.2、底径3.2、高5.4厘米。

2007SYT1⑨：14，口径10.8、底径3.2、高4.2厘米（图一六五，8）。

Ab型　5件。斗笠形。圆唇，敞口。依圈足变化分为两式。

Ⅰ式：1件。挖足浅，近平底。

2007SYT1⑤：301，口径14.8、底径2.4、高2.5厘米（图一六五，9）。

Ⅱ式：4件。挖足稍深。

2007SYT1⑤：304，口径12.2、底径3.5、高3.9厘米（图一六五，11）。

2007SYT1⑤：307，口径13.2、底径3.2、高4.1厘米。

2007SYT1⑤：308，口径11.8、底径3、高4.2厘米。

2007SYT1⑤：310，外底有墨书"王"字。口径12.6、底径3.8、高3.9厘米（图一六五，12）。

Ac型　11件。钵形。圆唇，敞口，圈足较粗。依挖足方式不同分为两式。

Ⅰ式：7件。平底。

2007SYT1⑤：1077，口径10.8、底径4.4、高4厘米。

2007SYT1⑤：1170，口径11.4、底径4.6、高3.5厘米。

2007SYT1⑤：1207，口径10、底径4.8、高3.6厘米。

2007SYT1⑤：1216，口径10.8、底径4.8、高3.5厘米。

2007SYT1⑤：1217，口径11.2、底径4.8、高3.8厘米（图一六五，10）。

2007SYT1⑤：1248，口径11、底径5、高3.4厘米（图一六五，13）。

2007SYT1⑤：1249，口径9、底径4.4、高3.4厘米。

Ⅱ式：4件。内凹底。

2007SYT1⑤：1149。口径11、底径5.2、高3.1厘米（图一六五，14）。

2007SYT1⑤：1156，口径11、底径5、高3.5厘米（图一六五，15）。

2007SYT1⑤：1164，口径10.2、底径4.6、高3.4厘米。

2007SYT1⑤：1157，口径8.4、底径3.8、高3.5厘米。

B型　1件。垂腹。敛口，圆唇。

2007SYT1④：80，口径10.3、底径4.4、高6厘米（图一六五，16）。

C型　3件。微鼓腹。

2007SYT1⑤：1193，口径14、底径5、高4.6厘米（图一六五，18）。

2007SYT1⑤：1199，口径10、底径4、高3.4厘米。

2007SYT1⑤：1211，口径11.2、底径4.6、高3.6厘米（图一六五，17）。

D型　176件。弧腹。依口沿不同分为五亚型。

Da型　2件。敛口，圆唇。

2007SYT1④：82，口径9、底径3.4、高4.6厘米（图一六六，1）。

2007SYT1④：226，口径11.8、底径4.8、高5厘米（图一六六，2）。

Db型　162件。敞口，圆唇。依底部变化分为三式。

Ⅰ式：29件。内凹底。

2007SYT1⑤：718，口径12、底径5、高3.3厘米。

2007SYT1⑤：1114，口径10.6、底径4.4、高3.4厘米（图一六六，3）。

2007SYT1⑤：1124，口径12.2、底径5.2、高4.1厘米。

2007SYT1⑤：1137，口径8.8、底径4.2、高2.8厘米。

2007SYT1⑤：1140，口径10.8、底径4.6、高2.8厘米。

2007SYT1⑤：1141，口径11、底径5、高3.7厘米（图一六六，4）。

2007SYT1⑤：1147，口径11.8、底径5.2、高3.3厘米。

2007SYT1⑤：1148，口径11、底径5、高3.4厘米。

2007SYT1⑤：1152，口径10.4、底径4.6、高3.4厘米。

2007SYT1⑤：1161，口径10.6、底径4.5、高3.8厘米。

2007SYT1⑤：1153，口径10.4、底径5、高2.8厘米。

2007SYT1⑤：1154，口径11.6、底径5.4、高3.6厘米。

2007SYT1⑤：1166，口径11.6、底径4.6、高3.6厘米。

2007SYT1⑤：1162，口径11、底径5、高3.2厘米。

2007SYT1⑤：1163，口径10、底径4.2、高3.5厘米。

2007SYT1⑤：1165，口径10.5、底径4.5、高3.6厘米。

2007SYT1⑤：1167，口径10.6、底径4.6、高3.1厘米。

2007SYT1⑤：1168，口径10.6、底径4.6、高3.4厘米（图一六六，5）。

2007SYT1⑤：1169，口径11、底径5、高3.5厘米。

Ⅱ式：32件。外底弧面，足心凸起。

2007SYT1⑤：322，口径15、底径6、高3.6厘米。

2007SYT1⑤：1076，口径10.2、底径4.4、高3.3厘米。

2007SYT1⑤：1087，口径12.4、底径5.9、高3.4厘米（图一六六，6）。

2007SYT1⑤：1125，口径11、底径4.6、高3.4厘米（图一六六，7）。

2007SYT1⑤：1126，口径10、底径4.4、高3.3厘米。

2007SYT1⑤：1129，口径10.8、底径4.7、高3厘米。

2007SYT1⑤：1130，口径10.4、底径4、高3.6厘米。

图一六六　青釉盏

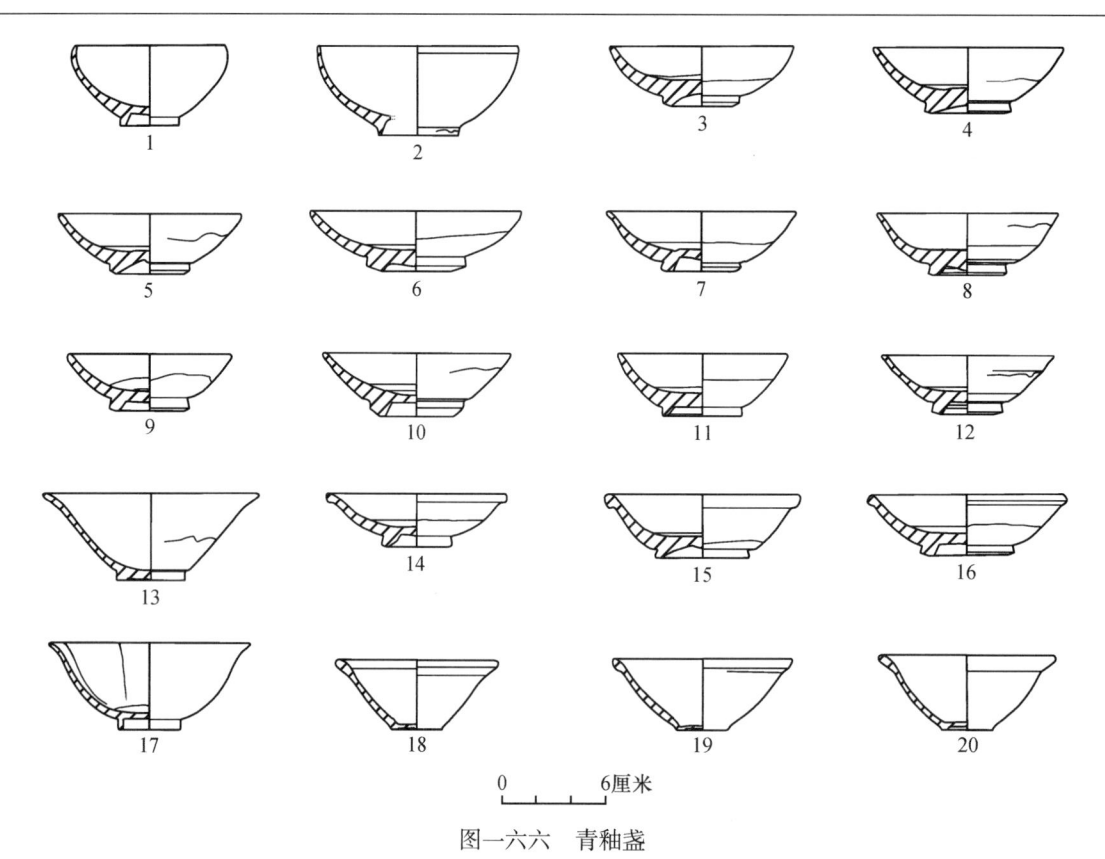

1、2. 普通圈足底类Da型（2007SYT1④：82、2007SYT1④：226）　3~5. 普通圈足底类Db型Ⅰ式（2007SYT1⑤：1114、2007SYT1⑤：1141、2007SYT1⑤：1168）　6~8. 普通圈足底类Db型Ⅱ式（2007SYT1⑤：1087、2007SYT1⑤：1125、2007SYT1⑤：1225）　9~12. 普通圈足底类Db型Ⅲ式（2007SYT1④：76、2007SYT1⑤：1075、2007SYT1⑤：1080、2007SYT1⑤：1138）　13. 普通圈足底类Dc型（2007SYT1④：227）　14~16. 普通圈足底类Dd型（2007SYT1④：228、2007SYT1⑤：1083、2007SYT1④：1188）　17. 普通圈足底类De型（2007SYT1⑤：1078）　18. 隐圈足底类Ⅰ式（2007SYT1⑧：23）　19、20. 隐圈足底类Ⅱ式（2007SYT1⑤：324、2007SYT1⑤：329）

2007SYT1⑤：1133，口径11.2、底径4.6、高3.6厘米。

2007SYT1⑤：1134，口径9、底径4、高2.8厘米。

2007SYT1⑤：1136，口径14.4、底径6、高4.8厘米。

2007SYT1⑤：1158，口径11.1、底径4.8、高3.8厘米。

2007SYT1⑤：1225，口径10.5、底径4.5、高3.5厘米（图一六六，8）。

Ⅲ式：101件。平底。

2007SYT1④：76，口径9.6、底径4.6、高3.2厘米（图一六六，9）。

2007SYT1⑤：1075，口径11、底径5.5、高3.6厘米（图一六六，10）。

2007SYT1⑤：1080，口径9.8、底径4.6、高3.5厘米（图一六六，11）。

2007SYT1⑤：1089，口径11.4、底径4.6、高3.7厘米。

2007SYT1⑤：1094，口径10.6、底径4.8、高3.2厘米。

2007SYT1⑤：1098，口径11.4、底径4.6、高4.2厘米。

2007SYT1⑤：1100，口径11.2、底径4.8、高3厘米。
2007SYT1⑤：1104，口径10.4、底径4.4、3.4厘米。
2007SYT1⑤：1105，口径9.6、底径5.6、高3.2厘米。
2007SYT1⑤：1107，口径9.6、底径4.6、高2.8厘米。
2007SYT1⑤：1109，口径10.8、底径4.8、高3.8厘米。
2007SYT1⑤：1138，口径10、底径4.1、高3.3厘米（图一六六，12）。
2007SYT1⑤：1139，口径10.4、底径4、高3.5厘米。

Dc型　1件。喇叭口，圆唇。

2007SYT1④：227，口径12.6、底径4、高4.9厘米（图一六六，13）。

Dd型　11件。微侈口，翻唇。

2007SYT1④：228，口径10.6、底径4.2、高3厘米（图一六六，14）。
2007SYT1④：229，口径11、底径5.4、高3.7厘米。
2007SYT1⑤：332，口径11.8、底径4.2、高3.9厘米。
2007SYT1⑤：348，口径12.4、底径3、高5.8厘米。
2007SYT1⑤：1083，口径11.5、底径5.3、高3.6厘米（图一六六，15）。
2007SYT1⑤：1084，口径11.2、底径4、高3.6厘米。
2007SYT1⑤：1085，口径14、底径5.5、高4.5厘米。
2007SYT1⑤：1150，口径11.4、底径4.8、高3.6厘米。
2007SYT1⑤：1181，口径11、底径5.2、高3.6厘米。
2007SYT1⑤：1188，外底有支珠痕。口径11.6、底径5.4、高3.4厘米（图一六六，16）。
2007SYT1⑤：1260，口径11.2、底径4、高4厘米。

De型　1件。侈口，圆唇。

2007SYT1⑤：1078，口径11.6、底径3.6、高4.9厘米（图一六六，17）。

隐圈足底类　6件。翻唇，微侈口，斜弧腹。依圈足微变化分为两式。

Ⅰ式：1件。挖足浅，近平底。

2007SYT1⑧：23，口径9.6、底径3、高3.9厘米（图一六六，18）。

Ⅱ式：5件。挖足稍深。

2007SYT1⑤：314，口径11.2、底径2.2、高4.1厘米。
2007SYT1⑤：324，口径10.4、底径3、高4厘米（图一六六，19）。
2007SYT1⑤：323，口径10.4、底径2.2、高4厘米。
2007SYT1⑤：329，口径10.2、底径3、高4.2厘米（图一六六，20）。
2007SYT1⑤：347，口径10.2、底径3.8、高3.8厘米。

钵　依器形不同分为三型。

A型　1件。翻唇，敛口，微鼓腹，平底内凹。

2007SYT1⑩：2，器底墨书"明日边平"等字。口径15.6、底径7、高7厘米（图一六七，1）。

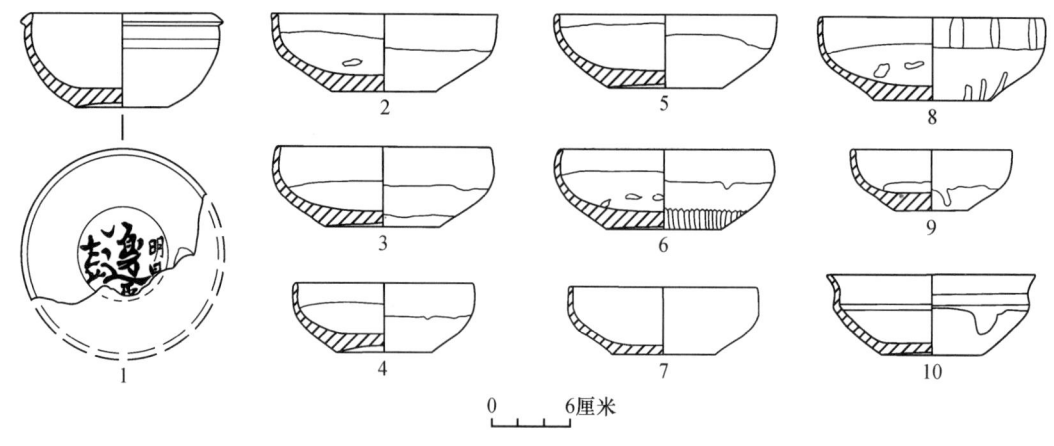

图一六七　青釉钵

1. A型（2007SYT1⑩：2）　2～9. B型（2007SYT1⑩：1、2007SYT1⑩：13、2007SYT1⑪：25、2007SYT1⑪：26、2007SYT1⑪：27、2007SYT1⑪：28、2007SYT1⑪：29、2007SYT1⑪：32）　10. C型（2007SYT1⑪：31）

B型　8件。圆唇，微敛口，鼓腹，平底。

2007SYT1⑩：1，口径17.6、底径8、高5.8厘米（图一六七，2）。

2007SYT1⑩：13，口径17.2、底径8.8、高6厘米（图一六七，3）。

2007SYT1⑪：25，口径14、底径7.4、高5.2厘米（图一六七，4）。

2007SYT1⑪：26，口径17.2、底径8.8、高5.5厘米（图一六七，5）。

2007SYT1⑪：27，口径17、底径9、高6厘米（图一六七，6）。

2007SYT1⑪：28，口径14.6、底径8、高5厘米（图一六七，7）。

2007SYT1⑪：29，口径17.6、底径9、高6.2厘米（图一六七，8）。

2007SYT1⑪：32，口径12.4、底径5.6、高4.5厘米（图一六七，9）。

C型　1件。圆唇，侈口，缩颈，折腹，平底内凹。

2007SYT1⑪：31，口径16、底径7.6、高6厘米（图一六七，10）。

碟　依底部不同分为三型。

A型　平底。依口腹不同分为三亚型。

Aa型　2件。翻唇，敞口。斜直腹。

2007SYT1⑧：16，口径9.2、底径3.6、高2.4厘米（图一六八，1）。

2007SYT1⑧：17，口径8.6、底径3.2、高2.2厘米（图一六八，2）。

Ab型　1件。圆唇，敞口。斜弧腹。

2007SYT1⑧：198，口径9.8、底径3.6、高2.8厘米（图一六八，3）。

Ac型　2件。尖唇，敞口。弧腹。

2007SYT1⑧：18，口径9.8、底径4、高2.8厘米（图一六八，4）。

2007SYT1⑨：51，口径10.4、底径3、高2.8厘米（图一六八，5）。

B型　饼足底。依口腹不同分为二亚型。

Ba型　1件。喇叭口，宽平沿，浅弧腹。

2007SYT1④：84，口径11.4、底径4.4、高1.9厘米（图一六八，6）。

Bb型　1件。敞口，微翻唇，斜直腹。

2007SYT1⑧：15，口径9.6、底径4.4、高2.4厘米（图一六八，7）。

C型　圈足底。依口腹不同分为两亚型。

Ca型　15件。喇叭口，宽沿，浅弧腹。依沿部变分为两式。

Ⅰ式：1件。平沿。

2007SYT1⑤：694，口径12.8、底径5.6、高2.6厘米（图一六八，8）。

Ⅱ式：14件。沿下垂。

2007SYT1③：32，口径12、底径5、高2.2厘米（图一六八，9）。

2007SYT1④：83，口径13、底径5、高3厘米。

2007SYT1④：85，口径12、底径4.4、高2.1厘米。

2007SYT1④：86，口径12.6、底径4.2、高2.8厘米。

2007SYT1④：87，口径12、底径4.4、高2.5厘米（图一六八，10）。

2007SYT1④：88，口径12、底径4、高2.3厘米。

2007SYT1④：89，口径12.9、底径4.8、高2.4厘米（图一六八，11）。

2007SYT1④：90，口径10.8、底径3.8、高2.4厘米。

2007SYT1④：91，口径12.4、底径4、高2.5厘米。

2007SYT1④：92，口径13.6、底径5.2、高2.7厘米（图一六八，12）。

2007SYT1④：93，口径11.8、底径3.6、高2.4厘米。

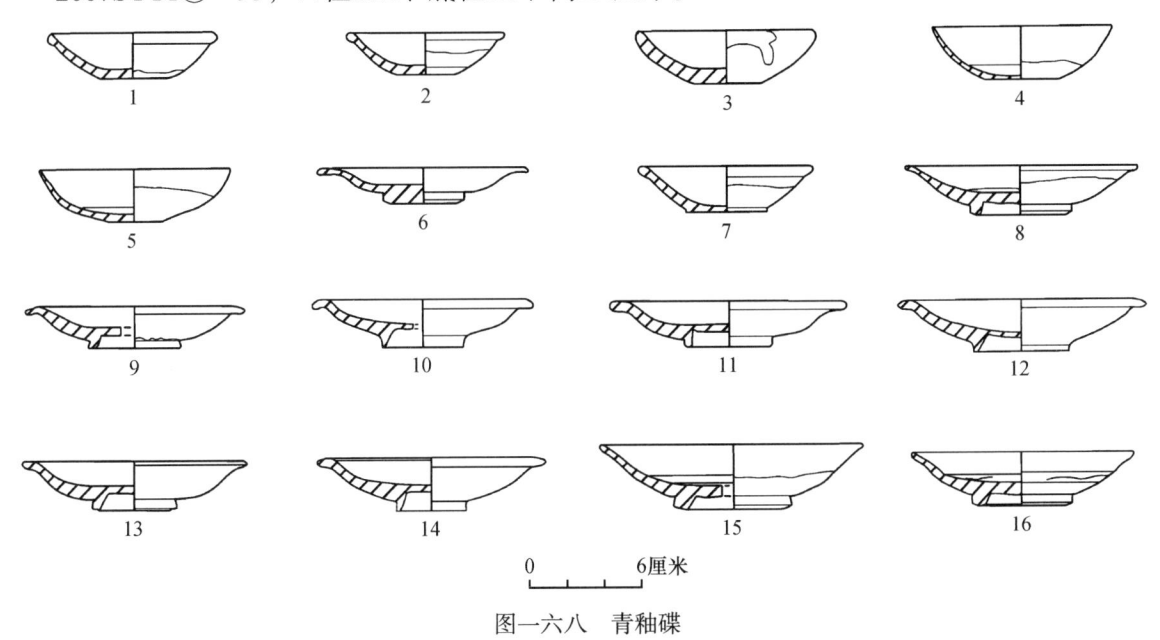

图一六八　青釉碟

1、2. Aa型（2007SYT1⑧：16、2007SYT1⑧：17）　3. Ab型（2007SYT1⑧：198）　4、5. Ac型（2007SYT1⑧：18、2007SYT1⑨：51）
6. Ba型（2007SYT1④：84）　7. Bb型（2007SYT1⑧：15）　8. Ca型Ⅰ式（2007SYT1⑤：694）　9～14. Ca型Ⅱ式
（2007SYT1③：32、2007SYT1④：87、2007SYT1④：89、2007SYT1④：92、2007SYT1④：94、2007SYT1④：96）
15、16. Cb型（2007SYT1⑤：695、2007SYT1⑤：1189）

2007SYT1④：94，口径12.2、底径4.6、高2.6厘米（图一六八，13）。

2007SYT1④：95，口径13.6、底径6.4、高2.2厘米。

2007SYT1④：96，口径12.4、底径3.8、高2.8厘米（图一六八，14）。

Cb型　2件。敞口，圆唇，斜弧腹。

2007SYT1⑤：695，口径14.4、底径5.6、高3.4厘米（图一六八，15）。

2007SYT1⑤：1189，口径12、底径5.4、高2.8厘米（图一六八，16）。

罐　依器底不同分为两型。

A型　平底。依口腹不同分为两亚型。

Aa型　2件。束颈，鼓腹，双耳。依颈部变化分为两式。

Ⅰ式：1件。颈部明显，器身较高。2007SYT1⑩：12，侈口，方唇，双条形横系，溜肩，鼓弧腹斜内收，平底内凹。口径6.1、底径6.4、腹径10、高12.2厘米（图一六九，1）。

Ⅱ式：1件。颈部不明显，器身较矮。2007SYT1⑦：14，敞口，圆唇，溜肩，鼓腹，平底内凹。口径5.6、底径6.2、腹径8.6、通高8.2厘米（图一六九，2）。

Ab型　1件。束颈，弧腹，无耳。

2007SYT1⑪：36，侈口，圆唇，口径9.2、底径6.5、腹径10.5、高11.8厘米（图一六九，3）。

B型　1件。圈足。

2007SYT1⑤：1021，敞口，平唇，鼓腹，双耳，圈足。外有绿釉条形纹。口径10.4、底径7.4、腹径13.6、高12.6厘米（图一六九，4）。

盘　依底部不同分为三型。

A型　1件。饼足底。敞口，圆唇，斜弧腹。

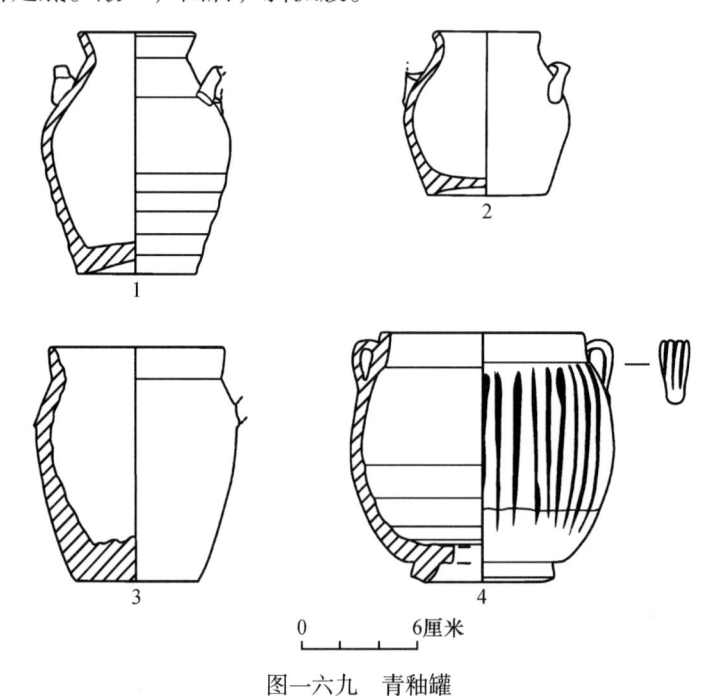

图一六九　青釉罐

1. Aa型Ⅰ式（2007SYT1⑩：12）　2. Aa型Ⅱ式（2007SYT1⑦：14）　3. Ab型（2007SYT1⑪：36）　4. B型（2007SYT1⑤：1021）

2007SYT1③：28，口径13.4、底径5.4、高3.1厘米（图一七〇，1）。

B型　3件。平底。依口腹不同分为三亚型。

Ba型　1件。尖圆唇，侈口，弧腹。

2007SYT1③：27，口径13.2、底径5、高2.8厘米（图一七〇，2）。

Bb型　1件。圆唇，敞口，斜直腹。

2007SYT1③：230，口径9.4、底径5.2、高2.3厘米（图一七〇，3）。

Bc型　1件。圆唇，折沿，敛腹。

2007SYT1⑪：35，口径15、底径7、高3.6厘米（图一七〇，4）。

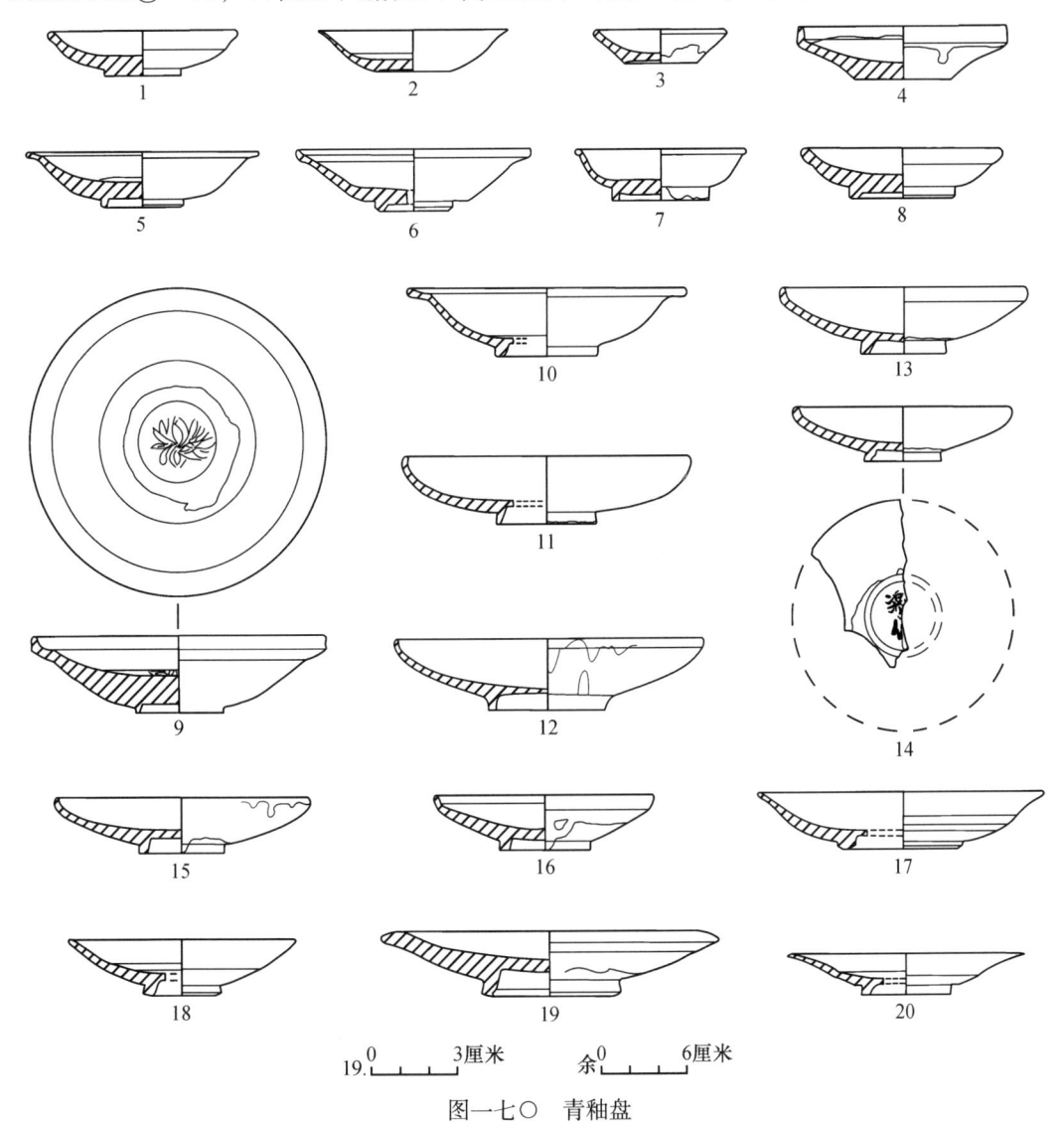

图一七〇　青釉盘

1. A型（2007SYT1③：28）　2. Ba型（2007SYT1③：27）　3. Bb型（2007SYT1③：230）　4. Bc型（2007SYT1⑪：35）
5、10. Ca型Ⅰ式（2007SYT1④：99、2007SYT1⑤：1073）　6、9. Ca型Ⅱ式（2007SYT1④：69、2007SYT1④：98）
7、8. Cb型（2007SYT1③：30、2007SYT1④：100）　11～15. Cc型（2007SYT1④：113、2007SYT1④：119、2007SYT1④：109、2007SYT1④：124、2007SYT1④：107）　16. Cd型（2007SYT1④：101）　17、18. Ce型Ⅰ式（2007SYT1⑤：1273、2007SYT1⑤：1072）　19. Ce型Ⅱ式（2007SYT1③：31）　20. Cf型（2007SYT1⑤：603）

C型　36件。圈足底。依口腹不同分为六亚型。

Ca型　4件。圆唇，侈口，折沿，弧腹。依沿部变化分为两式。

Ⅰ式：2件。平折沿。

2007SYT1④：99，口径16.4、底径5.8、高3.7厘米（图一七〇，5）。

2007SYT1⑤：1073，口径19.6、底径7.2、高4.6厘米（图一七〇，10）。

Ⅱ式：2件。斜折沿。

2007SYT1④：69，口径16.4、底径4.8、高4.2厘米（图一七〇，6）。

2007SYT1④：98，口径20.8、底径6.2、高5.2厘米（图一七〇，9）。

Cb型　3件。翻唇，敞口，窄沿，弧腹。

2007SYT1③：29，口径12.6、底径5.4、高3厘米。

2007SYT1③：30，口径12、底径6.8、高3.5厘米（图一七〇，7）。

2007SYT1④：100，口径14.4、底径7.6、高3.4厘米（图一七〇，8）。

Cc型　24件。圆唇，微敛口，弧腹。

2007SYT1④：102，口径15.8、底径6、高3.8厘米。

2007SYT1④：103，口径16、底径5.6、高4厘米。

2007SYT1④：104，口径17.4、底径6、高3.9厘米。

2007SYT1④：105，口径16.8、底径5.8、高3.8厘米（图版五〇，5）。

2007SYT1④：106，口径17、底径5.2、高3.6厘米。

2007SYT1④：107，口径18、底径6、高3.8厘米（图一七〇，15）。

2007SYT1④：108，口径16.6、底径6.2、高4.2厘米。

2007SYT1④：109，口径17.6、底径6.2、高4.5厘米（图一七〇，13）。

2007SYT1④：110，口径16.8、底径6.4、高3.7厘米。

2007SYT1④：111，口径18.4、底径6.4、高4.1厘米。

2007SYT1④：112，口径17.2、底径6、高4厘米。

2007SYT1④：113，口径20.2、底径7、高4.6厘米（图一七〇，11）。

2007SYT1④：114，口径17.6、底径6.6、高3.8厘米。

2007SYT1④：115，口径18、底径6.3、残高3.5厘米。

2007SYT1④：116，口径18、底径6.6、高3.6厘米。

2007SYT1④：117，口径17.4、底径6.6、高3.3厘米。

2007SYT1④：118，口径17、底径6.4、高3.3厘米。

2007SYT1④：119，口径21.4、底径8.2、高4.9厘米（图一七〇，12）。

2007SYT1④：120，口径14.6、底径5.2、高3.2厘米。

2007SYT1④：121，口径16.4、底径5.8、高3.4厘米。

2007SYT1④：122，口径21.6、底径8.2、高4.4厘米。

2007SYT1④：123，口径16.8、底径6.6、高3.1厘米。

2007SYT1④：124，残足心有墨书字迹。口径15.6、底径5.6、高3.7厘米（图一七〇，14）。
2007SYT1⑤：608，芒口。口径14.8、底径6、高3厘米。

Cd型　1件。圆唇，折沿，侈口，斜直腹。

2007SYT1④：101，口径15.6、底径6.4、高3.7厘米（图一七〇，16）。

Ce型　3件。喇叭口，斜弧腹。依唇部不同分为两式。

Ⅰ式：2件。圆唇，深腹。

2007SYT1⑤：1072，口径16、底径5.6、高3.8厘米（图一七〇，18）。
2007SYT1⑤：1273，口径20.4、底径8.2、高3.9厘米（图一七〇，17）。

Ⅱ式：1件。粗圆唇，浅腹。

2007SYT1③：31，口径11.8、底径4.8、高2.2厘米（图一七〇，19）。

Cf型　1件。圆唇，喇叭口，斜折腹。

2007SYT1⑤：603，口径16.8、底径6.4、高2.8厘米（图一七〇，20）。

盆　依器形不同分为两型。

A型　2件。口沿外翻，敞口，弧腹，平底。

2007SYT1④：127，口径30.8、底径19.9、高11厘米（图一七一，5）。
2007SYT1⑤：1014，口径20.8、底径14.4、高10.2厘米（图一七一，6）。

B型　1件。圆唇，折沿，侈口，斜直腹，平底。

2007SYT1⑨：23，口径36、底径22、高8.5厘米（图一七一，7）。

瓶　依器形不同分为两型。

A型　1件。腹部偏直，无系。直口，圆唇，束颈，溜肩，平底。

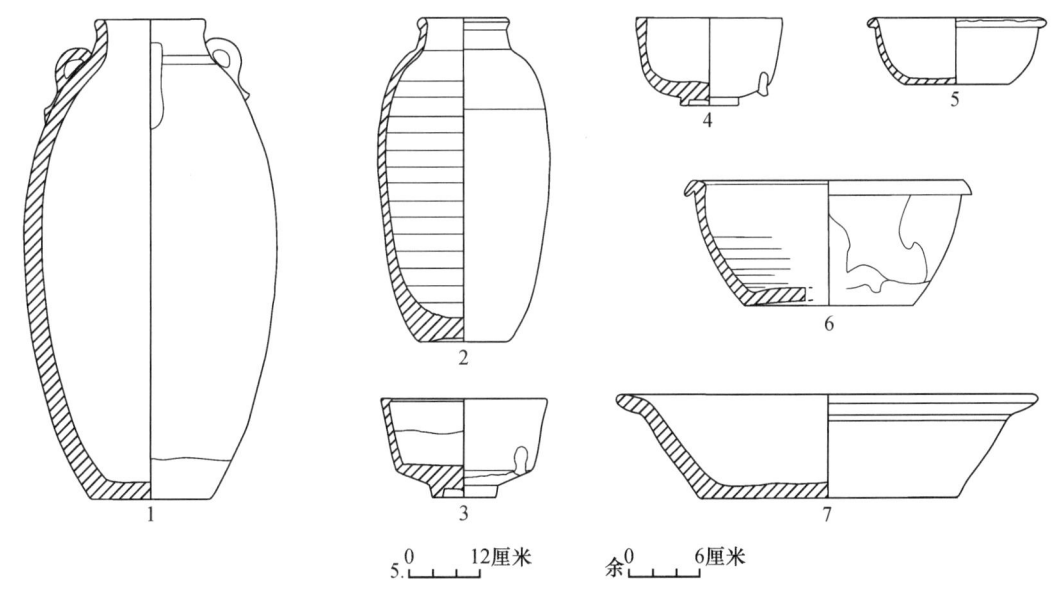

图一七一　其他青釉瓷器

1. 瓶平底B型（2007SYT1⑧：207）　2. 瓶平底A型（2007SYT1⑤：963）　3. 三足炉A型（2007SYT1③：34）　4. 三足炉B型（2007SYT1③：33）　5、6. 盆A型（2007SYT1④：127、2007SYT1⑤：1014）　7. 盆B型（2007SYT1⑨：23）

2007SYT1⑤：963，口径7.8、底径7.8、腹径14.6、高26.5厘米（图一七一，2）。

B型　1件。鼓腹，四条形系。侈口，方唇，短颈，溜肩，肩颈处有四个条形系，平底。

2007SYT1⑧：207，口径9.4、底径10.2、高39.4、腹径21.3厘米（图一七一，1）。

三足炉　敞口，平唇，下腹侧有三个等距象鼻短足。依腹部不同分为两型。

A型　1件。折腹。

2007SYT1③：34，口径14、底径5.3、高8.1厘米（图一七一，3）。

B型　1件。折弧腹。

2007SYT1③：33，口径12.4、底径5、高7.2厘米（图一七一，4）。

2. 青釉黑花

盆　1件。侈口，圆唇，斜直腹，平底。

2007SYT1⑤：1052，内饰黑花纹。口径45.4、底径26、高16.5厘米。

3. 青釉划花

碗　依器底不同分为两型。

A型　圈足底。敞口，弧腹。依口沿不同分为两亚型。

Aa型　1件。翻唇。

2007SYT1⑧：20，内饰划花复线莲瓣纹，外饰复线放射线纹。口径15、底径5.5、高6.5厘米（图一七二，3）。

Ab型　3件。圆唇。

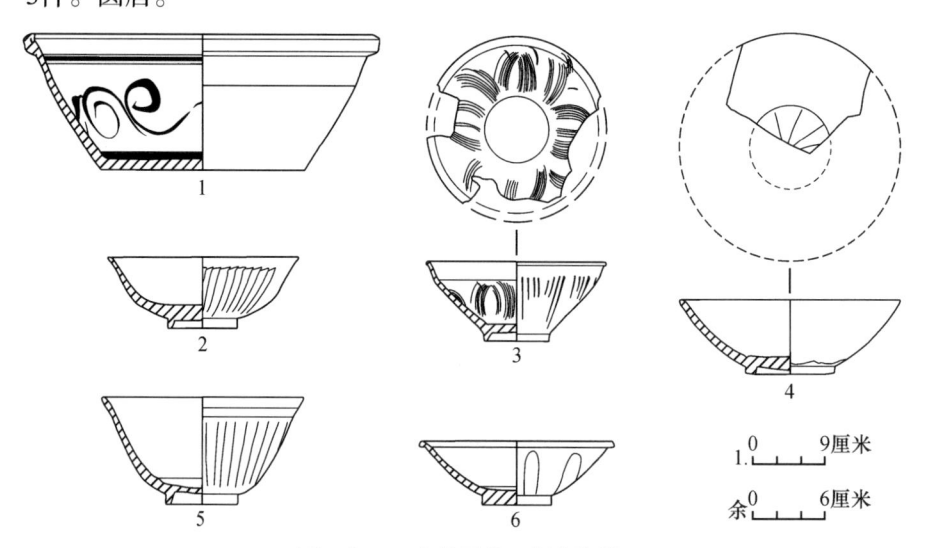

图一七二　青釉黑花、划花瓷器

1. 黑花盆（2007SYT1⑤：1952）　2、4、5. 划花碗Ab型（2007SYT2H1：6、2007SYT1⑤：174、2007SYT1⑤：175）
3. 划花碗Aa型（2007SYT1⑧：20）　6. 划花碗B型（2007SYT1⑤：176）

2007SYT2H1：6，外饰两周辐射斜线划线。口径16.2、底径6、高5.8厘米（图一七二，2）。

2007SYT1⑤：174，内底饰划花纹。口径18.4、底径7、高6厘米（图一七二，4）。

2007SYT1⑤：175，外饰划花纹。口径17、底径6.2、高8.7厘米（图一七二，5）。

B型　1件。饼足底。侈口，方唇，微卷沿，弧腹。

2007SYT1⑤：176，内底缘饰凹弦纹，外饰划花莲瓣纹。口径16.4、底径5.8、高5.2厘米（图一七二，6）。

盏　依器形不同分为两型。

A型　8件。敞口，圆唇，弧腹，圈足。

2007SYT1④：265，内饰弦纹、兰花划纹。口径10.3、底径3.2、高4.3厘米（图一七三，1）。

2007SYT1④：266，内底饰花卉纹。口径10、底径3.8、高3.9厘米。

2007SYT1④：267，内饰划花纹。口径8.6、底径3.4、高3.9厘米。

2007SYT1④：268，内饰草叶纹。口径10.4、底径3、高4.2厘米（图一七三，2）。

2007SYT1④：269，内饰荷花纹。口径10.5、底径3.2、高4.1厘米（图一七三，3）。

2007SYT1④：271，内饰弦纹、草叶纹。口径9.8、底径3、高4.4厘米（图一七三，4）。

2007SYT1④：272，内底饰牡丹纹。口径9.8、底径3.8、高3.9厘米（图一七三，5）。

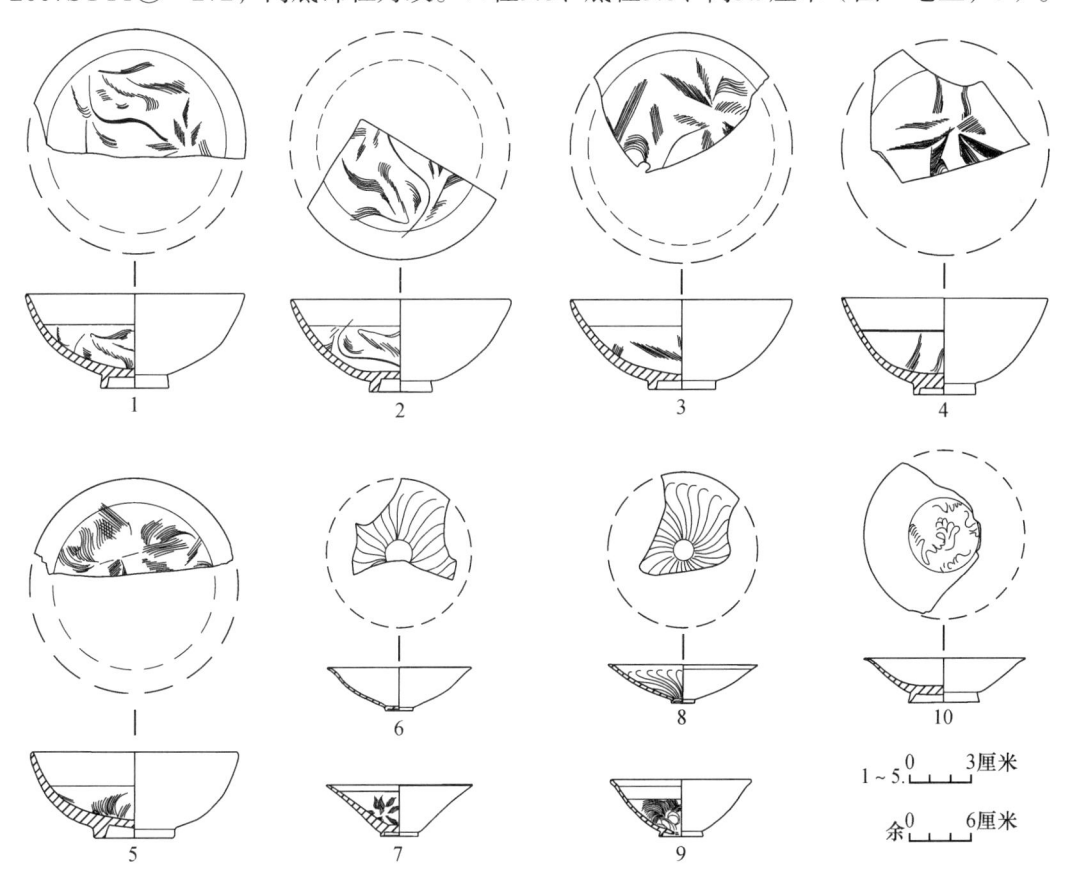

图一七三　青釉划花盏、盘

1～5.盏A型（2007SYT1④：265、2007SYT1④：268、2007SYT1④：269、2007SYT1④：271、2007SYT1④：272）
6～9.盏B型（2007SYT1⑤：302、2007SYT1⑤：309、2007SYT1⑤：303、2007SYT1⑤：1092）　10.盘（2007SYT1⑤：581）

2007SYT1④：273，内底饰牡丹纹。口径10.6、底径3.8、高4.2厘米。

B型　4件。敞口，圆唇，斜直腹，圈足较矮小。

2007SYT1⑤：302，内饰双线荷叶纹。口径13.6、底径2.6、高4厘米（图一七三，6）。

2007SYT1⑤：303，内饰双线荷叶纹。口径14.2、底径2.2、高3厘米（图一七三，8）。

2007SYT1⑤：309，内饰划花纹。口径13.7、底径3.5、高4.7厘米（图一七三，7）。

2007SYT1⑤：1092，口径13.4、底径4.2、高5.2厘米（图一七三，9）。

盘　1件。喇叭口，圆唇外撇，斜弧腹，圈足外撇。内底饰划花纹。

2007SYT1⑤：581，口径15.4、底径6.8、高4厘米（图一七三，10）。

4. 青釉印花

碗　依器底不同分为两型。

A型　2件。平底。弧腹。依口沿不同分为两亚型。

Aa型　1件。圆唇，侈口。

2007SYT1⑧：55，内底饰印花菊纹。口径10.6、底径2.8、高4.3厘米（图一七四，1）。

Ab型　1件。翻唇，敞口。

2007SYT1⑤：180，内饰缠枝菊印花纹。口径20、底径5.2、高7.8厘米（图一七四，2）。

B型　7件。圈足。弧腹。依口沿不同分为两亚型。

Ba型　3件。翻唇，敞口。

2007SYT1③：24，内饰印花缠枝花卉。口径16、底径6、高7.5厘米（图一七四，3）。

2007SYT2H1：5，内饰牡丹印花，外饰斜条纹划花纹。口径17.4、底6、高7.4厘米（图一七四，4）。

2007SYT2H1：9，内饰菊花印纹。口径18、底5.8、高7厘米（图一七四，5）。

Bb型　4件。圆唇，侈口。

2007SYT1④：66，内饰印花纹。口径16.2、底径6.4、高8.2厘米（图一七四，6）。

2007SYT1⑤：178，内饰印花缠枝牡丹纹。口径19.2、底径6、高8.3厘米（图一七四，7）。

2007SYT1⑤：179，内饰印花缠枝菊纹。口径18.6、底径5.6、高8.1厘米（图一七四，8）。

2007SYT1⑦：9，内腹、底有牡丹印花纹。口径19、底径6.3、通高8.4厘米（图一七四，9）。

盏　依器底不同分为两型。

A型　1件。饼足。敞口，圆唇，斜弧腹。

2007SYT1⑤：359，内饰莲蓬、水波、鸟划花，外底心饰墨书"邵耳"两字。口径11、底径2.6、高4.4厘米（图一七五，1）。

B型　圈足。依口腹部不同分为两亚型。

Ba型　4件。圆唇，口微侈，弧腹。

2007SYT1⑤：355，内饰印花纹。口径12.3、底径5.6、高5.7厘米（图一七五，2）。

图一七四 青釉印花碗

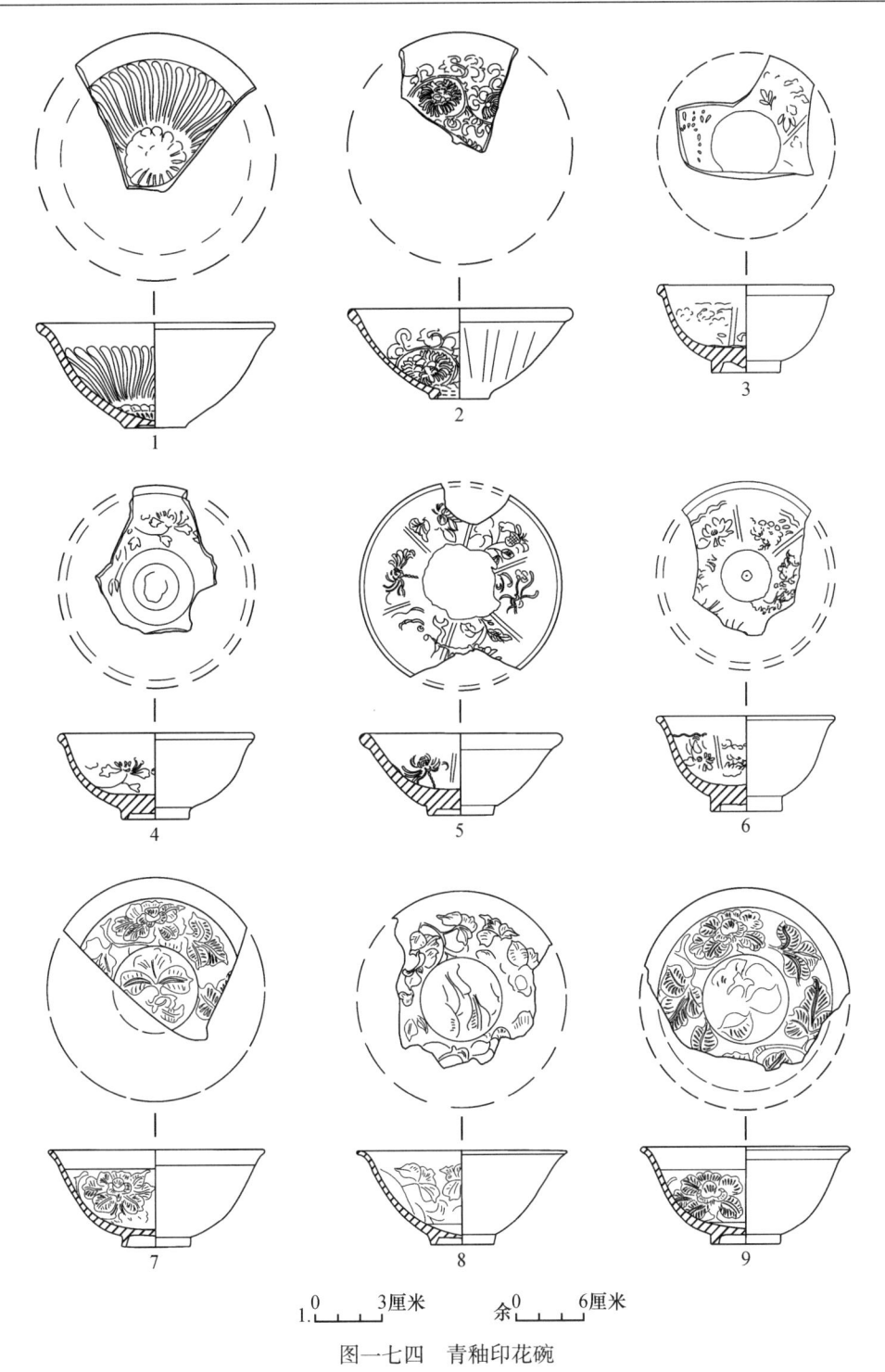

1. Aa型（2007SYT1⑧：55） 2. Ab型（2007SYT1⑤：180） 3~5. Ba型（2007SYT1③：24、2007SYT2H1：5、2007SYT2H1：9）
6~9. Bb型（2007SYT1④：66、2007SYT1⑤：178、2007SYT1⑤：179、2007SYT1⑦：9）

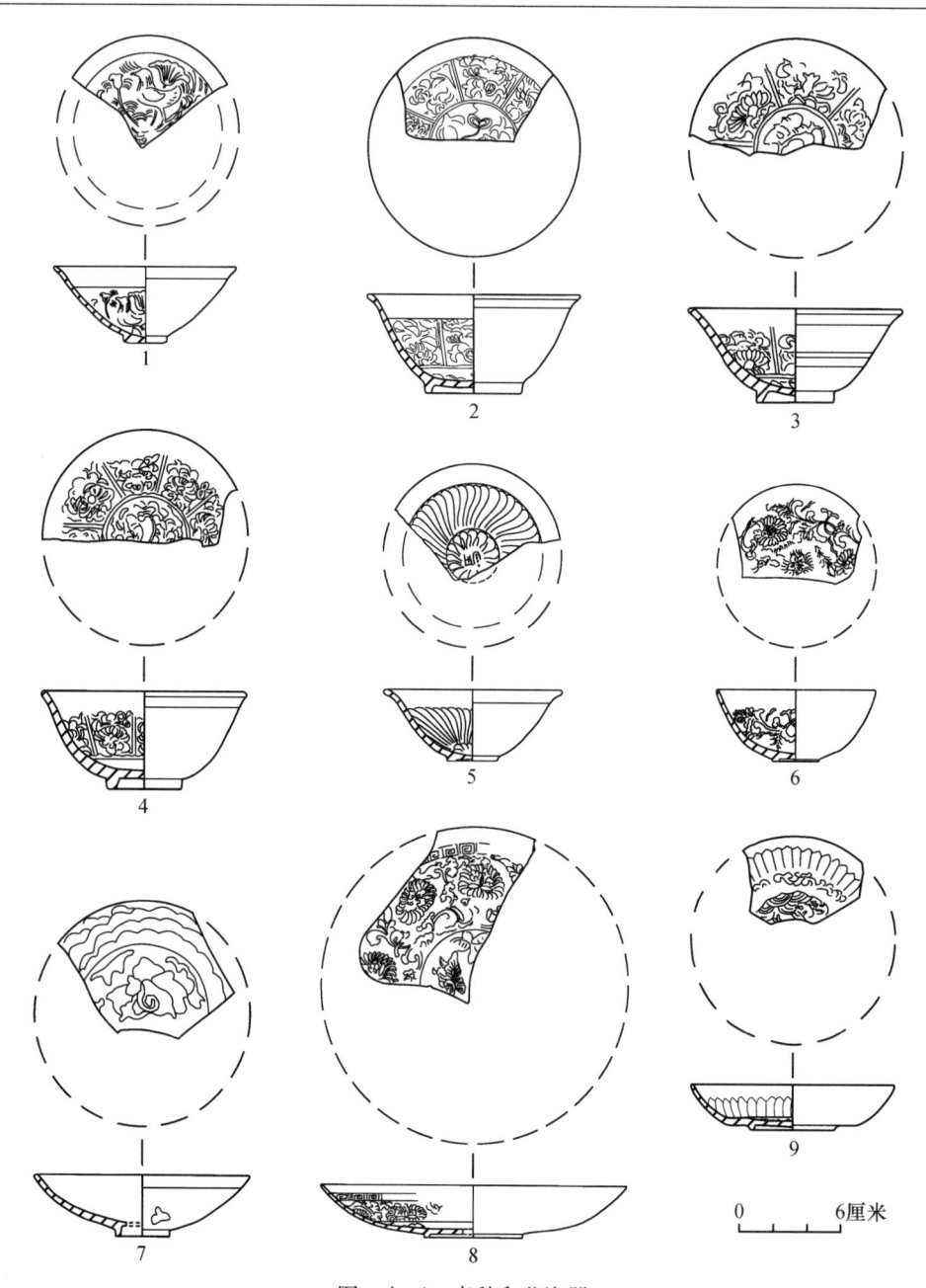

图一七五　青釉印花瓷器

1. 盏A型（2007SYT1⑤:359）　2~4. 盏Ba型（2007SYT1⑤:355、2007SYT1⑤:1079、2007SYT1⑤:1281）　5. 盏Bb型Ⅰ式（2007SYT1⑨:21）　6. 盏Bb型Ⅱ式（2007SYT1④:270）　7、8. 盘（2007SYT1⑤:607、2007SYT1⑤:1005）　9. 碟（2007SYT1⑤:663）

2007SYT1⑤：1079，内饰印花缠枝菊纹。口径12.6、底径4.5、高5.4厘米（图一七五，3）。
2007SYT1⑤：1091，内饰水草纹。口径14.1、底径4.1、高5.6厘米。
2007SYT1⑤：1281，内饰回纹、缠枝菊花。口径12.4、底径4.4、高5.6厘米（图一七五，4）。
Bb型　2件。圈足矮小，似饼足。依口沿不同分为两式。
Ⅰ式：1件。侈口，圆唇，斜弧腹。
2007SYT1⑨：21，内饰菊花印花纹。口径10.6、底径3、高4厘米（图一七五，5）。
Ⅱ式：1件。敞口，圆唇，弧腹。
2007SYT1④：270，内饰缠枝菊花纹。口径9.4、底径2.8、高4.1厘米（图一七五，6）。
盘　2件。敞口，圆唇，弧腹，圈足。
2007SYT1⑤：607，内饰印花纹。口径13、底径3.2、高3.5厘米（图一七五，7）。
2007SYT1⑤：1005，内饰缠枝菊印花纹。口径18.2、底径5.8、高3厘米（图一七五，8）。
碟　1件。
2007SYT1⑤：663，敞口，圆唇，浅弧腹，圈足。内腹饰印花莲瓣纹，内底饰印花水波纹、缠枝花卉纹。口径12、底径5、高2.5厘米（图一七五，9）。

（二）青白釉系列

此系列瓷器数量较多，时代跨度大，北宋—明清均有，窑口丰富，以景德镇窑为主。釉色可细分青白釉、青白釉划花、青白釉刻划花、青白釉印花。器类主要有碗、盏（盏托）、杯、碟、盒、盘、器盖、玩具等。胎体较单薄、细腻，含杂质少，做工讲究。

1. 青白釉

碗　依器底不同分为两类。
（1）饼足底类，底部微内凹。依腹部不同分为两型。
A型　2件。弧腹。敞口，尖唇。
2007SYT1⑨：25，口径17、底径5.5、高5厘米（图一七六，1）。
2007SYT1⑨：28，窄折沿。口径15.4、底径5.5、高4.2厘米（图一七六，2）。
B型　6件。斜直腹。依口沿不同分为两亚型。
Ba型　4件。敞口，尖唇。
2007SYT1⑧：91，口径16.2、底径5.4、高4.5厘米。
2007SYT1⑧：93，口径15、底径4.7、高4.7厘米（图一七六，3）。
2007SYT1⑧：95，口径17、底径6.6、高4.9厘米（图一七六，4）。
2007SYT1⑨：24，足心墨书"官"字。口径16、底径5.5、高4.8厘米（图一七六，5）。
Bb型　2件。喇叭口，尖唇。
2007SYT1⑤：235，口径15.8、底径4.7、高4.7厘米（图一七六，6）。

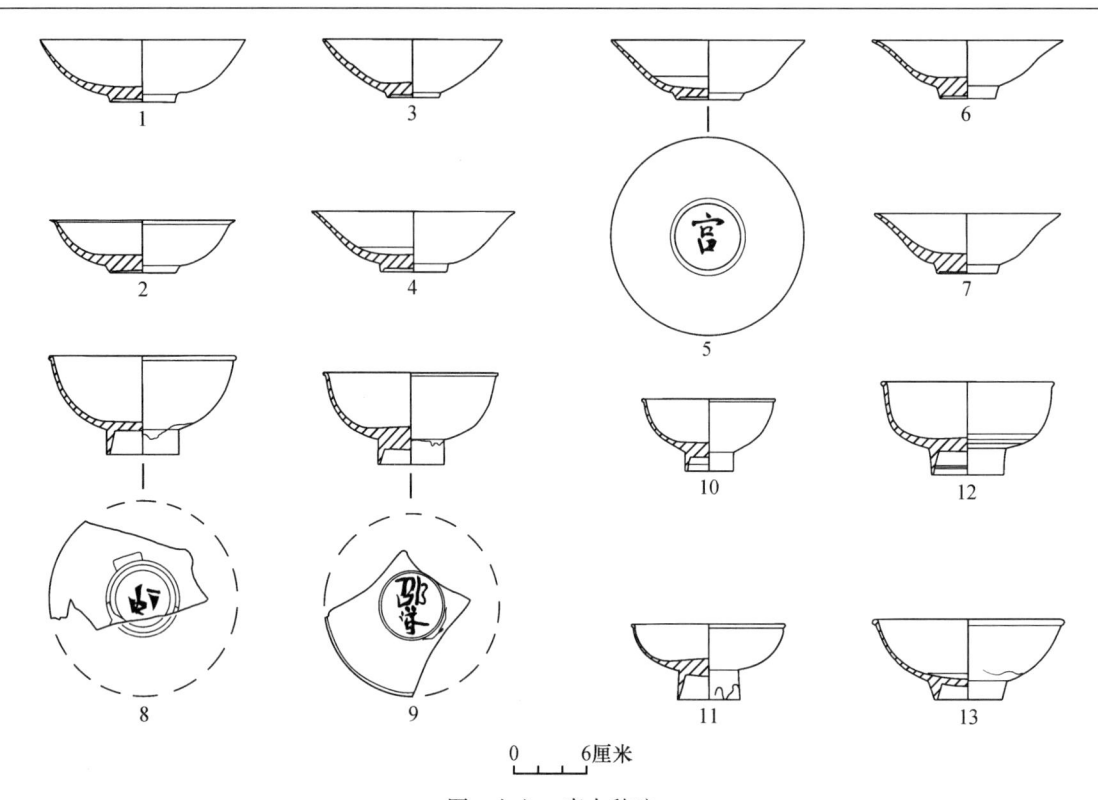

图一七六 青白釉碗

1、2.饼足底类A型（2007SYT1⑨：25、2007SYT1⑨：28） 3～5.饼足底类Ba型（2007SYT1⑧：93、2007SYT1⑧：95、2007SYT1⑨：24） 6、7.饼足底类Bb型（2007SYT1⑤：235、2007SYT1⑤：236） 8～10.高圈足底类A型Ⅰ式（2007SYT1⑧：119、2007SYT1⑧：122、2007SYT1⑧：109） 11～13.高圈足底类A型Ⅱ式（2007SYT1⑤：225、2007SYT1⑤：226、2007SYT1⑤：229）

2007SYT1⑤：236，口径15.4、底径5、高4.8厘米（图一七六，7）。

（2）圈足底类，依圈足不同分为两类。

高圈足底类 依口腹部不同分为四型。

A型 7件。翻唇，敞口，鼓腹。依口沿差别分为两式。

Ⅰ式：4件。翻唇不明显。

2007SYT1⑧：109，口径11、底径4、高5.8厘米（图一七六，10）。

2007SYT1⑧：118，口径15、底径6.2、高7厘米。

2007SYT1⑧：119，口径15.6、底径6、高7.9厘米（图一七六，8）。

2007SYT1⑧：122，器外底心有墨书文字。口径14.6、底径5.6、高7.3厘米（图一七六，9）。

Ⅱ式：3件。翻唇明显。

2007SYT1⑤：225，口径12.6、底径5.1、高6厘米（图一七六，11）。

2007SYT1⑤：226，口径14.4、底径6、高7.4厘米（图一七六，12）。

2007SYT1⑤：229，口径16、底径5.6、高6.4厘米（图一七六，13）。

B型 2件。圆唇，侈口，鼓腹。腹部出筋呈瓜棱状。

2007SYT1⑧：110，口径18、底径5、高9厘米（图一七七，1）。

2007SYT1⑧:111，口径13、底径4.6、高5.8厘米（图一七七，2）。

C型　2件。圆唇，喇叭口，弧腹。

2007SYT1⑤:222，口径16.5、底径4.8、高7.5厘米（图一七七，3）。

2007SYT1⑤:224，口径15.2、底径4.2、高8厘米（图一七七，4）。

D型　13件。圆唇，敞口，弧腹。

2007SYT1⑤:228，外底心有墨书文字。口径14.8、底径4.6、高8厘米（图一七七，5）。

2007SYT1⑤:238，口径15.2、底径5.6、高5.4厘米（图一七七，8）。

2007SYT1⑧:113，口径14.9、底径5、高7.3厘米（图版五七，6）。

2007SYT1⑧:114，外底心有一墨书"刘"字。口径15、底径5.4、高7.2厘米（图一七七，6）。

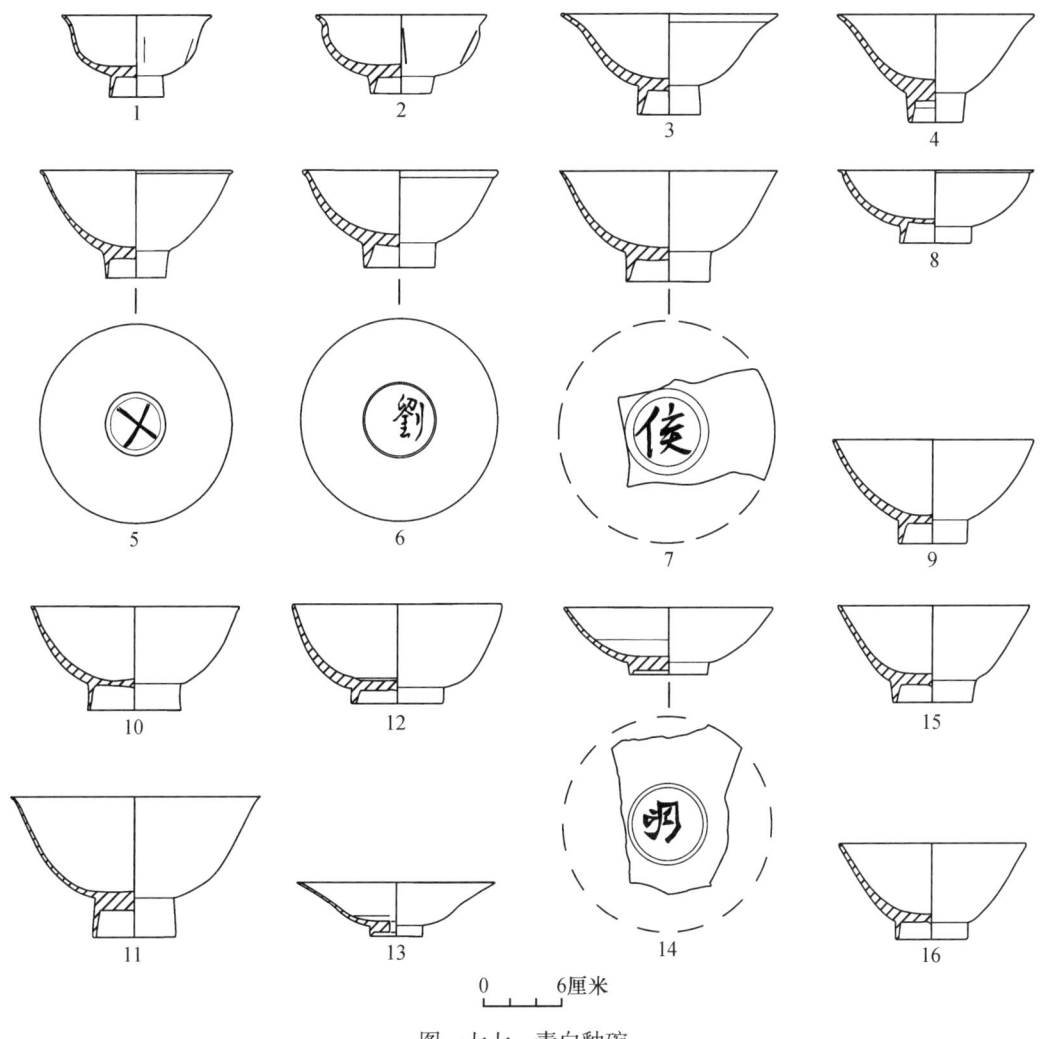

图一七七　青白釉碗

1、2.高圈足底类B型（2007SYT1⑧:110、2007SYT1⑧:111）　3、4.高圈足底类C型（2007SYT1⑤:222、2007SYT1⑤:224）　5~11.高圈足底类D型（2007SYT1⑤:228、2007SYT1⑧:114、2007SYT1⑧:120、2007SYT1⑤:238、2007SYT1⑧:121、2007SYT1⑧:123、2007SYT1⑧:126）　12.普通圈足底类A型（2007SYT1⑤:231）　13、14.普通圈足底类B型（2007SYT1⑧:92、2007SYT1⑧:89）　15、16.普通圈足底类C型（2007SYT1⑤:237、2007SYT1⑧:112）

2007SYT1⑧：115，口径13.6、底径5.4、高7.6厘米。

2007SYT1⑧：116，外底有墨书"王"字。口径16.4、底径6.2、高7.1厘米（图版五八，5）。

2007SYT1⑧：117，口径14.6、底径5.3、高7.9厘米。

2007SYT1⑧：120，足心墨书"侯"字。口径16.6、底径6.4、高8.2厘米（图一七七，7）。

2007SYT1⑧：121，口径15.6、底径5.5、高7.7厘米（图一七七，9）。

2007SYT1⑧：123，口径16、底径7.2、高7.7厘米（图一七七，10）。

2007SYT1⑧：125，口径18、底径5、高9厘米。

2007SYT1⑧：126，口径19.2、底径6.4、高10.4厘米（图一七七，11）。

2007SYT1⑧：127，口径19、底径6.8、高9.6厘米。

普通圈足底类　依口腹部不同分为三型。

A型　1件。敞口，圆唇，微鼓腹。

2007SYT1⑤：231，口径16、底径7.1、高7.4厘米（图一七七，12）。

B型　3件。喇叭口，圆唇，浅弧腹。

2007SYT1⑧：89，内底有墨书。口径15.4、底径5.8、高4.9厘米（图一七七，14）。

2007SYT1⑧：92，口径15、底径4、高4厘米（图一七七，13）。

2007SYT1⑧：104，底径3.4、残高3.4厘米。

C型　2件。敞口，圆唇，斜直腹。

2007SYT1⑤：237，口径15、底径6.2、高7.2厘米（图一七七，15）。

2007SYT1⑧：112，足心有墨书字迹。口径14.6、底径5.6、高7.1厘米（图一七七，16）。

盏　数量不多。依器底不同分为二型。

A型　圈足。圆唇，敞口。依腹部不同分为两亚型。

Aa型　1件。弧腹。圈足偏矮。

2007SYT1⑧：87，芒口。口径8.4、底径3、高3.2厘米（图一七八，1）。

Ab型　2件。斜直腹。

2007SYT1⑤：292，口径11.7、底径3.7、高5.6厘米（图一七八，2）。

2007SYT1⑤：295，口径12.2、底径3.4、高4.4厘米（图一七八，3）。

B型　1件。饼足底。尖唇，敞口，斜直腹。

2007SYT1⑤：291，内饰划花蔓草纹、弦纹。口径11.8、底径2.9、高3.9厘米（图一七八，4）。

杯　依器形不同分为两型。

A型　3件。高圈足。依口腹部不同分为两亚型。

Aa型　1件。喇叭口，圆唇，弧腹。

2007SYT1⑧：105，口径11.2、底径4.4、高6.2厘米（图一七八，5）。

Ab型　2件。敞口，圆唇，斜直腹，足底微侈。

2007SYT1⑤：1283，器内底饰印花葵花纹、"詹"字。口径13.2、底径5、高5.1厘米（图一七八，7）。

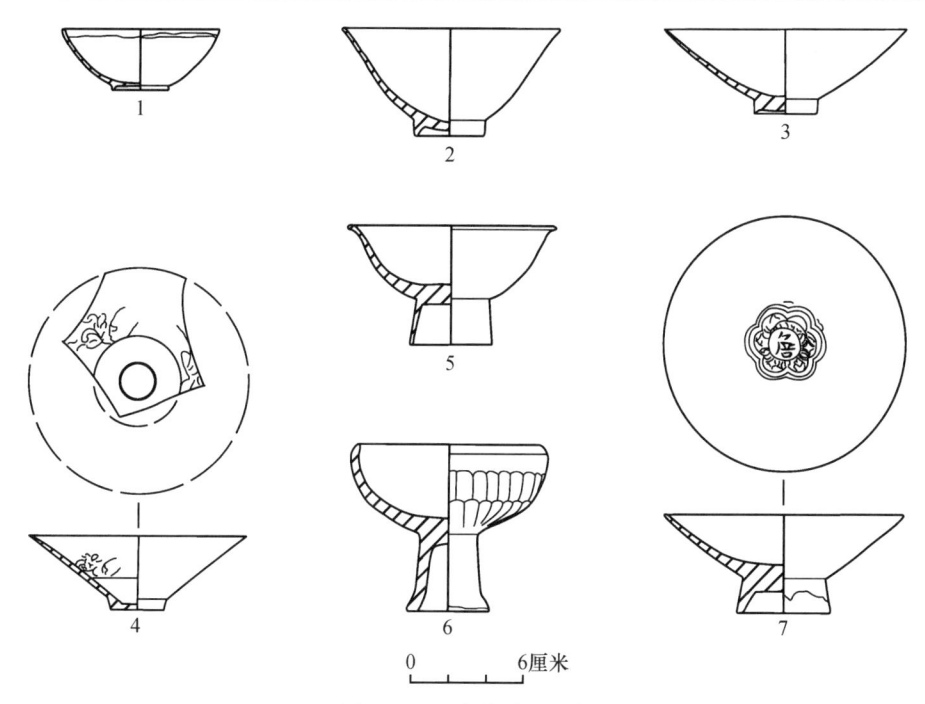

图一七八 青白釉盏、杯

1. 盏Aa型（2007SYT1⑧：87） 2、3. 盏Ab型（2007SYT1⑤：292、2007SYT1⑤：295） 4. B型（2007SYT1⑤：291）
5. 杯Aa型（2007SYT1⑧：105） 6. 杯B型（2007SYT1⑤：971） 7. 杯Ab型（2007SYT1⑤：1283）

2007SYT1⑤：1074，口径11.4、底径4.6、高4.6厘米。

B型 1件。高柄。

2007SYT1⑤：971，敛口，尖唇，鼓腹，外杯体模印菊瓣纹饰。口径10.6、底径4.4、高8.7厘米（图一七八，6）。

碟 依器底不同分为三型。

A型 2件。饼足底。依口腹不同分为两亚型。

Aa型 1件。圆唇，侈口，宽平沿，弧腹。

2007SYT1⑤：644，口径10.4、底径3.2、高2.4厘米（图一七九，1）。

Ab型 1件。尖唇，敞口，斜直腹。

2007SYT1⑧：218，口径16、底径4.6、高4.5厘米（图一七九，2）。

B型 8件。平底。依口腹不同分为四亚型。

Ba型 1件。斜直腹。敞口，圆唇。

2007SYT1⑤：1284，外底有墨书铭文。口径10.4、底径3.8、高2.5厘米（图一七九，3）。

Bb型 2件。敛腹。葵花形喇叭口，尖唇，折沿。器内出筋呈葵花瓣纹。

2007SYT1⑤：640，口径13、底径4.2、高3.3厘米（图一七九，4）。

2007SYT1⑤：641，口径10.4、底径2.4、高2.3厘米（图一七九，6）。

Bc型 4件。弧腹。圆唇，敞口。

2007SYT1⑤：643，菱花口。口径10.8、底径4.3、高2.4厘米（图一七九，5）。

图一七九 青白釉碟

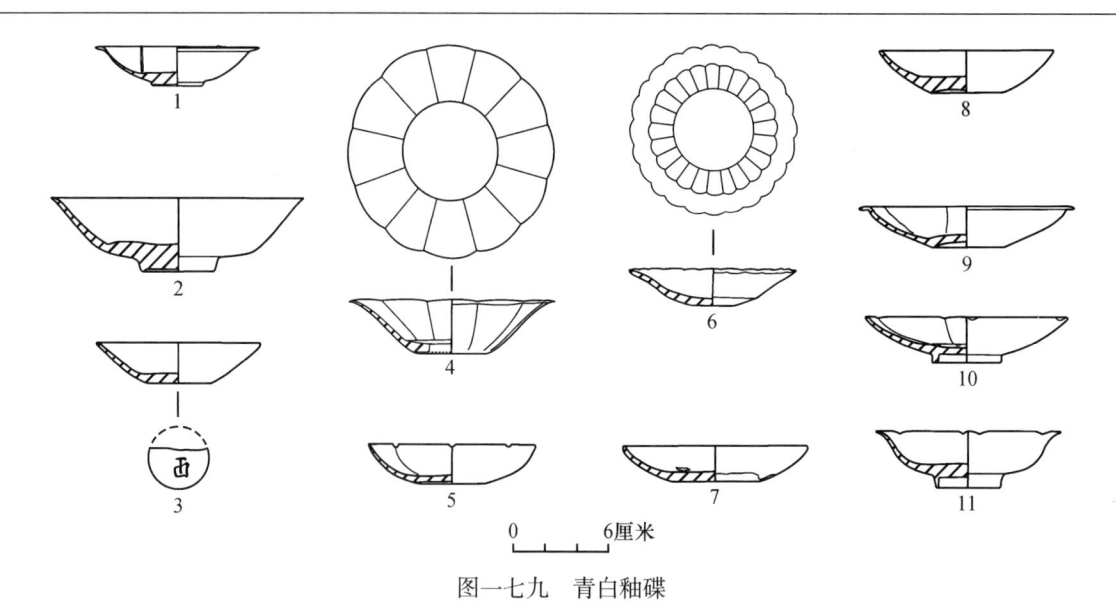

1. Aa型（2007SYT1⑤：644） 2. Ab型（2007SYT1⑧：218） 3. Ba型（2007SYT1⑤：1284） 4、6. Bb型（2007SYT1⑤：640、2007SYT1⑤：641） 5、7、8. Bc型（2007SYT1⑤：643、2007SYT1⑤：648、2007SYT1⑧：102） 9. Bd型（2007SYT1⑧：100） 10. Ca型（2007SYT1⑤：601） 11. Cb型（2007SYT1⑤：639）

2007SYT1⑤：648，口径11.6、底径5.2、高2.2厘米（图一七九，7）。

2007SYT1⑤：683，口径8.5、底径6、高1.7厘米。

2007SYT1⑧：102，口径19.6、底径6、高6.3厘米（图一七九，8）。

Bd型 1件。浅弧腹。圆唇，宽平沿。

2007SYT1⑧：100，口径13.6、底径4.4、高2.5厘米（图一七九，9）。

C型 2件。圈足底。依口腹不同分为二亚型。

Ca型 1件。葵花形敞口，弧腹。

2007SYT1⑤：601，口径12.8、底径4.4、高2.8厘米（图一七九，10）。

Cb型 1件。葵花形喇叭口，浅弧腹。

2007SYT1⑤：639，腹部出筋八瓣葵花纹。口径11.8、底径4.4、高3.5厘米（图一七九，11）。

盒 依底部不同分为三型。

A型 1件。饼足底。

2007SYT1⑤：935，子口，直腹。口径3.5、底径3、腹径4.5、高2.6厘米（图一八〇，1）。

B型 6件。平底。依口腹不同分为四亚型。

Ba型 3件。折腹。子口。盒体为团菊状。

2007SYT1④：132，口径6.6、底径5.7、腹径7.6、高2.8厘米（图一八〇，3）。

2007SYT1⑤：942，口径4.6、底径4、腹径6.7、高3.5厘米（图版六一，3）。

2007SYT1⑤：1024，口径4.2、底径3.8、腹径5.3、高2.5厘米（图一八〇，2）。

Bb型 1件。直腹。子口。

2007SYT1⑤：951，口径3.9、底径3.8、腹径4.7、高3厘米（图一八〇，4）。

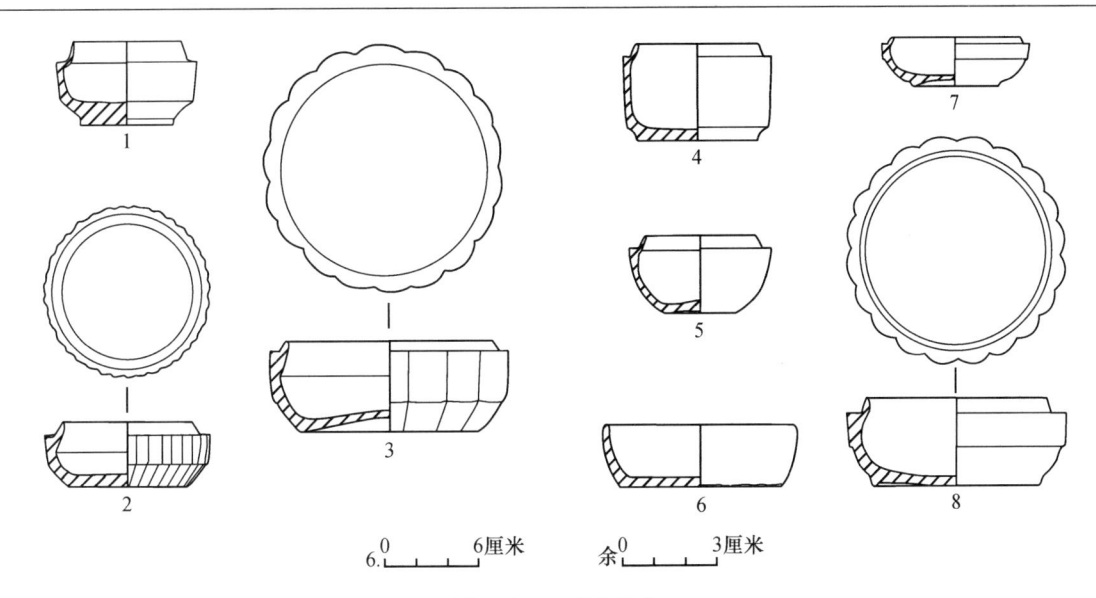

图一八〇 青白釉盒

1. A型（2007SYT1⑤：935） 2、3. Ba型（2007SYT1⑤：1024、2007SYT1④：132） 4. Bb型（2007SYT1⑤：951）
5. Bc型（2007SYT1⑧：97） 6. Bd型（2007SYT1⑧：98） 7、8. C型（2007SYT1⑤：946、2007SYT1⑤：1047）

Bc型 1件。深弧腹。子口。

2007SYT1⑧：97，口径3.5、底径4.8、高2.4、腹径4.5厘米（图一八〇，5）。

Bd型 1件。弧腹。子口。

2007SYT1⑧：98，口径6.2、底径5.2、高1.9厘米（图一八〇，6）。

C型 2件。圈足底。子口，折腹。

2007SYT1⑤：946，口径8.4、底径5.6、腹径9.6、高3厘米（图一八〇，7）。

2007SYT1⑤：1047，盒体为团菊造型，底面有模印文字。口径5.9、底径5.4、腹径7.1、高2.7厘米（图一八〇，8）。

盘 依腹部不同分为两型。

A型 1件。斜直腹。

2007SYT1④：129，侈口，折沿，圈足，挖足较深。口径15、底径6、高3.6厘米（图一八一，1）。

B型 4件。弧腹。圈足。依口腹部不同分为三亚型。

Ba型 2件。敞口，翻唇。

2007SYT1④：130，口径12.2、底径5、高3厘米（图一八一，2）。

2007SYT1④：131，口径12.6、底径7、高2.8厘米（图一八一，3）。

Bb型 1件。口微敛，圆唇。

2007SYT1④：128，口径16.4、底径6.4、高3.6厘米（图一八一，4）。

Bc型 1件。葵花喇叭口，宽平沿，尖唇。

2007SYT1⑧：103，口径15、底径5.2、高4.2厘米（图一八一，5）。

图一八一 其他青白釉瓷器

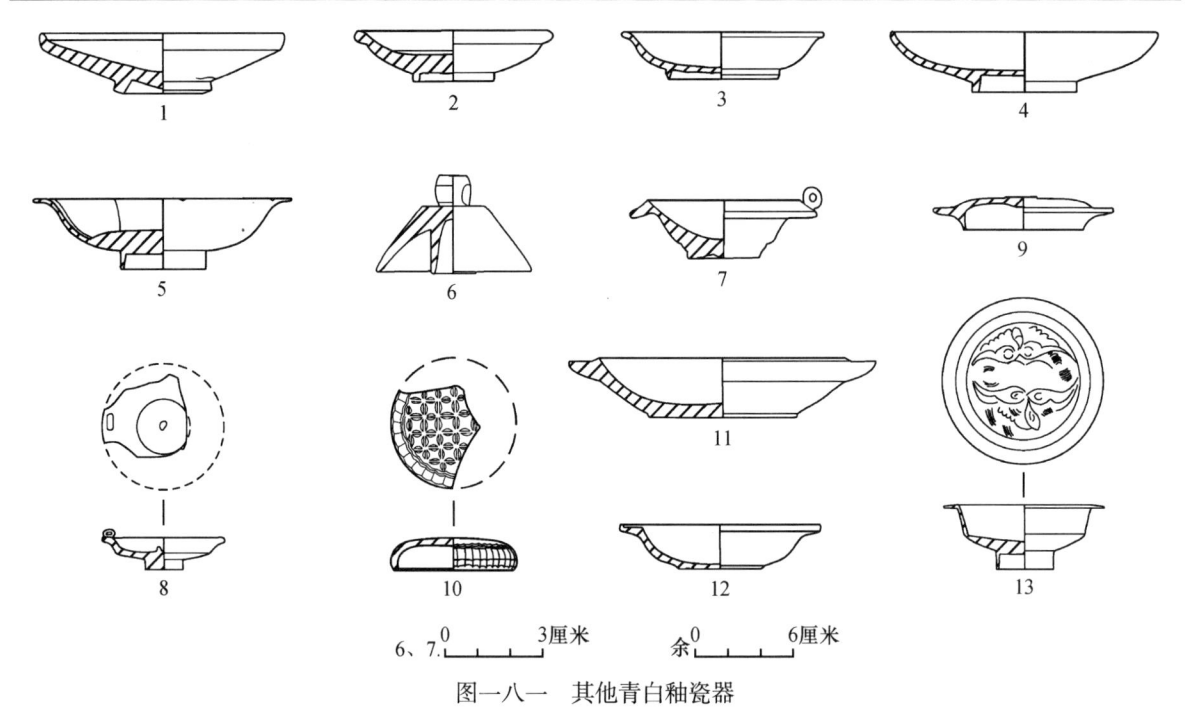

1. 盘A型（2007STY1④：129） 2、3. 盘Ba型（2007STY1④：130、2007STY1④：131） 4. 盘Bb型（2007STY1④：128）
5. 盘Bc型（2007STY1⑧：103） 6. 器盖Aa型（2007STY1⑤：943） 7. 器盖Ab型（2007STY1⑤：944） 8. 器盖Ac型
（2007STY1⑧：96） 9. 器盖B型（2007STY1⑤：949） 10. 器盖C型（2007STY1⑤：1025） 11、12. 器盖D型
（2007STY1④：133、2007STY1⑤：1011） 13. 盏托（2007STY1⑧：88）

器盖 依器形不同分为四型。

A型 3件。斗笠形。依局部不同分为三亚型。

Aa型 1件。

2007SYT1⑤：943，外形似铃。通径4.8、内径1.4、高2.9厘米（图一八一，6）。

Ab型 1件。

2007SYT1⑤：944，面内凹，形半圆状，沿面外斜，沿一侧有管状穿绳。口径4.7、底径2.2、通径6.7、高2.1厘米（图一八一，7）。

Ac型 1件。

2007SYT1⑧：96，面凹平，宽弧沿，沿边一侧有一管状绳穿，面中心有一不规则隆乳纽，圆饼状舌。口径7.5、底径2.3、高2.4厘米（图一八一，8）。

B型 1件。帽形。

2007SYT1⑤：949，弧面，中有一"哑铃"状扁纽，无穿，宽沿，圆唇，子母口。底径7.4、通径11、高2厘米（图一八一，9）。

C型 1件。盒形。

2007SYT1⑤：1025，弧面，圆唇，弧腹。外壁饰花卉、水波纹。口径7.8、高1.9厘米（图一八一，10）。

D型 2件。盘形。

2007SYT1④：133，口径15、底径9、通径18.8、高3.5厘米（图一八一，11）。

2007SYT1⑤：1011，残口径12.3、底径5、高2.6厘米（图一八一，12）。

盏托　1件。

2007SYT1⑧：88，敞口，折沿，圆唇，斜直腹，高圈足。内底饰牡丹纹。口径9.8、底径3.5、高3.8厘米（图一八一，13）。

2. 青白釉划花

碗　依底部不同分为两亚类。

（1）高圈足底类。依口腹部不同分为两型。

A型　1件。微鼓腹。葵花口，圆唇，侈口。

2007SYT1⑧：108，外饰划花纹。口径12、底径5、高6.4厘米（图一八二，1）。

B型　1件。斜弧腹。敞口，圆唇。

2007SYT1⑧：128，内饰牡丹花纹，外饰菊花纹。口径18、底径6.4、高9.6厘米（图一八二，2）。

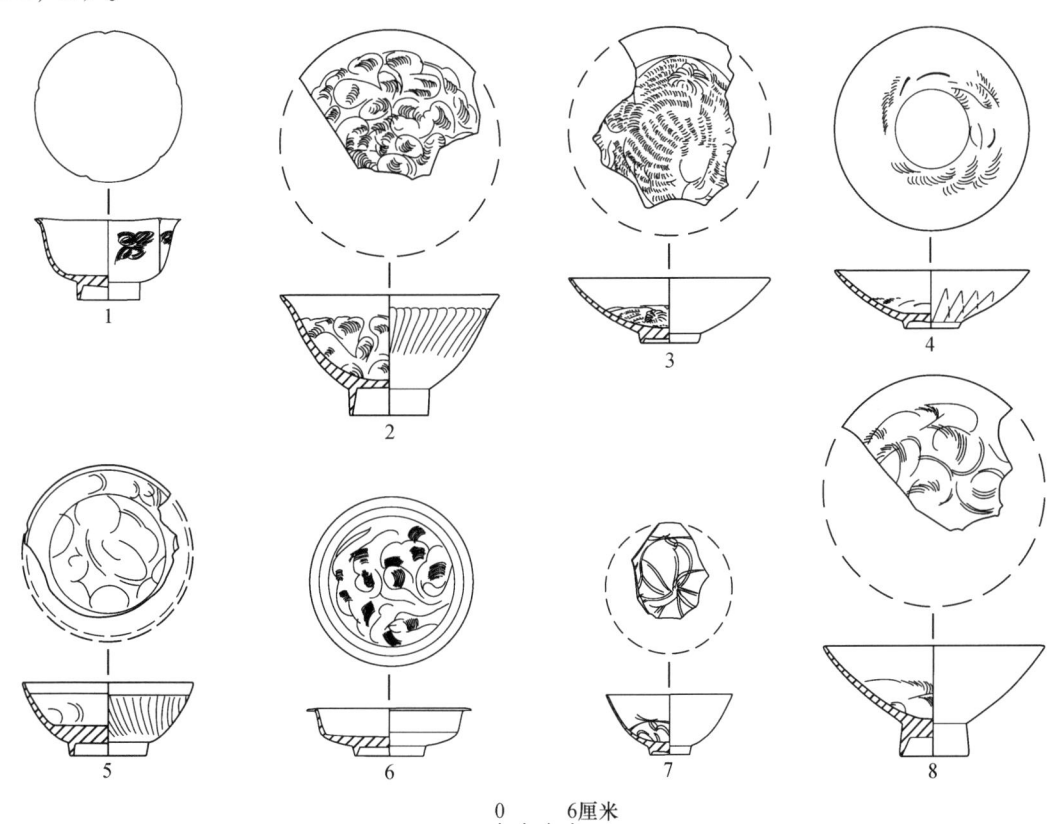

图一八二　青白釉划花碗、盏

1. 高圈足底类A型碗（2007SYT1⑧：108）　2. 高圈足底类B型碗（2007SYT1⑧：128）　3、4. 普通圈足底类A型碗（2007SYT1⑤：233、2007SYT1⑧：94）　5、7. 普通圈足底类B型碗（2007SYT1⑤：234、2007SYT1⑤：294）　6. 普通圈足底类C型碗（2007SYT1⑧：99）　8. 高圈足盏（2007SYT1⑧：124）

（2）普通圈足底类。依口腹部不同分为三型。

A型　3件。斜直腹。敞口，尖唇。

2007SYT1⑤：230，芒口。内饰蔓枝草叶纹，外饰一周叶片花瓣纹。口径17.5、底径5.4、高6.5厘米。

2007SYT1⑤：233，花口，内腹底有牡丹纹饰。口径16.6、底径4.8、高5.2厘米（图一八二，3）。

2007SYT1⑧：94，内饰蔓枝草叶纹，外饰一周叶片花瓣纹。口径16.3、底径4.6、高4.6厘米（图一八二，4）。

B型　2件。弧腹。敞口，尖唇。

2007SYT1⑤：234，内饰草叶纹，外饰一周弦纹、辐射弧线纹。口径14、底径6.2、高5.9厘米（图一八二，5）。

2007SYT1⑤：294，内饰花叶纹。口径10.4、底径3.3、高4.8厘米（图一八二，7）。

C型　1件。折腹。敞口，宽平沿，圆唇。

2007SYT1⑧：99，内底饰牡丹纹。口径13.5、底径5.6、高3.8厘米（图一八二，6）。

盏　1件。

2007SYT1⑧：124，敞口，圆唇，弧腹，高圈足。内饰牡丹纹饰。口径18.4、底径5.8、高8.8厘米（图一八二，8）。

碟　依器底不同分为三型。

A型　2件。饼足底。敞口，尖唇，弧腹。

2007SYT1⑤：647，内饰牡丹纹。口径10.8、底径4.8、高2.3厘米（图一八三，1）。

2007SYT1⑧：101，内饰弦纹、牡丹纹。口径11.6、底径5.4、高2.4厘米（图一八三，3）。

B型　2件。平底。敞口，圆唇，斜弧腹。

2007SYT1⑤：642，内底饰划花纹。口径8.6、底径3.2、高1.8厘米（图一八三，2）。

2007SYT1⑤：646，内饰牡丹纹。口径11.2、底径4.4、高2.3厘米（图一八三，4）。

C型　1件。圈足。敞口，圆唇，浅弧腹。

2007SYT1⑤：588，内底饰水波纹。口径11.4、底径8.4、高2.7厘米（图一八三，5）。

盘　1件。

2007SYT1⑤：596，敞口，圆唇外撇，弧腹，圈足。内底饰划花纹。口径18、底径5.9、高4.3厘米（图一八三，6）。

3. 青白釉刻划花

盏　1件。

2007SYT1⑤：223，敞口，尖唇，斜直腹，高圈足外撇，挖足浅。内饰刻划花牡丹纹，外壁饰一周减地辐射弧线纹。口径18.2、底径5.6、高9.4厘米（图一八三，7）。

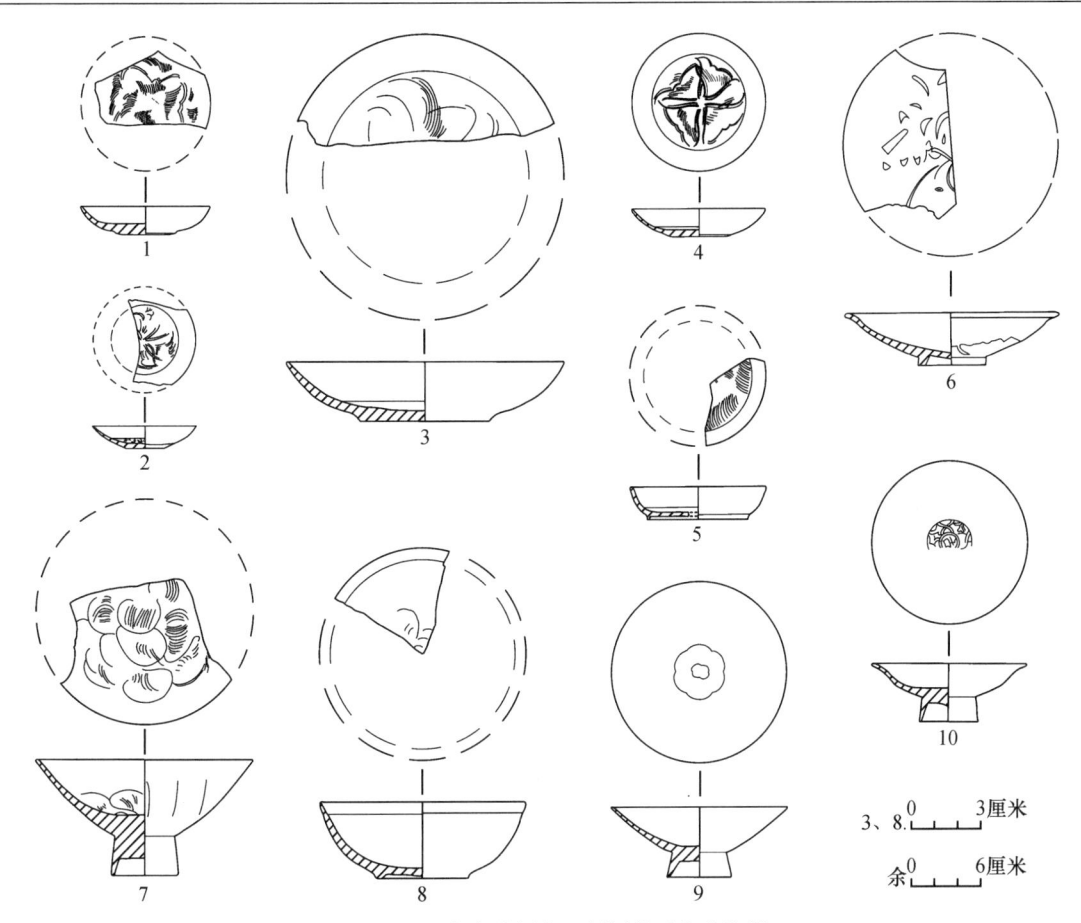

图一八三　青白釉划花、刻划花及印花瓷器

1、3. 划花碟A型（2007SYT1⑤：647，2007SYT1⑧：101）　2、4. 划花碟B型（2007SYT1⑤：642，2007SYT1⑤：646）
5. 划花碟C型（2007SYT1⑤：588）　6. 划花盘（2007SYT1⑤：596）　7. 刻划花盏（2007SYT1⑤：223）　8. 印花碗
（2007SYT1⑤：296）　9. 印花盘A型（2007SYT1⑧：107）　10. 印花盘B型（2007SYT1⑧：106）

4. 青白釉印花

碗　1件。

2007SYT1⑤：296，芒口，尖唇，弧腹，圈足。内底饰印花纹。口径8.6、底径3.9、高3.1厘米（图一八三，8）。

盘　高圈足。足部外撇。依腹部不同分为两型。

A型　1件。斜直腹。尖唇，敞口。

2007SYT1⑧：107，口径14.8、底径5.5、高5.7厘米（图一八三，9）。

B型　1件。折腹。圆唇，侈口。

2007SYT1⑧：106，内底饰草叶纹、双弦纹，内心墨书"占"字。口径13.2、底径5.1、高4.7厘米（图一八三，10）。

（三）白釉系列

此系列瓷器数量最多，时代跨度大，唐—明清均有，窑口丰富，南北方窑均有。釉色可细分为白釉、白地黑花、白釉褐彩、白釉红绿彩、白釉划花、白釉刻花、白釉刻划花、白釉印花。器类主要有碗、盏、钵、碟、罐、盒、壶、盘、盆、器盖、水盂、枕、盅等。胎色灰白，胎质较为细腻。

1. 白釉

碗　依器底不同分为三类。

（1）饼足底类。依腹部不同分为三型。

A型　1件。微鼓腹。侈口，圆唇。2007SYT1⑪：5，口径18.8、底径8.8、高8厘米（图一八四，1）。

B型　6件。弧腹。依足部微变化分为两亚型。

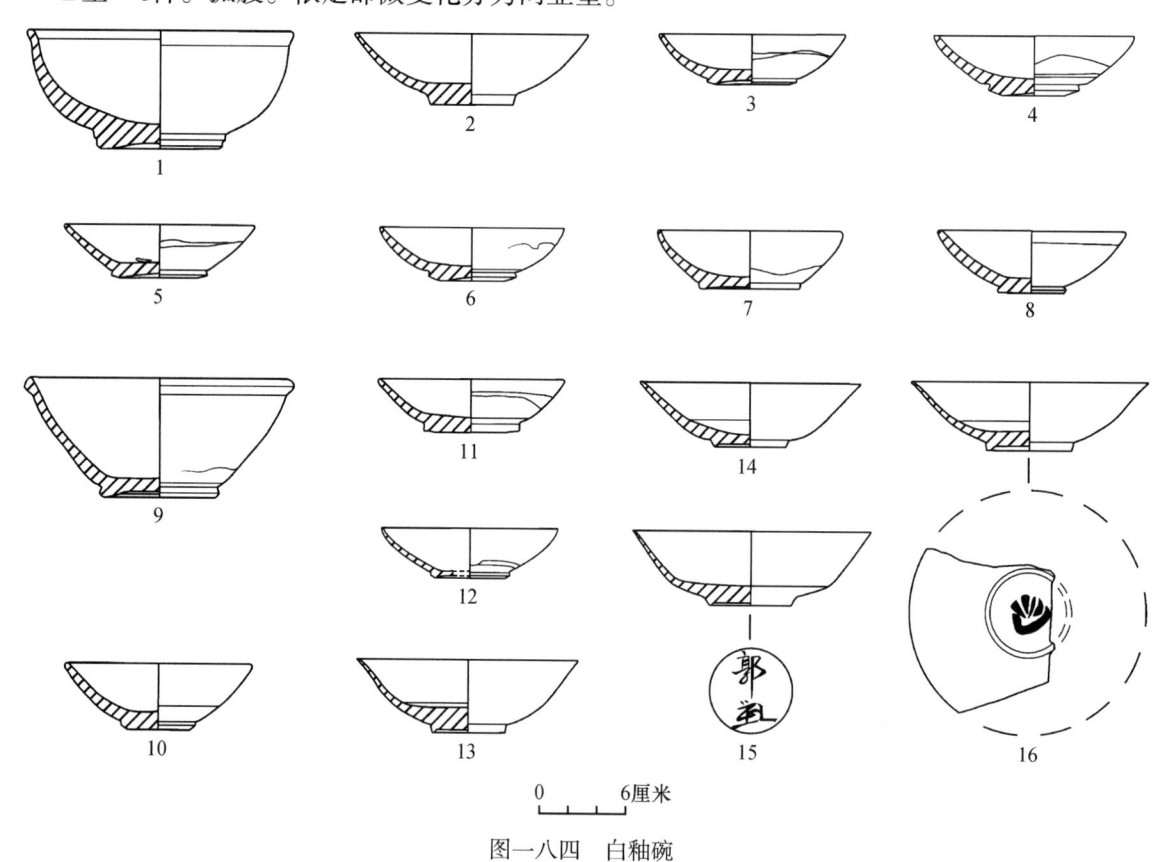

图一八四　白釉碗

1. 饼足底类A型（2007SYT1⑪：5）　2. 饼足底类Ba型（2007SYT1⑦：15）　3~7. 饼足底类Bb型（2007SYT1⑩：18、2007SYT1⑩：19、2007SYT1⑩：20、2007SYT1⑩：21、2007SYT1⑩：23）　8、10、11. 饼足底类Cb型（2007SYT1⑪：6、2007SYT1⑪：7、2007SYT1⑪：8）　9. 饼足底类Ca型（2007SYT1⑩：31）　12~16. 饼足底类Cc型（2007SYT1⑨：2、2007SYT1⑨：26、2007SYT1⑨：27、2007SYT1⑨：29、2007SYT1⑨：30）

Ba型　1件。足部未切削。敞口，圆唇。

2007SYT1⑦：15，口径16.4、底径6、通高4.8厘米（图一八四，2）。

Bb型　5件。足部切削，底部内凹。敞口，圆唇。

2007SYT1⑩：18，口径13、底径6.2、高3.4厘米（图一八四，3）。

2007SYT1⑩：19，口径14、底径6.4、高4.1厘米（图一八四，4）。

2007SYT1⑩：20，口径13.4、底径6.8、高3.6厘米（图一八四，5）。

2007SYT1⑩：21，口径13、底径6.3、高3.6厘米（图一八四，6）。

2007SYT1⑩：23，口径12.8、底径7、高3.9厘米（图一八四，7）。

C型　9件。斜直（弧）腹。依口沿不同分为三亚型。

Ca型　1件。翻唇，敞口。底部微凹。

2007SYT1⑩：31，口径19、底径8.4、高8.1厘米（图一八四，9）。

Cb型　3件。圆唇，敞口。

2007SYT1⑪：6，口径13.2、底径4.6、高4.2厘米（图一八四，8）。

2007SYT1⑪：7，口径13.2、底径4.4、高4.5厘米（图一八四，10）。

2007SYT1⑪：8，口径13.2、底径6.8、高3.6厘米（图一八四，11）。

Cc型　5件。圆唇，敞口。底部微凹。

2007SYT1⑨：2，口径12.4、底径5.6、高3.4厘米（图一八四，12）。

2007SYT1⑨：26，口径15.6、底径5.2、高4.9厘米（图一八四，13）。

2007SYT1⑨：27，口径15.5、底径5、高4.3厘米（图一八四，14）。

2007SYT1⑨：29，外底墨书"郭祖"二字。口径16.6、底径5.6、高5厘米（图一八四，15）。

2007SYT1⑨：30，外底有墨书文字。口径16.6、底径6、高4.6厘米（图一八四，16）。

（2）圈足底类。依圈足不同分为两亚类。

高圈足底类　足削尖。依口腹不同分为三型。

A型　1件。菱花口，微鼓腹。

2007SYT1⑧：163，敞口，尖唇，折沿。口径11.2、底径4.4、高5.9厘米（图一八五，1）。

B型　翻唇，侈口，弧腹。依器身不同分为两亚型。

Ba型　1件。器身较高。

2007SYT1⑧：164，口径14.2、底径3.6、高7.6厘米（图一八五，2）。

Bb型　1件。器身较低。

2007SYT1⑤：284，口径17.6、底径6、高7.5厘米（图一八五，3）。

C型　1件。翻唇，侈口，鼓腹。

2007SYT1⑦：16，口径14.6、底径6.4、通高7.5厘米（图一八五，4）。

普通圈足底类　依腹部不同分为六型。

A型　71件。斜弧腹，依口沿不同分为三亚型。

Aa型　3件。圆唇，侈口。

2007SYT1④：9，口径15、底径6、高5.5厘米（图一八五，5）。
2007SYT1⑤：8，口径20.4、底径7.5、高6.5厘米（图一八五，6）。
2007SYT1⑤：72，口径20.8、底径7.8、高6.4厘米（图一八五，7）。
Ab型　43件。圆唇，敞口。
2007SYT1⑤：5，口径19.2、底径7.8、高7厘米（图一八五，9）。
2007SYT1⑤：10，口径18.8、底径7.4、高6.8厘米。
2007SYT1⑤：13，口径24.2、底径8.8、高9.5厘米。
2007SYT1⑤：17，残口径24.4、底径9.8、高8.6厘米。
2007SYT1⑤：18，口径20.8、底径7.6、高8.2厘米。
2007SYT1⑤：23，口径16、底径6、高7厘米。
2007SYT1⑤：24，口径18.8、底径5.2、高8厘米。
2007SYT1⑤：26，口径19.8、底径7.2、高7厘米。
2007SYT1⑤：29，口径20.2、底径6.4、高7.4厘米。
2007SYT1⑤：30，口径21、底径8.8、高7.7厘米。
2007SYT1⑤：36，口径16.8、底径5.8、高7厘米（图一八五，8）。
2007SYT1⑤：40，口径19.2、底径6.2、高5.2厘米。

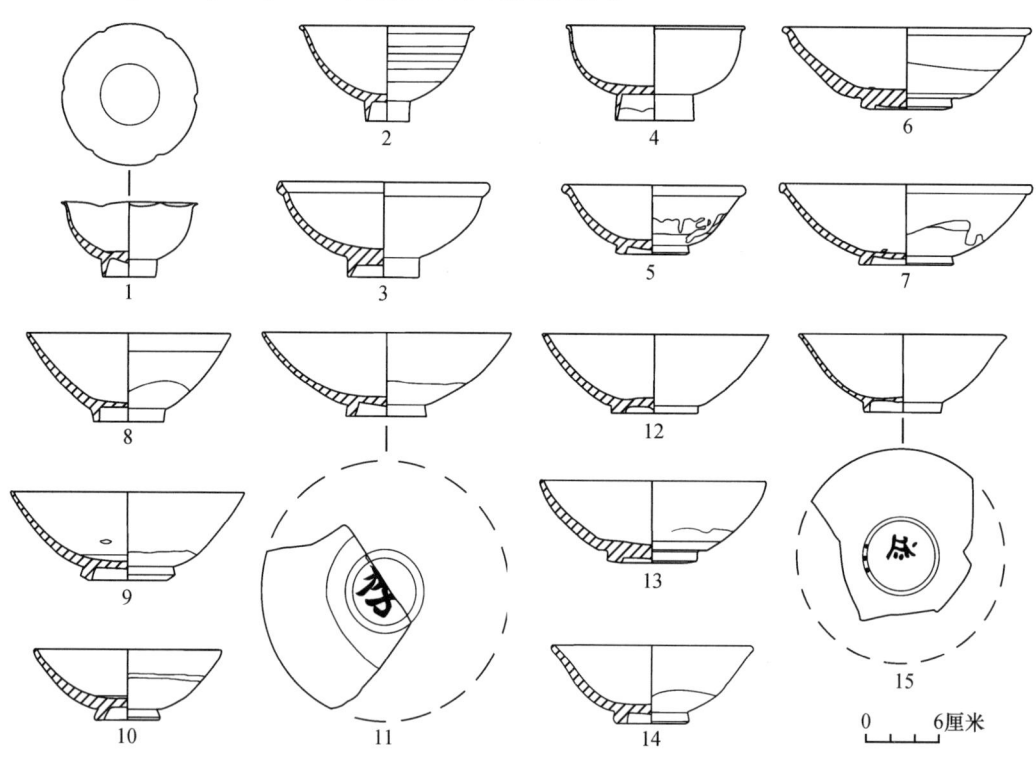

图一八五　白釉碗
1. 高圈足底类A型（2007SYT1⑧：163）　2. 高圈足底类Ba型（2007SYT1⑧：164）　3. 高圈足底类Bb型（2007SYT1⑤：284）
4. 高圈足底类C型（2007SYT1⑦：16）　5~7. 普通圈足底类Aa型（2007SYT1④：9、2007SYT1⑤：8、2007SYT1⑤：72）
8~15. 普通圈足底类Ab型（2007SYT1⑤：36、2007SYT1⑤：5、2007SYT1⑤：128、2007SYT1⑤：78、2007SYT1⑦：5、
2007SYT1⑧：130、2007SYT1⑧：142、2007SYT1⑧：129）

2007SYT1⑤：41，口径21.4、底径7.5、高6.6厘米。
2007SYT1⑤：44，口径19.4、底径6、高7厘米。
2007SYT1⑤：75，口径20、底径5.2、高3.6厘米。
2007SYT1⑤：78，外底有墨书文字。口径20.6、底径6.6、高6.6厘米（图一八五，11）。
2007SYT1⑤：83，口径19、底径6.2、高6.7厘米。
2007SYT1⑤：84，口径17.2、底径5.4、高5.9厘米。
2007SYT1⑤：85，口径19.6、底径6、高6.8厘米。
2007SYT1⑤：90，口径21.4、底径6.6、高7.7厘米。
2007SYT1⑤：91，口径19.6、底径6.6、高5.8厘米。
2007SYT1⑤：100，口径21.8、底径16、高7.2厘米。
2007SYT1⑤：127，口径15、底径6、高5.4厘米。
2007SYT1⑤：128，口径15.4、底径5.4、高5.6厘米（图一八五，10）。
2007SYT1⑤：129，口径14、底径5.8、高5厘米。
2007SYT1⑤：146，口径20.2、底径6.6、高8.2厘米。
2007SYT1⑦：5，口径18.5、底径7.1、通高6.3厘米（图一八五，12）。
2007SYT1⑧：142，口径16.5、底径5.5、高6.2厘米（图一八五，14）。
2007SYT1⑧：129，口径17、底径6.2、高6.2厘米（图一八五，15）。
2007SYT1⑧：130，口径18.4、底径7.5、高6.5厘米（图一八五，13）。
Ac型　25件。圆唇，喇叭口。
2007SYT1④：1，口径17.3、底径6.7、高6.3厘米（图一八六，1）。
2007SYT1④：7，口径19.2、底径7.2、高7.8厘米（图一八六，2）。
2007SYT1④：8，口径19.4、底径4.6、高7.6厘米。
2007SYT1⑤：20，口径21、底径7.4、高8.2厘米。
2007SYT1⑤：21，口径21.6、底径6.4、高8厘米（图一八六，3）。
2007SYT1⑤：22，口径15、底径5、高6.3厘米。
2007SYT1⑤：27，口径20、底径7.5、高8.5厘米。
2007SYT1⑤：32，口径20.4、底径7、高8厘米。
2007SYT1⑤：46，口径22.2、底径8.2、高7.7厘米。
2007SYT1⑤：48，口径16.4、底径6、高5.8厘米。
2007SYT1⑤：49，口径10.8、底径4.4、高3.5厘米。
2007SYT1⑤：55，口径17.4、底径6.2、高5.9厘米（图一八六，6）。
2007SYT1⑤：57，口径20、底径8.6、高5.8厘米（图一八六，5）。
2007SYT1⑤：64，口径16、底径6.6、高5.8厘米。
2007SYT1⑤：81，口径20.8、底径7.6、高6.2厘米。
2007SYT1⑤：82，口径21.2、底径7.2、高7.6厘米。

图一八六 白釉碗

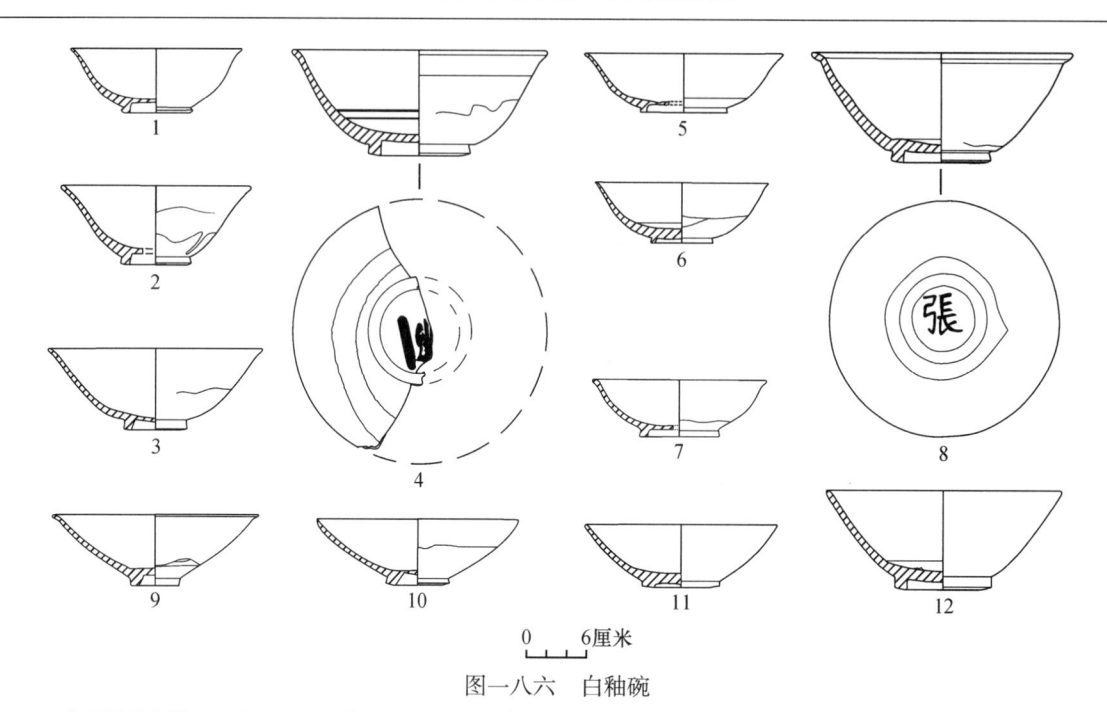

1～7.普通圈足底类Ac型（2007SYT1④：1、2007SYT1④：7、2007SYT1⑤：21、2007SYT1⑤：992、2007SYT1⑤：57、2007SYT1⑤：55、2007SYT1⑧：133） 8、9.普通圈足底类Ba型（2007SYT1⑤：39、2007SYT1⑤：1） 10～12.普通圈足底类Bb型Ⅰ式（2007SYT1⑦：3、2007SYT1⑦：6、2007SYT1⑧：138）

2007SYT1⑤：94，口径19.2、底径6.4、高7.2厘米。

2007SYT1⑤：135，口径21.6、底径7.6、高7.3厘米。

2007SYT1⑤：219，口径、底径6.6、高6.1厘米（图版一〇，1）。

2007SYT1⑤：989，口径23、底径8、高7厘米。

2007SYT1⑤：992，口径21.4、底径8.6、高8.5厘米（图一八六，4）。

2007SYT1⑧：132，口径15.2、底径4.6、高6.4厘米。

2007SYT1⑧：133，器底有墨书笔画。口径17.6、底径8、高5.6厘米（图一八六，7）。

2007SYT1⑧：159，菱花口。口径13、底径6.2、高4.5厘米。

B型 99件。斜直腹。依口沿不同分为五亚型。

Ba型 4件。翻唇，侈口。

2007SYT1⑤：1，口径20.8、底径4.8、高7厘米（图一八六，9）。

2007SYT1⑤：39，足心墨书"张"字。口径23、底径8.8、高9厘米（图一八六，8）。

2007SYT1⑤：211，口径13.6、底径4.6、高3.7厘米。

2007SYT1⑧：153，口径13.6、底径5.4、高4厘米。

Bb型 80件。圆唇，敞口。依器形大小及圈足变化分为两式。

Ⅰ式：17件。器形总体稍小，器身稍矮，圈足偏低。

2007SYT1⑦：3，口径20.8、底径6.5、通高6.4厘米（图一八六，10）。

2007SYT1⑦：4，口径19.2、底径6.6、通高6.4厘米。

2007SYT1⑦：6，口径19.4、底径7.8、通高6.2厘米（图一八六，11）。
2007SYT1⑦：7，口径18.6、底径6.8、通高5.6厘米。
2007SYT1⑧：138，口径19.6、底径8、高8厘米（图一八六，12）。
2007SYT1⑧：141，口径19、底径7、高8.2厘米。

Ⅱ式：63件。器形较Ⅰ式粗大，圈足相对Ⅰ式稍高。

2007SYT1④：4，口径20.6、底径7.2、高6.1厘米（图一八七，1）。
2007SYT1④：10，口径15、底径7.2、高6.1厘米（图一八七，2）。
2007SYT1⑤：4，口径21.4、底径9.6、高6.7厘米。
2007SYT1⑤：7，口径18.8、底径7.2、高5.7厘米（图一八七，3）。
2007SYT1⑤：9，口径18.4、底径7.8、高6.5厘米。
2007SYT1⑤：11，口径18.8、底径7.2、高6.3厘米。
2007SYT1⑤：12，口径19.6、底径8、高6.6厘米。
2007SYT1⑤：15，口径22、底径7、高8.4厘米。
2007SYT1⑤：19，葵花口。腹部出筋呈葵花瓣。口径18.4、底径7.2、高7.1厘米。
2007SYT1⑤：33，口径19、底径7.2、高7.7厘米（图一八七，4）。
2007SYT1⑤：34，口径19.3、底径6.3、高7.8厘米。
2007SYT1⑤：35，口径17.8、底径6、高5.7厘米。
2007SYT1⑤：37，口径20.2、底径7.4、高8.2厘米。

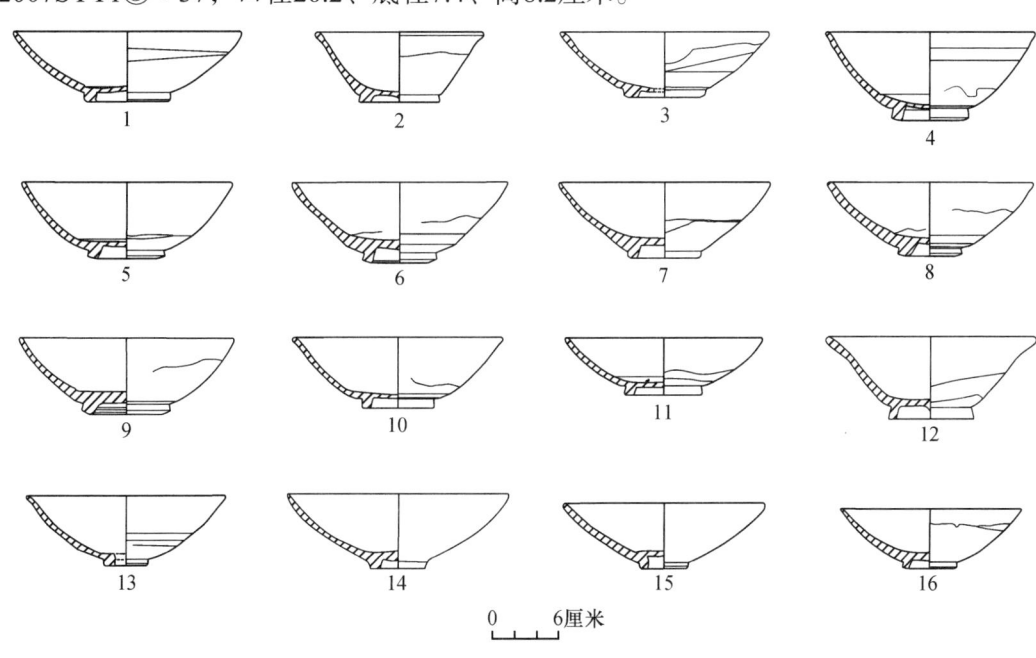

图一八七 白釉碗

1~11.普通圈足底类Bb型Ⅱ式（2007SYT1④：4、2007SYT1④：10、2007SYT1⑤：7、2007SYT1⑤：33、2007SYT1⑤：77、2007SYT1⑤：89、2007SYT1⑤：97、2007SYT1⑤：114、2007SYT1⑤：131、2007SYT1⑤：208、2007SYT1⑤：218）
12.普通圈足底类Bc型（2007SYT1④：11） 13~16.普通圈足底类Bd型（2007SYT1⑤：3、2007SYT1⑤：103、2007SYT1⑤：106、2007SYT1⑤：116）

2007SYT1⑤：38，口径21.2、底径7.2、高8.6厘米。

22007SYT1⑤：69，口径16、底径4.2、高6.4厘米。

2007SYT1⑤：76，口径21.8、底径7、高6.9厘米。

2007SYT1⑤：77，口径19、底径7.1、高6.6厘米（图一八七，5）。

2007SYT1⑤：79，口径21、底径7.4、高7.6厘米。

2007SYT1⑤：80，口径21.4、底径8.4、高6.3厘米。

2007SYT1⑤：89，口径19.2、底径6.6、高7厘米（图一八七，6）。

2007SYT1⑤：97，口径19、底径6.6、高6.6厘米（图一八七，7）。

2007SYT1⑤：99，口径19.4、底径5.4、高5.7厘米。

2007SYT1⑤：101，口径19、底径6.8、高6.6厘米。

2007SYT1⑤：104，口径19.6、底径6.6、高6.2厘米。

2007SYT1⑤：107，口径19.6、底径7.2、高6.5厘米。

2007SYT1⑤：108，口径17.6、底径5.6、高5.6厘米。

2007SYT1⑤：109，口径19.2、底径6.6、高6.5厘米。

2007SYT1⑤：110，口径18.8、底径5.2、高6.4厘米。

2007SYT1⑤：111，口径19.2、底径6.6、高7厘米。

2007SYT1⑤：112，口径19.2、底径4.8、高5.6厘米。

2007SYT1⑤：113，口径19、底径5.6、高6.1厘米。

2007SYT1⑤：114，口径18.8、底径6、高6.4厘米（图一八七，8）。

2007SYT1⑤：115，口径19.3、底径6.5、高6厘米。

2007SYT1⑤：119，口径19.4、底径6、高6.5厘米。

2007SYT1⑤：120，口径19.8、底径6.4、高6厘米。

2007SYT1⑤：121，口径19.8、底径7、高3.4厘米。

2007SYT1⑤：122，口径18、底径4.6、高5.5厘米。

2007SYT1⑤：123，口径19.6、底径5、高6.3厘米。

2007SYT1⑤：124，口径20、底径6.4、高5.9厘米。

2007SYT1⑤：125，口径19.6、底径7.2、高6.3厘米。

2007SYT1⑤：126，口径19.4、底径6.2、高6.4厘米。

2007SYT1⑤：130，口径18.8、底径6.4、高7厘米。

2007SYT1⑤：131，口径19.2、底径6、高6.6厘米（图一八七，9）。

2007SYT1⑤：137，残口径22.2、底径6.4、高7.3厘米。

2007SYT1⑤：208，口径18.8、底径6.4、高6.2厘米（图一八七，10）。

2007SYT1⑤：210，口径18.8、底径7.2、高2厘米。

2007SYT1⑤：213，口径14.4、底径6.5、高4.2厘米。

2007SYT1⑤：215，口径17.6、底径5.5、高6厘米。

2007SYT1⑤：217，口径20.2、底径6、高6.6厘米。
2007SYT1⑤：218，口径17.8、底径7、高5厘米（图一八七，11）。
2007SYT1⑤：298，口径13、底径6、高3.5厘米。
2007SYT1⑤：727，口径13、底径4.8、高4.1厘米。
2007SYT1⑤：761，口径13.6、底径4.8、高4.4厘米。

Bc型　1件。喇叭口，圆唇。

2007SYT1④：11，口径19.2、底径7.8、高7.2厘米（图一八七，12）。

Bd型　8件。斗笠形碗。敞口，圆唇，小圈足。

2007SYT1⑤：2，口径20.2、底径5、高6.4厘米。
2007SYT1⑤：3，口径15.2、底径5.6、高5.4厘米（图一八七，13）。
2007SYT1⑤：70，口径20.8、底径5、高7.2厘米。
2007SYT1⑤：71，口径20.8、底径5.8、高6.9厘米。
2007SYT1⑤：103，口径19.8、底径4.8、高6.6厘米（图一八七，14）。
2007SYT1⑤：106，口径18.2、底径4、高5.7厘米（图一八七，15）。
2007SYT1⑤：116，口径16.6、底径5、高5.2厘米（图一八七，16）。
2007SYT1⑤：117，口径20、底径6、高6.4厘米。

Be型　6件。花瓣口碗。敞口，圆唇。依花瓣数不同分为二式。

Ⅰ式：2件。花瓣数较多。

2007SYT1⑦：2，口径11、底径4.4、通高4.5厘米（图一八八，1）。
2007SYT1⑧：144，口径19.4、底径6.8、高7.4厘米（图一八八，2）。

Ⅱ式：4件。花瓣纹较少。

2007SYT1④：17，口径132、底径5.4、高4.8厘米。
2007SYT1⑤：86，口径15、底径4.8、高5厘米。
2007SYT1⑤：87，口径20、底径6.2、高7厘米（图一八八，3）。
2007SYT1⑤：88，口径20.2、底径6.8、高7.9厘米（图一八八，4）。

C型　2件。折腹。敞口，圆唇。

2007SYT1⑤：92，口径18.8、底径7.6、高5厘米（图一八八，5）。
2007SYT1⑤：996，口径16.8厘米。

D型　2件。鼓腹。依口沿不同分为二亚型。

Da型　1件。敛口，圆唇。

2007SYT1⑤：987，口径11.2、底径5、高8厘米（图一八八，6）。

Db型　1件。敞口微直，圆唇。

2007SYT1④：20，口径13、底径5.9、高8厘米（图一八八，7）。

E型　2件。曲腹。依口沿不同分为二亚型。

Ea型　1件。敞口，圆唇。

图一八八　白釉碗

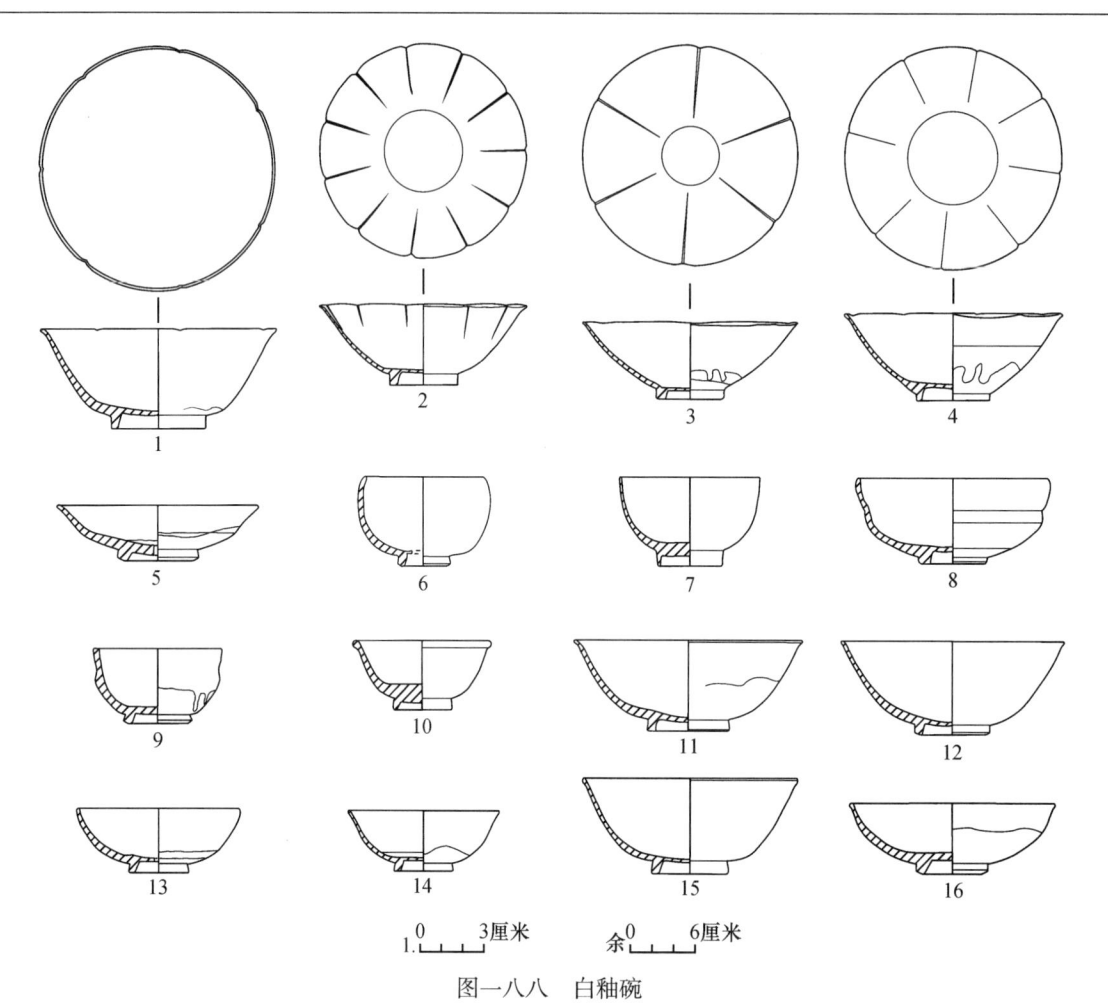

1、2.普通圈足底类Be型Ⅰ式（2007SYT1⑦：2、2007SYT1⑧：144）　3、4.普通圈足类Be型Ⅱ式（2007SYT1⑤：87、2007SYT1⑤：88）　5.普通圈足底类C型（2007SYT1⑤：92）　6.普通圈足底类Da型（2007SYT1⑤：987）　7.普通圈足类Db型（2007SYT1④：20）　8.普通圈足底类Ea型（2007SYT1⑤：138）　9.普通圈足底类Eb型（2007SYT1⑤：1058）　10.普通圈足底类Fa型（2007SYT1④：2）　11～16.普通圈足底类Fb型（2007SYT1⑤：16、2007SYT1⑤：28、2007SYT1⑤：43、2007SYT1⑤：54、2007SYT1⑤：47、2007SYT1⑤：105）

2007SYT1⑤：138，口径18、底径5.8、高7.7厘米（图一八八，8）。

Eb型　1件。敞口微直，方唇。

2007SYT1⑤：1058，口径12、底径6.4、高6.7厘米（图一八八，9）。

F型　24件。圆弧腹。依口沿不同分为两亚型。

Fa型　1件。翻唇，敞口。

2007SYT1④：2，口径13、底径5.6、高6.2厘米（图一八八，10）。

Fb型　23件。圆唇，敞口。

2007SYT1⑤：14，口径19.2、底径5.6、高7.4厘米。

2007SYT1⑤：16，口径21.2、底径7.6、高8.2厘米（图一八八，11）。

2007SYT1⑤：25，口径22.6、底径4.4、高9.6厘米。

2007SYT1⑤：28，口径20.8、底径：7、高8.4厘米（图一八八，12）。

2007SYT1⑤：42，口径14.4、底径5.8、高6厘米。
2007SYT1⑤：43，口径15.2、底径5.6、高5.8厘米（图一八八，13）。
2007SYT1⑤：45，口径16.8、底径6.2、高7.4厘米。
2007SYT1⑤：47，口径20、底径7、高8.6厘米（图一八八，15）。
2007SYT1⑤：54，口径14.2、底径5.6、高5.4厘米（图一八八，14）。
2007SYT1⑤：60，外底有墨书文字。口径14.5、底径5.7、高5.8厘米。
2007SYT1⑤：61，残。口径13.8、底径5.6、高6厘米。
2007SYT1⑤：105，口径18.8、底径4.5、高5.6厘米（图一八八，16）。

（3）玉璧底类。依口腹不同分为两型。

A型　6件。斜直腹。依口沿不同分为两亚型。

Aa型　1件。敞口，翻唇。

2007SYT1⑩：27，口径15.2、底径6.6、高4.4厘米（残）（图一八九，1）。

Ab型　5件。敞口，圆唇。依璧底变化分为两式。

Ⅰ式：1件。璧底较窄。

2007SYT1⑪：3，口径13、底径3.8、高4.1厘米（图一八九，2）。

Ⅱ式：4件。璧底较宽。

2007SYT1⑩：28，口径13.6、底径6、高3.6厘米（图一八九，3）。
2007SYT1⑩：29，口径14.8、底径7.2、高4.2厘米（图一八九，4）。
2007SYT1⑩：30，菱花口。口径14.8、底径7.4、高4.2厘米（图一八九，5）。
2007SYT1⑪：4，口径14.2、底径8、高3.7厘米（图一八九，6）。

B型　3件。弧腹。依口沿不同分为两亚型。

Ba型　1件。喇叭口。

2007SYT1⑩：26，外底心有墨书文字。口径14.4、底径5.8、高4厘米（图一八九，7）。

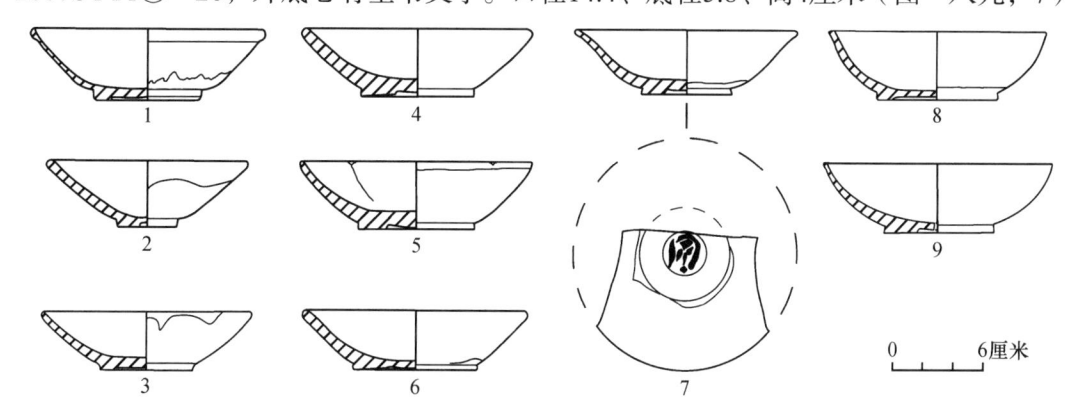

图一八九　白釉碗

1. 玉璧底类Aa型（2007SYT1⑩：27）　2. 玉璧底类Ab型Ⅰ式（2007SYT1⑪：3）　3～6. 玉璧底类Ab型Ⅱ式（2007SYT1⑩：28、2007SYT1⑩：29、2007SYT1⑩：30、2007SYT1⑪：4）　7. 玉璧底类Ba型（2007SYT1⑩：26）
8、9. 玉璧底类Bb型（2007SYT1⑪：1、2007SYT1⑪：2）

Bb型　2件。敞口。

2007SYT1⑪：1，口径14.2、底径8、高4.3厘米（图一八九，8）。

2007SYT1⑪：2，口径14.8、底径7.2、高4.2厘米（图一八九，9）。

盏　依器底不同分为三类。

（1）饼足底类，依口腹不同分为两型。

A型　2件。敛口，圆唇，浅弧腹。依局部不同分为两式。

Ⅰ式：1件。窄饼足。

2007SYT1⑩：22，口径7.2、底径1.8、高3.7厘米（残）（图一九〇，1）。

Ⅱ式：1件。宽饼足。

2007SYT1④：31，口径9、底径4.2、高3.2厘米（图一九〇，2）。

B型　3件。敞口，圆唇，弧腹。

2007SYT1⑪：9，口径8.2、底径4.8、高3.2厘米（图一九〇，3）。

2007SYT1⑪：10，口径9.8、底径3.6、高3.6厘米（图一九〇，4）。

2007SYT1⑪：11，口径9.3、底径3.8、高3.2厘米（图一九〇，5）。

（2）平底类，1件。

2007SYT1④：36，敞口，斜方唇，浅弧腹，平底。口径9、底径3.2、高3.5厘米（图一九〇，6）。

（3）圈足底类，依圈足不同分为两亚类。

高圈足底类　削足尖。依口腹不同分为两型。

A型　3件。喇叭口，弧腹。

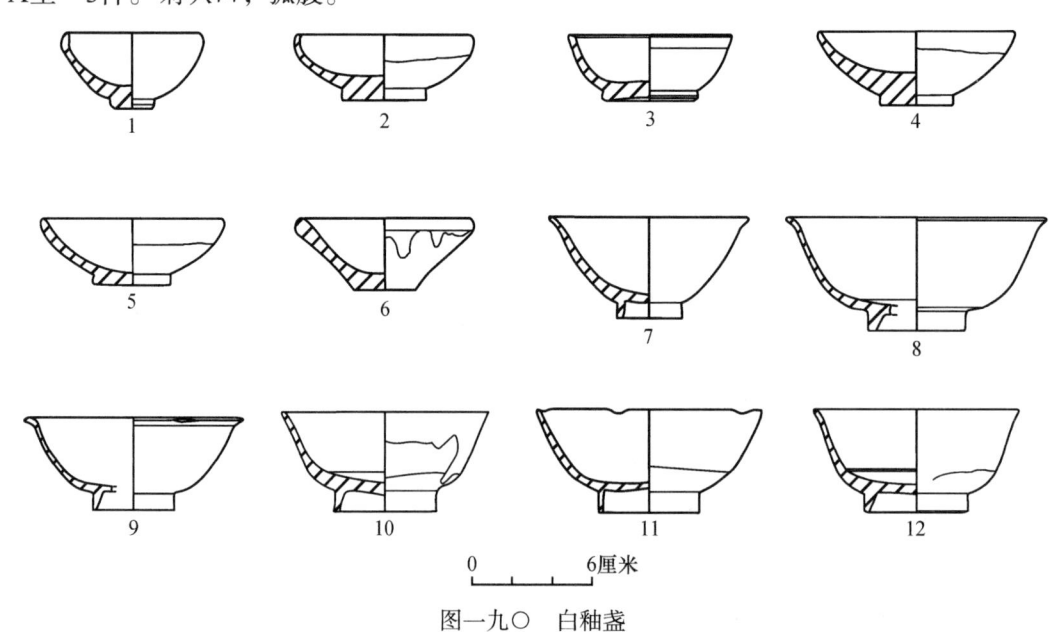

图一九〇　白釉盏

1.饼足底类A型Ⅰ式（2007SYT1⑩：22）　2.饼足底类A型Ⅱ式（2007SYT1④：31）　3~5.饼足底类B型（2007SYT1⑪：9、2007SYT1⑪：10、2007SYT1⑪：11）　6.平底类（2007SYT1④：36）　7~9.高圈足底类A型（2007SYT1⑤：769、2007SYT1⑤：774、2007SYT1⑤：800）　10~12.高圈足底类B型（2007SYT1⑤：775、2007SYT1⑤：799、2007SYT1⑤：811）

2007SYT1⑤：769，口径10、底径3.2、高4.9厘米（图一九〇，7）。

2007SYT1⑤：774，口径11、底径4.8、高5.5厘米（图一九〇，8）。

2007SYT1⑤：800，葵花口。口径11、底径4.1、高4.5厘米（图一九〇，9）。

B型　4件。敞口，斜弧腹。

2007SYT1⑤：775，口径10.4、底径5.8、高4.2厘米（图一九〇，10）。

2007SYT1⑤：787，口径10.8、底径3.8、高5厘米。

2007SYT1⑤：799，葵花口。口径11.2、底径5、高5厘米（图一九〇，11）。

2007SYT1⑤：811，口径10.2、底径5.2、高5厘米（图一九〇，12）。

普通圈足底类　依腹部不同分为三型。

A型　5件。鼓腹。依口沿不同分为两亚型。

Aa型　1件。翻唇，口微敛。

2007SYT1⑤：1054，口径11、底径4.6、高5.5厘米（图一九一，1）。

Ab型　4件。圆唇，敞口。

2007SYT1④：252，口径9.6、底径3.2、高4.1厘米（图一九一，2）。

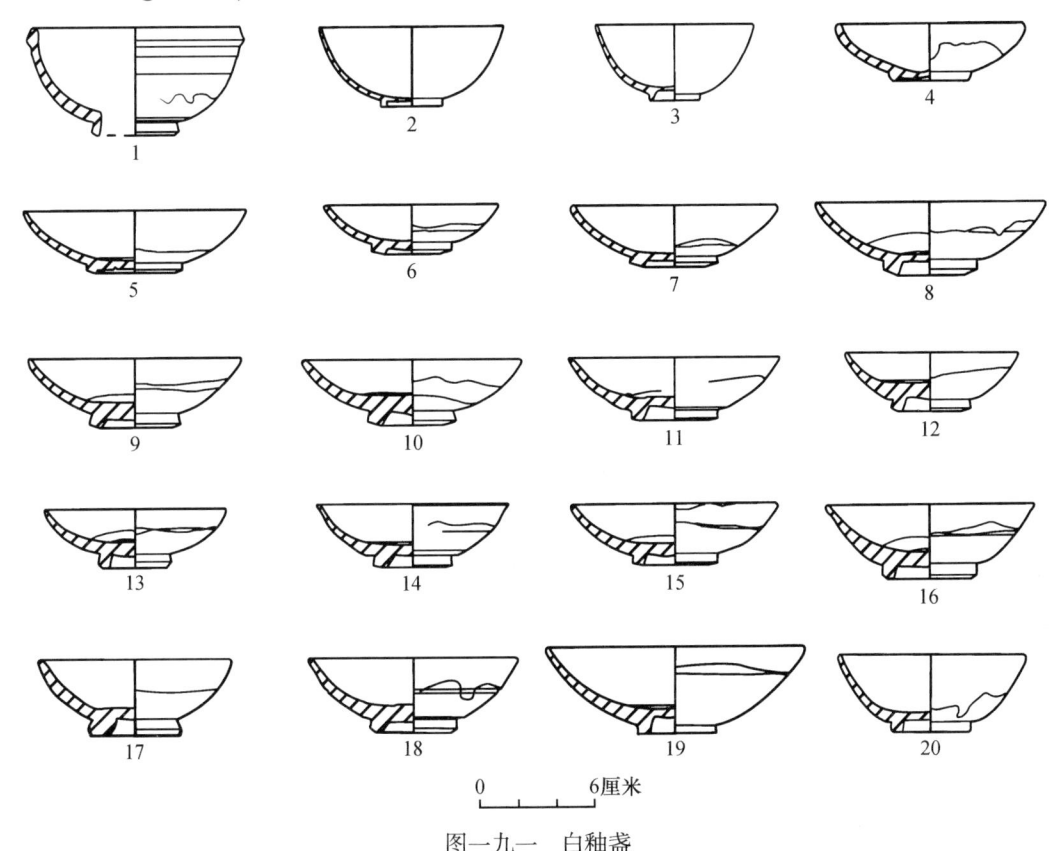

图一九一　白釉盏

1. 普通圈足底类Aa型（2007SYT1⑤：1054）　2、3. 普通圈足底类Ab型（2007SYT1⑤：252、2007SYT1⑤：255）　4. 普通圈足底类B型Ⅰ式（2007SYT1⑩：37）　5~8. 普通圈足底类B型Ⅱ式（2007SYT1⑧：146、2007SYT1⑧：147、2007SYT1⑧：157、2007SYT1⑧：208）　9~20. 普通圈足底类B型Ⅲ式（2007SYT1④：33、2007SYT1⑤：707、2007SYT1⑤：708、2007SYT1⑤：709、2007SYT1⑤：711、2007SYT1⑤：712、2007SYT1⑤：713、2007SYT1⑤：723、2007SYT1⑤：732、2007SYT1⑤：748、2007SYT1⑤：760、2007SYT1⑤：789）

2007SYT1④：255，口径8、底径3.4、高2.7厘米（图一九一，3）。

2007SYT1④：256，口径9.8、底径3.2、高4厘米。

2007SYT1④：257，器内底有4个支钉痕。口径9.2、底径2.8、高3.7厘米。

B型　61件。浅弧腹。敞口，圆唇。依足部细微变化分为三式。

Ⅰ式：1件。圈足不明显，近乎饼足，器身矮小。

2007SYT1⑩：37，口径10、底径4、高2.9厘米（图一九一，4）。

Ⅱ式：6件。矮圈足，器身较矮。

2007SYT1⑧：146，口径11.6、底径5、高3.2厘米（图一九一，5）。

2007SYT1⑧：147，口径9.2、底径4.2、高2.5厘米（图一九一，6）。

2007SYT1⑧：151，口径13、底径6.5、高3厘米。

2007SYT1⑧：152，口径14.2、底径3.6、高3.3厘米。

2007SYT1⑧：157，口径10.8、底径4.6、高3.1厘米（图一九一，7）。

2007SYT1⑧：208，口径12.2、底径5.6、高3.7厘米（图一九一，8）。

Ⅲ式：54件。器身与圈足渐高。

2007SYT1④：33，口径11.2、底径4.8、高3.5厘米（图一九一，9）。

2007SYT1⑤：707，口径11.4、底径4.6、高3.3厘米（图一九一，10）。

2007SYT1⑤：708，口径11、底径4.5、高3.2厘米（图一九一，11）。

2007SYT1⑤：709，口径9.2、底径4.2、高3厘米（图一九一，12）。

2007SYT1⑤：710，口径11.4、底径4.8、高3.7厘米。

2007SYT1⑤：711，口径9.4、底径3.8、高3厘米（图一九一，13）。

2007SYT1⑤：712，口径10、底径4.1、高3.2厘米（图一九一，14）。

2007SYT1⑤：713，口径10.8、底径4.4、高3.1厘米（图一九一，15）。

2007SYT1⑤：715，口径11.2、底径5.2、高3.2厘米。

2007SYT1⑤：717，口径10.8、底径4.4、高4.2厘米。

2007SYT1⑤：719，口径12.2、底径4.6、高4厘米。

2007SYT1⑤：721，口径11.6、底径4.4、高3.4厘米。

2007SYT1⑤：723，口径11、底径5、高3.8厘米（图一九一，16）。

2007SYT1⑤：724，口径11.2、底径5、高3.5厘米。

2007SYT1⑤：731，口径12.2、底径4.2、高3.7厘米。

2007SYT1⑤：732，口径10、底径5、高3.2厘米（图一九一，17）。

2007SYT1⑤：735，口径12、底径4.6、高3.9厘米。

2007SYT1⑤：736，口径10.4、底径4.4、高3.1厘米。

2007SYT1⑤：737，口径11.6、底径5、高3.4厘米。

2007SYT1⑤：738，口径11.8、底径5、高3.5厘米。

2007SYT1⑤：739，口径10.2、底径4.2、高3.6厘米（图版一四，2）。

2007SYT1⑤：742，口径11、底径4.5、高3.8厘米。

2007SYT1⑤：743，口径10、底径4.4、高3.1厘米。

2007SYT1⑤：748，口径11、底径4.6、高3.8厘米（图一九一，18）。

2007SYT1⑤：752，口径10.8、底径4.3、高2.9厘米。

2007SYT1⑤：757，口径14.6、底径6.8、高4厘米。

2007SYT1⑤：759，口径11.4、底径4.2、高3.5厘米。

2007SYT1⑤：760，口径13.5、底径4.1、高4.4厘米（图一九一，19）。

2007SYT1⑤：762，口径12.2、底径4.6、高2厘米。

2007SYT1⑤：776，口径13.4、底径5.4、高4.4厘米。

2007SYT1⑤：789，口径10、底径4.2、高3.9厘米（图一九一，20）。

C型　42件。斜直腹。依口沿不同分为三亚型。

Ca型　1件。翻唇，敞口。

2007SYT1⑩：25，口径11.6、底径5.2、高4.1厘米（残）（图一九二，1）。

Cb型　11件。斜方唇，敞口。依唇部变化分为两式。

Ⅰ式：1件。唇口较小。

2007SYT1⑧：158，口径10.4、底径4.4、高3厘米（图一九二，2）。

Ⅱ式：10件。唇口较粗大。

2007SYT1⑤：659，口径12.6、底径5、高3.6厘米（图一九二，3）。

2007SYT1⑤：660，口径9、底径4.2、高2.5厘米（图一九二，4）。

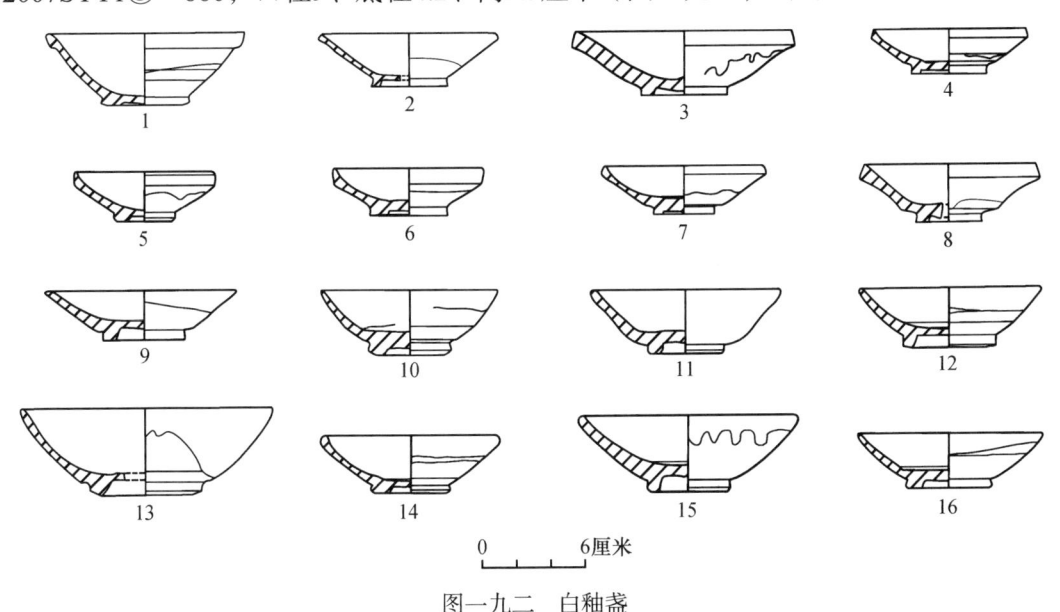

图一九二　白釉盏

1. 普通圈足底类Ca型（2007SYT1⑩：25）　2. 普通圈足底类Cb型Ⅰ式（2007SYT1⑧：158）　3~8. 普通圈足底类Cb型Ⅱ式（2007SYT1⑤：659、2007SYT1⑤：660、2007SYT1⑤：745、2007SYT1⑤：746、2007SYT1⑤：747、2007SYT1⑤：749）　9~16. 普通圈足底类Cc型（2007SYT1⑤：518、2007SYT1⑤：714、2007SYT1⑤：720、2007SYT1⑤：733、2007SYT1⑤：741、2007SYT1⑤：767、2007SYT1⑤：838、2007SYT1⑤：850）

2007SYT1⑤：745，口径8.2、底径3.6、高2.8厘米（图一九二，5）。
2007SYT1⑤：746，口径8.8、底径4.5、高2.7厘米（图一九二，6）。
2007SYT1⑤：747，口径9、底径3.5、高2.7厘米（图一九二，7）。
2007SYT1⑤：753，口径10、底径4.8、高2.8厘米（图版一三，4）。
2007SYT1⑤：749，口径10.6、底径3.8、高3.3厘米（图一九二，8）。
2007SYT1⑤：750，口径9.2、底径4.4、高2.8厘米。
2007SYT1⑤：751，口径9.6、底径4.2、高2.8厘米。
2007SYT1⑤：828，口径9.6、底径4、高3厘米。

Cc型　30件。圆唇，敞口。

2007SYT1⑤：518，口径11.2、底径4.8、高2.8厘米（图一九二，9）。
2007SYT1⑤：714，口径10.2、底径4.8、高3.7厘米（图一九二，10）。
2007SYT1⑤：716，口径10.8、底径5、高3.3厘米。
2007SYT1⑤：720，口径11、底径4.2、高3.6厘米（图一九二，11）。
2007SYT1⑤：722，口径11.4、底径5.2、高3.5厘米。
2007SYT1⑤：725，口径11.4、底径3.8、高3.2厘米。
2007SYT1⑤：726，口径12、底径5.2、高3.8厘米。
2007SYT1⑤：728，残口径10、底径4.2、高3.2厘米。
2007SYT1⑤：730，口径11.2、底径4.8、高3.5厘米。
2007SYT1⑤：733，口径10.8、底径5.4、高3.4厘米（图一九二，12）。
2007SYT1⑤：740，口径12.4、底径4.9、高3.5厘米。
2007SYT1⑤：741，口径14.6、底径6.6、高5厘米（图一九二，13）。
2007SYT1⑤：758，口径13、底径5.2、高4.1厘米。
2007SYT1⑤：763，口径13.4、底径5.2、高4.2厘米（图版一四，4）。
2007SYT1⑤：764，口径13、底径5.4、高4.2厘米。
2007SYT1⑤：767，口径10.4、底径4.6、高3.3厘米（图一九二，14）。
2007SYT1⑤：770，口径11、底径4.8、高3.7厘米（图版一三，5）。
2007SYT1⑤：773，口径13.6、底径5.6、高4.5厘米。
2007SYT1⑤：788，口径14、底径6、高4.5厘米。
2007SYT1⑤：814，口径13.2、底径5、高4.5厘米。
2007SYT1⑤：823，口径12、底径5.2、高3.5厘米。
2007SYT1⑤：830，口径14.4、底径5.6、高3.4厘米。
2007SYT1⑤：831，口径11、底径5、高3.8厘米。
2007SYT1⑤：832，口径13、底径5.2、高4厘米。
2007SYT1⑤：833，口径12、底径4.8、高4厘米。
2007SYT1⑤：838，口径12.4、底径5、高4.3厘米（图一九二，15）。

2007SYT1⑤：849，口径12.4、底径4.8、高4.1厘米。

2007SYT1⑤：850，口径11、底径5、高3.1厘米（图一九二，16）。

2007SYT1⑤：851，口径12.4、底径5、高3.8厘米。

2007SYT1⑤：853，口径11.4、底径4.8、高3.1厘米。

D型　30件。深弧腹。依口腹不同分为四亚型。

Da型　10件。敞口，圆唇。

2007SYT1⑤：796，口径11.2、底径3.6、高4.5厘米。

2007SYT1④：261，口径9、底径3、高3.7厘米（图一九三，1）。

2007SYT1④：264，口径9.8、底径3.2、高3.7厘米（图一九三，2）。

2007SYT1⑤：290，口径12.6、底径3.4、高3.6厘米。

2007SYT1⑤：772，口径10、底径3.2、高3.3厘米。

2007SYT1⑤：794，葵花口。口径10.2、底径3.8、高5.2厘米。

2007SYT1⑤：797，口径10.6、底径4.8、高4.4厘米（图一九三，3）。

2007SYT1⑤：808，口径13.6、底径5.4、高5.4厘米（图一九三，4）。

2007SYT1⑤：856，口径11、底径5.4、高5厘米（图一九三，5）。

2007SYT1⑤：876，内底饰草叶纹。口径12.8、底径4.8、高4.5厘米。

Db型　14件。喇叭口，圆唇。

2007SYT1⑤：771，口径11、底径4.6、高4.6厘米。

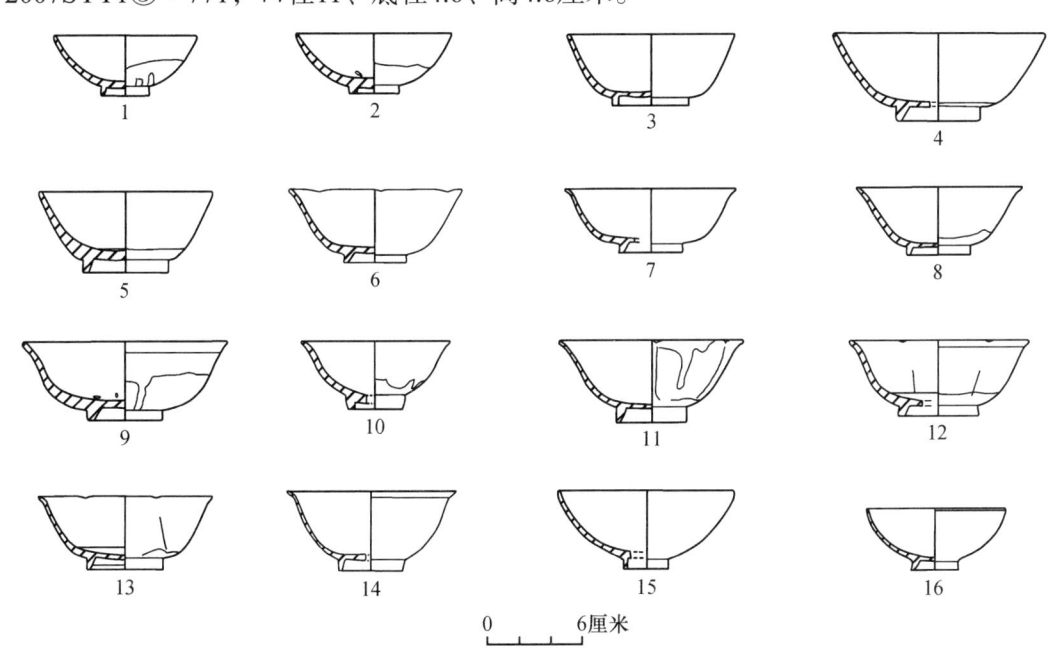

图一九三　白釉盏

1~5. 普通圈足底类Da型（2007SYT1④：261、2007SYT1④：264、2007SYT1⑤：797、2007SYT1⑤：808、2007SYT1⑤：856）
6~12. 普通圈足底类Db型（2007SYT1⑤：780、2007SYT1⑤：781、2007SYT1⑤：792、2007SYT1⑤：801、2007SYT1⑤：816、2007SYT1⑤：858、2007SYT1⑤：862）　13、14. 普通圈足底类Dc型（2007SYT1⑤：785、2007SYT1⑤：875）
15、16. 普通圈足底类Dd型（2007SYT1④：259、2007SYT1⑤：807）

2007SYT1⑤：778，口径10.6、底径4、高5.2厘米。

2007SYT1⑤：779，口径11、底径4、高4.6厘米。

2007SYT1⑤：780，葵花口。口径11、底径4、高4.5厘米（图一九三，6）。

2007SYT1⑤：781，口径10.8、底径4、高3.9厘米（图一九三，7）。

2007SYT1⑤：784，口径10.4、底径4.2、高4.9厘米。

2007SYT1⑤：786，口径13.6、底径5.2、高5.8厘米。

2007SYT1⑤：790，口径10.2、底径4.1、高3.9厘米。

2007SYT1⑤：792，口径10.6、底径4、高4.2厘米（图一九三，8）。

2007SYT1⑤：801，口径13、底径4.8、高4.9厘米（图一九三，9）。

2007SYT1⑤：816，口径9.4、底径3.8、高4.2厘米（图一九三，10）。

2007SYT1⑤：818，口径11、底径4.4、高4.5厘米。

2007SYT1⑤：858，菱花口。口径11.6、底径4.4、高5.1厘米（图一九三，11）。

2007SYT1⑤：862，口径11.6、底径5.2、高4.6厘米（图一九三，12）。

Dc型　3件。侈口，圆唇。

2007SYT1⑤：783，菱花口。口径11.2、底径4.6、高4.4厘米。

2007SYT1⑤：785，口径11、底径4.8、高4.5厘米（图一九三，13）。

2007SYT1⑤：875，口径10.8、底径4、高4.9厘米（图一九三，14）。

Dd型　3件。敛口，圆唇。圈足较窄。

2007SYT1④：259，口径11.2、底径2.8、高4.9厘米（图一九三，15）。

2007SYT1⑤：807，口径9、底径3、高3.8厘米（图一九三，16）。

2007SYT1⑤：806，口径9、底径3、高4.1厘米。

钵　依腹部不同分为两型。

A型　1件。直腹。

2007SYT1④：38，敞口，圆唇，圈足。口径16、底径7.8、高12厘米（图一九四，1）。

B型　1件。弧腹。

2007SYT1⑤：1055，直口，斜方唇，圈足。口径9.2、底径4、高4.8厘米（图一九四，2）。

碟　依器底不同分为三型。

A型　1件。饼足底。

2007SYT1⑤：645，菱花口，圆唇，弧腹。口径14、底径4.8、高3.4厘米（图一九四，4）。

B型　23件。平底。依口腹不同分为四亚型。

Ba型　9件。弧腹。敞口，圆唇。

2007SYT1⑤：652，口径11、底径6、高2.2厘米。

2007SYT1⑤：653，口径10.8、底径5.2、高2.4厘米。

2007SYT1⑤：670，口径11、底径6.2、高2.3厘米（图一九四，3）。

2007SYT1⑤：682，口径12.5、底径8.5、高2.2厘米（图一九四，5）。

2007SYT1⑤：684，口径12.2、底径7.2、高2.2厘米。

2007SYT1⑤：691，口径8.4、底径5.6、高1.1厘米。

2007SYT1⑤：688，菱花口。口径13.2、底径7.2、高2厘米（图一九四，6）。

2007SYT1⑤：690，口径12、底径8、高1.8厘米。

Bb型　7件。斜直腹依口腹不同分为两式。

Ⅰ式：6件。圆唇，敞口。

2007SYT1⑤：673，口径14.7、底径10.7、高1.9厘米。

2007SYT1⑤：674，口径14.2、底径11.3、高2.7厘米。

2007SYT1⑤：675，口径15、底径9.1、高2.8厘米。

2007SYT1⑤：678，口径12.4、底径7.9、高1.7厘米。

2007SYT1⑤：679，口径12.4、底径9、高1.8厘米（图一九四，7）。

2007SYT1⑤：680，口径15、底径10.4、高2.1厘米（图一九四，8）。

Ⅱ式：1件。翻唇，敞口，折沿。

2007SYT1④：37，口径5.4、底径4.2、通径6.4、高1.4厘米（图一九四，9）。

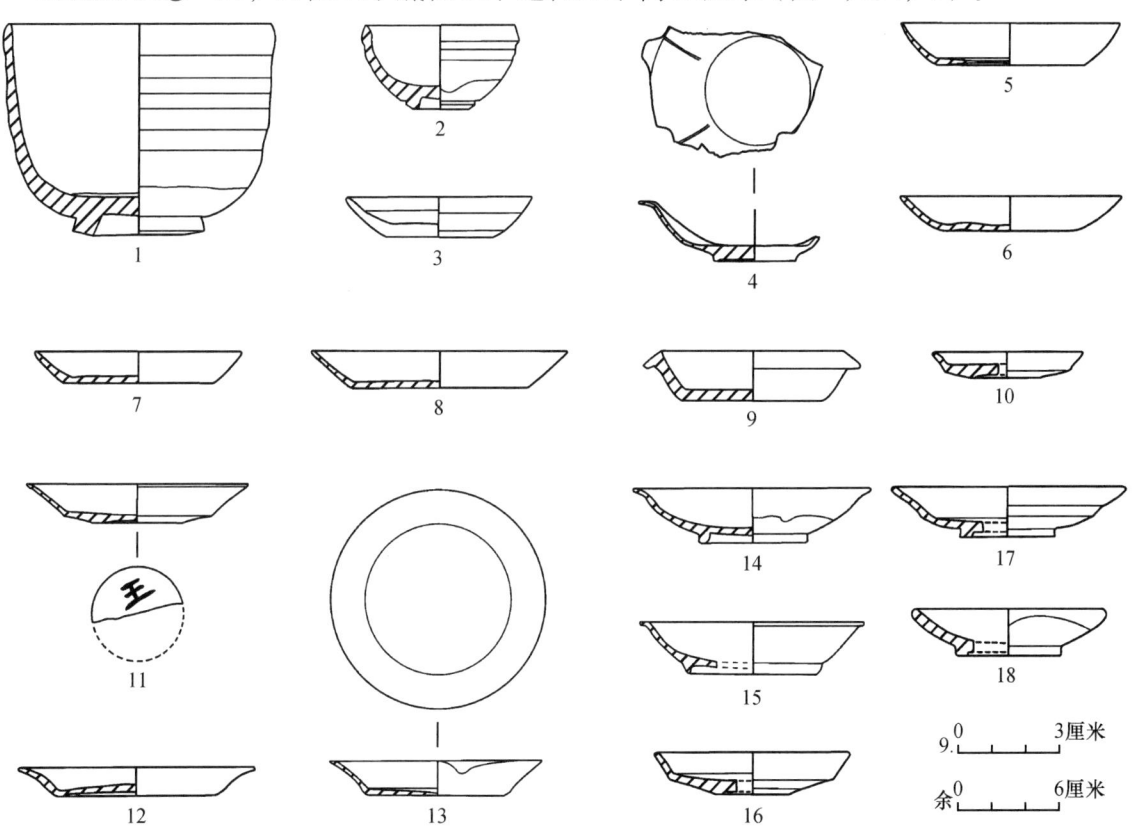

图一九四　白釉钵、碟

1. 钵A型（2007SYT1④：38）　2. 钵B型（2007SYT1⑤：1055）　3、5、6. 碟Ba型（2007SYT1⑤：670、2007SYT1⑤：682、2007SYT1⑤：688）　4. 碟A型（2007SYT1⑤：645）　7、8. 碟Bb型Ⅰ式（2007SYT1⑤：679、2007SYT1⑤：680）　9. 碟Bb型Ⅱ式（2007SYT1④：37）　10、11. 碟Bc型（2007SYT1④：35、2007SYT1⑤：651）　12、13. 碟Bd型（2007SYT1⑤：671、2007SYT1⑤：667）　14、15. 碟Ca型（2007SYT1⑤：657、2007SYT1⑤：863）　16、17. 碟Cb型（2007SYT1⑤：656、2007SYT1⑤：658）　18. 碟Cc型（2007SYT1⑤：661）

Bc型　4件。折腹。敞口，圆唇。

2007SYT1④：35，口径9、底径4、高1.5厘米（图一九四，10）。

2007SYT1⑤：649，口径12、底径6.6、高1.9厘米。

2007SYT1⑤：650，口径12.8、底径4.4、高1.9厘米。

2007SYT1⑤：651，外底有墨书"王"字。口径13.2、底径5.5、高2.2厘米（图一九四，11）。

Bd型　3件。敛腹。敞口，圆唇。

2007SYT1⑤：667，口径12.4、底径7.9、高4厘米（图一九四，13）。

2007SYT1⑤：668，口径14.5、底径9.5、高2.3厘米。

2007SYT1⑤：671，口径14、底径9.4、高3.6厘米（图一九四，12）。

C型　5件。圈足。依口腹不同分为三亚型。

Ca型　2件。弧腹。喇叭口，宽平沿。

2007SYT1⑤：657，口径14、底径6.4、高3.1厘米（图一九四，14）。

2007SYT1⑤：863，口径13.2、底径7.6、高3厘米（图一九四，15）。

Cb型　2件。折腹。喇叭口，圆唇。

2007SYT1⑤：656，口径11.6、底径4.4、高2.4厘米（图一九四，16）。

2007SYT1⑤：658，口径14、底径5.6、高2.9厘米（图一九四，17）。

Cc型　1件。斜直腹。敞口，圆唇。

2007SYT1⑤：661，口径11.6、底径6.2、高2.7厘米（图一九四，18）。

罐　依底部不同分为三型。

A型　5件。饼足底。依口腹不同分为三亚型。

Aa型　3件。双系，圆唇，鼓腹。依器形局部变化分为两式。

Ⅰ式：1件。短颈，直口。

2007SYT1⑤：947，口径5.6、底径3.6、通径8.4、高5.3厘米（图一九五，1）。

Ⅱ式：2件。长颈，微敛口。

2007SYT1③：3，口径4.5、底径2.9、腹径7.4、高6.5厘米（图一九五，2）。

2007SYT1③：4，口径3.8、底径2.9、腹径6.3、高4.9厘米（图一九五，3）。

Ab型　1件。直口微撇，鼓腹。

2007SYT1③：19，口径2.5、底径1.8、腹径3、高1.9厘米（图一九五，4）。

Ac型　1件。侈口，圆唇，鼓腹。

2007SYT1④：45，口径4.8、底径2.1、高4厘米（图一九五，5）。

B型　1件。平底。

2007SYT1④：46，直口，圆唇，溜肩，鼓腹，平底。口径2.2、底径1.4、腹径2.6、高1.7厘米（图一九五，6）。

C型　4件。圈足。鼓腹。依口沿不同分为三亚型。

Ca型　1件。双耳，圆唇，近直口。

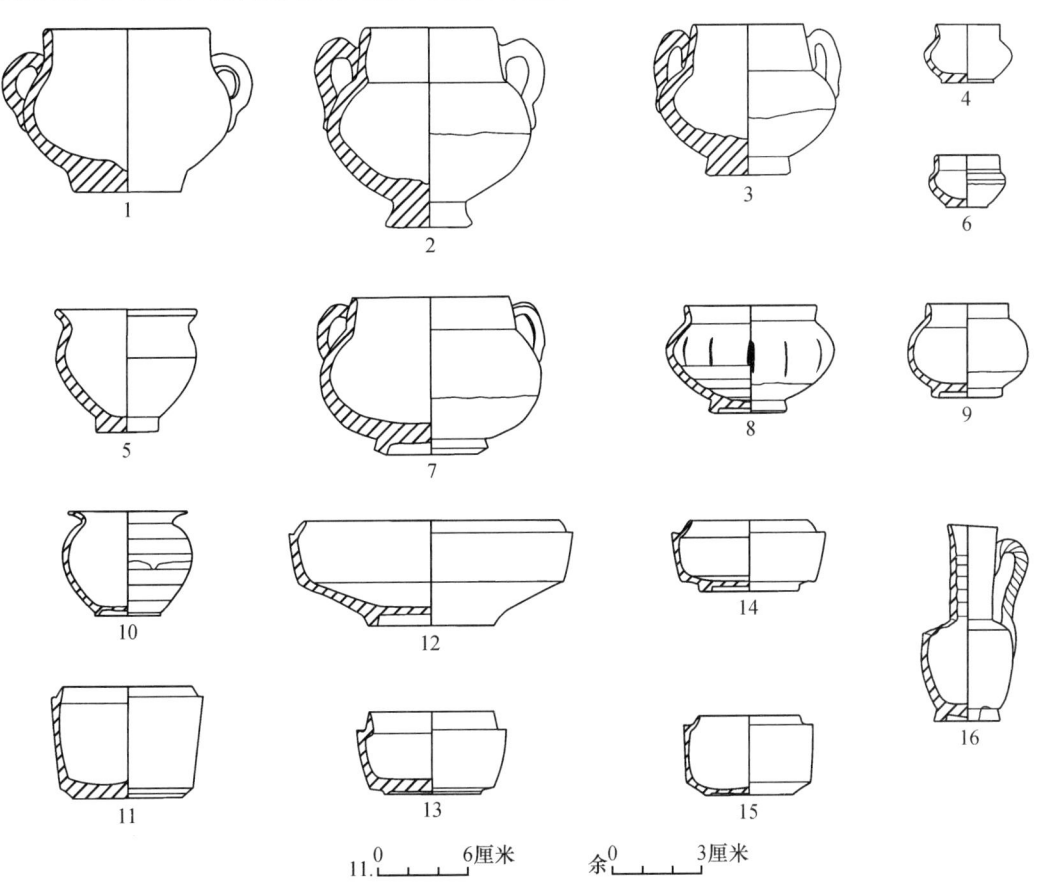

图一九五 白釉罐、盒及壶

1. 罐Aa型Ⅰ式（2007SYT1⑤：947） 2、3. 罐Aa型Ⅱ式（2007SYT1③：3、2007SYT1③：4） 4. 罐Ab型（2007SYT1③：19） 5. 罐Ac型（2007SYT1④：45） 6. 罐B型（2007SYT1④：46） 7. 罐Ca型（2007SYT1③：6） 8、9. 罐Cb型（2007SYT1⑤：936、2007SYT1⑤：969） 10. 罐Cc型（2007SYT1⑤：1042） 11. 盒A型（2007SYT1④：40） 12. 盒Ba型（2007SYT1④：41） 13~15. 盒Bb型（2007SYT1④：42、2007SYT1⑤：950、2007SYT1⑧：161） 16. 壶（2007SYT1⑨：3）

2007SYT1③：6，口径5.3、底径3.8、腹径7.4、高5.1厘米（图一九五，7）。

Cb型 2件。无耳，圆唇，近直口。

2007SYT1⑤：936，外饰十一个凹瓜棱形槽。口径9、底径5.2、腹径11.4、高7厘米（图一九五，8）。

2007SYT1⑤：969，口径5.6、底径4.8、腹径8.2、高6.2厘米（图一九五，9）。

Cc型 1件。侈口，圆唇，缩颈。

2007SYT1⑤：1042，口径4、底径2.2、通径4.4、高3.4厘米（图一九五，10）。

盒 依器底不同分为两型。

A型 1件。平底。子母口，直腹。

2007SYT1④：40，口径8.7、底径7.5、腹径10.1、高7.3厘米（图一九五，11）。

B型 4件。圈足底。依口腹不同分为两亚型。

Ba型 1件。圆唇，子母口，折腹。

2007SYT1④：41，口径8.6、底径4.2、腹径9.5、高3.4厘米（图一九五，12）。

Bb型　3件。圆唇，子母口，近直腹。

2007SYT1④：42，口径4.2、底径3.2、通径5、高2.6厘米（图一九五，13）。

2007SYT1⑤：950，口径4、底径3.4、腹径5.9、高3.4厘米（图一九五，14）。

2007SYT1⑧：161，口径3.4、底径3、腹径4.4、高2.6厘米（图一九五，15）。

壶　1件。

2007SYT1⑨：3，敞口，平唇，束颈，平肩，鼓腹，流缺失，绳纹把，圈足。口径1.7、底径2.25、通径3.6、高6.4厘米（图一九五，16）。

盘　依底部不同分为三类。

（1）饼足底类。依口腹不同分为两型。

A型　1件。浅弧腹。敞口，圆唇。

2007SYT1⑧：148，口径13.8、底径5.8、高3.4厘米（图一九六，1）。

B型　1件。斜直腹。敞口，斜方唇。

2007SYT1⑩：24，口径14.2、底径7.6、高3.5厘米（图一九六，2）。

（2）平底类。敞口，圆唇。依腹部不同分为两型。

A型　2件。折腹。依腹部细微差别分为两式。

Ⅰ式：1件。弧折腹。

2007SYT1⑪：42，口径19.2、底径7.4、高4.1厘米（图一九六，3）。

Ⅱ式：1件。斜折腹。

2007SYT1⑤：535，口径14、底径5.2、高2.6厘米（图一九六，4）。

B型　6件。斜直腹。

2007SYT1⑤：672，葵花口。口径17、底径10.8、高3厘米（图一九六，5）。

2007SYT1⑤：677，葵花口。口径14、底径8.6、高2.3厘米。

2007SYT1⑤：685，口径13.8、底径9.8、高1.7厘米（图一九六，6）。

2007SYT1⑤：686，口径11.8、底径7.6、高1.9厘米（图一九六，7）。

2007SYT1⑤：687，口径12.4、底径8.6、高1.5厘米。

2007SYT1⑤：689，口径8.6、底径4.6、高1.4厘米（图一九六，8）。

（3）圈足底类。依口腹不同分为三型。

A型　57件。浅弧腹。依口沿不同分为三亚型。

Aa型　26件。敞口，圆唇。

2007SYT1⑤：299，口径14、底径6、高3.6厘米。

2007SYT1⑤：490，口径13、底径4.8、高2.7厘米。

2007SYT1⑤：495，口径17.6、底径6.6、高3.8厘米。

2007SYT1⑤：494，口径16.6、底径6、高3.5厘米（图一九六，9）。

2007SYT1⑤：496，葵花口。口径14.8、底径4.8、高3.1厘米（图一九六，10）。

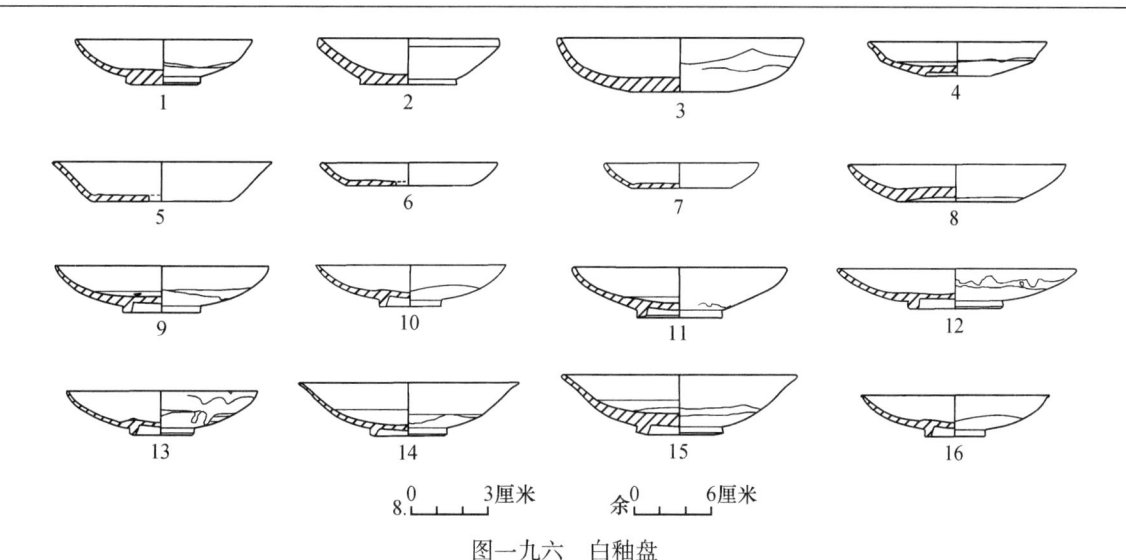

图一九六　白釉盘

1.饼足底类A型（2007SYT1⑧：148）　2.饼足底类B型（2007SYT1⑩：24）　3.平底类A型Ⅰ式（2007SYT1⑪：42）
4.平底类A型Ⅱ式（2007SYT1⑤：535）　5~8.平底类B型（2007SYT1⑤：672、2007SYT1⑤：685、2007SYT1⑤：686、2007SYT1⑤：689）　9~16.圈足底类Aa型（2007SYT1⑤：494、2007SYT1⑤：496、2007SYT1⑤：500、2007SYT1⑤：504、2007SYT1⑤：528、2007SYT1⑤：529、2007SYT1⑤：543、2007SYT1⑤：565）

2007SYT1⑤：497，口径16.8、底径6、高3.9厘米。

2007SYT1⑤：498，口径18.8、底径6.6、高3.6厘米。

2007SYT1⑤：500，口径16.8、底径6.6、高3.8厘米（图一九六，11）。

2007SYT1⑤：501，葵花口。口径19.4、底径6.8、高4厘米。

2007SYT1⑤：503，口径15.6、底径3.4、高3.4厘米。

2007SYT1⑤：504，口径16.4、底径3.8、高3厘米（图一九六，12）。

2007SYT1⑤：505，口径15.4、底径6.2、高3.1厘米（图版一五，2）。

2007SYT1⑤：506，口径15.4、底径6.4、高3.6厘米。

2007SYT1⑤：521，圆唇微撇。口径17.6、底径6.2、高3.7厘米。

2007SYT1⑤：528，菱花口。口径15、底径5.2、高3.3厘米（图一九六，13）。

2007SYT1⑤：529，口径17.2、底径6、高4厘米（图一九六，14）。

2007SYT1⑤：536，口径12、底径4.4、高3.4厘米。

2007SYT1⑤：540，口径16.8、底径6.2、高3.8厘米。

2007SYT1⑤：543，口径18.4、底径6.8、高4.5厘米（图一九六，15）。

2007SYT1⑤：550，口径13、底径3.8、高3.2厘米。

2007SYT1⑤：565，葵花口。口径14.8、底径4.8、高3.1厘米（图一九六，16）。

2007SYT1⑤：571，口径19、底径6.2、高4.1厘米。

2007SYT1⑤：589，口径17.8、底径6、高4.8厘米（图版一五，6）。

2007SYT1⑤：594，口径16.4、底径6、高4厘米。

2007SYT1⑤：734，口径13、底径5.6、高3.1厘米。

2007SYT1⑤：822，口径11.6、底径5.2、高3.4厘米。

Ab型　6件。敛口，圆唇。

2007SYT1④：21，口径15.4、底径5.6、高3.5厘米（图一九七，1）。

2007SYT1④：22，口径21.2、底径10.8、高4.4厘米。

2007SYT1④：23，口径19.6、底径8.2、高3.7厘米（图一九七，2）。

2007SYT1④：27，口径20、底径6、高4.8厘米。

2007SYT1⑤：537，口径19.6、底径6、高5.2厘米（图一九七，3）。

2007SYT1⑤：847，口径16、底径8、高3.5厘米。

Ac型　25件。喇叭口，圆唇，宽平沿。

2007SYT1④：24，口径14、底径4.6、高2.2厘米（图一九七，4）。

2007SYT1④：25，口径12.8、底径7.2、高3厘米。

2007SYT1④：28，口径18.4、底径7.4、高3.6厘米。

2007SYT1⑤：514，口径14.6、底径6.4、高3.7厘米。

2007SYT1⑤：519，口径17.6、底径6.4、高3.6厘米。

2007SYT1⑤：522，口径21.8、底径8.4、高4.4厘米。

2007SYT1⑤：525，口径20、底径6.6、高4.3厘米（图一九七，6）。

2007SYT1⑤：532，口径18.4、底径6.6、高3.9厘米。

2007SYT1⑤：534，口径16.8、底径5.4、高3.5厘米（图一九七，5）。

2007SYT1⑤：545，口径14.2、底径5.8、高3.2厘米。

2007SYT1⑤：546，口径14.8、底径5.7、高3厘米（图一九七，8）。

2007SYT1⑤：547，口径17.2、底径6.4、高4厘米。

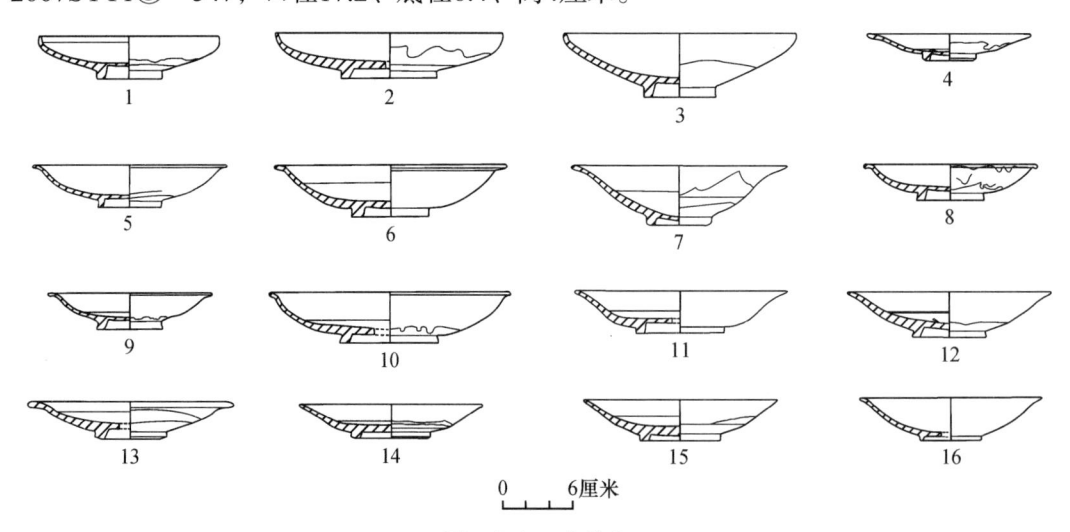

图一九七　白釉盘

1~3. 圈足底类Ab型（2007SYT1④：21、2007SYT1④：23、2007SYT1⑤：537）　4~13. 圈足底类Ac型（2007SYT1④：24、2007SYT1⑤：534、2007SYT1⑤：525、2007SYT1⑤：554、2007SYT1⑤：546、2007SYT1⑤：564、2007SYT1⑤：562、2007SYT1⑤：593、2007SYT1⑤：591、2007SYT1⑧：162）　14~16. 圈足底类B型（2007SYT1⑤：509、2007SYT1⑤：590、2007SYT1⑤：666）

2007SYT1⑤：549，口径16.2、底径5、高3.5厘米。

2007SYT1⑤：554，口径18.2、底径5.4、高4.9厘米（图一九七，7）。

2007SYT1⑤：562，口径20.8、底径8.4、高4.2厘米（图一九七，10）。

2007SYT1⑤：564，口径14、底径7.6、高3厘米（图一九七，9）。

2007SYT1⑤：572，口径17.6、底径6.8、高3.2厘米。

2007SYT1⑤：573，口径15、底径6、高3.6厘米。

2007SYT1⑤：593，口径18、底径7.4、高3.5厘米（图一九七，11）。

2007SYT1⑤：591，口径17.2、底径6.2、高3.7厘米（图一九七，12）。

2007SYT1⑤：857，口径16.8、底径8.2、高3.1厘米。

2007SYT1⑤：1274，口径15.2、底径2.7、高3.3厘米。

2007SYT1⑧：162，口径17.6、底径6.2、高3.1厘米（图一九七，13）。

B型　5件。斜直腹。喇叭口，圆唇。

2007SYT1⑤：509，口径15.8、底径6.8、高2.8厘米（图一九七，14）。

2007SYT1⑤：517，口径17.6、底径6.6、高4.2厘米。

2007SYT1⑤：566，口径18、底径7、高4.2厘米。

2007SYT1⑤：590，口径16.4、底径6.8、高3.4厘米（图一九七，15）。

2007SYT1⑤：666，口径15.4、底径5.2、高3.5厘米（图一九七，16）。

C型　39件。折腹。依口沿不同分为两亚型。

Ca型　37件。喇叭口，圆唇。依腹不同分为两式。

Ⅰ式：1件。方折腹。2007SYT1④：30，口径14.6、底径5、高3厘米（图一九八，1）。

Ⅱ式：36件。斜折腹。2007SYT1⑤：507，口径18.6、底径7.6、高4.3厘米（图一九八，2）。

2007SYT1⑤：508，口径16.6、底径5.4、高3.8厘米（图一九八，3）。

2007SYT1⑤：510，口径21、底径8、高4.2厘米。

2007SYT1⑤：511，口径17、底径7.4、高3.2厘米（图一九八，4）。

2007SYT1⑤：512，口径19、底径7.5、高4厘米。

2007SYT1⑤：513，口径20.8、底径7.6、高4.4厘米。

22007SYT1⑤：516，口径20、底径7.2、高4.1厘米。

2007SYT1⑤：526，口径16.2、底径7.2、高3.2厘米（图版一五，3）。

2007SYT1⑤：527，菱花口。口径19.4、底径6.4、高4.3厘米（图一九八，6）。

2007SYT1⑤：531，口径21、底径7、高4.4厘米（图一九八，8）。

2007SYT1⑤：530，葵花口。口径17.2、底径6.4、高3.6厘米（图一九八，7）。

2007SYT1⑤：548，残口径17.8、底径5.8、高4.6厘米（图一九八，5）。

2007SYT1⑤：551，口径17、底径7.6、高3.6厘米（图版一六，4）。

2007SYT1⑤：552，口径20、底径7.6、高3.6厘米。

2007SYT1⑤：553，口径19.6、底径7.8、高4厘米（图一九八，9）。

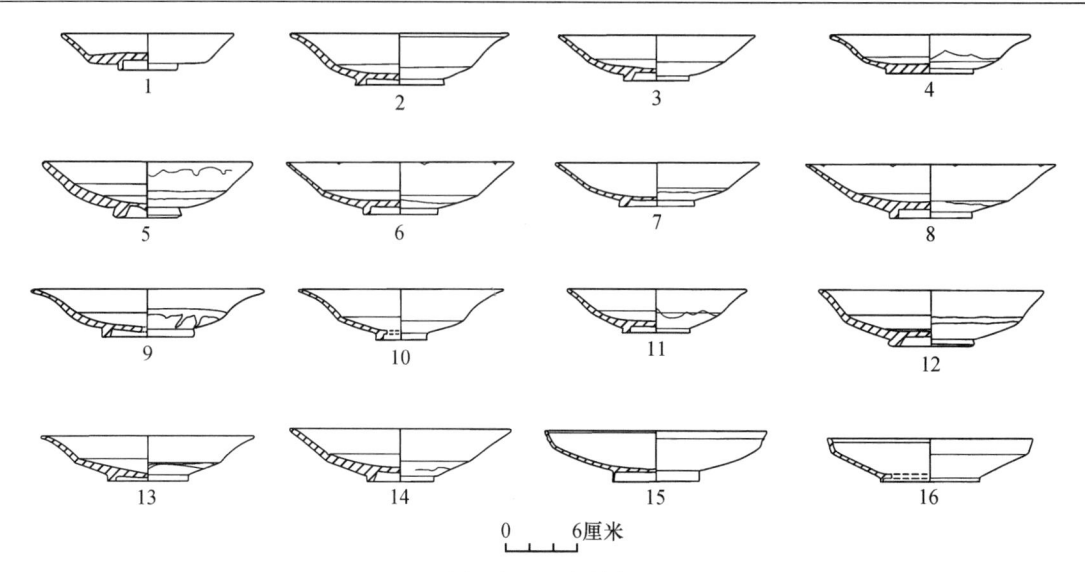

图一九八 白釉盘

1. 圈足底类Ca型Ⅰ式（2007SYT1④：30） 2~14. 圈足底类Ca型Ⅱ式（2007SYT1⑤：507、2007SYT1⑤：508、2007SYT1⑤：511、2007SYT1⑤：548、2007SYT1⑤：527、2007SYT1⑤：530、2007SYT1⑤：531、2007SYT1⑤：553、2007SYT1⑤：555、2007SYT1⑤：559、2007SYT1⑤：560、2007SYT1⑤：577、2007SYT1⑤：595） 15、16. 圈足底类Cb型（2007SYT1⑤：606、2007SYT1⑤：655）

2007SYT1⑤：555，口径17.6、底径4.4、高4.2厘米（图一九八，10）。
2007SYT1⑤：558，口径17.6、底径6.6、高3.9厘米。
2007SYT1⑤：559，口径14.8、底径5.6、高3.6厘米（图一九八，11）。
2007SYT1⑤：560，口径19、底径7.2、高4.6厘米（图一九八，12）。
2007SYT1⑤：575，口径16.2、底径4.6、高3.9厘米。
2007SYT1⑤：561，口径17.6、底径4.8、高4厘米。
2007SYT1⑤：563，口径20、底径6.4、高4.4厘米。
2007SYT1⑤：567，口径14、底径5.4、高3厘米。
2007SYT1⑤：568，口径19.7、底径6.5、高4.9厘米。
2007SYT1⑤：569，口径17.5、底径5.4、高3.6厘米。
2007SYT1⑤：570，口径19.6、底径7.4、高4厘米。
2007SYT1⑤：579，口径17、底径3.7、高3.1厘米。
2007SYT1⑤：576，口径14.4、底径4.4、高2.9厘米。
2007SYT1⑤：577，口径18、底径6.8、高7.4厘米（图一九八，13）。
2007SYT1⑤：578，口径15.8、底径5.2、高3.1厘米。
2007SYT1⑤：580，口径18.4、底径7、高3.5厘米。
2007SYT1⑤：585，口径13.6、底径4、高3.3厘米。
2007SYT1⑤：592，口径18、底径6.4、高3.4厘米。
2007SYT1⑤：595，口径18.8、底径5.8、高4.3厘米（图一九八，14）。

2007SYT1⑤：597，口径16、底径6、高3.3厘米。

2007SYT1⑤：844，葵花口。近底处墨书"穆"字。口径15.6、底径5、高4.5厘米。

Cb型　2件。圆唇，敞口。

2007SYT1⑤：606，盘底周边饰放射条纹。口径18.6、底径7.2、高4.2厘米（图一九八，15）。

2007SYT1⑤：655，口径17.4、底径8.4、高3.6厘米（图一九八，16）。

盆　1件。

2007SYT1⑤：937，侈口，宽沿，圆唇，斜直腹，圈足。口径22.8、底径16.2、高6.6厘米（图一九九，1）。

器盖　依器形不同分为三型。

A型　6件。斗笠形。依器宽、器高比例不同分为两亚型。

Aa型　5件。器宽大于器高。

2007SYT1⑤：941，弧面，中有一象鼻形纽，宽沿，平唇，子母口。盖直径7.2、盖口径1.8、残高2.9厘米（图版一八，3、4）。

2007SYT1⑤：952，圆面内凹，中有一三弦纹圆纽，沿上一侧有一管状绳穿，舌圆台状。口径7.5、底径2.1、高3.4厘米（图一九九，3）。

2007SYT1⑤：973，蘑菇形盖纽，小碟形盖体，圆唇，折沿，浅斜弧腹，平底。口径7.6、底径2.6、高2.4厘米（图一九九，4）。

2007SYT1③：16，盖面近平，中有一圆形纽，圆唇，圆饼形盖底。底径2.5、通径7.7、上顶1.6、高3.1厘米（图一九九，2）。

2007SYT1⑦：17，凹弧面，中有一花苞状纽，宽弧沿，圆唇，舌面不平。底径2.4、通径7.2、通高2厘米（图一九九，5）。

Ab型　1件。器宽小于器高。

2007SYT1③：17，敛口，圆唇，折腹，平底。口径3.4、底径2、腹径4、高2.6厘米（图一九九，6）。

B型　10件。帽形。依有无纽分为两亚型。

Ba型　4件。无纽。

2007SYT1③：14，通径13.1、高3.3厘米（图一九九，8）。

2007SYT1③：15，盖面有刻划花纹。通径8.2、高2厘米（图一九九，7）。

2007SYT1④：274，外口径20、内口径16.6、高3.4厘米。

2007SYT1④：275，宽12.8、高2.5厘米（图一九九，9）。

Bb型　6件。带纽。

2007SYT1③：9，盖顶部置圆饼状纽。通径12、高3.2厘米（图一九九，10）。

2007SYT1③：10，盖顶部有一小圆饼纽。通径10.2、高2.4厘米。

2007SYT1③：11，盖顶部有一圆台状小纽。通径10.8、高2.6厘米（图一九九，11）。

2007SYT1③：12，盖顶部有一象鼻形纽，有穿。通径10.2、高2.4厘米（图版一九，2）。

2007SYT1③：13，盖顶部有一倒圆台体纽。盖面上有荷叶印花纹饰，内沿下有墨书铭文"水郡，大定二十年"。通径9.7、高2.5厘米（图一九九，12）。

2007SYT1⑤：1266，底径7.6、通径9.8、高3.3厘米（图一九九，13）。

C型　10件。盘形。依局部不同分为三亚型。

Ca型　6件。拱形。依盖面变化分为三式。

Ⅰ式：2件。扁弧形。

2007SYT1⑩：17，宽7.2、高1.2厘米（图一九九，14）。

2007SYT1⑪：12，口径8.4、底径6.2、高1.9厘米（图一九九，15）。

Ⅱ式：2件。扁平形。

2007SYT1⑤：1046，底径4.9、通径5.2、高1厘米（图一九九，16）。

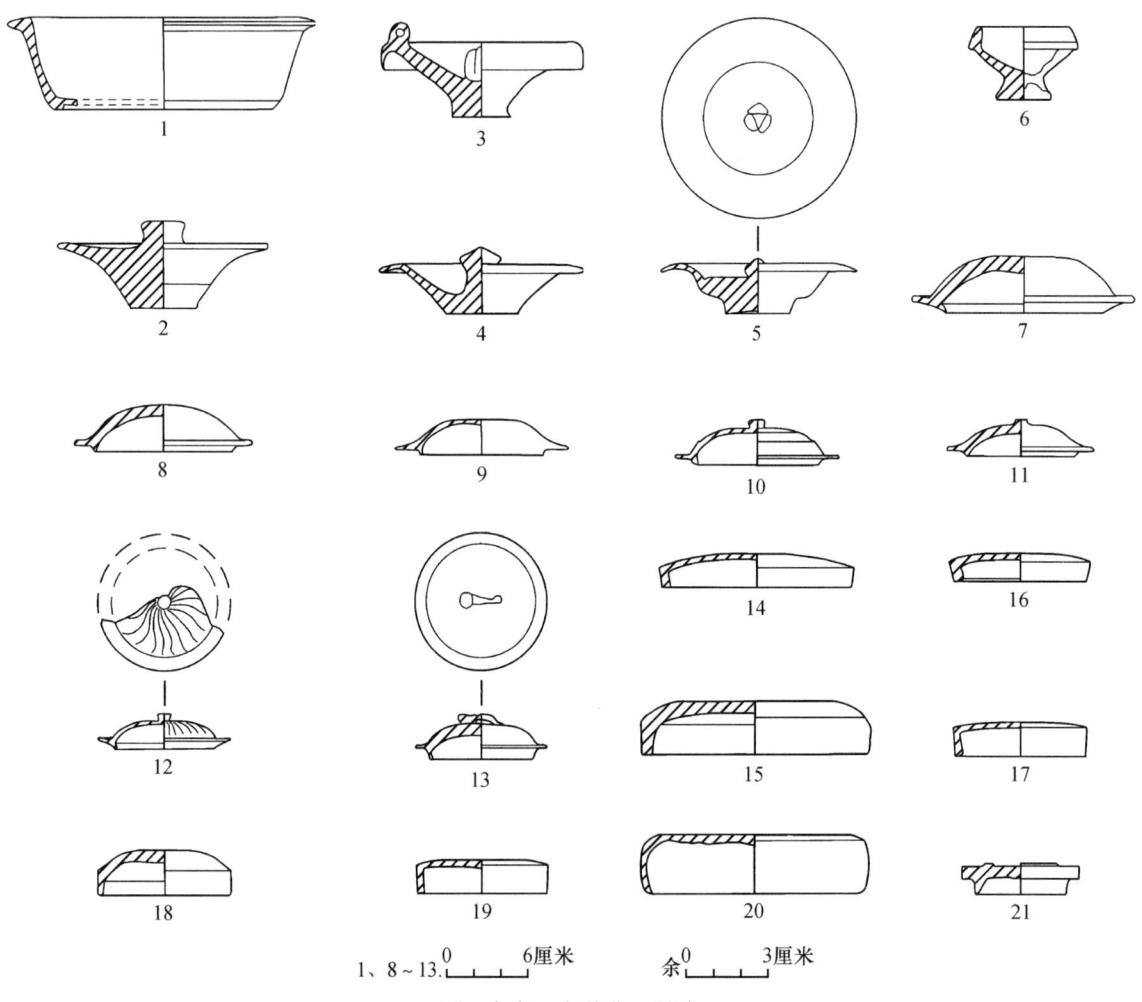

图一九九　白釉盆、器盖

1. 盆（2007SYT1⑤：937）　2~5. 器盖Aa型（2007SYT1③：16、2007SYT1⑤：952、2007SYT1⑤：973、2007SYT1⑦：17）　6. 器盖Ab型（2007SYT1③：17）　7~9. 器盖Ba型（2007SYT1③：15、2007SYT1③：14、2007SYT1④：275）　10~13. 器盖Bb型（2007SYT1③：9、2007SYT1③：11、2007SYT1③：13、2007SYT1⑤：1266）　14、15. 器盖Ca型Ⅰ式（2007SYT1⑩：17、2007SYT1⑪：12）　16、17. 器盖Ca型Ⅱ式（2007SYT1⑤：1046、2007SYT1⑧：160）　18. 器盖Ca型Ⅲ式（2007SYT1④：43）　19. 器盖Cb型Ⅰ式（2007SYT1⑩：11）　20. 器盖Cb型Ⅱ式（2007SYT1⑤：953）　21. 器盖Cc型（2007SYT1⑤：974）

2007SYT1⑧：160，底径：4.8、通径4.9、高1.2厘米（图一九九，17）。

Ⅲ式：2件。圆弧形。

2007SYT1④：43，通径4.9、高1.6厘米（图一九九，18）。

2007SYT1④：44，底径4.4、高1.2厘米。

Cb型　3件。平顶。依局部变化分为两式。

Ⅰ式：1件。盖沿弧折。

2007SYT1⑩：11，侧壁饰有印花纹。口径8.4、底径7、高2.1厘米（图一九九，19）。

Ⅱ式：2件。盖沿斜折。

2007SYT1⑤：953，口径4.8、底径4.9、高1.2厘米（图一九九，20）。

2007SYT1⑤：1045，通径4.6、高1.2厘米。

Cc型　1件。盖面外凸。

2007SYT1⑤：974，底径3.3、通径4.3、高1.1厘米（图一九九，21）。

水盂　依器底不同分为三型。

A型　4件。饼足底。依颈、腹部不同分为两亚型。

Aa型　3件。束颈、鼓腹。

2007SYT1③：7，口径4.9、底径2.4、腹径5.1、高4.3厘米（图二〇〇，1）。

2007SYT1③：8，口径5、底径2.5、腹径5.1、高4.1厘米（图二〇〇，2）。

2007SYT1⑤：1050，口径4.4、底径2.5、腹径4.7、高3.9厘米（图二〇〇，3）。

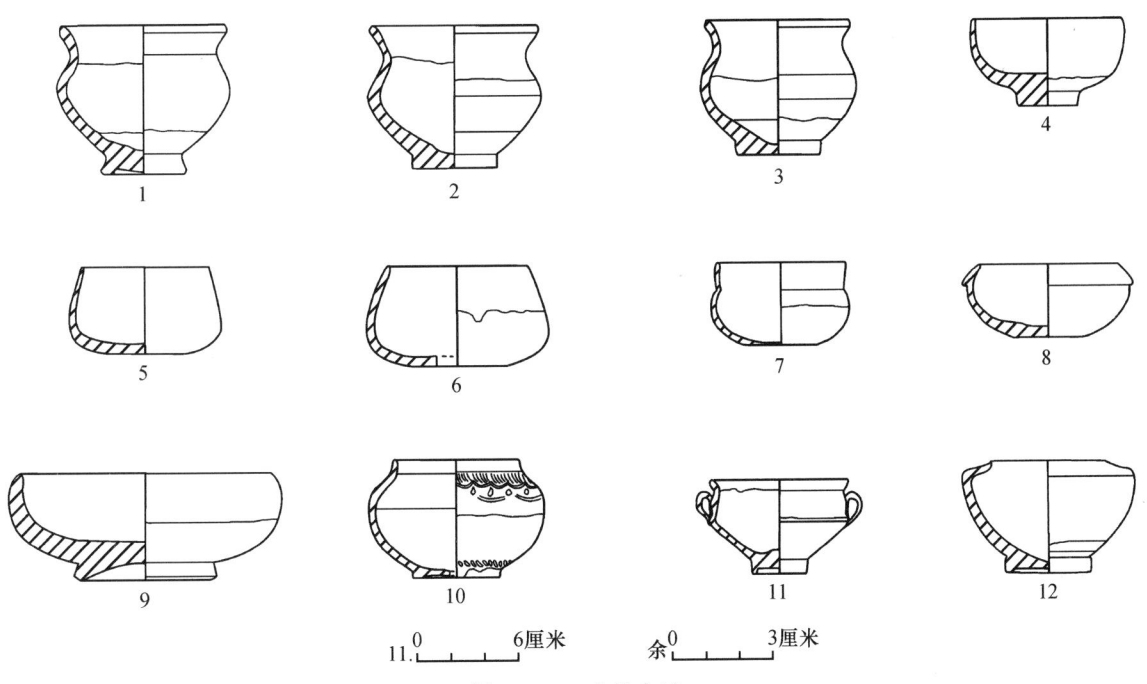

图二〇〇　白釉水盂

1～3.Aa型（2007SYT1③：7、2007SYT1③：8、2007SYT1⑤：1050）　4.Ab型（2007SYT1④：50）　5、6.Ba型（2007SYT1④：39、2007SYT1⑤：1038）　7.Bb型（2007SYT1⑤：1043）　8.Bc型（2007SYT1④：48）　9.Ca型（2007SYT1④：49）　10.Cb型（2007SYT1⑤：1036）　11.Cc型（2007SYT1⑤：1035）　12.Cd型（2007SYT1④：47）

Ab型　1件。无颈、弧腹。

2007SYT1④：50，口径4.6、底径1.8、高2.5厘米（图二〇〇，4）。

B型　4件。平底。依口腹部不同分为三亚型。

Ba型　2件。敛口，垂弧腹。

2007SYT1④：39，口径3.8、底径2.2、腹径5、高2.5厘米（图二〇〇，5）。

2007SYT1⑤：1038，口径4.2、腹径5.4、高2.9厘米（图二〇〇，6）。

Bb型　1件。直口，束颈，鼓腹。

2007SYT1⑤：1043，口径4、底径2.2、通径4.2、高2.4厘米（图二〇〇，7）。

Bc型　1件。敛口，翻唇，鼓腹。

2007SYT1④：48，口径4.2、底径2.1、腹径5.1、高2.1厘米（图二〇〇，8）。

C型　4件。圈足底。依口腹部不同分为四亚型。

Ca型　1件。敛口，弧腹。

2007SYT1④：49，口径7.5、底径4.2、高3.1厘米（图二〇〇，9）。

Cb型　1件。敛口，圆鼓腹。

2007SYT1⑤：1036，外壁饰菊花模印纹。口径3.8、底径2.6、腹径5.2、高3.4厘米（图二〇〇，10）。

Cc型　1件。侈口，束颈，双系，折腹。

2007SYT1⑤：1035，口径8.4、底径3.2、通径10、高5.4厘米（图二〇〇，11）。

Cd型　1件。敛口，折肩，斜直腹。

2007SYT1④：47，口径3.5、底径2.6、腹径5.2、高3.2厘米（图二〇〇，12）。

2. 白地黑花

碗　内外壁多饰黑彩弦纹、草叶纹。依腹部不同分为三型。

A型　1件。深弧腹。

2007SYT1④：19，口径11、底径3.6、高8.1厘米（图二〇一，1）。

B型　5件。浅弧腹。

2007SYT1⑤：181，口径19、底径6、高7厘米。

2007SYT1⑤：182，口径20、底径6.8、高7.4厘米（图二〇一，3）。

2007SYT1⑤：183，口径20.4、底径6.4、高7.3厘米（图二〇一，4）。

2007SYT1⑤：185，口径21.2、底径6.6、高7.2厘米（图二〇一，2）。

2007SYT1⑤：193，口径20.6、底径6.6、高6.6厘米（图版四二，3、4）。

C型　4件。斜直腹。

2007SYT1⑤：191，口径14.6、底径5.8、高4.9厘米（图二〇一，5）。

2007SYT1⑤：192，口径14.6、底径5.8、高5.6厘米。

第五章　出土器物研究

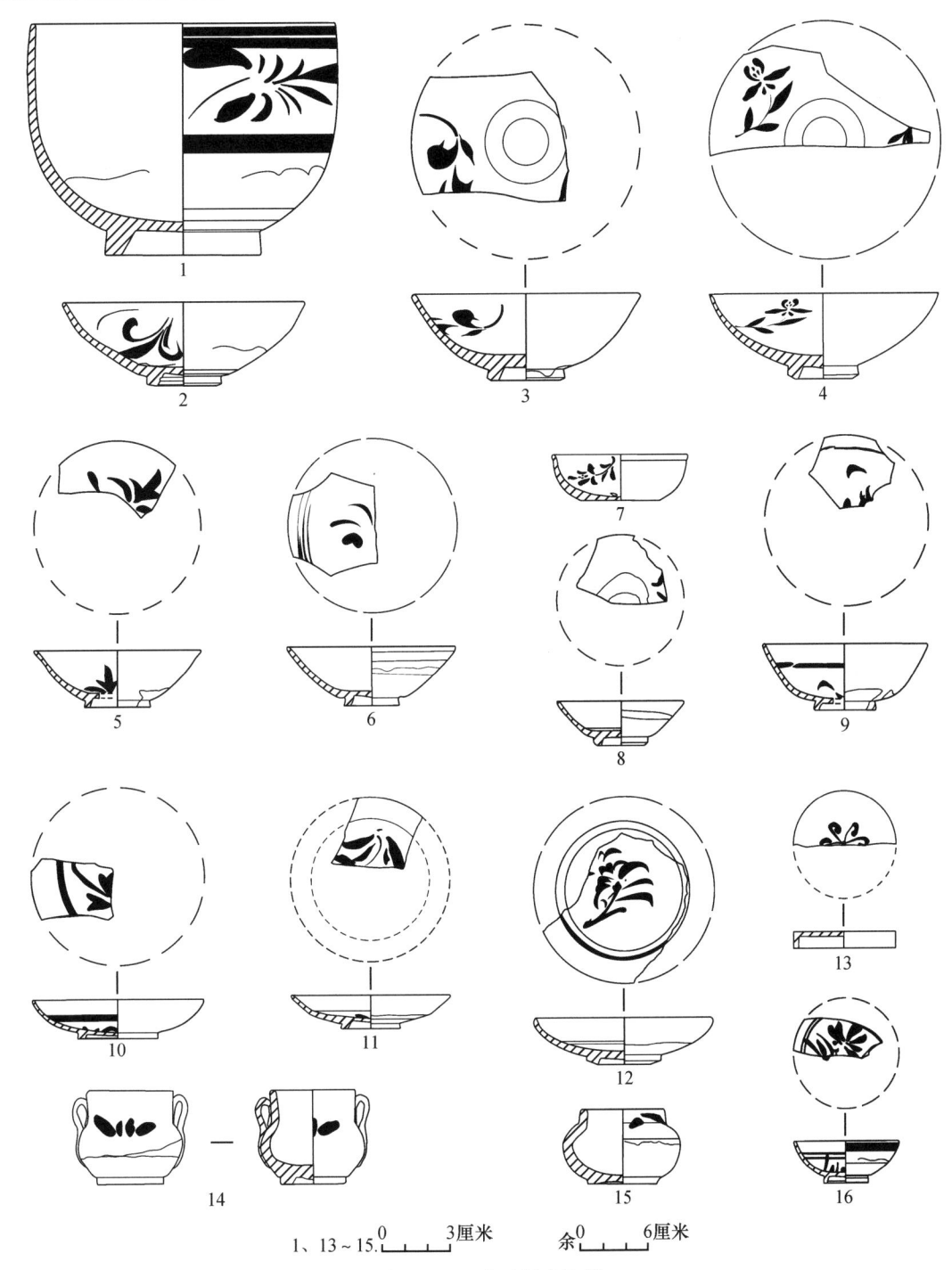

图二〇一　白地黑花瓷器

1. 碗A型（2007SYT1④：19）　2~4. 碗B型（2007SYT1⑤：185、2007SYT1⑤：182、2007SYT1⑤：183）　5、6. 碗C型（2007SYT1⑤：191、2007SYT1⑤：196）　7. 盏A型（2007SYT1⑤：744）　8. 盏Bb型（2007SYT1⑤：835）　9、16. 盏Ba型（2007SYT1⑤：791、2007SYT1⑤：872）　11. 盘A型（2007SYT1⑤：538）　10、12. 盘B型（2007SYT1⑤：697、2007SYT1⑤：542）　13. 器盖（2007SYT1⑤：967）　14. 罐A型（2007SYT1③：5）　15. 罐B型（2007SYT1③：18）

2007SYT1⑤：196，口径14.8、底径4.8、高5厘米（图二〇一，6）。

2007SYT1⑤：197，口径17.2、底径6.2、高5.6厘米（图版四二，1、2）。

盏　内外壁多饰黑彩兰花纹、草叶纹、弦纹。依底部不同分为两型。

A型　1件。平底。

2007SYT1⑤：744，侈口，圆唇，弧腹。口径12、底径7、高3.9厘米（图二〇一，7）。

B型　6件。圈足底。依腹部不同分为两亚型。

Ba型　5件。弧腹。

2007SYT1⑤：791，口径14.6、底径5.6、高5.7厘米（图二〇一，9）。

2007SYT1⑤：866，口径13.2、底径6.8、高4.4厘米。

2007SYT1⑤：871，口径9.8、底径4.4、高3.7厘米。

2007SYT1⑤：872，口径9.4、底径4、高4.1厘米（图二〇一，16）。

2007SYT1⑤：874，口径14、底径4.2、高4.8厘米（图版四四，5）。

Bb型　1件。斜直腹。

2007SYT1⑤：835，口径11.2、底径4.2、高3.8厘米（图二〇一，8）。

盘　5件。敞口，圆唇，圈足。内腹饰黑彩草叶纹、兰花纹、弦纹，部分器底有黑书文字。依腹部不同分为两型。

A型　1件。折腹。

2007SYT1⑤：538，口径14、底径5.2、高2.8厘米（图二〇一，11）。

B型　4件。弧腹。

2007SYT1⑤：539，口径16.8、底径6.2、高3.1厘米（图版四〇，2）。

2007SYT1⑤：541，口径14.4、底径7.2、高3厘米（图版三五，2）。

2007SYT1⑤：697，敞口，圆唇，浅弧腹，浅圈足。内饰黑彩草叶纹。口径15、底径7、高3厘米（图二〇一，10）。

2007SYT1⑤：542，口径15.8、底径6.6、高4厘米（图二〇一，12）。

器盖　1件。

2007SYT1⑤：967，方唇，直口，平底。盖面饰黑彩绘团花。通径4.6、高0.7厘米（图二〇一，13）。

罐　依器底不同分为两型。

A型　1件。直口、直颈、无耳、鼓腹、饼足底。

2007SYT1③：5，外腹有黑彩绘花瓣纹饰。口径3.8、底径2.9、腹径5、高4厘米（图二〇一，14）。

B型　1件。微侈口、长颈、双耳、鼓腹、圈足。

2007SYT1③：18，外腹沿间有黑彩绘纹。口径3.8、底径3.1、腹径5.2、高3.2厘米（图二〇一，15）。

3. 白釉褐彩

碗　内壁多饰褐彩弦纹、点圈纹、草叶纹、竹叶纹、弦纹。部分器底褐彩墨书。依腹部不同分为两型。

A型　弧腹。依口沿不同分为两亚型。

Aa型　11件。侈口，圆唇。

2007SYT1④：32，内底书褐彩"南"字。口径13、底径5.6、高4.2厘米（图二〇二，1）。

2007SYT1⑤：187，口径17.4、底径5.6、高7.1厘米（图二〇二，3）。

2007SYT1⑤：188，口径15.4、底径5.9、高7厘米（图二〇二，2）。

2007SYT1⑤：189，口径14.6、底径6、高5.8厘米（图版三三，4）。

2007SYT1⑤：190，内底书褐彩"花"字。口径15、底径5.6、高5.8厘米（图二〇二，4）。

2007SYT1⑤：194，口径10.4、底径4.6、高5.6厘米（图版三二，3、4）。

2007SYT1⑤：199，内底书褐彩"王"字。口径21、底径9、高7.8厘米。

2007SYT1⑤：200，口径16、底径6.4、高6.2厘米。

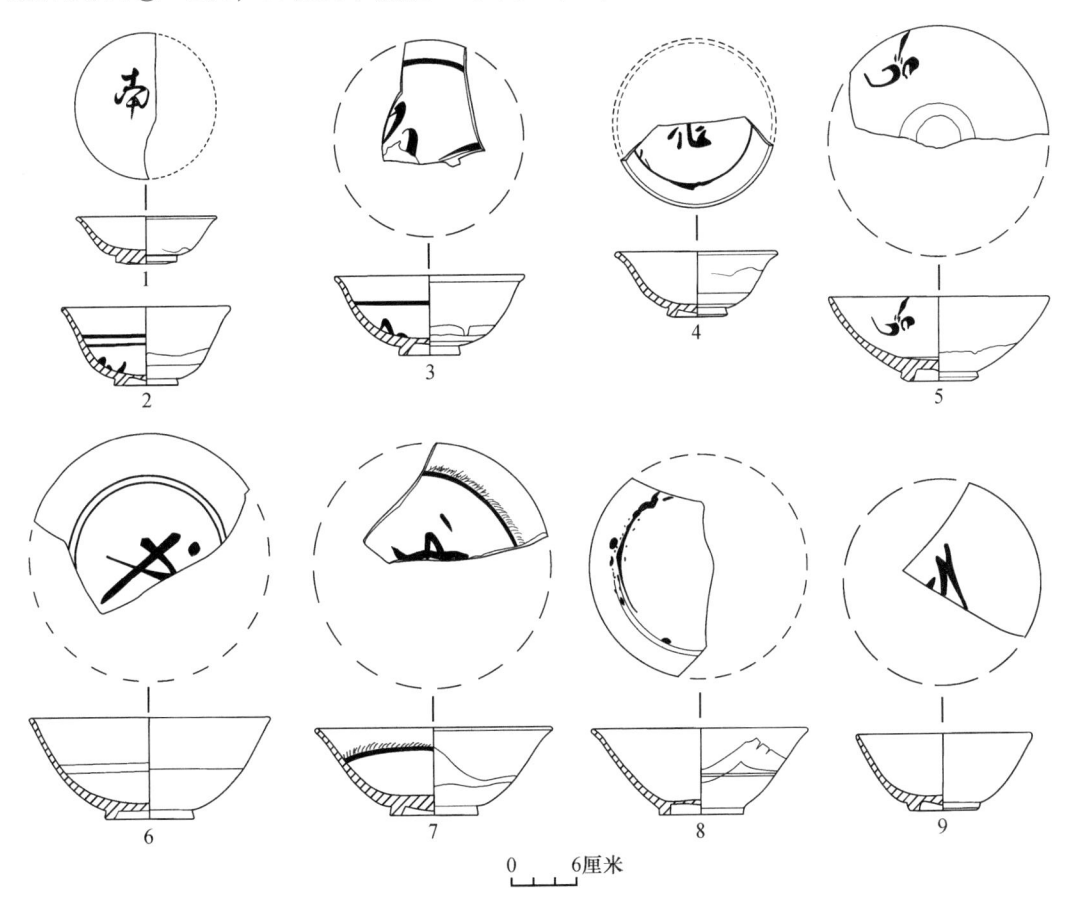

图二〇二　白釉褐彩碗

1~4. Aa型（2007SYT1④：32、2007SYT1⑤：188、2007SYT1⑤：187、2007SYT1⑤：190）　5、6. Ab型（2007SYT1⑤：203、2007SYT1⑤：206）　7、8. Ba型（2007SYT1④：15、2007SYT1⑤：198）　9. Bb型（2007SYT1④：6）

2007SYT1⑤：201，口径14、底径6、高6.5厘米。

2007SYT1⑤：204，口径20、底径8、高8.2厘米。

2007SYT1⑤：205，口径20.8、底径9.4、高8.4厘米。

Ab型　7件。敞口，圆唇。

2007SYT1⑤：184，口径22、底径6.5、高6.8厘米（图版三三，1）。

2007SYT1⑤：186，口径22、底径6、高6.2厘米（图版三三，2）。

2007SYT1⑤：203，口径20.4、底径7、高7.5厘米（图二○二，5）。

2007SYT1⑤：206，内底书褐彩"中"字。口径22.2、底径7.8、高8.9厘米（图二○二，6）。

2007SYT1⑤：216，外露胎处有墨书文字。口径21.6、底径6、高6.8厘米。

2007SYT1⑤：756，口径14.4、底径5.4、高4.4厘米（图版三三，6）。

2007SYT1③：1，口径13.6、底径5.4、高4.8厘米（图版三二，1、2）。

B型　8件。斜直腹。依口沿不同分为两亚型。

Ba型　6件。侈口，圆唇。

2007SYT1④：13，内底有褐彩书文字。口径21.2、底径8.2、高8.2厘米。

2007SYT1④：12，口径15.2、底径5.8、高6.1厘米。

2007SYT1④：14，内底有墨书"王"字。口径19.6、底径8、高7.7厘米。

2007SYT1④：15，内底有褐彩书文字。口径21.8、底径8、高7.8厘米（图二○二，7）。

2007SYT1④：16，口径14.6、底径6.6、高5.8厘米。

2007SYT1⑤：198，内有胭脂红纹饰。口径20、底径7.8、高7.7厘米（图二○二，8）。

Bb型　2件。敞口，圆唇。

2007SYT1④：6，口径16.3、底径5.9、高6.8厘米（图二○二，9）。

2007SYT1⑤：195，口径16、底径5.6、高5厘米。

盏　敞口，圆唇，圈足。内饰褐彩草叶纹、弦纹及点彩纹。依腹部不同分为三型。

A型　1件。斜直腹。

2007SYT1⑤：843，口径12.4、底径4、高4.2厘米（图二○三，1）。

B型　3件。浅弧腹。

2007SYT1⑤：768，口径13、底径3、高4.4厘米（图二○三，3）。

2007SYT1⑤：777，口径14.8、底径5.2、高5.2厘米（图二○三，2）。

2007SYT1⑤：860，口径11.6、底径4.6、高4厘米（图二○三，4）。

C型　1件。深弧腹。

2007SYT1⑤：765，口径11.8、底径5.1、高4厘米（图二○三，5）。

杯　1件。

2007SYT1⑤：1037，敛口，圆唇，鼓腹，圈足。外有褐彩纹饰。口径4.4、底径2.2、高3.9厘米（图二○三，6）。

碟　1件。

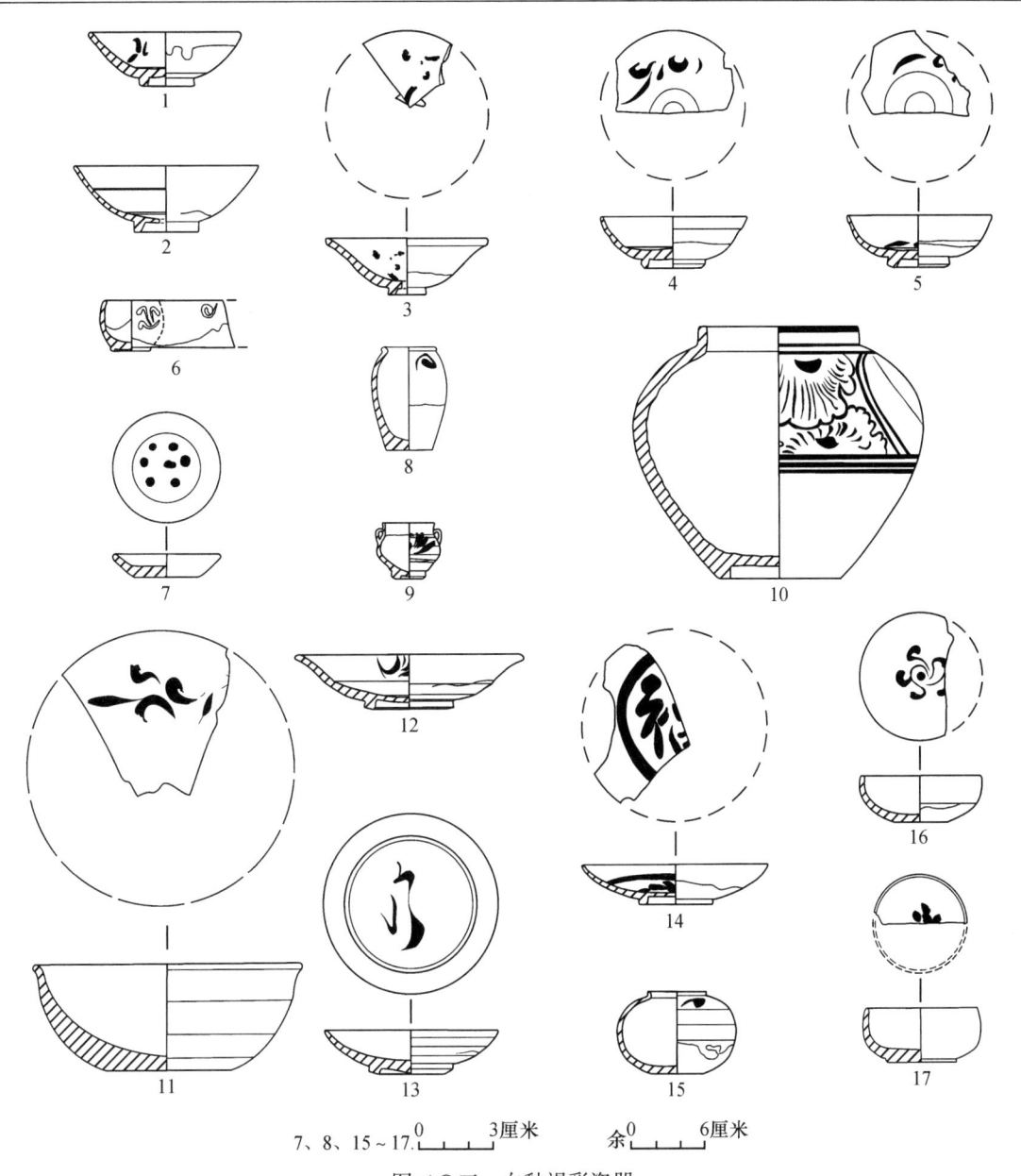

图二〇三 白釉褐彩瓷器

1. 盏A型（2007SYT1⑤：843） 2~4. 盏B型（2007SYT1⑤：777、2007SYT1⑤：768、2007SYT1⑤：860） 5. 盏C型（2007SYT1⑤：765） 6. 杯（2007SYT1⑤：1037） 7. 碟（2007SYT1⑧：149） 8. 罐A型（2007SYT1③：22） 9. 罐Bb型（2007SYT1⑤：1000） 10. 罐Ba型（2007SYT1④：51） 11. 盆（2007SYT1⑤：1010） 12. 盘A型（2007SYT1⑤：557） 13、14. 盘B型（2007SYT1④：247、2007SYT1⑤：492） 15. 水盂Aa型（2007SYT1⑤：1044） 16. 水盂Ab型（2007SYT1⑤：1051） 17. 水盂B型（2007SYT1③：21）

2007SYT1⑧：149，圆唇，斜直腹，平底。内底饰七墨彩圆点。口径4.3、底径2.6、高0.9厘米（图二〇三，7）。

罐　外壁多饰褐彩卷云纹、弦纹、牡丹纹、草叶纹。依底部不同分为两型。

A型　1件。平底。

2007SYT1③：22，敞口，圆唇，溜肩，鼓腹。口径2.2、底径1.8、腹径3、高4厘米（图二〇三，8）。

B型　2件。圈足。依口腹部不同分为两亚型。

Ba型　1件。球腹。直口，圆唇。

2007SYT1④：51，口径13、底径10、腹径23.6、高19.6厘米（图二〇三，10）。

Bb型　1件。鼓腹。敞口，圆唇，直颈。口腹处置两对称条形系。

2007SYT1⑤：1000，口径4.1、底径2.7、通径5.2、高4.3厘米（图二〇三，9）。

盘　敞口，圆唇，圈足。内壁多饰褐彩弦纹、草叶纹、兰草纹。部分器底有墨书文字。依器腹不同分为两型。

A型　1件。折腹。

2007SYT1⑤：557，内壁有褐彩纹饰。口径18.4、底径7.2、高4.2厘米（图二〇三，12）。

B型　6件。浅弧腹。敞口，圆唇，圈足。

2007SYT1④：247，内底饰褐彩草叶纹。口径14、底径6.8、高3.4厘米（图二〇三，13）。

2007SYT1⑤：492，内底墨书"福"字。口径15、底径6、高3.1厘米（图二〇三，14）。

2007SYT1⑤：493，口径16.6、底径5.6、高3厘米（图版三六，2）。

2007SYT1⑤：499，口径14.8、底径6.8、高3.2厘米。

2007SYT1⑤：766，口径13.4、底径6.4、高3厘米（图版三四，2）。

2007SYT1⑤：990，口径12.8、底径6.4、高3.3厘米。

盆　1件。

2007SYT1⑤：1010，敞口微撇，圆唇，弧腹，平底。内底有墨彩草叶纹饰。口径21.6、底径9.8、高8.3厘米（图二〇三，11）。

水盂　依器底不同分为两型。

A型　2件。平底。依口腹部不同分为两亚型。

Aa型　1件。球腹。敞口，圆唇。

2007SYT1⑤：1044，外腹近口一侧有墨影蝌蚪纹饰。口径2.4、底径2.2、腹径4.2、高3.2厘米（图二〇三，15）。

Ab型　1件。鼓腹。敛口，圆唇。

2007SYT1⑤：1051，口径10、底径2.2、高1.8厘米（图二〇三，16）。

B型　1件。饼足底。

2007SYT1③：21，敛口，圆唇，鼓腹。内底有黑色彩绘纹饰。口径4.6、底径2.8、高2.1厘米（图二〇三，17）。

4. 白釉红绿彩

碗　1件。

2007SYT1③：2，敞口，圆唇，弧腹，圈足。内饰红绿彩饰花卉纹、弦纹。口径17.2、底径6.2、高7厘米（图二〇四，1）。

盏　1件。

2007SYT1③：20，敞口，圆唇，弧腹，圈足。内饰红、绿彩绘弦纹、牡丹纹。口径9.2、底径3.2、高4.2厘米（图二〇四，2）。

5. 白釉划花

碗　敞口，圆唇，圈足。依器底不同分为两型。

A型　1件。饼足底。

2007SYT1⑧：90，弧腹，外底有墨书文字。口径17、底径5.6、高4.4厘米（图二〇四，3）。

B型　41件。圈足底。内壁饰草叶纹、弦纹、兰花纹、荷花纹、牡丹纹、水波纹等。依腹部不同分为两亚型。

Ba型　17件。斜直（弧）腹。

2007SYT1④：5，口径15.4、底径5.6、高6.1厘米（图二〇四，4）。

2007SYT1④：258，口径13.5、底径5.5、高5.3厘米（图二〇四，5）。

2007SYT1⑤：31，口径19.5、底径7.5、高8.3厘米。

2007SYT1⑤：56，口径13.2、底径4.8、高6.2厘米。

2007SYT1⑤：140，口径13、底径5、高5.5厘米（图版二六，3、4）。

2007SYT1⑤：142，口径12.8、底径5、高5.3厘米。

2007SYT1⑤：143，口径12、底径5.5、高5.5厘米（图版二六，5、6）。

2007SYT1⑤：154，外底心饰墨书"石"字。口径13、底径5、高5.8厘米。

2007SYT1⑤：157，口径21.2、底径6.2、高7.9厘米。

2007SYT1⑤：159，口径20.8、底径6.8、高7.9厘米（图二〇四，6）。

2007SYT1⑤：160，口径17.2、底径5.6、高6.8厘米。

2007SYT1⑤：161，口径17.4、底径6.4、高7.5厘米（图二〇四，7）。

2007SYT1⑤：162，口径16.4、底径6、高7.1厘米（图版二五，3、4）。

2007SYT1⑤：164，口径20.8、底径6.6、高7.6厘米。

2007SYT1⑤：169，口径22.2、底径7.4、高8.2厘米（图二〇四，8）。

2007SYT1⑤：172，口径21.6、底径8.4、高8.1厘米。

2007SYT1⑤：173，口径21.2、底径9.6、高8.4厘米。

Bb型　24件。深弧腹。

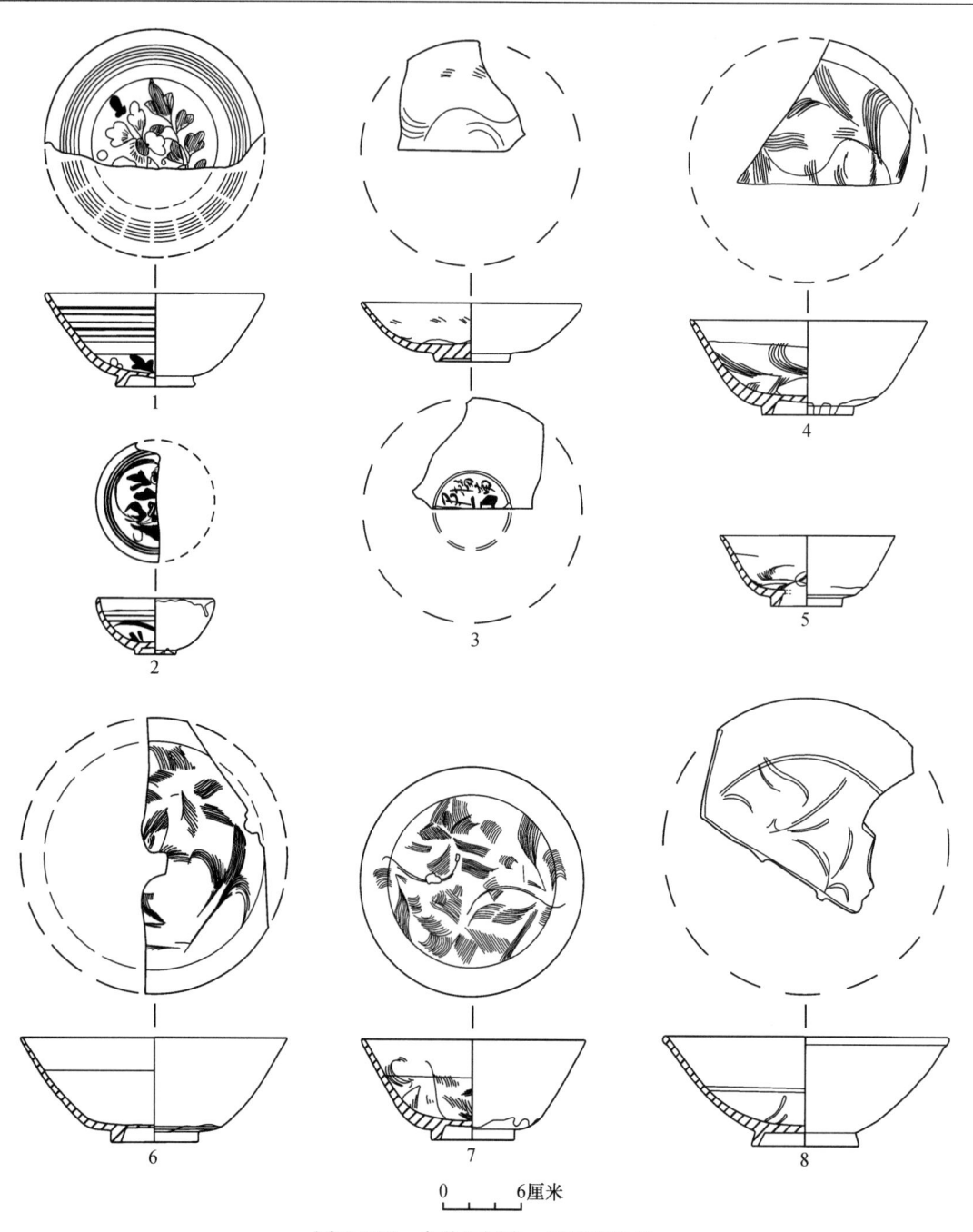

图二〇四 白釉红绿彩、划花碗及盏

1. 红绿彩碗（2007SYT1③：2） 2. 红绿彩盏（2007SYT1③：20） 3. 划花碗A型（2007SYT1⑧：90） 4~8. 划花碗Ba型（2007SYT1④：5、2007SYT1④：258、2007SYT1⑤：159、2007SYT1⑤：161、2007SYT1⑤：169）

2007SYT1⑤：58，口径18.4、底径5.8、高8.3厘米。
2007SYT1⑤：59，口径15.2、底径6、高6厘米（图二〇五，1）。
2007SYT1⑤：66，口径19.2、底径7、高7.7厘米。
2007SYT1⑤：139，口径13.2、底径4.8、高4.5厘米（图版二六，1、2）。
2007SYT1⑤：141，口径13、底径5.2、高5厘米（图二〇五，2）。
2007SYT1⑤：144，口径13.8、底径5.4、高5.2厘米（图二〇五，3）。
2007SYT1⑤：145，口径20.8、底径7.5、高9.3厘米（图版二七，3、4）。
2007SYT1⑤：147，口径21.2、底径8.8、高6.4厘米。
2007SYT1⑤：148，口径15.2、底径5.2、高8厘米。

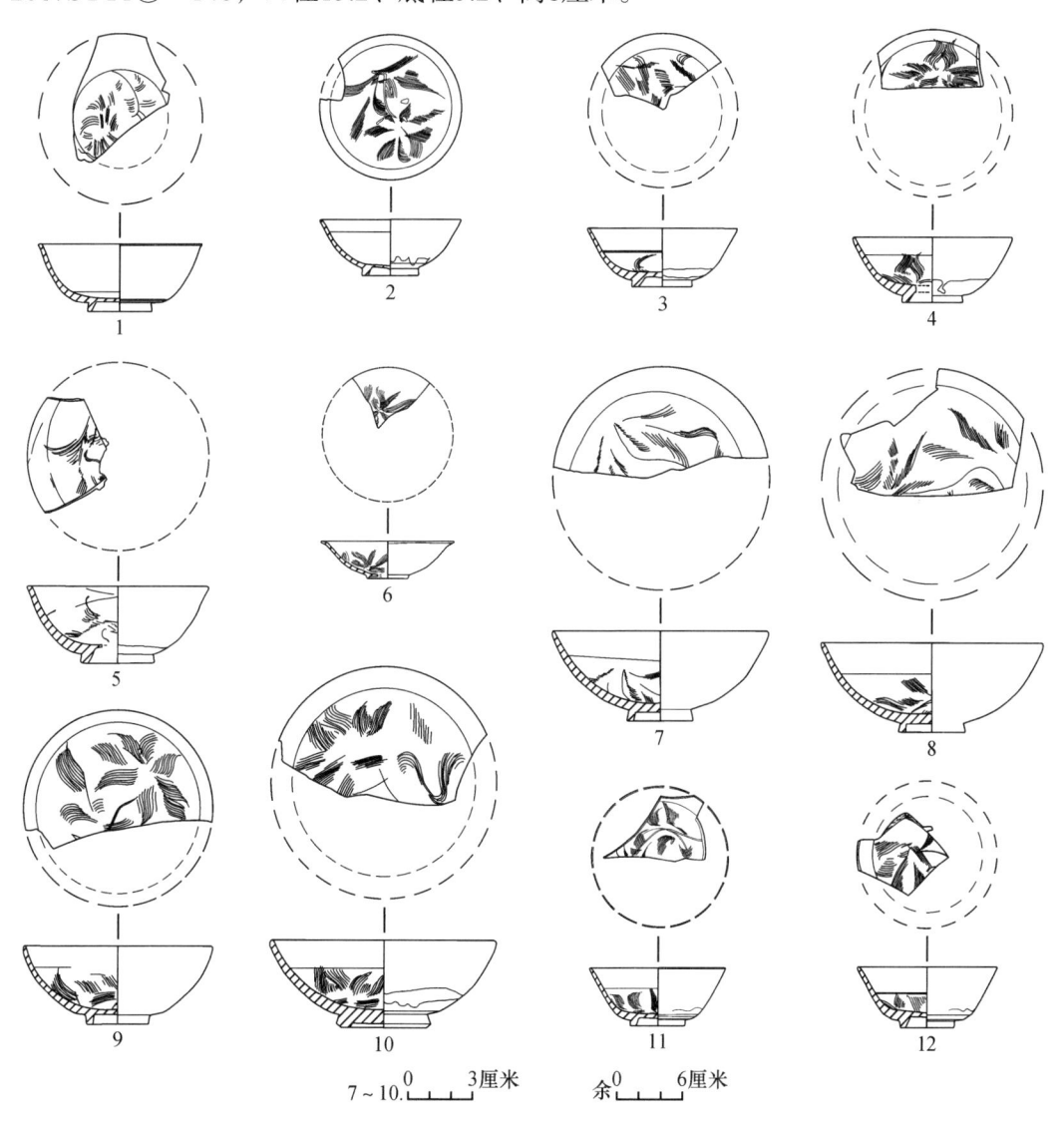

图二〇五　白釉划花碗、盏

1～5、7. 碗Bb型（2007SYT1⑤：59、2007SYT1⑤：141、2007SYT1⑤：144、2007SYT1⑤：152、2007SYT1⑤：156、2007SYT1⑦：1）　6. 盏Aa型（2007SYT1⑤：297）　8～10. 盏Ab型（2007SYT1④：34、2007SYT1④：260、2007SYT1⑤：812）　11、12. 盏B型（2007SYT1⑤：782、2007SYT1⑤：873）

2007SYT1⑤：149，口径19、底径6.4、高7.1厘米。

2007SYT1⑤：150，口径18.8、底径6.4、高6.4厘米。

2007SYT1⑤：151，口径17.7、底径6、高7厘米。

2007SYT1⑤：152，口径15、底径5.8、高5.8厘米（图二〇五，4）。

2007SYT1⑤：153，口径17.6、底径7.6、高7厘米。

2007SYT1⑤：155，口径18、底径6.2、高6.6厘米。

2007SYT1⑤：156，口径14.4、底径5.2、高6.9厘米（图二〇五，5）。

2007SYT1⑤：158，口径18.6、底径6.6、高7.5厘米。

2007SYT1⑤：163，口径20、底径7.4、高7.8厘米。

2007SYT1⑤：165，口径21、底径6.2、高7.6厘米（图版二五，5、6）。

2007SYT1⑤：168，口径22.4、底径8、高7.5厘米。

2007SYT1⑤：171，口径17.6、底径6.8、高7.3厘米。

2007SYT1⑤：209，口径19.2、底径8.2、高7.5厘米。

2007SYT1⑤：993，口径20厘米。

2007SYT1⑦：1，口径10、底径3、通高4厘米（图二〇五，7）。

盏　圆唇，圈足。内壁饰弦纹、草叶纹、荷花纹、兰花纹。依腹部不同分为两型。

A型　16件。弧腹。依口沿不同分为两亚型。

Aa型　1件。侈口。

2007SYT1⑤：297，口径12.2、底径3.8、高3.3厘米（图二〇五，6）。

Ab型　15件。敞口。

2007SYT1④：34，口径10.2、底径3.2、高4厘米（图二〇五，8）。

2007SYT1④：253，口径9、底径3.2、高3.9厘米。

2007SYT1④：254，口径10.2、底径3.3、高4.3厘米（图版二九，1、2）。

2007SYT1④：260，口径8.8、底径2.9、高3.5厘米（图二〇五，9）。

2007SYT1④：262，口径10.5、底径3.5、高4厘米。

2007SYT1④：263，口径10.5、底径3.4、高4厘米

2007SYT1⑤：300，口径9.4、底径3、高4.7厘米。

2007SYT1⑤：795，口径10.5、底径3.5、高4.2厘米（图版二八，3）。

2007SYT1⑤：804，口径10.2、底径3.4、高3厘米（图版二八，4）。

2007SYT1⑤：805，口径10.8、底径3.4、高4.2厘米。

2007SYT1⑤：810，口径10.2、底径3、高4.1厘米。

2007SYT1⑤：812，口径10.4、底径4.3、高3.9厘米（图二〇五，10）。

2007SYT1⑤：840，口径11.2、底径5、高3.7厘米（图版二八，6）。

2007SYT1⑤：817，口径9.6、底径3.4、高3.6厘米。

2007SYT1⑤：819，口径10.4、底径3.8、高4.1厘米（图版二八，5）。

B型　4件。斜直（弧）腹。敞口。

2007SYT1⑤：782，口径12.6、底径5、高5.2厘米（图二〇五，11）。

2007SYT1⑤：793，口径14、底径5.8、高5.5厘米。

2007SYT1⑤：798，口径14、底径5.4、高5.6厘米。

2007SYT1⑤：873，口径13.2、底径5.2、高5.4厘米（图二〇五，12）。

碟　敞口，圆唇。内壁饰荷花纹、莲花纹、水草纹。依器形不同分为两型。

A型　1件。斜直腹。平底微凹。

2007SYT1⑤：669，口径14.4、底径10.3、高2.2厘米（图二〇六，1）。

B型　2件。浅弧腹。隐圈足。

2007SYT1⑤：654，口径11.2、底径8、高2厘米（图二〇六，2）。

2007SYT1⑤：681，口径11.8、底径8.8、高1.8厘米（图二〇六，3）。

盘　内多饰草叶纹、弦纹、斜线铺地菊花纹、牡丹纹等。依器底不同分为两型。

A型　2件。平底。敞口，圆唇，浅斜弧腹。

2007SYT1⑤：676，口径17.4、底径12.6、高2.7厘米（图二〇六，5）。

2007SYT1⑤：1006，口径12.8、底径9.8、高1.5厘米（图二〇六，4）。

B型　16件。圈足。依口腹部不同分为四亚型。

Ba型　6件。敞口，浅弧腹。

2007SYT1④：26，口径19.4、底径7.4、高4.6厘米。

2007SYT1⑤：574，外腹露胎处有墨书文字。口径15.2、底径5、高3.6厘米。

2007SYT1⑤：582，口径16.6、底径5.9、高3.8厘米（图二〇六，6）。

2007SYT1⑤：600，口径21.6、底径6.4、高4.6厘米（图版三〇，6）。

2007SYT1⑤：602，口径21、底径7、高3.5厘米（图版二四，5）。

2007SYT1⑤：605，口径22.6、底径9.2、高5.5厘米。

Bb型　8件。侈口，宽平沿，浅弧腹。

2007SYT1⑤：515，口径20.2、底径6.8、高4.6厘米。

2007SYT1⑤：523，口径22、底径8.6、高4厘米。

2007SYT1⑤：524，口径19.4、底径7、高4厘米。

2007SYT1⑤：544，口径19.4、底径6.2、高4.4厘米（图二〇六，7）。

2007SYT1⑤：556，口径19、底径6.8、高4.3厘米（图二〇六，8）。

2007SYT1⑤：598，口径15.6、底径5.4、高2.9厘米（图版三〇，3、4）。

2007SYT1⑤：599，口径16.6、底径5.4、高3.1厘米。

2007SYT1⑤：665，口径17.6、底径6、高2.9厘米。

Bc型　1件。敞口，折腹。

2007SYT1⑤：502，口径14、底径5.2、高3.5厘米（图二〇六，9）。

Bd型　1件。敞口，斜直腹。

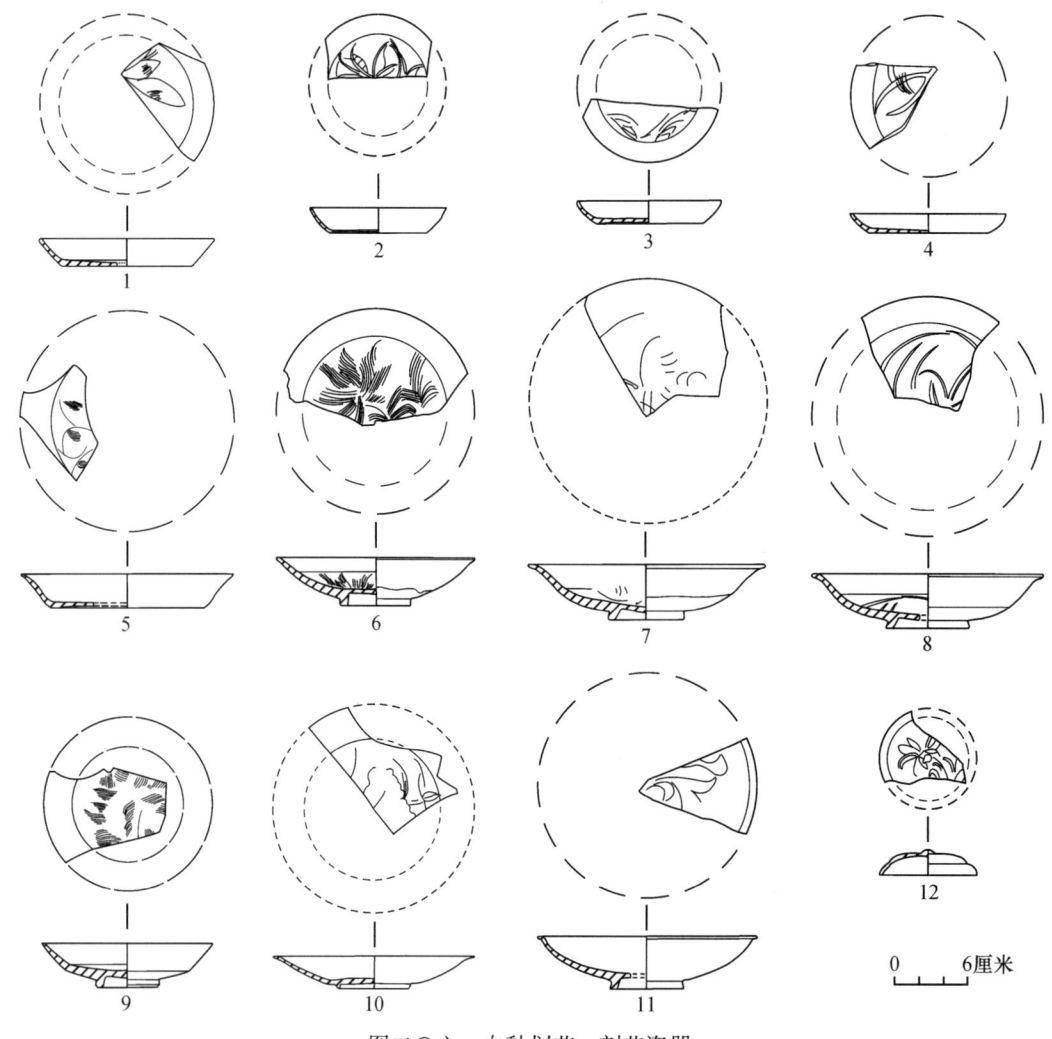

图二〇六 白釉划花、刻花瓷器

1. 划花碟A型（2007SYT1⑤：669） 2、3. 划花碟B型（2007SYT1⑤：654、2007SYT1⑤：681） 4、5. 划花盘A型（2007SYT1⑤：1006、2007SYT1⑤：676） 6. 划花盘Ba型（2007SYT1⑤：582） 7、8. 划花盘Bb型（2007SYT1⑤：544、2007SYT1⑤：556） 9. 划花盘Bc型（2007SYT1⑤：502） 10. 划花盘Bd型（2007SYT1④：29） 11. 刻花盘（2007SYT1⑤：533） 12. 划花器盖（2007SYT1⑤：982）

2007SYT1④：29，口径16.6、底径5.8、高2.6厘米（图二〇六，10）。

器盖 1件。

2007SYT1⑤：982，小圆柱形盖纽，边有微条形系，圆盔形盖体。盖顶饰花草纹。口径1.8、高2厘米（图二〇六，12）。

6. 白釉刻花

盘 2件。侈口，圆唇，弧腹，圈足。

2007SYT1⑤：520，内底饰牡丹刻花纹。口径18、底径6、高4.2厘米。

2007SYT1⑤：533，口径18、底径6、高4.3厘米（图二〇六，11）。

7. 白釉刻划花

碗　2件。敞口，圆唇，深弧腹，圈足。

2007SYT1⑤：166，内底饰草叶纹。口径15、底径6、高6.1厘米（图二〇七，1）。

2007SYT1⑤：170，内底饰花卉纹。口径20.5、底径8、高9厘米（图二〇七，2）。

盘　1件。

2007SYT1⑤：167，敞口，圆唇，弧腹，圈足。内底饰牡丹纹。口径19.6、底径7、高6.5厘米（图二〇七，3）。

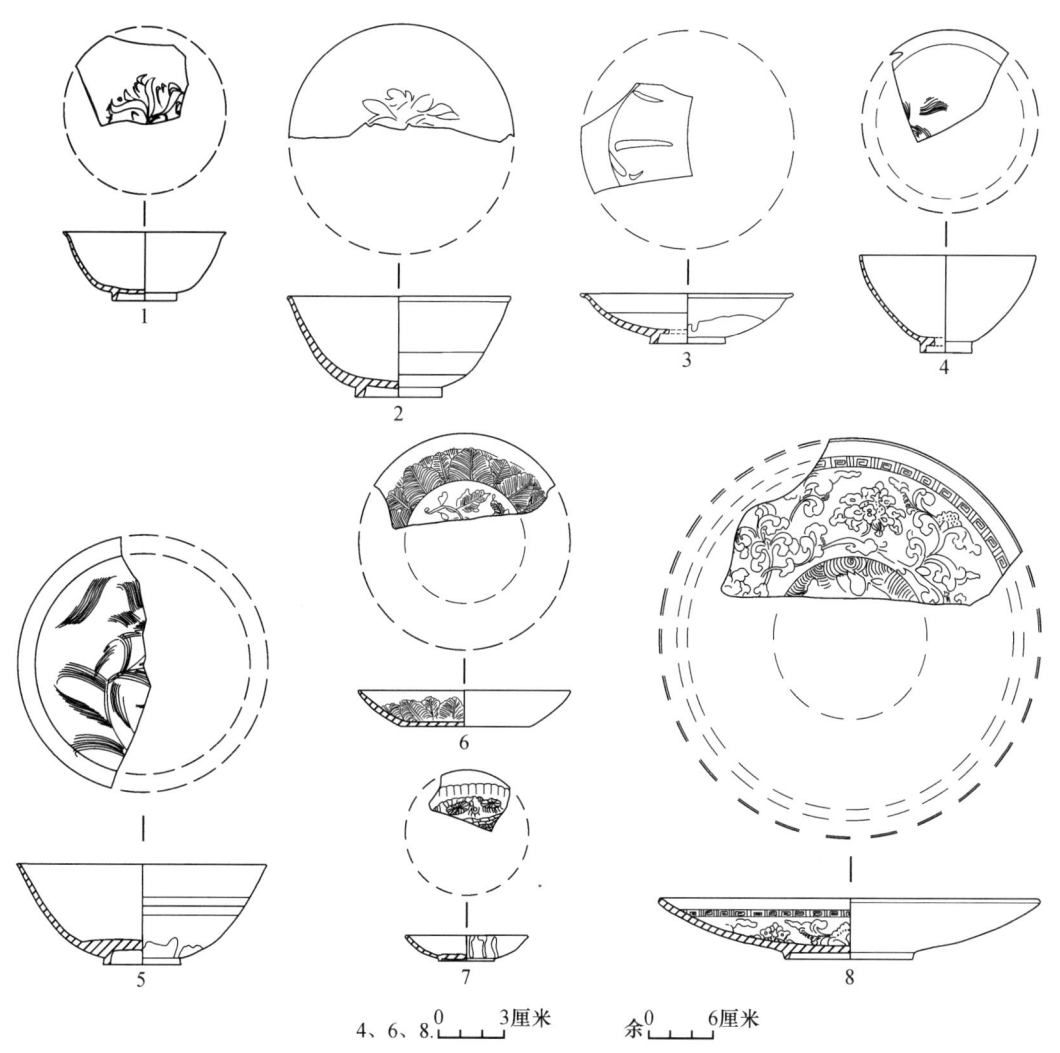

图二〇七　白釉刻划花、印花瓷器

1、2.刻划花碗（2007SYT1⑤：166、2007SYT1⑤：170）　3.刻划花盘（2007SYT1⑤：167）　4.印花盏（2007SYT1⑤：803）
5.印花碗（2007SYT1④：3）　6.印花碟A型（2007SYT1⑤：662）　7.印花碟B型（2007SYT1⑤：664）　8.印花盘
（2007SYT1⑤：583）

8. 白釉印花

碗　1件。

2007SYT1④：3，敞口，圆唇，弧腹，圈足。内底有草叶纹划花纹饰。口径23、底径7.2、高9厘米（图二〇七，5）。

盏　1件。

2007SYT1⑤：803，敞口，圆唇，弧腹，圈足。内底有划花纹饰。口径8.2、底径2.4、高3.5厘米（图二〇七，4）。

碟　依器底不同分为两型。

A型　1件。平底。

2007SYT1⑤：662，敞口，圆唇，斜弧腹，圈足。内底有一涩圈。口径17.8、底径6、高5.8厘米（图二〇七，6）。

B型　1件。圈足。

2007SYT1⑤：664，芒口，圆唇，斜弧腹，平底。内有芭蕉叶、牡丹纹印花。口径9.7、底径5.8、高1.6厘米（图二〇七，7）。

盘　4件。敞口，圆唇，斜弧腹，圈足。内壁多饰回纹、缠枝纹、牡丹纹、水波纹、双鱼纹、菊花纹、勾连雷纹等。

2007SYT1⑤：583，口径17.8、底径6、高2.7厘米（图二〇七，8）。

2007SYT1⑤：586，口径19、底径5.9、高3.4厘米（图版二四，3）。

2007SYT1⑤：587，口径17.2、底径6.2、高3.6厘米（图版二四，4）。

2007SYT1⑤：994，口径23.6、底径12、高2.9厘米（图版二四，6）。

（四）黑釉系列

此系列瓷器数量较多，时代跨度宋—明清，窑口丰富，南北方窑均有。釉色可细分黑釉与黑白釉两种。器形主要有碗、盏、碟、罐、盘、炉、器盖、粉盒底、弹丸等。

1. 黑釉

碗　依器底不同分为四型。

A型　7件。饼足底。依口腹不同分为两亚型。

Aa型　5件。敞口，弧腹。器形较大。依唇部不同两式。

Ⅰ式：1件。翻唇。

2007SYT1⑨：49，口径12.6、底径4.8、高4.9厘米（图二〇八，1）。

Ⅱ式：4件。圆唇。

2007SYT1⑤：391，口径13、底径4.5、高5.8厘米（图二〇八，2）。

2007SYT1⑤：394，口径12.4、底径4.3、高5.9厘米。

2007SYT1④：186，内外釉面有兔毫发丝纹，腹下露胎处有墨书"王友亮"文字，外底心有墨书"王"字。口径12.8、底径4.4、高6.7厘米（图二〇八，3）。

2007SYT1④：189，口径14、底径5.2、高6.2厘米。

Ab型　2件。斗笠形。圆唇，小饼足。

2007SYT1⑤：257，口径12.2、底径4、高5.8厘米（图二〇八，4）。

2007SYT1⑤：382，釉面有小气泡与鹧鸪斑。外施黑色胎衣。口径13、底径3.9、高5.8厘米（图二〇八，5）。

B型　19件。圈足。依口腹不同分为四亚型。

Ba型　5件。敞口，翻唇，弧腹。依圈足变化分为三式。

Ⅰ式：2件。挖足浅。

2007SYT1⑨：47，口径12.2、底径4.4、高5.4厘米（图二〇八，6）。

2007SYT1⑨：48，口径11、底径4.2、高5厘米（图二〇八，7）。

Ⅱ式：2件。挖足深。

2007SYT1⑤：471，口径12.8、底径5、高6厘米（图二〇八，9）。

2007SYT1④：206，口径14.4、底径6、高5.8厘米（图二〇八，8）。

Ⅲ式：1件。外底心凸起。

2007SYT1⑤：254，外底有墨书文字。口径15.6、底径5.8、高7厘米（图二〇八，10）。

Bb型　8件。敞口，圆唇，弧腹。

2007SYT1④：187，口径13.8、底径4.6、高5.9厘米（图二〇八，12）。

2007SYT1④：191，口径15.6、底径6.2、高6.8厘米。

2007SYT1⑤：255，外下腹有墨书笔迹。口径13、底径4.8、高5.8厘米（图二〇八，11）。

2007SYT1⑤：258，口径21.4、底径7.6、高6.7厘米。

2007SYT1⑤：259，外下腹、足心有墨书字迹。口径17.4、底径6.2、高6.2厘米。

2007SYT1⑤：381，口径13.5、底径4.2、高5.5厘米。

2007SYT1⑤：385，口径12.5、底径4.5、高5.4厘米（图二〇八，13）。

2007SYT1⑤：396，口径12.8、底径4.4、高5.2厘米。

Bc型　5件。口微敛，圆唇，弧腹。

2007SYT1④：188，口径13.2、底径4.6、高6.7厘米（图二〇八，14）。

2007SYT1④：190，口径14、底径5、高6.5厘米。

2007SYT1⑤：256，釉面有小气泡，唇呈酱色，有鹧鸪斑。口径15、底径6、高6厘米。

2007SYT1⑤：363，口径13.4、底径4.6、高6厘米（图二〇八，15）。

2007SYT1⑤：364，口径12.4、底径4.4、高6.2厘米。

Bd型　1件。凹口唇，斜直腹。

图二〇八 黑釉碗

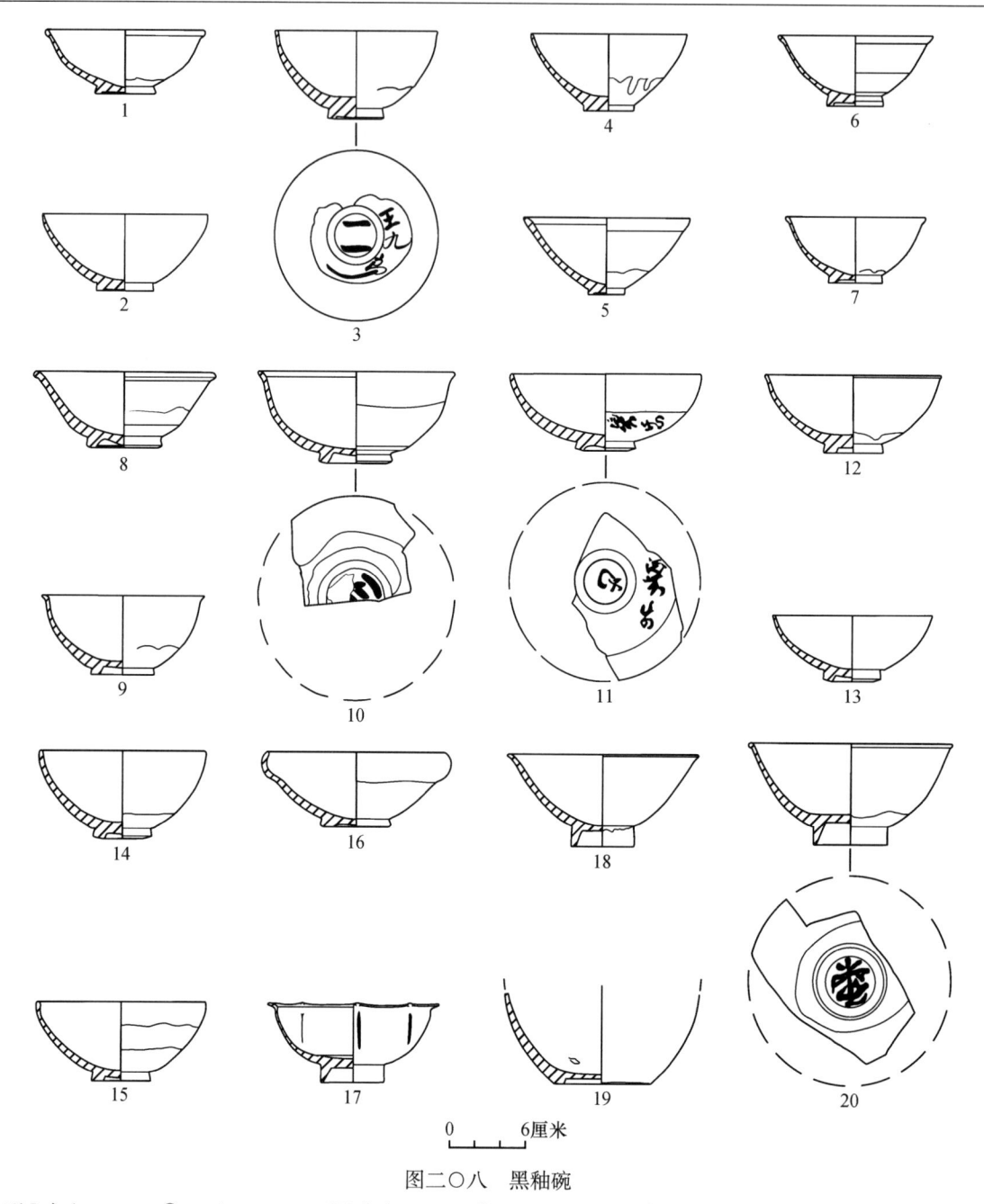

1. Aa型Ⅰ式（2007SYT1⑨：49） 2、3. Aa型Ⅱ式（2007SYT1⑤：391、2007SYT1④：186） 4、5. Ab型（2007SYT1⑤：257、2007SYT1⑤：382） 6、7. Ba型Ⅰ式（2007SYT1⑨：47、2007SYT1⑨：48） 8、9. Ba型Ⅱ式（2007SYT1④：206、2007SYT1⑤：471） 10. Ba型Ⅲ式（2007SYT1⑤：254） 11~13. Bb型（2007SYT1⑤：255、2007SYT1④：187、2007SYT1⑤：385） 14、15. Bc型（2007SYT1④：188、2007SYT1⑤：363） 16. Bd型（2007SYT1④：192） 17. Ca型（2007SYT1⑧：171） 18、20. Cb型（2007SYT1⑧：172、2007SYT1⑧：175） 19. D型（2007SYT1⑤：998）

2007SYT1④：192，内釉面有银色耀斑。口径15、底径5.6、高5.7厘米（图二〇八，16）。

C型　5件。高圈足。依口腹不同分为两亚型。

Ca型　1件。菱花口，微鼓腹。

2007SYT1⑧：171，口径13.6、底径5、高6厘米（图二〇八，17）。

Cb型　4件。敞口微外撇，圆唇，斜弧腹。

2007SYT1⑧：172，口径15、底径5.1、高7厘米（图二〇八，18）。

2007SYT1⑧：173，口径14.4、底径4.9、高6.8厘米。

2007SYT1⑧：174，口径15.2、底径5.3、高4.8厘米。

2007SYT1⑧：175，外底心有墨书文字。口径16、底径5.8、高7.7厘米（图二〇八，20）。

D型　1件。隐圈足。

2007SYT1⑤：998，严重残缺，弧腹。底径7.8、残高6.5厘米（图二〇八，19）。

盏　数量较多。依器底不同分为四类。

（1）饼足底类。依腹部不同分为两型。

A型　4件。弧腹。依口沿不同分为两亚型。

Aa型　3件。敞口，尖圆唇。

2007SYT1④：198，内釉面呈橘皮状。口径14、底径4.4、高5.8厘米（图二〇九，1）。

2007SYT1④：203，口径13.4、底径4、高5.5厘米（图二〇九，2）。

2007SYT1④：219，内底有墨书铭文"张"。口径12、底径4、高5厘米（图二〇九，3）。

Ab型　1件。侈口，宽沿。

2007SYT1⑤：1064，口径13、底径4、高5.7厘米（图二〇九，4）。

B型　1件。斜直腹。敞口，圆唇。

2007SYT1⑧：196，口径9、底径3.2、高4.4厘米（图二〇九，5）。

（2）圈足底类。分为普通圈足与隐圈足两亚类。

普通圈足底类　依口腹不同分为四型。

A型　1件。垂腹。

2007SYT1④：173，残。直口，圆唇，弧腹，圈足微撇，足内壁外斜。灰胎，胎质较致密。莹润，芒口，器内满釉，器外施釉不及底，有流釉现象。器底有修胎切削痕迹。口径10.2、底径4.4、高5厘米（图二〇九，6）。

B型　51件。弧腹。依口沿不同分为四亚型。

Ba型　7件。敞口，翻唇。

2007SYT1④：193，口径12.8、底径4.4、高5.5厘米（图二〇九，7）。

2007SYT1④：195，釉面有小气泡，有兔毫斑，口沿呈酱色。口径12.5、底径3.8、高5.2厘米。

2007SYT1④：196，口径13、底径4.8、高5.9厘米。

2007SYT1⑤：218，口径17.8、底径7、高5厘米。

2007SYT1⑤：485，口径12.4、底径4、高5.1厘米。

2007SYT1⑤：486，口径11.8、底径4.6、高5厘米。

2007SYT1⑧：181，口径11.8、底径4.8、高5厘米（图二〇九，8）。

Bb型　8件。侈口，折沿。

2007SYT1⑤：372，釉面有小气泡与兔毫斑，近口沿呈酱色。口径12.6、底径4.4、高5.5厘米（图二〇九，9）。

2007SYT1⑤：901，釉面有小气泡，上腹有兔毫斑，口沿呈酱色。口径13.6、底径5、高5.3厘米。

2007SYT1⑤：905，外底心有墨书文字。口径12.4、底径4.6、高5.8厘米（图二〇九，10）。

2007SYT1⑤：907，口径13.4、底径5、高6厘米。

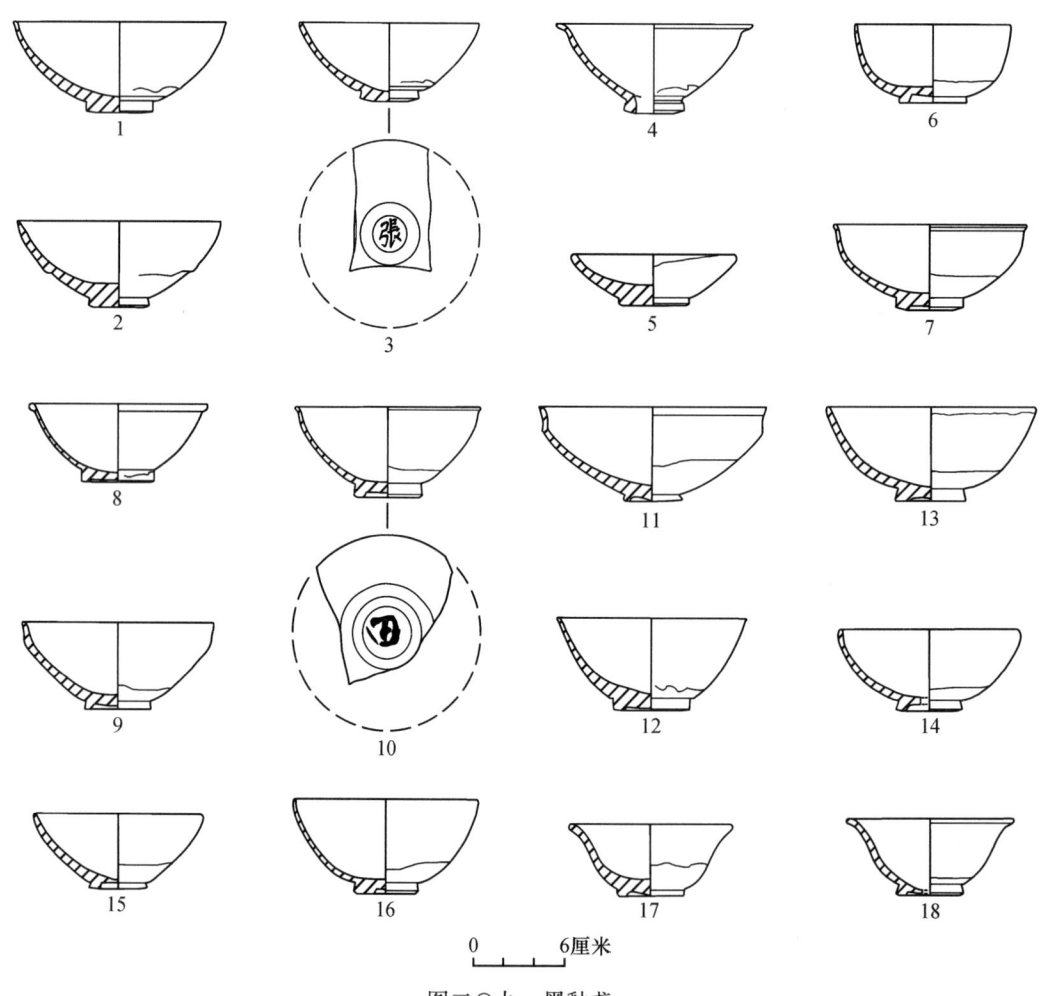

图二〇九　黑釉盏

1~3. 饼足底类Aa型（2007SYT1④：198、2007SYT1④：203、2007SYT1④：219）　4. 饼足底类Ab型（2007SYT1⑤：1064）　5. 饼足底类B型（2007SYT1⑧：196）　6. 普通圈足底类A型（2007SYT1④：173）　7、8. 普通圈足底类Ba型（2007SYT1④：193、2007SYT1⑧：181）　9~11. 普通圈足底类Bb型（2007SYT1⑤：372、2007SYT1⑤：905、2007SYT1⑧：188）　12~16. 普通圈足底类Bc型（2007SYT1④：197、2007SYT1④：200、2007SYT1⑤：368、2007SYT1⑧：193、2007SYT1⑧：194）　17、18. 普通圈足底类Bd型（2007SYT1④：207、2007SYT1⑤：1068）

2007SYT1⑤：908，釉面有气泡，有窑变褐色斑纹。口径12.6、底径4.4、高5.6厘米。

2007SYT1⑤：909，釉面呈橘皮纹。内有鹧鸪斑纹饰。口径11.7、底径3.9、高5厘米。

2007SYT1⑤：1065，内釉面有橘皮纹。外底心有墨书"黄"字。口径12.5、底径4.4、高5.4厘米。

2007SYT1⑧：188，口径13、底径3.8、高6厘米（图二〇九，11）。

Bc型　34件。敞口，圆唇。

2007SYT1④：194，口径11.3、底径4.4、高5.4厘米。

2007SYT1④：197，口径12.5、底径5、高5.9厘米（图二〇九，12）。

2007SYT1④：199，口沿呈黑酱色。口径13.2、底径4.4、高6.2厘米。

2007SYT1④：200，釉面有橘皮纹。口径13.7、底径4.5、高6厘米（图二〇九，13）。

2007SYT1④：201，釉面有小气泡与兔毫斑。口径12.2、底径4.2、高5.8厘米。

2007SYT1④：202，釉面有小气泡与兔毫斑。口径186、底径6.8、高3.8厘米。

2007SYT1⑤：365，内釉面有兔毫发丝。口径13.2、底径4、高6厘米。

2007SYT1⑤：368，沿边红釉，沿下施黑釉，釉面有橘皮纹。口径12、底径4.4、高5.2厘米（图二〇九，14）。

2007SYT1⑤：369，口沿呈酱色。口径12.6、底径4.4、高2.6厘米。

2007SYT1⑧：176，口径10.4、底径3.6、高4.2厘米。

2007SYT1⑧：193，口径11.2、底径3.9、高4.8厘米（图二〇九，15）。

2007SYT1⑧：194，口径12.4、底径4.4、高6厘米（图二〇九，16）。

Bd型　2件。喇叭口，圆唇。

2007SYT1④：207，口径10.8、底径4.4、高4.6厘米（图二〇九，17）。

2007SYT1⑤：1068，口径11、底径4.4、高4.9厘米（图二〇九，18）。

C型　4件。折腹。依口沿不同分为三亚型。

Ca型　2件。圆唇，敞口。

2007SYT1⑤：930，口径6.3、底径3.3、高2.2厘米（图二一〇，1）。

2007SYT1⑤：933，口径8.1、底径4、高2.8厘米（图二一〇，2）。

Cb型　1件。圆唇，直口微侈。

2007SYT1④：175，口径11、底径6.4、高4.5厘米（图二一〇，3）。

Cc型　1件。圆唇，敛口。

2007SYT1⑤：392，口径8.6、底径5.4、高4.3厘米（图二一〇，4）。

D型　33件。斜直腹。依口沿不同分为五亚型。

Da型　8件。翻唇，敞口。

2007SYT1⑤：361，口径12、底径4、高5厘米。

2007SYT1⑤：402，口径12.1、底径4.2、高4.8厘米（图二一〇，5）。

2007SYT1⑤：900，口径9.8、底径3.4、高4.2厘米。

2007SYT1⑤：1007，口径9.5、底径3.5、高4厘米。
2007SYT1⑦：19，口径9.5、底径3.5、通高4厘米（图二一〇，6）。
2007SYT1⑧：180，口径11.6、底径4、高4.5厘米。
2007SYT1⑧：189，口径11.9、底径4、高5.3厘米（图版七一，1）。
2007SYT1⑧：192，口径11.2、底径3.8、高4.5厘米（图二一〇，7）。

Db型　2件。圆唇，折沿，侈口。

2007SYT1⑤：360，口径12.8、底径4.8、高5.4厘米（图二一〇，8）。
2007SYT1⑤：397，口径12、底径4、高5.5厘米。

Dc型　19件。圆唇，喇叭口。

2007SYT1⑤：362，口沿呈酱色。口径12.4、底径3.8、高4.9厘米。
2007SYT1⑤：367，口径12.4、底径4、高4.5厘米（图二一〇，9）。
2007SYT1⑤：406，口径11.4、底径3.8、高4.2厘米（图二一〇，10）。
2007SYT1⑤：433，近口部呈酱色。口径12.2、底径4.2、高5.1厘米。
2007SYT1⑦：18，口径13、底径4、高5.5厘米（图二一〇，11）。
2007SYT1⑧：186，釉面有橘皮纹。口径12.6、底径4、高5厘米（图二一〇，12）。
2007SYT1⑧：187，口径12、底径3.8、高8厘米。

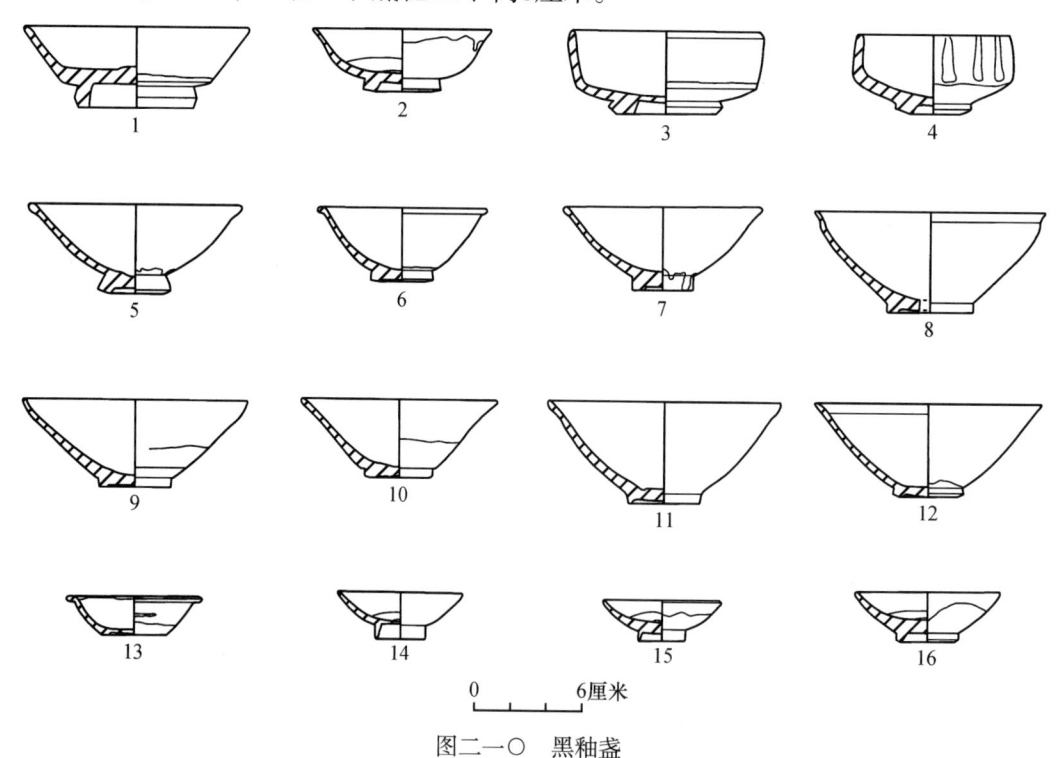

图二一〇　黑釉盏
1、2. 普通圈足底类Ca型（2007SYT1⑤：930、2007SYT1⑤：933）　3. 普通圈足底类Cb型（2007SYT1④：175）　4. 普通圈足底类Cc型（2007SYT1⑤：392）　5~7. 普通圈足底类Da型（2007SYT1⑤：402、2007SYT1⑦：19、2007SYT1⑧：192）　8. 普通圈足底类Db型（2007SYT1⑤：360）　9~12. 普通圈足底类Dc型（2007SYT1⑤：367、2007SYT1⑤：406、2007SYT1⑦：18、2007SYT1⑧：186）　13. 普通圈足底类Dd型（2007SYT1⑤：975）　14~16. 普通圈足底类De型（2007SYT1⑤：929、2007SYT1⑤：931、2007SYT1⑤：932）

2007SYT1⑧：190，口径11、底径3.6、高4.7厘米。

2007SYT1⑧：191，口径11.6、底径4、高5.1厘米。

Dd型　1件。敞口，宽平沿。

2007SYT1⑤：975，口径7.6、底径3.6、高2.1厘米（图二一〇，13）。

De型　3件。器形相对于Dc型较小，圈足偏高。

2007SYT1⑤：929，芒口。口径7、底径2.8、高2.6厘米（图二一〇，14）。

2007SYT1⑤：931，口径6.6、底径2.6、高2.2厘米（图二一〇，15）。

2007SYT1⑤：932，口径8、底径3.4、高2.7厘米（图二一〇，16）。

隐圈足底类　圆唇，敞口微外撇，依器形变化分为两型。

A型　10件。斜弧（直）腹。依圈足变化分为两式。

Ⅰ式：1件。隐足稍高。

2007SYT1⑧：177，口径11.2、底径3.4、高4.4厘米（图二一一，1）。

Ⅱ式：9件。隐足偏低，近平底。

2007SYT1⑤：898，口径10.8、底径3.2、高4.6厘米。

2007SYT1⑤：906，口径10.8、底径3、高4.4厘米。

2007SYT1⑤：912，口径10.8、底径3.2、高4.2厘米（图二一一，2）。

2007SYT1⑤：914，口径10.4、口径3、高4.5厘米（图二一一，3）。

2007SYT1⑤：915，口径10.9、底径3.2、高4.6厘米。

2007SYT1⑤：918，口径10、底径3.2、高4.1厘米（图二一一，4）。

2007SYT1⑤：922，口径10.6、底径3、高4.5厘米。

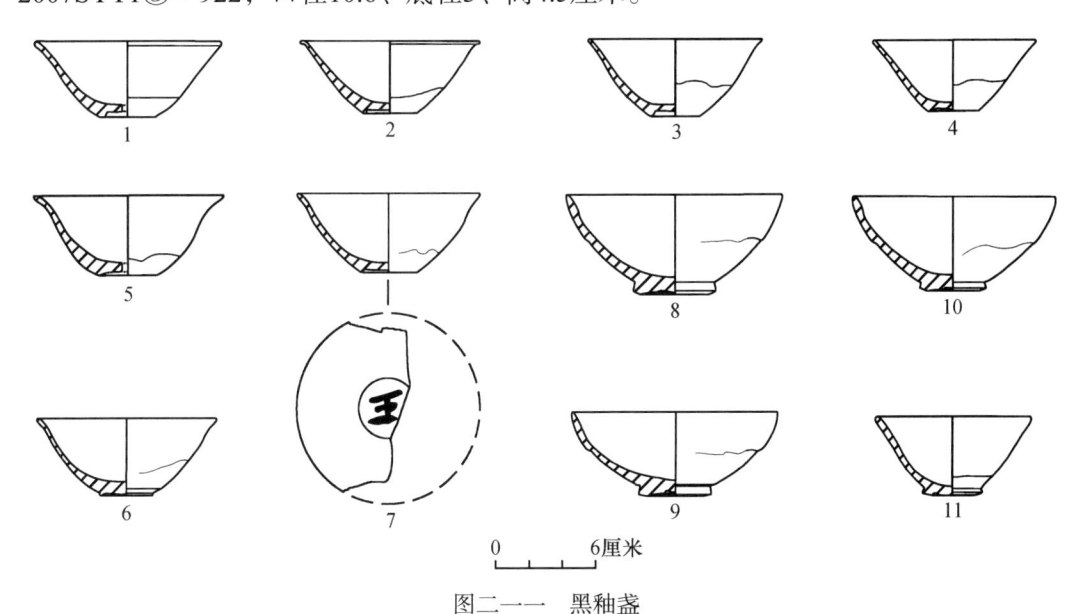

图二一一　黑釉盏

1.隐圈足底类A型Ⅰ式（2007SYT1⑧：177）　2~4.隐圈足底类A型Ⅱ式（2007SYT1⑤：912、2007SYT1⑤：914、2007SYT1⑤：918）　5~7.隐圈足底类B型（2007SYT1⑤：401、2007SYT1⑤：910、2007SYT1⑤：926）　8~10.玉璧底类A型（2007SYT1⑤：366、2007SYT1⑤：380、2007SYT1⑤：383）　11.玉璧底类B型（2007SYT1⑧：179）

B型　10件。弧腹。圈足偏低，近平底。

2007SYT1⑤：401，口径11.4、底径3.4、高4.8厘米（图二一一，5）。

2007SYT1⑤：910，口径11.8、底径3.2、高4.5厘米（图二一一，6）。

2007SYT1⑤：911，口径11厘米、底径3、高4.5厘米。

2007SYT1⑤：913，口径11.4、底径2.8、高4.5厘米。

2007SYT1⑤：917，口径11.2、底径3.2、高4.5厘米。

2007SYT1⑤：919，口径11、底径3、高4.4厘米。

2007SYT1⑤：920，口径11、底径3、高4.5厘米。

2007SYT1⑤：923，口径11.4、底径3.4、高4.3厘米。

2007SYT1⑤：926，外底有墨书"王"字。口径11、底径3.4、高4.6厘米（图二一一，7）。

2007SYT1⑤：927，口径10.8、底径3.4、高4.4厘米。

（3）玉璧底类。依口腹不同分为两型。

A型　4件。钵形。尖圆唇，敞口，弧腹。腹部饰一折棱。

2007SYT1⑤：366，口径13、底径5、高5.8厘米（图二一一，8）。

2007SYT1⑤：376，口径13.6、底径4.4、高5.6厘米。

2007SYT1⑤：380，口径12.4、底径4.4、高4.9厘米（图二一一，9）。

2007SYT1⑤：383，口径12.4、底径4、高5.5厘米（图二一一，10）。

B型　1件。斗笠形。敞口，圆唇，斜直腹，圈足。

2007SYT1⑧：179，口径9.6、底径3.6、高4.6厘米（图二一一，11）。

碟　敞口，圆唇。依器形不同分为两型。

A型　1件。弧腹，平底。

2007SYT1⑤：692，口径10.2、底径7、高1.9厘米（图二一二，1）。

B型　1件。斜弧腹，圈足。

2007SYT1⑤：627，口径13.5、底径5.9、高2.2厘米（图二一二，2）。

罐　依器底不同分为两型。

A型　2件。饼足底。依口腹不同分为两亚型。

Aa型　1件。鼓腹。

2007SYT1⑤：1023，侈口，圆唇，束颈，溜肩。口径6.4、底径3.2、高5.4厘米（图二一二，11）。

Ab型　1件。球腹。

2007SYT1⑤：1053，敛口，翻唇，溜肩。口径13.6、底径9、腹径16.6、高9.3厘米（图二一二，12）。

B型　1件。平底。

2007SYT1⑤：1041，敛口，圆唇，垂鼓腹。口径2.2、底径2.3、腹径4.2、高5.3厘米（图二一二，13）。

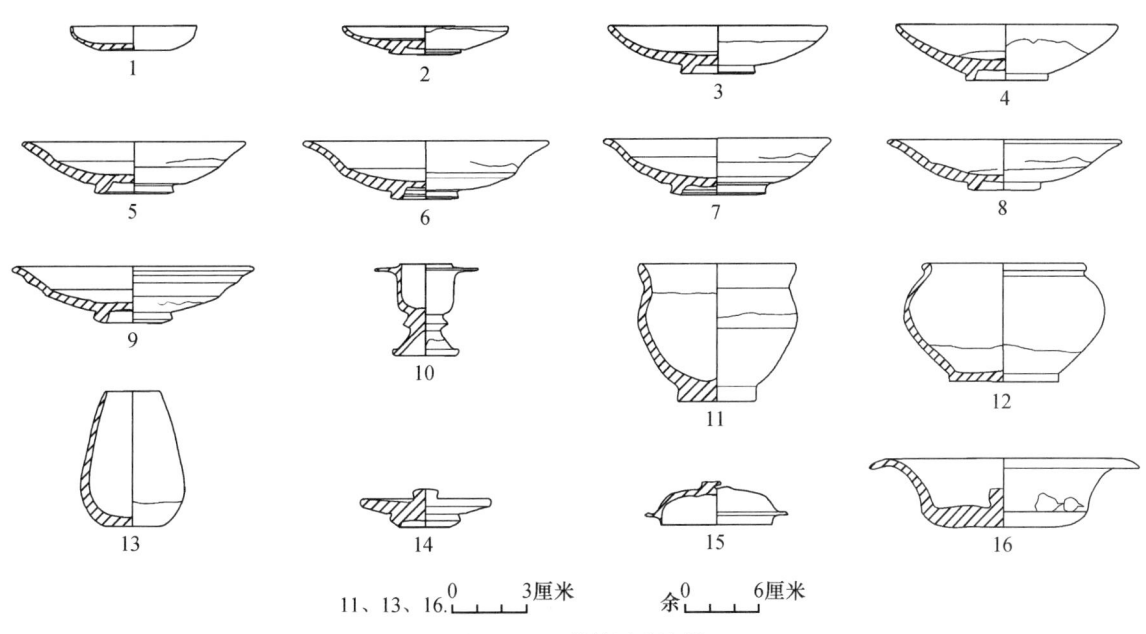

图二一二　其他黑釉瓷器

1. 碟A型（2007SYT1⑤：692）　2. 碟B型（2007SYT1⑤：627）　3、4. 盘A型（2007SYT1⑤：622、2007SYT1⑤：623）
5～9. 盘B型（2007SYT1⑤：625、2007SYT1⑤：626、2007SYT1⑤：630、2007SYT1⑤：633、2007SYT1⑤：637）
10. 炉（2007SYT1⑧：201）　11. 罐Aa型（2007SYT1⑤：1023）　12. 罐Ab型（2007SYT1⑤：1053）　13. 罐B型
（2007SYT1⑤：1041）　14. 器盖A型（2007SYT1⑤：1004）　15. 器盖B型（2007SYT1④：204）　16. 器盖C型
（2007SYT1⑤：965）

炉　1件。

2007SYT1⑧：201，直口，宽平沿，沿内凸起，沿面外倾斜，直腹，腹下与底间有一截面呈三角形箍，喇叭形底足，外底内中空。口径4.2、底径5.4、高7.2、通径8.4厘米（图二一二，10）。

盘　依器形不同分为两型。

A型　4件。弧腹。敞口，圆唇，圈足。

2007SYT1⑤：621，口径18.6、底径6.4、高4厘米。

2007SYT1⑤：622，口径17.8、底径6、高5.8厘米（图二一二，3）。

2007SYT1⑤：623，口径18.2、底径6.8、高4.4厘米（图二一二，4）。

2007SYT1⑤：636，口径18、底径6.2、高3.7厘米。

B型　10件。折腹。喇叭口，圆唇，圈足。

2007SYT1⑤：624，口径21、底径7.2、高4.5厘米。

2007SYT1⑤：625，口径18、底径6.5、高4.1厘米（图二一二，5）。

2007SYT1⑤：626，口径20、底径5.8、高4.6厘米（图二一二，6）。

2007SYT1⑤：629，口径17.6、底径5.6、高4.4厘米。

2007SYT1⑤：630，口径18.4、底径5.8、高4.4厘米（图二一二，7）。

2007SYT1⑤：631，外腹下露胎处有墨书文字。口径19.4、底径6.4、高4.8厘米。

2007SYT1⑤：632，外腹露胎处有墨书文字。口径18.8、底径6.2、高4.5厘米。

2007SYT1⑤：637，口径19.6、底径6.4、高4.4厘米（图二一二，9）。

2007SYT1⑤：633，口径18、底径6、高4厘米（图二一二，8）。

2007SYT1⑤：638，口径19.4、底径6、高4厘米。

器盖　依器形不同分为三型。

A型　1件。斗笠形。

2007SYT1⑤：1004，蘑菇形盖纽，小碟形盖顶，翘宽沿，盖底似圈足形，边外撇，底缘斜弧面，底心较浅。口径10.6、底径5.6、高3厘米（图二一二，14）。

B型　1件。帽型。

2007SYT1④：204，小圆柱形盖纽、边有条形系，圆盔型盖体，宽边沿微翘，盖底口圆唇微敛。口径11.6、外口径11.6、高3.5厘米（图二一二，15）。

C型　1件。盆形盖。

2007SYT1⑤：965，宽平沿，斜直腹，平底。口径11、底径4.3、高2.7厘米（图二一二，16）。

2. 黑白釉

碗　圈足。依器底不同分为四型。

A型　5件。斜直（弧）腹。依口沿不同分为两亚型。

Aa型　3件。敞口，翻唇。

2007SYT1⑤：868，口径13.2、底径5.8、高4.1厘米（图二一三，1）。

2007SYT1⑤：869，口径13.2、底径6.6、高4.4厘米。

2007SYT1⑤：870，口径13.6、底径5.4、高3.8厘米（图二一三，2）。

Ab型　2件。敞口，圆唇。

2007SYT1⑤：263，口径15、底径5.4、高4.6厘米（图二一三，3）。

2007SYT1⑤：265，口径16.2、底径7、高5.1厘米（图二一三，4）。

B型　3件。深弧腹。敞口，圆唇。依器形不同分为两亚型。

Ba型　1件。斗笠形。小圈足。

2007SYT1⑤：266，口径13.2、底径3、高6.5厘米（图二一三，5）。

Bb型　2件。盘形。

2007SYT1⑤：261，口径18.4、底径7.8、高6.1厘米（图二一三，6）。

2007SYT1⑤：264，口径14.3、底径6、高4.2厘米（图二一三，7）。

C型　1件。垂腹。直口微撇，圆唇。

2007SYT1④：205，口径11、底径5.2、高6.9厘米（图二一三，8）。

D型　1件。折腹。敞口，圆唇。

2007SYT1⑤：262，口径19.2、底径8.2、高4.8厘米（图二一三，10）。

碟　2件。敞口，圆唇，斜直腹，隐圈足。

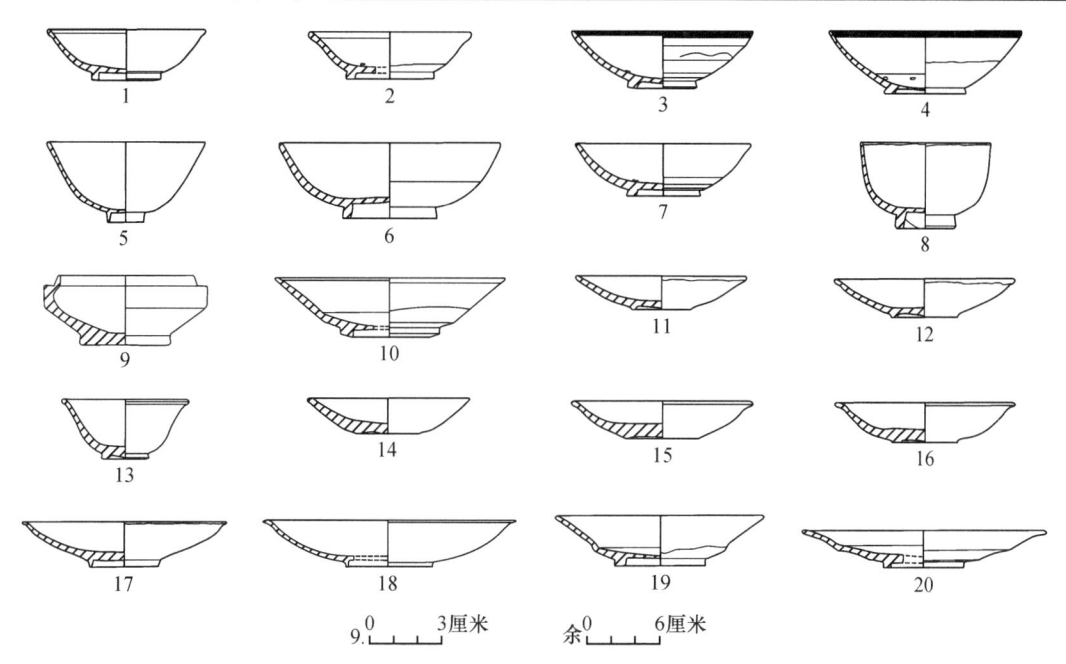

图二一三 黑白釉瓷器

1、2. 碗Aa型（2007SYT1⑤：868、2007SYT1⑤：870） 3、4. 碗Ab型（2007SYT1⑤：263、2007SYT1⑤：265） 5. 碗Ba型（2007SYT1⑤：266） 6、7. 碗Bb型（2007SYT1⑤：261、2007SYT1⑤：264） 8. 碗C型（2007SYT1④：205） 9. 粉盒底（2007SYT1③：35） 10. 碗D型（2007SYT1⑤：262） 11、12. 碟（2007SYT1⑧：169、2007SYT1⑧：170） 13. 盏（2007SYT1④：281） 14、15. 盘A型（2007SYT1④：211、2007SYT1⑤：618） 16~18. 盘Ba型（2007SYT1④：210、2007SYT1④：614、2007SYT1⑤：616） 19、20. 盘Bb型（2007SYT1⑤：609、2007SYT1⑤：610）

2007SYT1⑧：169，口径14.2、底径4.8、高2.7厘米（图二一三，11）。

2007SYT1⑧：170，芒口，口径15.2、底径5.6、高3.1厘米（图二一三，12）。

盏 1件。敞口，圆唇，斜弧腹，圈足，微外撇。

2007SYT1④：281，足心有小凸起。口径10.6、底径4、高4.8厘米。

粉盒底 1件。

2007SYT1③：35，子口平唇，折腹，饼足底。口径5.6、底径3.8、腹径6.6、高2.8厘米（图二一三，9）。

盏 1件。

2007SYT1④：281，敞口，圆唇，斜弧腹，圈足，微外撇。口径10.6、底径4、高4.8厘米（图二一三，13）。

盘 依器底不同分为两型。

A型 4件。平底内凹。圆唇，敞口微外撇，斜弧腹。

2007SYT1④：211，口径13.6、底径5.2、高2.9厘米（图二一三，14）。

2007SYT1④：212，口径13.6、底径5.2、高2.6厘米。

2007SYT1⑤：615，口径16、底径6.6、高2.8厘米。

2007SYT1⑤：618，口径15、底径5.8、高3厘米（图二一三，15）。

B型　7件。圈足。依口腹不同分为两亚型。

Ba型　5件。斜弧腹。圆唇，敞口外撇，平沿。

2007SYT1④：210，芒口。口径15.2、底径6.4、高3.2厘米（图二一三，16）。

2007SYT1⑤：613，芒口。口径18.6、底径7、高3.2厘米。

2007SYT1⑤：616，口径20.8、底径7.2、高3.7厘米（图二一三，18）。

2007SYT1⑤：617，口径15.6、底径6.2、高2.6厘米。

2007SYT1⑤：614，口径17、底径5.8、高3.6厘米（图二一三，17）。

Bb型　2件。折腹。喇叭口，圆唇。

2007SYT1⑤：609，口径17.4、底径7.4、高4.1厘米（图二一三，19）。

2007SYT1⑤：610，口径20.6、底径6.8、高3厘米（图二一三，20）。

（五）黄釉系列

此系列瓷器数量不多，时代跨度唐—宋，以唐代为主，窑口丰富，南北方均有。釉色可细分黄釉与黄绿釉印花。器形主要有碗、盏、钵、盆等。

1. 黄釉

碗　依器底不同分为三型。

A型　2件。玉璧底。依器腹不同分为两亚型。

Aa型　1件。弧腹。

2007SYT1⑪：49，敞口外撇，翻唇。口径18、底径8.4、高6.2厘米（图二一四，1）。

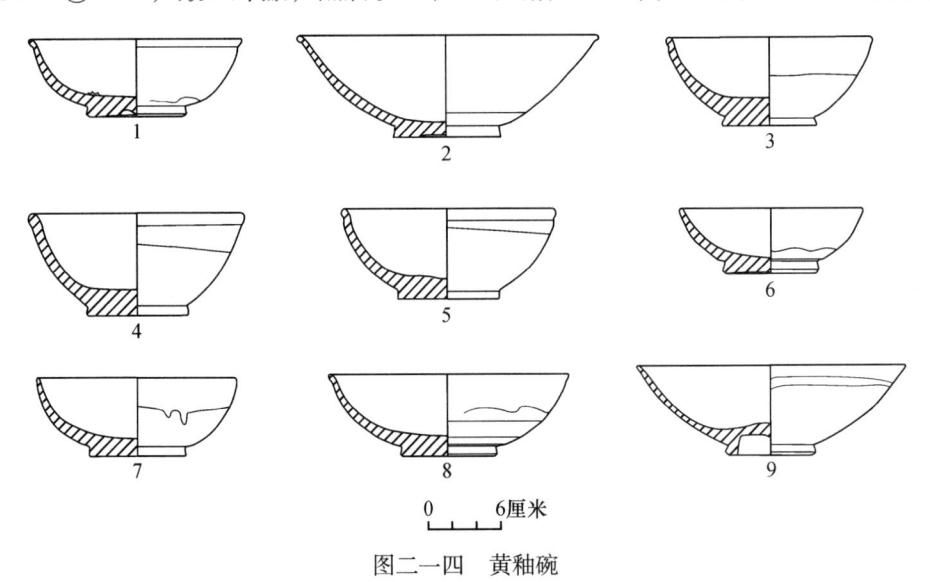

图二一四　黄釉碗
1. Aa型（2007SYT1⑪：49）　2. Ab型（2007SYT1⑪：50）　3~5. Ba型（2007SYT1⑩：5、2007SYT1⑪：45、2007SYT1⑪：47）
6~8. Bb型（2007SYT1⑩：3、2007SYT1⑪：30、2007SYT1⑪：46）　9. C型（2007SYT1⑤：268）

Ab型　1件。斜弧腹。

2007SYT1⑪：50，侈口，圆唇。口径25.2、底径8.8、高8.2厘米（图二一四，2）。

B型　9件。饼足底。依口腹不同分为二亚型。

Ba型　5件。翻唇，敞口，弧腹。

2007SYT1⑩：5，口径17.2、底径7.8、高7.2厘米（图二一四，3）。

2007SYT1⑪：45，口径18.2、底径8.4、高8.3厘米（图二一四，4）。

2007SYT1⑪：47，口径17.8、底径8.4、高7.3厘米（图二一四，5）。

2007SYT1⑪：48，口径18、底径8、高6.4厘米。

2007SYT1⑪：51，口径18.4、底径8.2、高6.2厘米。

Bb型　4件。尖圆唇，敞口，弧腹。

2007SYT1⑩：3，口径15.2、底径8、高5.3厘米（图二一四，6）。

2007SYT1⑩：4，口径16.8、底径7、高7厘米。

2007SYT1⑪：30，口径17、底径8、高6.3厘米（图二一四，7）。

2007SYT1⑪：46，口径20、底径8、高6.6厘米（图二一四，8）。

C型　1件。圈足底。

2007SYT1⑤：268，口径22.3、底径6.7、高7.3厘米（图二一四，9）。

盏　依器腹不同分为两型。

A型　1件。弧腹。

2007SYT1⑪：44，敞口，圆唇微撇。口径11.2、底径4.8、高4.6厘米（图二一五，1）。

B型　3件。斜直腹。依口沿不同分为两式。

Ⅰ式：1件。圆唇外凸，敞口。

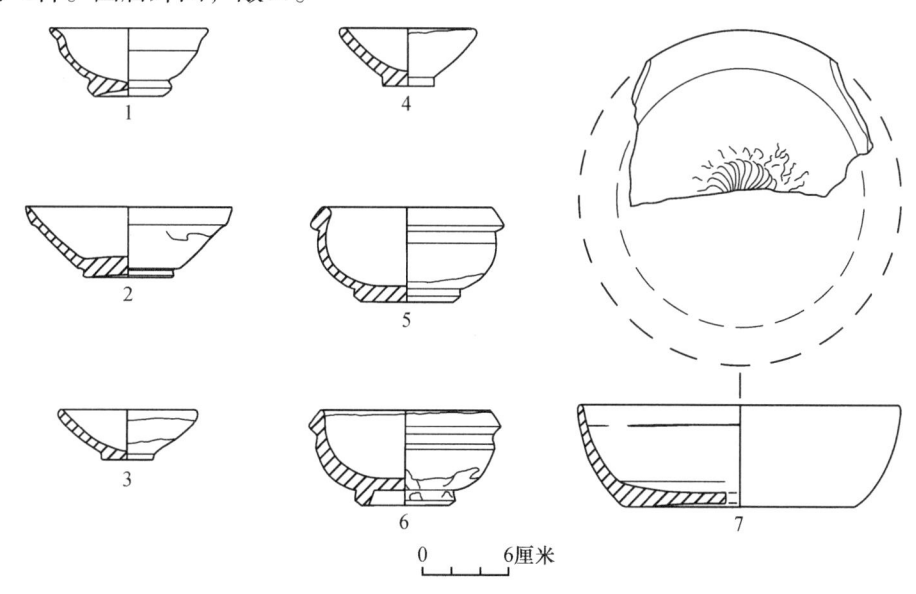

图二一五　其他黄釉瓷器

1. 盏A型（2007SYT1⑪：44）　2. 盏B型Ⅰ式（2007SYT1⑪：43）　3、4. 盏B型Ⅱ式（2007SYT1⑧：203、2007SYT1⑧：204）　5. 钵A型（2007SYT1⑤：1057）　6. 钵B型（2007SYT1⑤：1056）　7. 黄绿釉印花盆（2007SYT1⑧：205）

2007SYT1⑪：43，口径12.5、底径5.5、高4厘米（图二一五，2）。
Ⅱ式：2件。圆唇，敞口。
2007SYT1⑧：203，口径9.8、底径3.6、高3.4厘米（图二一五，3）。
2007SYT1⑧：204，口径9.6、底径3.6、高3.9厘米（图二一五，4）。
钵 敛口，斜方唇外凸，弧腹。依器底不同分为两型。
A型 1件。饼足底。
2007SYT1⑤：1057，口径13.4、底径7.4、高6.4厘米（图二一五，5）。
B型 1件。圈足底。
2007SYT1⑤：1056，口径11.8、底径7、通径13.4、高6.4厘米（图二一五，6）。

2. 黄绿釉印花

盆 1件。
2007SYT1⑧：205，敞口，圆唇，弧腹，平底。内底饰印花菊纹。口径22.4、底径16.4、高6.9厘米（图二一五，7）。

（六）酱釉系列

此系列瓷器数量较多，时代跨度唐—明清，窑口丰富，南北方均有。釉色可细分酱釉、酱黑釉及酱白釉。器形主要有碗、盏、钵、碟、罐、盒、壶、臼杵、炉、盘、器盖等。

1. 酱釉

碗 依器底不同分为三型。
A型 1件。饼足底。敞口，圆唇。
2007SYT1⑪：57，斜弧腹。口径19.6、底径10.8、高5.4厘米（图二一六，1）。
B型 7件。圈足底。依口腹不同分为三亚型。
Ba型 1件。翻唇，敞口，斜直腹。
2007SYT1④：171，口径18.8、底径6.8、高7.1厘米（图二一六，2）。
Bb型 3件。圆唇，敞口，微鼓腹。
2007SYT1⑤：269，下腹有黑色兔毫斑。口径12.8、底径4.7、高6.2厘米（图二一六，3）。
2007SYT1⑤：390，口径13.4、底径5、高5.6厘米（图二一六，4）。
2007SYT1⑤：388，外腹、底心有墨书文字。口径12.6、底径4.2、高5.9厘米（图二一六，5）。
Bc型 3件。圆唇，敞口，浅弧腹。
2007SYT1⑤：260，口径20、底径6.4、高6.6厘米（图二一六，6）。
2007SYT1⑤：267，口径17、底径6.4、高4.2厘米（图二一六，7）。

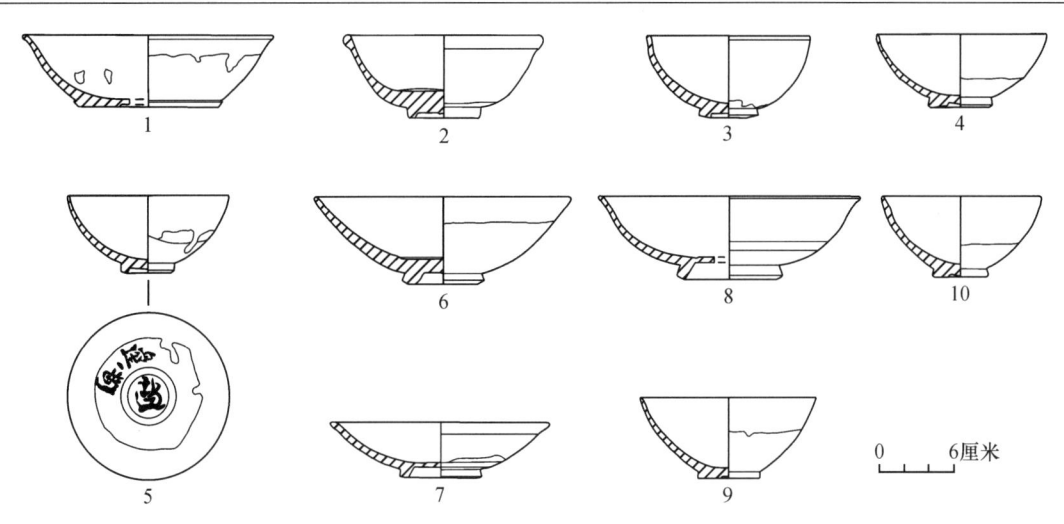

图二一六　酱釉碗

1.A型（2007SYT1⑪：57）　2.Ba型（2007SYT1④：171）　3～5.Bb型（2007SYT1⑤：269、2007SYT1⑤：390、2007SYT1⑤：388）
6～8.Bc型（2007SYT1⑤：260、2007SYT1⑤：267、2007SYT1⑤：634）　9、10.C型（2007SYT1⑤：270、2007SYT1⑤：377）

2007SYT1⑤：634，口径20.4、底径8.2、高6.3厘米（图二一六，8）。

C型　2件。玉璧底。敞口，圆唇，斜弧腹。

2007SYT1⑤：270，口径13.6、底径4.8、高6.1厘米（图二一六，9）。

2007SYT1⑤：377，内壁釉面呈鹧鸪斑纹。口径12.6、底径4.4、高6.1厘米（图二一六，10）。

盏　依器形不同分为三类。

（1）饼足底类。依口腹不同分为两型。

A型　2件。弧腹。依口沿不同分为两亚型。

Aa型　1件。圆唇，敞口。

2007SYT1⑤：479，器底有墨书文字。口径15.6、底径4.9、高5.9厘米（图二一七，1）。

Ab型　1件。翻唇，侈口。

2007SYT1⑤：882，口径9.8、底径3.8、高3.4厘米（图二一七，2）。

B型　3件。斜直腹。依口沿细微变化分为两式。

Ⅰ式：2件。敞口微敛。

2007SYT1⑧：199，口径9.4、底径4.7、高2.8厘米（图二一七，3）。

2007SYT1⑧：200，口径9.6、底径4.4、高3.4厘米（图二一七，4）。

Ⅱ式：1件。敞口。

2007SYT1⑤：887，口径10、底径4.3、高3.2厘米（图二一七，5）。

（2）平底类。圆唇，斜直腹。依口沿不同分为两型。

A型　1件。敛口。

2007SYT1⑤：891，口径10、底径4.5、高3厘米（图二一七，6）。

B型　1件。敞口。

2007SYT1④：176，口径9.2、底径3、高3.8厘米（图二一七，7）。

图二一七　酱釉盏

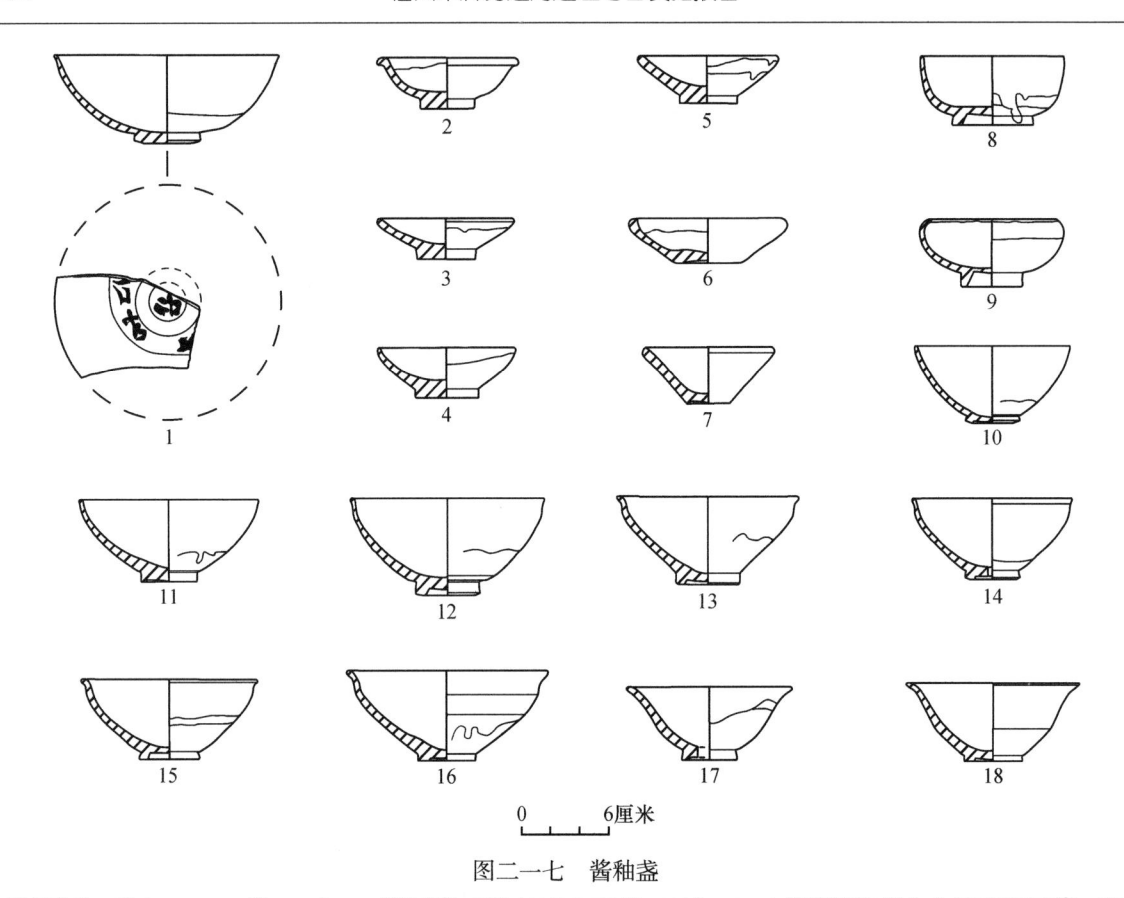

1. 饼足底类Aa型（2007SYT1⑤：479）　2. 饼足底类Ab型（2007SYT1⑤：882）　3、4. 饼足底类B型Ⅰ式（2007SYT1⑧：199、2007SYT1⑧：200）　5. 饼足底类B型Ⅱ式（2007SYT1⑤：887）　6. 平底类A型（2007SYT1⑤：891）　7. 平底类B型（2007SYT1④：176）　8. 普通圈足底类A型（2007SYT1④：172）　9. 普通圈足底类B型（2007SYT1④：174）　10～12. 普通圈足底类Ca型（2007SYT1④：224、2007SYT1⑤：370、2007SYT1⑤：884）　13～16. 普通圈足底类Cb型（2007SYT1⑤：470、2007SYT1⑤：482、2007SYT1⑤：488、2007SYT1⑤：1070）　17、18. 普通圈足底类Cc型（2007SYT1⑤：431、2007SYT1⑤：460）

（3）圈足底类。

普通圈足底类　依器形不同分为四型。

A型　1件。垂弧腹。直口，圆唇。

2007SYT1④：172，口径10、底径5.6、高4.6厘米（图二一七，8）。

B型　1件。鼓腹。敛口，圆唇。

2007SYT1④：174，芒口。口径10、底径4.2、高4.5厘米（图二一七，9）。

C型　30件。弧腹。依口沿不同分为三亚型。

Ca型　12件。敞口，尖圆唇。

2007SYT1④：224，底心有墨书文字。口径10.8、底径3.8、高5.2厘米（图二一七，10）。

2007SYT1④：250，口径11.4、底径4.2、高5.8厘米。

2007SYT1⑤：370，口径12.5、底径3.9、高5.5厘米（图二一七，11）。

2007SYT1⑤：389，外底心有墨书"陈"字。口径11.2、底径4.2、高4.9厘米。

2007SYT1⑤：472，底径3.5、残高4.6厘米。

2007SYT1⑤：473，口径12.5、底径4.5、高5.9厘米。

2007SYT1⑤：474，口径12、底径4、高6厘米。

2007SYT1⑤：475，内釉面有橘皮纹。口径11.8、底径4.4、高5.4厘米。

2007SYT1⑤：880，口径13.8、底径5、高5.9厘米。

2007SYT1⑤：883，内外釉面有兔毫发丝纹。口径11.6、底径4.3、高6厘米。

2007SYT1⑤：884，口径13.5、底径4.5、高6.5厘米（图二一七，12）。

2007SYT1⑤：885，口径12.4、底径4.6、高5.5厘米。

Cb型　9件。折沿，侈口，尖圆唇。

2007SYT1⑤：470，口径12.6、底径4.4、高5.9厘米（图二一七，13）。

2007SYT1⑤：476，釉面有小气泡，有鹧鸪斑，口沿呈酱色。口径12、底径4.2、高4.5厘米。

2007SYT1⑤：477，内外釉面有橘皮纹。口径12.2、底径4、高5.5厘米。

2007SYT1⑤：478，口径12.4、底径4、高5.7厘米。

2007SYT1⑤：488，口径12.2、底径4.1、高5.3厘米（图二一七，15）。

2007SYT1⑤：484，口径12.4、底径3.6、高5.2厘米。

2007SYT1⑤：482，口径11、底径3.8、高5.4厘米（图二一七，14）。

2007SYT1⑤：1070，口径14、底径4、高6厘米（图二一七，16）。

2007SYT1⑤：1066，内有兔毫斑。口径13.6、底径4.8、高5.4厘米。

Cc型　9件。喇叭口，圆唇。

2007SYT1⑤：431，口径11.4、底径3.8、高4.9厘米（图二一七，17）。

2007SYT1⑤：456，内釉面呈鹧鸪斑纹。口径11、底径3.8、高4.6厘米。

2007SYT1⑤：460，釉面有小气泡与兔毫斑，口沿及器外下端呈酱色。口径12、底径4、高5.2厘米（图二一七，18）。

2007SYT1⑤：469，釉面有小气泡与兔毫斑。口径13、底径4、高5.5厘米。

D型　65件。斜直腹。依口沿不同分为两亚型。

Da型　8件。依口沿不同分为两式。

Ⅰ式：7件。敞口，圆唇。

2007SYT1⑤：375，口径12.4、底径4、高5.6厘米（图二一八，1）。

2007SYT1⑤：416，釉面有小气泡与兔毫斑。口径11.4、底径3.6、高4.8厘米。

2007SYT1⑤：417，釉面有小气泡与兔毫斑。口径12.4、底径4、高4.2厘米。

2007SYT1⑤：423，口径12.4、底径4、高4.9厘米。

2007SYT1⑤：461，口径12.4、底径4.2、高4.7厘米（图二一八，3）。

2007SYT1⑤：462，口径12.4、底径3.8、高5.6厘米。

2007SYT1⑤：458，口径12.2、底径3.7、高5.3厘米（图二一八，2）。

Ⅱ式：1件。敞口，方唇。

图二一八 酱釉盏

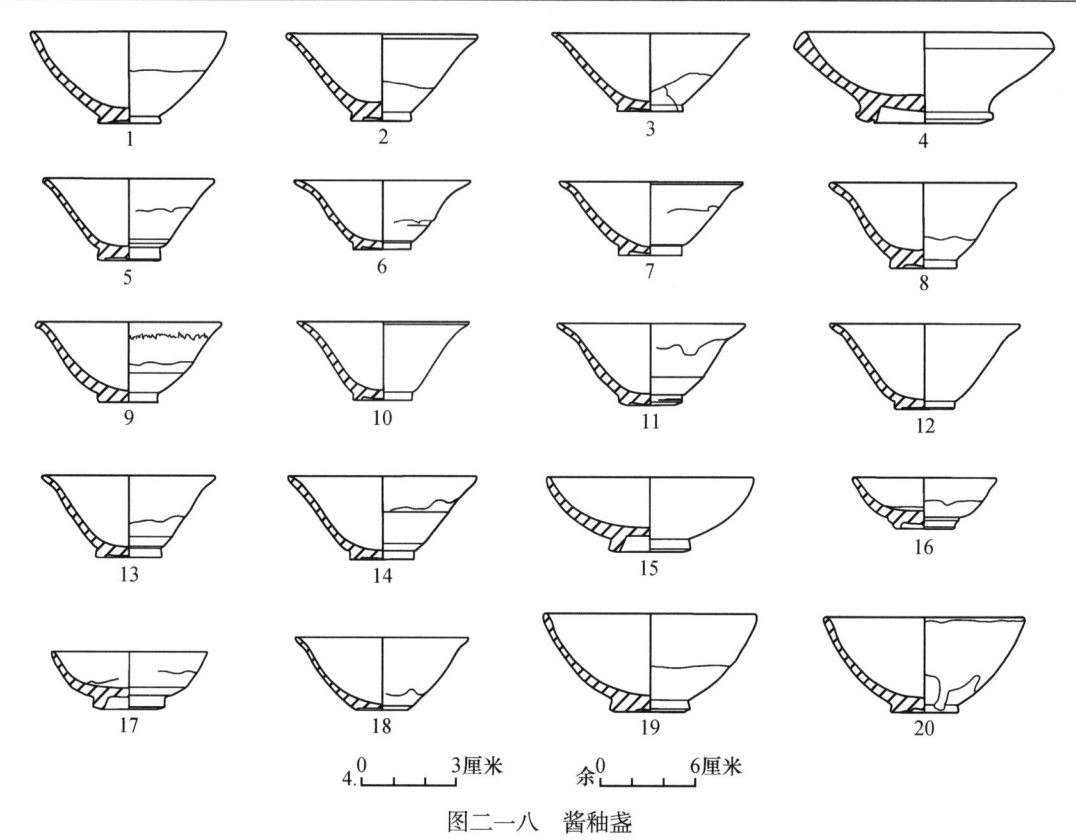

1~3. 普通圈足底类Da型Ⅰ式（2007SYT1⑤：375、2007SYT1⑤：458、2007SYT1⑤：461） 4. 普通圈足底类Da型Ⅱ式（2007SYT1④：180） 5~14. 普通圈足底类Db型（2007SYT1⑤：403、2007SYT1⑤：408、2007SYT1⑤：409、2007SYT1⑤：411、2007SYT1⑤：413、2007SYT1⑤：419、2007SYT1⑤：422、2007SYT1⑤：425、2007SYT1⑤：428、2007SYT1⑤：430） 15~17. 普通圈足底类E型（2007SYT1④：177、2007SYT1④：179、2007SYT1⑤：886） 18. 隐圈足底类（2007SYT1⑤：890） 19、20. 玉璧底类（2007SYT1⑤：378、2007SYT1⑤：881）

2007SYT1④：180，口径7.4、底径4.3厘米、高2.8厘米（图二一八，4）。

Db型 57件。喇叭口，圆唇。

2007SYT1⑤：403，口径10.8、底径4、高5厘米（图二一八，5）。

2007SYT1⑤：404，口径11.4、底径3.9、高4.2厘米。

2007SYT1⑤：405，口径12、底径4.2、高4.8厘米。

2007SYT1⑤：407，口径12、底径3.9、高5厘米。

2007SYT1⑤：408，口径11.2、底径3.6、高4.2厘米（图二一八，6）。

2007SYT1⑤：409，口径11.5、底径4、高4.3厘米（图二一八，7）。

2007SYT1⑤：410，口径10.6、底径3.5、高4.4厘米。

2007SYT1⑤：411，口径11.8、底径4.2、高5.2厘米（图二一八，8）。

2007SYT1⑤：412，釉面有小气泡与兔毫斑。口径11.4、底径3.7、高4.8厘米。

2007SYT1⑤：413，口径11.9、底径3.9、高4.9厘米（图二一八，9）。

2007SYT1⑤：414，口径11.4、底径3.9、高4.7厘米。

2007SYT1⑤：415，口径12.2、底径4、高4.6厘米。

2007SYT1⑤：418，口径11.6、底径4.6、高4.6厘米。

2007SYT1⑤：419，口径11、底径3.7、高4.8厘米（图二一八，10）。

2007SYT1⑤：420，口径11.6、底径4、高4厘米。

2007SYT1⑤：421，口径12.2、底径4、高5.5厘米。

2007SYT1⑤：422，釉面有小气泡与兔毫斑。口径11.8、底径4、高5厘米（图二一八，11）。

2007SYT1⑤：424，口径12.6、底径3.7、高4.2厘米。

2007SYT1⑤：425，釉面有小气泡与兔毫斑，口沿呈酱色，器外下部釉呈酱色。口径12、底径3.8、高5.2厘米（图二一八，12）。

2007SYT1⑤：426，口径11.4、底径3.7、高4.8厘米。

2007SYT1⑤：427，口径14.1、底径4、高4.2厘米。

2007SYT1⑤：428，口径11、底径4.2、高3厘米（图二一八，13）。

2007SYT1⑤：429，口径11.8、底径3.8、高5.4厘米。

2007SYT1⑤：430，口径12、底径4、高5.1厘米（图二一八，14）。

E型　10件。浅弧腹。

2007SYT1④：177，口径13、底径5.2、高4.6厘米（图二一八，15）。

2007SYT1④：179，口径9.1、底径3.8、高3.1厘米（图二一八，16）。

2007SYT1⑤：886，口径9.8、底径4.5、高4.5厘米（图二一八，17）。

隐圈足底类　2件。圆唇，侈口，斜弧腹。

2007SYT1⑤：890，口径11、底径3.2、高4.4厘米（图二一八，18）。

（4）玉璧底类。2件。敞口，圆唇，弧腹。

2007SYT1⑤：378，口径13.4、底径5、高6厘米（图二一八，19）。

2007SYT1⑤：881，口径12.6、底径4.2、高5.8厘米（图二一八，20）。

钵　依器形不同分为三型。

A型　1件。侈口，圆唇，束颈，弧腹，平底。

2007SYT1⑧：165，口径10、底径4.2、高4.4厘米（图二一九，1）。

B型　2件。圆唇，鼓腹，平底。依口沿不同分为两式。

Ⅰ式：1件。敛口。

2007SYT1⑪：54，口径15.4、底径5.4、高5.3厘米（图二一九，2）。

Ⅱ式：1件。直口。

2007SYT1⑤：1002，口径19、底径10.5、高6厘米（图二一九，3）。

C型　1件。侈口，圆唇，束颈，折腹，平底。

2007SYT1⑪：55，口径15.8、底径8、高5.7厘米（图二一九，4）。

碟　依器形不同分为两型。

A型　1件。翻唇，敞口，斜弧腹，圈足。

图二一九 其他酱釉瓷器

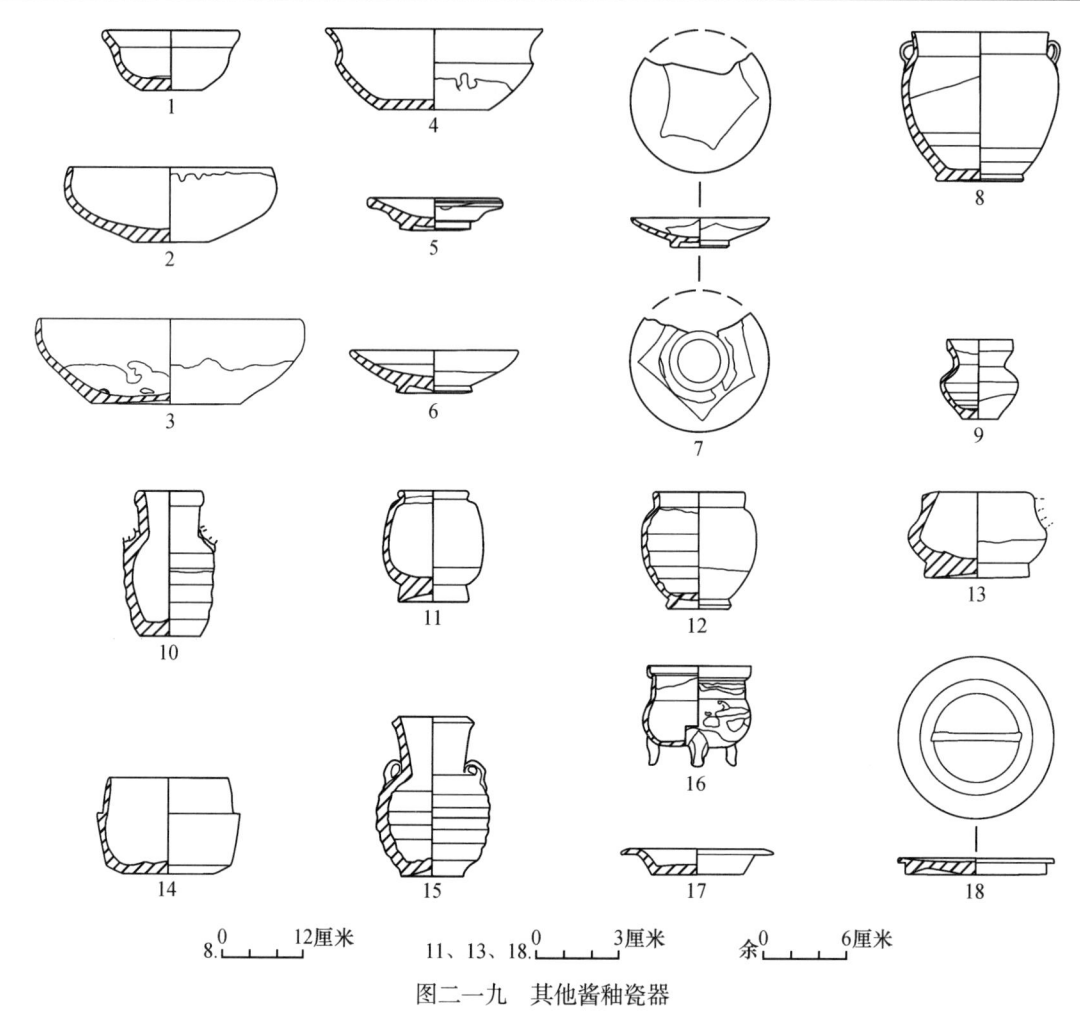

1.钵A型（2007SYT1⑧：165） 2.钵B型Ⅰ式（2007SYT1⑪：54） 3.钵B型Ⅱ式（2007SYT1⑤：1002） 4.钵C型（2007SYT1⑪：55） 5.碟A型（2007SYT1④：178） 6.碟B型Ⅱ式（2007SYT1⑤：693） 7.碟B型Ⅰ式（2007SYT1⑧：166） 8.罐A型（2007SYT1⑧：167） 9.罐Ba型（2007SYT1⑧：168） 10.罐Bb型（2007SYT1⑪：56） 11.罐Ca型（2007SYT1⑤：977） 12.罐Cb型（2007SYT1③：42） 13.罐Cc型（2007SYT1③：41） 14.盒（2007SYT1⑤：948） 15.壶（2007SYT1⑧：202） 16.炉（2007SYT1④：279） 17.器盖A型（2007SYT1③：43） 18.器盖B型（2007SYT1③：44）

2007SYT1④：178，口径9.8、底径5.2、高2.3厘米（图二一九，5）。

B型 2件。圆唇，敞口，斜直腹，圈足。依圈足底变化分为两式。

Ⅰ式：1件。外底平。

2007SYT1⑧：166，口径10、底径21、高4.2厘米（图二一九，7）。

Ⅱ式：1件。外底心隆起。

2007SYT1⑤：693，口径12.2、底径5.6、高3厘米（图二一九，6）。

罐 依器底不同分为三型。

A型 1件。饼足底。

2007SYT1⑧：167，侈口，圆唇，短颈，微鼓腹，颈腹间饰两对称的扁条形系。口径20、底径12.8、高20.8、腹径22.6厘米（图二一九，8）。

B型　2件。平底。依口腹不同分为两亚型。

Ba型　1件。圆唇，敞口，束颈，鼓腹。

2007SYT1⑧：168，口径4.8、通径5.7、底径2.6、高5.6厘米（图二一九，9）。

Bb型　1件。翻唇，长束颈，直腹。

2007SYT1⑪：56，口径5、底径4.5、腹径6.6、高10.2厘米（图二一九，10）。

C型　3件。圈足。依器形不同分为三亚型。

Ca型　1件。垂腹。敞口，圆唇，耸肩。

2007SYT1⑤：977，口径2.6、底径2.6、腹径3.7、高3.9厘米（图二一九，11）。

Cb型　1件。圆鼓腹。敞口，圆唇，耸肩。

2007SYT1③：42，口径6.6、底径4.4、腹径7.6、高8.2厘米（图二一九，12）。

Cc型　1件。折腹。敛口，翻唇。

2007SYT1③：41，口径2.8、底径3.8、腹径5、高4.1厘米（图二一九，13）。

盒　1件。直口，圆唇，直腹，平底。

2007SYT1⑤：948，口径8.8、底径6.6、腹径10.4、高6.7厘米（图二一九，14）。

壶　1件。

2007SYT1⑧：202，喇叭状口，斜方唇、长颈，竖装双条形系，溜肩，鼓腹内收至底，平底内凹。口径6、底径4.6、高11.2、腹径8.1厘米（图二一九，15）。

炉　1件。

2007SYT1④：279，盘口，圆唇，颈外撇，鼓腹，圆底，三个象鼻足。外釉下有橘黄色彩绘纹饰。口径7.4、高7厘米（图二一九，16）。

器盖　依器形不同分为两型。

A型　1件。敞口，折沿，宽平唇，斜直腹，平底。

2007SYT1③：43，通径11、底径6.6、高1.8厘米（图二一九，17）。

B型　1件。直口，宽沿，直腹，平底内凹。

2007SYT1③：44，通径11.3、底径10.2、高1.1厘米（图二一九，18）。

盘　依器底不同分为两型。

A型　1件。平底。芒口，圆唇，弧腹。

2007SYT1⑤：620，口径16.4、底径10.8、高2.8厘米（图二二〇，1）。

B型　9件。圈足。依口腹不同分为三亚型。

Ba型　4件。圆唇，斜弧腹。依口沿微变化分为两式。

Ⅰ式：1件。口微敛。

2007SYT1⑤：584，口径17.5、底径6.5、高4.5厘米（图二二〇，2）。

Ⅱ式：3件。敞口。

2007SYT1④：182，口径18.4、底径6.4、高3.6厘米（图二二〇，3）。

2007SYT1④：183，口径18.4、底径6.4、高4.8厘米（图二二〇，4）。

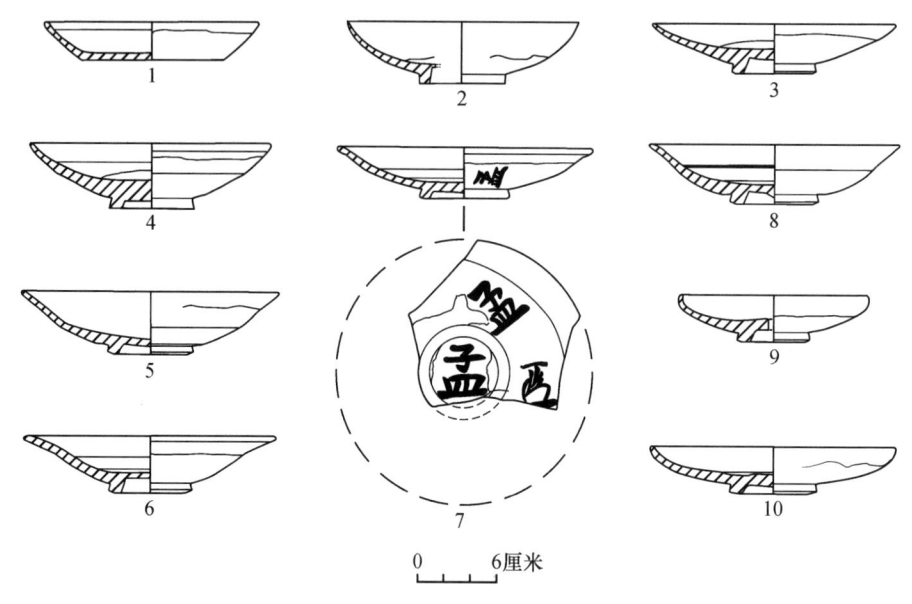

图二二〇　酱釉盘

1. A型（2007SYT1⑤：620）　2. Ba型Ⅰ式（2007SYT1⑤：584）　3~5. Ba型Ⅱ式（2007SYT1④：182、2007SYT1④：183、2007SYT1④：185）　6、7. Bb型Ⅰ式（2007SYT1⑤：628、2007SYT1⑤：635）　8. Bb型Ⅱ式（2007SYT1④：184）　9、10. Bc型（2007SYT1④：181、2007SYT1⑤：619）

2007SYT1④：185，口径19.6、底径6.5、高4.6厘米（图二二〇，5）。

Bb型　3件。喇叭口，宽沿，折腹。依外底变化分为两式。

Ⅰ式：2件。外底平。

2007SYT1⑤：628，口径19.2、底径6.2、高4.2厘米（图二二〇，6）。

2007SYT1⑤：635，外壁和底有墨书"孟"字。口径19.4、底径6.8、高3.4厘米（图二二〇，7）。

Ⅱ式：1件。外底心隆起。

2007SYT1④：184，口径19.6、底径6、高4.4厘米（图二二〇，8）。

Bc型　2件。敛口，圆唇，斜弧腹。

2007SYT1④：181，口径14.4、底径5.4、高3.4厘米（图二二〇，9）。

2007SYT1⑤：619，口径18.6、底径6.6、高3厘米（图二二〇，10）。

2. 酱黑釉

壶　依器形不同分为两型。

A型　1件。双耳壶。

2007SYT1③：40，侈口，圆唇，直颈，溜肩，鼓腹，腹颈间两侧各有一扁条形系，平底。口径5.9、底径4、通径7.9、高4.7厘米（图二二一，1）。

B型　1件。无耳壶。

2007SYT1③：39，直口，圆唇，溜肩，扁鼓腹，假圈足。口径4.8、底径3、腹径6、高3.8厘米（图二二一，2）。

器盖　依器形不同分为两型。

A型　扁拱形。依盖顶有无带纽分为两亚型。

Aa型　1件。带纽。

2007SYT1③：36，盖面上饰两道弦纹及二龙。顶饰扁条纽。通径14.2、高3.4厘米（图二二一，3）。

Ab型　1件。未带纽。

2007SYT1③：37，盖内有墨书文字"孟"。通径10.8、高2.2厘米（图二二一，4）。

B型　1件。毡帽形。

2007SYT1③：38，口径3.8、底径4.2、通径7.4、高2.4厘米（图二二一，5）。

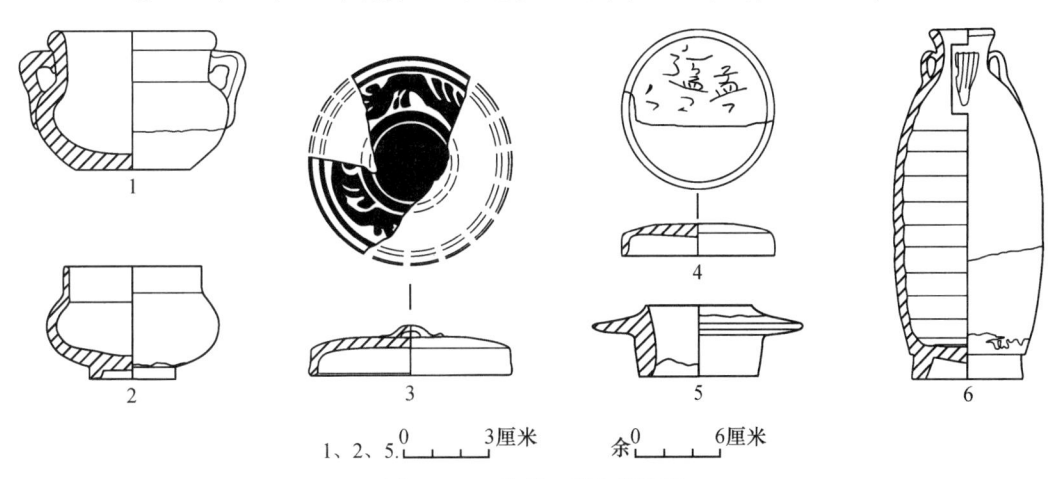

图二二一　酱黑、酱白釉瓷器

1. 酱黑釉壶A型（2007SYT1③：40）　2. 酱黑釉壶B型（2007SYT1③：39）　3. 酱黑釉器盖Aa型（2007SYT1③：36）
4. 酱黑釉器盖Ab型（2007SYT1③：37）　5. 酱黑釉器盖B型（2007SYT1③：38）　6. 酱白釉壶（2007SYT1④：209）

3. 酱白釉

壶　1件。

2007SYT1④：209，敞口，翻唇，束颈，颈肩处有四个对称系，溜肩，鼓腹，圈足。口径4.6、底径7.8、腹径10.6、高23.8厘米（图二二一，6）。

（七）天蓝（青）釉

此系列瓷器数量不多，时代跨度处于宋—明清，以宋元为主，均为钧窑系列。釉色可细分天青釉与天蓝釉两种。器形主要有碗、盏、钵、碟、盘、杯、盅等。

碗　依器底不同分为两型。

A型　1件。饼足底。

2007SYT2H1：16，敞口，翻唇，斜弧腹。口径16.6、底7.6、高6.9厘米（图二二二，1）。

B型　12件。圈足底。依器形不同分为三亚型。

Ba型　1件。垂弧腹。圆唇，敛口。

2007SYT1④：136，口径19.2、底径7.2、高7.8厘米（图二二二，2）。

Bb型　6件。微鼓腹。依口沿不同分为两式。

Ⅰ式：2件。侈口，圆唇。

2007SYT1⑤：271，口径13.8、底径5.4、高6.2厘米（图二二二，3）。

2007SYT1⑤：272，口径15.4、底径5.9、高7厘米（图二二二，4）。

Ⅱ式：4件。翻唇，敞口。

2007SYT2H1：2，口径15.2、底径6、高6厘米（图二二二，5）。

2007SYT2H1：3，口径15.4、底径6.2、高7厘米。

2007SYT2H1：7，口径16、底径6.1、高6.8厘米（图二二二，6）。

2007SYT2H1：10，口径18、底径7.8、高8厘米。

Bc型　5件。斜弧腹。圆唇，敛口。

2007SYT1④：134，口径21、底径6.4、高9.6厘米（图二二二，7）。

2007SYT1④：135，口径23.2、底径7.5、高8.6厘米（图二二二，8）。

2007SYT1④：137，器外有窑变色斑。口径21.4、底径6、高9.6厘米。

2007SYT1④：138，近口沿及下腹为孔雀蓝釉。口径20.6、底径6.2、高8.4厘米。

2007SYT1④：139，近口沿与下腹孔雀绿釉。口径20.2、底径6.1、高8.5厘米（图二二二，9）。

盏　依器底不同分为两型。

A型　1件。饼足底。

2007SYT1④：233，口径11、底径5.4、高5厘米（图二二三，1）。

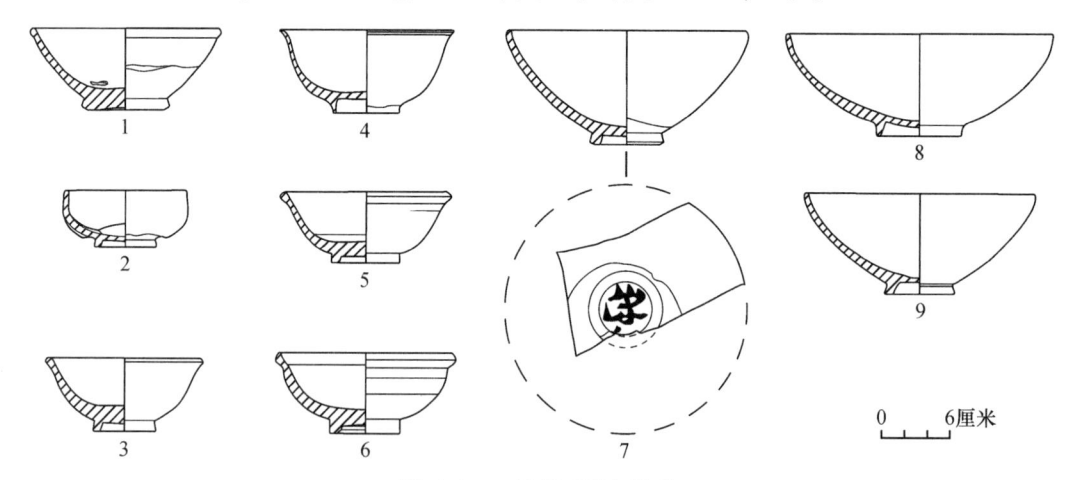

图二二二　天蓝（青）釉碗

1. A型（2007SYT2H1：16）　2. Ba型（2007SYT1④：136）　3、4. Bb型Ⅰ式（2007SYT1⑤：271、2007SYT1⑤：272）
5、6. Bb型Ⅱ式（2007SYT2H1：2、2007SYT2H1：7）　7~9. Bc型（2007SYT1④：134、2007SYT1④：135、2007SYT1④：139）

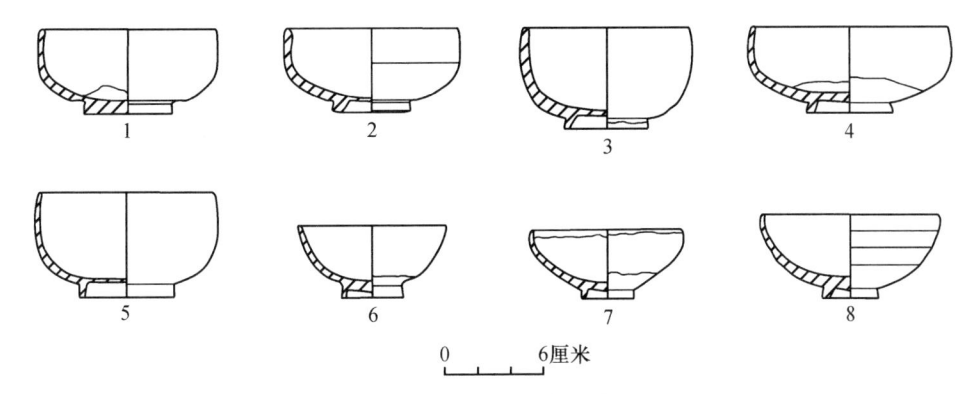

图二二三 天蓝（青）釉盏
1. A型（2007SYT1④：233） 2~5. Ba型（2007SYT1④：78、2007SYT1④：79、2007SYT1④：232、2007SYT1④：241）
6. Bb型（2007SYT1④：236） 7、8. Bc型（2007SYT1④：237、2007SYT1④：238）

B型　15件。圈足底。依器形不同分为三亚型。

Ba型　12件。垂鼓腹。尖圆唇，微敛。

2007SYT1④：78，口径10.6、底径4.8、高5厘米（图二二三，2）。

2007SYT1④：79，口径10.1、底径4.8、高4.7厘米（图二二三，3）。

2007SYT1④：141，口径11、底径4.8、高6.3厘米。

2007SYT1④：142，口径11、底径5、高6.5厘米。

2007SYT1④：231，口径13、底径5.6、高7.6厘米。

2007SYT1④：232，口径12.6、底径5.4、高5.1厘米（图二二三，4）。

2007SYT1④：233，口径11、底径5.4、高5厘米。

2007SYT1④：234，口径10.8、底径4.5、高5.8厘米。

2007SYT1④：235，口径13.5、底径6.5、高7.2厘米。

2007SYT1④：239，口径10.2、底径5.5、高5.9厘米。

2007SYT1④：240，口径10、底径4.8、高5.2厘米。

2007SYT1④：241，口径11.2、底径5.8、高6.2厘米（图二二三，5）。

Bb型　2件。弧腹。敞口，圆唇。

2007SYT1④：236，口径9.2、底径3.8、高4.3厘米（图二二三，6）。

Bc型　3件。弧腹。敛口，圆唇。

2007SYT1④：237，口径9.2、底径3.3、高4厘米（图二二三，7）。

2007SYT1④：238，口径11.2、底径3.6、高5厘米（图二二三，8）。

盘　依器底不同分为两型。

A型　2件。平底。

2007SYT1⑤：698，口径20、底径13、高2.5厘米（图二二四，1）。

B型　23件。圈足底。依口腹不同分为四亚型。

Ba型　1件。侈口，折沿，宽唇，浅弧腹。

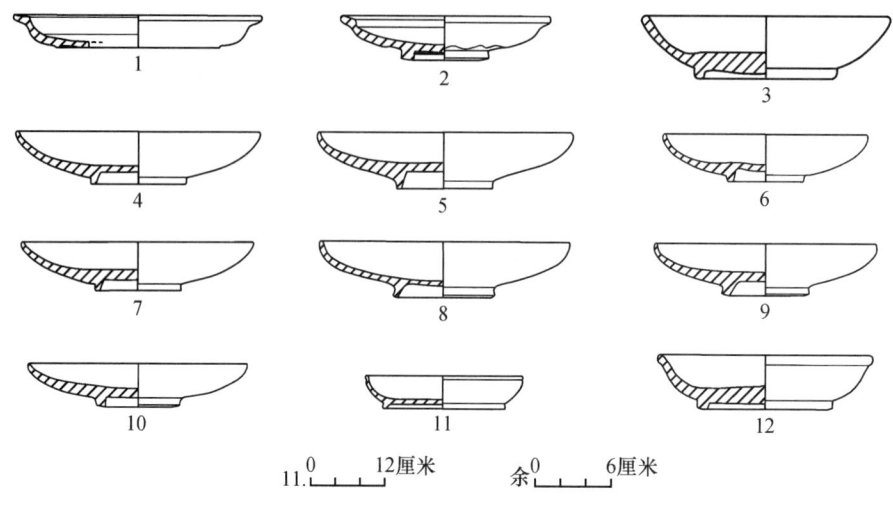

图二二四 天蓝（青）釉盘

1. A型（2007SYT1⑤：698） 2. Ba型（2007SYT1④：152） 3. Bb型（2007SYT2H1：14） 4~10. Bc型（2007SYT1④：153、2007SYT1④：154、2007SYT1④：157、2007SYT1④：158、2007SYT1④：161、2007SYT1④：162、2007SYT1④：164）
11、12. Bd型（2007SYT1④：151、2007SYT2H1：13）

2007SYT1④：152，口径16.7、底径7、高3.4厘米（图二二四，2）。

Bb型 1件。敞口，圆唇，浅弧腹。

2007SYT2H1：14，内壁饰一周辐射划线。口径19.2、底径11.4、高4.7厘米（图二二四，3）。

Bc型 19件。微敛口，圆唇，浅弧腹。

2007SYT1④：153，口径19.6、底径7.6、高4厘米（图二二四，4）。

2007SYT1④：154，口径20.4、底径7.6、高4.3厘米（图二二四，5）。

2007SYT1④：155，口径16.4、底径6、高3.2厘米。

2007SYT1④：156，口径16.8、底径6.2、高3.4厘米。

2007SYT1④：157，口径18、底径6、高3.6厘米（图二二四，6）。

2007SYT1④：158，口径18.6、底径6.8、高3.8厘米（图二二四，7）。

2007SYT1④：159，口径17、底径6.5、高3.5厘米。

2007SYT1④：160，口径20、底径8、高4厘米。

2007SYT1④：161，口径20、底径8、高4.3厘米（图二二四，8）。

2007SYT1④：162，口径17.8、底径7、高4厘米（图二二四，9）。

2007SYT1④：163，口径20、底径6.6、高5厘米。

2007SYT1④：164，口径17.6、底径6.6、高3.3厘米（图二二四，10）。

2007SYT1④：165，口径25、底径15.6、高5.2厘米。

2007SYT1④：166，口径15.4、底径5.6、高3.2厘米。

2007SYT1④：167，口径16、底径6.8、高3.5厘米。

2007SYT1④：168，口径19、底径8、高4厘米。

2007SYT1④：243，口径18.8、底径5.8、高3.6厘米。

2007SYT1④：244，口径16、底径6、高3.3厘米。

2007SYT1④：245，口径16.4、底径6、高3.7厘米。

Bd型　2件。翻唇，敞口，浅弧腹。

2007SYT1④：151，釉面玻璃光泽，呈橘皮皱纹状。内腹一侧有紫罗兰点彩。口径25.4、底径19.4、高5厘米（图二二四，11）。

2007SYT2H1：13，口径17.2、底10.8、高4.2厘米（图二二四，12）。

碟　依器底不同分为两型。

A型　1件。饼足底。敞口，圆唇，斜弧腹。

2007SYT1⑤：700，口径11.6、底径4.4、高2.1厘米（图二二五，1）。

B型　15件。圈足底。依口腹不同分为三亚型。

Ba型　3件。敞口，圆唇，斜弧腹。

2007SYT1⑤：701，口径12.2、底径4.8、高2.2厘米（图二二五，2）。

2007SYT1⑤：706，口径12、底径7.4、高2.2厘米。

2007SYT1⑤：704，口径12.2、底径4.6、高2.6厘米（图二二五，3）。

Bb型　2件。微敛口，圆唇，弧腹。

2007SYT1⑤：705，口径13.2、底径7.6、高2.8厘米（图二二五，5）。

2007SYT1⑤：702，口径13.2、底径7.6、高2.8厘米（图二二五，4）。

Bc型　10件。喇叭口，尖圆唇，宽平沿，斜弧腹。

2007SYT1④：143，口径10.2、底径4.6、高2.1厘米（图二二五，6）。

2007SYT1④：144，口径10.2、底径4.2、高2.1厘米。

2007SYT1④：145，口径11.8、底径4、高2.5厘米（图二二五，7）。

2007SYT1④：146，口径13、底径4.5、高3厘米。

2007SYT1④：147，口径12.5、底径4.6、高2.4厘米。

2007SYT1④：148，口径12、底径4.4、高2.5厘米（图二二五，8）。

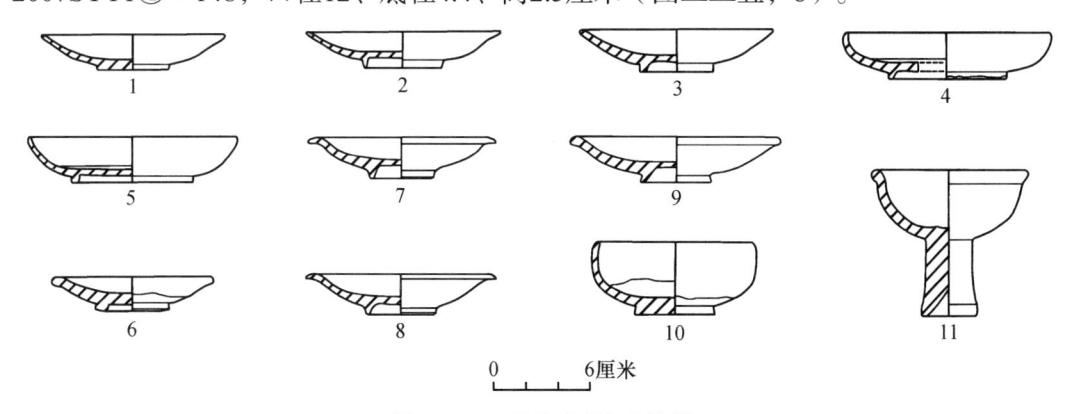

图二二五　天蓝（青）釉瓷器

1. 碟A型（2007SYT1⑤：700）　2、3. 碟Ba型（2007SYT1⑤：701、2007SYT1⑤：704）　4、5. 碟Bb型（2007SYT1⑤：702、2007SYT1⑤：705）　6~9. 碟Bc型（2007SYT1④：143、2007SYT1④：145、2007SYT1④：148、2007SYT1⑤：699）　10. 钵（2007SYT2H1：1）　11. 高足杯（2007SYT2H1：15）

2007SYT1④：149，口径12、底径4.5、高2.6厘米。

2007SYT1④：150，口径12.6、底径5、高2.5厘米。

2007SYT1⑤：703，口径11.8、底径4.6、高3.1厘米。

2007SYT1⑤：699，口径13.2、底径4.4、高2.8厘米（图二二五，9）。

钵 1件。

2007SYT2H1：1，敛口，圆唇，鼓弧腹，圈足微撇。口径10.4、底5、高4.4厘米（图二二五，10）。

高足杯 1件。

2007SYT2H1：15，侈口，圆唇，弧腹，高柄，平底内凹呈喇叭状。口径10、底3.6、高8.9厘米（图二二五，11）。

（八）绿釉系列

此系列瓷器数量较少，时代跨度处于宋—明清，南北方窑口均有。釉色可细分为绿釉与红绿彩。器形主要有碗、盏、盆、盘、水盂、炉、罐、碟、枕、器盖等。

1. 绿釉

碟 2件。敞口，翻唇，弧腹，平底。

2007SYT1⑧：206，口径11.4、底径3.4、高2厘米（图二二六，1）。

2007SYT1⑨：50，口径10.2、底径3.6、高1.9厘米（图二二六，2）。

罐 1件。

2007SYT1⑤：1033，敞口，平唇，鼓腹，隐圈足。外有三道凹弦纹、斜线纹划花纹饰。口径10.2、底径4.5、高6.2厘米（图二二六，3）。

炉 1件。

2007SYT1④：169，敞口，宽沿，圆唇，鼓腹，平底，底有三个等距矮足。口径8.4、底径5.4、高6.1厘米（图二二六，4）。

器盖 1件。圆弧形。

2007SYT1④：170，底径10、通径10.1、高2.7厘米（图二二六，5）。

水盂 1件。

2007SYT1⑤：1040，敛口，圆唇，垂鼓腹，平底。口径4、底径2.6、高2.4厘米（图二二六，6）。

枕 1件。

2007SYT1③：45，弧面，两端翘，八棱形，墙面分八块，每块均有模印菱形纹饰，平底内凹。长26.4、宽12.6、底23.9、高9.6厘米（图二二六，7）。

图二二六　绿釉瓷器

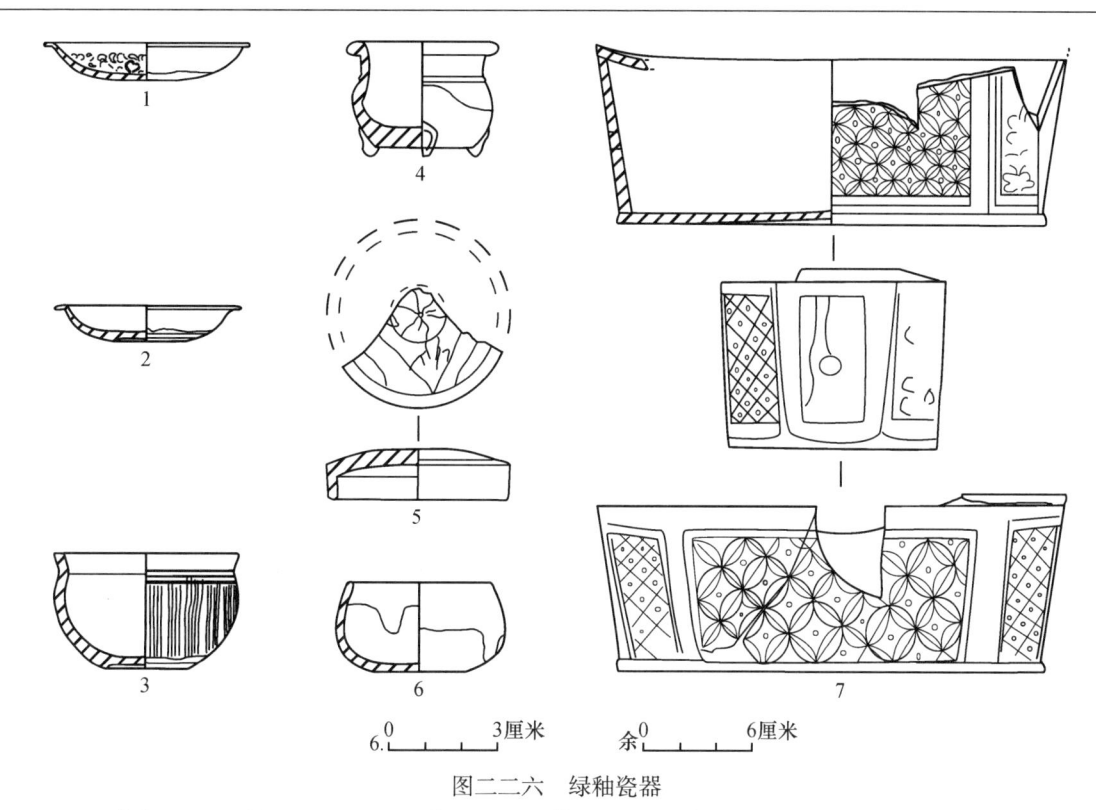

1、2. 碟（2007SYT1⑧：206、2007SYT1⑨：50）　3. 罐（2007SYT1⑤：1033）　4. 炉（2007SYT1④：169）
5. 器盖（2007SYT1④：170）　6. 水盂（2007SYT1⑤：1040）　7. 枕（2007SYT1③：45）

2. 红绿彩

碗　依器腹不同分为两型。

A型　4件。斜直腹。敞口，圆唇，圈足。

2007SYT1④：18，内壁有红、彩纹饰、文字。口径15、底径5.7、高5.4厘米（图二二七，1）。

2007SYT1⑤：286，内饰红绿彩弦纹二周，内底红绿彩书"二三……书"等字。口径14.6、底径5.6、高5厘米（图二二七，2）。

2007SYT1⑤：288，内饰红绿彩弦纹六周和"玖"等字。口径18.6、底径8、高7厘米。

2007SYT1⑤：289，内底褐彩纹饰。口径16.4、底径6、高6.8厘米（图二二七，3）。

B型　3件。弧腹。敞口，圆唇，圈足。

2007SYT1⑤：285，内有红、绿彩绘纹饰。口径14.5、底径4.8、高5厘米（图二二七，4）。

2007SYT1⑤：287，内有褐彩花纹。口径12.2、底径5.8、高3.5厘米（图二二七，5）。

2007SYT1⑤：612，内有褐彩花纹。口径16.2、底径5.8、高4.7厘米（图二二七，6）。

盏　1件。

2007SYT1⑤：855，敞口，圆唇，斜直腹，圈足。口沿处绘赭红彩，内腹中部绘两道赭红彩弦纹，内底有赭红彩书文字。口径13.4、底径5.2、高5.6厘米（图二二七，7）。

盘　1件。

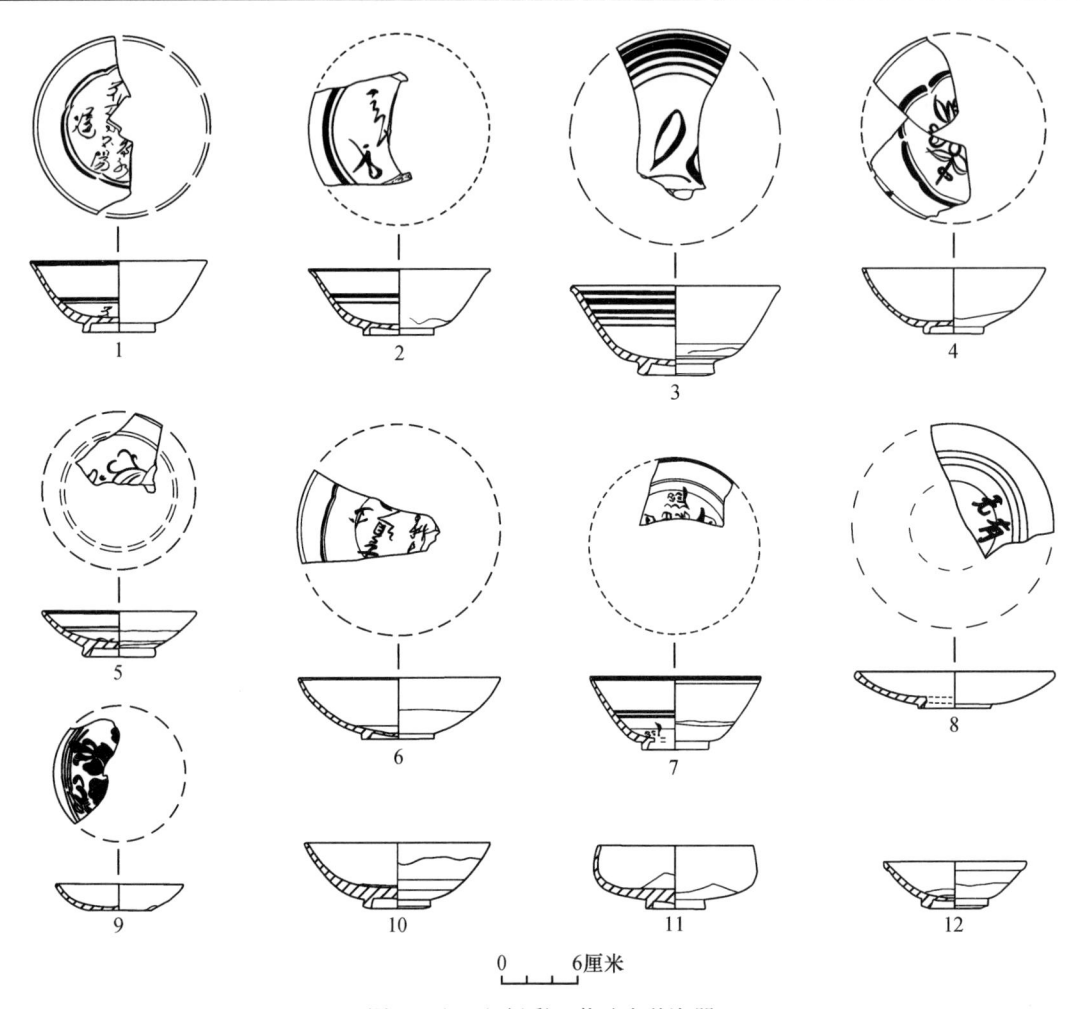

图二二七 红绿彩、茶叶末釉瓷器

1~3.红绿彩碗A型（2007SYT1④：18、2007SYT1⑤：286、2007SYT1⑤：289） 4~6.红绿彩碗B型（2007SYT1⑤：285、2007SYT1⑤：287、2007SYT1⑤：612） 7.红绿彩盏（2007SYT1⑤：855） 8.红绿彩盘（2007SYT1⑤：611） 9.红绿彩碟（2007SYT1⑤：696） 10.茶叶末釉碗（2007SYT1⑤：934） 11.茶叶末釉盏A型（2007SYT1④：248） 12.茶叶末釉盏B型（2007SYT1④：249）

2007SYT1⑤：611，敞口，圆唇，浅弧腹，浅圈足。口沿施红绿彩，器内饰红绿彩弦纹三周和"无、有"等字。口径15.8、底径5.6、高2.8厘米（图二二七，8）。

碟 1件。

2007SYT1⑤：696，敞口，圆唇，弧腹，平底。内有红、绿彩绘弦纹、牡丹。口径10.4、底径5、高2厘米（图二二七，9）。

（九）茶叶末釉系列

此系列瓷器数量很少，时代跨度处于宋—元，为南方吉州窑或建窑出土。器形主要有碗、盏。

碗　1件。敞口，圆唇，斜弧腹，浅圈足微撇。

2007SYT1⑤：934，口径14.8、底径5.4、高5厘米（图二二七，10）。

盏　圈足。依器腹不同分为两型。

A型　1件。垂鼓腹。

2007SYT1④：248，敛口，圆唇。口径12.8、底径4.6、高4.8厘米（图二二七，11）。

B型　1件。斜弧腹。

2007SYT1④：249，敞口，翻唇。口径11.2、底径5.2、高3.6厘米（图二二七，12）。

（十）柿釉系列

此系列瓷器数量极少，时代跨度主要处于宋—元，釉色分为柿釉与柿红釉两种。器形主要有盏、器盖、罐、盘。

1. 柿釉

盏　3件。圆唇，敞口微撇，斜弧腹，浅圈足。

2007SYT1⑤：877，内外釉面有兔毫发丝，釉质莹润，釉面玻璃光泽。外底有一墨书文字。口径11、底径4.4、高5.6厘米（图二二八，1）。

2007SYT1⑤：878，内底有紫色点彩。口径11.3、底径4.1、高5.2厘米（图二二八，2）。

2007SYT1⑤：879，口径12.4、底径4.8、高5厘米（图二二八，3）。

器盖　1件。凹弧面，宽沿，圆唇。

2007SYT1⑤：972，底径1.4、通径4.4、高0.7厘米（图二二八，4）。

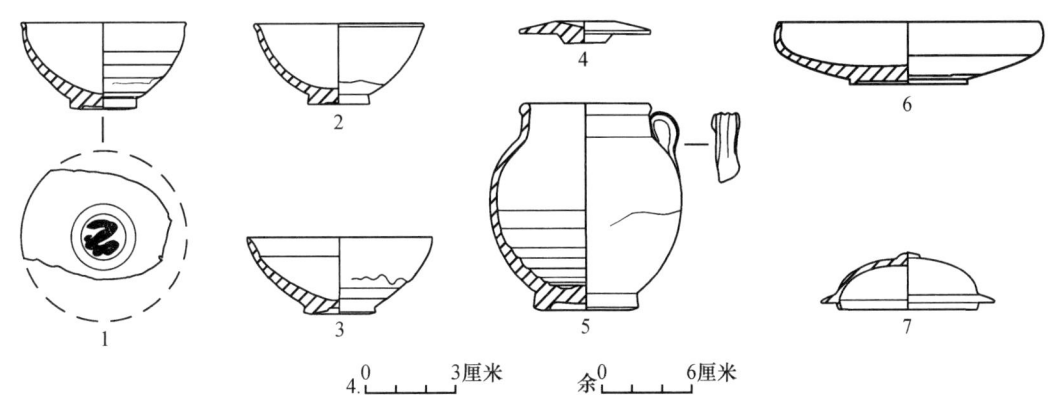

图二二八　柿釉、柿红釉瓷器

1~3.柿釉盏（2007SYT1⑤：877、2007SYT1⑤：878、2007SYT1⑤：879）　4.器盖（2007SYT1⑤：972）　5.柿红釉罐（2007SYT1⑩：34）　6.柿红釉盘（2007SYT1④：278）　7.柿红釉器盖（007SYT1④：277）

2. 柿红釉

罐　1件。

2007SYT1⑩：34，直口，翻唇、短颈、竖装三弦条形系，溜肩，弧腹，圈足外撇，挖足较浅。口径8.8、底径7、高13.4厘米（图二二八，5）。

盘　1件。

2007SYT1④：278，口微敛，圆唇，弧折腹，浅圈足。口径18.2、底径8、高4厘米（图二二八，6）。

器盖　1件。

2007SYT1④：277，外弧面，荷叶形，上端中有一荷蒂纽，形类于"如意"。盖直径11.8、盖口径9.4、高3.7厘米（图二二八，7）。

瓷器上部分有墨书，见图版七七~图版七九。

（十一）其他

除瓷器之外的器类，其中有陶器、铜器、玉器、骨器、琉璃器、石器等。

1. 陶器

器类丰富，其中有钵、纺轮、釜、坩埚、绞胎丸、盆、瓶、器盖、砖瓦、瓦当、香熏盖、印模、辗轮等。

钵　依器腹不同分为两型。

A型　1件。微鼓腹。敛口，圆唇，平底内凹。

2007SYT1⑦：22，外饰五道凸旋纹。口径22.8、底径10、高11.6厘米（图二二九，1）。

B型　1件。斜直腹。敛口，折沿，卷唇，平底。

2007SYT1⑧：213，口径8.4、底径2、高4厘米（图二二九，2）。

纺轮　依器形不同分为两型。

A型　2件。圆弧形。

2007SYT1③：55，中部弧凸，呈车轮状，背部素面。通径5.4、高0.9厘米（图二二九，3）。

2007SYT1③：56，馒头形弧面，中有一孔。通径4.4、厚1.1厘米。

B型　1件。圆饼形。

2007SYT1⑤：945，通径4.4、厚1.1厘米（图二二九，4）。

釜　2件。敛口，圆唇，弧腹，平底。腹中侧有四组爪托。

2007SYT1⑤：1031，口径4.3、底径2.8、通径6.7、高3厘米（图二二九，5）。

2007SYT1⑤：1039，口径3.1、底径2.2、通径5、高3.1厘米。

图二二九　陶器

1. 钵A型（2007SYT1⑦：22）　2. 钵B型（2007SYT1⑧：213）　3. 纺轮A型（2007SYT1③：55）　4. 纺轮B型（2007SYT1⑤：945）
5. 釜（2007SYT1⑤：1031）　6、7. 坩埚（2007SYT1④：214、2007SYT1④：215）　8. 绞胎丸（2007SYT1④：216）　9. 盆Ⅰ式
（2007SYT1⑪：59）　10. 盆Ⅱ式（2007SYT1⑤：1020）　11. 盆Ⅲ式（2007SYT1③：58）　12. 瓶（2007SYT1⑦：23）

坩埚　2件。敞口，圆唇，七棱直腹，浅圜底。

2007SYT1④：214，底径4.7、高7.4厘米（图二二九，6）。

2007SYT1④：215，通径3.8、高5.5厘米（图二二九，7）。

绞胎丸　1件。

2007SYT1④：216，圆形。素烧无釉，黄褐两色绞胎，纹理自然流畅。直径5.5厘米（图二二九，8）。

盆　依器腹不同分为三式。

Ⅰ式：1件。斜直腹。敞口，斜方唇，平底微凹。

2007SYT1⑪：59，口径18.4、底径11、高5.5厘米（图二二九，9）。

Ⅱ式：1件。微鼓腹。敛口，卷唇，折沿，平底微凹。

2007SYT1⑤：1020，口径18、底径9.6、高6.5厘米（图二二九，10）。

Ⅲ式：2件。弧腹。敞口，宽沿，圆唇，平底。

2007SYT1③：58，底心有一孔。上底6.4、下底14.1、高4.4厘米（图二二九，11）。

2007SYT1④：213，口径32、底径18、高11厘米。

瓶　1件。

2007SYT1⑦：23，敞口，翻唇，短束颈，溜肩，鼓腹，平底。口径4、底径5.3、腹径11.6、通高13.8厘米（图二二九，12）。

板瓦　2件。长方形弧面。

2007SYT1⑤：966，表面模印鳞纹，划花腮、鱼腹纹。残长12、残宽11.6厘米（图二三〇，1）。

2007SYT1⑤：1001，表面饰鱼菊纹。长11.8、宽1.6、高10.6厘米（图二三〇，2）。

瓦当　依器形不同分为两型。

A型　1件。心型。

2007SYT1⑤：1016，面饰重瓣莲花、连珠纹。长10.6、宽2.2、高15.4厘米（图二三〇，3）。

B型　3件。圆形。依纹饰不同分为两式。

Ⅰ式：2件。模印仰莲。

2007SYT1③：46，通径13.8、高2.2厘米（图二三〇，4）。

2007SYT1⑤：1008，通径13、高2厘米。

Ⅱ式：1件。模制重瓣莲花、连珠纹。

2007SYT1③：47，通径15、高1.8厘米（图二三〇，5）。

印模　依器形不同分为五型。

A型　1件。扁椭圆形。

2007SYT1④：217，通径4.3、高0.9厘米（图二三〇，6）。

B型　1件。厚圆饼形。

2007SYT1③：52，圆饼状，平面，面上有戳印篆书铭文，文字不清。通径5.6、高2.3厘米

（图二三〇，7）。

C型 5件。圆弧形，中空。依弧度不同分为三式。

Ⅰ式：1件。拱形。

2007SYT1⑦：24，内面是一团花，外沿为一组日光辐射，面侧有两个小圆孔。通径5.6、高2.1厘米（图二三〇，8）。

Ⅱ式：3件。扁拱形。

2007SYT1⑤：978，内面模印人面纹。通径4.5、高1.6厘米（图二三〇，9）。

2007SYT1⑤：979，内面模印梅花纹饰与日光辐射线纹。通径4.2、高1.4厘米（图二三〇，10）。

2007SYT1⑤：981，内面模印团菊、回纹，沿面为双线日光辐射纹。通径4.9、高1厘米（图二三〇，11）。

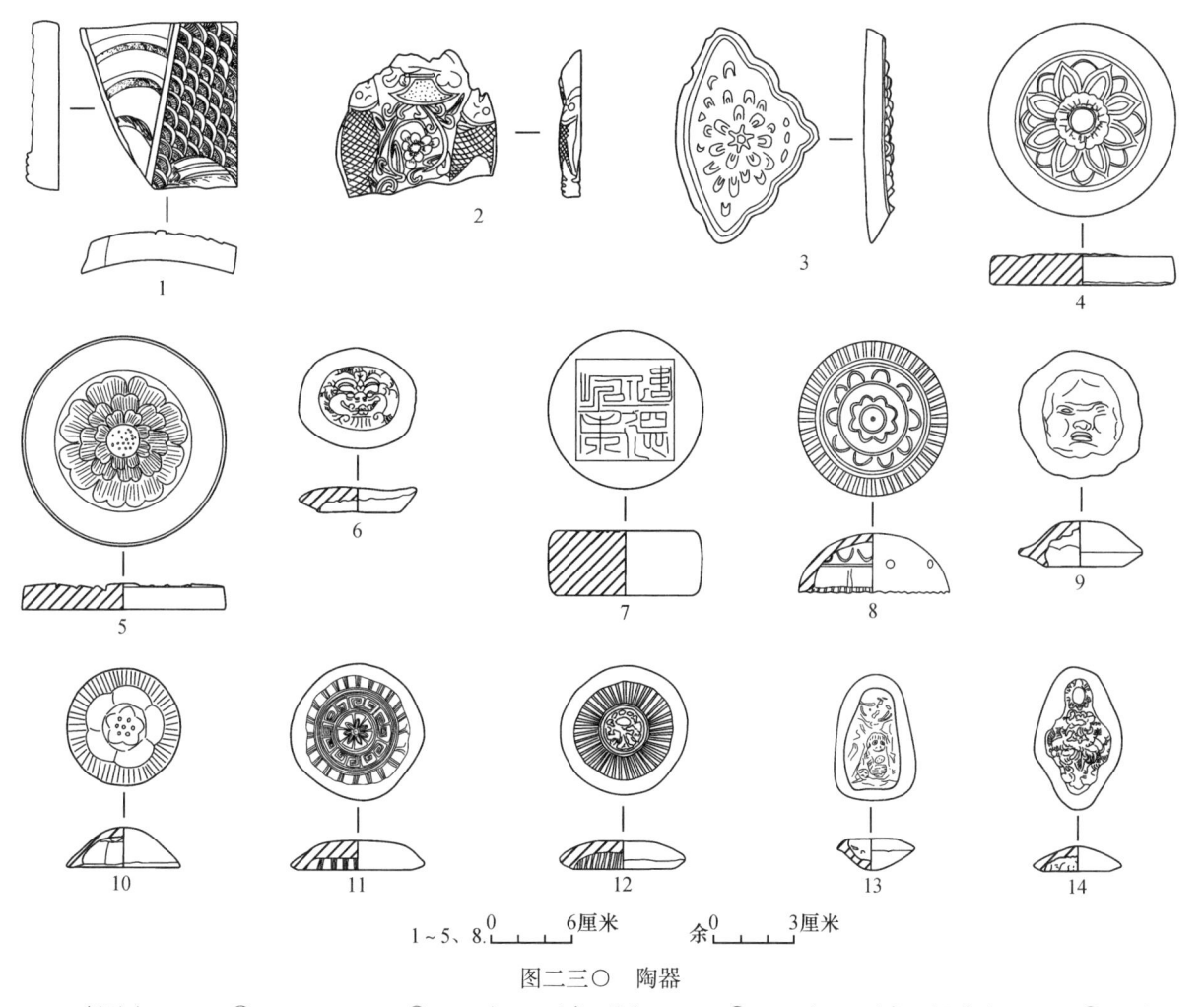

图二三〇　陶器

1、2. 板瓦（2007SYT1⑤：966、2007SYT1⑤：1001）　3. 瓦当A型（2007SYT1⑤：1016）　4. 瓦当B型Ⅰ式（2007SYT1③：46）　5. 瓦当B型Ⅱ式（2007SYT1③：47）　6. 印模A型（2007SYT1④：217）　7. 印模B型（2007SYT1③：52）　8. 印模C型Ⅰ式（2007SYT1⑦：24）　9～11. 印模C型Ⅱ式（2007SYT1⑤：978、2007SYT1⑤：979、2007SYT1⑤：981）　12. 印模C型Ⅲ式（2007SYT1③：50）　13. 印模D型（2007SYT1③：51）　14. 印模E型（2007SYT1⑤：980）

Ⅲ式：1件。较Ⅱ式扁圆。

2007SYT1③：50，内面模印菊花纹。通径4.6、高1厘米（图二三〇，12）。

D型　1件。蝉形。

2007SYT1③：51，内中空。模印纹饰不清。长4.5、宽3、厚1.1厘米（图二三〇，13）。

E型　1件。长圆形。

2007SYT1⑤：980，内面模印花纹。通长5.1、宽3.25、高0.9厘米（图二三〇，14）。

2. 铜器

铜环与铜簪各1件。

铜环　1件。

2007SYT1③：53，截面为圆形，面无纹饰。通径3.8、厚0.25厘米（图二三一，1）。

铜簪　1件。

2007SYT1⑧：214，体分两叉，圆条状，末端残。长11.5、宽1.5厘米（图二三一，2）。

3. 玉器

器类有饰件、棋子及兔雕件。

饰件　依器形不同分为两式。

Ⅰ式：1件。圆饼形。玛瑙（石灰）质，墨绿色。

2007SYT1⑩：32，通径1.8、高0.8厘米（图二三一，3）。

Ⅱ式：1件。圆弧形。

2007SYT1⑤：955，中有一孔。青玉质。通径1.7、厚0.45厘米（图二三一，4）。

棋子　2件。圆饼状。玉质，青白色。

2007SYT1⑤：1269，通径1.7、高0.4厘米（图二三一，5）。

2007SYT1⑤：1270，直径1.75、厚0.3厘米（图二三一，6）。

兔雕件　1件。

2007SYT1⑦：25，缺首、颈。卧状，随形圆雕，体态丰满，线条简洁。和田青白玉料。长7.6、高5.4、厚3厘米（图二三一，7）。

4. 骨器

器类有梳、簪。

梳　依器形不同分为两型。

A型　3件。月牙形柄。梳齿残断。依梳柄变化分为两式。

Ⅰ式：2件。宽柄。

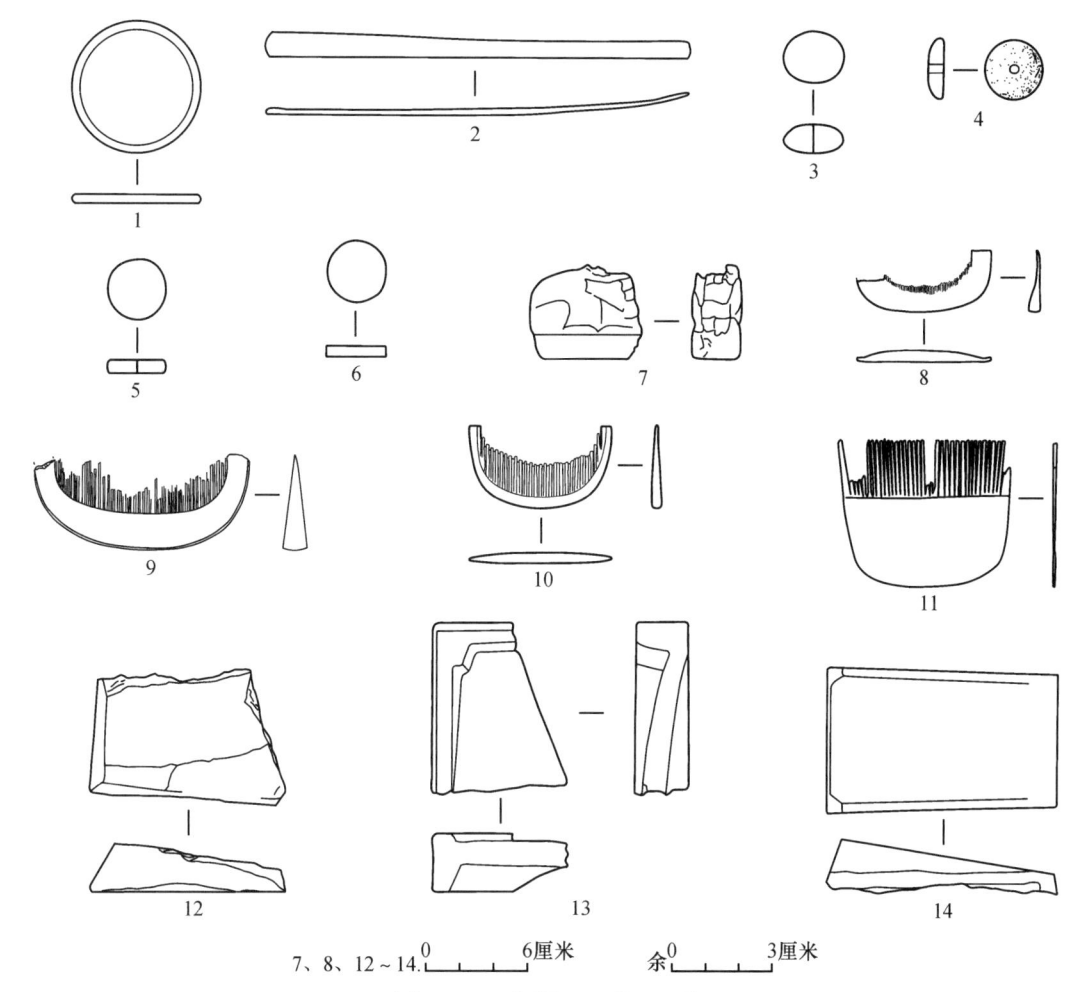

图二三一 铜器、玉器及骨器

1. 铜环（2007SYT1③:53） 2. 铜簪（2007SYT1⑧:214） 3. 玉饰Ⅰ式（2007SYT1⑩:32） 4. 玉饰Ⅱ式（2007SYT1⑤:955）
5、6. 玉棋子（2007SYT1⑤:1269、2007SYT1⑤:1270） 7. 兔雕件（2007SYT1⑦:25） 8、9. 骨梳A型Ⅰ式（2007SYT1⑩:38、
2007SYT1⑩:39） 10. 骨梳A型Ⅱ式（2007SYT1⑤:1026） 11. 骨梳B型（2007SYT1③:54） 12、13. 石砚台A型
（2007SYT1⑦:26、2007SYT1⑦:27） 14. 石砚台B型（2007SYT1⑦:28）

2007SYT1⑩:38，齿数45。长8.1、宽3.5、厚0.7厘米（图二三一，8）。

2007SYT1⑩:39，齿数47。骨质。残长6.4、宽2.8、厚0.7厘米（图二三一，9）。

Ⅱ式：1件。窄柄。

2007SYT1⑤:1026，齿数29。长4.2、宽2.4、厚0.3厘米（图二三一，10）。

B型 1件。圆弧形柄。

2007SYT1③:54，齿数35，为松针状，梳截面为"梭形"。长5.15、宽4.15、厚0.1厘米（图二三一，11）。

5. 琉璃器

器类有簪、珠。

簪　1件。

2007SYT1⑤：1022，残成一小段。顶部呈莲蓬状，中部为圆柱体形，从顶至下渐细。通径1厘米。

珠　1件。

2007SYT1⑤：968，呈不规则圆球状。通径1.4、高1.1厘米。

6. 石器

器类有碓头、磴石、石丸、砚台。

砚台　依器形不同分为两型。

A型　2件。长方形。

2007SYT1⑦：26，池面凹弧状，弧角，平沿，斜凹弧面底。通长11.6、通宽8、厚2.7厘米（图二三一，12）。

2007SYT1⑦：27，抄手砚，斜坡状底，砚池四角为倒角。长8、宽3.2、高10厘米（图二三一，13）。

B型　1件。梯形。

2007SYT1⑦：28，池面斜弧状，直沿，平底凹心，凹心呈斜坡形。长13.8、宽8.4、高3.1厘米（图二三一，14）。

二、分　　期

根据遗址地层叠压关系、遗存间的打破关系和典型陶瓷器的分型变化，划分为四期八段。

第一期分为两段。出土遗物虽相对较少，但前后年代存在一定差异，分成两段更为科学合理。

第一期前段的地层是T1⑪层。主要遗物有青釉碗饼足底类A型Ⅰ式、B型Ⅰ～Ⅱ式、Cb型Ⅰ～Ⅱ式，D型，平底类A型、B型，玉璧底类A、B、C型；青釉盏饼足底类D型；青釉钵B型、C型；青釉罐Ab型；青釉盘Bc型。白釉碗饼足底类A型、Cb型，玉璧底类Ab型Ⅰ～Ⅱ式、Bb型；白釉盏饼足底类B型；白釉器盖Ca型Ⅰ式。黄釉碗Aa型、Ab型、Ba型、Bb型；黄釉盏A型、B型Ⅰ式。酱釉碗A型；酱釉钵B型Ⅰ式、C型；酱釉罐Bb型。陶盆Ⅰ式。

第一期后段的地层是T1⑩层。主要遗物有青釉碗饼足底类A型Ⅱ式、Ca型；青釉盏饼足底类C型，平底类A型；青釉钵A型、B型；青釉罐A型Ⅰ型。白釉碗饼足底类Bb型、Ca型，玉璧形底Aa型、Ab型Ⅱ式、Ba型；白釉盏饼足底类A型Ⅰ式，普通圈足底类B型Ⅰ式、Ca型；白釉器盖Cb型Ⅰ式。黄釉碗Ba型、Bb型；黄釉盏A型、B型Ⅰ式。骨梳A型Ⅰ式。

第二期时代跨度较长，分为三段。出土遗物较多，器形丰富。

第二期前段的地层是T1⑨层。出土遗物较少，主要遗物有青釉碗高圈足底类Aa、Ab型、Bb型、Cb型，普通圈足底类B型Ⅰ式、Cb型Ⅰ式、D型Ⅰ式；青釉盏饼足底类Aa型Ⅱ式；青釉碟Ac型；青釉盆B型；青釉印花盏Bb型Ⅰ式。青白釉碗饼足底类A型、Ba型。白釉碗饼足底类Cc型。黑釉碗Aa型Ⅰ式、Ba型Ⅰ式。

第二期中段的地层是T1⑧层，出土遗物较多，主要遗物有青釉碗高圈足底类Ba型、Bb型、D型，普通圈足底类B型Ⅰ式、Cb型Ⅰ式；青釉盏饼足底类Aa型Ⅱ式，普通圈足底类Aa型，隐圈足底类Ⅰ式；青釉碟Aa型、Ab型、Ac型、Bb型；青釉划花碗Aa型；青釉印花碗Aa型。青白釉碗饼足底类Ba型，高圈足底类A型Ⅰ式、B型、D型，普通圈足底类B型；青白釉盏Aa型；青白釉杯Aa型；青白釉碟Ab型、Bd型；青白釉盒Bc型、Bd型；青白釉盘Bc型；青白釉器盖Ac型。青白釉划花碗高圈足底类A型、B型，普通圈足底类A型、C型；青白釉碟A型；青白釉印花盘A型、B型。白釉碗高圈足底类A型、Ba型，普通圈足底类Ab型、Ac型、Ba型、Bb型Ⅰ式、Be型Ⅰ式；白釉盏普通圈足底类B型Ⅱ式、Cb型Ⅰ式；白釉盒Bb型；白釉盘饼足底类A型；白釉器盖Ca型Ⅱ式；白釉划花碗A型。黑釉碗Ca型、Cb型；黑釉盏饼足底类B型，普通圈足底类Ba~Bc型、Da型、Dc型，隐圈足底类A型Ⅰ式。黄釉盏B型Ⅱ式。酱釉盏饼足底类B型Ⅰ式；酱釉钵A型；酱釉碟B型Ⅰ式；酱釉罐A型、Ba型。

第二期后段的地层是T1⑦层，出土遗物较多，主要遗物有青釉碗普通圈足底类Ad型；青釉罐Aa型Ⅱ式。青釉印花碗Bb型。青白釉碗高圈足类D型；青白釉碟Bc型；青白釉划花碗普通圈足底类A型；青白釉碟A型。白釉碗饼足底类Ba型，高圈足底类C型，普通圈足底类Ab型、Bb型Ⅰ式、Be型Ⅰ式；白釉器盖Aa型；白釉划花碗Bb型。黑釉盏普通圈足底类Da型、Dc型；陶钵A型；陶印模C型Ⅰ式。石砚台A型、B型。

第三期分为两段，出土了大量的遗物，器形丰富，窑口众多。

第三期前段的地层是T1⑤层，出土遗物相当丰富，约占遗物总数的50%以上。主要遗物有青釉碗高圈足底类Ba型、Bb型，普通圈足底类Ab型Ⅰ~Ⅱ式、Ac型、Ca型、Cb型Ⅱ式、D型Ⅱ式；青釉盏饼足底类Aa型Ⅰ式、Ab型、B型Ⅰ式，平底类B型，普通圈足底类Aa型、Ab型Ⅰ~Ⅱ式、Ac型Ⅰ~Ⅱ式、C型、Db型Ⅰ~Ⅲ式、Dd型、De型，隐圈足底类Ⅱ式；青釉碟Ca型Ⅰ式、Cb型；青釉罐B型；青釉盘Ca型Ⅰ式、Cc型、Ce型Ⅰ式、Cf型、青釉盆A型；青釉瓶平底A型；青釉黑花盘；青釉划花碗Ab型、B型；青釉划花盏B型；青釉划花盘；青釉印花碗Ab型、Bb型；青釉印花盏A型、Ba型。青釉印花碟；青釉印花盘。青白釉碗饼足底类Bb型，高圈足底类A型Ⅱ式、C型、D型，普通圈足底类A型、C型；青白釉盏Ab型、B型；青白釉杯Ab型、B型；青白釉碟Aa型、Ba~Bc型、Ca型、Cb型；青白釉盒A型、Ba型、Bb型、C型；青白釉器盖Aa型、Ab型、B~D型；青白釉划花碗普通圈足底类A型、B型；青白釉划花碟A~C型；青白釉印花碗。白釉碗高圈足底类Bb型，普通圈足底类Aa~Ac型、Ba型、Bb型Ⅱ式、Bd

型、Be型Ⅱ式、C型、Da型、Ea型、Eb型、Fb型；白釉盏高圈足底类A型、B型，普通圈足底类Aa型、B型Ⅲ式、Cb型Ⅱ式、Cc型、Da～Dd型；白釉钵B型。白釉碟A型、Ba型、Bb型Ⅰ式、Bc型、Bd型、Ca～Cc型；白釉罐Aa型Ⅰ式、Cb型、Cc型；白釉盒Bb型；白釉盘平底类A型Ⅱ式、B型，圈足底类Aa～Ac型、B型、Ca型Ⅱ式、Cb型；白釉器盖Aa型、Bb型、Ca型Ⅱ式、Cb型Ⅱ式、Cc型；白釉水盂Aa型、Ba型、Bb型、Cb型、Cc型；白地黑花碗B型、C型；白地黑花盏A型、Ba型、Bb型；白地黑花盘A型、B型；白釉褐彩碗Aa型、Ab型、Ba型、Bb型；白釉褐彩盏A～C型；白釉褐彩罐Bb型；白釉褐彩盘A型、B型；白釉褐彩水盂Aa型、Ab型；白釉划花碗Ba型、Bb型；白釉划花盏Aa型、Ab型、B型；白釉划花碟A型、B型；白釉划花盘A型、Ba～Bc型；玉璧底类A型；白釉印花碟A型、B型。黑釉碗Aa型Ⅱ式、Ab型、B型Ⅱ式、B型Ⅲ式、Bb型、Bc型、D型；黑釉盏饼足底类Ab型，普通圈足底类Ba～Bd型、Ca型、Cc型、Da～De型，隐圈足底类A型Ⅱ式、B型；玉璧底类A型；黑釉碟A型、B型；黑釉罐Aa型、Ab型、B型；黑釉盘A型、B型；黑釉器盖A型、C型。黑白釉碗Aa型、Ab型、Ba型、Bb型、D型；黑白釉盘A型、Ba型、Bb型。黄釉碗C型；黄釉钵A型、B型。酱釉碗Bb型、Bc型、C型；酱釉盏饼足底类Aa型、Ab型、B型Ⅱ式，平底类A型，普通圈足底类Ca～Cc型、Da型Ⅰ式、Db型、E型，隐圈足底类，玉璧底类；酱釉钵B型Ⅱ式；酱釉碟B型Ⅱ式；酱釉罐Ca型；酱釉盘A型、Ba型Ⅰ式、Bb型Ⅰ式、Bc型；天蓝釉碗Bb型Ⅰ式；天蓝釉碟A型、Ba～Bc型；天蓝釉盘A型。红绿彩碗A型、B型；陶纺轮B型；陶盆Ⅱ式；瓦当A型、B型Ⅰ式；陶印模C型Ⅱ式、E型。骨梳A型Ⅱ式。

  第三期后段的地层是T1④层，主要遗物有青釉碗高圈足底类Ca型，普通圈足底类Aa型、B型Ⅱ式、Cb型Ⅱ式；青釉盏饼足底类B型Ⅱ式，普通圈足底类B型、Da型、Bb型Ⅲ式、Bc型、Dd型；青釉碟Ba型、Ca型Ⅱ式；青釉盘、Ca型Ⅰ式、Ⅱ式、Cb～Cd型；青釉盆A型；青釉划花盏A型；青釉印花盏Bb型Ⅱ式。青白釉盘A型、Ba型、Bb型；青白釉器盖D型。白釉碗普通圈足底类Aa型、Ac型、Bb型Ⅱ式、Bc型、Db型、Fa型；白釉盏饼足底类A型Ⅱ式，平底类，普通圈足底类Ab型、Da型、Dd型；白釉钵A型；白釉碟Bb型Ⅱ式；白釉罐Ac型、B型。白釉盒A型、Ba型、Bb型；白釉盘圈足底类Ab型、Ac型、Ca型Ⅰ式；白釉器盖Ba型、Ca型Ⅲ式；白釉水盂Ab型、Ba型、Bc型、Ca型、Cd型；白地黑花碗A型；白釉褐彩碗Aa型、Ba型、Bb型；白釉褐彩罐Ba型；白釉划花碗Ba型；白釉划花盏Ab型；白釉划花盘Ba型、Bd型。黑釉碗Bb～Bd型；黑釉盏饼足底类Aa型，普通圈足底类A型、Ba型、Bc型、Bd型、Cb型；黑釉器盖B型。黑白釉碗C型；黑白釉盘A型、Ba型。酱釉碗Ba型；酱釉盏平底类B型，普通圈足底类A型、B型、Ca型、Da型Ⅱ式、E型；酱釉碟A型；酱釉盘Ba型Ⅱ式、Bb型Ⅱ式。天蓝釉碗Ba型、Bb型Ⅱ式、Bc型；天蓝釉盏A型、Ba～Bc型；天蓝釉高足杯；天蓝釉碟Bc型；天蓝釉盘Ba～Bd型。红绿彩碗A型。茶叶末釉盏A型、B型。陶盆Ⅲ式；陶印模A型。

  第四期出土遗物较少，其地层为T1③层。主要遗物有青釉碗普通圈足底类B型Ⅱ式；青釉碟Ca型Ⅱ式；青釉盘A型、Ba型、Bb型、Cb型、Ce型Ⅱ式；青釉三足炉A型、B型；青釉印花碗Ba型。白釉罐Aa型Ⅱ式、Ab型、Ca型；白釉器盖Aa型、Ab型、Ba型、Bb型；白釉水盂Aa

型；白地黑花罐A型、B型；白釉褐彩碗Ab型；白釉褐彩罐A型；白釉褐彩水盂B型。酱釉罐Cb型、Cc型；酱釉器盖A型、B型；酱黑釉壶A型、B型；酱黑釉器盖Aa型、Ab型、B型。陶纺轮A型；陶盆Ⅲ式；瓦当Ⅰ~Ⅱ式；陶印模B型、C型Ⅲ式、D型。骨梳B型。

因第五期未有对应地层，且清代遗物仅有一些零碎的青花瓷，故取消第五期，改成四期八段。

三、年　代

第一期分为两段，前段出土器物以青釉、黄釉、白釉碗盏为主，间以少量的钵、罐、盘、器盖等，以青釉碗盏为大宗，饼足底、玉璧底为主，间以少量的平底，少见圈足底。胎质总体较为厚重。青釉玉璧底类碗盏多与唐代中晚期长沙窑、越窑的釉色和形制相似，釉色匀净、光亮，胎质细腻、致密。而黄釉饼足底碗多与唐代中晚期寿州窑的釉色与形制相似，胎质较粗，含气孔多。此段出现了少量的白釉瓷碗盏，有饼足底类与玉璧底类，少见圈足类，为典型的邢窑、定窑瓷器。白釉碗饼足类A型、Cb型分别与柳孜运河遗址第二次发掘的A型Ⅰ式、Ⅱ式比较相似，推测为唐代中期邢窑烧造。青釉碗玉璧底类C型与柳孜运河遗址第二次发掘的甲类青釉碗A型Ⅱ式比较相似，亦与越窑出土的唐代中期玉璧底碗相同。青釉碗玉璧底类A型与柳孜运河遗址第二次发掘的青釉小碗（盏）A型相似，且均与长沙窑出土的唐代中晚期玉璧底碗较为相似。黄釉碗Aa型、Ba型、Bb型分别与柳孜运河遗址第二次发掘的黄釉碗D型、A型Ⅱ式、Ba型Ⅰ式相似，均属唐代中晚期寿州窑饼足、玉璧底碗系列。在该期还出土了少量"开元通宝""乾元重宝"铜钱，可作为断代参照的标准。推断该段时代属中晚唐（756~800年）。

第一期后段出土器物以青釉、白釉碗盏为主，少量的黄釉碗，间以钵、罐、器盖等。青釉器数量相对减少，白釉器数量增多。除一些青釉、白釉玉璧底、饼足底碗盏外，白釉圈足碗渐增，釉色细腻、胎质精细。该段青釉玉璧底碗盏的釉色、形制与五代越窑青釉碗盏相似，极少数或为秘色瓷。白釉碗盏与定窑（邢窑）白釉碗盏相似。白釉碗玉璧底类Aa型与柳孜运河遗址第二次发掘的白釉碗E型Ⅱ式相似，白釉碗饼足底类Bb型与柳孜遗址运河遗址第二次发掘的白釉碗A型Ⅰ式相似，白釉碗饼足底类Ca型与柳孜运河遗址第二次发掘的白釉碗C型相似，均属晚唐时期遗物，部分器物或为邢窑系烧造，推测该段时代应为五代（800~960年）。

第二期分为前、中、后三段，前段出土器物较少，仅有零星的发现，其中有青釉圈足碗、盏、碟、盆，青白釉饼足底类碗，极少量饼足底白釉碗、黑釉碗。该段出现了高圈足碗盏。黄釉器、玉璧底类器少见。该段发现的青釉圈足器多与北宋早期龙泉窑相似，少许或属越窑系。部分青釉碗高圈足类Bb型与柳孜运河遗址第二次发掘的青釉碗乙类C型Ⅰ式相似，属北宋早期龙泉窑系。少量的饼足底青白釉、白釉器多为景德镇湖田窑烧造，如青（白）釉碗高圈足类Ab型与柳孜运河遗址第一次发掘的A型Ⅰ式、第二次发掘的A型Ⅰ式、Ⅱ式青白釉碗相似，均属北宋早期景德镇湖田窑系。极少数白釉器为巩义窑、定窑或磁州窑烧造。黑釉碗或为建窑（吉州窑）系烧造，长沙窑青黄釉瓷器、寿州窑黄釉器已不见。该段出土"宋元通宝"铜钱。推测该段时代为北宋早期（960~1000年）。

第二期中段，出土器物数量相对前段增多，其中有青釉圈足碗、盏、碟，青釉划花碗，青釉印花碗。青白釉饼足底类碗、圈足底类（高圈足底类、普通圈足底类、隐圈足底类）碗、盏、杯、碟、盒、盘、器盖；青白釉划花圈足底类（高圈足底类、普通圈足底类）碗、碟；青白釉印花盘。白釉圈足底类（高圈足底类、普通圈足底类）碗、普通圈足盏，白釉盒、器盖；白釉划花碗。黑釉碗，黑釉饼足底底类、普通圈足底类及隐圈足底类盏。极少量黄釉盏。少量酱釉盏、钵、碟、罐等。可见该段青釉系列器多为圈足，新出现了划花、印花类。青白釉系列器占比较大，在器形、纹饰等方面均有较大发展，新出现了青白釉划花、印花。器形多样，新出现了杯、盒、盘、器盖等，饼足底类进一步减少，出现了更多的不同样式圈足，如高圈足底类及隐圈足底类。白釉碗、盏、盒、器盖相对增加。黑釉器、酱釉器亦更多出现。青釉器、青釉划花器、青釉印花器与龙泉窑青瓷器相似，少数或与北方临汝窑、耀州窑青瓷器相似。青白釉饼足、高圈足、普通圈足、隐圈足底器，青白釉划花高圈足底器、普通圈足底器，青白釉印花器均与景德镇湖田窑青白瓷极为相似，部分与安徽繁昌窑青白瓷相似。白釉器多数为江西景德镇湖田窑烧造，部分或为河北磁州窑烧造，应称之为乳白釉瓷（青）白釉碗高圈足底类菱口碗A型与柳孜运河遗址第二次发掘的A型Ⅰ式菱花口碗相似，亦与景德镇湖田窑出土的Ⅱ式、Ⅲ式花口碗相似，均属于北宋中期。黑釉普通圈足、隐圈足、饼足底碗盏与吉州窑（建）窑系烧造的瓷器相似。该段出土"祥符元宝""祥符通宝""嘉祐通宝""景德元宝""景祐元宝""天圣元宝""崇宁通宝""崇宁重宝""元丰通宝"铜钱。推测该段时代为北宋中期（1001~1067年）。

第二期后段，出土器物数量相对于中段大幅减少，仅有青釉碗、盏、罐；青釉印花碗。青白釉碗、碟，青白釉划花碗、碟。白釉碗；白釉划花碗。黑釉盏。陶钵、印模及石砚台。饼足器少见，更多为圈足器，部分为高圈足底类。釉色、器形数量相对该期中段减少。该段发现的青釉器多与龙泉窑青瓷器形、纹饰相似。青白釉器仍与景德镇窑烧造的青白瓷相似，部分或为繁昌窑烧造。黑釉盏钵多为吉州（建）窑系烧造。（乳）白釉器多为磁州窑系烧造。该段出土"熙宁重宝""熙宁通宝""熙宁元宝"铜钱，推测该段时代为北宋晚期（1068~1127年）。

第三期分为两段，前段出土器物数量大增，为该处八段中出土器物数量最多者。无论是器形、釉色、纹饰、质地均较为全面。其中有青釉碗、盏、碟、盘、盆，青釉黑花盆；青釉划花碗、盏、盘；青釉印花碗、盏、碟、盘。青白釉碗、盏、杯、碟、盒、器盖；青白釉划花碗、碟；青白釉印花碗。白釉碗、盏、钵、碟、罐、盒、盘、器盖、水盂；白地黑花碗、盏、盘；白釉褐彩碗、盏、罐、盘、水盂；白釉划花碗、盏、盘；白釉印花碟。黑釉碗、盏、碟、罐、盘、器盖；黑白釉碗、盘。黄釉碗、钵。酱釉碗、盏、钵、碟、罐、盘。天蓝釉碗、碟、盘。红绿彩碗。茶叶末釉盏。陶纺轮、陶盆、瓦当、陶印模及骨梳。新出现了天蓝釉、茶叶末釉、柿釉、柿红釉、红绿彩、黑白釉、白地黑花、白地褐彩等釉色。黄釉在该段少量出现。青釉、白釉、青白釉、酱釉碗盏仍以圈足（高圈足、普通圈足、隐圈足）底类为主，出现了极少量的玉璧底、饼足底类器物。新出现了一些涩圈碗盏。青釉器、青釉划花器、青釉印花器形制多为龙泉窑青瓷。青白釉器、青白釉划花器多为景德镇湖田窑烧造，部分为影青瓷。青白釉碗饼足底类Bb型与柳孜运河遗址第二次发掘的青白釉碗E型Ⅱ式相似，同属南宋景德镇湖田窑烧造。青白釉盒C型与柳孜运河遗址第二次发掘的B型Ⅰ、Ⅱ式盒相似，为北宋末至南宋初期遗物。红绿彩盘（2007SYT1⑤：611）与柳孜运河遗址第二次发掘的红绿彩A型盘相似，均内底饰彩绘文字，带有浓郁的商业色彩，为南宋末遗物。白釉器、白地黑花器、白釉褐彩器、白釉印花仍多为景德镇窑湖田窑烧造，部分为磁州窑乳白釉瓷。黑白釉器多为磁州窑烧造。黑釉器、酱釉器、茶叶末釉器多为吉州窑（建窑）烧造。天蓝（青）釉器与南宋钧窑形制相似，多为南宋晚期烧造。如天蓝釉盏Bc型与柳孜运河遗址第二次发掘的Ⅰ式钧釉盏相似，属南宋晚期遗物。该段还出土了"元祐通宝""祥符通宝"铜钱。推测该段时代为南宋（1127~1279年）。

第三期后段，出土器物与前段相比数量较为减少，青釉、青白釉器数量较少，白釉、黑釉、酱釉器数量较多。其中，青釉器仅有少量的圈足碗、盏、碟、盘、盆，青釉划花、印花盏，青白釉有盘、器盖。白釉器数量最多，有圈足碗、盏、钵、碟、罐、盒、盘、器盖、水盂；白地黑花碗；白釉褐彩碗、罐；白釉划花盏、盘。黑釉器有碗、盏、器盖；黑白釉器有碗、盘。酱釉器有碗、盏、碟、盘。天蓝釉器有碗、盏、高足杯、碟、盘。另有少量的红绿彩碗、茶叶末釉盏。陶器有陶盆、陶印模。该段仍以大量圈足器为主，其中有高圈足与普通圈足之分，仅有极少量的平底器与饼足底器。与上段一样，天蓝釉与酱釉器数量亦不少，其形制与上段相差不大。青釉器、青釉划花器、青釉印花器形制多与元代景德镇湖田窑相似。白釉器形制丰富，大多为景德镇湖田窑烧造，部分属磁州窑系。白地黑花器、白釉褐彩器、白釉划花器多为磁州窑烧造，器形相对上段硕大，圈足较粗，为典型的元代风格器物。天蓝釉器为钧窑烧造，胎体较厚，器形相对较大，具有元代粗犷的风格。天蓝（青）釉盏Ba型、碗Bc型分别与柳孜运河遗址第二次发掘的Ⅱ式钧釉盏、A型钧釉盏相似。天蓝（青）釉碗Bb型Ⅱ式与柳孜运河遗址第二次发掘的B型钧釉盏相似，均为元代风格的产品。酱釉器、茶叶末釉器多为吉州窑系烧造。推测该段时代为元（1279~1368年）。

第四期出土器物相对于第三期后段数量更加减少，仅有少量的青釉、白釉、酱釉器、酱黑釉器。其中，青釉器有碗、碟、盘；青釉印花碗。白釉器有罐、器盖、水盂；白釉褐彩碗、罐、水盂。酱釉器有罐、器盖。酱黑釉有壶、器盖。还有少量的白釉青花碗、盏、杯、盘等。其他器物有陶纺轮、陶盆、瓦当、陶印模、骨梳等。从该期出土遗物形制来看，多为明代遗物。推测该段时代为明代（1368~1644年）。

参 考 文 献

安徽省文物考古研究所，安徽省淮北市博物馆.淮北柳孜运河遗址发掘报告.北京：科学出版社，2002.

安徽省文物考古研究所，濉溪县文物事业管理局，淮北市博物馆.柳孜运河遗址第二次考古发掘报告.北京：科学出版社，2017.

江西省文物考古研究所，景德镇民窑博物馆.景德镇湖田窑址.北京：文物出版社，2007.

林士民.青瓷与越窑.上海：上海古籍出版社，1999.

第六章 结 语

木牌坊运河遗址处于宿州埇桥区，是通济渠河道上的一个关键节点。此次发掘，共揭露出一期河堤、一期石构码头及沉船一艘。同时，在河道堆积层中出土了大量的唐—明清瓷器，以宋代瓷器为大宗。瓷器种类丰富、釉色多样，涉及南北方各大窑口，反映了运河瓷业贸易的兴盛。主要收获有如下几点。

一、河道内地层堆积成因及年代

河道堆积共分12层，其中第1~3层为河道废弃后堆积，第4~12为河道内堆积。河道内堆积时代跨度较大，为晚唐—宋。从堆积层内出土的遗物年代来看，第5层为南宋，第7~9层为北宋，第10层为五代，第11层为中晚唐，第6、12层未发现遗物。河道堆积南北两端为斜坡状，中间相对平缓，总体呈凹形，土质略坚硬，多为灰黄沙土层，含料姜石、草木灰、蚌壳、螺蛳壳等。第5、7、10层内发现一些动物骨架、牙齿、兽骨、贝壳、铁刀等，应是居民或过往船只生活废弃物。第6层为纯浅黄色沙土层，堆积较薄，其内包含一些砂石颗粒、料姜石、蚌壳、螺蛳壳等，未发现任何遗物。推测该层与黄河泛滥或洪水的侵犯有关，即北宋末期至南宋初期，运河出现了一次黄河泛滥或洪水侵犯，加之宋金战乱频仍，最终造成航道的废弃。第12层为纯灰黄色沙土板结层，包含有料姜石颗粒。未发现任何遗物。该层可能与早期运河自然淤积有关。

二、河道遗迹形制、堆积性质与年代

河道遗迹包括河堤、码头各一期及沉船一艘。

1. 河堤

处于第5层下，叠压于生土层之上。南北堤堆积均为5层夯土，从上至下分别为黄褐色夯土、红褐色夯土、铁红色胶泥层、黄褐色夯土、灰褐色夯土，土质致密、坚硬，均夹杂一些料姜石、砂石，极少发现其他遗物。夯土较为纯净，应经人工精心筛选而成。夯层厚0.2~1.1

米，局部发现圆形夯窝。上三层夯土呈斜坡状堆积，近河口地势高，远河口地势偏低，下两层总体呈水平状堆积。堤壁较陡直近直角。河道内堆积为第7~12层，其中第12层未见遗物，第11层为中晚唐堆积，第10层为五代堆积，第7~9层为北宋堆积。我们结合河堤堆积及地层叠压打破关系，可以推知河堤为运河最早开挖形成，时代或为隋。南北端河堤范围未完全揭露，其规格不甚明晰。在南北端河堤内侧（河道驳岸处）夯筑了夯土护坡，做工较为讲究。南护坡共5层夯土，最宽处约4.5、高约2.5米。北护坡共7层夯土，最宽处约6、高约3米。南北护坡夯土均呈水平状堆积，局部发现圆形夯窝。在护坡内使用了夯筑木桩稳固护坡的做法，这种技术与"木岸狭河"夯筑木桩稳固河堤较为相似。《宋史》记载："嘉祐六年，汴水浅涩，常稽运漕。都水奏：'河自应天府抵泗州，直流湍驶无所阻。惟应天府上至汴口，或岸阔浅漫，宜限以六十步阔，于此则为木岸狭河，扼束水势令深驶。梢伐岸木可足民。'"[①]其目的是防止河堤、驳岸坍塌及河道淤塞，通航受阻。通过测量知早期河口宽34.5、河底宽13.2、深10.2米。

2. 石构码头

处于第5层下，南码头打破第7、8层，北码头打破第7~10层。南码头呈直角梯形，北码头因H4毁坏形制不明，均为石板夹杂白灰浆错缝平铺砌筑而成。石板规整，厚约15厘米，人为加工痕迹清晰。南码头形制相对完整，壁面陡直，在码头东侧发现东西各一排木桩，应是加固码头基础之用。北码头在其东侧发现东西向排列的圆木、树立木桩及砖石结构的建筑遗迹，应是加固石构河口的附属设施。通过测量，南码头长2、宽1.4、高2米，北码头残宽2、残高1.1米。该期河口宽13、深2米。从地层叠压打破关系及出土物来看，码头时代当处于北宋晚期。北宋末至南宋初，因宋金战乱石构码头毁废。

3. 沉船

位于第7层下及T1南部偏东，沿河道方向头西尾东。船体为木板结构，现存内底板和舷侧板。内底板由10列纵板组成，边缝、端缝均采用直角同口加横向枣核钉固接，缝隙间填有油灰，做工较为讲究。沉船残长12.4、宽3.2、高0.5~0.6米。在船板周侧发现石质锚锭5件、铁锚钩1件及北宋"崇宁通宝""崇宁重宝"铜钱50余枚。我们结合地层叠压关系，推测沉船时代为北宋。

从该处运河堤、码头、河道堆积的变化来看，修筑河堤较为讲究，不仅用夯土分层夯筑，而且在驳岸处夯筑护坡，护坡内用木桩加固。随着时间的推移，河道缓慢淤塞，河口变窄。至北宋晚期，河道淤塞得更加严重，便形成了第7~12层堆积，淤塞厚度达5米，年代跨度为中晚唐—北宋晚期。运河管理者为了达到通航条件，开始整治河道，采取了在两端砌筑石构码头，辅以木桩及砖石加固的形式。其结果虽使河道变窄，但坚固的石构码头阻止了河道进一

---

① （元）脱脱：《宋史》卷九三《河渠志》，中华书局，1977年。

步淤塞，水流速度相应增加，并将较多的泥沙带往下游，以利通航，这是一种"束水攻沙"技术的应用。但短暂通航后，在北宋末至南宋初，在黄河泛滥或洪水侵犯，以及宋金对峙、战乱频仍的背景下，河道渐而废弃。第6层便是例证。文献记载"（靖康之役后）汴河上游为盗所决者数处，决口有至百步者，塞久不合，干涸月余，纲运不通"[①]"汴渠之在灵璧者，西自宿州界，东至虹县（今泗县）界，横亘南北之中。唐宋时江淮漕运，由此以达京师。南渡后废而不用，河底遂与低平……"[②]准确说明了该段汴河在两宋之交渐始废弃。2012年3～5月，泗县刘圩运河故道遗址ⅠT17内发现了一座北宋末至南宋初竖穴土坑木棺墓，可见随着运河的毁废，运河边成了荒芜葬人之地[③]。至此，运河埇桥段在南宋（金）时期走完了筑堤（护坡）、通航使用、淤塞、修筑石构码头、废弃的一个过程。第5层为南宋时期的堆积，灰黄褐色土，含细沙、砂石颗粒等，较厚，达2.5米左右，呈凹形堆积，覆盖了早期整个河道表面，包括河堤、河口、河道内堆积及石构码头，我们推测在南宋时期运河又使用了一个短暂的过程，便最终废弃了。在河道内第7、8层界面发现一艘木板船，规格较小，应为内河行驶的船只，推测木板船因河道淤塞或大风造成淹没，从而残留了一些底板及侧板。

三、出土大量南北方的瓷器

此次运河遗址的发掘，出土了大量的瓷器，釉色多样，器形丰富，窑口涉及中国南北方，其中釉色系列有青釉、青白釉、白釉、黑釉、黄釉、酱釉、绿釉、天蓝釉、茶叶末釉等，青釉系列可细分为纯青釉、青釉印花、青釉划花、青釉黑花，青白釉系列可细分为纯青白釉、青白釉划花、青白釉印花、青白釉刻划花，白釉系列可细分为纯白釉、白釉划花、白釉刻花、白釉刻划花、白釉印花、白釉黑花、白釉褐彩、白釉红绿彩，黄釉系列可细分为纯黄釉、黄绿釉印花，黑釉系列可细分为纯黑釉、黑白釉，酱釉系列可细分为纯酱釉、酱黑釉、酱白釉，柿釉系列可细分为纯柿釉、柿红釉。器形有碗、盏、盘、碟、钵、杯、盒、器盖、水盂、壶、盆、罐、枕、盅、炉、臼杵等。时代跨度为中晚唐—明清，以宋代瓷器为主，尤以南宋为多，元代瓷器亦有一定量的出土。我们可以根据瓷器的釉色、胎质、器形初步判定其烧造窑口。

1. 青釉系列

器形以碗盏为主，其中碗有饼足底类、平底类、圈足底类、玉璧底类，饼足底类A型碗、平底类A～B型碗多为中晚唐宜兴窑或宣州窑烧造，饼足底类B型碗、D型碗分别为唐代洪州窑、寿州窑烧造，玉璧底类A型、C型碗多为中晚唐长沙窑、越窑烧造。高圈足类、普通圈足

---

① （元）脱脱：《宋史》卷九四《河渠志·汴河下》。
② （清）吴嵩、顾勤墉：《灵璧县志》卷三。
③ 任一龙、刘松林等：《安徽泗县刘圩汴河故道遗址发掘简报》，《东南文化》2011年第5期。

类碗所占青釉瓷器比重达80%以上，多为宋代元龙泉窑、景德镇窑、临汝窑烧造。盏有饼足底类、平底类、圈足底类，其中饼足底类A～B型、平底类、圈足底类多为宋元景德镇窑、龙泉窑烧造，少数为宋代越窑烧造，饼足底类D型碗多为唐代洪州窑烧造。A～B型钵多为唐代宜兴窑或宣州窑烧造。其他器形碟、盘、罐、盆多为宋元景德镇窑、龙泉窑、磁州窑等窑口烧造。还有一些青釉黑花、青釉划花、青釉印花瓷器多数为宋代龙泉窑烧造，少数为北方宋代耀州窑、临汝窑产品。

2. 青白釉系列

器形有碗、盏、杯、碟、盒、盘、器盖、盏托等，以碗盏为主，其他次之。其中碗盏有饼足底类与圈足底类之分，以圈足底类为主，窑口较为单一，多数为宋代景德镇窑烧造，部分或为繁昌窑或萧窑产品。另有少量的青白釉刻花、印花、刻划花瓷器，亦多为宋代景德镇窑烧造。此处出土的青白釉瓷器，釉色光亮、匀净，胎质灰白、细腻，含杂质少。而繁昌窑主要发掘地区是柯冲窑，釉色白中泛黄，胎质稍粗，含有一定量的杂质，与此处出土的青白瓷有一定的差异，但宋代景德镇窑与繁昌窑仍以相似性为主，不排除部分青白瓷器为繁昌窑产品。

3. 白釉系列

出土白釉瓷器数量巨大，器形丰富，窑口多样。时代跨度较大，为中晚唐—明清。器形有碗、盏、碟、盘、碟、盘、罐、盒、器盖、水盂等，以碗、盏、碟、盘为主。其中白釉碗有饼足底类、圈足底类（高圈足类、普通圈足底类）、玉璧底类之分，圈足底类占较大比例。饼足底类碗多为唐代邢（定）窑、巩义窑烧造。玉璧底类碗多为唐代邢（定）窑烧造。高圈足底类、普通圈足底类碗多为宋代景德镇窑、繁昌窑、萧窑烧造。盏有饼足底类、平底类、圈足底类（高圈足底类、普通圈足底类），饼足底类盏多为唐代邢（定）窑烧造，平底类、圈足底类多为宋代景德镇窑烧造。碟、盘、罐、盒、器盖、水盂等其他器物多为宋代景德镇窑烧造，少数为萧窑等窑口产品。除纯白釉瓷器之外，还有一些白地黑花、白釉褐彩、白釉红绿彩、白釉印花、白釉划花、白釉刻花、白釉刻划花瓷器，多为宋元时期遗物，极少数为明代，其窑口多为景德镇窑、萧窑、繁昌窑、定窑、磁州窑烧造，少数或为龙泉窑产品。白釉系列瓷中应有较多瓷器属于北方窑系烧造，或为北方金元时期的产品，但具体为北方何处窑口不甚明晰，需以后进行研究探明。

4. 黑釉系列

有黑釉与黑白釉之分，以黑釉瓷为主。时代跨度北宋—元，黑釉器器形有碗、盏、碟、罐、炉、盘、器盖、弹丸等，以碗、盏为大宗。多为灰白胎，胎质细腻，釉面光洁，内壁施满釉，外壁施釉不及底，一些碗盏口沿釉色泛紫。盏有饼足底类、圈足底类（普通圈足底类、隐圈足底类)、玉璧底类,以圈足底类为主,碗有A~D型碗,均与江西吉州窑产品极为相似。还有一些黑釉小碗、盏可见"兔毫"的迹象,亦与江西吉州窑如出一辙。宋代建窑与吉州窑无论在器物形制、胎质、釉色还是工艺等方面都极为相似,一些碗盏等器形难辨建窑或吉州窑烧造,亦不排除为一些北方窑口产品。黑白釉瓷器以碗盏为主,其窑口多为磁州窑或金元时期北方窑口。

5. 黄釉系列

出土黄釉瓷器较少。有黄釉与黄绿釉之分,以黄釉瓷器为主。时代跨度中晚唐—南宋。器形有碗、盏、钵三种。以碗盏为主,有饼足底、圈足底、玉璧底。饼足底碗,黄褐胎,胎体较厚重、夹砂,含气孔稍多,黄釉泛青,脱釉现象较严重,多为中晚唐寿州窑烧造。玉璧底碗为青灰胎,胎质较细腻,内壁施满釉,外壁施釉不及底,多为长沙窑烧造。黄釉钵、黄绿釉印花盆,胎质较粗,多为磁州窑烧造。

6. 酱釉系列

出土酱釉瓷器数量较多,器形较为丰富。有酱釉、酱黑釉、酱白釉之分,以酱釉器为主。器形有盏、碗、罐、钵、盘、碟、盒、壶、臼杵、器盖,以盏、碗为大宗。其中碗盏有饼足底类、平底类、圈足底类(普通圈足底类、隐圈足底类)、玉璧底类,窑口多为宋元吉州窑或建窑烧造,少数为宋代磁州窑、景德镇窑、龙泉窑烧造。酱釉钵多为唐宜兴窑或宣州窑烧造,胎质较粗,夹砂含杂质多。碟、盘多为吉州窑或建窑烧造。酱黑釉、酱白釉器器形较大,胎质较粗厚,夹砂,含气孔多,多为磁州窑烧造。

另外,还有一些其他窑系的产品,如宋元地层中出土少量的天蓝釉瓷器,器形有碗、盏、杯、碟、盘、钵、盅,深灰胎,胎质较细腻,内外壁施一层天蓝釉,外壁往往施釉不及底,局部有流釉现象,与河南钧窑产品极为相似。红绿彩瓷器出土较少,有绿釉与红绿彩之分。时代跨度为宋元。器形有碗、盏、盘、碟、罐、炉、盆、器盖、水盂、枕。从胎质、器形及釉色来看,应多数为磁州窑烧造,少数为巩义窑烧造。还有柿釉瓷器,出土较少,应该是宋代定窑的产品。茶叶末釉瓷器,多为吉州窑或建窑产品。

除瓷器外,还出土了较多的陶器,其器形有钵、纺轮、釜、坩埚、绞胎丸、盆、瓶、器盖、瓦、瓦当、砖、印模、香熏盖等,时代跨度中晚唐—明清,以宋代遗物为主,多为生产生活及建筑用具。另铜器、玉器、骨器、琉璃、石器、铁器等亦有一些发现,其中铜器有铜环、铜簪,玉器有棋子、扶手、饰玉、兔雕,骨器有梳子、簪,琉璃有簪、珠,石器有碓头、礌石、石丸、砚台、锚锭,铁器有锚钩。可见运河贸易除规模巨大的瓷业外,还有各类生产生活及建筑用具商品。这与文献记载当时运河"公家运漕,私行商旅,轴栌相继"是相对应的,进一步印证了运河商船南来北往、川流不息,各类商品贸易异常繁华。

四、遗址本体价值研讨

木牌坊运河遗址处于宿州埇桥区，唐宋时称埇桥为"符离"，其交通位置北通徐州，南达濠州（今安徽凤阳县东），既是陆上南北交通的中心，又是运河（汴河）东西水上运输的咽喉。

此处运河发现一期河堤、码头及沉船一艘。河堤做工讲究，既用夯土夯筑，又在驳岸上夯筑护坡，护坡内用木桩加固，与"木岸狭河"技术极为相似。石构码头使用石板夹杂白灰浆错缝平铺砌成，壁面陡直，便于水流增速，航行通畅。在北宋淤积层界面发现一艘沉船，残损严重，规格较小。瓷器方面，在唐宋地层出土了大量南北方窑口产品，主要有寿州窑、长沙窑、越窑、邢窑、宣州窑、定窑、巩义窑、磁州窑、吉州窑、建窑、景德镇窑、萧窑、钧窑、临汝窑、耀州窑、繁昌窑，以及一些不知名的北方窑系。可见此处作为运河关键节点，显现出运河瓷业贸易的兴盛。

柳孜遗址通过两次发掘[①]，基本探明了运河形制，发现了不同时代的夯筑河堤、一期大型石桥墩、多艘船只，同时出土了大量的隋—宋南北方窑址产品，器形丰富，釉色多样，涵盖生产生活各个方面，可称得上运河（汴河）之上一颗璀璨的明珠。木牌坊运河形制与柳孜大致相似，但规格、地位稍有不同。柳孜运河经历了多次淤塞及河堤夯筑，至少有隋唐早期一次、晚唐两次、北宋两次、金代晚期一次。早期河口较宽，据报告隋至中唐河口宽40～50米[②]。在遗址仅发掘的900余平方米范围内，发现唐代沉船8艘，其中有二号沉船为特大型独木舟，六号沉船为中大型运输船。河道两岸发现大型石构码头，有专家称之为大型"虹桥"桥墩[③]。出土了大量的隋至宋代南北方不同窑口的瓷器商品，以及生活用具。而木牌坊遗址作为运河的一个重要节点，河口稍窄，宽约34.5米，仅一次夯筑河堤。发现北宋沉船一艘，规格较小。出土大量的南北方唐宋窑口产品，未见更早期遗物。由上可见，无论从运河的宽度、使用的频度与运输规模及出土遗物的时代跨度及多样性等方面，木牌坊遗址均次于柳孜。柳孜运河贸易的繁华在《旧唐书》及相关的文人诗词笔记中多有记载。不仅如此，柳孜还设立专门监收酒税之官员，掌管军旅屯戍、营防、训练之官员，可见其运河位置的重要。而木牌坊运河的地位及重要性虽不及柳孜，但作为运河重要节点，亦不可或缺，其南北端发现的石构码头及出土数以千计的瓷器同样表明商贸是极其繁华的。

从发掘结果来看，该处运河在两宋之交因多方原因造成淤塞、废弃。但在南宋时期仍有一

[①] 安徽省文物考古研究所：《淮北柳孜——运河遗址发掘报告》，科学出版社，2002年；安徽省文物考古研究所：《柳孜运河遗址第二次考古发掘报告》，科学出版社，2017年。

[②] 安徽省文物考古研究所：《柳孜运河遗址第二次考古发掘报告》，科学出版社，2017年。

[③] 任晓勇：《汴河故道上的虹桥遗踪——淮北柳孜运河遗址"石构建筑"新探》，《东南文化》2007年第4期。

段短暂通航的时光，我们从第5层可以看出来。第5层为灰黄褐色土，含细沙、砂石颗粒等，属河道淤积层，其内出土了大量的南北方宋代瓷器，主要窑口有吉州窑、建窑、景德镇窑、磁州窑、萧窑、钧窑、临汝窑等，多为南宋遗物。在这以后运河便彻底淤塞、毁弃、断航了。

总之，木牌坊运河遗址是继柳孜运河（汴河）考古后的又一次重大发现，特别是大量的南北方不同窑口瓷器的揭露，在其他运河考古项目中难得一见，充分反映出运河商品贸易的繁华。《宋史》记载的"国家根本，仰给东南"完全是通过运河来实现的。此次运河的发掘，对于研究唐宋时期通济渠的形制结构、航道走向、河道治理等方面均有重要的意义与价值。同时亦发现了一些新问题：首先是出土数量巨大的宋代大宗瓷器，与隋唐运河贸易瓷的兴盛背景不相符。其次，第5层为南宋时期短暂通航后的淤塞层，却出土了如此数量巨大的宋代瓷器，其原因不明。但我们坚信，伴随着隋唐大运河的成功申遗，运河的发掘与研究将走上一个新的台阶，这一切将为解开运河遗址更多的谜团及遗产的保护提供强有力的支撑。

后 记

隋唐大运河开凿于隋炀帝大业元年（605年），沟通了黄河、淮河、长江三大水系，成为隋唐宋时期南北方经济发展的大动脉，同时也极大地促进了南北方文化的交流，对于封建王朝的统治具有重要作用。南宋以后，由于战乱不断，运河逐渐荒废，漕运地位下降，从而逐渐退出了历史舞台。20世纪80年代以来，文物部门针对隋唐大运河位置、走向等问题进行过多次调查，同时运河沿线的重要乡镇也出土和征集了较多运河文物。2007年因配合宿州市埇上嘉苑小区建设项目（定名为：木牌坊运河遗址），安徽省文物考古研究所在宿州市文物部门的配合下，对木牌坊运河遗址进行了考古发掘。

本次考古发掘领队为贾庆元研究员。此次发掘是大运河宿州段的第二次发掘，也是宿州环城河内的第一次发掘，客观了解了老城区内大运河的基本情况，发现了宋代运河码头遗址以及沉船，出土了大量瓷器，涉及唐宋时期南北方几十个窑口，反映了唐宋时期宿州城的繁忙。

报告编写工作由宫希成研究员主持，任一龙、邱少贝同志现场负责并统筹安排报告整理的所有工作。基础资料整理由邱少贝、文立中、任一龙完成；摄影为程京安、吴蕙瑶；绘图为任鹏、孙肖肖、杨妍英；文物修复为冯妮、毛玉思；插图排版由魏春婴、吴蕙瑶完成。

报告各章节执笔者如下。

第一章：任一龙、高雷；

第二章：任一龙、邱少贝；

第三章：邱少贝、任一龙；

第四章：刘松林；

第五章：任一龙、刘松林；

第六章：任一龙、刘松林；

后记：任一龙。

在报告的编写过程中得到了安徽省文物考古研究所领导及办公室、财务科、资料室的大力支持，尤其是当年的发掘领队贾庆元研究员多次到整理现场指导并提出诸多宝贵意见；整理期间考古部张辉、张小雷、陈超、蔡波涛，宿州市文物管理所张贵卿等同志也提出了许多有益的建议；宿州市博物馆刘林馆长、高雷副馆长和办公室、保管部给予大力的支持，很多文物标本已经进入博物馆库房，也有部分文物在展厅陈列，在整理过程中他们要一件件重复地拿出来放进去，以便绘图、拍照，增加了他们的工作量；科学出版社雷英编辑为本报告的出版付出了大量心血，在此一并表示感谢。

后　记

报告整理期间还承担了考古调查和发掘任务，报告编写主要利用发掘间隙完成，书中难免存在一些错误与疏漏，恳请各位读者不吝赐教。

编　者

2023年4月

图版一

发掘现场

图版二

发掘现场

图版三

发掘现场

图版四

发掘现场

图版五

发掘现场

图版六

领导参观考古成果展

图版七

领导参观考古成果展

图版八

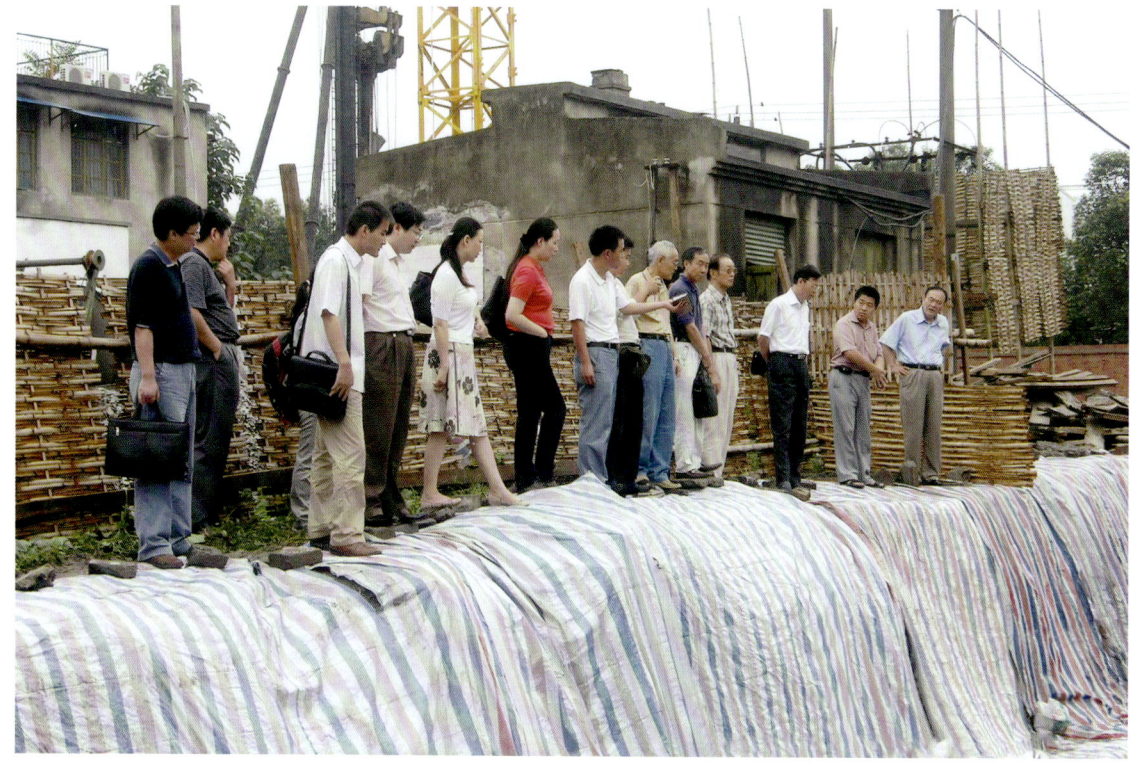

领导参观考古发掘现场

图版九

后期整理核对

图版一〇

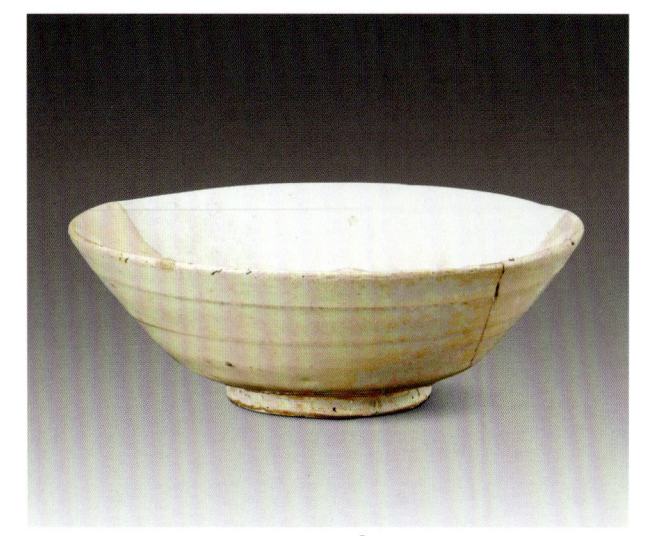

1. 2007SYT1⑤:219

2. 2007SYT1⑤:220

3. 2007SYT1⑤:221

4. 2007SYT1⑤:1058

5. 2007SYT1⑧:143

6. 2007SYT1⑧:219

白釉碗

图版一一

1. 2007SYT1⑨:27

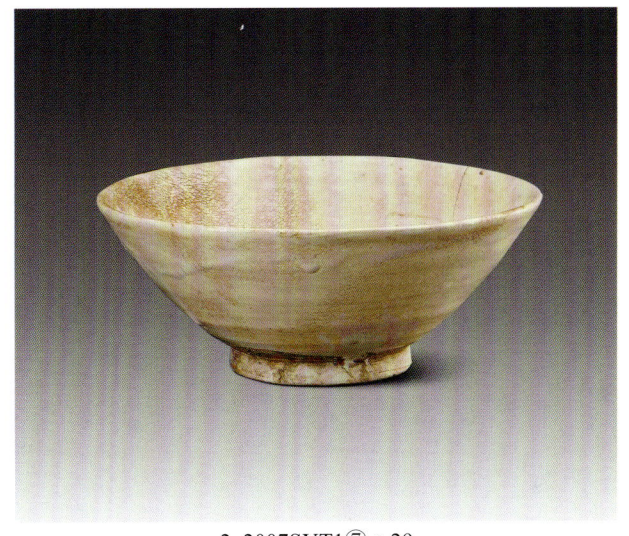

2. 2007SYT1⑦:29

3. 2007SYT1⑤:39

4. 2007SYT1⑤:39

5. 2007SYT1⑤:60

6. 2007SYT1⑤:60

白釉碗

图版一二

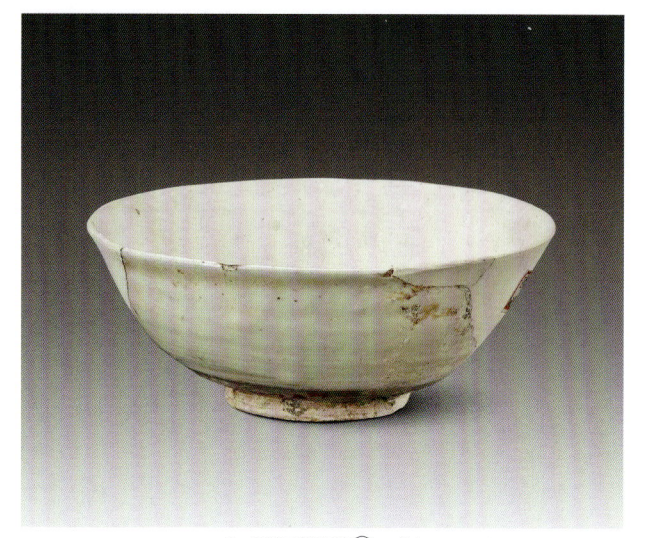

1. 2007SYT1⑤:54

2. 2007SYT1⑤:59

3. 2007SYT1⑤:284

4. 2007SYT1⑧:129

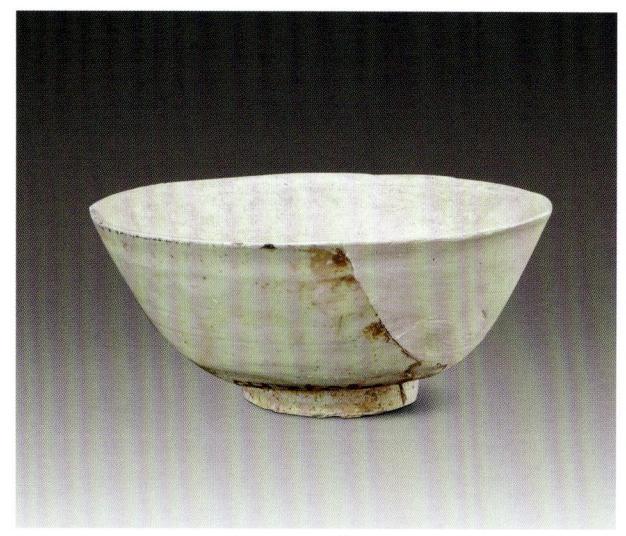

5. 2007SYT1⑧:145

6. 2007SYT1⑧:133

白釉碗

图版一三

1. 碗（2007SYT1⑩：18）

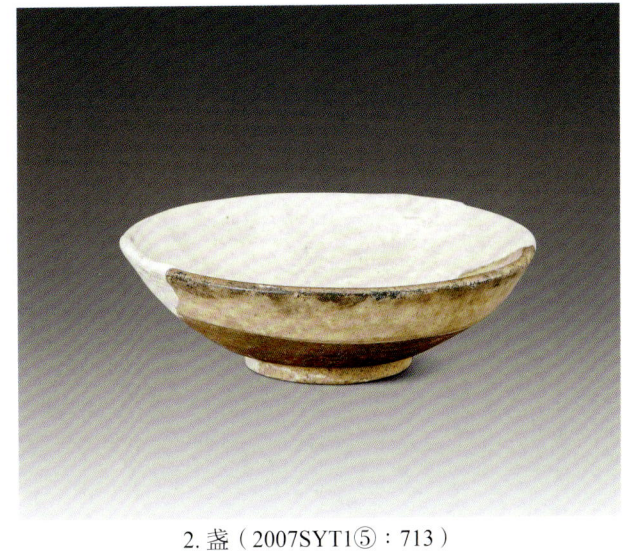

2. 盏（2007SYT1⑤：713）

3. 盏（2007SYT1⑤：745）

4. 盏（2007SYT1⑤：753）

5. 盏（2007SYT1⑤：770）

6. 盏（2007SYT1④：31）

白釉碗、盏

图版一四

1. 2007SYT1⑤:733

2. 2007SYT1⑤:739

3. 2007SYT1⑤:760

4. 2007SYT1⑤:763

5. 2007SYT1⑧:147

6. 2007SYT1⑧:148

白釉盏

图版一五

1. 2007SYT1④:30

2. 2007SYT1⑤:505

3. 2007SYT1⑤:526

4. 2007SYT1⑤:527

5. 2007SYT1⑤:543

6. 2007SYT1⑤:589

白釉盘

图版一六

1. 2007SYT1⑤:494

2. 2007SYT1⑤:528

3. 2007SYT1⑤:511

4. 2007SYT1⑤:551

5. 2007SYT1⑪:42

白釉盘

图版一七

1. 2007SYT1④:37

2. 2007SYT1⑤:679

3. 2007SYT1⑤:680

白釉碟

图版一八

1. 2007SYT1③:16

2. 2007SYT1③:17

3. 2007SYT1⑤:941

4. 2007SYT1⑤:941

5. 2007SYT1③:13

6. 2007SYT1③:14

白釉器盖

图版一九

1. 2007SYT1③:9

2. 2007SYT1③:12

3. 2007SYT1④:43

4. 2007SYT1⑦:17

白釉器盖

图版二〇

1. 盒（2007SYT1④：42）

2. 盒盖（2007SYT1⑪：12）

3. 盒（2007SYT1④：41）

4. 盒（2007SYT1④：40）

5. 盒盖（2007SYT1⑩：11）

白釉盒、盒盖

图版二一

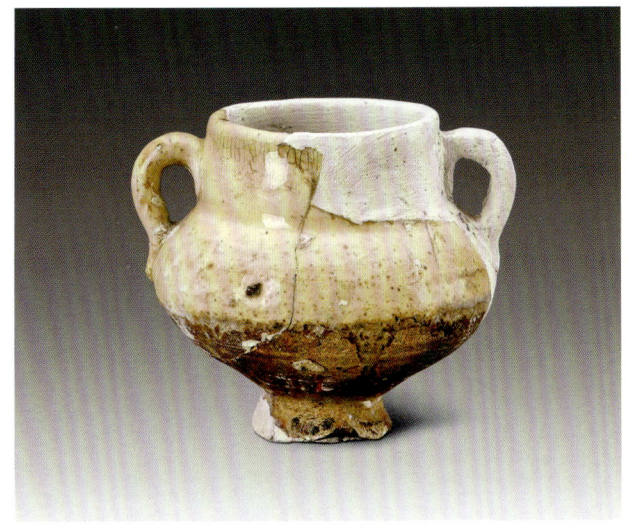

1. 2007SYT1③:3

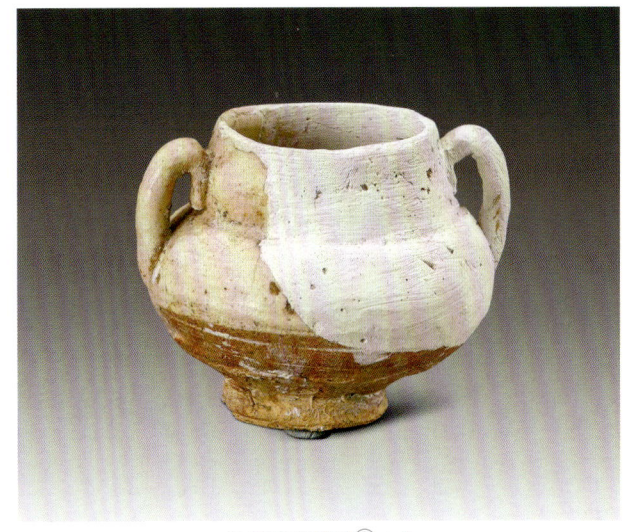

2. 2007SYT1③:4

3. 2007SYT1③:18

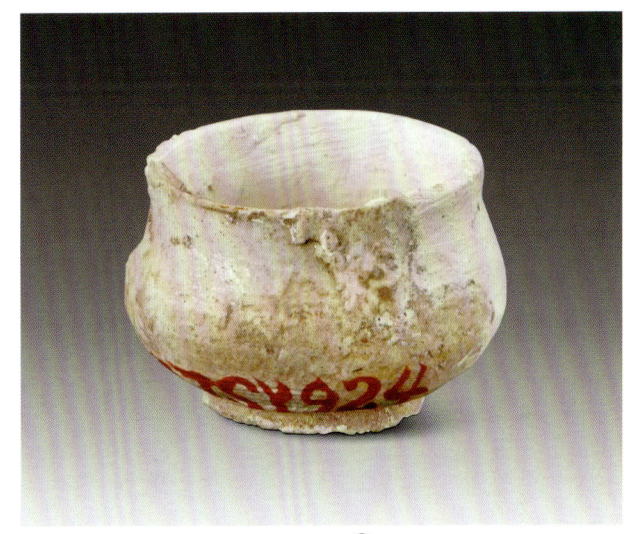

4. 2007SYT1③:19

5. 2007SYT1④:45

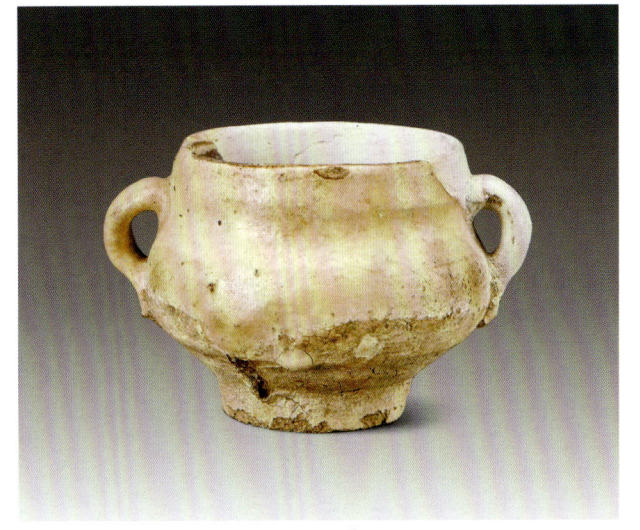

6. 2007SYT1⑤:947

白釉罐

图版二二

1. 罐（2007SYT1⑤：936）

2. 罐（2007SYT1④：46）

3. 罐（2007SYT1③：5）

4. 水盂（2007SYT1⑤：1035）

5. 水盂（2007SYT1③：8）

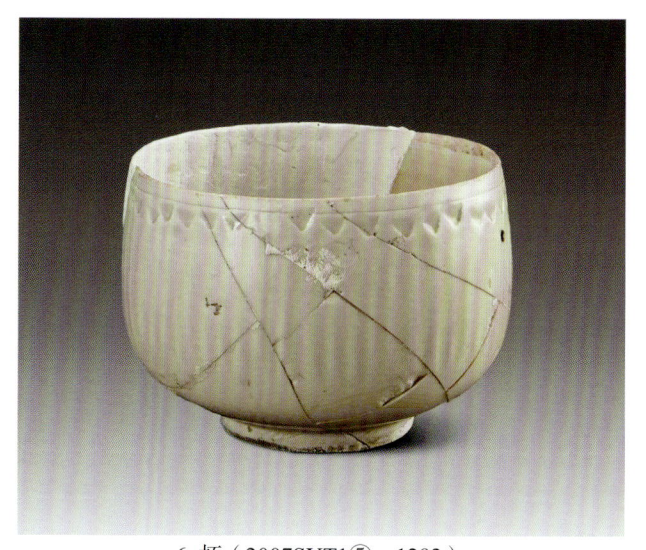

6. 杯（2007SYT1⑤：1292）

白釉罐、水盂及瓷杯

图版二三

1. 碗（2007SYT1④：3）

2. 碗（2007SYT1④：3）

3. 碟（2007SYT1⑤：662）

4. 碟（2007SYT1⑤：662）

白釉印花碗、碟

图版二四

1. 2007SYT1⑤∶583

2. 2007SYT1⑤∶583

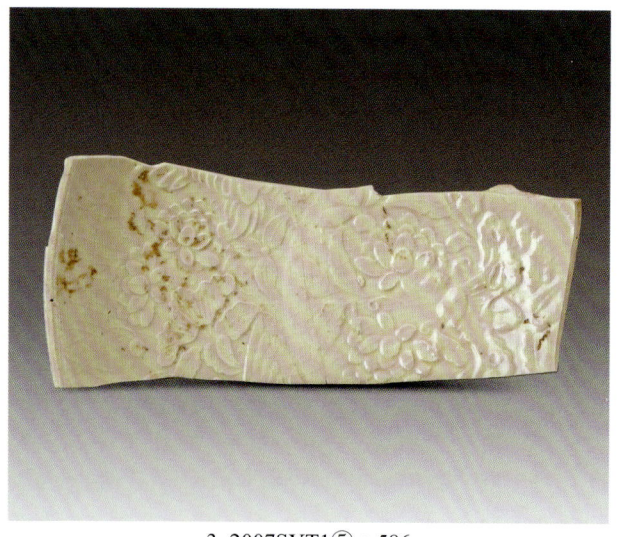

3. 2007SYT1⑤∶586

4. 2007SYT1⑤∶587

5. 2007SYT1⑤∶602

6. 2007SYT1⑤∶994

白釉印花盘

图版二五

1. 盏（2007SYT1⑪∶64）

2. 盏（2007SYT1⑪∶64）

3. 碗（2007SYT1⑤∶162）

4. 碗（2007SYT1⑤∶162）

5. 碗（2007SYT1⑤∶165）

6. 碗（2007SYT1⑤∶165）

白釉划花盏、碗

图版二六

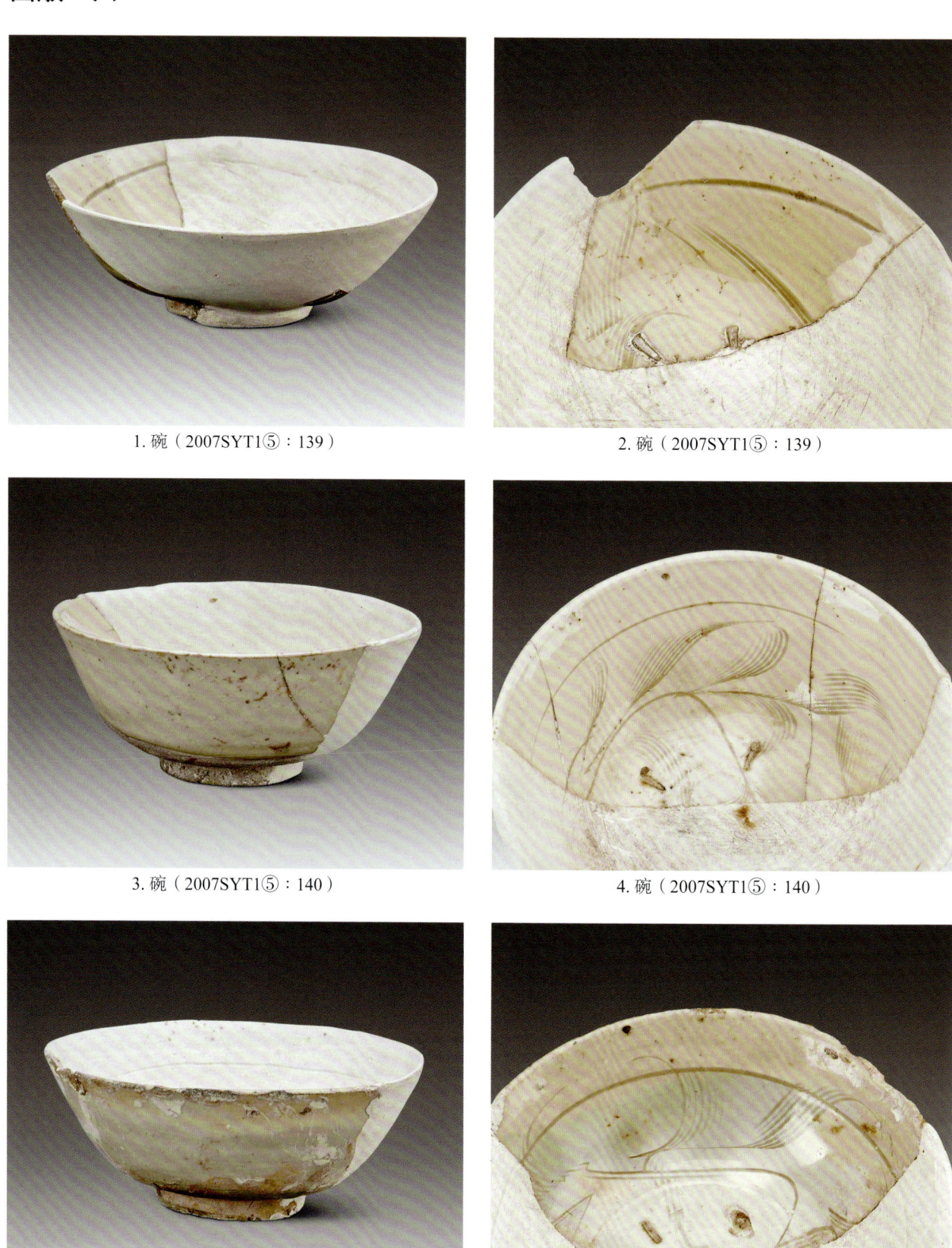

1. 碗（2007SYT1⑤:139）

2. 碗（2007SYT1⑤:139）

3. 碗（2007SYT1⑤:140）

4. 碗（2007SYT1⑤:140）

5. 盏（2007SYT1⑤:143）

6. 盏（2007SYT1⑤:143）

白釉划花碗、盏

图版二七

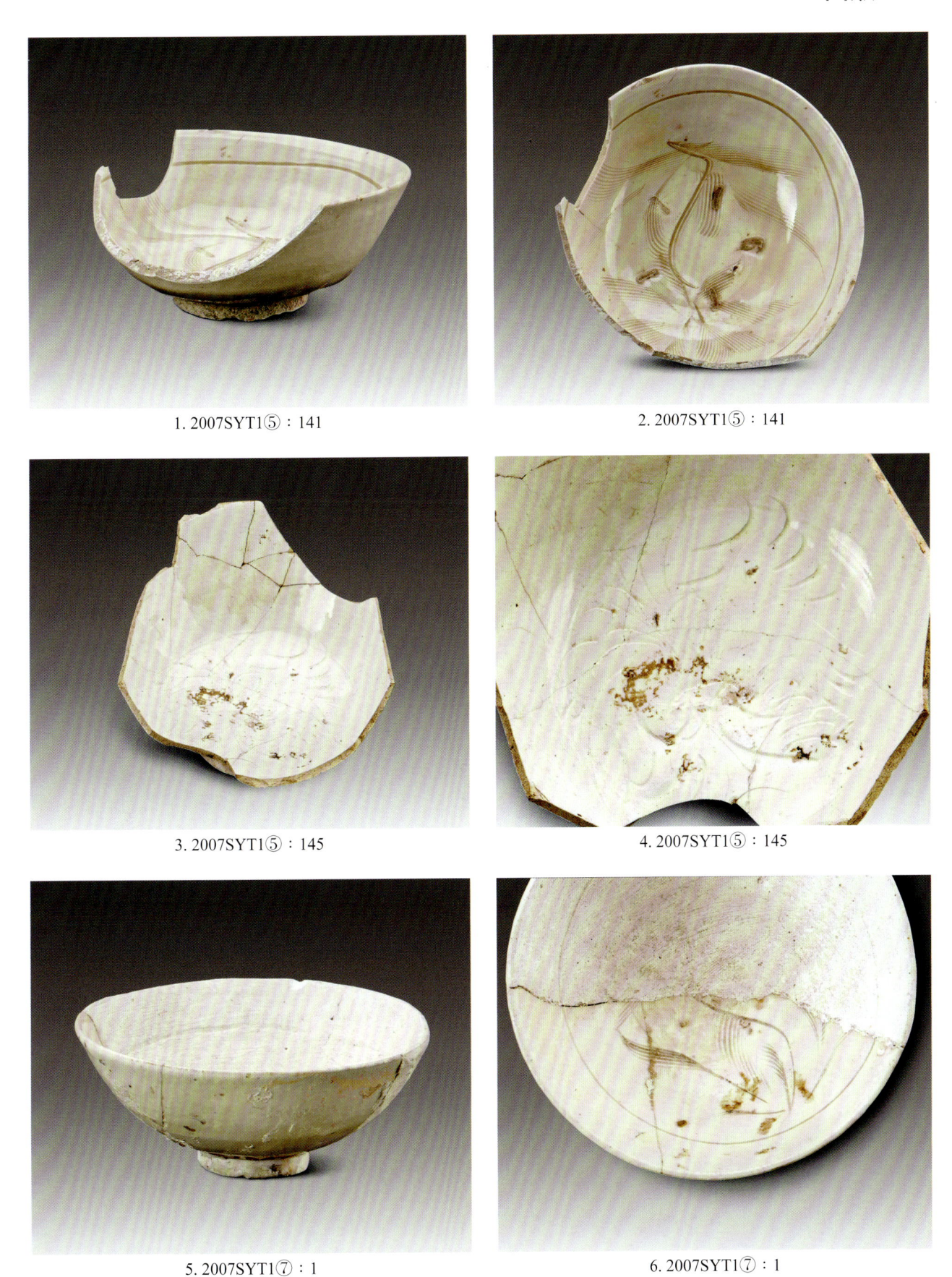

1. 2007SYT1⑤:141

2. 2007SYT1⑤:141

3. 2007SYT1⑤:145

4. 2007SYT1⑤:145

5. 2007SYT1⑦:1

6. 2007SYT1⑦:1

白釉划花碗

图版二八

1. 2007SYT1⑤:812

2. 2007SYT1⑤:812

3. 2007SYT1⑤:795

4. 2007SYT1⑤:804

5. 2007SYT1⑤:819

6. 2007SYT1⑤:840

白釉划花盏

图版二九

1. 2007SYT1④:254

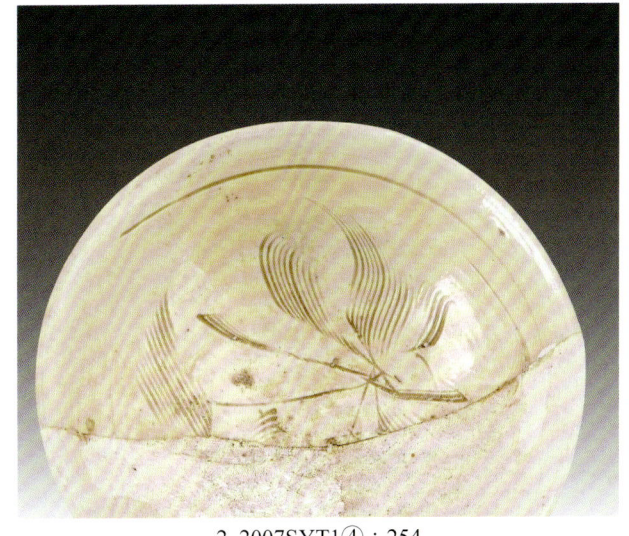

2. 2007SYT1④:254

3. 2007SYT1④:260

4. 2007SYT1④:260

白釉划花盏

图版三〇

1. 2007SYT1⑤:582

2. 2007SYT1⑤:582

3. 2007SYT1⑤:598

4. 2007SYT1⑤:598

5. 2007SYT1⑤:556

6. 2007SYT1⑤:600

白釉划花盘

图版三一

1. 2007SYT1⑤:654

2. 2007SYT1⑤:669

白釉划花碟

图版三二

1. 2007SYT1③:1

2. 2007SYT1③:1

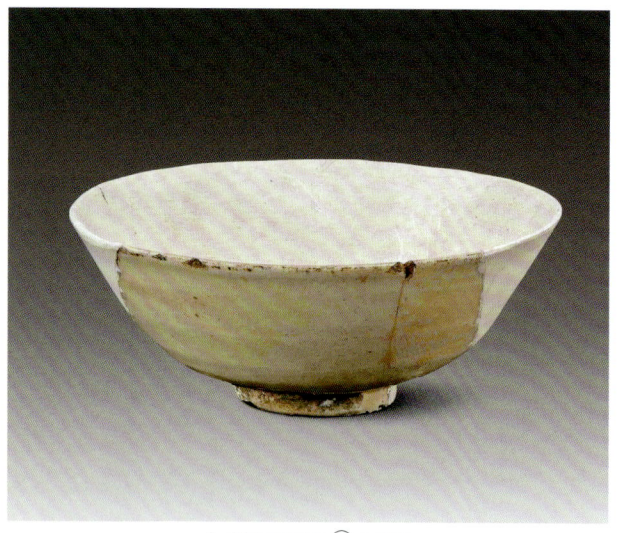

3. 2007SYT1⑤:194

4. 2007SYT1⑤:194

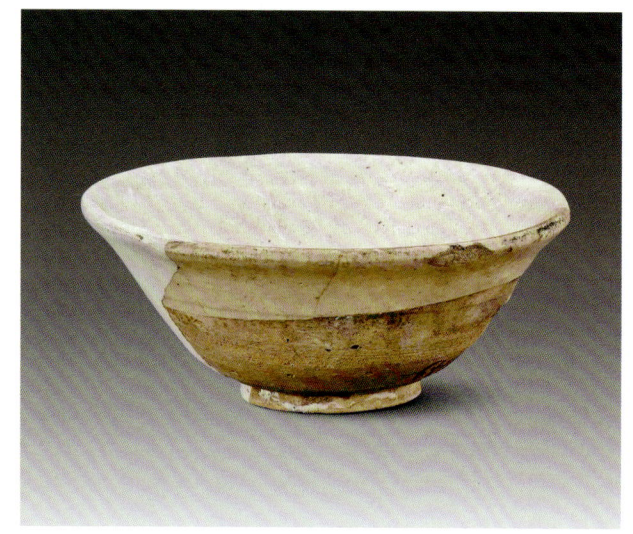

5. 2007SYT1⑤:190

6. 2007SYT1⑤:190

白釉褐彩碗

图版三三

1. 2007SYT1⑤:184

2. 2007SYT1⑤:186

3. 2007SYT1⑤:188

4. 2007SYT1⑤:189

5. 2007SYT1⑤:203

6. 2007SYT1⑤:756

白釉褐彩碗

图版三四

1. 2007SYT1⑤:860

2. 2007SYT1⑤:766

白釉褐彩盏

图版三五

1. 2007SYT1⑤:542

2. 2007SYT1⑤:542

3. 2007SYT1⑤:541

4. 2007SYT1⑤:541

白釉褐彩盘

图版三六

1. 2007SYT1⑤:492

2. 2007SYT1⑤:492

3. 2007SYT1⑤:493

4. 2007SYT1⑤:493

白釉褐彩盘

图版三七

1. 小碟（2007SYT1⑧：149）

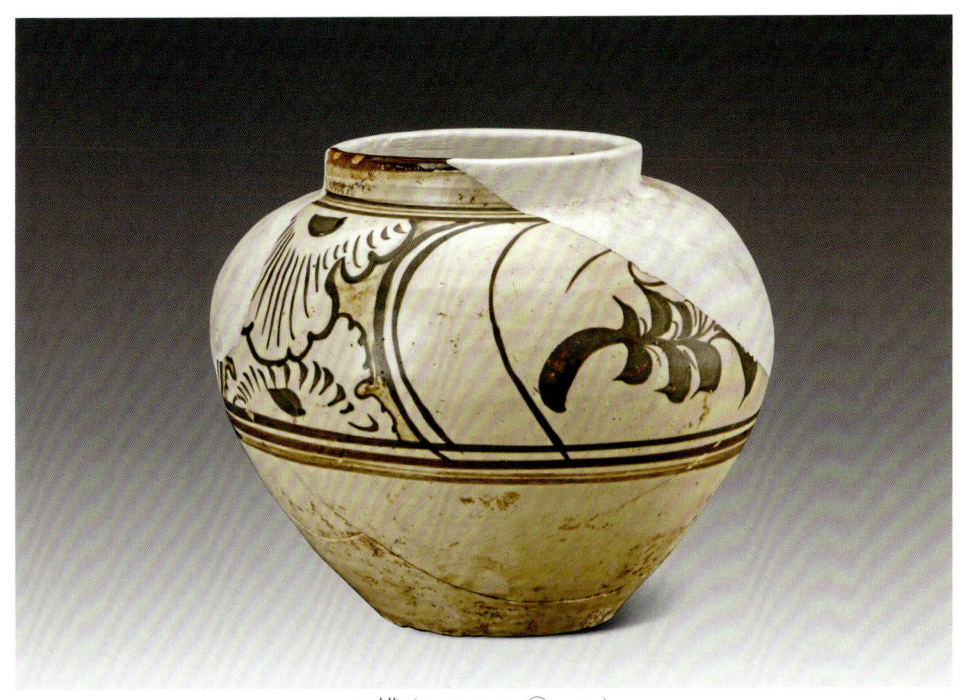

2. 罐（2007SYT1④：51）

白釉褐彩小碟、罐

图版三八

1. 2007SYT1③:22

2. 2007SYT1⑤:1000

白釉褐彩罐

图版三九

1. 杯（2007SYT1⑤：1037）

2. 水盂（2007SYT1⑤：1051）

白釉褐彩杯、水盂

图版四〇

1. 2007SYT1⑤:1290

2. 2007SYT1⑤:1290

红绿彩盏

图版四一

1. 2007SYT1⑤:697

2. 2007SYT1⑤:539

白地黑花盘

图版四二

1. 2007SYT1⑤：197

2. 2007SYT1⑤：197

3. 2007SYT1⑤：193

4. 2007SYT1⑤：193

白地黑花碗

图版四三

1. 2007SYT1⑤:181

2. 2007SYT1⑤:182

3. 2007SYT1⑤:183

4. 2007SYT1⑤:191

5. 2007SYT1⑤:192

6. 2007SYT1⑤:196

白地黑花碗

图版四四

1. 2007SYT1⑤:744

2. 2007SYT1⑤:744

3. 2007SYT2H1:18

4. 2007SYT2H1:18

5. 2007SYT1⑤:874

6. 2007SYT1⑤:872

白地黑花盏

图版四五

1. 2007SYT1⑤:491

2. 2007SYT1⑤:491

白地黑花盘

图版四六

1. 2007SYT1④:52

2. 2007SYT1④:71

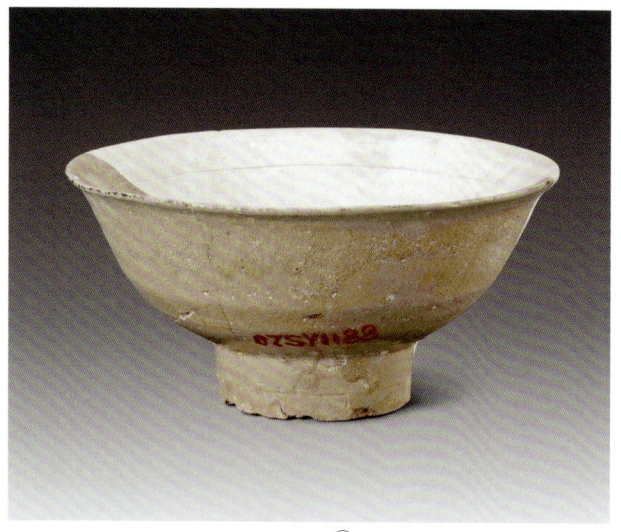

3. 2007SYT1⑤:273

4. 2007SYT1⑧:217

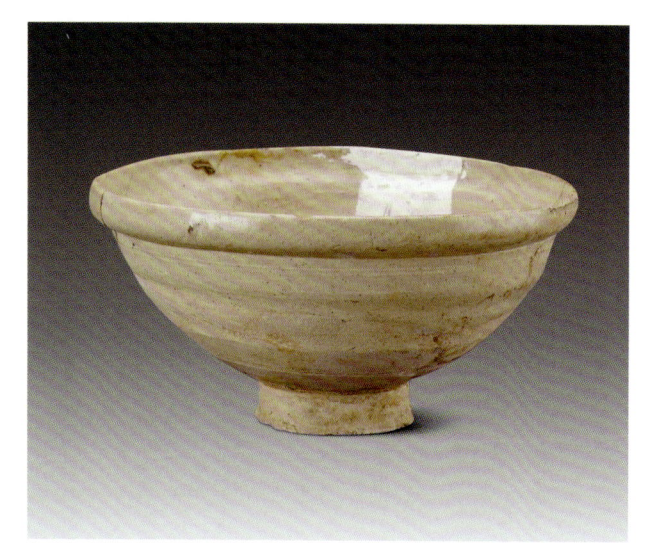

5. 2007SYT1⑨:31

6. 2007SYT1⑨:34

青釉碗

图版四七

1. 2007SYT1④:53

2. 2007SYT1④:58

3. 2007SYT1⑤:274

4. 2007SYT1⑤:247

5. 2007SYT1⑨:39

6. 2007SYT1⑪:22

青釉碗

图版四八

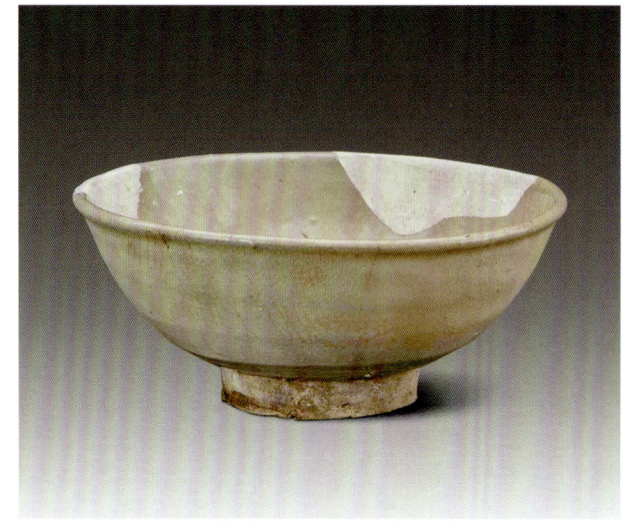

1. 青釉碗（2007SYT1⑧：7）

2. 青釉碗（2007SYT1⑤：248）

3. 青釉碗（2007SYT1⑧：3）

4. 青釉印花碗（2007SYT1⑩：41）

5. 青花碗（2007SYT4H3：1）

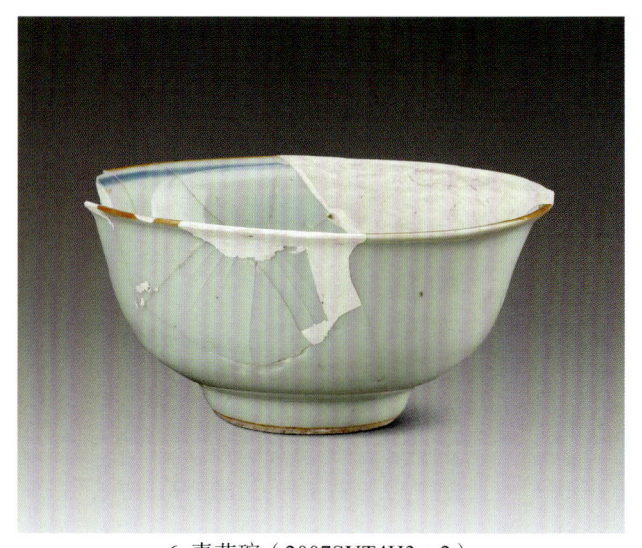

6. 青花碗（2007SYT4H3：2）

青釉、青花碗

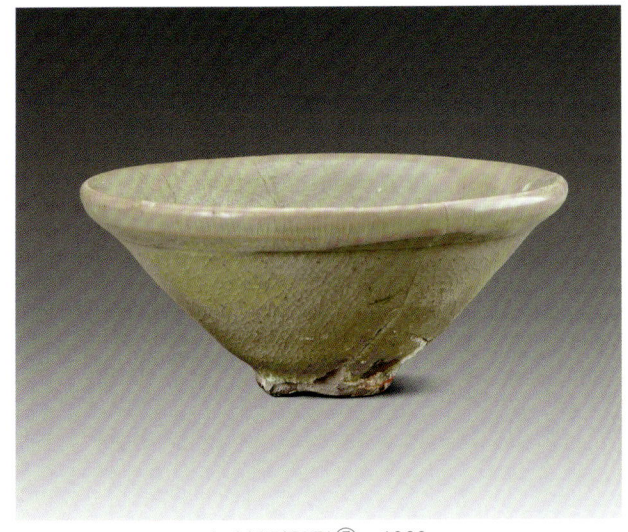

图版四九

1. 2007SYT1⑤：1289

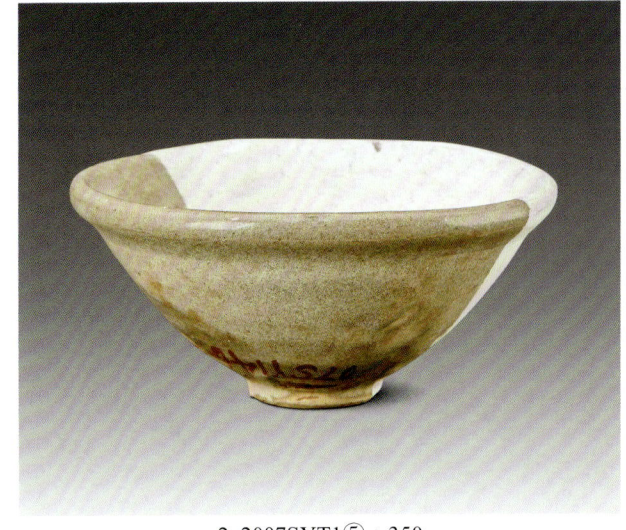

2. 2007SYT1⑤：350

3. 2007SYT1⑤：353

4. 2007SYT1⑤：319

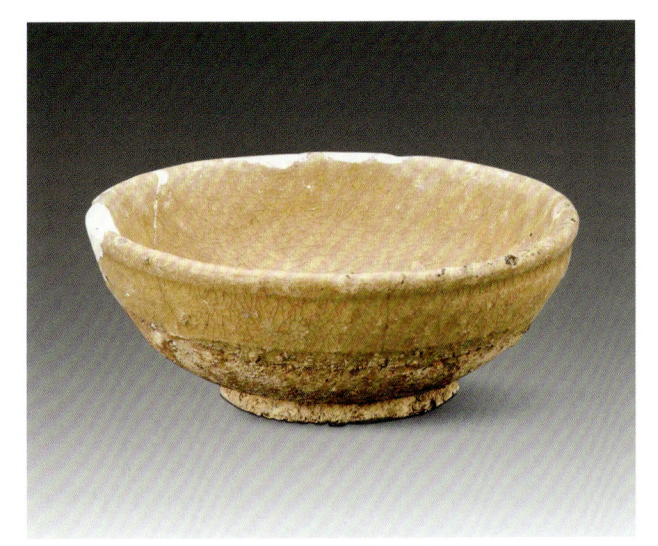

5. 2007SYT1⑪：34

6. 2007SYT1⑤：306

青釉盏

图版五〇

1. 2007SYT1③:27

2. 2007SYT1③:30

3. 2007SYT1④:98

4. 2007SYT1④:101

5. 2007SYT1④:105

6. 2007SYT1⑪:35

青釉盘

图版五一

1. 钵（2007SYT1⑪：25）

2. 罐（2007SYT1⑤：1021）

3. 钵（2007SYT1⑪：29）

4. 罐（2007SYT1⑩：12）

5. 钵（2007SYT1⑩：1）

6. 罐（2007SYT1⑦：14）

青釉钵、罐

图版五二

1. 瓶（2007SYTT1⑤：963）

2. 四系瓶（2007SYTT1⑧：207）

青釉瓶

图版五三

1. 青釉杯（2007SYT1⑤：1301）

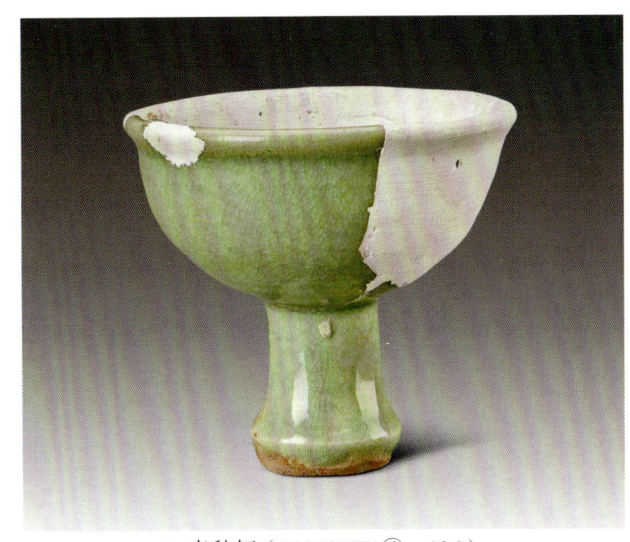

2. 青釉杯（2007SYT1④：126）

3. 青釉杯（2007SYT1⑧：226）

4. 青白釉印花杯（2007SYT1⑤：971）

青釉杯及青白釉印花杯

图版五四

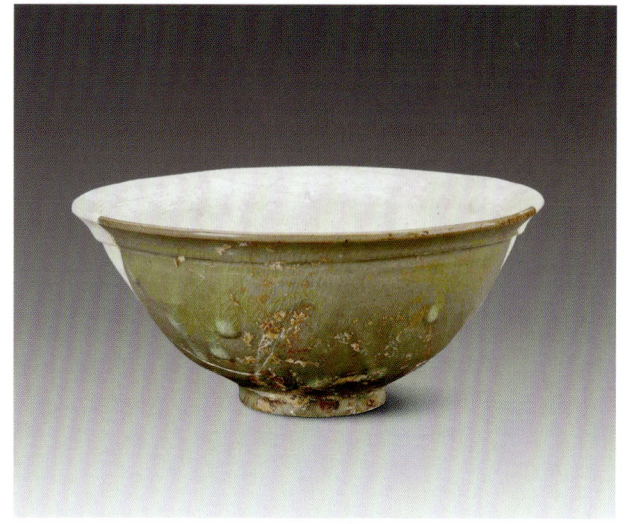

1. 2007SYT1⑤:178

2. 2007SYT1⑤:178

3. 2007SYT1⑤:1288

4. 2007SYT1⑤:1288

5. 2007SYT1⑤:179

6. 2007SYT1⑤:180

青釉印花碗

图版五五

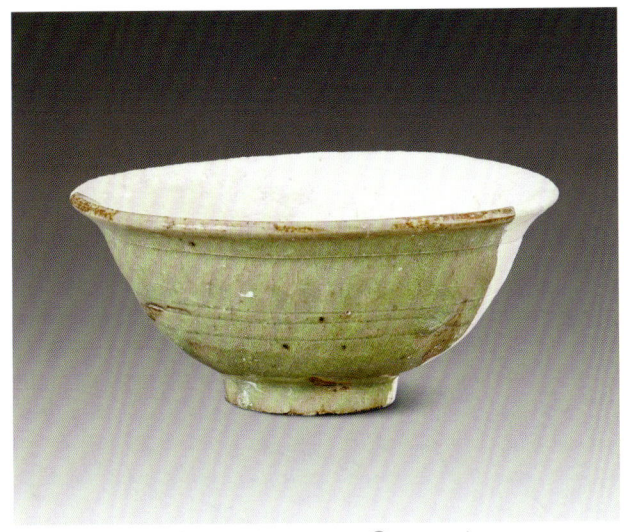

1. 印花盏（2007SYT1⑤：1079）

2. 印花盏（2007SYT1⑤：1079）

3. 印花盏（2007SYT1⑤：359）

4. 印花盏（2007SYT1⑨：21）

5. 印花碟（2007SYT1⑤：663）

6. 印花碟（2007SYT1⑤：663）

青釉印花盏、印花碟

图版五六

1. 划花碗（2007SYT2H1∶9）

2. 划花碗（2007SYT2H1∶9）

3. 划花盏（2007SYT1④∶265）

4. 划花盏（2007SYT1④∶265）

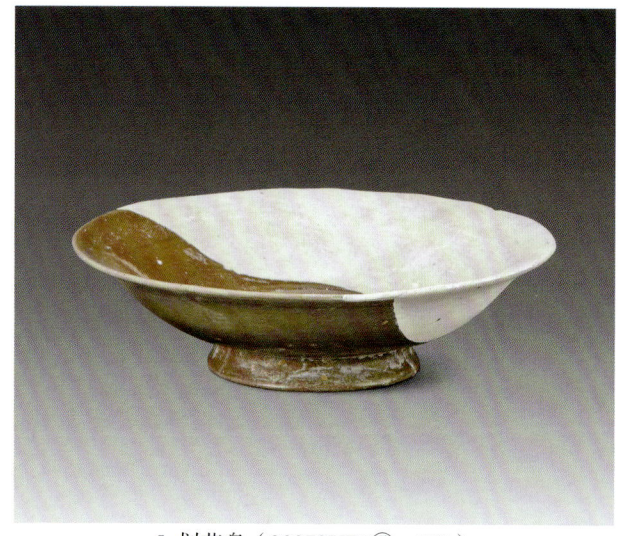

5. 划花盘（2007SYT1⑤∶581）

6. 划花盘（2007SYT1⑤∶581）

青釉划花碗、盏及盘

图版五七

1. 2007SYT1⑧:114

2. 2007SYT1⑧:114

3. 2007SYT1⑤:238

4. 2007SYT1⑧:95

5. 2007SYT1⑧:110

6. 2007SYT1⑧:113

青白釉碗

图版五八

1. 2007SYT1⑧：112

2. 2007SYT1⑤：231

3. 2007SYT1⑤：222

4. 2007SYT1⑩：42

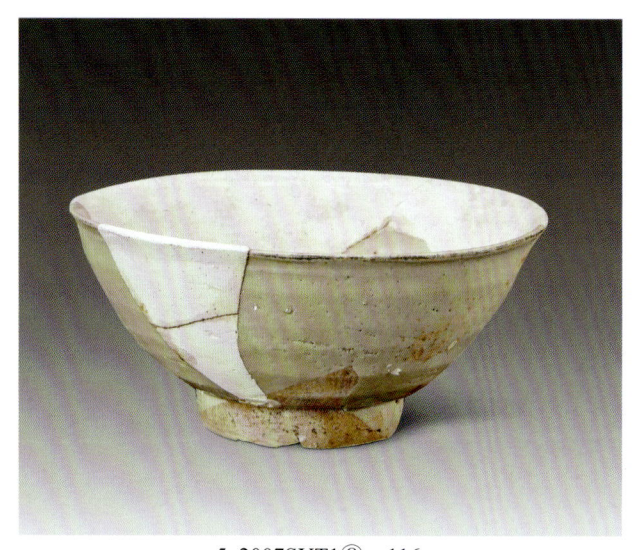

5. 2007SYT1⑧：116

青白釉碗

图版五九

1. 划花盏（2007SYT1⑤：291）

2. 盏（2007SYT1⑧：87）

3. 盏（2007SYT1⑤：295）

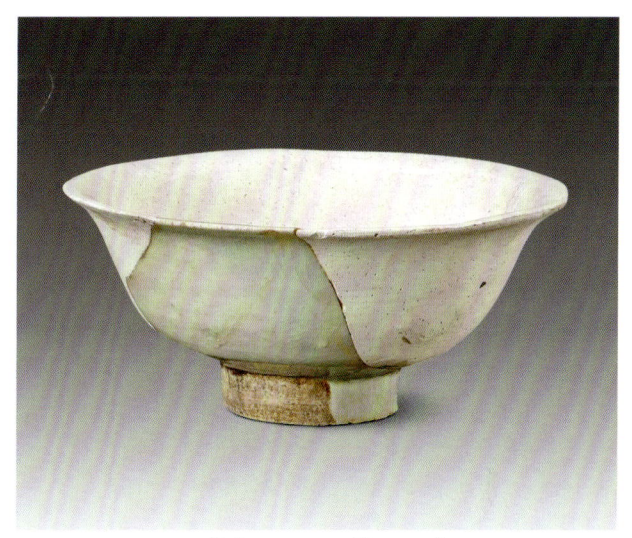

4. 盏（2007SYT1⑤：293）

5. 划花盏（2007SYT1⑤：1294）

6. 盏（2007SYT1⑤：1295）

青白釉划花、青白釉盏

图版六〇

1. 盏托（2007SYT1⑧:88）

2. 盏托（2007SYT1⑧:88）

3. 器盖（2007SYT1⑤:943）

4. 器盖（2007SYT1⑤:943）

5. 器盖（2007SYT1④:133）

6. 碟（2007SYT1⑤:639）

青白釉盏托、器盖及碟

图版六一

1. 2007SYT1⑤:951

2. 2007SYT1⑤:935

3. 2007SYT1⑤:942

4. 2007SYT1④:132

5. 2007SYT1⑤:1047

6. 2007SYT1⑤:1047

青白釉盒

图版六二

1. 兽首（2007SYT1⑤：970）

2. 兽首（2007SYT1⑤：970）

3. 观音坐像（2007SYT1⑪：65）

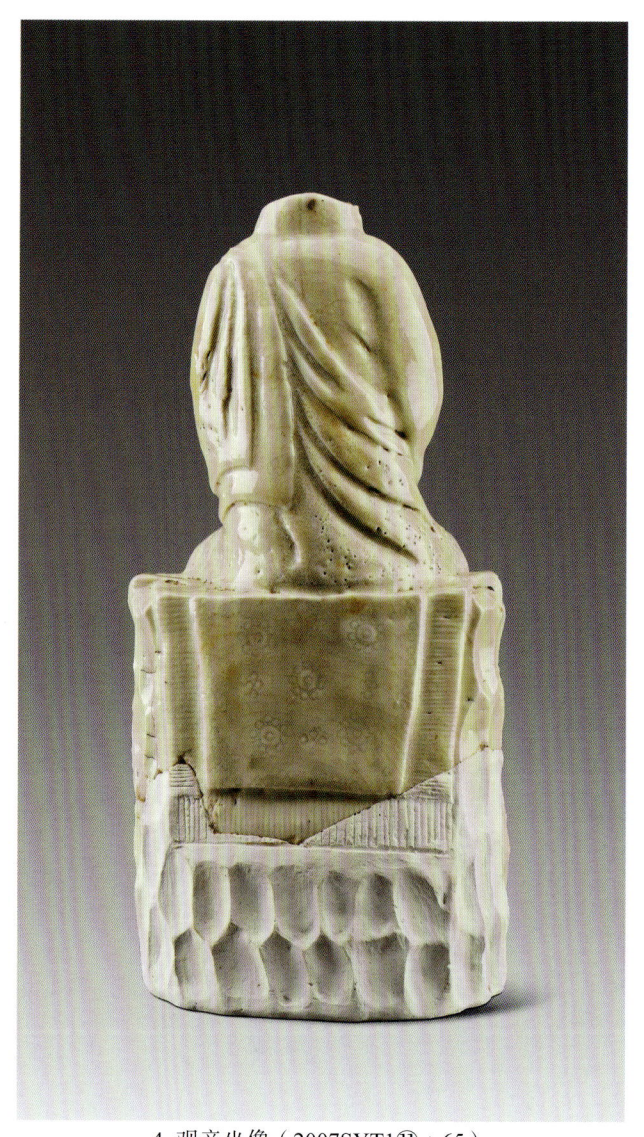

4. 观音坐像（2007SYT1⑪：65）

青白釉兽首及观音坐像

图版六三

1. 印花盘（2007SYT1⑧：107）

2. 印花盘（2007SYT1⑧：106）

3. 划花碗（2007SYT1⑧：94）

4. 划花碗（2007SYT1⑧：94）

5. 划花碗（2007SYT1⑧：99）

6. 划花碗（2007SYT1⑧：99）

青白釉印花盘、划花碗

图版六四

1. 划花碟（2007SYT1⑤：646）

2. 划花碟（2007SYT1⑤：646）

3. 刻划花碗（2007SYT1⑤：223）

4. 刻划花碗（2007SYT1⑤：223）

5. 刻划花碗（2007SYT1⑧：227）

6. 刻划花碗（2007SYT1⑧：227）

青白釉划花碟、刻划花碗

图版六五

1. 碗（2007SYT1③：2）

2. 碗（2007SYT1③：2）

3. 盏（2007SYT1③：20）

4. 盏（2007SYT1③：20）

5. 碟（2007SYT1⑤：696）

6. 盘（2007SYT1⑤：611）

红绿彩瓷器

图版六六

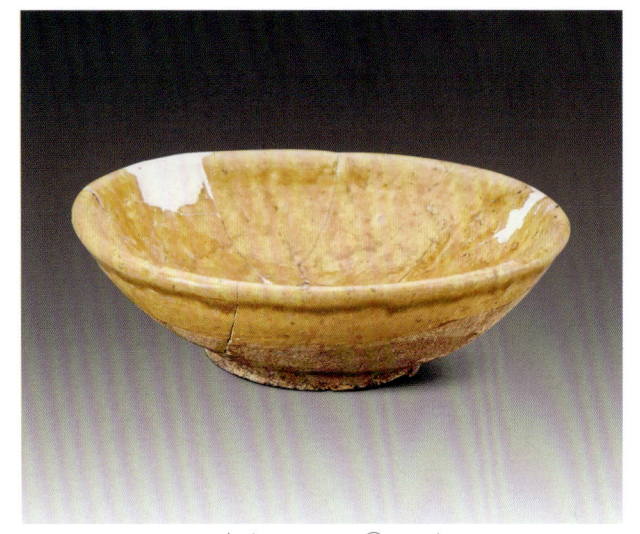

1. 碗（2007SYT1⑦：21）
2. 碗（2007SYT1⑪：47） 
3. 盏（2007SYT1⑪：44） 
4. 盏（2007SYT1⑪：43） 
5. 钵（2007SYT1⑤：1056） 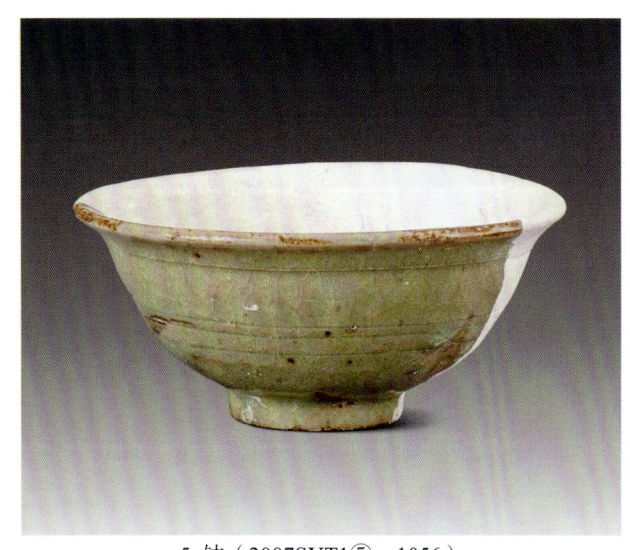
6. 钵（2007SYT1⑤：1057） 

黄釉碗、盏及钵

图版六七

1. 盏（2007SYT1④：241）

2. 盏（2007SYT1④：233）

3. 盘（2007SYT1④：242）

4. 盘（2007SYT1④：151）

5. 杯（2007SYT2H1：15）

6. 碗（2007SYT1⑤：1298）

钧釉瓷器

图版六八

1. 器盖（2007SYT1④：170）

2. 碟（2007SYT1⑧：206）

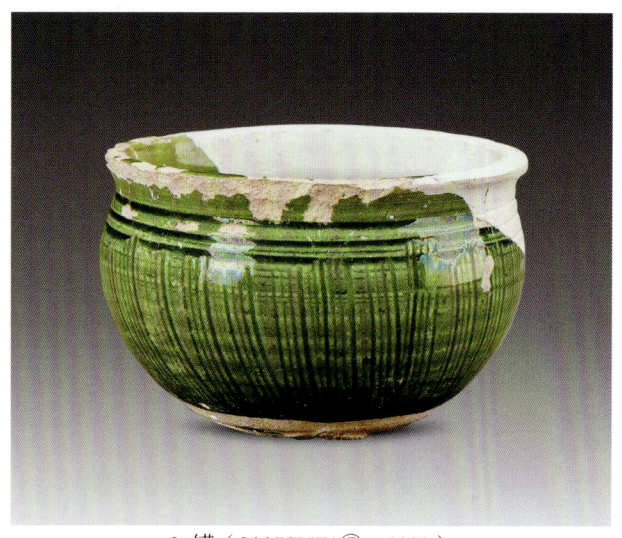

3. 罐（2007SYT1⑤：1033）

4. 炉（2007SYT1④：169）

5. 枕（2007SYT1③：45）

6. 盏（2007SYT1⑤：1297）

绿釉瓷器

图版六九

1. 器盖（2007SYT1③：44）

2. 碗（2007SYT1⑤：390）

3. 碟（2007SYT1⑧：166）

4. 碟（2007SYT1⑧：166）

5. 盏（2007SYT1④：172）

6. 盏（2007SYT1⑤：460）

酱釉瓷器

图版七〇

1. 碗（2007SYT1⑤：388）

2. 罐（2007SYT1⑤：977）

3. 罐（2007SYT1⑧：168）

4. 罐（2007SYT1⑤：1300）

5. 炉（2007SYT1④：279）

6. 罐（2007SYT1⑪：56）

酱釉碗、罐及炉

图版七一

1. 盏（2007SYT1⑧：189）

2. 盏（2007SYT1⑧：192）

3. 水盂（2007SYT1⑧：225）

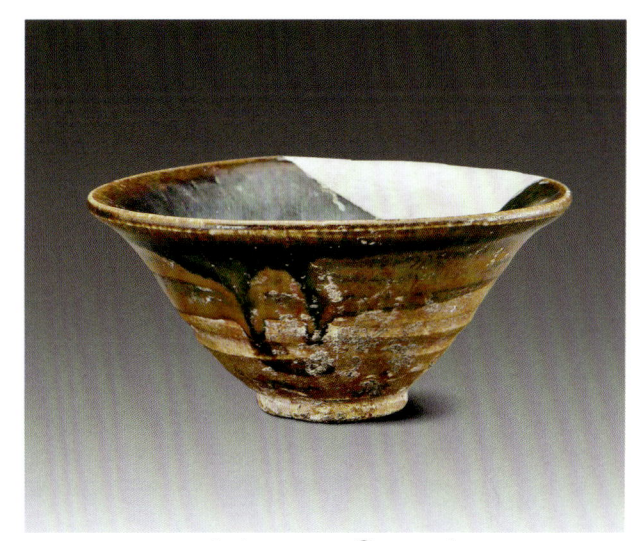

4. 盏（2007SYT1⑤：1291）

5. 炉（2007SYT1⑧：201）

6. 杯（2007SYT1⑧：224）

黑釉瓷器

图版七二

1. 壶（2007SYT1③：39）

2. 壶（2007SYT1③：40）

3. 器盖（2007SYT1③：38）

4. 器盖（2007SYT1③：36）

5. 器盖（2007SYT1③：37）

酱黑釉壶、器盖

图版七三

1. 外黑内白釉碗（2007SYT1④：205）

2. 外黑内白釉器盖（2007SYT1④：210）

3. 内白外黑釉碗（2007SYT1⑤：264）

4. 内白外黑釉盏（2007SYT1⑤：868）

5. 酱白二色釉罐（2007SYT1④：209）

二色釉瓷器

图版七四

1. 柿红釉器盖（2007SYT1④：277）
2. 柿红釉罐（2007SYT1⑩：34） 
3. 绞胎碗（2007SYT1⑧：229） 
4. 绞胎碗（2007SYT1⑧：229） 
5. 绞胎丸（2007SYT1④：216） 
6. 香熏盖（2007SYT1⑪：61） 

柿红釉、绞胎器及杂件

图版七五

1. 器盖（2007SYT1⑤：1015）

2. 铃（2007SYT1⑧：212）

3. 碾轮（2007SYT1⑩：8）

4. 碾轮（2007SYT1⑪：58）

5. 弹丸（2007SYT1⑧：221）

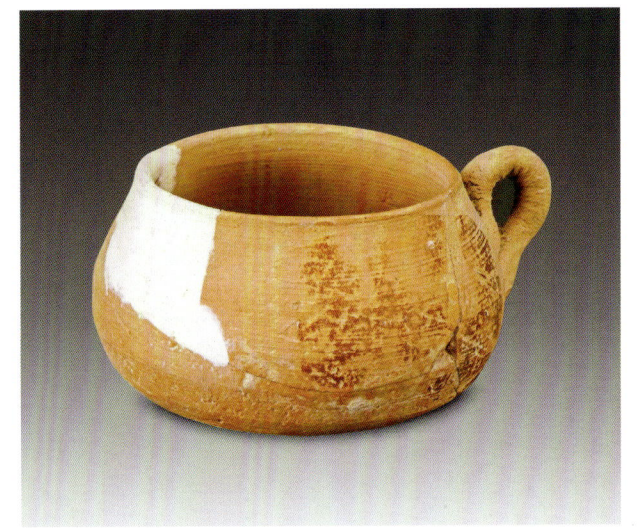

6. 壶（2007SYT1⑤：1048）

素胎器

图版七六

1. 瓷狮（2007SYT1⑤：1287）

2. 瓷狮（2007SYT1⑤：1287）

3. 瓷狗（2007SYT1⑩：39）

4. 瓷色子（2007SYT1⑤：1009）

5. 琉璃簪（2007SYT1⑤：1022）

其他瓷器及琉璃簪

图版七七

1. 2007SYT1临47 "尹"

2. 2007SYT1临48 "胡宅"

3. 2007SYT1临66 "秦"

4. 2007SYT1临41 "千"

5. 2007SYT1临15 "张"

6. 2007SYT1临20 "丁"

墨书瓷器碎片

图版七八

1. 2007SYT1临9 "侯"

2. 2007SYT1临4 "王"

3. 2007SYT1临3 "朱"

4. 2007SYT1③临31 "康"

5. 2007SYT1⑦临8 "十"

6. 2007SYT1⑦临6 "邹"

墨书瓷器碎片

图版七九

1. 2007SYT1③临74 "孝"

2. 2007SYT1③临99 "女"

3. 2007SYT1③临126 "吴"

4. 2007SYT1③临137 "谢"

5. 2007SYT1③临111 "牛"

6. 2007SYT1③临22 "荣"

墨书瓷器碎片

图版八〇

1. 扑满（2007SYT1⑧：230）

2. 扑满（2007SYT1⑤：1302）

3. 红陶印模（2007SYT1⑦：24）

4. 印模（2007SYT1⑤：979）

5. 印模（2007SYT1⑤：980）

陶器

图版八一

1. 灰陶瓶（2007SYT1⑦∶23）

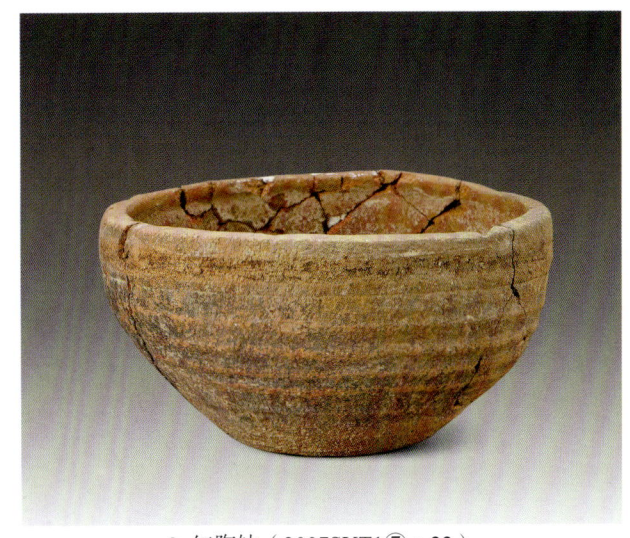

2. 红陶钵（2007SYT1⑦∶22）

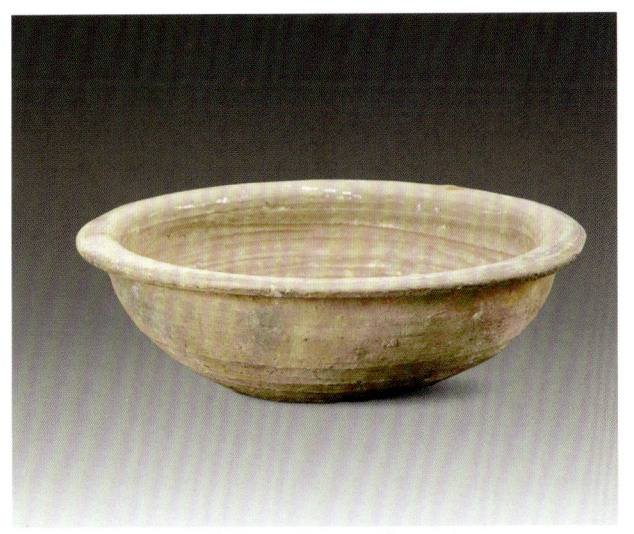

3. 灰陶罐（2007SYT1③∶58）

4. 灰陶钵（2007SYT1⑧∶213）

5. 陶钵（2007SYT1⑪∶59）

陶瓶、钵及罐

图版八二

1. 梳（2007SYT1⑩：38、2007SYT1⑩：33）

2. 梳（2007SYT1③：54）

3. 簪（2007SYT1⑤：983）

骨梳、簪

图版八三

1. 琉璃珠（2007SYT1⑤：968）

2. 饰玉（2007SYT1⑩：32）

3. 青白玉棋子（2007SYT1⑤：1270）

4. 铜环（2007SYT1③：53）

琉璃珠、饰玉、玉棋子及铜环

图版八四

1. 瓦当（2007SYT1③：46）
2. 陶印模（2007SYT1③：52） 
3. 砖（2007SYT1⑤：964） 
4. 鱼纹板瓦（2007SYT1⑤：966） 
5. 瓦当（2007SYT1⑤：1016） 
6. 石砚台（2007SYT1⑦：28） 

陶、石器